Fehlzeiten-Report 2008

B. Badura · H. Schröder · C. Vetter (Hrsg.)

Fehlzeiten-Report 2008

Betriebliches Gesundheitsmanagement: Kosten und Nutzen

Zahlen, Daten, Analysen aus allen Branchen der Wirtschaft

Mit Beiträgen von
M. L. Bienert · W. Bödeker · D. Bonitz · H. Brücker · V. Büch · K. Busch ·
M. Drupp · G. Eberle · A. Fleck · S. Fritz · M. Fuchs · N. Gamm ·
W. Greiner · F. Hauser · K. Heyde · J. Hoffmann · P. Horváth · J. Isensee ·
F. Isidoro Losada · V. Kirschbaum · I. Kramer · P. Lück · K. Macco ·
M. Mellenthin-Schulze · B. Michaelis · W. Mölders · S. Müller · E. Münch ·
P. Rixgens · S. Sackmann · E. M. Schraub · K. Seiler · C. Singer · I. Sockoll ·
K. Sonntag · U. Spellenberg · R. Stegmaier · M. J. Thul · M. Ueberle ·
C. Vetter · U. Walter · W. Winter · K. J. Zink · K. Zok

 Springer

Prof. Dr. Bernhard Badura
Universität Bielefeld
Fakultät für Gesundheitswissenschaften
Universitätsstraße 25
33615 Bielefeld

Helmut Schröder
Christian Vetter
Wissenschaftliches Institut
der AOK (WIdO)
Rosenthaler Straße 31
10178 Berlin

ISBN   978-3-540-69212-6   Springer Medizin Verlag Heidelberg

Bibliografische Information der Deutschen Nationalbibliothek
Die Deutsche Nationalbibliothek verzeichnet diese Publikation in der Deutschen Nationalbibliografie;
detaillierte bibliografische Daten sind im Internet über http://dnb.d-nb.de abrufbar

Springer Medizin Verlag
springer.de
© Springer Medizin Verlag Heidelberg 2009

Planung: Hanna Hensler-Fritton, Heidelberg
Projektmanagement: Hiltrud Wilbertz, Heidelberg
Einbandgestaltung: deblik, Berlin
Satz: wiskom e.K., Friedrichshafen

SPIN: 12271221

Gedruckt auf säurefreiem Papier   18/2111 wi - 5 4 3 2 1 0 -

Vorwort

Dies ist die zehnte Ausgabe des *Fehlzeiten-Reports*. Was liegt angesichts dieser Jubiläumsausgabe näher, als sich mit der Frage nach dem Sozialkapital sowie Kosten und Nutzen von betrieblichem Gesundheitsmanagement zu beschäftigen? Seit dem Erscheinen des ersten Bandes im Jahre 1999 hat das Interesse am Thema „Arbeit und Gesundheit" hierzulande stetig zugenommen. War betriebliches Gesundheitsmanagement damals als Begriff noch relativ unbekannt, wird es heute in einer großen und immer weiter wachsenden Zahl von Unternehmen praktiziert und kontinuierlich verbessert. Mit dem *Fehlzeiten-Report* konnten wir diese Entwicklung wissenschaftlich fundiert begleiten und unterstützen.

In seinem Schwerpunkt gibt der *Fehlzeiten-Report 2008* einen Überblick über den aktuellen Forschungsstand zur Evidenzbasis von Maßnahmen der betrieblichen Gesundheitsförderung und Prävention und zeigt auf, wie der wirtschaftliche und gesundheitliche Nutzen von betrieblichen Gesundheitsmaßnahmen aus der Sicht von Unternehmen und Arbeitnehmern bewertet wird.

Jahrelang konzentrierten sich die Forschungsarbeiten zum Thema „Arbeit und Gesundheit" auf die Schnittstelle Mensch – Maschine sowie auf die schädigenden Auswirkungen unzureichender Qualifizierung und zu geringer Handlungsspielräume. Mit der Ottawa Charta der WHO zur Gesundheitsförderung nahm das Interesse an gesundheitsfördernden Arbeitsbedingungen und Möglichkeiten ihrer Implementierung stetig zu. Jüngere Forschungsarbeiten beschäftigen sich inzwischen verstärkt mit der Schnittstelle Mensch – Mensch, dem so genannten Sozialkapital. Das Sozialkapitalkonzept zielt auf die Grundlage menschengerechter Kooperation wie einen vertrauensvollen Umgang, gegenseitige Wertschätzung und gemeinsame Überzeugungen, Werte und Regeln. Werden diese Aspekte in Unternehmen nicht gepflegt, häufen sich Missverständnisse und Konflikte, sinken Qualität und Produktivität sowie Unternehmensbindung und Gesundheit. Der diesjährige *Fehlzeiten-Report* trägt damit konzeptionell zur international breit geführten Diskussion zum Thema „Sozialkapital von Unternehmen" bei.

Darüber hinaus versucht der Report, Wirksamkeit und Nutzen der betrieblichen Gesundheitsförderung zu bestimmen und dazu in den Betrieben bereits vorhandene Daten und Kennzahlen zu nutzen. Dabei steht zur Diskussion, welche Ursachen einem Unternehmenserfolg letztlich zugrunde liegen, ob sich beispielsweise das betriebliche Gesundheitsmanagement „rechnet" und wie Kosten und Nutzen quantifiziert und bewertet werden können. Für die weitere Akzeptanz des betrieblichen Gesundheitsmanagements in Unternehmen, Verwaltungen und Dienstleistungsorganisationen sind wissenschaftlich begründete Antworten auf diese Fragen von großer Bedeutung. Vorgestellt werden sowohl Ergebnisse aus aktuellen Forschungsprojekten als auch Erfahrungen aus der Unternehmenspraxis.

Neben den Beiträgen zum Schwerpunktthema liefert der *Fehlzeiten-Report* wie in jedem Jahr aktuelle Daten und Analysen zu den krankheitsbedingten Fehlzeiten in der deutschen Wirtschaft. Er beleuchtet detailliert die Entwicklung in den einzelnen Wirtschaftszweigen und gewährleistet einen schnellen und umfassenden Überblick über das branchenspezifische Krankheitsgeschehen. Neben ausführlichen Beschreibungen der krankheitsbedingten Fehlzeiten der 9,8 Millionen AOK-versicherten Beschäftigten im Jahr 2007 informiert er ausführlich über die Krankenstandsentwicklung aller gesetzlich krankenversicherten Arbeitnehmer sowie jener im öffentlichen Dienst im Speziellen.

Unser Mitherausgeber Christian Vetter, der 1999 Mitbegründer des *Fehlzeiten-Reports* war, ist tragischerweise im März 2008 während der Arbeiten zur diesjährigen Ausgabe verstorben. Nicht zuletzt durch seine engagierte und professionelle Arbeit hat sich der *Fehlzeiten-Report* zu einem Standardwerk zum Thema „Arbeit und Gesundheit" entwickeln können. Leider mussten wir viel zu früh von Christian Vetter Abschied nehmen.

Herzlich bedanken möchten wir uns bei allen, die zum *Fehlzeiten-Report 2008* beigetragen haben. Zunächst gilt unser Dank den Autorinnen und Autoren, die trotz vielfältiger anderer Verpflichtungen die Zeit gefunden haben, uns aktuelle Beiträge zur Verfügung zu stellen. Danken möchten wir auch den Kolleginnen im WIdO, die an der Buchproduktion beteiligt waren. Zu nennen sind hier vor allem Katrin Macco, die die umfangreichen Datengrundlagen für den Report bereitgestellt hat, und Kerstin Heyde, die uns bei der Aufbereitung und Auswertung der Daten und bei der redaktionellen Arbeit unterstützt hat, wie auch Isabel Rehbein und Mirjam Löblein für ihre Unterstützung bei der Datenvalidierung. Unser Dank geht weiterhin an Frau Ulla Mielke für die gelungene Erstellung des Layouts und der Abbildungen sowie Frau Susanne Sollmann für das ausgezeichnete Lektorat. Nicht zuletzt gilt unser Dank den Mitarbeiterinnen und Mitarbeitern des Springer-Verlags für die gute verlegerische Betreuung.

Bielefeld und Bonn, im September 2008

B. BADURA
H. SCHRÖDER
C. VETTER (†)

Inhaltsverzeichnis

Kosten und Nutzen von Betrieblichem Gesundheitsmanagement (BGM)

Erfahrungen aus der Unternehmenspraxis

B. DATEN UND ANALYSEN

Anhang

Teil A:

Schwerpunktthema: Betriebliches Gesundheitsmanagement: Kosten und Nutzen

Kapitel 1

Beschäftigungsfähigkeit als Indikator für unternehmerische Flexibilität

K. Seiler

Zusammenfassung. *Vor dem Hintergrund tief greifender Veränderungsprozesse in Wirtschaft und Gesellschaft stellt der Beitrag den Ansatz der Beschäftigungsfähigkeit vor. Beschäftigungsfähigkeit wird definiert als kompetentes Tätigsein-Können in allen Lebenslagen, um am wirtschaftlichen und sozialen Leben teilzuhaben. Eine wichtige Grundvoraussetzung dabei ist die individuelle Gesundheitskompetenz. Ausgehend vom ressourcentheoretischen Konzept der strategischen Flexibilität wird weiterhin dargestellt, inwiefern eine hohe Beschäftigungsfähigkeit der Mitarbeiterinnen und Mitarbeiter bedeutsame Beiträge zur Flexibilität eines Unternehmens leistet. Die Förderung der Beschäftigungsfähigkeit ist eine gesellschaftliche, unternehmensbezogene und individuelle Aufgabe und als solche prinzipiell gestaltbar. Geeignete Kennzahlensysteme zur Bestimmung des Grades der Beschäftigungsfähigkeit der Mitarbeiterinnen und Mitarbeiter müssen allerdings noch (weiter-)entwickelt und vereinbart werden. Diese können gleichzeitig als Indikatoren für unternehmerische Flexibilität dienen und u. a. die zukünftige Erfolgswahrscheinlichkeit eines Unternehmens indizieren.*

1.1 Anforderungen in einer dynamischen und internationalisierten Wirtschaft und Gesellschaft

Wirtschaft und Gesellschaft waren in den letzten Jahrzehnten einem tief greifenden Wandel ausgesetzt. Die Folgen werden nicht nur in wissenschaftlichen Fachbeiträgen oder politischen Magazinen der Medien, sondern praktisch in jedem Lebensbereich diskutiert. Einige Schlagworte hierbei sind die Internationalisierung von Arbeits- und Wirtschaftsbeziehungen (Globalisierung), die zunehmende „Geschwindigkeit" des Lebens durch moderne Technik, soziodemographische Verschiebungen (Migration und Älterwerden der Bevölkerung), das „Sterben" traditioneller Produktions-standorte, aber auch der Wertewandel der Gesellschaft und der Trend zur Individualisierung und der Zunahme so genannter Single-Haushalte: Der Facharbeiter eines Telekommunikations-Unternehmens führt neuerdings eine Fernbeziehung, weil es zu einer Auslagerung von Produktionsbereichen und einer Konzentration auf einen Standort gekommen ist. Die alleinerziehende Jurastudentin überlegt, ob und wie sie in ihrer Situation ein möglicherweise hilfreiches Auslandspraktikum absolviert. Der Inhaber eines mittelständischen Metallveredlers sorgt sich um Nachwuchs, weil viele „alte Hasen" bald in Ruhestand gehen oder schon gegangen sind und die Auftragsbücher überquellen. Eine Fortsetzung unzähliger weiterer Beispiele könnte folgen.

Der Wandel der ökonomischen und gesellschaftlichen Prozesse ist jedoch nicht Thema dieses Beitrags.

Allerdings sind insbesondere die weltweite Konkurrenz auf dem Arbeitsmarkt und daraus resultierende Folgen für die Arbeitsverhältnisse, veränderte Arbeitsbelastungen und die zu erwartende soziodemographische Zusammensetzung künftiger Belegschaften Auslöser für neuere fachpolitische Überlegungen bei Politik, Verbänden und Sozialpartnern (vgl. [15]) – der Ansatz der Beschäftigungsfähigkeit ist schließlich auch überwiegend deswegen entstanden.

Mit welchen Anforderungen an die Menschen hinsichtlich wirtschaftlicher und gesellschaftlicher Zusammenhänge wird aber in Zukunft weiter zu rechnen sein? Um wettbewerbsfähig zu bleiben und um Geschäftsfelder auszubauen, erwarten Unternehmen auf allen betrieblichen Ebenen ein hohes Maß an Flexibilität, Lern- und Anpassungsbereitschaft. Zugleich wird in Zukunft ein immer größerer Teil der Wertschöpfung im Dienstleistungsbereich erbracht werden, was mit veränderten Anforderungsprofilen an die Beschäftigten in diesem Sektor einhergeht [17]. Die sozialen Sicherungssysteme bauen noch immer auf zunehmend schwindenden „Normalarbeitsverhältnissen" auf und sehen sich zunehmender Kritik hinsichtlich ihres Leistungsumfangs und der Finanzierung ausgesetzt. Hier sorgten die Gesetzgeber in jüngerer Vergangenheit für eine Stärkung der Prävention und der Eigenverantwortung der Leistungsempfänger. Darüber hinaus wird die Förderung von Eigenverantwortung auch in anderen Bereichen groß geschrieben: So werden staatlicherseits zahlreiche Impulse gesetzt, um den Schritt in die Selbständigkeit zu fördern. Jedoch ist zu bedenken, dass nicht jede/r die gleichen Chancen hat bzw. nutzen kann, durch höhere Bildung eine angemessene Position in der Gesellschaft zu erlangen. Armut und geringe Bildung stellen gegenwärtig jedoch das größte Gesundheitsrisiko dar. Auf diesem Gebiet ergeben sich nicht nur Anforderungen für jede/n einzelne/n, sondern auch für den Staat, die Krankenkassen/Berufsgenossenschaften sowie die Wohlfahrtsverbände – auch vor dem Hintergrund einer älter werdenden Bevölkerung und eines Nachwuchses, der immer häufiger durch einen Migrationshintergrund geprägt ist.

Immer wieder wird betont, dass Deutschland als rohstoffarmes Land eine Gesellschaft und Volkswirtschaft repräsentiert, die auf Innovation und Kreativität durch Menschen angewiesen ist. Allerdings gibt es viele unterschiedliche Auffassungen, inwieweit die Menschen dabei unterstützt werden können, ein aktives Leben zu führen und ihre Potenziale zu nutzen. Politische Handlungskonzepte changieren daher zwischen einerseits aktivierenden Elementen (z. B. Schaffung von Anreizstrukturen, Kampagnen und Aufklärung) sowie protektiven (z. B. Kündigungsschutz) und repressiven Elementen (z. B. Verpflichtung „zumutbare Arbeit" zu leisten) andererseits. Die damit verbundene Diskussion wirft Fragen auf, ob in Zukunft eine hinreichende Balance aus (arbeitsverhältnisbezogener) Flexibilität und (sozialer) Sicherheit – gemeinhin als Flexicurity bezeichnet – erreicht werden kann.

Es mag allerdings der Eindruck herrschen, dass in jüngerer Vergangenheit eher interessierte, wie sich der Mensch an veränderte Wirtschaftsprozesse anpassen kann und weniger, inwieweit Wirtschaftsprozesse menschengerecht (und damit auch gesundheitsförderlich) gestaltbar sind. Dieser Beitrag soll eine Synthese bilden zwischen einem vermeintlichen Anpassungsdruck im Wirtschaftsgeschehen und dem Nutzen einer menschengerechten Arbeitsgestaltung für Wirtschaft und Gesellschaft. Der Fokus liegt dabei auf dem Konzept der Beschäftigungsfähigkeit und der Frage, inwieweit deren Förderung und Erhalt zum Wohl aller am wirtschaftlichen Geschehen Beteiligten beitragen kann.

1.2 Was bedeutet Beschäftigungsfähigkeit?

Wie bereits erwähnt, steht oftmals ein eher funktionales Verständnis der Beschäftigungsfähigkeit im Vordergrund, wonach prinzipiell arbeitsfähige Menschen in Beschäftigung die gesellschaftlichen Sicherungssysteme stützen bzw. entlasten und die Wirtschaft von einem Arbeitsmarkt profitiert, der besser in der Lage ist, neuen Anforderungen gerecht zu werden. Ein schlüssiger theoretischer Begründungszusammenhang ist in einer solchen funktional orientierten Konzeption jedoch meist nicht enthalten bzw. reduziert sich auf Aspekte wie die Förderung des lebenslangen Lernens. Doch um wirklich wirksame Impulse setzen zu können, ist ein theoretisches Fundament und eine darauf aufbauende Evaluation von Wirkungszusammenhängen unerlässlich. Es existieren bereits einige Konzepte dazu, allerdings besteht hier noch weiterer Forschungsbedarf (vgl. Abschnitt 1.6 sowie [11]).

Eine sehr weit gefasste Definition des NRW-Arbeitsministeriums stellt klar: „Beschäftigungsfähig sind Frauen und Männer, die dauerhaft am wirtschaftlichen und sozialen Leben aktiv teilhaben können[1]". Jemand, der bislang keine Berührungspunkte mit Arbeits(markt)politik bzw. Sozialpolitik hatte, fragt sich womöglich,

---

1   Definition nach „Neues Arbeiten NRW – Beschäftigungsfähigkeit fördern" in http://www.arbeitsmarkt.nrw.de/arbeits politik/neues-arbeiten/index.html.

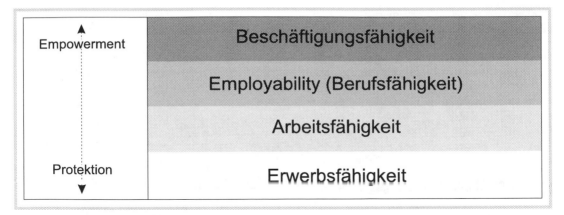

Abb. 1.1. Schematische Systematisierung zur Beschäftigungsfähigkeit

welche und ob überhaupt Unterschiede zwischen den semantisch ähnlichen Begriffen Arbeits-, Erwerbs-, Beschäftigungsfähigkeit und Employability (teilweise auch Berufsfähigkeit genannt) bestehen. Im Folgenden möchte ich anhand bestehender und eigener Überlegungen eine Systematisierung vornehmen (s. Abb. 1.1).

Demnach werden die arbeitsmedizinischen bzw. sozialversicherungsorientierten Konzepte der Arbeits- bzw. Erwerbsfähigkeit als Basis bzw. Voraussetzung für Employability und Beschäftigungsfähigkeit angesehen. Die fachpolitischen Handlungskonzepte bewegen sich dabei zwischen einem protektiven Verständnis einerseits und dem Empowerment des/der Einzelnen andererseits. In diesem Sinne bauen Erwerbs-, Arbeits- und Berufsfähigkeit bis hin zur Beschäftigungsfähigkeit aufeinander auf. Die sozialversicherungsrechtlich relevante Definition der *Erwerbsfähigkeit* geht von einer unteren, defizitorientierten Zumutbarkeitsgrenze aus[2]. Darüber hinaus gibt es vergleichbare Untergrenzen der gesetzlichen Unfallversicherung bei einer etwaigen Anerkennung einer verminderten Erwerbsfähigkeit. Die Bewertung obliegt in aller Regel amtsärztlichen Diensten. Unter *Arbeitsfähigkeit* wird – Ilmarinen und Tempel [8] folgend – die Summe der Faktoren verstanden, die einen Menschen in einer bestimmten Arbeitssituation in die Lage versetzen, die ihm gestellten Arbeitsaufgaben erfolgreich zu bewältigen. Dabei kommt es in erster Linie auf eine möglichst optimale Passung zwischen der körperlichen (und mentalen) Konstitution, den ergo-

nomischen Bedingungen des Arbeitsplatzes sowie der Motiv- und Kompetenzstruktur des/der Einzelnen an. In diesem Sinne ist Arbeitsfähigkeit eine wesentliche Voraussetzung für das auf Erwerbsarbeit zielende Konzept der *Employability*. Es entstammt im Wesentlichen der Arbeitsmarktpolitik bzw. -forschung und fokussiert deutlicher auf die Stärkung der Eigenverantwortung und den Ausbau von fachlichen und fachübergreifenden Kompetenzen bei Beschäftigten und Erwerbslosen bzw. von Erwerbslosigkeit Bedrohten. Ein allgemeingültiges und überdauerndes Anforderungsprofil hinsichtlich der Employability (Berufsfähigkeit) zu erstellen dürfte allerdings an der Vielfalt unterschiedlicher Berufsbilder und praxisbezogener Settings scheitern. In der Literatur werden häufig so genannte Schlüsselkompetenzen (z. B. Teamfähigkeit, Lernfähigkeit und Lernbereitschaft), gepaart mit bestimmten Persönlichkeitseigenschaften (z. B. Aufgeschlossenheit und Offenheit, Extraversion) und entsprechende berufsbezogene Fachkenntnisse genannt. Staudt et al. [19] haben ein auf die Kernkompetenzen (Fach-, Methoden- und Sozialkompetenz) sowie auf Handlungsbereitschaft basierendes Konzept der Employability vorgestellt, das sowohl die individuellen Motivstrukturen, die Situationswahrnehmung und -beurteilung als auch eine Einbindung in das berufliche und soziale Umfeld berücksichtigt.

Die Kompetenz des/der Einzelnen, im täglichen Leben Entscheidungen zu treffen, die sich positiv auf die Gesundheit auswirken[3] und somit eine dauerhafte Employability zu erhalten bzw. zu fördern – kurz Ge-

---

2 SGB II § 8 (1): Erwerbsfähig ist, wer nicht wegen Krankheit oder Behinderung auf absehbare Zeit außerstande ist, unter den üblichen Bedingungen des allgemeinen Arbeitsmarktes mindestens drei Stunden täglich erwerbstätig zu sein.

---

3 Definition des Schweizer Bundesamts für Gesundheit: http://www.bag.admin.ch/themen/gesundheitspolitik/00388/02873/index.html?lang=de

1

sundheitskompetenz – ist in früheren Konzeptionen jedoch vernachlässigt worden. Diese Lücke ist später u. a. durch Kriegesmann et al. [11] geschlossen worden, die den Begriff der Employability im engeren Sinne (berufsbezogene Handlungskompetenz) durch die Integration der Gesundheitskompetenz zu einer *nachhaltigen Employability* erweitern. Diese Erweiterung bildet auch eine Grundlage für den hier vorgestellten Ansatz der Beschäftigungsfähigkeit. Damit ist ein aktives, gesundes und kompetentes Tätigsein-Können gemeint. Hierzu wird die salutogenetische und ressourcenbasierte Sichtweise herangezogen [1] und der handlungstheoretische Gesundheitsbegriff von Ducki & Greiner [5] zugrunde gelegt[4]. Gleichzeitig betont das Konzept die Eingebundenheit des/der Einzelnen in einen größeren umweltbezogenen Zusammenhang. Hier ist auch aus der Literatur zu vermuten, dass bestimmte Rahmenbedingungen einen großen Einfluss auf das jeweilige Verhalten der Menschen haben können (z. B. Situationen großer Unsicherheit, fehlende Wertschätzungen, mangelhafte Wohnverhältnisse etc.); gleichzeitig können aus der näheren Umwelt auch Ressourcen erwachsen, die ein kompetentes Tätigsein-Können ermöglichen bzw. fördern, wenn man sie zu nutzen weiß (z. B. Handlungsspielräume in Freizeit und Arbeit, Unterstützung durch Familie bzw. Partner).

Abbildung 1.2 erlaubt einen wiederum schematischen Blick auf wesentliche Einflussfaktoren der Beschäftigungsfähigkeit im oben beschriebenen Sinne. Es wird nach *personaler* und *situationsbezogener Ebene* unterschieden, wobei der jeweilige Grad der Beschäftigungsfähigkeit von der Interaktion beider Ebenen bestimmt wird. Eine Intervention zur Förderung der individuellen Beschäftigungsfähigkeit, sei es vom Betroffenen selbst veranlasst oder z. B. durch eine betriebliche Maßnahme, sollte also immer das Zusammenspiel von individuellen Voraussetzungen, hemmenden Rahmenbedingungen bzw. förderlichen und nutzbaren Ressourcen berücksichtigen, um nachhaltig wirksam zu sein.

Auf personaler Ebene wird noch eine Unterteilung nach eher *dispositionalen* und eher *prozessualen Charakteristika* vorgenommen. Die dispositionalen Charakteristika stellen die relativ überdauernden, stabilen Merkmale einer Person dar; so sind z. B. das Leistungs-

motiv und das soziale Anschlussmotiv eines Menschen sowie die Offenheit für Erfahrungen (Persönlichkeitseigenschaft) vielfach situationsunabhängig. Interessen (auch berufliche) sind ebenso relativ überdauernd und beeinflussen die Bereitschaft zu handeln. Ebenso werden wir mit bestimmten körperlichen Dispositionen zur Welt gebracht. Die prozessualen Charakteristika sind prinzipiell veränderbar bzw. auch in späteren Lebensabschnitten noch beeinflussbar. Hierzu gehören die fachlichen (nicht nur berufsbezogenen) und methodischen Fähigkeiten sowie die soziale Handlungsfähigkeit im Sinne von explizitem und implizitem Wissen und Fertigkeiten [19].

Weiterhin stellt – wie erwähnt – die gesundheitliche Handlungsfähigkeit (implizites und explizites Wissen sowie gesundheitsbezogene Fertigkeiten wie z. B. Entspannungstechniken) eine wichtige Komponente dar [11]. Durch die Handlungsbereitschaft wird die Handlungsfähigkeit zur Kompetenz. Handlungsbereitschaft ist aktiv gerichtet – man setzt sich Handlungsziele, weil eine bestimmte Erwartung damit verknüpft wird bzw. weil man interessiert ist. Allerdings wird diese Bereitschaft auch u. a. durch soziale bzw. gesetzliche Normen und weitere Rahmenbedingungen beeinflusst (z. B. den notwendigen Aufwand sowie die Verfügbarkeit von wichtigen Ressourcen). Handlungsbereitschaft ist auch eine Voraussetzung, um z. B. Handlungsspielräume bei der Arbeitsgestaltung oder Partizipationsmöglichkeiten ausfüllen zu können. Des Weiteren kommt eine personbezogene Bewältigungskomponente – die Resilienz – zum Tragen. Darunter wird gemeinhin die Stärke eines Menschen bezeichnet, kritische Lebensereignisse (z. B. schwere Krankheiten, längere Erwerbslosigkeit, Tod eines nahestehenden Familienmitglieds o. ä.) ohne dauerhafte Beeinträchtigung zu bewältigen. Das Konzept ist in der Kinderpädagogik prominent geworden und erfährt mittlerweile vereinzelt Beachtung in der betrieblichen Personalentwicklung [20, 23][5]. Einstellungen und Werte stellen die emotional-kognitive Komponente dar. Auch sie beeinflussen die Handlungsbereitschaft. Sie können gesundheitliche Schutzfunktionen haben (und positiv zur Resilienz beitragen), aber auch dysfunktional sein. Sie werden zwar auch als relativ überdauernd

---

4 „Gesund ist demnach, wer sich aktiv, planvoll und zielgerichtet in seiner Welt bewegt, wer sich weiterentwickelt und nicht auf seinem Entwicklungsstand verharrt. Gesund ist, wer sich vor dem Hintergrund langfristiger Zielsetzungen neue Handlungs- und Lebensbereiche durch Lernen erschließt" [5, S. 186].

5 Resilienz umfasst Problemlösefähigkeiten, Empathie, die Fähigkeit zur Selbstregulation und Übernahme von Verantwortung, ein aktives und flexibles Bewältigungsverhalten (z. B. die Fähigkeit, sich aktiv Hilfe zu holen bzw. von einer dysfunktionalen Situation innerlich zu distanzieren), eine optimistische, zuversichtliche Lebenseinstellung, einen realistischen Attribuierungsstil, ein hohes Selbstwertgefühl sowie Selbstvertrauen in die eigenen Fähigkeiten (Selbstwirksamkeitsüberzeugung) – vgl. dazu u. a. [23].

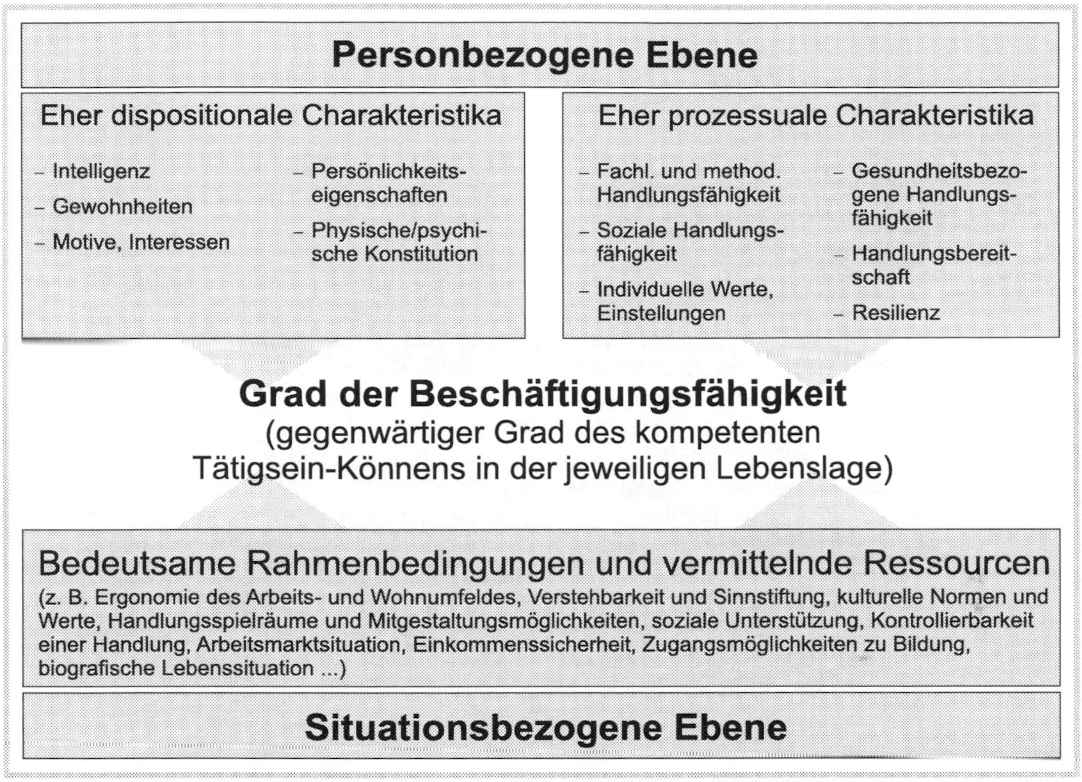

Personbezogene Ebene

Eher dispositionale Charakteristika

- Intelligenz
- Gewohnheiten
- Motive, Interessen
- Persönlichkeits-
  eigenschaften
- Physische/psychi-
  sche Konstitution

Eher prozessuale Charakteristika

- Fachl. und method.
  Handlungsfähigkeit
- Soziale Handlungs-
  fähigkeit
- Individuelle Werte,
  Einstellungen
- Gesundheitsbezo-
  gene Handlungs-
  fähigkeit
- Handlungsbereit-
  schaft
- Resilienz

Grad der Beschäftigungsfähigkeit
(gegenwärtiger Grad des kompetenten Tätigsein-Könnens in der jeweiligen Lebenslage)

Bedeutsame Rahmenbedingungen und vermittelnde Ressourcen

(z. B. Ergonomie des Arbeits- und Wohnumfeldes, Verstehbarkeit und Sinnstiftung, kulturelle Normen und Werte, Handlungsspielräume und Mitgestaltungsmöglichkeiten, soziale Unterstützung, Kontrollierbarkeit einer Handlung, Arbeitsmarktsituation, Einkommenssicherheit, Zugangsmöglichkeiten zu Bildung, biografische Lebenssituation ...)

Situationsbezogene Ebene

◘ **Abb. 1.2.** Personale und situationsbezogene Charakteristika der Beschäftigungsfähigkeit

und sozial beeinflusst angesehen, gelten aber prinzipiell als veränderbar (so setzt z. B. die kognitive Verhaltenstherapie bei Depression auf diesen Effekt). Wie schon skizziert, stehen jedoch die dispositionalen und prozessualen Charakteristika in Abhängigkeitsbeziehungen; so beeinflusst z. B. eine hoch ausgeprägte Introversion als Persönlichkeitseigenschaft die Fähigkeit, sich sozial kompetent zu verhalten. Ebenso stellt ein bedeutsamer Aspekt der sozialen Kompetenz – die Empathiefähigkeit – ein Merkmal der Resilienz dar. Aus Platzgründen wird an dieser Stelle auf eine weitere Erläuterung verzichtet – entsprechende Hinweise über bedeutsame Zusammenhänge finden sich z. T. in der zitierten Literatur. Wichtig ist, dass bei allen Interventionen zum Erhalt bzw. zur Förderung der individuellen Beschäftigungsfähigkeit die jeweiligen Rahmenbedingungen und nutzbaren Ressourcen, aber auch die individuellen Voraussetzungen bzw. Dispositionen – auch im Hinblick auf die Beanspruchungsbewältigung – berücksichtigt werden (differentielle Perspektive).

Zusammenfassend kann festgehalten werden, dass hier Beschäftigungsfähigkeit als kompetentes und gesundes Tätigsein-Können in allen Lebenslagen verstanden wird. Dabei werden die körperlichen und psychischen Ressourcen, die biografischen Herausforderungen, das soziale Umfeld mit seinen Ressourcen, kulturelle Rahmenbedingungen sowie ethische und wirtschaftliche Zusammenhänge berücksichtigt. Der Begriff umfasst alle Aspekte des Tätigseins – z. B. auch Erwerbslosigkeit, Hausarbeit und ehrenamtliche Aufgaben. Denn: genauso wenig, wie man nicht *nicht* kommunizieren kann, kann man nicht *nicht* tätig sein – man ist also immer in irgendeiner Form beschäftigt. Allerdings bestimmt die jeweilige Qualität des Tätigseins den Erhalt bzw. die Förderung der Fähigkeit, dauerhaft aktiv am wirtschaftlichen und sozialen Leben teilhaben zu können (s. o.). Das wird besonders deutlich hinsichtlich der eher geringen Verfügbarkeit förderlicher Ressourcen bei Erwerbslosigkeit [10]. Beschäftigungsfähigkeit rückt damit in die Nähe einer allgemeinen „Lebenstüchtigkeit". Um die weiter reichende Bedeutung des hier vorgestellten Begriffs der Beschäftigungsfähigkeit herauszuheben, sollte bei einer etwaigen Übertragung ins Englische nicht von employability, sondern z. B. von empowerment for activity gesprochen werden.

1.3 Grundlagen der strategischen Flexibilität von Unternehmen

Eine hohe individuelle Beschäftigungsfähigkeit der Mitarbeiter trägt entscheidend zur Flexibilität eines Unternehmens bei. Die weiteren Überlegungen erfolgen deshalb auf der Grundlage eines ressourcentheoretischen Konzepts der wirtschaftswissenschaftlichen Flexibilitätsforschung. Dabei sei angemerkt, dass in den wirtschafts- bzw. sozialwissenschaftlichen Disziplinen der Flexibilitätsbegriff durchaus vielschichtig ist und keineswegs auf ein allgemeingültiges Konzept zurückgegriffen werden kann [9].

Burmann [3] entwickelte auf der Basis der Wachstumstheorie von Penrose [14] ein Konzept zur Beschreibung der strategischen Flexibilität von Unternehmen. Demnach ist eine Unternehmung in erster Linie ein Ressourcenbündel mit der Absicht Gewinn zu erzielen. Dabei wird zwischen immateriellen Humanressourcen und physikalisch-materiellen Ressourcen unterschieden. Weiterhin zieht Burmann zur Abbildung des dynamisch-prozesshaften Geschehens den „dynamic capabilities"-Ansatz von Teece et al. [21] heran, auf dessen ausführliche Erläuterung jedoch hier verzichtet wird. Zwei wesentliche „Treiber" zur Steigerung der Flexibilität in einer Unternehmung werden in diesem Zusammenhang angenommen: Zum einen die *Replikationsfähigkeit* und zum anderen die *Rekonfigurationsfähigkeit*. Erstere umfasst die Fähigkeit, effektiv und effizient vorhandene Ressourcen im Unternehmen so einzusetzen, dass sich die Wertschöpfungsprozesse „ohne Reibungsverluste" optimal wiederholen lassen. Der durch weitgehend bekannte Aufgaben gekennzeichnete laufende Geschäftsbetrieb soll gut replizierbar sein, um Zeit- und Kostenvorteile nutzen zu können und Handlungsschnelligkeit zu erreichen [3]. Günstige Rahmenbedingungen dafür sind z. B. gesunde, erfahrene und gut qualifizierte Beschäftigte, ein gutes Sozialklima, etablierte Standards und Routinen, ein funktionierendes Qualitätsmanagement, störungsfreie Arbeitsmittel und eine geeignete Informations- und Kommunikationstechnik.

Auf der anderen Seite erweitert eine hohe Rekonfigurationsfähigkeit die Handlungsspielräume einer Unternehmung. Prozesse der Rekonfiguration haben eine umfassende Veränderung der Ressourcenausstattung des Unternehmens zur Folge und setzen voraus, dass im Unternehmen ein antizipativer Impuls dazu gesetzt werden kann. Das bedeutet eine gewisse Strategiekompetenz bei den Beschäftigten (nicht nur in der Führungsebene); weitere Voraussetzungen für eine hohe Rekonfigurationsfähigkeit sind günstige Rahmenbedingungen für organisationales Lernen, lernfähige und entsprechend motivierte Beschäftigte sowie eine optimale Verfügbarkeit von geeigneten Humanressourcen und materiellen Ressourcen. Vergleicht man die Voraussetzungen für die Replikations- und für die Rekonfigurationsfähigkeit, fällt auf, dass in beiden Bereichen fortlaufende Qualifizierung und Lernen eine bedeutsame Rolle spielen. Burmann [3, S. 42] merkt dazu an: „Das organisationale Lernen als Teil der Replikationsfähigkeit wird dabei eher analytisch (learning-before-doing), das organisationale Lernen als Teil der Rekonfigurationsfähigkeit hingegen eher als experimentell (doing-before-learning) beschrieben." Ein Unternehmen sollte nach den skizzierten Ansätzen darauf achten, stets eine gute Replikationsfähigkeit und eine gute Rekonfigurationsfähigkeit zu entwickeln. Ist bei einem Unternehmen z. B. nur die Replikationsfähigkeit gut ausgeprägt, kann es zwar sehr schnell und qualitativ hochwertig Innovationen kopieren, seine Marktbeständigkeit ist aber nicht unbedingt gesichert, da Produkt- oder Prozessinnovationen fehlen, die sich aus der Rekonfigurationsfähigkeit ergeben.

Bedeutsame Erkenntnisse von Burmann [3] aus der empirischen Anwendung bzw. Überprüfung seiner ressourcenbasierten Konzeption von Flexibilität sind z. B.,

- dass eine erhöhte strategische Flexibilität per se zu einer höheren Marktbewertung der Unternehmung führt,
- dass eine Entwicklungsperspektive zu berücksichtigen ist; Unternehmungen verringern nämlich in aller Regel im Laufe der Zeit ihre Fähigkeit zur Rekonfiguration (dies lässt sich sicherlich auch auf Volkswirtschaften übertragen – Anm. K. S.),
- dass Uneindeutigkeit bzw. ein intuitives Wissen im optimalen Ressourceneinsatz wohl am ehesten vor Kopierbarkeit schützt.

1.4 Beschäftigungsfähigkeit – eine wichtige Voraussetzung für die Flexibilität von Unternehmen

In ihrem Überblick zur Flexibilitätsforschung stellen Kaluza und Blecker [9, S. 19] fest, dass vernachlässigt wird, dass das Flexibilitätspotenzial neuer Technologien und Organisationsformen im Wesentlichen von den Fähigkeiten und Qualifikationen der Beschäftigten bestimmt wird und fordern eine stärker auf die Humanressourcen ausgerichtete Flexibilitätsforschung. Im Folgenden werden die Zusammenhänge zwischen der Beschäftigungsfähigkeit der Mitarbeiterinnen und Mitarbeiter und der Flexibilität eines Unternehmens dargestellt. Insbesondere wird untersucht, inwiefern einzelne Aspekte der individuellen Beschäftigungsfähigkeit zur Replikations- und Rekonfigurationsfähigkeit des Unternehmens beitragen. Dabei rücken die personbezogenen prozessualen Charakteristika der Beschäftigungsfähigkeit in den Vordergrund, da sie am ehesten – auch im betrieblichen Kontext – gestaltbar sind, was jedoch nicht heißen soll, dass dispositionale Persönlichkeitseigenschaften wie z. B. Zuverlässigkeit nicht einen ebenso bedeutsamen Beitrag zur Replikationsfähigkeit leisten können. Eine Übersicht über eine Auswahl von Zusammenhängen wird in Abbildung 1.3 gegeben (dickere Pfeile deuten dabei auf stärkere Zusammenhänge hin).

Demnach ist die gesundheitsbezogene Handlungsfähigkeit ein wesentlicher Baustein für Replikationsprozesse im Unternehmen im Sinne eines „reibungslosen" Geschäftsablaufs. Unternehmen mit hohen Krankenständen bzw. Fehlzeiten verlieren eine bedeutsame Grundlage ihrer Flexibilität. Resilienz als persönliche Stärke, z. B. unternehmensbezogene Veränderungsprozesse oder andere kritische Ereignisse zu bewältigen, leistet einen besonderen Beitrag zur Rekonfigurationsfähigkeit. Bei der fachlichen und methodischen Handlungsfähigkeit kommt es natürlich ganz auf den jeweiligen Wissensinhalt an, welche Beiträge zur Replikation bzw. Rekonfiguration geleistet werden können; generell sorgt aber ein guter fachlicher Ausbildungsstand der Belegschaft für eine enorme Replikationsfähigkeit; bereits in Abschnitt 1.3 ist die Bedeutung des (organisationalen) Lernens sowie dafür günstiger Rahmenbedingungen thematisiert worden. In Unternehmen sollte dabei auch immer berücksichtigt werden, dass beschäftigte Personen über eine Vielzahl nicht nur berufsbezogener fachlicher und methodischer Fähigkeiten verfügen, die sie z. B. in Hobby und Freizeit

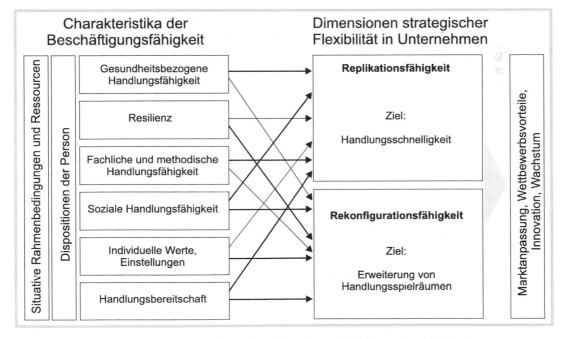

◻ Abb. 1.3. Zusammenhänge zwischen Beschäftigungsfähigkeit und strategischer Unternehmensflexibilität

1

perfektionieren. Erfolgreiche Unternehmen verstehen es, diese sinnvoll einzubinden.

Eine hoch ausgebildete soziale Handlungsfähigkeit der Beschäftigten ist ein wichtiger „Katalysator" für Unternehmensprozesse der Replikation und Rekonfiguration; Beschäftigte, die angemessen kommunizieren können und auch die Bedürfnisse anderer berücksichtigen können, gestalten nicht nur Arbeitsprozesse effektiver für alle Beteiligten, sondern verhindern auch eher Missverständnisse und soziale Konflikte. Diese werden durch die jeweiligen Einstellungen und Werte der Akteure eines Unternehmens entweder begünstigt oder vermieden. Viele übereinstimmende Werte sind eine gute Grundlage für eine Vertrauenskultur im Unternehmen und reduzieren Transaktionskosten (z. B. durch weniger Kontrollroutinen, schnellere Entscheidungsprozesse). Dies ist sehr bedeutsam sowohl für einen effizienten Geschäftsablauf als auch für die schnelle Anpassung eines Unternehmens an Marktveränderungen. Handlungsbereitschaft ist der umsetzungsrelevante Aspekt der Beschäftigungsfähigkeit; er bezieht sich auf all die Fähigkeiten und Fertigkeiten, die die Akteure des Unternehmens aktiv einbringen, wenn die Rahmenbedingungen dafür stimmen. Hier steht der aktive Aspekt im Vordergrund: eigenverantwortliches Handeln sowie Ziele setzen zu können (und wollen). Es geht letztlich auch darum, Wissen nutzbar machen und durch Lernbereitschaft weiterzuentwickeln. Dies impliziert hohe Beiträge sowohl für die Replikations- als auch für die Rekonfigurationfähigkeit.

Bei der Gegenüberstellung in Abbildung 3 muss allerdings berücksichtigt werden, dass es sich bei der Beschäftigungsfähigkeit um ein individuenbezogenes, bei der strategischen Flexibilität jedoch um ein kumulatives Konzept handelt. Kennzahlen für unternehmensbewertende Zwecke zur Beschäftigungsfähigkeit der Mitarbeiterinnen und Mitarbeiter können aber durchaus z. B. aus aggregierten Befragungsdaten gewonnen werden (vgl. Abschnitt 1.5).

Wie kann nun im betrieblichen Kontext die Beschäftigungsfähigkeit, die letztlich Beiträge zur unternehmerischen Flexibilität leistet, gefördert werden? Es geht hier in erster Linie um geeignete Rahmenbedingungen und um Ressourcenaktivierung im betrieblichen Setting, um so z. B. Fachkompetenz, Handlungsbereitschaft, Bewältigungsfähigkeiten und die Gesundheit insgesamt positiv zu beeinflussen. Ein paar Beispiele seien hier genannt (vgl. dazu u. a. [18] und [22]):

- Integration von Gesundheitszielen in das strategische Management
- Förderung der Organisationskultur, des Vertrauens und des sozialen Zusammenhaltes im Unternehmen
- Beanspruchungsoptimale und lernförderliche Aufgabengestaltung
- personspezifische Weiterbildungsprogramme
- Wissensmanagement (z. B. durch Patenprogramme)
- partizipative Arbeits- und Arbeitszeitgestaltung
- Ermutigung zum eigenverantwortlichen Handeln und Ermöglichung desselben (Autonomie und Handlungsspielräume)
- Fairness und Gerechtigkeit im Betrieb
- Angebote betrieblicher Gesundheitsförderung
- ergonomische Arbeitsplätze und Sicherstellung des Arbeitsschutzes

Gleichwohl sollten an Flexibilität interessierte Unternehmen sich auch dafür einsetzen, dass gesellschaftliche Rahmenbedingungen zur Förderung der Beschäftigungsfähigkeit (z. B. Vereinbarkeit von Familie und Beruf, Zugang zu Bildung, Voraussetzungen für eine aktivere und eigenverantwortliche Lebensführung) ausgebaut werden. Eine hohe Beschäftigungsfähigkeit der Bevölkerung im hiesigen Verständnis erhöht die Flexibilität von Wirtschaft und Gesellschaft im „gesunden" Sinn – an dieser Stelle ist die doppelte Bedeutung beabsichtigt.

In den folgenden Studien werden die hier dargestellten Begründungszusammenhänge empirisch belegt: Bereits 1989 konnte Meißner nachweisen, dass Anforderungswechsel, Wichtigkeit (Sinn), Autonomie sowie Offenheit in der Kommunikation und Partizipationsmöglichkeiten die Förderung von Innovationen in Unternehmen bewirken [12]. Auf die Risiken bei Lean Management und Outsourcing hinsichtlich Flexibilität und Innovationsfähigkeit nicht zuletzt aufgrund höherer Transaktionskosten durch die abhanden gekommenen immateriellen Ressourcen weisen verschiedene Studien hin (z. B. [6] und [7]). Im anglo-amerikanischen Raum konnten Cascio [4] sowie O'Toole und Lawler [13] belegen, dass erfolgreiche und vor allem *marktbeständige* Unternehmen mehr in Humanressourcen investieren und ihre Prozesse partizipativer gestalten.

Unternehmensseitige Investitionen in die Beschäftigungsfähigkeit sind somit auch immer Investitionen in die Erhöhung der Flexibilität des Unternehmens und tragen mittel- bis langfristig zum Ausbau der Wettbewerbsfähigkeit bei. Weitere Beispiele aus der betrieblichen Praxis zu positiven Zusammenhängen zwischen Maßnahmen zur Förderung der Beschäftigungsfähigkeit und der Verbesserung der Performance eines Unternehmens befinden sich z. B. auf dem Internetportal *www.good-practice.org* sowie unter *www.inqa.de*.

Da es bislang auch in den Wirtschaftswissenschaften kein dezidiertes und allgemeingültiges Modell zur Messung und Bewertung der Flexibilität von Unternehmen gibt [9], kann zumindest für den Bereich der so genannten immateriellen Humanressourcen zur Einschätzung der unternehmerischen Flexibilität auf Bewertungsinstrumente zur Beschäftigungsfähigkeit zurückgegriffen werden. Diese haben somit auch eine Indikatorfunktion für unternehmerische Flexibilität. Es sollte jedoch nicht übersehen werden, dass es noch weitere Bestimmungsfaktoren für die Steigerung des Unternehmenserfolgs und der Wettbewerbsfähigkeit gibt.

1.5 Welche geeigneten „Gradmesser" gibt es?

An dieser Stelle geht es nicht in erster Linie um die Feststellung bzw. Messung der individuellen Beschäftigungsfähigkeit, sondern vielmehr darum, wie ein Unternehmen erkennen kann, ob und wie es hinsichtlich seiner strategischen Flexibilität „aufgestellt" ist und gegebenenfalls welcher Handlungsbedarf sich daraus ergibt. Für die Charakteristika der individuellen Beschäftigungsfähigkeit kann mittlerweile auf eine Vielzahl von unterschiedlichen Messinstrumenten zurückgegriffen werden. Allerdings überwiegt dabei meist die Messung von Teilaspekten, bei denen nicht zwangsläufig die Eingebundenheit in den größeren Bezugsrahmen berücksichtigt wird. Einige lassen sich jedoch gut in das hier diskutierte Konzept integrieren, da sie aus einem ähnlichen meta-theoretischen Paradigma entwickelt wurden. Wichtig ist hierbei auch, dass aus einem etwaigen „Messergebnis" geeignete Maßnahmen abgeleitet werden können.

In jüngerer Zeit erfährt der Work Ability Index[6] [8] eine gewisse Popularität, um den vorrangig gesundheitsbezogenen Grad der Arbeitsfähigkeit von Beschäftigten festzustellen. In diversen Forschungsprojekten wird der Work Ability Index zusammen mit weiteren Instrumenten verwendet, um ein ganzheitlicheres Bild der individuellen Beschäftigungsfähigkeit zu erhalten. Hier kommen hauptsächlich subjektive Verfahren zum Tragen, wie z. B. die Salutogenetische Subjektive Arbeitsanalyse (SALSA) [16] sowie diverse Verfahren der Kompetenz prüfenden Eignungsdiagnostik und

Verfahren zur Erfassung von Bewältigungsstilen. Bei deren Einsatz sollte jedoch immer darauf geachtet werden, dass die betrieblichen Rahmenbedingungen sowie weitere fördernde bzw. hemmende Aspekte der Beschäftigungsfähigkeit, z. B. aus dem sozialen Umfeld oder der Freizeit, ausreichend berücksichtigt werden.

Für viele Unternehmen ist es aus Gründen der Akzeptanz wichtig, dass sich etwaige Erhebungen in die gelebte betriebliche Praxis integrieren lassen und sich der Aufwand in vertretbaren Grenzen hält. Andererseits besteht oftmals die Bereitschaft, einen weitaus größeren Aufwand bei vorrangig betriebswirtschaftlich orientierten Erhebungen zuzulassen – hier sei auf die bereits erörterten Zusammenhänge als Argumentationshilfe verwiesen. Wenn Unternehmen bereits mit der Balanced Scorecard als Steuerungsinstrument arbeiten, ist dies eine gute Voraussetzung, die vorgestellten Ansätze entsprechend zu integrieren.

Äußerst ökonomisch wäre im hier behandelten Kontext eine Erfassung bedeutsamer „Leit-Indikatoren" für Beschäftigungsfähigkeit und deren Beziehung zum unternehmerischen Erfolg. Hierzu ist in jüngerer Vergangenheit das Sozialkapital in Verbindung mit wichtigen arbeitsgestalterischen Ressourcen (Handlungsspielräume, Partizipationsmöglichkeiten usw.) diskutiert worden [2]. Mit dem ProSoB-Projekt konnte hierzu eine weitere Lücke geschlossen werden (vgl. dazu die Ausführungen in diesem Band) und somit ein weiteres Instrument für Unternehmen zur Verfügung gestellt werden, das sich mit prozessbezogenen betrieblichen Kennzahlen verbinden lässt.

Beschäftigungsfähigkeit wird wohl immer ein multidisziplinärer Betrachtungsgegenstand bleiben, dem verschiedene Paradigmen unterlegt werden. Allerdings lassen sich durchaus breite Schnittmengen vieler Ansätzen feststellen. Hier ist ein gewisser Pragmatismus beim Einsatz von Methoden und Instrumenten gefordert, wenn bestimmte Grundprinzipien berücksichtigt werden, die im folgenden Abschnitt nochmals zusammengefasst werden. Beispiele für einen pragmatischen Umgang mit der Erfassung von Beschäftigungsfähigkeit lassen sich in den Instrumenten des Projekts „Beschäftigungsfähigkeit im Betrieb" der Technologieberatungsstelle NRW finden[7].

Trotz aller Rücksichtnahme auf die betriebliche Praktikabilität sind neben der generellen Eignung der Indikatoren weitere Anforderungen an Kennzahlensysteme zu stellen, um wirksame Steuerungsinstrumente

---

6 Eine Online-Version ist verfügbar unter: http://www.arbeits faehigkeit.net.

7 Ein so genannter UnternehmensCheck sowie ein Selbst-Check zur Beschäftigungsfähigkeit wurde unter http://www. demobib.de/bib bereitgestellt.

1

für Unternehmen zu erhalten. Hier sind insbesondere zu nennen:

- Aktualität (sollte immer auf dem neuesten Stand sein bzw. gehalten werden können)
- Präzision bei der Verabredung der Indikatoren
- Standardisierung bei der Ermittlung, um Vergleichbarkeit zu erreichen
- Eindeutigkeit (sollte keine Fehlinterpretationen zulassen)
- Anpassungsfähigkeit
- Durchführungsökonomie

1.6   Fazit und Ausblick

Dieser Beitrag erläutert den Begriff der Beschäftigungsfähigkeit umfassend und lebensweltbezogen. Die Verankerung in einem handlungstheoretischen und salutogenetischen Kontext erlaubt stärker abgestimmte und Politikfelder übergreifende Interventionen zum Erhalt bzw. zur Förderung der Beschäftigungsfähigkeit – und zwar nicht nur für die erwerbstätige Bevölkerung.

Eine nach diesem Verständnis hoch ausgeprägte Beschäftigungsfähigkeit der Akteure im Unternehmen unterstützt die betriebliche Replikations- und Rekonfigurationsfähigkeit. Beschäftigungsfähigkeit ist also ein bedeutsamer Indikator für die strategische Flexibilität eines Unternehmens (allerdings nicht der einzige). Investitionen in Maßnahmen zur Förderung der Beschäftigungsfähigkeit sind somit zugleich auch Investitionen zur Verbesserung der Flexibilität eines Unternehmens. Jedoch sollte insgesamt darauf geachtet werden, dass nicht nur die vermeintlichen „Eliten" in den Unternehmen hinsichtlich ihrer Beschäftigungsfähigkeit gefördert werden – das wäre vor dem Hintergrund des hier Erörterten ökonomisch zu kurz gedacht.

Ferner ist deutlich geworden, dass man Beschäftigungsfähigkeit nicht nur individuell betrachten kann; sie ist das fortlaufende Resultat einer Interaktion aus persönlichen Voraussetzungen und Dispositionen sowie sozialen Prozessen und weiteren Rahmenbedingungen. Daher können die meisten Maßnahmen zur Förderung der Beschäftigungsfähigkeit – sei es von einem selbst oder durch staatliche bzw. betriebliche Programme veranlasst – nur wirksam sein, wenn sie diese größere Eingebundenheit berücksichtigen. Das dürfte jedem von uns z. B. bei der Umsetzung des vergleichsweise wenig komplex anmutenden Vorsatzes, zukünftig zur Steigerung der allgemeinen Fitness mehr Ausdauersport zu betreiben, besonders einleuchten. Leider wird jedoch oftmals das Scheitern solcher Vorhaben eher dem Individuum und nicht der Situation bzw. den äußeren

Umständen zugeschrieben – selbiges ist auch bei nicht erfolgreichen Qualifizierungsmaßnahmen für Erwerbslose zu erwarten, die im Allgemeinen ohnehin schon mit einem Stigma versehen sind.

Das erweiterte Verständnis von Beschäftigungsfähigkeit kann als Rahmenmodell nicht nur für die Verbesserung unternehmensbezogener Flexibilität, sondern auch für die vielfach diskutierte gesellschaftsbezogene Flexicurity dienen. Die Menschen sollten als sozial verankerte Gestalter begriffen werden, die ihre Interessen und Fähigkeiten einbringen und ausbauen wollen, um sinnvoll tätig sein zu können und dadurch auch gesund und vital zu bleiben. Das setzt voraus, dass die erforderlichen gesellschaftlichen Rahmenbedingungen und Ressourcen für die unterschiedlichen Lebensphasen der Menschen zur Verfügung stehen. Anhaltspunkte dazu sind u. a. hier gegeben worden. Ein hoher Grad an Beschäftigungsfähigkeit lässt sich z. B. auch dann ausmachen, wenn „aktive Ältere" ehrenamtlich ein soziales, stadtteilbezogenes Wohnbetreuungsprojekt organisieren und bewirtschaften.

Die Ausführungen zum Zusammenhang zwischen Beschäftigungsfähigkeit und Unternehmensflexibilität lassen erkennen, dass es in diesem Feld noch weiteren Forschungsbedarf gibt. Dabei geht es nicht nur um die fortlaufende Validierung der Begründungszusammenhänge, sondern auch konkret um Operationalisierungsfragen zum vorgestellten Konzept der Beschäftigungsfähigkeit sowie zur unternehmensbezogenen Replikations- und Rekonfigurationsfähigkeit. Weiterhin ist es für die Unternehmenspraxis interessant, was betrieblich nutzbare und geeignete Kennzahlen bzw. Indikatoren für die aufgezeigten Zusammenhänge sind. Die Evaluation betrieblicher Erfahrungen aus dem ProSoB-Projekt sowie anderer Forschungsvorhaben sind hier vielversprechend. Auch wenn in diesem Beitrag für individuell abgestimmte Förderkonzepte zur Beschäftigungsfähigkeit plädiert wird, können sicherlich bestimmte Typen von Beschäftigungsfähigkeit definiert werden, um die Auswahl geeigneter Interventionsansätze zu vereinfachen. Bislang überwiegen eher beschreibende als erklärende Modelle – hier könnte z. B. eine weitere Verknüpfung zur Arbeitslosigkeitsforschung sowie zur altersbezogenen Resilienzforschung sinnvoll sein

Im Vorangegangenen wurde dargestellt, welchen Nutzen die Förderung der individuellen Beschäftigungsfähigkeit auf die (strategische) Flexibilität eines Unternehmens hat. Der darüber hinausgehende (auch gesellschaftliche) Nutzen darf nicht außer Acht gelassen werden, z. B. im Hinblick auf Phasen der Erwerbslosigkeit oder der Verrentung. Dieser Beitrag legt jedoch den Schwerpunkt auf die Bewertung des ökonomischen Nutzens und nimmt grundlegende Einordnungen zum Konzept der Beschäftigungsfähigkeit vor. Die weitere Beschäftigung mit geeigneten Kennzahlen sowie deren betriebswirtschaftlicher Verknüpfung bleibt nachfolgenden Beiträgen vorbehalten. Nicht nur die „Szene" der Arbeits- und Gesundheitswissenschaften darf gespannt auf die betriebliche und außerbetriebliche Umsetzung sein. Die Förderung und der Erhalt der Beschäftigungsfähigkeit sind – wie gezeigt werden konnte – interdisziplinär und Politikfelder übergreifend.

Literatur

[1]   Antonovsky A (1997) Salutogenese. Zur Entmystifizierung der Gesundheit. Dgvt, Tübingen

[2]   Badura B (2008) Das Sozialkapital von Organisationen: Grundlagen betrieblicher Gesundheitspolitik. In: Kirch W, Badura B, Pfaff H (Hrsg) Prävention und Versorgungsforschung. Springer, Berlin, S 3–34

[3]   Burmann C (2005) Strategische Flexibilität und der Marktwert von Unternehmen. In: Kaluza B, Blecker T (Hrsg) Erfolgsfaktor Flexibilität. Strategien und Konzepte für wandlungsfähige Unternehmen. Schmidt, Berlin, S 29–53

[4]   Cascio WF (2005) Managing human resources: productivity, quality of work life, profits. McGraw-Hill, Columbus

[5]   Ducki A, Greiner B (1992) Gesundheit als Entwicklung von Handlungsfähigkeit – Ein „arbeitspsychologischer Baustein" zu einem allgemeinen Gesundheitsmodell. In: Zeitschrift für Arbeits- und Organisationspsychologie 4: S 184–189

[6]   Hanser P (1993) Marketing-Outsourcing. Schlankheitskur mit Risiko. In: Absatzwirtschaft 8, S 34–39

[7]   Hinterhuber HH, Stuhec U (1997) Kernkompetenzen und strategisches In-/Outsourcing. In: Zeitschrift für Betriebswirtschaft, Ergänzungsheft Marketing 1, S 1–20

[8]   Ilmarinen J, Tempel J (2002) Arbeitsfähigkeit 2010. Was können wir tun, damit Sie gesund bleiben? VSA, Hamburg

[9]   Kaluza B, Blecker T (2005) Flexibilität – State of the Art und Entwicklungstrends. In: Kaluza B, Blecker T (Hrsg) Erfolgsfaktor Flexibilität. Strategien und Konzepte für wandlungsfähige Unternehmen. Schmidt, Berlin, S 1–25

[10]   Kieselbach T, Beelmann G (2006) Arbeitslosigkeit und Gesundheit: Stand der Forschung. In: Hollederer A, Brand H (Hrsg) Arbeitslosigkeit, Gesundheit und Krankheit. Huber, Bern, S 13–31

[11]   Kriegesmann B, Kottmann M, Masurek L et al (2005) Kompetenz für eine nachhaltige Beschäftigungsfähigkeit. Bremerhaven, Wirtschaftsverlag NW (Schriftenreihe der Bundesanstalt für Arbeitsschutz und Arbeitsmedizin: Forschungsbericht, Fb 1038)

[12]   Meißner W (1989) Innovation und Organisation: Die Initiierung von Innovationsprozessen in Organisationen. Stuttgart: Verlag für Angewandte Psychologie

[13]   O'Toole J, Lawler EE (2006) The New American Workplace. Palgrave-Macmillan, New York

[14]   Penrose ET (1959) The Theory of the Growth of the Firm. Wiley & Sons, New York

[15]   Richenhagen G (2007) Altersgerechte Personalarbeit: Employability fördern und erhalten. In: Personalführung 7: S 35–47

[16]   Rimann M, Udris I (1997) Subjektive Arbeitsanalyse: Der Fragebogen SALSA. In: Strohm O, Ulich E (Hrsg) Unternehmen arbeitspsychologisch bewerten. Ein Mehr-Ebenen-Ansatz unter besonderer Berücksichtigung von Mensch, Technik und Organisation. Vdf Hochschulverlag, Zürich, S 281–298

[17]   Seiler K (2004) Interorganisationale Kooperationsnetzwerke im Anwendungsfeld 'Sicherheit und Gesundheit bei der Arbeit'. Wirtschaftsverlag NW, Bremerhaven (Schriftenreihe der Bundesanstalt für Arbeitsschutz und Arbeitsmedizin: Forschungsbericht, Fb 1031)

[18]   Seiler K, Tielsch R, Müller, BH (2002) Gesundheitsförderliche und effiziente Arbeitsgestaltung für Service Center der öffentlichen Verwaltung. In: Kastner M (Hrsg) Call Center – Nützliche Dienstleistung oder Sklavengaleere? Call Center mit Blick auf Krisen- und Notsituationen. Pabst, Lengerich

[19]   Staudt E, Kailer N, Meier AJ et al (1997) Kompetenz und Innovation – Eine Bestandsaufnahme jenseits von Personalentwicklung und Wissensmanagement. IAB, Bochum

[20]   Sonnenmoser M (2006) Coping, Hardiness, Resilienz und Selbstwirksamkeit: Nur ein neuer Name für bekannte Konzepte? In: Personalführung 4

[21]   Teece DJ, Pisano G, Shuen A (1997) Dynamic capabilities and strategic management. In: Strategic Management Journal Vol 18, p 509–533

[22]   Wieland R (2006) Gesundheitsförderliche Arbeitsgestaltung – Ziele, Konzepte und Maßnahmen. In: Kompetenzzentrum für Fortbildung und Arbeitsgestaltung (Hrsg) Wuppertaler Beiträge zur Arbeits- und Organisationspsychologie – Themenschwerpunkt Betriebliches Gesundheitsmanagement. Bergische Universität (Eigenverlag), Wuppertal, S 2–43

[23]   Werner EE (2000) Protective factors and individual resilience. In: Shonkoff JP, Meisels J (eds) Handbook of early childhood intervention. Cambridge University Press, Cambridge, p 115–132

Kapitel 2

Möglichkeiten der Erfassung und Entwicklung von Unternehmenskultur

S. A. Sackmann

Zusammenfassung. *Unternehmenskultur leistet einen wichtigen Beitrag zur Mitarbeiter- und Unternehmensleistung. Eine Reihe von Untersuchungen weisen auf die Bedeutung dieses Zusammenhangs hin. Daher ist es sinnvoll, sich aktiv mit der Unternehmenskultur auseinanderzusetzen. Sie zu erfassen und zu entwickeln ist sehr komplex, da Unternehmenskultur mehrdimensional und auf verschiedenen Ebenen mehr oder weniger sichtbar verankert ist. In diesem Beitrag wird zunächst dargelegt, was man unter Kultur im Kontext von Unternehmen oder Organisationen versteht. Da eine aktive Auseinandersetzung mit Unternehmenskultur eine Kenntnis der vorhandenen Kultur voraussetzt, werden Möglichkeiten zur Erfassung von Unternehmenskultur sowie die damit verbundenen Herausforderungen vorgestellt. Abschließend werden Möglichkeiten für die Entwicklung und Veränderung von Unternehmenskultur aufgezeigt.*

2.1 Einführung

Woran kann es liegen, dass in einigen Unternehmen Mitarbeiter und Führungskräfte hohen Einsatz und hohe Leistung erbringen, während in anderen Unternehmen oder Organisationen der Krankenstand im Vergleich zur Branche überproportional hoch ist, die Mitarbeiter weniger Leistungsbereitschaft zeigen und über Stress klagen? Eine mögliche Ursache ist in der jeweiligen Kultur der Unternehmen begründet. Diese kann je nach Ausprägung Mitarbeiter zu Hochleistungen bringen [3] oder aber auch das Gegenteil bewirken und im wahrsten Sinne des Wortes „krank" machen. So zeigt z. B. eine interne Studie der Bertelsmann AG, dass eine mitarbeiterorientierte Führung zu hoher Identifikation mit der Arbeit und dem Unternehmen führt und die Mitarbeiter dabei keinerlei Stress empfinden, während in Firmen, bei denen die mitarbeiterorientierte Führung gering ausgeprägt ist, bei gleicher Arbeitsbelastung auch die Identifikation mit Arbeit und Unternehmen gering ist und die Arbeitsbelastung als Stress empfunden wird [1]. Eine Reihe weiterer empirischer Studien weisen auf die Bedeutung von Unternehmenskultur für Mitarbeiter und Unternehmensleistung hin [4]. Diese Ergebnisse legen nahe, dass es sinnvoll ist, sich aktiv mit der Unternehmenskultur auseinanderzusetzen.

2.2 Was versteht man unter Unternehmenskultur?[1]

Es gibt eine Reihe unterschiedlicher Definitionen für Unternehmenskultur. Praktiker umschreiben Unternehmenskultur u. a. als „den Geist und Stil des Hauses", als „das, wofür das Unternehmen steht" oder „so, wie man es bei uns macht". Etwas differenzierter definieren wir Kultur im Kontext von Unternehmen als:

Die von einer Gruppe gehaltenen grundlegenden Überzeugungen, die deren Wahrnehmung, Denken, Fühlen und Handeln maßgeblich beeinflussen und die insgesamt typisch für die Gruppe sind.

Diese Definition hat eine Reihe von Implikationen für den Umgang mit Unternehmenskultur. Zunächst einmal besteht der Kern der Unternehmenskultur aus **grundlegenden Überzeugungen**. Die Mitarbeiter sind sich dieser grundlegenden Überzeugungen nicht mehr bewusst, betrachten diese als selbstverständlich und handeln entsprechend. Das heißt, das Zentrale der Unternehmenskultur ist in den Köpfen der Mitarbeiter und Führungskräfte verankert und damit nicht sichtbar, sondern nur indirekt zugänglich. Diese grundlegenden Überzeugungen steuern die Wahrnehmung, das Denken, Fühlen und Handeln von Mitarbeitern und Führungskräften.

Auch wenn in der Regel von *der* Unternehmenskultur gesprochen wird, ist Kultur nicht an einer Person allein feststellbar, sondern ein kollektives Phänomen, das sich auf Gruppen von Menschen bezieht. Das heißt, je größer eine Organisation oder ein Unternehmen ist, desto größer ist auch die Wahrscheinlichkeit, dass Subkulturen existieren. Generell entstehen Subkulturen häufig entlang organisatorischer Schnittstellen und werden von starker Interaktion innerhalb der Gruppe bei gleichzeitiger Abgrenzung zu anderen gefördert. „Wir" versus „die anderen" sind typische Manifestationen von Subkulturen. Je nach Organisation kann es abteilungsspezifische Subkulturen geben oder Subkulturen, die sich nach Funktionszugehörigkeit, Profession, Alter der Mitarbeiter, Zugehörigkeitsdauer zum Unternehmen, Standort, Geschlecht oder Ethnik herausbilden.

Typische Subkulturen in Krankenhäusern stellen z. B. die Bereiche Administration, Pflegepersonal und Ärzteschaft dar [8].

Dass solche Subkulturen existieren, ist generell weder gut noch schlecht. Die zentrale Frage ist, wie sie sich zueinander verhalten. Sie können sich sinnvoll ergänzen, wie es bei einem funktionalen Organisationsdesign gewünscht ist. Sie können durchaus sinnvoll unabhängig voneinander agieren, wie z. B. bei Tochtergesellschaften einer Holding, die in unterschiedlichen Geschäftsfeldern tätig sind. Sie können aber auch unabhängig voneinander oder gar gegeneinander agieren, obwohl sie sich, wie z. B. im Rahmen einer funktionalen Organisation, ergänzen sollten. Erst eine nähere Analyse der bestehenden Unternehmenskultur mit ihren Subkulturen kann über die Funktionalität der bestehenden Subkulturen für das Unternehmen Auskunft geben.

Ein weiteres zentrales Merkmal der Unternehmenskultur besteht darin, dass sie in der Regel in einer Reihe von Manifestationen in Form von Artefakten sichtbar wird. Hierzu zählen z. B. Gebäude, Schriftstücke, Produkte, Dienstleistungen, aber auch verbales und nonverbales Verhalten sowie Regeln und gezeigte oder deklarierte Werte. Je älter eine Organisation ist, desto mehr hat sie von diesen Kulturmanifestationen, deren Bedeutung allerdings erst durch die Kenntnis der dahinterliegenden grundlegenden Überzeugungen entschlüsselt werden kann. All diese Komponenten von Unternehmenskultur – die grundlegenden Überzeugungen, verbales und nonverbales Verhalten, die damit assoziierten Emotionen und die Artefakte – sind miteinander verknüpft, was speziell bei einem Entwicklungs- oder Veränderungsprozess berücksichtigt werden muss (s. auch Abb. 2.1).

Eine häufig gestellte Frage ist, woher Unternehmenskultur kommt. Sie wird nicht „erfunden", sondern basiert i. d. R. auf den grundlegenden Überzeugungen des Gründers oder des Gründerteams. Diese haben sich bis zum Zeitpunkt der Unternehmensgründung durch die gesamten positiven und kritischen Erfahrungen entwickelt. Welche Unternehmensidee soll verwirklicht werden? Wie will man die Zusammenarbeit mit den Kollegen gestalten? Wer passt ins Unternehmen, wer nicht? Wie laufen „gute" Entscheidungsprozesse ab? Welche Organisationsform betrachtet man als „die beste" für den Geschäftszweck? Die Antworten auf all diese Fragen basieren auf den grundlegenden Überzeugungen und führen zu ganz konkreten Ausgestaltungen der Unternehmenskultur.

Kurz nach der Unternehmensgründung muss trotz des generellen Rahmens der noch zeitlich jungen Unternehmenskultur jede Entscheidung zum ersten Mal

---

1 Während sich Unternehmenskultur auf Kultur im Kontext von Unternehmen bezieht, kann Organisationskultur als generischer Begriff verstanden werden, der sowohl Kultur im Kontext von For-profit- als auch Not-for-profit-Unternehmen umfasst. Daher sind beide Begriffe – Organisationskultur und Unternehmenskultur – je nach Organisationskontext im Rahmen dieses Beitrags austauschbar.

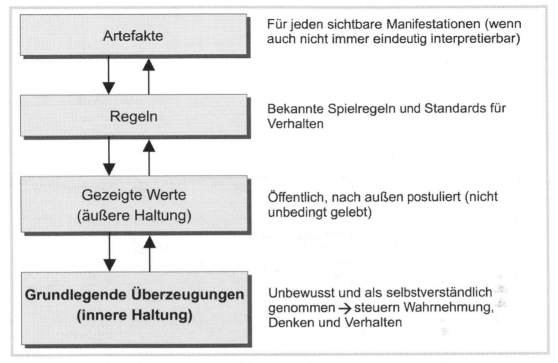

Artefakte	Für jeden sichtbare Manifestationen (wenn auch nicht immer eindeutig interpretierbar)
Regeln	Bekannte Spielregeln und Standards für Verhalten
Gezeigte Werte (äußere Haltung)	Öffentlich, nach außen postuliert (nicht unbedingt gelebt)
Grundlegende Überzeugungen (innere Haltung)	Unbewusst und als selbstverständlich genommen → steuern Wahrnehmung, Denken und Verhalten

■ **Abb. 2.1.** Ebenen und Komponenten von Unternehmenskultur

gefällt und eine Reihe operativer wie auch strategischer Themen bearbeitet werden. Zu diesem Zeitpunkt ist das Verhalten der Organisationsmitglieder unterdeterminiert, d. h. für jede Aufgabe und jedes Problem muss erst eine geeignete Lösung erarbeitet werden. Hat sich über die Jahre ein Erfahrungsschatz angesammelt, dann wird das Verhalten im Unternehmen zum Teil überdeterminiert: Für jedes Problem gibt es eine Reihe erprobter Lösungen, die mit der Zeit zur Routine geworden sind und quasi automatisch angewandt werden.

2.3 Möglichkeiten der Erfassung von Unternehmenskultur und die damit verbundenen Herausforderungen

Will man die Kultur eines Unternehmens erfassen, stellen sich zur generellen Komplexität von Unternehmenskultur vier zentrale Herausforderungen, die aus der oben dargestellten Charakterisierung von Unternehmenskultur folgen. Es sind

- die verschiedenen Ebenen und Komponenten von Unternehmenskultur und ihre Vernetzung,
- die Selbstverständlichkeit von Unternehmenskultur,

- ihre möglichen Subkulturen sowie
- eine Bewertung der vorhandenen (IST-)Kultur.

Jede Erfassung von Unternehmenskultur muss sich daher mit diesen vier Herausforderungen befassen und sie entsprechend berücksichtigen.

2.3.1 Ebenen und Komponenten von Unternehmenskultur

Aufgrund der **unterschiedlichen Ebenen und Komponenten** von Unternehmenskultur, die in Abbildung 2.1 dargestellt sind, können Manifestationen wie auch Regeln, Regularien und Vorschriften direkt beobachtet werden und sind daher leicht erfassbar, doch schwer interpretierbar. Werte, die auf Hochglanzbroschüren kommuniziert werden, sind sichtbar, spielen jedoch im Unternehmensalltag eventuell gar keine Rolle, wenn sie z. B. nicht gelebt werden. Die grundlegenden Überzeugungen geben Aufschluss darüber, wie die sichtbaren Manifestationen in einem Unternehmen konkret interpretiert werden. Leider sind sie nicht direkt beobachtbar und daher auch nicht direkt zugänglich. Sie können nur indirekt erfasst werden.

2

Bei der Erfassung von Unternehmenskultur ist zusätzlich zu berücksichtigen, dass diese unterschiedlichen Komponenten miteinander vernetzt sind und sich gegenseitig verstärken. Die bei der Gründung beeinflussenden grundlegenden Überzeugungen führen zu bestimmten Manifestationen wie Organisationsdesign, Entscheidungsverhalten, Arbeitsabläufen und -Prozessen, einer spezifische Art der Zusammenarbeit mit Kollegen, Mitarbeitern, Vorgesetzten wie auch Kunden und Zulieferern.

Gemäß Lerntheorie werden jene Verhaltensweisen künftig von Mitarbeitern und Führungskräften eher wiederholt, die von Erfolg gekrönt wurden, und jene unterlassen, die nicht die erwünschten Ergebnisse herbeigeführt haben. Diese Verstärkungsprinzipien können auch dazu führen, dass Erfolgspraktiken, wenn sie ständig wiederholt und nicht regelmäßig kritisch überprüft werden, Misserfolge nach sich ziehen, da die relevante Unternehmensumwelt ja nicht statisch bleibt. Je dynamischer diese relevante Unternehmensumwelt sich ändert, desto häufiger sollte daher auch die bestehende Unternehmenskultur dahingehend überprüft werden, ob sie noch für die veränderten Umweltbedingungen geeignet ist.

Um die verschiedenen Komponenten und Ebenen von Unternehmenskultur bei ihrer Erfassung zu berücksichtigen, empfiehlt sich ein **Multi-Methodenansatz** [4]. Hierbei werden verschiedene Arten von Daten erhoben und miteinander verglichen. Geeignet ist die Kombination von

a) Einzelinterviews,
b) Workshops mit ausgewählten Kulturträgern,
c) Analyse vorhandener Dokumente, Statistiken, Befragungsergebnissen,
d) ggf. Fragebogen sowie
e) Beobachtung.

Die Beobachtung spielt bei der Erfassung von Unternehmenskultur eine besondere Rolle, da sie generell zur Orientierung dient sowie parallel zur Dokumentenanalyse wie auch simultan bei Interviews und Workshops eingesetzt werden sollte, um die Authentizität des Gesagten zu überprüfen. Stimmen Gedrucktes oder Verbales nicht mit dem beobachteten Verhalten überein, zeigt sich unmittelbar ein notwendiges Handlungsfeld zur Entwicklung von Unternehmenskultur auf.

2.3.2 Selbstverständlichkeit

Eine weitere Herausforderung bei der Erfassung von Unternehmenskultur stellt ihre **Selbstverständlichkeit**

dar. Bei Eintritt in ein Unternehmen können Mitarbeiter und Führungskräfte die Andersartigkeit der bestehenden Unternehmenskultur im Vergleich zu ihren früheren Arbeitgebern gut benennen und beschreiben, sie haben noch eine *Touristenperspektive*. Je länger sie jedoch im Unternehmen bleiben, desto mehr sind sie Teil der spezifischen Unternehmenskultur und leben diese Tag für Tag. Eine klare, direkte Benennung dieser Selbstverständlichkeiten wird deshalb immer schwieriger.

Daher empfiehlt es sich, für eine Erfassung von Unternehmenskultur externe Unterstützung zu nutzen, wie auch neue Mitarbeiter und Führungskräfte zu befragen. Da diese nicht Teil der bestehenden Unternehmenskultur sind, können sie wie Katalysatoren für die vorhandenen Kulturträger und -präger wirken und zentrale Charakteristika der Unternehmenskultur eher benennen bzw. auch direkt ansprechen und überprüfen.

2.3.3 Subkulturen

Zwar wird in der Regel von *der* Unternehmenskultur gesprochen, doch – wie oben aufgezeigt – ist die Wahrscheinlichkeit groß, dass sich mit zunehmender Mitarbeiteranzahl und arbeitsteiliger Organisationsstruktur auch **Subkulturen** herausgebildet haben. Da diese Subkulturen zum einen unterschiedlich sein können, wie z. B. im Fall eines Krankenhauses die schon erwähnten professionsbedingten Unterschiede zwischen Ärzteschaft, Pflegedienst und Administration, und zum anderen die Art ihrer Interaktion sich auf die Effizienz und Effektivität von Unternehmen auswirken, sollte eine Erfassung von Unternehmenskultur auch die Erfassung möglicher Subkulturen berücksichtigen. Dies hat Auswirkung darauf, *wo* und *von wem* Informationen erhoben werden. Generell sollte die gesamte Organisationseinheit, deren Kultur von Interesse ist, abgebildet sein. Ist eine Vollerhebung aufgrund der Größe der Organisation bzw. des Unternehmens nicht möglich, empfehlen sich repräsentative Stichproben unter Berücksichtigung sämtlicher Organisationseinheiten und Hierarchieebenen.

2.3.4 Bewertung der vorhandenen (IST-)Kultur

Ist die bestehende Unternehmenskultur erfasst, stellt sich die Frage ihrer Bedeutung bzw. Bewertung. Woher weiß man, wie „gut" diese vorhandene Kultur für das Unternehmen ist? Generell bieten sich hier zwei

Möglichkeiten an [4]. Zum einen kann man zur Datenerhebung einen bestehenden Fragebogen einsetzen, der einen Vergleich mit anderen Firmen anbietet. Die Ergebnisse zeigen dann anhand vorbestimmter Dimensionen, wie die Unternehmenskultur im Vergleich zu anderen Unternehmen positioniert ist. Eine zweite Möglichkeit der Bewertung der Unternehmenskultur ergibt sich durch ein eigenes Benchmark, nämlich dem Vergleich derjenigen Kulturdimensionen, die das Unternehmen künftig benötigt, um im unternehmensrelevanten Umfeld bestehen zu können. Hierfür muss zunächst die *SOLL-Kultur* bestimmt werden.

Diese SOLL-Kultur kann aus der entwickelten Strategie abgeleitet werden. Welche Aspekte, Dimensionen, Ausprägungen braucht es künftig, um diese Unternehmensstrategie bzw. die langfristigen Unternehmensziele zu erreichen? Ein Vergleich der SOLL-Kultur mit dem Ergebnis der (IST-)Kulturanalyse deckt dann jene Bereiche auf, die positiv sind und erhalten werden sollten, wie auch jene, die kritisch sind und geändert werden sollten. Der Vergleich kann auch auf Potenziale hinweisen, die weiterentwickelt werden sollten, wie auch

aufdecken, dass gewisse Aspekte oder Ausprägungen im Unternehmen noch gar nicht vorhanden sind.

2.4 Möglichkeiten der Veränderung und Entwicklung von Unternehmenskultur

Ist die vorhandene Unternehmenskultur erfasst und im Hinblick auf die künftige Entwicklung des Unternehmens bewertet, gibt es eine Reihe von Ansatzpunkten für ihre Veränderung und Entwicklung. Diese setzen zum einen bei den Mitarbeitern und Führungskräften als **Kulturträger** an und zum anderen am **System Organisation**, das die **Kontextbedingungen** für das Verhalten der Kulturträger darstellt. Abbildung 2.2 zeigt zentrale Parameter eines Unternehmens aus systemischer Sicht, die als Ansatzpunkte für eine Kulturentwicklung bzw. Veränderung genutzt werden können, wobei die Unternehmensstrategie bzw. die langfristigen Ziele des Unternehmens die Richtung für den Entwicklungs- bzw. Veränderungsprozess angeben. Generell sollte bei einem Entwicklungs- bzw. Veränderungsprozess berücksich-

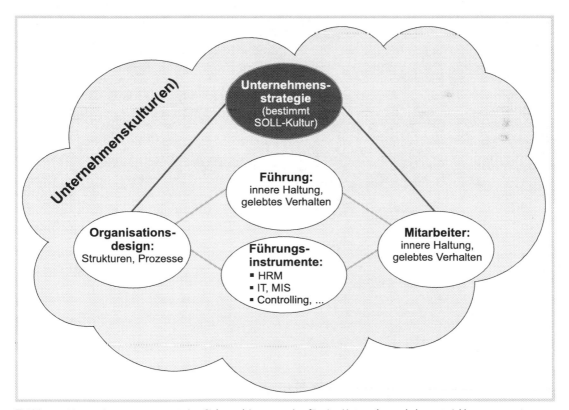

■ **Abb. 2.2.** Unternehmen aus systemischer Sicht und Ansatzpunkte für eine Unternehmenskulturentwicklung

2

tigt werden, dass dieser nur dann erfolgreich sein kann, wenn **alle** aufgeführten Komponenten entsprechend angepasst, entwickelt bzw. geändert werden.

2.4.1 Entwicklungsmaßnahmen, die am System **Organisation** ansetzen

Entwicklungs- und Veränderungsmaßnahmen, die am System Organisation und seinen Kontextbedingungen ansetzen, sind

- das Organisationsdesign mit Organisationsstrukturen und -abläufen,
- sämtliche Management-/Führungsinstrumente wie auch
- die Raumgestaltung.

Organisationsdesign

Die aus der Unternehmensstrategie abgeleitete SOLL-Kultur gibt Bandbreiten für das geeignete bzw. notwendige Organisationsdesign vor. Organisationale Strukturen und Abläufe stellen die Rahmenbedingungen für das Handeln von Mitarbeitern und Führungskräften dar. Wie viel Flexibilität wird vonseiten der Unternehmenskultur gefordert und wie sollte sie durch entsprechende flexible Strukturen unterstützt werden? Welche Ablaufprozesse sind geeignet, um die Unternehmensstrategie umzusetzen? Wie viel Unternehmertum, wie viel Teamarbeit wird gefordert, für die das Organisationsdesign die geeigneten Rahmenbedingungen bereitstellen muss? Generell lässt sich sagen, dass kein Organisationsdesign ideal ist, sondern jedes mit Vor- und Nachteilen behaftet ist. Wichtig ist deshalb, dass sich das Management der Vorteile und Herausforderungen des gewählten Designs bewusst ist und rechtzeitig gegensteuert, um die Nachteile zu minimieren. Auch ist es wichtig, regelmäßig zu überprüfen, ob die Organisation entsprechend der Entwicklung des Unternehmens angepasst werden sollte, da je nach Entwicklungsphase eines Unternehmens unterschiedliche Strukturen und Prozesse den weiteren Entwicklungsprozess unterstützen.

Führungsinstrumente

Teil des Systems Organisation sind auch alle Management-/Führungsinstrumente, die die Aufmerksamkeit von Mitarbeitern steuern. Hierzu gehören sämtliche Controlling-Instrumente. Welche Indikatoren werden eingesetzt, um den Leistungsstand des Unternehmens, seiner Mitarbeiter und Führungskräfte regelmäßig zu beobachten bzw. zu überprüfen? Auch Managementinformationssysteme sind wichtige Führungsinstrumente, die kulturprägend wirken und daher bewusst eingesetzt und gestaltet werden sollten.

Sämtliche Instrumente des Personalmanagements spielen eine zentrale Rolle bei der Erhaltung, Entwicklung und Veränderung von Unternehmenskultur. Hierzu gehören die Personalplanung und Personalselektion, die Einführung neuer Mitarbeiter, deren Sozialisation ins Unternehmen und seine Kultur durch entsprechende Einführungs- und Entwicklungsprogramme. Stellenbesetzung, Mitarbeiterförderung und Karriereplanung wie auch das gesamte Gehalts- und Anreizsystem stellen wichtige Personalmanagementinstrumente zur Erhaltung und Gestaltung von Unternehmenskultur dar. Wird bei der Selektion neuer Mitarbeiter nur auf fachliche Qualifikationen geachtet oder spielt es auch eine Rolle, ob die Kandidaten in die vorhandene bzw. gewünschte Unternehmenskultur passen? Wie wird neuen Mitarbeitern beigebracht, was im Unternehmen wichtig ist und oberste Priorität hat, wie man sich adäquat gegenüber Kunden, Mitarbeitern und Führungskräften gegenüber verhält? Welche Mitarbeiter werden versetzt und kommen im Unternehmen weiter? Welches Verhalten wird sanktioniert? Welche Verhaltensweisen werden durch das Gehalts- und Anreizsystem belohnt und dadurch verstärkt? All diese Instrumente sollten bei einer Kulturentwicklung bzw. -veränderung kritisch überprüft und bei Bedarf konsistent angepasst werden.

Raumgestaltung

Inwieweit unterstützt die spezifische räumliche Gestaltung die gewünschten Arbeitsprozesse und das Ausmaß an gewollter Interaktion zwischen Mitarbeitern und Führungskräften? Unternehmen, denen die spezifische Ausprägung ihrer Unternehmenskultur wichtig ist, achten auch hierauf. So hat die Gore GmbH bei ihrem neuen Gebäude offene Räume gestaltet mit einem Maximum an Interaktionsmöglichkeiten, Möglichkeiten für informelle Arbeit an Stehtischen, bei denen Internet- und Intranetzugang möglich ist. Andere Firmen wiederum legen Wert auf Einzelbüros, wo sich weder Mitarbeiter noch Führungskräfte kaum zufällig begegnen.

2.4.2 Entwicklungsmaßnahmen, die bei den **Kulturträgern** ansetzen

Zu den Kulturträgern gehören sowohl die Mitarbeiter wie auch die Führungskräfte. Welche **Mitarbeiter** passen neben den fachlichen Qualifikationen in die vorhandene bzw. gewünschte Kultur? Sind eher Einzelkämpfer oder Teamplayer gefragt? Wie viel Eigeninitiative, wie viel Anpassung wird von Mitarbeitern erwartet? Wie viel Flexibilität und Veränderungsbereitschaft sind notwendig? An welchen Werten oder Prioritäten sollten sie sich in ihrem Verhalten orientieren und diese auch im täglichen Arbeitsprozess leben? Da sich Werte in der primären und sekundären Sozialisation entwickeln, sollten Unternehmen nicht versuchen, diese den Mitarbeitern beizubringen. Erfolgversprechender ist eine bewusste Selektion neuer Mitarbeiter unter Berücksichtigung ihrer für das Unternehmen relevanten Grundhaltung, Werte und Einstellungen.

Aufgrund ihrer exponierten Stellung kommt **Führungskräften** bei der Erhaltung, Entwicklung und Veränderung von Unternehmenskultur eine besondere Rolle zu. Durch ihre Funktion haben Führungskräfte Symbolcharakter. Sie stehen mit ihrem Verhalten nicht nur für sich selbst, sondern repräsentieren qua Funktion das Unternehmen und seine Kultur. Führungskräfte personifizieren die Unternehmenskultur und dienen ihren Mitarbeitern als Orientierung. Daher sollte bei der Besetzung von Führungspositionen nicht nur auf die fachlichen bzw. Führungsqualifikationen geachtet werden, sondern auch darauf, ob die Personen, die in der engeren Auswahl für die Besetzung einer Führungsfunktion stehen, in ihrer inneren Haltung und mit ihrem Verhalten auch die vorhandene bzw. gewünschte Unternehmenskultur zeigen bzw. täglich leben. Ist dies nicht der Fall, nützen alle Hochglanzbroschüren zum Thema Unternehmenskultur nichts. Ein Führungsverhalten, das nicht konsistent mit der Unternehmenskultur ist, stellt ein negatives Vorbild dar und ist damit kontraproduktiv.

Daher werden in Firmen, denen die Erhaltung ihrer spezifischen Unternehmenskultur wichtig ist, Führungskräfte sehr sorgfältig ausgesucht, entsprechend entwickelt, aber auch abgelöst, falls sie sich nicht konsistent mit der gewünschten Unternehmenskultur verhalten [5]. So gilt bei NovoNordisk, dem weltweit größten Insulinhersteller, die Maxime „you can always fail on the business side but never on the values side". Verletzungen wichtiger Prioritäten oder Werte werden nicht geduldet, selbst wenn die Person hoch qualifiziert ist und gute Geschäftsergebnisse bringt. Da das Verhalten der Führungskräfte für ihre Mitarbeiter Maßstäbe

setzt, werden entsprechende Konsequenzen gezogen. Denn Führungskräfte fungieren immer als Vorbilder – im positiven wie im kritischen Sinn. So zeigen z. B. die Ergebnisse einer empirischen Untersuchung, dass das Verhalten von Führungskräften sich auf die Identifikation ihrer Mitarbeiter auswirkt und bei diesen je nach Ausgestaltung des Führungsverhaltens eine höhere oder geringere Leistung resultiert, die dann zu einem entsprechenden Unternehmensergebnis führt [9].

2.5 Erhaltung der gewünschten Unternehmenskultur

Eine Reihe empirischer Studien legt nahe, dass Erfolg und Misserfolg Rückkopplungseffekte zur vorhandenen Unternehmenskultur haben und diese entsprechend bekräftigen. Das heißt, die bestehende Unternehmenskultur beeinflusst die Informationsaufnahme der Führungskräfte und Mitarbeiter aus dem als relevant betrachteten Unternehmensumfeld und auch die Informationsverarbeitung. Strategien wie auch konkrete Arbeitspraktiken werden durch die vorhandene Unternehmenskultur geprägt. Ihre Umsetzung und Anwendung führt zu konkreten Leistungsergebnissen, die wiederum die bestehenden grundlegenden Überzeugungen beeinflussen und verstärken. Dadurch lässt sich erklären, dass einmal erfolgreiche Firmen nach einigen Jahren nicht mehr erfolgreich sind (vgl. z. B. [2]): Werden Erfolgsstrategien zu lange unreflektiert angewandt, können sie zu Problemen oder gar Misserfolg führen – nämlich dann, wenn sich unbemerkt die unternehmensrelevante Umwelt geändert hat und damit auch neue Strategien und Verhaltensweisen notwendig werden.

Diese routinisierte und unreflektierte Anwendung von Erfolgs- bzw. Handlungsstrategien macht es notwendig, die vorhandene Unternehmenskultur in regelmäßigen Abständen kritisch zu reflektieren, um ungewollte Abdriftungen möglichst frühzeitig zu erkennen. Firmen, denen ihre Unternehmenskultur wichtig ist, betrachten deren Pflege und Erhaltung als einen regelmäßigen Prozess, der bewusst durchgeführt wird. So gibt es bei Hilti die so genannte „culture journey" – ein Prozess, bei dem regelmäßig Informationen aus dem Umfeld wie auch aus dem Unternehmen erhoben, offen und kritisch diskutiert und dahingehend überprüft werden, ob die zentralen Werte auch gelebt werden und aus Sicht der Unternehmenskultur Anpassungen notwendig sind. Diese werden dann in der Zielvereinbarung der entsprechenden Bereiche bzw. Personen verankert und der Fortschritt der Umsetzung überprüft, damit sie im Spektrum der Aufmerksamkeit bleiben [5].

2.6   Fazit

Abschließend kann zusammengefasst werden, dass
Unternehmenskultur einen wichtigen Beitrag für Unternehmen leistet und daher bewusst mit ihr umgegangen werden sollte. Sie zu erfassen und zu entwickeln
ist allerdings mit einigen Herausforderungen verbunden, da Unternehmenskultur mehrdimensional und
auf verschiedenen Ebenen mehr oder weniger sichtbar verankert ist. Zudem wird sie nach einiger Zeit der
Firmen- bzw. Gruppenzugehörigkeit zur Routine und
damit unreflektiert angewandt. Trotz ihrer Komplexität
lässt sie sich jedoch erfassen und entwickeln, wobei die
Art der Erfassung ihrer Komplexität, Dynamik und
Multidimensionalität gerecht werden sollte [7]. Daher
empfehlen wir ein fokussiertes Vorgehen, das bei allen
zentralen Parametern eines Unternehmens und seiner
Kultur ansetzt und diese konsistent, persistent und
nachhaltig in die gewünschte Richtung entwickelt. Hierbei haben Führungskräfte eine ganz besondere Bedeutung, da sie immer – ob sie wollen oder nicht – Vorbild
sind und damit ihren Mitarbeitern zur Orientierung für
deren Verhalten dienen. Um ungewollte Abdriftungen
zu vermeiden, sollten Führungskräfte daher nicht nur
die vorhandene Unternehmenskultur, sondern auch ihr
eigenes Verhalten regelmäßig kritisch reflektieren.

Literatur

[1] Bertelsmann AG (ohne Datum) Success through Partner-
     ship. Internes Paper. Bertelsmann AG, Gütersloh
[2] Peters TJ & Waterman RH (1998) Auf der Suche nach Spitzen-
     leistungen: Was man von den bestgeführten US-Unterneh-
     men lernen kann. 15. Aufl. Moderne Industrie, Landsberg
[3] Sackmann SA (2008) Hochleistungsorganisationen aus un-
     ternehmenskultureller Perspektive. In: Pawlowsky P, Mistele
     P (Hrsg) Hochleistungsmanagement: Leistungspotenzi-
     ale in Organisationen gezielt fördern. Gabler, Wiesbaden,
     S 181–205
[4] Sackmann SA (2006) Assessment, Evaluation, Improvement:
     Success through Corporate Culture. Verlag Bertelsmann
     Stiftung, Gütersloh
[5] Sackmann SA (2004) Erfolgsfaktor Unternehmenskultur.
     Gabler, Wiesbaden
[6] Sackmann SA (2002) Unternehmenskultur. Luchterhand,
     Neuwied Kriftel
[7] Sackmann SA (1999) Cultural Change – eigentlich wär's
     ja ganz einfach … wenn da nicht die Menschen wären!
     In: Götz K, Löwe M, Schuh S, Szautner M (Hrsg) Cultural
     Change. Managementkonzepte Bd 4. Rainer Hampp, Mün-
     chen, Mering, S 15–37
[8] Sackmann SA (1997) Fragen der Organisationsentwick-
     lung: Ist Krankenhauskultur gestaltbar? In: Klein R, Borsi
     GM (Hrsg) Pflegemanagement als Gestaltungsauftrag. Peter
     Lang, Frankfurt am Main, S 135–156
[9] Tams C, Oetting, J (2004) Unternehmenskultur nach Maß.
     Personalwirtschaft 5:30–33

Kapitel 3

Bestimmungsfaktoren für Sozialkapital und Vertrauen in Unternehmen

M. Fuchs

"Your corn is ripe today; mine will be so tomorrow. 'Tis profitable for us both that I shou'd labour with you today, and that you shou'd aid me tomorrow. I have no kindness for you, and know that you have as little for me. I will not, therefore, take any pains on your account; and shou'd I labour with you on my account, I know I shou'd be disappointed, and that I shou'd in vain depend upon your gratitude. Here then I leave you to labour alone: You treat me in the same manner. The seasons change; and both of us lose our harvests for want of mutual confidence and security."

David Hume

Zusammenfassung. *Sozialkapital in Unternehmen ist ein noch relativ junger Forschungsgegenstand. Viele Untersuchungen zu diesem Thema beschäftigen sich mit der Wirkung von Sozialkapital in Unternehmen. Offen bleibt, welche Faktoren in sozialen Gruppen wie Unternehmungen die Entstehung und Nutzung von Sozialkapital bestimmen. In diesem Beitrag werden zunächst die wichtigsten Theorien von Sozialkapital vorgestellt. Daraus abgeleitet wurden Fragestellungen in Bezug auf die Bestimmungsfaktoren für Sozialkapital in Unternehmen. In einer empirischen Untersuchung vom 300 Beschäftigten in verschiedenen Betrieben wurden jene Faktoren ermittelt, die aus Sicht der Mitarbeiter Einfluss auf Vertrauen und Sozialkapital in Unternehmen haben. Zentrale Faktoren sind der Stellenwert der Arbeit, das Ausmaß der Partizipation der Mitarbeiter an betrieblichen Entscheidungsprozessen, das wahrgenommene Feedback der eigenen Arbeitsleistung sowie das Ausmaß an Autonomie hinsichtlich der Arbeitsaufgaben.*

3.1 Einleitung

In den Sozialwissenschaften ist der Begriff Sozialkapital seit fast zwei Jahrzehnten Thema fachspezifischer Forschungen [23]. Die Feststellung, dass soziales Kapital einen positiven Entwicklungseffekt auf Gesellschaften hat, geht jedoch sehr viel weiter zurück: Der Pädagoge Hanifan (vgl. [24]) verwendete den Begriff bereits im Jahre 1916. In Zusammenhang mit dem Unternehmenserfolg wird die Bezeichnung soziales Kapital erst seit kurzem verwendet [4, 5]. Inzwischen existieren eine Fülle von Ansätzen zu einer Theorie des Sozialkapitals, einige davon sind sehr umfassend (z. B. [4, 23, 28]).

Werden Unternehmen betrachtet, dann wird der Begriff Sozialkapital in einem eher eingeschränkten Maße verwendet. Diese Einschränkung ist nicht unbedeutend. Es wird z. B. hervorgehoben, dass Beziehungen nicht nur einen sozialen, sondern eben auch einen wirtschaftlichen Wert an sich haben. Durch diese Sichtweise werden interpersonale Austauschprozesse und die damit geknüpften sozialen Beziehungen und Bindungen sehr oft beschränkt auf netzwerktheoretische Überlegungen in Unternehmen. An diese Überlegungen knüpfen auch eine inzwischen beachtliche Anzahl von Arbeiten im engen Forschungsprogramm der Betriebswirtschaftslehre an. Ganz generell wird in diesen Arbeiten die Frage thematisiert, welchen Effekt Sozialkapital auf die Produktion und den Austausch von materiellen und immateriellen Leistungen hat und welche Wirkung soziales Kapital auf die Produktivität von Arbeitsbeziehungen erkennen lässt. Diese Sichtweise mit einer allzu strengen ökonomischen Brille auf den Fokus einer Funktionalität der sozialen Beziehungen übersieht dabei jedoch sehr oft, dass diese sozialen Beziehungen nicht nur für den Austausch von materiellen und immateriellen Leistungen in einem betrieblichen Umfeld von großer Bedeutung sind, sondern ein zentrales sinnstiftendes Merkmal von Organisationen und sozialen Gruppen darstellt.

Dieses sinnstiftende Element wird allerdings in sozialen Gruppen kaum wahrgenommen. In vielen alltäglichen Arbeitsbeziehungen stellt sich sozialer Kontakt als ein intrinsischer Wert dar, der – soweit erfüllt – gar nicht explizit wahrgenommen wird (vgl. [14]). So betrachtet sind jedoch nicht nur Unternehmen, sondern insgesamt soziale Gruppen auf diese Sinn stiftenden sozialen Beziehungen und Bindungen angewiesen und werden durch diese zusammengehalten. Merkmale, die mit dieser Sinn stiftenden Eigenschaft unmittelbar verbunden sind nehmen Akteure in sozialen Gruppen vielfach als Vertrauen, Kooperationsbereitschaft und Reziprozität (Gegenseitigkeit) wahr. Diese Merkmale, so ein wichtiges Argument in der Sozialkapitaltheorie, werden durch die Nutzung sozialer Kontakte nicht nur beansprucht, sondern emergieren erst durch eine sich ständig wiederholende Interaktionen. Diese sich wiederholenden Interaktionen zwischen einzelnen Personen in einem Netzwerk werden als aufrechte oder aktive Kontakte bezeichnet. Diese aktiven Kontakte werden also in sozialen Beziehungen permanent neu generiert, gefestigt und/oder aufgelöst. So betrachtet bilden soziale Kontakte einen grundsätzlichen Baustein in einer betrieblichen Beziehungskultur und diese wird von den Mitgliedern als ein Wert an sich wahrgenommen.

Es ist inzwischen in der einschlägigen Literatur unstrittig, dass Vertrauen, Kooperation und Reziprozität elementare Merkmale sozialer Beziehungen sind, die diese nicht nur ermöglichen, sondern generell Menschen, die soziale Kontakte eingehen und aufrechterhalten, glücklicher, zufriedener und gesünder sind [29]. In einer Vielzahl von Arbeiten wurde festgestellt, dass soziale Gruppen mit einem hohen Anteil an Sozialkapital produktiver sind als Gruppen mit einem geringen Vorrat an Sozialkapital (vgl. hierzu insbesondere [20, 29]). Sozialkapitalreiche Gruppen ermöglichen den Mitgliedern Unterstützung oder Ressourcen anderer Mitglieder bei Bedarf in Anspruch zu nehmen und es wird erwartet, dass diese Unterstützung zu einem späteren Zeitpunkt auch erwidert wird [23]. Wichtig dabei ist, dass die Unterstützung oder der Zugriff auf Ressourcen anderer Personen im Netzwerk die eigene Handlungsfähigkeit und -potenzial erweitert oder überhaupt erst ermöglicht (vgl. [7]). Eine Zielsetzung von Organisationen sollte es daher sein, in den *Aufbau sozialkapitalreicher, vertrauenswürdiger und stabiler, d. h. dauerhafter Beziehungen* zu investieren. Solche

Beziehungen in Unternehmen sind allerdings weder das Ergebnis rationaler Anordnungen von oben noch das Ergebnis rationaler Entscheidungen einzelner utilitaristischer Akteure, sondern Folge der Funktion von Institutionen (Werte bzw. Wertvorstellungen), die das Handeln dieser Akteure erst ermöglicht [25, S. 51]. Ohne die institutionellen Rahmenbedingungen, die Kultur und die Werte in einer Gesellschaft bzw. in einer Unternehmung hätten die sozialen Verpflichtungen und Bindungen der einzelnen Akteure keinen Stellenwert. Die Akteure richten ihre Handlungen danach aus, inwieweit sie in einem gegebenen sozialen Umfeld als wertmäßig richtig interpretiert werden.

Ganz allgemein sind alle möglichen Leistungserstellungsprozesse auf soziales Kapital angewiesen oder werden erst dadurch möglich [7]. Die Frage ist hier allerdings nicht nur, welche Funktion und Wirkung soziales Kapital hat, sondern welche Faktoren in sozialen Gruppen die Entstehung und Nutzung von Sozialkapital bestimmen bzw. beeinflussen. Im Folgenden wird zunächst Sozialkapital definiert, anschließend werden drei Ansätze kurz dargestellt. Es geht dabei in erster Linie darum, die in der Sozialkapitalliteratur verwendeten Begriffe Sozialkapital, Vertrauen und Reziprozität voneinander abzugrenzen.

3.2 Definition des Begriffs „Sozialkapital"

Was ist also Sozialkapital? Ganz im Sinne des Kapitalbegriffs ist Sozialkapital eine Ressource, deren Einsatz ertragreich ist. Im strikt ökonomischen Sinn sind die Kosten der Herstellung und Aufrechterhaltung sozialer Bindungen dem Ertrag bzw. der Rendite der sozialen Beziehungen gegenüberzustellen. Cohen und Prusak [6] definieren Sozialkapital als Vorrat der aktiven sozialen Kontakte zwischen einzelnen Akteuren, die durch Vertrauen, gemeinsame Werte und durch ihre Handlungen miteinander verbunden sind. In den meisten Fällen korrespondiert ein hoher Vorrat an Sozialkapital in Organisationen mit einem hohen Grad an Vertrauen. Ganz einfach ausgedrückt ist Sozialkapital der ökonomische Wert, den aktive Beziehungen für die einzelnen Akteure stiften.

Der französische Soziologe Pierre Bourdieu entwickelte in seinen Schriften nach und nach das Konzept Sozialkapital. Seinen Zugang zu dem Thema fand er über seine Arbeiten zur Entstehung von sozialen Klassen und den damit in Verbindung stehenden Formen sozialer Ungleichheit, die über symbolische und kulturelle Werte manifestiert wird. In seinen frühen Studien über die Entstehung und Wirkung kultureller Symbole,

Werte und Normen, wie sie von verschiedenen sozialen Klassen praktiziert werden, prägte er den Begriff „Habitus" und bezeichnete damit zur Gewohnheit gewordene Werthaltungen, die jeweils eine bestimmte soziale Gruppe praktiziert und die ihr tägliches Handeln prägen. Durch den Habitus grenzt sich jeweils eine soziale Gruppe gegenüber anderen gesellschaftlichen Klassen ab, beschränkt dadurch allerdings auch den Spielraum der eigenen Handlungen und möglichen sozialen Kontakte. Der Habitus einer sozialen Gruppe ist das Ergebnis der Sozialisation in einem bestimmten sozialen Raum (in einem Stadtteil oder in der Abteilung einer Firma) und in einer bestimmten sozialen Zeit. Den Begriff Sozialkapital verwendete Bourdieu in diesem Zusammenhang, um auf den Effekt der Reproduktion dieser sozialen Ungleichheit hinzuweisen. Laut Bourdieu ist der Wert der Beziehungen eines Individuums – bzw. der Bestand an Sozialkapital – von der Anzahl der Kontakte abhängig, die mithilfe des symbolischen und kulturellen Kapitals für den Einzelnen mobilisierbar bzw. zugänglich sind, um bestimmte, meistens wirtschaftliche Ziele zu erreichen [2, S. 249]. Bourdieu fand, dass ökonomisches Kapital die Wurzel aller anderen Formen von Kapital sei und untersuchte das Zusammenspiel zwischen kulturellem, symbolischem, ökonomischem und sozialem Kapital, indem er die Laufbahn der Mitglieder bestimmter Berufsgruppen über mehrere Jahre hinweg dokumentierte [2, S. 252].

Der zweite Vertreter, auf den ein großer Teil der Sozialkapitalansätze mehr oder weniger implizit aufbaut, ist der US-amerikanische Soziologe James S. Coleman. Er beschäftigte sich in mehreren bildungssoziologischen Arbeiten mit der Frage, inwieweit der soziale Status bzw. die soziale Herkunft den schulischen Erfolg erklärt. In seinen Untersuchungen über die Leistung sozial schwacher Gruppen an US-amerikanischen Schulen stellte er fest, dass soziales Kapital nicht nur positive Effekte in wohlhabenden sozialen Klassen, sondern auch in sozial schwachen Klassen zeigt. Coleman definiert Sozialkapital als den wirtschaftlichen Effekt, der Mitgliedern durch ihre sozialen Kontakte zugänglich wird. Er geht dabei von der grundlegenden Idee aus, dass Ressourcen ursprünglich im Besitz von Individuen sind, die sie ganz unmittelbar kontrollieren [9, S. 389]. Wenn nun einzelne Personen ihre eigenen Ressourcen einsetzen möchten, sind sie vielfach auf Ressourcen anderer Personen angewiesen. Da Coleman ein Vertreter der Rational-Choice-Theorie war, unterstellte er, dass rationale Akteure immer dann in soziale Beziehungen investieren, wenn dadurch ihre eigenen Ressourcen effektiv genutzt und eingesetzt werden. In Netzwerken von Personen, in denen vertrauenswürdige soziale Beziehungen existieren, stehen diese Ressourcen allen zur Verfügung. Sozialkapitalreiche Netzwerke versetzen also Mitglieder nicht nur in die Lage, auf den Bestand an Ressourcen anderer Mitglieder zuzugreifen, sondern sie erweitern durch die Nutzung dieser Ressourcen auch ihre Fähigkeiten, um diese Ressourcen zu nutzen, die z.B. in einer Familie, einem Verein oder in einer Unternehmung zur Verfügung stehen. Die Ressourcenausstattung und Zugang vergrößern, so eine der zentralen Annahmen von Coleman, die Handlungsoptionen [8, S. 30]. Laut Coleman wird Sozialkapital über bestimmte (eben auch kulturelle) Verpflichtungen (Reziprozität) und Erwartungen (Vertrauen) hergestellt. Wenn beispielsweise Person A eine Leistung für Person B erbringt und in B das Vertrauen setzt, dass diese oder eine ähnliche Leistung in Zukunft erwidert wird, so wird dadurch in A eine Erwartung entwickelt und in B eine Verpflichtung [9, S. 396]. Coleman spricht in diesem Zusammenhang von einer Gutschrift, die Person A gegenüber Person B besitzt. Hat Person A viele Gutschriften einer größeren Anzahl von Personen, dann spricht Coleman von sozialem Kapital, das zu einem späteren Zeitpunkt zur Verfügung steht bzw. eingesetzt werden kann [9, S. 397].

Die dritte zentrale Sozialkapitaltheorie, auf die die Sozialkapitalliteratur zurückgreift, sind die Arbeiten des US-amerikanischen Politologen Robert Putnam, der seit dem Erscheinen seiner Studie mit den Titel „Bowling Alone" [28] als der wichtigste Vertreter der Sozialkapitaltheorie gilt. Putnam beschäftigt sich in der genannten Arbeit mit den Ursachen und Folgen der von ihm festgestellten Erosion des zivilen Engagements in den USA. Er beschreibt Sozialkapital als ein Zusammenspiel von Merkmalen wie Vertrauen, Normen und Netzwerken, die die Zusammenarbeit in einer Gesellschaft verbessern: „Social capital here refers to features of social organisations, such as trust, norms and networks, that can improve the efficiency of society by facilitating coordination actions" [27, S. 167]. Den zentralen positiven Effekt von Sozialkapital bestimmt Putnam in der Vermeidung von hohen Kosten, die durch das opportune Verhalten einzelner entstehen können, wenn nicht entsprechende Sanktionen, Normen und eine wirksame Reziprozität dies verhindern. Putnam glaubt zudem, dass der Wert von Sozialkapital durch die in diesen Gruppen vorhandene gemeinsame Identität entsteht und dadurch Kommunikation effektiver und effizienter erfolgen kann [27, S. 173]. Er erklärt also die Wirkung von sozialem Kapital dadurch, dass kollektive Handlungen effizienter, d. h. mit geringeren Transaktionskosten durchgeführt werden können. Diesen Effekt schreibt er institutionalisierten reziproken Normen zu.

Wenngleich die Frage der Wirkung von Sozialkapital eine sehr wesentliche ist, so ist im Anschluss daran die Frage von ungleich größerer Bedeutung, welche Faktoren, d. h. welche Eigenschaften in sozialen Gruppen nun tatsächlich zur Bildung von Sozialkapital führen. Denn es ist eine Sache, die Wirkung und die Ursachen von Sozialkapital zu benennen und dann tatsächlich jene Eigenschaften in sozialen Gruppen und insbesondere in Betrieben herauszuarbeiten, die die Entstehung von Sozialkapital erklären. Bereits in der Vergangenheit sind innerhalb der Betriebswirtschaftslehre eine Reihe von Studien durchgeführt worden, die sich implizit mit Fragen der Partizipation, den Ursachen und Wirkungen von Motivation und der Frage der Arbeitsgestaltung auseinandersetzen. Implizit hatten diese Studien eines gemeinsam: Sie versuchten Merkmale zu identifizieren, die die Kooperationsbereitschaft und die Leistungsbereitschaft (Commitment) der Mitarbeiter beeinflussen. Es lag daher nahe, jene Studien dahingehend zu prüfen, inwiefern sie brauchbar sind, um die Entstehung von sozialem Kapital zu erklären.

3.3 Welche Faktoren beeinflussen die Entstehung von Sozialkapital und Vertrauen?

Grundsätzlich geht es also darum, Eigenschaften in sozialen Gruppen zu identifizieren, die das Ausmaß von Vertrauen und Sozialkapital bestimmen. In der einschlägigen Literatur existieren hierzu kaum empirische Untersuchungen. Im Hinblick auf Unternehmen sind folgende Fragen besonders untersuchungsbedürftig:

- Wie wird in Unternehmen mit Kritik umgegangen?
- Erhalten Beschäftigte ein zufriedenstellendes Feedback über ihre Leistungen?
- Wie wird die Kooperationsbereitschaft der Mitarbeiter eingeschätzt?
- Werden Mitarbeiter in organisationale Entscheidungsprozesse eingebunden?
- Identifizieren sich die Mitarbeiter mit den ihnen zugewiesenen Arbeitsaufgaben?
- Wie nehmen die Mitarbeiter ihre Aufgaben-Interdependenz wahr?
- Werden die Beschäftigten nach ihrem individuellen Leistungserfolg bezahlt?
- Wie hoch schätzen die betroffenen Mitarbeiter Stress und Arbeitsdruck ein?

Im Rahmen einer empirischen Untersuchung befragte der Autor knapp 300 Beschäftigte aus verschiedenen Unternehmen. Im Mittelpunkt des Interesses stand die Analyse der Einstellungen und Wahrnehmungen der Mitarbeiter, weniger die Sichtweise des Managements. Die einzelnen Fragenbogen-Items wurden mithilfe einer konfirmatorischen Faktorenanalyse ermittelt. Eine vollständige und tiefergehende Darstellung der Datenerhebung und -auswertung findet sich in der Originalstudie [13]. Die Faktoren (Dimensionen), die nach dieser Untersuchung einen besonders hohen Einfluss auf das Sozialkapital und Vertrauen in Unternehmen haben, werden nachfolgend erläutert. Sozialkapital wurde in der Studie über die folgenden Merkmale gemessen:

- Anzahl der Kontakte der Befragten mit Arbeitskollegen,
- Anzahl der Kontakte zu Kollegen, auf die sich die Befragten zu 100% verlassen können,
- Anzahl der Kontakte zu Kollegen und Kontakte zu Vorgesetzten, zu denen die Befragten freundschaftliche Beziehungen unterhalten,
- Anzahl der Kontakte zu Arbeitskollegen, mit denen sie Freizeitaktivitäten durchführen.

Vertrauen wurde in unserer Untersuchung mit folgenden Items gemessen:

- Größe des Vertrauen der Befragten zu Kollegen und Vorgesetzten,
- Einschätzung des in die Befragten gesetzten Vertrauens von Kollegen und Vorgesetzten,
- Anzahl der vertrauenswürdigen Kontakte zu Arbeitskollegen.

3.3.1 Arbeitsinhalt

Die Gestaltung von Arbeitsaufgaben ist in jeder Unternehmung eine der zentralen Herausforderungen. Allerdings sind Arbeitsgestaltungsmaßnahmen immer eingebettet in einen spezifischen betrieblichen Diskurs der Machtansprüche und Herrschaft verschiedener Anspruchsgruppen in Betrieben [3]. Untersucht wurden konkret Fragen der Arbeitsqualität, z. B. wie abwechslungsreich Arbeitsaufgaben wahrgenommen werden (vgl. hierzu [15, 18, 19]). Ausgangspunkt war die Theorie, dass Arbeitsgestaltungsmaßnahmen, die als „High-Involvement-Work-Systeme" bezeichnet werden, den Zweck haben, das Engagement der Beschäftigten über eine größere persönliche Identifikation mit den Arbeitsprozessen zu erhöhen (vgl. hierzu [1]) und damit einzelne Arbeitnehmer in die Lage versetzen,

Informationen besser zu verarbeiten bzw. zu verstehen [1, 32].

Arbeitsinhalt bezieht sich sowohl auf den Grad der Qualifikation, der benötigt wird, um die Arbeit durchzuführen, als auch auf die Qualität (und subjektive Bedeutung) des Arbeitsinhalts. So wurde in der Studie u. a. nach der subjektiven Identifikation mit den jeweiligen Arbeitsaufgaben gefragt. Die mit dem Faktor Arbeitsinhalt in Verbindung stehende Annahme ist, dass sich mit steigenden Anforderungen der Arbeitsinhalte die intrinsische Motivation erhöht und die Bereitschaft eines Beschäftigten zunimmt, in den Aufbau von Sozialkapital und Vertrauen zu investieren.

3.3.2 Partizipation

Eine unmittelbar daran anschließende Überlegung war, in welchem Ausmaß Beschäftigte im Rahmen ihrer Tätigkeit Entscheidungen des Unternehmens mitbestimmen bzw. daran partizipieren. In einschlägigen Untersuchungen wird darauf hingewiesen, dass partizipative Managementstrukturen zu „besseren" Entscheidungen in Unternehmen führen [26, S. 343]. Der Erfolg partizipativer Management- oder Führungsmodelle wird insbesondere damit erklärt, dass durch die Partizipation die Ideen und das Wissen der Mitarbeiterinnen für die Lösung von Organisationsproblemen verfügbar werden. In einschlägigen Untersuchungen hat sich gezeigt, dass Mitarbeiter in Betrieben Entscheidungen eher dann akzeptieren, wenn sie an der Formulierung und Ausarbeitung derselben beteiligt werden (vgl. [17]). Partizipation fördert zudem, so die Annahme, die Kooperationsfähigkeit und -bereitschaft in Unternehmen. Einmal abgesehen von der Gefahr der Instrumentalisierung von partizipativen Führungsansätzen, ist es unstrittig, dass Mitarbeiter, die an Entscheidungsprozessen teilnehmen, prinzipiell mehr Akzeptanz und im Weiteren ein höheres Engagement zeigen und sich aktiver einbringen (vgl. [11]). Partizipative Managementsysteme erhöhen demnach die Bereitschaft, in den Aufbau von Vertrauen und Sozialkapital zu investieren.

3.3.3 Feedback

Neben dem Faktor Partizipation ist für die Mitarbeiter in einem Unternehmen das wahrgenommene Feedback über ihre Leistungen eine wesentliche Bezugsgröße, die die Motivation und Selbstwahrnehmung beeinflusst. Ein Feedback über die erbrachten Leistungen dient allerdings nicht nur der Steuerung von Unternehmen

[30, S. 223]. Unternehmen, die sich z. B. als lernende Einheiten begreifen, müssen Feedback auf allen Ebenen pflegen [34]. In diesem Zusammenhang ist von Bedeutung, inwiefern sich das Management für die Perspektiven, Wahrnehmungen, Ansichten und persönlichen Angelegenheiten der Beschäftigten interessiert [12]. Feedback ist nicht nur ein Indikator für den Beschäftigten, der über die erbrachte Leistung informiert, sondern ebenso ein Signal, das den Stellenwert der eigenen Arbeitsaufgaben und den Stellenwert der eigenen Person in der Unternehmung anzeigt. In unserem Verständnis ist Feedback quasi ein Rohstoff, der u. a. die gemeinsame Sinnstiftung und Interpretation von normativen Regeln und Bedeutungen, die Teil einer Unternehmenskultur sind, generiert [31, 33, 34]. Dementsprechend ist anzunehmen, dass Mitarbeiter, die Feedback-Prozesse als positiv wahrnehmen, aktiver in den Aufbau von Sozialkapital und Vertrauen investieren.

3.3.4 Autonomie

Ein weiterer wichtiger Faktor in diesem Zusammenhang ist die Frage, ob die Beschäftigten die Gestaltung ihrer Arbeitsinhalte als fremdbestimmt wahrnehmen oder ob sie einen Gestaltungsspielraum in der Erfüllung ihrer täglichen Arbeitsaufgaben besitzen. In der Organisationsforschung zeigte sich, dass eine als autonom wahrgenommene Arbeitsgestaltung die Kooperationsbereitschaft fördert und das Selbstwertgefühl der Beschäftigten festigt. Dessen ungeachtet setzen viele Unternehmen auf eine Kultur des Misstrauens, die durch oft spitzfindige und letztlich unwirksame Kontrollmaßnahmen erzeugt wird. Sehr oft schädigt eine auf Misstrauen aufgebaute Organisationskultur jede aus „freien Stücken" heraus entwickelte Kooperation zwischen einzelnen Abteilungen und unter Mitarbeitern. Einschlägige Untersuchungen haben zudem zeigen können, dass viele Umstrukturierungsmaßnahmen, ständige Veränderungen von Leistungsvereinbarungen und organisationale Maßnahmen im Zuge von Downsizing und Reengineering das Vertrauen der Mitarbeiter nahezu irreversibel zerstört haben (vgl. [16, S. 17]). Tatsächlich existiert in vielen Unternehmen ein hoher Grad an Misstrauen, das zusammen mit Fremdbestimmung an die Stelle von Kritikfähigkeit und Selbständigkeit tritt. Managementsysteme, die ihre Planungssicherheit über strikte Kontrolle aufbauen, laufen Gefahr, mit ihren Instrumenten nicht nur keine Steuerung des Unternehmens vorzunehmen, sondern genau das Gegenteil zu bewirken (vgl. hierzu im Besonderen [10]). Tatsächlich verzichten Organisationen damit auf

Fähigkeiten und Talente ihrer Beschäftigten [21, 22]. Deci und Flaste [11] zeigen zudem, dass autonome und selbstbestimmte Aufgabenbereiche (im Gegensatz zu kontrollierten und fremdbestimmten) das Ausmaß der intrinsischen Motivation bestimmen. Darüber hinaus ist es plausibel anzunehmen, dass Mitarbeiter mit einem hohen Grad an Autonomie sehr viel stabilere und festere soziale Bindungen und Beziehungen eingehen, weil diese Beziehungen freiwillig geknüpft werden. Steigender Arbeitsdruck und Arbeitsstress wirken sich dagegen negativ auf die Motivation aus.

3.4 Empirische Ergebnisse

Im Folgenden werden die empirischen Ergebnisse der Untersuchung [13] zusammengefasst.

3.4.1 Einflussfaktoren auf das Vertrauen in Unternehmen

Im Rahmen einer multiplen Regressionsanalyse[1] wurde die Wichtigkeit der erläuterten Dimensionen für das *Vertrauen* in ein Unternehmen ermittelt. Das Vertrauen stellt in der Regressionsanalyse die abhängige Variable (Kriteriumsvariable), die Dimensionen Arbeitsinhalt, Partizipation, Feedback und Autonomie die unabhängigen Variablen (Prädiktorvariablen).

In Tabelle 3.1 wird das Ergebnis der Regressionsanalyse ausführlich dargestellt. Neben den dargestellten Faktoren wurden zudem die Variablen Alter, Einkommen pro Monat und Beschäftigungsdauer im Unternehmen als Kontrollvariablen aufgenommen. Diese Variablen erklären 44,3% der Gesamtstreuung der abhängigen Variablen „Vertrauen" (kR² = 0,443). Der standardisierte Beta-Koeffizient zeigt die Bedeutung

der jeweiligen Variablen auf die Höhe der Ausprägung der abhängigen Variablen „Vertrauen".

Es zeigt sich, dass die Faktoren Arbeitsinhalt (0,34), Partizipation (0,35) und Feedback (0,41) den größten Beitrag zur Höhe der Ausprägung des Faktors Vertrauen leisten. Einen negativen Einfluss hingegen haben die Faktoren fehlende Autonomie (-0,16) und Arbeitsdruck (-0,16). Alle genannten Faktoren weisen hoch signifikante Beta-Koeffizienten auf. Der Faktor Unternehmenserfolg sowie die Kontrollvariablen weisen keine signifikanten Koeffizienten auf und sind daher nicht in Tabelle 3.1 dargestellt.

Das Ergebnis lässt sich folgendermaßen interpretieren: Kompetente Mitarbeiter, die eigenständige Aufgabenbereiche haben und Entscheidungen treffen, entwickeln eine größere Bereitschaft in vertrauenswürdige Beziehungen zu investieren als Mitarbeiter, die sich selbst als inkompetent und fremdbestimmt wahrnehmen. Hier mag das Zusammenwirken der Merkmale Qualifikation, Aufgabensignifikanz und Aufgabenvariabilität ins Spiel kommen, da anzunehmen ist, dass kompetente und selbsteffiziente Mitarbeiter diese Wahrnehmung nicht unabhängig von der Bedeutung der Aufgaben, die sie in einem Unternehmen erfüllen, entwickeln. Zusätzlich ist der Einfluss der Variablen Feedback und Partizipation nicht zu übersehen. Hoher Arbeitsdruck und fehlende Autonomie wirken sich dagegen negativ auf den Aufbau von Vertrauen aus.

3.4.2 Einflussfaktoren auf das Sozialkapital

In einer weiteren Regressionsanalyse wurde ermittelt, inwieweit die o. g. unabhängigen Variablen Einfluss auf das Konstrukt *Sozialkapital* erkennen lassen. Der Faktor „Sozialkapital" ist in diesem Regressionsmodell die abhängige Variable. Die Ergebnisse sind in Tabelle 3.2 dargestellt. Die Faktoren Arbeitsinhalt, Partizipation und Feedback weisen signifikante Beta-Koeffizienten auf. Jedoch ist in diesem Modell der Erklärungswert (kR² = 0,176) der unabhängigen Variablen für die Entstehung von Sozialkapital deutlich geringer als in der vorhergehenden Regression. Der Einfluss der Merkmale Arbeitskontrolle, Arbeitsdruck und Entgelt sind auf die Ausprägung des Merkmals Sozialkapital nicht signifikant. Auch die Kontrollvariablen Beschäftigungsdauer, Einkommen und Alter nehmen keinen signifikanten Erklärungswert ein. Die Variable Feedback (0,28) hat den größten Einfluss auf die Bildung von Sozialkapital in einem Unternehmen, gefolgt von Arbeitsinhalt (0,23) und Partizipation (0,16).

---

1 Strikt gesehen versucht man mit Regressionsanalysen Ursache-Wirkung-Beziehungen zwischen unabhängigen und abhängigen Variablen zu belegen. Derartige Kausalitäten haben allerdings Schwächen, die vielfach in der Forschung diskutiert werden. Erstens ist dabei die Frage, ob bei der behaupteten kausalen Wirkung von A zu B nicht auch eine Wirkung von B zu A möglich ist. Regressionsanalysen zeigen, dass sich zwei Variablen beeinflussen, aber die Richtung der Kausalität ist damit nicht endgültig geklärt; die Richtung der Kausalität ist von den Annahmen, die in der Untersuchung und mit den Hypothesen getroffen werden, wird vom Forscher festgelegt. Es lässt sich allerdings – und darin liegt die Stärke der Untersuchungsmethode – die Mächtigkeit der Wirkung einer oder mehrerer unabhängigen Variablen auf eine oder mehrere abhängige Variablen zeigen.

◻ **Tabelle 3.1.** Ergebnis der Regressionsanalyse – abhängige Variable Vertrauen

Unabhängige Variablen	nicht standardisierte Koeffizienten		standardisierte Koeffizienten		
	B	Standardfehler	Beta	T-Wert	Signifikanz
(Konstante)	9,28	0,60		15,60	0,000
Arbeitsinhalt	1,02	0,17	0,34	5,97	0,000
Partizipation	1,07	0,16	0,35	6,49	0,000
Aufgabenkontrolle (fehlende Autonomie)	-0,50	0,16	-0,16	-3,07	0,002
Feedback	1,27	0,16	0,41	7,85	0,000
Unternehmenserfolg	0,40	0,17	0,13	2,45	0,015
Arbeitsdruck	-0,49	0,16	-0,16	-3,07	0,002
Individualisiertes Entgelt	0,33	0,19	0,09	1,71	0,088
Alter	0,04	0,02	0,16	1,88	0,062
Einkommen in € pro Monat (netto)	0,00	0,00	0,06	0,86	0,391
Beschäftigungsdauer im Unternehmen	0,01	0,03	0,02	0,21	0,832
R	0,69				
R2	0,47				
Korrigiertes R2	0,44				

*N = 245

◻ **Tabelle 3.2.** Ergebnis der Regressionsanalyse – abhängige Variable Sozialkapital

Unabhängige Variablen	nicht standardisierte Koeffizienten		standardisierte Koeffizienten		
	B	Standardfehler	Beta	T-Wert	Signifikanz
(Konstante)	18,09	0,91		20,00	0,000
Arbeitsinhalt	0,85	0,26	0,23	3,27	0,001
Partizipation	0,61	0,25	0,16	2,44	0,016
Aufgabenkontrolle (fehlende Autonomie)	-0,13	0,25	-0,03	-0,53	0,594
Feedback	1,06	0,25	0,28	4,31	0,000
Unternehmenserfolg	0,50	0,25	0,13	2,01	0,046
Arbeitsdruck	0,03	0,27	0,01	0,12	0,904
Individualisiertes Entgelt	0,19	0,29	0,04	0,63	0,527
Alter	0,04	0,04	0,12	1,17	0,242
Beschäftigungsdauer	0,07	0,05	0,15	1,48	0,14
Einkommen in € pro Monat (netto)	0,00	0,00	-0,10	-1,20	0,231
R	0,47				
R2	0,22				
Korrigiertes R2	0,18				

*N = 245

Eine ganz wesentliche Rolle in diesem Komplex von Merkmalen, die den Aufbau von Sozialkapital erklären, spielt demnach die Variable Feedback: Mitarbeiter investieren offensichtlich in soziale Beziehungen, wenn sie Feedback als positiven Kommunikationsprozess, als Zuspruch für ihre eigenen Leistungen und als positive Rückmeldung (auch von Fehlern) wahrnehmen. Daneben bauen Mitarbeiter in einem Unternehmen soziales Kapital auf, wenn sie in interessanten und wichtigen Aufgabenbereichen tätig sind und über partizipative Entscheidungsstrukturen in die Gestaltung von Arbeitsprozessen, die von ihnen als wichtig wahrgenommen werden, eingebunden werden.

3.5   Fazit

In unserer Untersuchung standen weniger die Sichtweise des Managements oder der leitenden Angestellten im Mittelpunkt des Interesses, sondern primär die Einstellungen und Wahrnehmungen der MitarbeiterInnen in den Betrieben. Für die Entstehung von Sozialkapital und Vertrauen in Unternehmen zeigten sich folgende Merkmale als besonders wesentlich: Einmal ist von zentraler Bedeutung, wie die Beschäftigten den *Stellenwert ihrer Arbeit* einschätzen bzw. welche Bedeutung Arbeit für die Betroffenen einnimmt. Ein weiterer zentraler Faktor ist das Ausmaß der *Partizipation*, die Mitarbeitern gewährt wird, um an betrieblichen Entscheidungsprozessen teilzunehmen. Darüber hinaus ist das von den Mitarbeitern wahrgenommene *Feedback* aus ihrem Arbeitsumfeld und das Feedback des Managements verantwortlich dafür, ob und in welchem Ausmaß Sozialkapital und Vertrauen aufgebaut werden. Und schließlich beeinflusst die Einschätzung, inwiefern die eigenen Arbeitsaufgaben als *fremdbestimmt bzw. autonom* wahrgenommen werden, Sozialkapital und Vertrauen in Unternehmen.

Literatur

[1]   Becker BE, Huselid M, Ulrich D (2001) The human resource score card. Linking people, strategy and performance. Harvard University Press, Cambridge MA

[2]   Bourdieu P (1986) The forms of capital. In: J. G. Richardson (eds), Handbook of theory and research for the sociology of education: Greenwood, New York:241–258

[3]   Bourdieu P (1999) (Hrsg) Das Elend der Welt. Universitätsverlag Konstanz

[4]   Burt RS (1982) Towards a structural theory of action: Network models of social structure, perception and action. Academic Press, New York

[5]   Burt RS (1992) Structural holes: The social structure of competition. Harvard University Press, Cambridge, MA

[6]   Cohen D, Prusak L (2001) In Good Company. How social capital makes organizations work. Harvard Business School Press, Boston, MA

[7]   Coleman JS (1988) Social capital in the creation of human capital. American Journal of Sociology 94 (Supplement):95–120

[8]   Coleman JS (1990) Foundations of social theory. Harvard University Press, Cambridge, MA

[9]   Coleman JS (1991) Grundlagen der Sozialtheorie. Handlungen und Handlungssysteme. Oldenbourg, München

[10] Crozier M, Friedberg E (1993) Die Zwänge kollektiven Handelns. Über Macht und Organisation. Hain, Frankfurt am Main

[11] Deci EL, Flaste R (1995) Why we do what we do. Understanding self-motivation. The Free Press, New York

[12] Deci EL, Eghari H, Patrick BC, Leone D (1994) Facilitating internalization. The self-determination theory perspective. Journal of Personality 62:119–142

[13] Fuchs M (2006) Social Capital and Trust in Organizations (Soziales Kapital, Vertrauen und Wissens-transfer in Organisationen). DUV Gabler, Wiesbaden

[14] Gehlen A (2004) Urmensch und Spätkultur. Klostermann, Frankfurt am Main

[15] Hackman JR, Oldham GR (1980) Work redesign. Addison-Wesley, Reading MA

[16] Herriot P, Hirsch W, Reilly P (1998) Trust and transition. Managing Today's employment relationship. John Wiley, Chichester, New York

[17] Hersey P, Blanchard KH (1988) Management of Organizational Behaviour. Utilizing Human Resources. Prentice Hall, Englewood NJ

[18] Ichniowski C, Kochan Th, Levine D, Olscon C, Strauss G (1996) What works at work. Overview and assessment. Industrial Relations, 35, 3:299–333

[19] Lawler EE (1992) The ultimative advantage. Creating high-involvement organizations. Josey-Bass, San Francisco

[20] Leana CR, Van Buren HJ III (1999) Organizational social capital and employment practices. Academy of Management Review 24:538–555

[21] Leonard-Barton D, Sensiper S (1998) The role of tacit knowledge in group innovation. California Management Review 40 (3):112–32

[22] Leonard-Barton D (1992) Core capabilities and core rigidities: A paradox in managing new product development. Strategic Management Journal, Summer Special Issue 13:111–125

[23] Lin N (2001) Social Capital. A Theory of social structure and action. Cambridge University Press, Cambridge, UK

[24] Loury G (1992) The economics of discrimination: Getting to the core of the problem. Harvard Journal for African American Public Policy 1:91–110

[25] Ostrom E (1990) Governing the commons. The evolution of institutions for collective action. Cambridge Universtiy Press, Cambridge UK

[26] Pasmore W, Friedländer F (1982) An action research programme to increase employee involvement in problem solving. Administrative Science Quarterly, 211 (2): 343–362

[27] Putnam RD (1993) Making democracy work: Civic traditions in modern Italy. Princeton University Press, Princeton, NJ

[28] Putnam RD (2000) Bowling alone: The collapse and revival of American community. Simon and Schuster, New York

[29] Putnam R (2001) (Hrsg) Gemeinschaft und Gemeinsinn. Bertelsmann Stiftung, Gütersloh

[30] Sanchez R (2002) Modular Products and Process Architecture. Framework for Strategic Learning. In: Choo Ch W, Bontis N (eds) The Strategic Management of Intellectual Capital and Organizational Knowledge, Cambridge University Press, Cambridge, UK

[31] Smircich L (1983) Concepts of culture and organizational analysis. Administrative Science Quarterly 28:339–358

[32] Spreitzer G (1996) Social structural characteristics of psychological empowerment. Academy of Management Journal 39 (2):483–505

[33] Weick K (2001) Making Sense of the Organization. Blackwell Business. Oxford, Malden, MA

[34] Weick K (1995) What Theory Is Not, Theorizing Is. Administrative Science Quarterly 40:385–390

Kapitel 4

Betriebliches Sozialkapital, Arbeitsqualität und Gesundheit der Beschäftigten – Variiert das Bielefelder Sozialkapital-Modell nach beruflicher Position, Alter und Geschlecht?

P. Rixgens

Zusammenfassung. *Der vorliegende Beitrag beschäftigt sich mit den Auswirkungen des betrieblichen Sozialkapitals auf die Qualität der geleisteten Arbeit und die Gesundheit der Mitarbeiterinnen und Mitarbeiter im Unternehmen. Die empirischen Befunde eines Forschungsprojekts der Fakultät für Gesundheitswissenschaften der Universität Bielefeld weisen bislang darauf hin, dass Arbeitsqualität und gesundheitliches Wohlbefinden vor allem mit den immateriellen Arbeitsbedingungen und dem Wertekapital eines Unternehmens in einem direkten Zusammenhang stehen. Im Rahmen dieses Beitrags soll nun genauer untersucht werden, inwieweit diese allgemeinen Befunde des Bielefelder Sozialkapital-Modells auch für spezielle Gruppen von Beschäftigten Gültigkeit besitzen. Eine Sekundäranalyse der insgesamt 2287 Datensätze zeigt, dass sich das Modell auch bei gruppenspezifischen Analysen bewährt und zwischen den beiden Geschlechtern, verschiedenen Altersgruppen und nach beruflicher Position nur kleinere Unterschiede belegbar sind. Diese differenzierenden Ergebnisse weisen u. a. darauf hin, dass das Wertekapital einen stärkeren direkten Einfluss auf die Gesundheit von Frauen als von Männern hat und dass die älteren Beschäftigten im Betrieb stärker von dieser kulturellen Komponente profitieren als die Jüngeren. Außerdem lassen die Befunde darauf schließen, dass das Bielefelder Sozialkapital-Modell für die Vorgesetzten im Betrieb erklärungskräftiger ist als für die Gruppe der Mitarbeiter.*

4.1 Das Bielefelder Sozialkapital-Modell

Im Rahmen eines empirischen Forschungsprojekts an der Fakultät für Gesundheitswissenschaften der Universität Bielefeld hat sich in den Jahren 2006 und 2007 ein Forscherteam um Prof. Badura u. a. mit der Frage beschäftigt, ob und wie sich das so genannte „Sozialkapital" eines Unternehmens auf das gesundheitliche Wohlbefinden der Mitarbeiterinnen und Mitarbeiter auswirkt (vgl. hierzu auch den Beitrag von Ueberle und Greiner in diesem Band)[1]. In diesem Bielefelder Sozialkapital-Modell werden insgesamt sechs unterschiedliche Komponenten berücksichtigt, deren empirische Ausprägungen und theoretische Zusammenhänge

---

[1] Die Autoren danken dem Ministerium für Arbeit, Gesundheit und Soziales des Landes Nordrhein-Westfalen und dem Europäischen Sozialfonds für die finanzielle Unterstützung des Projekts (Projektleitung: Prof. Dr. B. Badura, Prof. Dr. W. Greiner. Mitarbeiter: M. Behr, P. Rixgens, M. Ueberle).

im Rahmen von Mitarbeiterbefragungen untersucht wurden: 1. das Netzwerkkapital, 2. das Führungskapital, 3. das Wertekapital (die zusammen das Sozialkapital eines Unternehmens ausmachen), 4. die immateriellen Arbeitsbedingungen, 5. die Einschätzung der Qualität der geleisteten Arbeit sowie 6. die Gesundheit der Beschäftigten.

Das Sozialkapital von Organisationen besteht diesem Forschungsansatz zufolge aus der sozialen Struktur und wahrgenommenen Qualität ihrer horizontalen und vertikalen Netzwerke sowie dem Bestand an gemeinsamen Überzeugungen, Werten und Regeln unter den Mitgliedern [6]. Das **Netzwerkkapital** bezieht sich beispielsweise auf die Qualität horizontaler sozialer Beziehungen unter Mitarbeitern gleichen Ranges. In diesem Zusammenhang werden zum Beispiel die Binnenbeziehungen innerhalb eines Arbeitsteams, die Stärke des Zusammenhalts unter den Kollegen, die Häufigkeit zwischenmenschlicher Konflikte sowie das Maß gegenseitiger Unterstützung und gegenseitigen Vertrauens als wichtig erachtet. Dass die Qualität der zwischenmenschlichen Beziehungen für das Wohlbefinden und die Gesundheit ganz allgemein von zentraler Bedeutung ist, ist schon lange bekannt [1]. Aber auch im speziellen Kontext der Berufswelt gibt es inzwischen eine Vielzahl von Untersuchungen, die eindrucksvoll die Vermutung belegen, dass gute soziale Beziehungen am Arbeitsplatz zu mehr Wohlbefinden der Beschäftigten beitragen können (z. B. [21, 27, 28]).

Für die Gesundheit der Mitarbeiterinnen und Mitarbeiter im Betrieb sind aber nicht nur Umfang und Qualität des (horizontalen) Netzwerkkapitals von Bedeutung; mindestens ebenso wichtig sind die vertikalen Beziehungen zwischen Vorgesetzten und Mitarbeitern, die insgesamt das **Führungskapital** eines Unternehmens ausmachen. Hierunter sind z. B. Spezialaspekte wie das Maß an erlebter Anerkennung und Unterstützung durch den direkten Vorgesetzten, das in ihn gesetzte Vertrauen oder die wahrgenommene Qualität des Führungsverhaltens zu verstehen. Die generelle These lautet hier: Je besser die Zusammenarbeit von Vorgesetzten und Mitarbeitern ist, desto höher ist das Führungskapital eines Unternehmens und umso besser wird tendenziell die Qualität der Arbeitsleistungen und das gesundheitliche Wohlbefinden der Belegschaft sein.

Die dritte Komponente des betrieblichen Sozialkapitals ist das **Überzeugungs- bzw. Wertekapital**. Dieser bislang noch nicht besonders gut untersuchte Teilaspekt bezieht sich auf ein Phänomen, das in anderen Zusammenhängen auch als „Unternehmenskultur" bezeichnet wird. Damit sind beispielsweise gemeinsam geteilte Überzeugungen, kollektiv getragene Wert-

vorstellungen oder normative Verhaltenserwartungen sowie deren praktische Umsetzung im betrieblichen Alltag gemeint. Das Wertekapital beinhaltet aber auch die Güte des sozialen Zusammenhalts im gesamten Unternehmen, die Anerkennung und Wertschätzung durch die Unternehmensleitung und das Ausmaß von sozialer Gerechtigkeit im Betrieb. Ein Unternehmen mit ausgeprägtem Sozialkapital zeichnet sich also durch ein dichtes Netzwerk von horizontalen und vertikalen Beziehungen aus, die durch ein hohes Maß an gegenseitigem Vertrauen, wechselseitiger sozialer Unterstützung und starker Orientierung an den kollektiv geteilten Überzeugungen und Werten einer gelebten Unternehmenskultur gekennzeichnet sind.

Eine in diesem Sinne starke Mitarbeiterorientierung verlangt von den Unternehmen aber nicht nur den Aufbau und die Pflege dieses dreigliedrigen Sozialkapitals, sondern auch eine adäquate Gestaltung der Arbeitsbedingungen. Die pathogenen Auswirkungen materieller Faktoren der Arbeitswelt auf die allgemeine Morbidität sind relativ gut untersucht. Wir haben uns im Rahmen unseres Projekts deshalb auf die Analyse von speziellen **immateriellen Arbeitsbedingungen** konzentriert, die für die Gesundheit und Leistungsfähigkeit der Mitarbeiter zunehmend bedeutsamer werden. Dazu gehören beispielsweise Aspekte wie die erlebte Sinnhaftigkeit der Arbeit, die Partizipationschancen der Mitarbeiter, die Einflussmöglichkeiten auf Arbeitsinhalte oder Arbeitsbedingungen sowie die Klarheit und Eindeutigkeit der Arbeitsaufgaben. Generell ist in diesem Zusammenhang zu vermuten, dass **Arbeitsqualität** und **Gesundheitszustand** der Beschäftigten umso besser ausfallen werden, je mehr es einem Unternehmen mit der Zeit gelingt, diese immateriellen Arbeitsbedingungen ihrerseits zu optimieren.

Zur Überprüfung der zentralen These, wonach das Wohlbefinden und die Produktivität der Beschäftigten mit der Höhe des betrieblichen Sozialkapitals variieren, wurden im Bielefelder Sozialkapital-Modell zudem verschiedene Aspekte der Arbeitsqualität sowie des gesundheitlichen Wohlbefindens berücksichtigt [6]. Die Qualität der geleisteten Arbeit lässt sich beispielsweise dadurch erfassen, dass man Führungskräfte und Mitarbeiter um differenzierte Einschätzungen bittet, wie sie als intime Kenner der Verhältnisse vor Ort die eigenen Leistungen, die der Abteilung oder die des Unternehmens insgesamt bewerten. Aber auch Aspekte der „Qualitätskultur" wie beispielsweise die Kundenorientierung, die kontinuierliche Bereitschaft zur Verbesserung von Produkten und Arbeitsabläufen sowie die Orientierung an Qualitätsstandards können wichtige Erfolgs- bzw. Ergebnisparameter sein. „Gesundheit" wird hier schließlich ganz allgemein als ein Zustand des subjektiven Wohlbefindens verstanden, der unter anderem ein starkes Selbstwertgefühl und einen guten physischen Gesundheitszustand impliziert.

4.2 Modellprüfung

Die theoretische Konzeptualisierung und methodische Operationalisierung des Zentralbegriffs „Sozialkapital" kann allerdings nur der erste Schritt auf dem Weg zu dem generellen Ziel sein, den Einfluss so genannter „weicher" Unternehmensfaktoren auf Produktivität und Gesundheit der Beschäftigten genauer zu analysieren. Wir brauchen zusätzlich ein differenziertes Bedingungsmodell, das sowohl die Richtung als auch möglichst die Stärke der gegenseitigen Einflussbeziehungen zwischen den verschiedenen Teilaspekten thematisiert. Wie eine – im methodischen Sinne verstandene – „kausale" Modellierung der genannten sechs Aspekte aussehen könnte, liegt nämlich keineswegs auf der Hand. Zwar liegt zunächst einmal die Hypothese nahe, dass hohes Sozialkapital und gute Arbeitsbedingungen primär wohl eher die Gesundheit der Beschäftigten beeinflussen. Zumindest auf längere Sicht gesehen kann aber auch der umgekehrte Fall nicht ganz ausgeschlossen werden, dass ein verbessertes gesundheitliches Wohlbefinden der Belegschaft insgesamt zu einer Stärkung des betrieblichen Wertekapitals führt. Auch in Bezug auf die kausale Modellierung der drei Komponenten des Sozialkapitals untereinander gibt es ganz unterschiedliche Möglichkeiten. Theoretisch denkbar wäre beispielsweise das Szenario, dass die Vorgesetzten im Unternehmen ganz maßgeblichen Einfluss auf die gemeinsamen Werte und Normen im Betrieb haben, was ganz besonders dann wahrscheinlich ist, wenn sich ein Unternehmen gerade erst im Aufbau befindet. Plausibel wäre aber auch der umgekehrte Zusammenhang, dass das konkrete Führungsverhalten der Vorgesetzten im betrieblichen Alltag in starkem Maße durch das Wertekapital determiniert wird. Diese Möglichkeit kommt vor allem für den Fall in Betracht, dass ein Betrieb schon lange besteht und im Laufe der Zeit eine eigene Tradition mit hohem Verbindlichkeitscharakter bzw. eine spezielle Unternehmenskultur entwickelt hat. Diese wenigen Beispiele mögen genügen, um ein zentrales Dilemma betriebsbezogener Gesundheitsforschung deutlich zu machen: Es lässt sich aufgrund rein theoretischer Überlegungen nicht eindeutig entscheiden, wie die einzelnen Aspekte des Bielefelder Sozialkapital-Modells untereinander in Beziehung stehen. Um eine definitive Antwort auf diese Frage zu bekommen, bleibt also nur die Möglichkeit, verschiedene Bedingungsmodelle anhand von empirischen Daten auf ihre Plausibilität und Realitätsnähe zu überprüfen.

4.3 Methodisches Vorgehen und empirische Ergebnisse

Zu diesem Zweck sind im Jahr 2007 Mitarbeiterbefragungen in vier verschiedenen Produktions- und einem Dienstleistungsunternehmen durchgeführt worden, die vorwiegend im Raum Ostwestfalen beheimatet sind. Insgesamt haben 2287 Personen mit einer Rücklaufquote von 45,5% geantwortet. Die Mitarbeiterbefragungen wurden mithilfe eines umfangreichen Fragebogens durchgeführt, der auf freiwilliger Basis schriftlich beantwortet werden musste. Das weitgehend standardisierte Befragungsinstrument beinhaltete neben den hier analysierten Fragen zum Sozialkapital, den immateriellen Arbeitsbedingungen, zur Arbeitsqualität sowie zum gesundheitlichen Wohlbefinden auch Items zu anderen Bereichen wie beispielsweise zur Work-Life-Balance der Beschäftigten oder zum Thema Mobbing, die in diesem Beitrag außer Betracht bleiben. Alle relevanten Sachverhalte wurden jeweils durch eine Vielzahl von Fragen unter anderem auch deshalb möglichst differenziert erhoben, um die notwendige Reliabilität zu sichern. Beispielsweise wurde das Netzwerkkapital durch insgesamt 14 Items, das Führungskapital durch 20 Fragen, das Wertekapital durch 23 Items, die immateriellen Arbeitsbedingungen, wie z. B. Handlungsspielraum, Partizipationsmöglichkeiten und Sinnhaftigkeit der Aufgabe, durch 17 Fragen, das gesundheitliche Wohlbefinden der Beschäftigten durch 16 Items sowie die Qualität der Arbeitsleistungen durch sieben Fragen erfasst. Alle Einschätzungen erfolgten auf 5-stufigen Likert-Skalen mit Quasi-Intervallniveau. Die Überprüfung der theoretischen Konzeptualisierung erfolgte durch Faktorenanalysen, die Güte der Indexbildung wurde schließlich durch Alpha-Reliabilitätsanalysen empirisch ermittelt[2].

Mithilfe von linearen Strukturgleichungsmodellen bzw. Kovarianzstrukturanalysen lässt sich nun annähernd die entscheidende Frage beantworten, welches konkrete Modell aus einer ganzen Reihe von denkbaren Bedingungskonstellationen zum Zusammenhang

---

2 Auf eine detaillierte Beschreibung des eingesetzten Fragebogeninstruments bzw. des methodischen Hintergrunds der Untersuchung wird an dieser Stelle verzichtet. Der interessierte Leser kann die Details bei Badura et al 2008 entnehmen.

von Sozialkapital und Gesundheit am ehesten mit der betrieblichen Realität übereinstimmt. Wir sind dabei gewissermaßen induktiv vorgegangen und haben der Reihe nach alle theoretisch denkbaren „Kausalstrukturen" daraufhin überprüft, inwieweit sie die gängigen Kriterien für gute lineare Strukturgleichungsmodelle, wie z. B. plausible Vorzeichen, substanzielle Koeffizienten, hohe Varianzaufklärung und akzeptable Fit-Maße, erfüllen [24]. Die Bedingungsstruktur, die am besten zu den erhobenen Daten passt, ist in Abbildung 4.1 grafisch dargestellt. Das Bielefelder Sozialkapital-Modell wurde auf der Basis von 25 manifesten Variablen berechnet, die als Indikatoren für die genannten sechs latenten Konstrukte dienten (hier aus Platzgründen nicht gesondert dargestellt). Dieses Modell weist dem betrieblichen Wertekapital – als einziger exogener Variable – einen ganz besonderen Stellenwert zu, da es sowohl die Qualität der geleisteten Arbeit als auch das gesundheitliche Wohlbefinden der Beschäftigten nicht nur direkt, sondern auch indirekt über (die drei intervenierenden Variablen) Führungskapital, immaterielle Arbeitsbedingungen und Netzwerkkapital in besonders starkem Maße beeinflusst. Die drei Aspekte des Sozialkapitals erklären zusammen mit den immateriellen Arbeitsbedingungen erstaunliche 75% der Varianz der perzipierten Arbeitsqualität und immerhin noch 41%

Varianz der subjektiven Gesundheitseinschätzungen; die gefundenen Fit-Werte für das Gesamtmodell liegen im gemeinhin akzeptierten Toleranzbereich.

Inhaltlich lassen sich die Zusammenhänge wie folgt interpretieren: Eine hohe Arbeitsqualität hängt nach Meinung der Befragten zunächst einmal direkt davon ab, ob es einen hinreichenden sozialen Zusammenhalt in den betrieblichen Arbeitsteams gibt (Pfadkoeffizient BETA für den Faktor Netzwerkkapital = .41), wie gut die immateriellen Arbeitsbedingungen wie z. B. die Partizipationschancen in einem Unternehmen sind (BETA = .37) und ob es eine ausgeprägte Unternehmenskultur mit starkem Orientierungscharakter gibt (Pfadkoeffizient GAMMA für den Faktor Wertekapital = .23). Der qualitätsfördernde Einfluss von gemeinsam geteilten Überzeugungen ist aber in Wirklichkeit noch sehr viel stärker, als es dieser direkte Effekt zum Ausdruck bringt: Das Wertekapital beeinflusst nämlich nach unseren Daten auch massiv das Verhalten der Führungskräfte (GAMMA = .61), die ihrerseits wesentlich zur Verbesserung der immateriellen Arbeitsbedingungen (BETA = .34) und zur Stabilisierung und Förderung des Netzwerkkapitals (BETA = .31) beitragen können, was dann wiederum – wie oben bereits angesprochen – direkt positive Folgen auf die Arbeitsqualität hat. Ein stark ausgeprägtes Wertekapital wirkt sich also sowohl

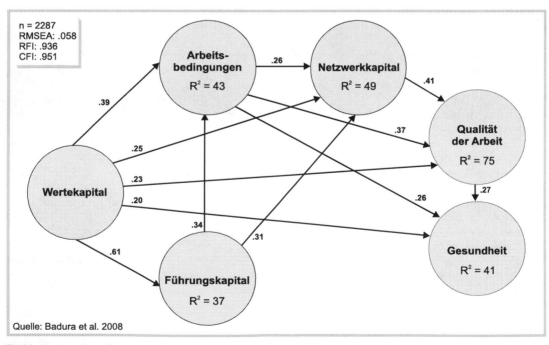

Quelle: Badura et al. 2008

◻ **Abb. 4.1.** Die empirische Fassung des Bielefelder Sozialkapital-Modells in direkter als auch in indirekter Weise positiv auf die Arbeitsleistung aus und ist deshalb im Hinblick auf seine gesamte Einflusswirkung der weitaus stärkste Teilaspekt des Sozialkapitals. Aber auch das Führungskapital beeinflusst in unseren Betrieben auf signifikante Weise die Arbeitsleistung, wenngleich dieser qualitätsfördernde Effekt nur indirekt über die Gestaltung der immateriellen Arbeitsbedingungen sowie über die bewusste Förderung des Teamzusammenhalts zustande kommt. Der Teilaspekt des betrieblichen Sozialkapitals schließlich, der die Arbeitsleistung der Belegschaften am unmittelbarsten beeinflusst, ist das Netzwerkkapital: Je besser die sozialen Beziehungen der Mitarbeiterinnen und Mitarbeiter in den abteilungsspezifischen Arbeitsteams sind, desto besser sind nach unseren Befunden auch die Arbeitsleistungen im Unternehmen.

Eine ähnliche Schlussfolgerung lässt sich aufgrund unserer Untersuchung schließlich auch in Bezug auf das zweite zu erklärende Phänomen des gesundheitlichen Wohlbefindens ziehen. Die Gesundheit der Beschäftigten fällt umso besser aus, je stärker das betriebliche Wertekapital ausgeprägt ist (GAMMA = .20) und je positiver sie die immateriellen Arbeitsbedingungen bewerten (BETA = .26). Besonders bemerkenswert ist darüber hinaus aber auch die Tatsache, dass den Befragten die Qualität der eigenen Arbeit und der ihres Betriebs offenbar so sehr am Herzen liegt, dass sie selbst einen direkten Zusammenhang mit ihrem Wohlbefinden herstellen: Je schlechter sie die Leistungen bewerten, desto schlechter ist auch ihr Wohlbefinden (BETA = .27). Und umgekehrt fühlen sie sich dann auch individuell gut, wenn sie die Qualität der kollektiv erbrachten Leistungen eher als positiv beurteilen. Dieser Befund weist noch einmal eindrucksvoll darauf hin, dass ein starkes betriebliches Wertekapital das individuelle Bewusstsein der Mitarbeiter auf das Erreichen der kollektiver Ziele fokussiert und ein gesundheitliches Unwohlsein erzeugt, wenn die Leistungen subjektiv nicht den avisierten Zielen entsprechen. Der Einfluss des Netzwerk- und Führungskapitals auf das gesundheitliche Wohlbefinden der Mitarbeiter ist demgegenüber nach unseren Befunden eher indirekter Natur. „Gute" Führungskräfte im Betrieb tragen zum einen in ganz erheblichem Maße dazu bei, die Rahmen- bzw. Arbeitsbedingungen ihrer Mitarbeiter adäquat zu gestalten. Zum anderen haben sie aber auch die wichtige Aufgabe, die jeweiligen Arbeitsteams sozial zu stabilisieren, was auf dem Weg über verbesserte Leistungen wiederum dazu beiträgt, die Gesundheit der Beschäftigten zu fördern.

Alles in allem weisen unsere Befunde also auf die überragende Bedeutung des Wertekapitals in den untersuchten Betrieben hin. Eine etablierte und dauerhaft gepflegte Unternehmenskultur – bestehend aus kollektiv geteilten Überzeugungen, gemeinsam getragenen Werten und verbindlichen Verhaltenserwartungen – hat nicht nur einen starken direkten Einfluss auf die Arbeitsqualität und Gesundheit der Beschäftigten, sondern steuert auch das Verhalten der Führungskräfte, das betriebliche Bemühen um Verbesserung der immateriellen Arbeitsbedingungen sowie Prozesse der Teambildung auf höchst effektive Weise. Das Bielefelder Sozialkapital-Modell hat somit nach den bisher vorliegenden Befunden eine klassisch soziologische Note, wonach es vor allem kollektiv getragene Werte und Normen im Rahmen einer dauerhaft gepflegten Unternehmenskultur sind, die das alltägliche Verhalten und Erleben der Beschäftigten im Betrieb weitgehend bestimmen. Durch die Führungskräfte und in den Arbeitsteams werden diese grundlegenden Aspekte der jeweiligen Unternehmenskultur mehr oder weniger erfolgreich in den Arbeitsalltag umgesetzt, was sowohl die Arbeitsleistungen als auch das gesundheitliche Wohlbefinden der Beschäftigten steigert. Wie von uns von Anfang an vermutet, sind also grundsätzlich alle drei Aspekte des Sozialkapitals wichtig für das betriebliche Geschehen, wobei aber das Wertekapital gegenüber dem Führungs- und Netzwerkkapital zumindest in unseren traditionsreichen Betrieben eine überragende Bedeutung hat.

4.4 Vertiefende Analyse: Unterschiede nach Position, Alter und Geschlecht

Das dargestellte Pfadmodell ist der kleinste gemeinsame „Nenner" für die Darstellung und Interpretation der erhobenen Daten und ist im Prinzip für alle untersuchten Unternehmen – mit nur kleinen Abweichungen – gleichermaßen gültig. Betriebsübergreifend stellt sich die Frage, ob sich die gute Erklärungskraft dieses Modells durch eine separate Schätzung für unterschiedliche Gruppen von Beschäftigten weiter erhöhen lässt. So ist beispielsweise gut denkbar, dass die Vorgesetzten in diesen Unternehmen schon allein deshalb eine spezielle Sicht der Dinge haben, weil sie ganz maßgeblich für die Arbeitsbedingungen ihrer Mitarbeiter verantwortlich sind und durch ihr Auftreten und ihre kommunikativen Umgangs- und Verhaltensformen einen wesentlichen Beitrag zur „Stimmung" im Betrieb leisten. Führungskräfte sind für „ihr" Unternehmen in der Regel überdurchschnittlich positiv gestimmt, weil sie sehr häufig für das Ergebnis ihrer Abteilung persönlich verantwortlich gemacht werden. Ebenso plausibel erscheint die zweite Annahme, wonach sich die männlichen Beschäf-

4

tigten häufig in erheblich stärkerem Maße über ihren Beruf definieren als die Frauen und deshalb vor allem dann für ihre Gesundheit profitieren, wenn sie z. B. besonders stolz auf ihre Arbeitsleistungen sind [19]. Naheliegend ist schließlich auch eine dritte Hypothese, dass für die älteren und langjährig Beschäftigten im Betrieb eine gemeinsame Werteorientierung persönlich noch wichtiger sein dürfte als für die jüngeren und bisher nur kurzzeitig Beschäftigten eines Unternehmens. Diese letzte Gruppe dürfte ihrerseits ein größeres Interesse an guten immateriellen Arbeitsbedingungen haben (wie z. B. ausgeprägten Partizipationsmöglichkeiten und einem großen Handlungsspielraum), weil es vielen in dieser beruflichen Situation wohl eher auf kurzfristige Erfolge ankommen dürfte. Insgesamt gibt es also hinreichende theoretische Gründe für die Vermutung, dass das vorgestellte allgemeine Modell für unterschiedliche Gruppen von Beschäftigten nur mehr oder weniger gut zutrifft. Im Weiteren soll deshalb empirisch untersucht werden, ob die Gesamtstruktur des bisherigen Modells sowohl für Führungskräfte und Mitarbeiter, Frauen und Männer als auch für Beschäftigte unterschiedlichen Alters gleichermaßen Gültigkeit hat. Bei der Analyse dieser möglichen Positions-, Geschlechts- und Altersdifferenzen beziehen wir uns wieder auf die Daten der insgesamt 2287 befragten Personen, von denen die meisten als Mitarbeiter (bekannt: 86%) beschäftigt sind, während die übrigen 12,5% Führungspositionen innehaben (die auf 100 fehlenden Prozente erklären sich im Übrigen als Missing Values). Frauen sind in dieser Stichprobe deutlich weniger vertreten (bekannt: 33,9%) als Männer (62,0%). Der überwiegende Teil der Befragten ist bereits über 45 Jahre alt (37,2%), während die jüngere Altersgruppe der bis 35-Jährigen und die mittlere Altersgruppe (36–45 Jahre) zu jeweils ca. 31,4% vertreten sind.

Die statistischen Ergebnisse der Kovarianzstrukturanalysen zur Beantwortung dieser Frage sind in Tabelle 4.1 dargestellt: Die erste Spalte zeigt zunächst die bereits erläuterten Koeffizienten des allgemeinen Pfadmodells (vgl. Abb. 4.1), die auf der Basis der Gesamtstichprobe insgesamt berechnet worden sind. In den darauffolgenden Spalten finden sich die analog berechneten direkten Effekte für die beiden beruflichen Positionen (Vorgesetzte und Mitarbeiter), für männliche und weibliche Beschäftigte sowie für die drei genannten Altersgruppen. Die Ergebnisse dieser gruppenspezifischen Analysen sind eindeutig: Alle empirisch gefundenen Zusammenhänge des allgemeinen Bielefelder Sozialkapital-Modells lassen sich auch in sämtlichen gruppenspezifischen Analysen nachweisen. Die jeweiligen Pfadkoeffizienten sind unabhängig von

der untersuchten Gruppe von substanziellem Gewicht und weisen alle die zu erwartenden Vorzeichen auf. Wie zudem die erklärten Varianzanteile für die endogenen Variablen deutlich machen, unterscheiden sich Führungskräfte und Mitarbeiter unterschiedlichen Alters und Geschlechts nicht grundsätzlich voneinander, wenn es um die Einschätzung der Zusammenhänge geht, die zwischen betrieblichem Sozialkapital und Arbeitsleistung bzw. Gesundheit der Beschäftigten herrschen.

Wenn es dennoch gruppenspezifische Differenzen in der empirischen Kausalstruktur gibt, dann beziehen sie sich – bei zeilenweiser Lesart der Tabelle 4.1 – auf folgende speziellen Zusammenhänge: Die Steuerung des konkreten Führungsverhaltens durch das allgemeine betriebliche Wertekapital (Zeile 1) wird bei Männern um 0.06 Punkte stärker (GAMMA = .67) und bei Frauen um 0.11 Punkte geringer (GAMMA = .49) als im allgemeinen Durchschnitt (GAMMA = .61) gesehen. Das könnte beispielsweise bedeuten, dass die weiblich Beschäftigten das Verhalten der Vorgesetzten zwar auch in starkem Maße als Ausfluss der herrschenden Unternehmenskultur betrachten, aber zusätzlich auch andere Beeinflussungsfaktoren (wie z. B. die Persönlichkeit der Führungskräfte) in ihre Einschätzung einbeziehen, was sie zu einem differenzierteren Bild der Vorgesetzten kommen lässt als ihre männlichen Kollegen.

Eine zweite gruppenspezifische Differenz bezieht sich auf die Frage, ob die immateriellen Arbeitsbedingungen eher eine strikte Konsequenz der allgemein gepflegten Unternehmenskultur oder eher das Resultat des konkreten Führungsverhaltens der Vorgesetzten ist (Zeile 2 und 3): Die Vorgesetzten selbst (.43) und die jüngeren Mitarbeiter (.22 vs. .49) schreiben positive Arbeitsbedingungen, wie z. B. gute Partizipationschancen, als sinnvoll erlebte Tätigkeiten, große Handlungsspielräume oder klar und eindeutig definierte Arbeitsaufgaben, bevorzugt dem Wirken der Führungskräfte zu, während alle anderen Gruppen solche immateriellen Arbeitsbedingungen eher als logische Folge der betrieblichen Wertekultur sehen.

Wie die Zeilen 7 bis 9 der Tabelle 4.1 zeigen, wird die Qualität der Arbeit vor allem von den Frauen, aber auch von den jüngeren Beschäftigten in besonders starkem Maße und direkt mit dem betrieblichen Wertekapital in Verbindung gebracht (.38 und .36 im Vergleich zum allgemeinen Wert .23). Nach ihrer Philosophie trifft also Folgendes zu: Je stärker eine kollektiv getragene Unternehmenskultur ausgeprägt ist, desto besser sind tendenziell auch die individuellen Arbeitsleistungen. Die männlichen Beschäftigten bringen dagegen die Qualität ihrer Leistungen in sehr viel stärkerem Maße als die weiblichen Beschäftigten mit den herrschenden

Tabelle 4.1. Das Bielefelder Sozialkapital-Modell – getrennt mit Kovarianzstrukturanalysen berechnet für verschiedene Gruppen von Beschäftigten

	Insgesamt	Position		Geschlecht		Alter		
	Alle	Mitarbeiter	Vorgesetzte	Männer	Frauen	bis 35 Jahre	36–45 Jahre	älter 45 Jahre
Wertekapital → Führungskapital	,61	,59	,65	,67	,49	,59	,59	,62
Wertekapital → Arbeitsbedingungen	,39	,37	,36	,36	,35	,22	,46	,46
Führungskapital → Arbeitsbedingungen	,34	,36	,43	,37	,36	,49	,29	,31
Wertekapital → Netzwerkkapital	,25	,24	,28	,25	,25	,29	,22	,20
Führungskapital → Netzwerkkapital	,31	,32	,28	,31	,32	,29	,36	,28
Arbeitsbedingungen → Netzwerkkapital	,26	,24	,26	,26	,24	,27	,22	,31
Wertekapital → Quali Arbeit	,23	,25	,11	,19	,38	,36	,17	,17
Arbeitsbedingungen → Quali Arbeit	,37	,37	,39	,47	,21	,35	,39	,42
Netzwerkkapital → Quali Arbeit	,41	,40	,49	,38	,43	,32	,41	,45
Wertekapital → Gesundheit	,20	,19	,19	,15	,23	,19	,11	,25
Arbeitsbedingungen → Gesundheit	,26	,27	,30	,19	,25	,19	,34	,34
Quali Arbeit → Gesundheit	,27	,25	,31	,42	,18	,36	,24	,18
Erklärte Varianz 1: Führungskapital	37	35	42	45	24	35	35	38
Erklärte Varianz 2: Arbeitsbedingungen	43	42	51	40	45	41	46	48
Erklärte Varianz 3: Netzwerkkapital	49	47	52	52	44	51	48	47
Erklärte Varianz 4: Quali Arbeit	75	74	78	81	73	75	68	82
Erklärte Varianz 5: Gesundheit	41	40	52	49	33	44	39	49

immateriellen Arbeitsbedingungen in Verbindung (.47 vs. .21): Je sinnvoller die Arbeit erlebt und je größer die Handlungsspielräume empfunden werden, desto besser fällt auch die Einschätzung der erbrachten Leistungen im Unternehmen aus. Sinnhaftigkeit und Freiheitsspielraum bei der Arbeit sind also Faktoren, die in Bezug auf die Arbeitsqualität vor allem für die Männer wich-tig sind. Die Vorgesetzten sind schließlich die Gruppe unter den Befragten, die Leistung und Produktivität der Belegschaft in besonders geringem Maße mit der Unternehmenskultur (.11) und dafür in besonders starkem Maße mit dem Netzwerkkapital in Verbindung bringen (.49): Je besser die Zusammenarbeit in den abteilungsbezogenen Arbeitsteams, desto besser fällt nach Meinung der Vorgesetzten auch die Qualität der geleisteten Arbeit aus. Dieses signifikante Ergebnis ist angesichts der Tatsache sehr gut nachvollziehbar, dass die Führungskräfte schon aus selbstwertdienlichen Gründen all die Einflussfaktoren für die Arbeitsleistung besonders betonen, für die sie selbst verantwortlich sind: Das Netzwerkkapital ihres Unternehmens können unsere Vorgesetzten in starkem Maße beeinflussen, das Wertekapital aber nur wenig.

Der direkte positive Einfluss des Wertekapitals auf die Gesundheit ist für die Beschäftigten der mittleren Altersgruppen relativ klein (.11), für die älteren Mitarbeiterinnen und Mitarbeiter über 45 Jahren aber erheblich stärker (.25). Dieser Befund mag u. a. damit zusammenhängen, dass in der Gruppe der 36- bis 45-Jährigen berufliche Rivalitäten, persönliches Konkurrenzverhalten und individuelle Karrierebestrebungen naturgemäß eine besonders große Rolle spielen, die die disziplinierende und gesundheitsfördernde Kraft einer starken Unternehmenskultur zumindest zeitweise abschwächen könnte. Auffällig ist auch das Ergebnis, dass die männlichen Beschäftigten viel stärker als ihre Kolleginnen die eigene Gesundheit mit der Arbeitsqualität in Zusammenhang bringen (.42 vs. .18): Je größer die (männliche) Zufriedenheit mit der erbrachten Leistung, desto besser ist tendenziell das gesundheitliche Wohlbefinden. Eine Erklärung für diesen Befund könnte beispielsweise sein, dass sich Männer – zumindest in bestimmten Bereichen der Arbeitswelt – immer noch stärker als viele Frauen über Erfolge im ausgeübten Beruf definieren, die sich wiederum in erster Linie in der Qualität der erbrachten Leistungen manifestieren. Für diesen identitätsstiftenden Effekt guter Arbeitsqualität spricht auch die Tatsache, dass der direkte gesundheitsrelevante Einfluss der immateriellen Arbeitsbedingungen bei der männlichen Belegschaft deutlich schwächer ist als bei den Frauen (.19 vs. .25). Nach unseren Ergebnissen halten Männer gute Arbeitsbedingungen eben vor allem als Voraussetzung für gute Arbeitsleistungen für wichtig, welche dann wiederum letztlich darüber entscheiden, ob man sich auch gesundheitlich gut fühlt oder nicht. Für diesen direkten Zusammenhang zwischen Arbeitsqualität und Gesundheit gibt es zudem noch ein altersabhängiges Ergebnis: Je jünger die Mitarbeiter, desto wichtiger ist die erbrachte Leistung für das eigene Wohlbefinden (.36 vs. .24 vs. .18). Während der subjektive Gesundheitszustand der älteren Mitarbeiter und der Angehörigen der mittleren Altersgruppe also in direkter Weise vor allem von den herrschenden immateriellen Arbeitsbedingungen abhängig zu sein scheint (jeweils .34), kommt es für das jüngere Personal offenkundig in erster Linie darauf an,

ob sie mit ihrer Leistung und der des Unternehmens insgesamt zufrieden sind oder nicht.

Die erklärten Varianzanteile der endogenen Variablen (Zeile 13 bis 17) machen schließlich noch deutlich, dass das Bielefelder Sozialkapital-Modell besonders gut die Einschätzungen der Arbeitsqualität durch die älteren Mitarbeiter über 45 Jahre (82%) und die der männlichen Beschäftigten (81%) erklären kann, aber nicht so sehr die des Personals zwischen 36 und 45 Jahren (68%). Zudem lässt sich vor allem das gesundheitliche Wohlbefinden der Vorgesetzten (52%) und der älteren Beschäftigten über 45 Jahre (49%) auf Kategorien wie Werte-, Führungs- oder Netzwerkkapital zurückführen; für die statistische Erklärung des Gesundheitszustands der weiblichen Beschäftigten ist das Sozialkapital-Modell dagegen weniger gut geeignet (Varianzaufklärung: 33%).

4.5   Diskussion und Fazit

Alles in allem haben die hier vorgestellten Kovarianzstrukturanalysen gezeigt, dass die gefundenen Differenzen zwischen den einzelnen Gruppen von Beschäftigten zahlenmäßig eher gering und außerdem nur auf die Stärke einzelner Einflussbeziehungen beschränkt sind; wir konnten nur graduelle Unterschiede zwischen Vorgesetzten und Mitarbeitern, zwischen Männern und Frauen sowie zwischen jüngeren und älteren Beschäftigten ausmachen. Grundsätzlich gilt das Bielefelder Sozialkapital-Modell demnach für alle untersuchten Gruppen in gleicher Weise. Auf der Basis der vorliegenden Befunde erscheint also die inhaltliche Schlussfolgerung gerechtfertigt, dass sowohl die Arbeitsleistung als auch die Gesundheit der Beschäftigten in starkem Maße von „weichen" Faktoren wie dem betrieblichen Sozialkapital und den immateriellen Arbeitsbedingungen im Unternehmen beeinflusst wird.

Konkret hat sich herausgestellt, dass insbesondere das Wertekapital von Unternehmen für das gesundheitliche Wohlbefinden der Beschäftigten eine ganz zentrale und ausschlaggebende Ressource ist. Gemeinsame Überzeugungen, kollektiv getragene Werte und verbindlich etablierte Normen, die zudem im betrieblichen Alltag auch umgesetzt und gelebt werden, tragen insbesondere bei den älteren Mitarbeitern und beim weiblichen Personal ganz wesentlich zu einem hohen physischen und psychischen Wohlbefinden bei. Während es bei diesen beiden Beschäftigtengruppen also starke direkte Effekte des Wertekapitals auf die Gesundheit gibt, zeigen sich bei den jüngeren Mitarbeitern und den männlichen Beschäftigten vor allem indirekte gesundheitsförderliche Effekte der jeweiligen Unternehmenskultur.

Wir waren in unserem Forschungsprojekt zwar davon ausgegangen, dass eine gemeinsame Wertorientierung im Unternehmen einen ganz maßgeblichen Beitrag zum gesundheitlichen Wohlbefinden der Mitarbeiter und zum Betriebsergebnis leisten kann; gleichwohl war die tatsächliche Stärke und statistische Dominanz des Faktors „Wertekapital" in dieser Form nicht erwartbar. Bei der Interpretation der Daten muss deshalb unbedingt berücksichtigt werden, dass es sich bei unseren Unternehmen um Betriebe handelt, die auf eine jahrzehntelange Tradition in ihrem jeweiligen Wirtschaftsbereich zurückblicken. In solchen „alteingesessenen" Firmen dürfte es sehr viel mehr gemeinsame Wertemuster und Orientierung stiftende Überzeugungen geben als in „Start-up-Unternehmen", die gerade erst am Anfang kollektiver Bemühungen zur Erreichung von Unternehmenszielen stehen. In solchen Betrieben müssen sich gemeinsame Wertvorstellungen normalerweise erst noch langsam herausbilden bzw. etablieren und können deshalb in einer solchen Start- und Aufbauphase wahrscheinlich noch keine gesundheitsfördernde Wirkung haben. Eine weitere Erklärung für diesen sehr starken Effekt des Wertekapitals in unseren Befunden besteht möglicherweise darin, dass universell gültige bzw. kollektiv getragene Wertvorstellungen in Zeiten von Globalisierung und Individualisierung in weiten Teilen der Bevölkerung rasant an Bedeutung verloren haben; im Gegenzug zu diesen Tendenzen dürfte sich das individuelle Bedürfnis nach gemeinsamen Sinn- und Wertvorstellungen zunehmend wieder verstärken. Traditionsreiche Betriebe mit ausgeprägtem Wertekapital können also gerade in Zeiten grassierender Sinndefizite möglicherweise gravierende Bedürfnisse ihrer Mitarbeiter nach Orientierung und Halt befriedigen, was dann natürlich auch der individuellen Gesundheit zugute kommen dürfte.

Bei der Interpretation und Relativierung der vorliegenden Ergebnisse ist zudem noch zu bedenken, dass der Geltungsbereich unserer Befunde nicht zuletzt auch aufgrund der hohen Selektivität unserer anfallenden Stichprobe zunächst nur auf die fünf teilnehmenden Betriebe begrenzt ist. Für die Zukunft ergibt sich aus dieser beschränkten Verallgemeinerbarkeit ein dringender zusätzlicher Forschungsbedarf – insbesondere was die betriebliche Größe, ökonomische Basis und die wirtschaftliche Branche der Unternehmen betrifft. So muss aufgrund unserer beschränkten Ergebnisse offen bleiben, ob die gesundheitsförderliche Wirkung von betrieblichem Sozialkapital für die Belegschaften von Großbetrieben mit wirtschaftlicher Basis an der Börse genauso groß ist wie für die Mitarbeiterinnen und Mitarbeiter in kleinen und mittelständischen Familienunternehmen. Ähnliches lässt sich auch für die unterschiedlichen Branchen des Wirtschaftslebens vermuten. Während in vielen Produktionsbetrieben die Beschäftigten ihre Arbeit oft auch sehr gut ohne die Hilfe und Unterstützung ihrer Kolleginnen und Kollegen erbringen können, muss in vielen Dienstleistungsberufen in interprofessionellen Teams zusammengearbeitet werden; hier kann ohne eine gut funktionierende Zusammenarbeit der Beschäftigten die Dienstleistung nur unzureichend oder überhaupt nicht erbracht werden. Die vorgestellten Ergebnisse sind also für die hier untersuchten Betriebe allein schon aufgrund des durchweg hohen Rücklaufs weitgehend repräsentativ, auf andere Unternehmen aber nur mit Vorbehalt übertragbar. Trotz dieser methodischen Einschränkungen steht aber nach unseren Befunden die zentrale Erkenntnis außer Frage, dass ein „weicher" Faktor wie eine mitarbeiterorientierte Unternehmenskultur eine große Bedeutung für den Erfolg und die Produktivität vieler Unternehmen hat und dass es sich beim wissenschaftlichen Konstrukt „Betriebliches Sozialkapital" um einen viel versprechenden Ansatz handelt, mit dem auch in Zukunft viele Teilaspekte der beruflichen Gesundheit differenziert analysiert werden können.

Literatur

[1] Badura B (Hrsg.) (1981) Soziale Unterstützung und Chronische Krankheit: Zum Stand sozialepidemiologischer Forschung. Suhrkamp, Frankfurt

[2] Badura B, Kaufhold G, Lehmann H et al (1987) Leben mit dem Herzinfarkt: Eine sozialepidemiologische Studie. Springer, Berlin Heidelberg New York

[3] Badura B, Hehlmann T (2003) Betriebliche Gesundheitspolitik. Der Weg zur gesunden Organisation. Springer, Berlin Heidelberg New York

[4] Badura B (2006) Social Capital, Social Inequality, and the Healthy Organization. In: Noack H, Kahr-Gottlieb D Promoting the Public's Health, The EUPHA 2005 Conference Book, S 53–60

[5] Badura B (2007) Grundlagen präventiver Gesundheitspolitik – Das Sozialkapital von Organisationen. In: Kirch W, Badura B Prävention. Beiträge des Nationalen Präventionskongresses. Dresden, 24.–27.10.2007. Springer, Berlin Heidelberg New York

[6] Badura B, Greiner W, Rixgens P et al (2008) Sozialkapital. Grundlagen von Gesundheit und Wettbewerbsfähigkeit. Springer, Berlin Heidelberg New York

[7] Barnett RC, Marshall NL (1993) Men, family-role, job-role quality and physical health. Health Psychology 12:48–55

[8] Baron S, Field J, Schuller T. (2000) Social Capital: Critical Perspectives. Oxford University Press, Oxford

4

[9] Bentler PM, Bonett DG (1980) Significance tests and good-
ness of fit in the analysis of covariance structures. Psychological Bulletin 88 (3):588–606

[10] Burleson BR (1990) Comforting as social support: Relational
consequences of supportive behaviors. In: Duck S, Silver
R (ed) Social support and personal relationships. Sage-
Publications, London

[11] Burt RS (2000) Contingent Value of Social capital. In: Lesser
EL (ed.) Knowledge and Social Capital: Foundations and Applications. Butterworth-Heinemann, Boston, S 255–268

[12] Coleman J (1990) Foundations of Social Theory. Harvard
University Press, Cambridge

[13] Emmerik IJH van (2006) Gender Differences in the Creation
of different Types of Social Capital: A Multilevel Study. Social
Networks 28:24–37

[14] Ferraro KF, Nuriddin TA (2006) Psychological Distress and
Mortality: Are Women More Vulnerable? Journal of Health
and Social Behavior 47:227–241

[15] Fukuyama F (1999) The Great Disruption. Human Nature and
the Reconstitution of Social Order. Free Press, New York

[16] Gümbel M, Rundnagel R (2004) Gesundheit hat ein Geschlecht. Die Bedeutung von Gender Mainstreaming im
Arbeits- und Gesundheitsschutz. Arbeitsrecht im Betrieb
9:539–545

[17] Halpern D (2005) Social Capital. Polity Press, Cambridge

[18] Luke DK, Hallis JK (2007) Network Analysis in Public Health:
History, Methods, and Applications. Annual Review of Public
Health 28:69–93

[19] Klotz T, Hurrelmann K, Eickenberg HU (1998) Männerge-
sundheit und Lebenserwartung: Der frühe Tod des starken
Geschlechts. Deutsches Ärzteblatt 95 (9):A-460–464

[20] Kroll LE, Lampert T (2007) Sozialkapital und Gesundheit in
Deutschland. Gesundheitswesen 69:120–127

[21] Pfaff H (1989) Stressbewältigung und soziale Unterstützung:
Zur sozialen Regulierung individuellen Wohlbefindens.
Deutscher Studien-Verlag, Weinheim

[22] Pfaff H, Püllhofer F, Brinkmann A et al (2004) Der Mitar-
beiterkennzahlenbogen (MIKE). Kompendium valider
Kennzahlen. Klinikum der Universität zu Köln, Abteilung
Medizinische Soziologie, Köln

[23] Putnam RD (2000) Bowling alone: America`s declining So-
cial Capital. Simon & Schuster, New York

[24] Reinecke J (2005) Strukturgleichungsmodelle in den Sozialwissenschaften. Oldenbourg, München

[25] Roesler U, Jacobi F, Rau R (2006) Work and Mental Disorders
in a German National Representative Sample. Work & Stress.
20 (3):234–244

[26] Siegrist K, Rödel A, Hessel A et al (2006) Psychosoziale Arbeitsbelastungen, Arbeitsunfähigkeit und gesundheitsbezogenes Wohlbefinden: Eine empirische Studie aus der
Perspektive der Geschlechterforschung. Gesundheitswesen
68:526–534

[27] Snow DL, Swan SC, Raghavan C et al (2003) The Relationship
of Work Stressors, Coping and Social Support to Psychological Symptoms among Female Secretarial Employees. Work
& Stress 17 (3):241–263

[28] Tolbert PS, Graham ME, Andrews AO (1999) Group Gender Composition and Work Group Relations. In: Powell GN
(Hrsg) (1999) Handbook of Gender and Work. Sage, Thou-
sand Oaks

[29] Udris I, Rimann M (1999) SAA und SALSA: zwei Fragebogen zur subjektiven Arbeitsanalyse. In Dunckel H (Hrsg)
Handbuch psychologischer Arbeitsanalyseverfahren. Ein
praxisorientierter Überblick (397–419). vdf Hochschulverlag, Zürich

[30] Vagg PR, Spielberger CD, Wasala CF (2002) Effects of Organizational Level and Gender on Stress in the Workplace. International Journal of Stress Management 9 (4):243–261

[31] World Economic Forum (2007) Working Towards Wellness.
Accelerating the Prevention of Chronic Disease. Pricewa-
terhouseCoopers, Genf

Kapitel 5

Aspekte des Führungsverhaltens und gesundheitliches Wohlbefinden im sozialen Dienstleistungsbereich – Ergebnisse empirischer Untersuchungen in Krankenhäusern

H. Brücker[1]

Zusammenfassung. *Der Beitrag stellt eine empirische Analyse des Zusammenhangs von Führung und gesundheitlichem Wohlbefinden auf der Basis von Daten vor, die von der Forschungsgruppe InterPro-Q in bisher 12 frei-gemeinnützigen Kliniken in Nordhein-Westfalen erhoben wurden. Zu den wichtigsten Ergebnissen gehört zum einen, dass die Vorgesetzten in diesen Krankenhäusern insgesamt überdurchschnittlich gut bewertet werden und dass es gleichwohl deutliche Unterschiede zwischen den einzelnen Berufsgruppen gibt: Die Vorgesetzten in Pflege und Verwaltung werden in der Regel sehr gut, das Führungsverhalten in den Funktionsdiensten, der Versorgung und vor allem in der Ärzteschaft aber deutlich schwächer eingeschätzt. Zum zweiten zeigen die Befunde eindeutig, dass es den vermuteten positiven Zusammenhang zwischen beiden Variablen tatsächlich gibt: Je besser das Führungsverhalten, desto besser im Allgemeinen das gesundheitliche Wohlbefinden der Beschäftigten. Die Studie kommt zu dem Schluss, dass Vorgesetzte gerade im sozialen Dienstleistungssektor mit seinem hochqualifizierten Personal, den komplexen Tätigkeiten und den extrem hohen Arbeitsbelastungen eine besonders große Bedeutung für die betriebliche Gesundheit haben.*

5.1 Theoretische Vorüberlegungen: Führung und Gesundheit im Krankenhaus

Das Thema „Führung und Vorgesetzte" gehört neben Faktoren wie Arbeitsorganisation, Unternehmenskultur oder materiell-technische Arbeitsbedingungen völlig zu Recht zu den betrieblichen Aspekten, die in der wissenschaftlichen Diskussion um die Bedingungen für den Erfolg eines Unternehmens eine besonders wichtige Rolle spielen (vgl. z. B. [1, 7, 9, 12, 15]). Wenn man aus der Sicht der betrieblichen Praxis allerdings eher an alltagsnahen Problemen wie z. B. Führungskräfterek-

rutierung oder Vorgesetztenbewertung interessiert ist, kann diese intensive akademische Debatte nur wenig Orientierung bieten: Viele der wissenschaftlich dominierenden Führungs-Theorien (z. B. „Transformationale Führung"; [2]) sind allzu undifferenziert und für die Praxis kaum operationalisierbar. Die Führungsforschung konzentriert sich weitgehend auf das kapitalistisch organisierte Wirtschaftsleben und verallgemeinert dennoch ihre Befunde bedenkenlos auch auf solche Bereiche der Arbeitswelt, in denen es nicht primär um Profit geht. Statt auf ökologisch valide Daten setzt man in der empirischen Forschung oft eher auf quasi-experimentelle Designs, die mit der Führungsrealität vor

1   Der Autor dankt seinen Kolleginnen von InterPro-Q, Erika Bock-Rosenthal, Ina Krumsiek-Heidebrecht und Petra Rixgens, für nützliche Hinweise bei der Abfassung des Manuskripts.

Ort nur wenig zu tun haben. Aus der speziellen Sicht des betrieblichen Gesundheitsmanagements kommt noch hinzu, dass es bisher zumindest in Deutschland nur wenige differenzierte Studien zu der Frage gibt, ob und wie sich das Führungsverhalten der Vorgesetzten auf das gesundheitliche Wohlbefinden der Beschäftigten auswirkt. Die Forschungsgruppe InterPro-Q setzt an diesen Defiziten an und versucht im Rahmen eines empirischen Forschungsprojekts zum Thema „Interprofessionelle Arbeitsstrukturen im Krankenhaus" unter anderem die Frage nach Art und Stärke des Zusammenhangs von Führung und Gesundheit im Unternehmen näher zu analysieren. In theoretischer Hinsicht kommt es vor allem darauf an, den komplexen Begriff des Führungsverhaltens differenziert und alltagsnah zu konzeptualisieren; in methodischer Hinsicht geht es darum, diesen Führungsbegriff in einem genau abgegrenzten Teilbereich des Arbeitslebens hinsichtlich seiner praktischen Anwendbarkeit zu überprüfen und die möglichen Beziehungen zwischen Führung und Wohlbefinden empirisch nachzuweisen [12]. Wir können dabei nur auf relativ wenige Vorarbeiten im Bereich des Gesundheitswesens zurückgreifen, die den Aspekt der Führung zudem eher marginal unter Stichworten wie „Arbeitsbelastung" oder „Berufsausstieg" untersucht haben [4, 5, 8, 11, 14].

Im Rahmen dieses Beitrags konzentrieren wir uns auf vier wichtige Aspekte des Führungsverhaltens:

1. Um in einem Unternehmen des Dienstleistungssektors erfolgreich tätig sein zu können, braucht jeder Vorgesetzte *verschiedene fachliche und fachübergreifende Führungskompetenzen*.
2. Zudem sollte er bzw. sie eine *facettenreiche Persönlichkeit* besitzen, die im beruflichen Alltag als *stark und integer* wahrgenommen wird.
3. Das Ausmaß der betrieblichen Akzeptanz einer Führungskraft hängt aber auch davon ab, inwieweit sie *dem Personal ausreichende Möglichkeiten zur Partizipation an laufenden Entscheidungen einräumt*.
4. Ein Vorgesetzter wird im Bereich sozialer Dienstleistungsberufe vornehmlich dann als erfolgreich eingeschätzt werden, wenn er bzw. sie sich in gravierenden Konfliktsituationen zurückhält und auf die *bedingungslose Durchsetzung der eigenen Interessen eher verzichtet* (vgl. dazu ausführlich [12]).

Wenn man sich die notwendigen Führungskompetenzen (Punkt 1) für den Gesundheitsbereich einmal im Detail anschaut, wird schnell deutlich, dass es schon längst nicht mehr ausreicht, wenn eine Führungskraft in ihrem ureigensten Fachgebiet (z. B. als Facharzt für Anästhesie) Spitzenleistungen erbringt; eine hohe berufliche Grundqualifikation und die ständige Bereitschaft zum Aufgreifen neuer fachlicher Entwicklungen werden heute ganz selbstverständlich vorausgesetzt. Daneben verlangt die Tätigkeit in einem Krankenhaus von den Vorgesetzten in immer stärkerem Maße auch allgemeine Managementfähigkeiten wie zum einen das kurzfristige Organisieren und Koordinieren von Arbeitsabläufen und zum anderen die mittelfristige Strukturplanung des eigenen Arbeitsumfelds, die angesichts der bekannten Finanzknappheit sehr häufig nur mit einigem politischen Geschick abgewickelt werden kann (politisch-planerische Kompetenz). Angesichts der in jeder Hinsicht rasanten Dynamik im Gesundheitswesen benötigen Vorgesetzte zum vierten auch strategisch-visionäre Fähigkeiten, um kommende Entwicklungen treffsicher zu erkennen und rechtzeitig Strukturentscheidungen mit langfristiger strategischer Bedeutung zu treffen. Fünftens ist die sozial-integrative Führungskompetenz zu nennen: Vorgesetzte werden mit hoher Wahrscheinlichkeit in ihrer Führungsaufgabe scheitern, wenn sie es im beruflichen Alltag nicht schaffen, fachlich und persönlich sehr unterschiedliche Mitarbeiter sozial zu integrieren und zu einem funktionierenden Team zusammenzuschweißen. Bei diesen fünf Aspekten der Führungskompetenz handelt es sich um klar abgrenzbare Fähigkeiten und Fertigkeiten, die man sich prinzipiell aneignen kann und die jeweils nur in spezifischen Situationen des Arbeitslebens von Bedeutung sind.

Im Gegensatz dazu kommt die dynamische Kraft der Führungspersönlichkeit (siehe oben Punkt 2) nach unserem Verständnis in jeder Situation zum Tragen und ist vom einzelnen Vorgesetzten nur in geringem Maße steuerbar und erlernbar. Alle Führungskräfte bringen gewissermaßen von Haus aus ein bestimmtes Reservoir an relativ stabilen Persönlichkeitsdispositionen und Charaktereigenschaften mit, die für den Bereich der sozialen Dienstleistungen mehr oder minder geeignet sein können. Beispielsweise werden vor allem solche Vorgesetzte Erfolge bei ihrer Führungsaufgabe haben, die als leistungsorientiert und fleißig, aufmerksam und sozial sensibel, ehrlich und zuverlässig sowie als fair und gerecht gelten. Das gleiche trifft – besonders im Dienstleistungsbereich – auf Führungskräfte mit einer ausgeglichen-freundlichen Persönlichkeit zu, die sich anderen gegenüber normalerweise freundlich, innerlich stabil, berechenbar und authentisch verhalten. Auf der anderen Seite dürften Vorgesetzte, die von ihrer grundsätzlichen Mentalität her eher als empfindlich-gehemmte oder gar tyrannisch-dominante Persönlichkeiten einzuschätzen sind, größere Schwierigkeiten bei der Bewältigung ihrer Führungsaufgaben haben. Grundsätzliches Misstrauen, persönliche Empfindlichkeit oder soziale Ängstlichkeit sind ebenso wie ausgeprägte Ungeduld, Selbstherrlichkeit, ungebremstes Dominanzstreben oder Launenhaftigkeit Eigenschaften, die bei den sozial sehr sensiblen Mitarbeiterstäben im Gesundheitswesen nicht besonders gut ankommen dürften.

Der dritte wichtige Aspekt des Führungsverhaltens bezieht sich auf die Bereitschaft der Vorgesetzten, ihren Mitarbeitern die Möglichkeit einzuräumen, bei anstehenden Entscheidungen im laufenden Arbeitsprozess mitzuwirken. Die angemessene Teilhabe und Einbindung von Mitarbeitern in Entscheidungs- und Willensbildungsprozesse galt schon immer als ein effektives Instrument erfolgreicher Führung [15]. Stark partizipativ orientiertes Führungsverhalten bedeutet in der Praxis, dass Vorgesetzte sowohl bei alltäglichen Routineentscheidungen als auch bei schwierigen Ausnahme-Entscheidungen in hohem Maße bereit sind, Macht und Einfluss mit ihren Mitarbeitern zu teilen.

Das vierte Element unseres Modells bezieht sich schließlich auf das spezielle Führungsverhalten, das die Vorgesetzten im Falle von gravierenden Meinungsverschiedenheiten oder bei handfesten Interessenkonflikten an den Tag legen können. Beispielsweise können sich Vorgesetzte Gehör und Verständnis bei ihren Kontrahenten verschaffen, indem sie diese durch fachlich-sachliche Argumente zu überzeugen versuchen. Aber auch die erzwungene Durchsetzung der eigenen Meinung durch den Einsatz von Zwangsmitteln, die Androhung negativer Sanktionen sowie das Beharren auf formell garantierten Entscheidungsbefugnissen sind im Konfliktfall probate Mittel der Führungskräfte, ihre Kontrahenten unter Druck zu setzen. Besser ist es jedoch, wenn es gar nicht erst zu solchen harten Auseinandersetzungen kommt, die immer auch mit der Gefahr des nachhaltigen Statusverlustes verbunden sein können. Gute Vorgesetzte dürften also vor allem solche Männer und Frauen sein, die durch kluges und verantwortungsbewusstes Führungsverhalten gar nicht erst in solche Konfliktsituationen geraten und im Falle eines Falles dafür sorgen, den eigenen Interessen weniger durch Ausüben von Druck als vielmehr durch Strategien der Überzeugung Nachdruck zu verleihen.

Zusammengefasst gehen wir also davon aus, dass man der Komplexität des Phänomens Führung im Krankenhaus durch ein vierdimensionales Modell einigermaßen gerecht werden kann, das durch individuelle Einstufung in Bezug auf vorhandene Führungskompetenzen, übersituativ wirkende Persönlichkeitseigenschaften, Gewährung von Partizipationschancen sowie Durchsetzungsverhalten in Konfliktsituationen

eine relativ genaue Einschätzung der Qualität von Führungskräften erlaubt.

Den Outcome-Faktor „gesundheitliches Wohlbefinden" haben wir schließlich durch folgende vier Teilaspekte konzeptualisiert: Der „perzipierte Erfolg der Führungskraft" ist in der Regel ein mit starken Emotionen verbundenes Phänomen, das sogar kurzfristig mit positiven oder negativen Folgen für die eigene Gesundheit verbunden sein kann. Es bemisst sich beispielsweise daran, inwieweit die Vorgesetzten von ihren Mitarbeitern in ihrer Rolle als Chef akzeptiert werden und ob die Vorstellungen und Auffassungen von der Arbeit in einem Krankenhaus bei Führungskräften und Mitarbeitern einigermaßen kongruent sind. Drei weitere Aspekte des gesundheitlichen Wohlbefindens beziehen sich auf die individuelle Arbeitszufriedenheit, die subjektiven Gefühle der Belastung durch Probleme am Arbeitsplatz und die Häufigkeit von arbeitsbedingten psychosomatischen Beschwerden. Aufgrund dieser theoretischen Vorüberlegungen ist mit hoher Wahrscheinlichkeit zu erwarten, dass das gesundheitliche Wohlbefinden von Krankenhauspersonal mit besseren Führungskompetenzen der Vorgesetzten, starken Führungspersönlichkeiten, großer Partizipationsbereitschaft und geringen Durchsetzungstendenzen der Führungskräfte im Konfliktfall steigt.

5.2   Methodisches Vorgehen bei den Krankenhaus-Untersuchungen

Zur Überprüfung dieser Hypothesen wurden im Rahmen eines empirischen Forschungsprojekts zum Thema „Interprofessionelle Arbeitsstrukturen im Krankenhaus" die Mitarbeiterinnen und Mitarbeiter aus zwölf katholischen Kliniken in Nordrhein-Westfalen mit einem standardisierten Fragebogen schriftlich befragt. Das eigens für diese Untersuchungen konzipierte Instrument besteht aus 100 Fragen aus acht verschiedenen Themenbereichen. Neben der Führungsthematik wurden beispielsweise auch Daten zur Zusammenarbeit innerhalb und zwischen den fünf verschiedenen Berufsgruppen (Ärzte, Pflege, Funktionsdienst, Verwaltung und Versorgung) erhoben. Drei weitere Module beziehen sich auf die organisatorischen Rahmenbedingungen eines Krankenhauses, die subjektive berufliche Identität der Befragten und auf die Arbeitsbelastungen, die im Umgang mit den Patienten entstehen können. Außerdem sollten die Befragten verschiedene Indikatoren zur Leistungseffektivität ihres Unternehmens sowie zu ihrer eigenen sozialen Lebenslage einschätzen. Die Antworten zu den mehr als 500 Items dieser acht Module wurden ausnahmslos in Frage- oder Statementform operationalisiert und fast alle auf 5- oder 7-stufigen Intervallskalen erhoben. Da zu jedem relevanten Aspekt mindestens zwei schriftliche Operationalisierungen auf Intervallniveau vorliegen, sind die Voraussetzungen für die Anwendung von Analysemethoden der multivariaten Statistik gegeben. Die Dimensionsreduktion erfolgte durch explorative und konfirmatorische Faktorenanalysen, die Güte der Indexbildung wurde durch Alpha-Reliabilitäts-Analysen empirisch überprüft. Den strengen Ansprüchen der einschlägigen sozialwissenschaftlichen Gütekriterien – insbesondere nach einer hohen Reliabilität der Messungen – wird somit in unseren Krankenhaus-Untersuchungen in hohem Maße Rechnung getragen.

Alle 12 Krankenhäuser sind in frei-gemeinnütziger Trägerschaft von Institutionen der katholischen Kirche. Von den mehr als 7500 befragten Personen haben sich bislang insgesamt 2756 Mitarbeiterinnen und Mitarbeiter an der Untersuchung beteiligt, was einer Rücklaufquote von rund 36% entspricht. Befragt wurden zum einen die drei medizinisch-pflegerischen Berufsgruppen; geantwortet haben bislang 1120 ausgebildete Pflegekräfte, 395 Mitglieder der Ärzteschaft und 750 Mitarbeiter aus den Funktionsdiensten (wie z. B. das Personal im OP, der Intensivstation und der Physiotherapie). Zum anderen wurden aber auch – ab der dritten Untersuchung – die beiden nicht-medizinischen Berufsgruppen befragt; geantwortet haben hier bislang 301 Mitarbeiterinnen und Mitarbeiter aus der Verwaltung und 190 aus dem Bereich der Versorgung (z. B. Küche, Technik und EDV). Besonders bemerkenswert ist, dass es sich um eine eindeutig weiblich dominierte Stichprobe handelt: Während sich rund drei Viertel der Befragten aus der Gruppe der Frauen rekrutieren, sind die Männer nur mit einem Anteil von rund 25% vertreten. Das Sample besteht weiterhin aus insgesamt 614 Vorgesetzten (22,3%) und 2142 Mitarbeitern (n = 77,7%), wobei die Führungspositionen insgesamt betrachtet nahezu gleichmäßig von Männern und von Frauen besetzt sind. In dieser Hinsicht gibt es allerdings gravierende Unterschiede zwischen den Berufsgruppen: Während weibliche Führungskräfte in der Pflege (ca. 74%) und in den Funktionsdiensten (rund 62%) zahlenmäßig dominieren, sind die Verwaltung (ca. 66%), die Versorgung (81%) und vor allem die Ärzteschaft (ca. 82%) eindeutig männliche Führungsdomänen. Die große Mehrzahl der Beschäftigten ist älter als 35 Jahre (ca. 70%), verfügt über eine große oder sogar sehr große Berufserfahrung und ist in der Regel bereits viele Jahre für ihr Krankenhaus tätig. Das schulische Bildungsniveau der Befragten ist vergleichsweise hoch: Während rund 13% über einen Hauptschulabschluss verfügen, haben die meisten der befragten Krankenhausmitarbeiter erfolgreich die Realschule besucht (ca. 37%), ein Fachabitur gemacht (ca. 19%) oder die allgemeine Hochschulreife erworben (ca. 29%).

5.3 Empirische Ergebnisse der Untersuchungen

Die hohe persönliche, soziale, berufliche und bildungsmäßige Reife der Stichprobe spiegelt sich auch in den Ergebnissen der Mitarbeiterbefragungen wider, die wir in den Tabellen 5.1 und 5.2 in Form von arithmetischen Mittelwerten zu den interessierenden Teilaspekten von Führung und Gesundheit zusammengestellt haben. Diese Mittelwerte kommen folgendermaßen zustande: Die Antworten der Befragten zu den Bereichen Führungskompetenz (A), Persönlichkeitsstärke (B) und Durchsetzungsverhalten (C) wurden zunächst differenziert auf 7-stufigen Original-Skalen erhoben, die dann ihrerseits zu unterschiedlich umfangreichen Gruppen-Indizes zusammengefasst, durch die Anzahl der jeweils einschlägigen Items geteilt und schließlich über alle Befragten gemittelt worden sind. Beispielsweise wurden in Frage 30 unseres Fragebogens insgesamt 18 Teilaspekte der Führungskompetenz zunächst separat abgefragt. Die z. B. für den Teilbereich A3 einschlägigen vier Antworten wurden dann pro Person aufsummiert und durch 4 dividiert, um eine einheitliche Skalierung zu erhalten; auf diese Weise entsteht eine neue Indexvariable zum Bereich „politisch-planerische Kompetenz" mit einem Wertebereich von 1 bis 7 und einem theoretischen Mittelwert von 4. Abschließend wurden die empirischen Mittelwerte zu diesen neuen Indexvariablen für alle 2756 Befragten insgesamt bzw. separat für die einzelnen Berufsgruppen berechnet, um durch einen varianzanalytischen Vergleich der gefundenen Durchschnittswerte herauszufinden, ob sich die 5 Berufsgruppen signifikant voneinander unterscheiden. Im Gegensatz zu den Führungsaspekten A bis C wurden die Items zum Bereich „Partizipationschancen" (D) und „gesundheitliches Wohlbefinden" (Y1, Y2 und Y4) auf Skalen mit einem Wertebereich von 1 bis 5 bzw. von 0 bis 10 (Y3) erhoben; das methodische Vorgehen bei der weiteren Indexbildung ist jedoch identisch.

Ein erstes wichtiges Ergebnis unserer Untersuchungen zeigt sich beim Vergleich der theoretisch erwartbaren mit den empirisch gefundenen Mittelwerten (Spalten 1 und 2 der Tabellen 5.1 und 5.2) zu den verschiedenen Aspekten des Führungsverhaltens: Über alle Berufsgruppen gerechnet werden die Vorgesetzten in

◻ **Tabelle 5.1.** Führungsverhalten im Krankenhaus - Unterschiede zwischen den Berufsgruppen

Aspekte des Führungsverhaltens	Theoretischer Mittelwert	Empirischer Mittelwert	Pflege	Ärzte	Funktionsdienst	Verwaltung	Versorgung
A1 Fachlich-inhaltliche Kompetenz (2 Items)	4	5,35	5,39	5,51	5,16	5,52	5,22
A2 Organisatorisch-koordinative Kompetenz (4 Items)	4	5,11	5,35	4,70	4,96	5,23	4,96
A3 Politisch-planerische Kompetenz (4 Items)	4	4,98	5,13	4,60	4,90	5,20	4,86
A4 Sozial-integrative Kompetenz (4 Items)	4	4,90	5,18	4,76	4,63	4,91	4,58
A5 Strategisch-visionäre Kompetenz (4 Items)	4	4,80	5,01	4,66	4,61	4,90	4,46
A Führungs-Kompetenz insgesamt (A1+A2+A3+A4+A5)	4	5,02	5,21	4,84	4,85	5,14	4,80
B1 Gewissenhaft-fleissige Persönlichkeit (6 Items)	4	5,41	5,54	5,48	5,17	5,58	5,23
B2 Ausgeglichen-freundliche Persönlichkeit (5 Items)	4	4,85	5,03	4,81	4,61	4,89	4,72
B3 Empfindlich-gehemmte Persönlichkeit (4 Items)	4	3,12	3,07	3,31	3,09	3,13	3,13
B4 Tyrannisch-dominante Persönlichkeit (7 Items)	4	2,87	2,66	3,08	3,11	2,79	2,92
B Stärke der Persönlichkeit insgesamt (B1+B2-B3-B4)	0	1,06	1,20	0,97	0,89	1,15	0,97
C1 Durchsetzung: Druck machen (5 Items)	4	3,14	2,92	3,42	3,33	3,03	3,31
C2 Durchsetzung: Überzeugen (4 Items)	4	4,03	3,85	4,44	4,04	4,14	4,00
C Ausmaß Durchsetzung insgesamt (C1+C2)	4	3,53	3,33	3,88	3,65	3,50	3,62
D1 Partizipation bei wichtigen Entscheidungen (1 Item)	3	3,31	3,56	3,16	3,12	3,24	2,97
D2 Partizipation bei Routine-Entscheidungen (1 Item)	3	3,83	3,79	3,97	3,80	3,90	3,75
D Einräumen Partizipationschancen insgesamt (D1+D2)	3	3,57	3,67	3,56	3,46	3,56	3,36

unseren Krankenhäusern in praktisch allen Führungs-Dimensionen überdurchschnittlich positiv, ja zum Teil sogar überragend gut bewertet. In besonders starkem Maße gilt das für die fachlich-inhaltliche Kompetenz (A1), wo die durchschnittliche Beurteilung von 5,35 den theoretisch erwartbaren Wert von 4 gleich um 1,35 Punkte übersteigt. Noch ein bisschen besser wird die Persönlichkeitskomponente „Gewissenhaftigkeit und Fleiß" (B1; Differenz 1,41) und das Ausmaß bewertet, in dem die Mitarbeiter von ihren Chefs an Routineentscheidungen beteiligt werden (D2; Differenz 0,83). Aber auch die anderen vier Kompetenzaspekte (A2 bis A5) sowie die Ausgeglichenheit und Freundlichkeit der Vorgesetzten (B2) werden weit überdurchschnittlich positiv eingeschätzt. Selbst die Möglichkeiten der Mitarbeiterinnen und Mitarbeiter zur Partizipation an wichtigen Entscheidungen (D1) werden von den Befragten alles in allem überdurchschnittlich beurteilt (3,31 zu 3,0).

In dieses durchweg positive Bild der Führung in katholischen Krankenhäusern passen umgekehrt aber auch die Ergebnisse zu den Beurteilungsdimensionen, die negativ formuliert sind. Aus theoretischer Sicht ist es beispielsweise nicht wünschenswert, wenn die Vorgesetzten persönlich eher gehemmt oder im Alltag in der Regel allzu dominant auftreten. In methodischer Hinsicht bedeutet diese Hypothese, dass die Ergebnisse für die negativen Führungsdimensionen B3 und B4 möglichst unterhalb des Skalen-Mittelwerts liegen sollten. Die ermittelten Befunde entsprechen exakt dieser Erwartung: Empfindlich-gehemmte Führungskräfte und vor allem tyrannisch-dominante Persönlichkeiten sind in unserer Stichprobe nur in weit unterdurchschnittlichem Maße vorhanden (0,88 bzw. 1,13 Punkte unter dem Wert 4). Während der Begriff der Führungspersönlichkeit (B) – wie oben bereits erläutert – auf übersituativ wirkende Eigenschaften und zeitstabile Verhaltenstendenzen der Vorgesetzten abzielt, geht es beim Durchsetzungsverhalten (C) eher um bewusst gewählte Handlungsstrategien der Führungskräfte, die nur ausnahmsweise in routinedurchbrechenden Konfliktsituationen bzw. bei massiven Interessenkollisionen auftreten und deshalb in der alltäglichen Berufspraxis nur relativ selten vorkommen dürften. Aus theoretischer Sicht ist also zu erwarten, dass gute Vorgesetzte nur wenig Durchsetzungsstrategien brauchen, um ihrer Verantwortung gerecht zu werden. Unsere Ergebnisse sprechen auch in Bezug auf diesen Teilaspekt der Führung eine eindeutige Sprache: Zwar liegen die Resultate für die eher konsensorientierte Durchsetzungsstrategie „Überzeugen" (C2) genau auf dem Skalenmittelwert von 4; die eher konfliktorientierte Durchsetzungsstrategie „Druck machen" (C1) kommt aber hypothesengemäß nur in weit unterdurchschnittlichem Maße vor (3,14). Zusammengefasst machen diese Ergebnisse also zum einen deutlich, dass die Befragten in unseren Krankenhäusern dem Führungspersonal alles in allem gute bis sehr gute „Noten" gaben und mit ihnen in Bezug auf fast alle Beurteilungsdimensionen in hohem Maße zufrieden sind.

Zum zweiten zeigt sich beim statistischen Vergleich der gruppenspezifischen Mittelwerte (in den Spalten 3 bis 7 der Tabelle 5.1), dass trotz der allgemein sehr guten Führungsbeurteilungen im Krankenhaus gravierende Unterschiede zwischen den fünf beteiligten Berufsgruppen konstatiert werden müssen. Bei allen 17 Mittelwertsvergleichen zu den Führungsdimensionen A bis D ergaben die einfaktoriellen Varianzanalysen hochsignifikante Differenzen (mit einer Alpha-Fehlerwahrscheinlichkeit kleiner als 0,001) zwischen Pflegekräften, Ärzten, Funktionsdiensten, Verwaltungspersonal sowie den Beschäftigten aus dem Bereich der Versorgung. Die Ergebnisse sind dabei inhaltlich stimmig und über praktisch alle Führungsdimensionen absolut konsistent: Am besten werden durchweg die Führungskräfte in der Pflege und in der Verwaltung beurteilt, während die Vorgesetzten in der Ärzteschaft, den Funktionsdiensten und der Versorgung in der Regel deutlich kritischer eingeschätzt werden.

In Bezug auf das Kompetenzmodul A sind zwei Teilergebnisse besonders bemerkenswert. Zum einen wird den leitenden Ärzten zusammen mit den Vorgesetzten in der Verwaltung zwar die höchste berufliche Fachkompetenz zugebilligt; sie haben aber im Vergleich zu allen anderen Berufsgruppen die weitaus schwächsten Bewertungen in Bezug auf die Organisation und Koordinierung von alltäglichen Arbeitsvollzügen bzw. die politisch-planerische Gestaltung ihres Arbeitsumfelds. Zum anderen haben die Pflegevorgesetzten zwar überall hervorragende Kompetenzbewertungen erhalten; im Vergleich zu den anderen Berufsgruppen werden sie aber besonders gut bei der sozial-integrativen Führungskompetenz eingeschätzt. Dieses Ergebnis weist darauf hin, dass die zumeist weiblichen Stationsleitungen in der Pflege besondere Stärken im sozialen Umgang mit ihren Mitarbeitern haben. Genau diese sozial-integrativen Fähigkeiten sind dagegen vor allem bei den Vorgesetzten in den Funktionsdiensten und in der Versorgung, aber auch bei den Ärzten in deutlich geringerem Maße ausgeprägt. In diesen Berufsgruppen dürfte es folglich erheblich größere Probleme geben, den notwendigen Zusammenhalt der Arbeitsteams herzustellen und zu bewahren.

In Bezug auf den Aspekt der Führungspersönlichkeit ist zum einen auffällig, dass Gewissenhaftigkeit und Fleiß bzw. Ausgeglichenheit und Freundlichkeit der Vorgesetzten bei Funktionsdiensten und Versorgung deutlich schwächer bewertet werden als in den drei übrigen Berufsgruppen. Den ärztlichen Vorgesetzten wird zwar ein hohes Maß an Fleiß und Leistungsbereitschaft bescheinigt, auf der anderen Seite gelten sie aber auch mehr als jede andere Gruppe als empfindlich-gehemmte Persönlichkeiten. Außerdem werden leitende Ärzte zusammen mit den Führungskräften in den Funktionsdiensten in vergleichsweise hohem Maße als tyrannisch-dominante Persönlichkeiten eingeschätzt.

Dieses letzte Ergebnis spiegelt sich konsequent auch in unseren Befunden zum Durchsetzungsverhalten wider: In keiner Berufsgruppe wird in Situationen mit konfligierenden Interessen annähernd soviel Druck ausgeübt wie bei den Ärzten; der entsprechende Wert für die Führungskräfte in der Pflege liegt um 0,5 Punkte niedriger. Angesichts der Tatsache, dass auch der Wert für die zweite Durchsetzungsstrategie „Überzeugen" bei den Ärzten weitaus am stärksten ausgeprägt ist, liegt die Schlussfolgerung nahe, dass das alltägliche Miteinander in dieser Berufsgruppe sehr viel stärker von Konkurrenzdenken und Machtkämpfen geprägt ist, als das beispielsweise in der Verwaltung oder in der Pflege der Fall ist.

Im Alltag von Krankenhausärzten scheint also das konfliktorientierte Sich-Durchsetzen des Einzelnen einen höheren Stellenwert zu haben als das konsensorientierte Miteinander des Teams. Das heißt aber nicht, dass die Assistenzärzte im beruflichen Alltag überhaupt keine Partizipationschancen haben. Ganz im Gegenteil: In keiner anderen Berufsgruppe delegieren die Führungskräfte so viele Routineentscheidungen an ihre Mitarbeiterinnen und Mitarbeiter. Bei den wichtigen Entscheidungen sind die Partizipationschancen in der Ärzteschaft allerdings tatsächlich viel geringer als z. B. in der Pflege. Bei diesem Typ von Entscheidungen nehmen die Chefärzte offenbar nach wie vor eine Art Monopolstellung ein. Auffällig ist schließlich noch der Befund, dass Partizipation der Mitarbeiter vor allem im Bereich der Versorgung von den Vorgesetzten aus Küche, Technik oder EDV besonders klein geschrieben wird.

Wenn man diese empirischen Befunde zum Führungsverhalten im Krankenhaus noch einmal zusammenfasst, kann Folgendes mit hinreichender Sicherheit behauptet werden: Die Vorgesetzten im Bereich Pflege haben alles in allem die höchsten Werte bei der Führungskompetenz, die besten Beurteilungen zur

persönlichen Integrität und Stabilität, die niedrigsten Werte beim Durchsetzungsverhalten in Konfliktsituationen und die höchste Bereitschaft aller Berufsgruppen, Partizipationschancen einzuräumen; nur in Nuancen schwächer werden die Vorgesetzten in der Verwaltung beurteilt. Die Führungskräfte bei Ärzten, Funktionsdiensten und Versorgung werden insgesamt deutlich schlechter bewertet und weisen zudem jeweils einige berufsgruppenspezifische Schwachpunkte auf: Die Ärzte sind zwar medizinisch-fachlich spitze, haben aber in den anderen vier Kompetenzdimensionen deutliche Defizite gegenüber Pflege und Verwaltung. Außerdem gibt es keine andere Berufsgruppe im Krankenhaus, die so häufig in Konfliktsituationen gerät und bei der Interessenkollisionen durch mehr oder weniger massive Durchsetzungsstrategien gelöst werden müssen. Die Vorgesetzten in den Funktionsdiensten weisen ebenfalls deutlich schlechtere Kompetenzwerte als Pflege und Verwaltung auf, haben aber zusätzlich noch mit der Tatsache zu kämpfen, dass integre und starke Führungspersönlichkeiten hier weniger häufig anzutreffen sind. Die Chefs in der Versorgung zeichnen sich – neben gewissen Schwächen im Bereich der sozialintegrativen und strategisch-visionären Kompetenz – vor allem dadurch aus, dass sie ihren Mitarbeiterinnen und Mitarbeitern vergleichsweise wenig Chancen zur Partizipation an wichtigen und Routineentscheidungen einräumen und damit einen eher autokratischen Führungsstil präferieren, der auch den der Ärzte an Intensität deutlich übertrifft.

Wenn unsere zentrale Vermutung richtig ist, dass es in Dienstleistungsorganisationen einen starken positiven Zusammenhang zwischen Führung und Gesundheit gibt, müssten zum einen – in Korrespondenz zu den insgesamt sehr guten Führungsbeurteilungen – alle Befragten im Krankenhaus auch überdurchschnitt-

◻ **Tabelle 5.2.** Gesundheitliches Wohlbefinden im Krankenhaus - Unterschiede zwischen den Berufsgruppen

Aspekte des gesundheitlichen Wohlbefindens	Theoretischer Mittelwert	Empirischer Mittelwert	Pflege	Ärzte	Funktionsdienst	Verwaltung	Versorgung
Y1 Perzipierter Führungs-Erfolg insgesamz (4 Items)	3	3,79	3,91	3,71	3,66	3,81	3,69
Y2 Subjektive Arbeitszufriedenheit (1 Item)	3	3,73	3,72	3,59	3,76	3,82	3,76
Y3 Belastung durch Probleme am Arbeitsplatz (1 Item)	5	4,44	4,37	4,99	4,34	4,27	4,40
Y4 Häufigkeit psychosomatischen Beschwerden (8 Items)	3	2,37	2,45	2,32	2,35	2,23	2,22

lich gute Gesundheitswerte aufweisen. Zum anderen müssten sich entsprechend den etwas schlechteren Führungsbeurteilungen für Ärzteschaft, Funktionsdienste und Versorgung auch etwas schlechtere Gesundheitswerte für eben diese Gruppen ergeben. Die Ergebnisse in Tabelle 5.2 zeigen, dass diese beiden Hypothesen weitgehend zutreffen. Die empirischen Gesamtmittelwerte für die beiden positiv formulierten Variablen „perzipierter Führungserfolg" (Y1) und „subjektive Arbeitszufriedenheit" (Y2) liegen mit 3,79 bzw. 3,73 weit über dem theoretischen Skalenmittel von 3. Die Durchschnittswerte für die beiden negativ formulierten Variablen „Belastung durch Probleme am Arbeitsplatz" (Y3) und „Häufigkeit psychosomatischer Beschwerden" (Y4) liegen dagegen hypothesengemäß mit 4,44 bzw. 2,37 weit unter der jeweiligen Skalenmitte von 5 bzw. 3. Gute Führung geht also im Krankenhaus auch mit relativ gutem Wohlbefinden des Personals einher. Dieser Befund bestätigt sich auch bei gruppenspezifischer Betrachtungsweise: Die besten Gesundheitswerte finden sich – mit einer Ausnahme – bei den beiden Berufsgruppen mit den besten Führungsbeurteilungen. Das Personal in der Verwaltung bekundet vor allem eine überdurchschnittlich hohe Arbeitszufriedenheit (3,82), die geringsten Belastungen durch Probleme am Arbeitsplatz (4,27) und eine besonders geringe Häufigkeit psychosomatischer Beschwerden (2,23). Die Beschäftigten in der Pflege beurteilen den Führungserfolg ihrer Vorgesetzten weitaus am besten (3,91) und fühlen sich auch in unterdurchschnittlichem Maße durch Probleme am Arbeitsplatz belastet (4,37). Allerdings haben sie von allen Gruppen auch die vergleichsweise häufigsten psychosomatischen Beschwerden (2,45); dies ist im Übrigen einer der wenigen Teilbefunde unserer Untersuchungen, der nicht in das generelle Muster „Gute Führung – gutes Wohlbefinden" passt. Auf der anderen Seite zeigt sich vor allem im Bereich der Ärzteschaft, dass weniger gute Führung auch mit weniger gutem Wohlbefinden einhergeht: Die Mitglieder dieser Berufsgruppe beurteilen den Führungserfolg der leitenden Ärzte deutlich schlechter als Pflege und Verwaltung (3,71), bekunden die weitaus geringste Arbeitszufriedenheit aller Berufsgruppen (3,59) und geben mit großem Abstand die meisten Belastungen durch Probleme am Arbeitsplatz zu Protokoll (4,99).

Dieser varianzanalytische Vergleich von kollektiven Mittelwerten für unterschiedliche Berufsgruppen lässt die eindeutige Schlussfolgerung zu, dass es den vermuteten Zusammenhang von Führung und Wohlbefinden im Krankenhaus tatsächlich gibt. Aus diesen Ergebnissen lässt sich aber noch nicht ableiten, wie stark dieser Zusammenhang im Einzelnen ist und welche Aspekte des Führungsverhaltens für welche Aspekte des Wohlbefindens besonders wichtig sind. Eine Antwort auf diese Fragen ergibt sich aus Tabelle 5.3, in der Richtung und Stärke dieser Beziehungen von Führung und Gesundheit in Form von Produkt-Moment-Korrelationskoeffizienten zusammengestellt sind. Folgende Befunde sind besonders erwähnenswert:

1. Es gibt keine großen Unterschiede zwischen Pflege, Ärzteschaft, Funktionsdiensten, Verwaltung und Versorgung, was Richtung und Stärke des Zusammenhangs von Führung und Gesundheit angeht. Die in Tabelle 5.3 angegebenen Korrelationskoeffizienten sind fast alle hochsignifikant, beziehen sich auf alle Krankenhaus-Beschäftigten insgesamt und treffen damit im Wesentlichen auch für die unterschiedlichen Berufskulturen zu.

2. Bis auf eine einzige Variable (Durchsetzungsstrategie C2: Überzeugen) stehen alle anderen Aspekte des Führungsverhaltens in einem sehr starken linearen Zusammenhang mit dem Wohlbefinden der Beschäftigten: Je ausgeprägter und vielfältiger die Kompetenz der Vorgesetzten, je stärker und integrer die Führungspersönlichkeit, je mehr Partizipation bei Entscheidungen und je weniger Durchsetzungsverhalten in Konfliktsituationen, desto höher ist in den Augen der Beschäftigten der perzipierte Führungserfolg bzw. die eigene Arbeitszufriedenheit und desto weniger belastende Probleme bzw. psychosomatische Beschwerden sind am Arbeitsplatz zu erwarten.

3. Alle fünf Teilaspekte der Führungskompetenz sind für das Wohlbefinden der Beschäftigten in gleichem Maße wichtig. Das gleiche gilt im Prinzip auch für die vier Dimensionen der Führungspersönlichkeit, wobei sich die Tatsache, dass ein Vorgesetzter eine eher empfindlich-gehemmte Persönlichkeit ist, nicht ganz so nachteilig auf die Beschäftigten auswirkt wie etwa geringer Fleiß, ausgeprägte Unfreundlichkeit oder tyrannisch-dominantes Auftreten. Eine starke Beteiligung der Mitarbeiterinnen und Mitarbeiter an alltäglichen Routineentscheidungen fördert deren Arbeitszufriedenheit und verstärkt deren Eindruck, von einem erfolgreichen Vorgesetzten geführt zu werden, hat aber nur relativ schwache Auswirkungen auf subjektive Belastungsgefühle und psychosomatische Beschwerden. Wenn Führungskräfte ihre Mitarbeiter auch an wichtigen Entscheidungen beteiligen, wirkt sich das noch erheblich positiver auf alle Indikatoren des gesundheitlichen Wohlbefindens aus. Der gehäufte Einsatz von Überzeugungsstrategien bei Interessenkonflikten hat nach unseren Befunden keinerlei (negative oder positive) Folgen

□ Tabelle 5.3. Korrelationsmatrix der Zusammenhänge von Führungsverhalten und gesundheitlichem Wohlbefinden

	Y1: Führungs-Erfolg insgesamt	Y2: Subjektive Arbeits-zufriedenheit	Y3: Belastung durch Probleme am Arbeitsplatz	Y4: Häufigkeit psychosoma. GH-Beschwerden
A1: Fachlich-inhaltliche Kompetenz	,615	,251	-,202	-,173
A2: Organisatorisch-koordinative Kompetenz	,694	,310	-,261	-,181
A3: Politisch-planerische Kompetenz	,606	,325	-,256	-,197
A4: Sozial-integrative Kompetenz	,732	,319	-,239	-,215
A5: Strategisch-visionäre Kompetenz	,692	,356	-,269	-,202
A: Führungs-Kompetenz insgesamt	**,763**	**,356**	**-,289**	**-,226**
B1: Gewissenhaft-fleissige Persönlichkeit	,730	,285	-,205	-,183
B2: Ausgeglichen-freundliche Persönlichkeit	,710	,267	-,210	-,160
B3: Empfindlich-gehemmte Persönlichkeit	-,268	-,134	,199	,136
B4: Tyrannisch-dominante Persönlichkeit	-,557	-,212	,183	,163
B: Stärke der Persönlichkeit insgesamt	**,744**	**,290**	**-,243**	**-,207**
C1: Durchsetzung: Druck machen	-,492	-,196	,148	,163
C2: Durchsetzung: Überzeugen	,080	,049	-,010	,003
C: Ausmaß der Durchsetzung insgesamt	**-,290**	**-,105**	**,097**	**,113**
D1: Partizipation bei wichtigen Entscheidungen	,558	,228	-,133	-,123
D2: Partizipation bei Routine-Entscheidungen	,207	,124	-,058	-,081
D: Einräumen Partizipationschancen insgesamt	**,511**	**,232**	**-,125**	**-,132**

für das Wohlbefinden. Wenn ein Vorgesetzter in solchen Situationen aber vermehrt auf die Durchsetzungsstrategie „Druck machen" setzt, sind mit hoher Wahrscheinlichkeit negative Konsequenzen für die Befindlichkeit der Beschäftigten zu erwarten.

4. Ein positiver Eindruck vom Führungserfolg stellt sich bei allen fünf Berufsgruppen vor allem dann ein, wenn die Vorgesetzten ausgeprägte sozial-integrative Fähigkeiten besitzen und zudem als Persönlichkeiten gelten, die sowohl eine hohe Leistungsbereitschaft an den Tag legen als auch sich durch individuelle Ausgeglichenheit und ausgesprochene Freundlichkeit auszeichnen.

5. Eine hohe Arbeitszufriedenheit ist im Krankenhaus vor allem dann zu erwarten, wenn die Vorgesetzten das Personal durch ausgeprägte und vielfältige Führungskompetenzen überzeugen können. Die Führungspersönlichkeit, das Durchsetzungsverhalten sowie das Einräumen von Partizipationschancen sind für diese zweite Dimension des Wohlbefindens nicht ganz so wichtig. Das Führungsverhalten der Vorgesetzten ist vor allem für die Arbeitszufrieden-

heit der Ärzte von sehr großer Bedeutung, für die der Pflegekräfte dagegen in weniger starkem Maße wichtig.

6. Subjektive Belastungen durch Probleme am Arbeitsplatz stellen sich bei Belegschaften von Krankenhäusern in erster Linie dann ein, wenn es Defizite in den verschiedenen Führungskompetenzen gibt. Diese Zusammenhänge gelten ganz besonders für das Personal der Funktionsdienste, wenn die Vorgesetzten dieser Abteilungen z. B. Schwächen in der organisatorisch-koordinativen oder in der sozial-integrativen Kompetenz erkennen lassen.

7. Der Einfluss der Führung auf die Häufigkeit psychosomatischer Beschwerden ist in ganz besonders starkem Maße bei den Beschäftigten der Verwaltung eines Krankenhauses nachweisbar. Solche Symptome geringen gesundheitlichen Wohlbefindens sind hier vor allem dann zu erwarten, wenn die Vorgesetzten stärkere Defizite in ihren Führungskompetenzen aufweisen (vor allem in sozial-integrativer Hinsicht) und wenn es sich um nicht besonders gewissenhafte, eher unfreundliche und ausgesprochen tyrannisch-dominante Führungskräfte handelt, die in Konfliktsituationen zudem sehr viel Druck ausüben.

Alles in allem zeigen die Befunde der durchgeführten Korrelationsanalysen mit hinreichender Deutlichkeit, dass es zumindest in Krankenhäusern einen starken positiven Zusammenhang zwischen fast allen Aspekten des Führungsverhaltens der Vorgesetzten und dem gesundheitlichen Wohlbefinden der Beschäftigten gibt, der zudem für alle Berufsgruppen gleichermaßen nachweisbar ist.

5.4   Diskussion und Fazit

Mit dem empirischen Nachweis des Zusammenhangs von Führung und Gesundheit im Krankenhaus stellen sich eine Reihe von zusätzlichen Fragen im Hinblick auf das Problem, wie diese Ergebnisse inhaltlich zu interpretieren sind; zwei dieser Fragen sollen abschließend noch kurz angesprochen werden.

Die erste Frage lautet: Warum sind die Führungskräfte in unseren Krankenhäusern insgesamt so gut bewertet worden? Natürlich spielen dabei zum einen methodische Gründe eine Rolle: Die Krankenhäuser haben sich selbst aus einem relativ sicheren Gefühl um die eigenen Stärken heraus um eine Teilnahme an der Untersuchung bemüht, Krankenhäuser mit problematischeren Strukturen haben bisher noch nicht teilgenommen. Die angefallene Stichprobe ist deshalb

hochselektiv, die guten Führungsbeurteilungen deshalb nicht unbedingt verallgemeinerbar. Ein zweiter Grund ist im allgemein hohen Qualifikationsniveau der Befragten zu suchen: Die Beurteilungen wurden im Regelfall sehr differenziert und fair vorgenommen, globale „Verrisse" einzelner Vorgesetzter gibt es dabei so gut wie nicht. Viele der befragten Mitarbeiterinnen und Mitarbeiter fühlen sich aufgrund ihrer hohen eigenen Qualifikation selbst als Führungskräfte, haben deshalb relativ viel Verständnis für die dabei entstehenden Probleme und lassen sich bei ihrer Beurteilung deshalb weniger von einzelnen negativen Erfahrungen mit versagenden Vorgesetzten leiten. Diese besonders hohe soziale Sensibilität dürfte ein branchenspezifisches Phänomen des sozialen Dienstleistungssektors sein, in dem der Umgang mit Menschen sowieso einen Großteil der Berufstätigkeit ausmacht; es ist deshalb fraglich, ob sich so gute Führungsbeurteilungen auch im produzierenden Gewerbe, im Handel oder im Bereich der Finanzdienstleistungen mit dieser Regelmäßigkeit finden lassen. Zum dritten ist bei der Erklärung dieses Phänomens auch zu berücksichtigen, dass Krankenhäuser vor allem Frauenbetriebe sind, in denen es zudem einen besonders hohen Anteil an weiblichen Vorgesetzten gibt. Hier stellt sich unweigerlich die Frage, ob Frauen – zumindest in bestimmten Bereichen der Arbeitswelt – nicht doch die besseren Vorgesetzten sind, weil sie gerade im Hinblick auf die vielen sozialen Facetten der Führungstätigkeit im Krankenhaus oftmals bessere Grundqualifikationen als die eher konkurrenzorientierten Männer mitbringen; die durchweg schlechteren Führungsbeurteilungen in der nach wie vor männlich dominierten Ärzteschaft mögen dafür als Beleg dienen.

Die zweite wichtige Frage lautet: Warum sind die empirischen Zusammenhänge zwischen fast allen Aspekten der Führung und dem gesundheitlichen Wohlbefinden der Befragten in unseren Krankenhausuntersuchungen so stark und konsistent ausgefallen? Neben methodischen Gründen (hohe Reliabilität der Messungen bzw. geringer Fehlervarianzanteil der Daten) spielt hier zum einen die ganz spezielle Präferenzstruktur von Krankenhausbeschäftigten eine Rolle. Es handelt sich nämlich in der großen Mehrzahl um Mitarbeiterinnen und Mitarbeiter, bei denen die gemeinsame Realisierung kollektiver Ziele einen viel höheren Stellenwert hat als die egoistische Befriedigung individueller Karriereambitionen. Unsere Daten zeigen zum Beispiel eindeutig, dass es den Mitgliedern aller Berufsgruppen persönlich viel wichtiger ist, gut miteinander im Team zusammenzuarbeiten oder ein ausreichendes Maß an Anerkennung für ihre Tätigkeit zu bekommen als individuell viel Geld zu verdienen oder beruflich aufzusteigen. Diese von primär sozialen Motiven geprägte Präferenzstruktur von Krankenhausbeschäftigten weist den Vorgesetzten damit automatisch eine besonders wichtige Rolle für das gesundheitliche Wohlbefinden zu, weil es vor allem die Führungskräfte sind, die die Befriedigung der sozialen Bedürfnisse ihrer Mitarbeiter effektiv steuern können.

Zum zweiten kann man den starken Zusammenhang von Führung und Gesundheit im Krankenhaus auch mit der Art der dort zu verrichtenden Tätigkeiten in Verbindung bringen: Dienstleistungen an kranken Menschen sind nur begrenzt standardisierbar, jeder Patient ist anders und benötigt individuelle Zuwendung, medizinisch-pflegerische Handlungsvollzüge sind fachlich oft sehr anspruchsvoll und fast immer nur in interprofessioneller Zusammenarbeit zu erledigen. Ohne die Anleitung durch umfassend befähigte Vorgesetzte würden derart anspruchsvolle Tätigkeiten kaum effektiv zu bewältigen sein, was dann unweigerlich zu Störungen des gesundheitlichen Wohlbefindens bei den Beschäftigten führen würde. Daneben sind Führungskräfte auch aus einem dritten Grund besonders wichtig für die betriebliche Gesundheit im Krankenhaus: Angesichts der chronischen Finanzprobleme im Gesundheitswesen sind gerade in den letzten Jahren eine Vielzahl von Stellen im Krankenhaus gestrichen worden. Eine direkte Folge dieser personellen Sparmaßnahmen sind z. T. exorbitant steigende Arbeitsbelastungen in allen Berufsgruppen, die der Qualität der Patientenversorgung sicher nicht zugute kommen. Da sich die finanzielle Basis im deutschen Gesundheitswesen in absehbarer Zeit wohl kaum entscheidend ändern wird, wird es in Zukunft noch stärker als bisher vor allem auf die Führungskräfte ankommen, diesen steigenden Arbeitsbelastungen z. B. durch kluge arbeitsorganisatorische Maßnahmen, weitsichtiges Personalmanagement und die Verbesserung der interprofessionellen Zusammenarbeit zwischen den beteiligten Berufsgruppen kreativ zu begegnen und negative Auswirkungen auf die Gesundheit ihrer Mitarbeiterinnen und Mitarbeiter soweit wie möglich zu verhindern.

Literatur

[1] Bass BM (1990) Bass & Stogdill's Handbook of Leadership. Theory, Research, and Managerial Applications. 3rd ed. The Free Press, New York

[2] Bass BM, Avolio BJ (1994) Improving Organizational Effectiveness through Transformational Leadership. Sage Publications, London

[3] Brücker H (1992) Wie wirkt soziale Unterstützung bei chronischen Arbeitsbelastungen? Positive und negative Gesundheitseffekte in verschiedenen Statusgruppen. Soziale Probleme 2: 173-210

[4] Büssing A, Glaser J (Hrsg) (2003) Dienstleistungsqualität des Arbeitslebens im Krankenhaus. Hogrefe, Göttingen

[5] Hasselhorn HM, Müller BH, Tackenberg P et al (2005a) Berufsausstieg beim Pflegepersonal. Arbeitsbedingungen und beabsichtigter Berufsausstieg bei Pflegepersonal in Deutschland und Europa. Bundesanstalt für Arbeitsschutz und Arbeitsmedizin, Dortmund

[6] Hasselhorn HM, Müller BH (2005b) Arbeitsbelastung und -beanspruchung bei Pflegepersonal in Europa – Ergebnisse der NEXT-Studie. In: Badura B, Schellschmidt H, Vetter C (Hrsg) Fehlzeiten-Report 2004. Zahlen, Daten, Analysen aus allen Branchen der Wirtschaft. Gesundheitsmanagement in Krankenhäusern und Pflegeeinrichtungen. Springer, Berlin

[7] Hersey P, Blanchard KH, Johnson DE (2001) Management of organizational behaviour: leading human resources. 8th ed. Prentice Hall, Upper Saddle River

[8] Hoefert HW (Hrsg) (1997) Führung und Management im Krankenhaus. Verlag für Angewandte Psychologie, Göttingen

[9] Neuberger O (2002) Führen und führen lassen. 6. Aufl. Lucius & Lucius, Stuttgart

[10] Neuberger O (2006) Mikropolitik und Moral in Organisationen. 2. Aufl. Lucius & Lucius, Stuttgart

[11] Rixgens P (2005) Wer will bleiben, wer will gehen? Resultate einer empirischen Studie in NRW-Krankenhäusern zu Kündigungsintention und Stellenwechsel in Pflege, Ärzteschaft und Funktionsdiensten. Universität Bielefeld, Fakultät für Gesundheitswissenschaften

[12] Rixgens P (2008) Führungsstil und Leistungseffektivität im Krankenhaus. Eine empirische Studie zum Führungsverhalten von Pflegekräften und Ärzten. Dissertation. Universität Bielefeld: Fakultät für Gesundheitswissenschaften (in Bearb.)

[13] Rosenstiel L v, Comelli G (2003) Führung zwischen Stabilität und Wandel. Vahlen, München

[14] Schrappe M (2005) Zum Zusammenhang zwischen Führung, Arbeitsbedingungen und Qualität der Krankenhausarbeit. In: Badura B, Schellschmidt H, Vetter C (Hrsg) Fehlzeiten-Report 2004. Zahlen, Daten, Analysen aus allen Branchen der Wirtschaft. Gesundheitsmanagement in Krankenhäusern und Pflegeeinrichtungen. Springer, Berlin

[15] Yukl GA (2006) Leadership in organizations. 6th ed. Prentice Hall, Upper Saddle River

Kapitel 6

Rentabilität von Sozialkapital im Betrieb

M. Ueberle · W. Greiner

Zusammenfassung. *Die Ausstattung eines Unternehmens mit Sozialkapital wirkt sich bekanntermaßen auf die Gesundheit der Mitarbeiter aus. Aus der Mitarbeitersicht erscheint daher eine hohe Sozialkapitalausstattung wünschenswert. Im folgenden Beitrag wird untersucht, ob sich Investitionen in Sozialkapital bei einer streng betriebswirtschaftlichen Betrachtungsweise für Unternehmen lohnen. Dazu wurde in Industrie- und Dienstleistungsunternehmen die Ausstattung mit Sozialkapital durch eine Mitarbeiterbefragung erfasst und mit prozessgenerierten Erfolgskennzahlen der Unternehmen abgeglichen.*

6.1 Einleitung

Einer langfristig zu beobachtenden Unterbeschäftigung auf dem Arbeitsmarkt steht auf der Seite der Beschäftigten eine immer intensivere Beanspruchung gegenüber. Zeitdruck wird etwa im gewerblichen Bereich zunehmend als starke Belastung wahrgenommen [6, S. 167]. Durch eine höhere Kapitalausstattung der Arbeitsplätze und einen Wandel der Tätigkeiten mehr in Richtung Dienstleistungen stehen nicht mehr körperliche Belastungen im Mittelpunkt, die den herkömmlichen Methoden des betrieblichen Arbeits- und Gesundheitsschutzes zugänglich sind. Stattdessen nehmen in den gewandelten Aufgabenfeldern psychische Belastungen der Beschäftigten zu, was sich im Vergleich zu Beschäftigten in anderen Tätigkeitsfeldern darin äußert, dass der Anteil an Fehltagen aufgrund von psychischen Störungen um ein Vielfaches höher liegt. Diese Tendenz ist seit Jahren steigend [17]. Maßnahmen, die die Erwerbstätigen vor negativen gesundheitlichen Folgen dieser Entwicklung schützen sollen, können entweder auf eine De-Intensivierung der Tätigkeiten zielen, die Kompensationskompetenz der Erwerbstätigen steigern oder aber die Arbeitsverhältnisse so umgestalten, dass eine gleichbleibende Arbeitslast mit einem geringeren Arbeitsleid einhergeht [14, S. 95 f]. Langfristige Belastungen führen letztlich nicht nur zu einem krankheitsbedingten Ausfall der Mitarbeiter, sondern bereits vorher zu einer Verringerung der Leistungsfähigkeit, verursachen bereits in einem frühen Stadium Produktivitätsverluste und gefährden letztlich auch die Produktionsfähigkeit von Betrieben.

Es ist aus der allgemeinen Lebenswelt bekannt, dass es einen starken Einfluss auf die Gesundheit hat, wenn Menschen in ein gesellschaftliches Netzwerk eingebunden sind [16]. Eine wichtige Lebenswelt für berufstätige Menschen ist der Arbeitsplatz, wo ein großer Teil der Lebenszeit verbracht wird. Es liegt daher nahe anzunehmen, dass die soziale Eingebundenheit am Arbeitsplatz eine große Bedeutung für die Gesundheit der Mitarbeiter hat. Ob diese Annahme tatsächlich zutrifft, ist zu untersuchen.

Arbeitgeber und Arbeitnehmer haben ein gemeinsames ökonomisches Interesse an einem guten Gesundheitszustand der Mitarbeiter. Dem Arbeitgeber entstehen Kosten aus verminderter Leistungsfähigkeit erkrankter Arbeitnehmer oder aus deren krankheitsbedingter Abwesenheit. Dem Arbeitnehmer entgeht zumindest bei langfristig verminderter oder aufgehobener Leistungsfähigkeit Einkommen. Daneben haben Unternehmen eine Fürsorgepflicht für ihre Mitarbeiter. Im vorliegenden Beitrag steht allerdings vor allem die ökonomische Bedeutung eines guten Gesundheitszustandes der Mitarbeiter im Mittelpunkt. Im Anschluss wird zu entscheiden sein, ob das Ergebnis auch normativen Ansprüchen genügt. Angesichts eines oft intensiven wirtschaftlichen Wettbewerbs wird der Spielraum für außerökonomische Betrachtungen in vielen Unternehmen als gering eingeschätzt. Jedenfalls erscheint es zielführend, Betriebe zu einer umfassenderen Kosten- und Nutzen-Rechnung anzuregen, um das ökonomische Potenzial einer verbesserten Mitarbeitergesundheit einschätzen zu können. Dies entspricht auch dem häufig vorherrschenden finanzwirtschaftlichen Kalkül.

In Deutschland sind Krankheitskosten im engeren Sinne durch die Sozialversicherungen weitgehend sozialisiert. Dennoch entstehen den Unternehmen Kosten aus der Abwesenheit erkrankter Mitarbeiter, etwa durch Lohnfortzahlung oder wenn der Arbeitsplatz nachbesetzt werden muss [8]. Zudem handelt es sich bei der gesundheitsbedingten Leistungsfähigkeit um ein Kontinuum; die Abwesenheit vom Arbeitsplatz markiert nur einen Extrempunkt. Ist die Leistungsfähigkeit von Mitarbeitern gemindert, kann sich dies in Minderleistungen oder Fehlleistungen niederschlagen [18]. Diese führen möglicherweise zu Folgekosten in unerwarteter Höhe, etwa durch eine Häufung von Prozessfehlern oder Fehlbedienungen an Maschinen. Außerdem wird es künftig für die Unternehmen immer wichtiger, die Leistungsfähigkeit ihrer Mitarbeiter zu erhalten, da das Arbeitskräfteangebot an qualifizierten Mitarbeitern infolge des demographischen Wandels sinken dürfte [7, S. 29 f] und die Kosten für die Nachbesetzung von Stellen somit steigen.

6.2 Sozialkapital

Sozialkapital im Betrieb umfasst soziale Strukturen, die Handlungen von Individuen innerhalb dieser Strukturen erleichtern [4, S. 98]. Das kann einerseits durch eine reibungslose Zusammenarbeit erfolgen, da das Verhalten der Kollegen vorhersehbar wird – andererseits aber auch durch eine verbesserte Gesundheit der Mitarbeiter, verringerte Fehlzeiten und eine erhöhte Leistungsfähigkeit. Aus Unternehmenssicht ist Sozialkapital somit ein immaterieller Unternehmenswert, der als „nicht monetäre Werte ohne körperliche Substanz" [24, S. 225–227] charakterisiert ist. Die wirtschaftliche Bedeutung solcher immateriellen Unternehmenswerte ist unmittelbar einsichtig. Da sie jedoch bilanziell bisher kaum darstellbar ist, sind Werte in der Berichterstattungspraxis häufig gering und wenig systematisch entwickelt.

Die Bezeichnung „Sozialkapital" ist dennoch nicht nur der sprachlichen Griffigkeit geschuldet. Die betrachteten immateriellen Vermögenswerte weisen wichtige Kennzeichen von Kapital auf. Arrow [1] nimmt als Voraussetzungen für das Vorliegen von Kapital die Akkumulationsfähigkeit, die Möglichkeit zur Veräußerung sowie die Möglichkeit zu bewusster materieller Investition an.

Zweifellos kann Sozialkapital innerhalb eines Betriebes angehäuft werden, was sich etwa in guten Beziehungen der Mitarbeiter untereinander niederschlagen kann. Differenzierter ist die Frage der Veräußerbarkeit von Sozialkapital zu betrachten. Es ist natürlich nicht portionsweise gezielt in andere gesellschaftliche Zusammenhänge zu transferieren, da es an die Mitarbeiter gebunden ist. Andererseits ergeben sich durchaus Auswirkungen auf Lebenswelten außerhalb des Betriebs. Die gezielte Produktion von Sozialkapital wird im Rahmen von Teamentwicklungsmaßnahmen und Führungskräftetrainings schon seit längerer Zeit praktiziert. Aber auch die Produktion von Sozialkapital im Betrieb kann nicht losgelöst von der gesellschaftlichen Umwelt erfolgen [1], die Lebenswelt Arbeitsplatz ist zwar eine wichtige, jedoch nicht die einzige der Arbeitnehmer.

Den Wirtschaftlichkeitsnachweis für Investitionen zur Herstellung von Sozialkapital zu führen ist allerdings schwierig, da sich die Ergebnisse meist nicht in unmittelbaren monetären Größen zeigen. In einem Industriebetrieb wird sich eine erhöhte Ausstattung mit Sozialkapital zunächst auf die Prozesse, sodann auf die Produktivität und mit weiterem zeitlichem Verzug auf die Ertragslage auswirken. Daneben ist zu erwarten, dass auch der Aufwand aufgrund einer reibungslosen Kommunikation im Unternehmen sinkt. Diese unterschiedlichen Effekte lassen sich nur in einer umfassenden Betrachtung erfassen. Dabei sind zugleich Wirkungen auf das Produktionspotenzial, die Prozesse, die Ertrags- und Aufwandslage zu berücksichtigen und von externen Einflüssen zu trennen. Vorgeschlagen wird ein Vorgehen in Anlehnung an die Erweiterte Wirtschaftlichkeitsanalyse [25, 27]. Dabei werden die jeweils besten verfügbaren Ergebniskennzahlen herangezogen, unabhängig davon, ob sie aus bereits vorliegenden Daten des Betriebs-Controllings oder der frei bewertenden Einschätzung von Mitarbeitern entstammen. Das im Unternehmen vorhandene Wissen wird damit bestmöglich ausgeschöpft, auch wenn Daten noch nicht explizit vorliegen sollten. Dabei wird auch der nichtmonetäre Nutzen berücksichtigt, dessen monetäre Auswirkungen und dessen zeitlicher Wirkungsverzug geschätzt werden muss.

Trotz der anspruchsvollen Methodik für den Wirkungsnachweis des Sozialkapitals im Unternehmen bewegt man sich bei der Entscheidung für bestimmte Interventionen nicht im wissensfreien Raum. Es liegen einige Erfahrungen aus quantitativ orientierten Studien vor, deren Ergebnisse zumindest in Teilen übertragbar sein sollten. Dabei wurde bisher vor allem der Aspekt des Netzwerkkapitals untersucht. Allerdings ist zu unterscheiden zwischen der Ausstattung mit Sozialkapital im gesellschaftlichen Umfeld des Unternehmens und dem Unternehmen selbst. Eine hohe Sozialkapitalausstattung im Unternehmensumfeld führt diesen ersten Untersuchungen gemäß nicht unbedingt zu einem höheren Unternehmenserfolg, eine hohe Ausstattung mit Sozialkapital im Unternehmen selbst allerdings schon. Sabatini [23] stellt in einer Untersuchung italienischer Klein- und Mittelbetriebe fest, dass festgefügte soziale Bande zu Familie und Freunden im gesellschaftlichen Umfeld der Unternehmen sogar zu einer geringeren Produktivität führen. Unter einer gesamtwirtschaftlichen, d. h. volkswirtschaftlichen Betrachtung gilt dies allerdings offenbar nicht. Hier geht das Ausmaß von Sozialkapital mit einer erhöhten gesamtwirtschaftlichen Leistungsfähigkeit einher, was Helliwell und Putnam [11] ebenfalls für Italien aufzeigen. An dieser Stelle soll jedoch eine dezidiert betriebliche Sichtweise eingenommen werden.

Ein Vergleich zwischen verschiedenen Unternehmen ist bisher nur schwer möglich, da unterschiedliche Erfolgsrechnungen und Erfolgskriterien herangezogen werden. Die eingesetzten Controllingverfahren sind oft sehr unterschiedlich und die Ergebnisse schon formal kaum vergleichbar. Außerdem sind die Ziele der Unternehmen häufig nicht gleich, sie können mehr oder weniger langfristig angelegt sein und sich etwa primär auf Umsatz-, Erlös- oder Kundenzahlen konzentrieren. Zu beachten sind somit auch externe Potenziale zur Zielerreichung wie Marktpotenziale. Ähnliches gilt für die Messung der Ausstattung mit Sozialkapital, hier gibt es noch keine verbindlichen oder etablierten Verfahren – die zunächst auch eine Einigung darüber erfordern würden, was denn überhaupt unter Sozialkapital verstanden und somit gemessen werden soll.[1] Ist das Ziel der Erfolgsmessung, die Sozialkapitalausstattung in ein Verhältnis zum Unternehmenserfolg zu setzen, steht man mehrfachen messtechnischen Herausforderungen gegenüber, die in Studien durchweg eine eindeutige Aussage erschweren.[2]

Da Ergebnisdaten nicht vergleichbar sind, muss regelmäßig auf die Erfolgsschätzung seitens der Unternehmensleitung im Rahmen der betrieblichen Wirtschaftsplanung zurückgegriffen werden. Auch der vorliegende Beitrag kommt zu diesem Schluss. Die hier angerissenen Herausforderungen lassen sich zumindest in Teilen dadurch umgehen, dass man auf eine einheitliche Branche oder einen Konzern mit einheitlichen Vorgaben für die Rechnungslegung fokussiert. Kann man außerdem noch von einem einheitlichen Verständnis über Sozialkapital ausgehen, sind durchaus substanzielle Ergebnisse zu erwarten. Netta [20] zum Beispiel untersucht in einer Studie im Bertelsmann-Konzern die Zusammenhänge zwischen der Ausstattung mit Wertekapital und dem Unternehmenserfolg. Das Wertekapital quantifiziert er mithilfe eines Fragebogens, der die Umsetzung des Unternehmensleitbildes des Konzerns erfasst.[3] Im Rahmen dieser Mitarbeiterbefragung wird auch die Zufriedenheit der Mitarbeiter abgefragt. Diese Faktoren werden mit der Umsatzrendite in Beziehung gesetzt. Es stellt sich heraus, dass die Umsetzung des Unternehmensleitbildes deutlich mit der Umsatzrendite korreliert. Wie stets bei solchen Studien kann über den kausalen Zusammenhang noch keine Aussage getroffen werden.

Ebenfalls in einem eher homogenen Unternehmensbereich bewegen sich Greve et al. [9], die den Einfluss von Sozialkapital auf die Produktivität in der Forschung in Hochschulen untersuchten. Auch hier stellt sich das Problem der Produktivitätsmessung. Letztlich ziehen die Autoren der vorliegenden Arbeit als Indikator dafür die Anzahl der Projekte heran, an denen ein Mitarbeiter beteiligt ist und ergänzen diese Messzahl um ein gewichtetes Maß der Publikationserfolge. Es zeigt sich ein steiler, jedoch insgesamt geringer positiver Zusammenhang von Sozialkapital und Produktivität. Für

---

1 Siehe dazu auch den Beitrag von Fuchs in diesem Band.

2 Zuletzt auch in der umfangreichen Studie von Hauser et al. [10]. Hier wird vornehmlich der Sozialkapitalaspekt der „Unternehmenskultur" sprich Wertekapital untersucht.

3 Genannt „Bertelsmann Essentials" [3] mit normativen Vorgaben zu Inhalten wie Förderung der Mitarbeiterkreativität, partnerschaftlichen Umgang unter Kollegen und Vorgesetzten, Förderung von Unternehmergeist und Übernahme gesellschaftlicher Verantwortung.

solche innovativen Tätigkeiten wird auf europäischer Ebene dieser Eindruck insgesamt bestätigt; so ermittelt Kaasa [13] einen Zusammenhang zwischen der sozialen Einbindung und der Patentintensität einer Bevölkerung. Wo ein solch hoher Gestaltungsspielraum vorliegt und hohe Anforderungen an die Kreativität der Mitarbeiter gestellt werden, kann ein solcher Zusammenhang angenommen werden[19, S. 260].

Die vorliegende Darstellung konzentriert sich allerdings auf Unternehmenseinheiten, in denen überwiegend ausführende Tätigkeiten zu erbringen sind. Aus solchen Bereichen liegen bisher noch wenige Erkenntnisse vor.

6.3   Untersuchungsmodell

Es kann aufgezeigt werden, dass sich die Ausstattung von Unternehmen mit Sozialkapital stützend auf die Gesunderhaltung der Mitarbeiter auswirkt.[4] Daraus ergeben sich unmittelbare Auswirkungen auf den Unternehmenserfolg. Gesunde Mitarbeiter fehlen weniger und sind während ihrer Arbeitszeit produktiver als Mitarbeiter, die krank und nur eingeschränkt leistungsfähig sind. Von gesundheitsförderlichen Arbeitsbedingungen profitiert somit das Unternehmen ebenso wie die Mitarbeiter, die länger erwerbsfähig bleiben. Ein guter Gesundheitszustand wirkt sich für die Mitarbeiter aber nicht nur auf ihre Erwerbsfähigkeit aus, sondern darüber hinaus auch direkt auf alle anderen Lebenswelten und bietet etwa die Möglichkeit, familiären Verpflichtungen nachzukommen oder das Freizeitverhalten entsprechend den eigenen Wünschen zu gestalten.

Daneben hat, so die Hypothese der vorliegenden Arbeit, die Ausstattung mit Sozialkapital auch weitere positive wirtschaftliche Effekte für die Unternehmen, die sich nicht über die Gesundheit der Mitarbeiter auswirken. Diese Effekte sind sowohl aus Unternehmenssicht als auch aus der Sicht der Arbeitnehmer erwünscht und wichtig. Und das nicht nur, um durch eine positive Ertragslage des Unternehmens die Arbeitsplätze zu sichern, sondern auch um Investitionen in das Sozialkapital und mittelbar in die Mitarbeitergesundheit nachdrücklich anzuregen.

In Abbildung 6.1 ist der beschriebene Regelkreis dargestellt. Ein monetärer Effekt der Mitarbeitergesundheit auf den Betriebserfolg kann als gesichert angenommen werden. Diskutiert wird noch über die Stärke des Zusammenhangs. Als Untergrenze können die dem Unternehmen entstehenden Kosten beziehungsweise der entgangene Nutzen aus Fehlzeiten der Mitarbeiter angenommen werden [12, 15]. Darüber hinaus werden die Auswirkungen des Präsentismus – der Anwesenheit von Mitarbeitern bei krankheitsbedingt verringerter Leistungsfähigkeit, die zu Minder- oder Fehlleistungen führen kann – diskutiert [18].

Die untere Verbindungslinie in der Grafik steht für anzunehmende unmittelbare Auswirkungen von Sozialkapital auf den betrieblichen Erfolg, etwa durch Reduzierung der doppelten Kontingenz, womit das Handeln von Kollegen vorhersehbar wird und eine diskrete Koordination stattfindet – alle ziehen an einem Strang, weil die Zugrichtung bekannt ist. Zum Regelkreis wird das Modell, weil bei unterstelltem rationalen Handeln der Unternehmensführungen von den Auswirkungen des Sozialkapitals ein Investitionsanreiz ausgeht: Die Investitionsrendite ist positiv. Da das Feld des Sozialkapitals bisher noch wenig bestellt ist, ist zudem mit einem anfänglich recht hohen Grenzertrag zu rechnen. Im verwandten Feld der betrieblichen Gesundheitsförderung werden häufig Renditen von mehreren hundert Prozent erwartet, weil hier bisher noch wenig geschehen ist.

Eine Voraussetzung ist freilich, dass es möglich ist, die Ausstattung mit Sozialkapital investiv zu beeinflussen. Kurzgefasst stellt sich hier die Frage, ob Teamentwicklungsmaßnahmen, Führungskräftetrainings und dergleichen überhaupt erfolgreich sind. Von Anbieterseite wird dies nachdrücklich bejaht, im Einzelfall muss die Intervention passgenau zu den Anforderungen im spezifischen Unternehmen sein. Generelle Aussagen lassen sich hier nicht treffen.

Die Ausstattung eines Unternehmens mit Sozialkapital wirkt sich zum einen über den Mediator Mitarbeitergesundheit auf den Betriebserfolg aus, zum anderen auch auf direktem Weg. Aus diesen Beziehungen entsteht für den Betrieb der Anreiz zur Ausweitung des Sozialkapitals durch Investitionen, von denen die Mitarbeiter durch gesundheitsfördernde Effekte des Sozialkapitals unmittelbar profitieren.

6.4   Empirische Untersuchung

Die begründeten Annahmen über die Auswirkungen des Sozialkapitals wurden in der Unternehmenswirklichkeit auf ihren Realitätsgehalt überprüft. Dazu wurden fünf Betriebe mit insgesamt knapp 5000 Beschäftigten untersucht, darunter vier Industriebetriebe und ein Dienstleistungsunternehmen. Die Industriebetriebe sind mittelständisch geprägt und entstammen

---

4   Siehe den Beitrag von Rixgens (Kap. 4) in diesem Band.

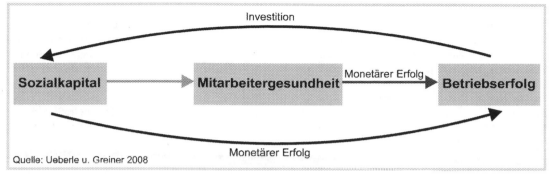

☐ Abb. 6.1. Gesundheitsfördernder Zyklus mit Sozialkapital [26]

den Wirtschaftszweigen Herstellung von land- und forstwirtschaftlichen Maschinen, Herstellung von orthopädischen Erzeugnissen sowie Fleischverarbeitung. Der Dienstleistungssektor wird durch ein Kreditinstitut repräsentiert. Durch die Branchenmischung wird eine große Bandbreite industrieller Tätigkeiten abgedeckt. Die Untersuchung des Kreditinstituts ermöglicht Rückschlüsse, ob die verwendeten Verfahren auch im tertiären Sektor grundsätzlich verwendbar sind. In diesen Modellbetrieben wurde zum einen die Ausstattung mit Sozialkapital ermittelt, was durch Befragung der Mitarbeiter erfolgte. Zum anderen war der betriebliche Erfolg zu ermitteln. Anschließend wurde nach Beziehungen zwischen diesen beiden Sachverhalten gesucht.

6.4.1   Messung von Sozialkapital

Zur Erhebung der Ausstattung mit Sozialkapital wurde eine Mitarbeiterbefragung mit einem standardisierten Erhebungsinstrument durchgeführt. Der umfangreiche Fragebogen basiert auf einer Zusammenstellung und Kürzung etablierter Instrumente, die jeweils nur Einzelaspekte des Sozialkapitals abdecken. Das Befragungsinstrument besteht somit aus einer Reihe von Einzelbefragungen, die auch unabhängig voneinander durchgeführt werden könnten. Eine Zusammenfassung in der Form eines Summenscores ist nicht möglich und auch nicht sinnvoll, da unter dem Oberbegriff Sozialkapital eine ganze Reihe unterschiedlicher Gesichtspunkte betrachtet werden, wie Netzwerkkapital, Führungskapital sowie Überzeugungs- und Wertekapital. Diese sind jeweils mit mehreren Konstrukten und mit einer größeren Zahl von Einzelfragen zusammengefasst, die ähnliche Sachverhalte abbilden.

6.4.2   Messung von Betriebserfolg

Bei der Messung des Betriebserfolgs wurde durchweg auf prozessgenerierte Daten zurückgegriffen, das heißt auf solche Daten, die in irgendeiner Form bereits im Unternehmen anfallen. Damit soll eine hohe Datenqualität bei der Erhebung gewährleistet werden. Außerdem bleibt die Möglichkeit erhalten, zu einem späteren Zeitpunkt die Erhebung zu wiederholen, um Veränderungen festzustellen.

Ein generelles Problem bei der Beurteilung von Erfolgsdaten stellt die geringe Vergleichbarkeit zwischen verschiedenen Unternehmen dar [10, S. 48–52], die sich häufig bereits aus den unterschiedlichen Erhebungsmethoden ergibt. Was zudem in der einen Branche ein großer Erfolg sein mag, kann in einer anderen Branche oder Marktlage ein unterdurchschnittliches Ergebnis bedeuten. Umgehen könnte man diese Problematik nur, indem die Unternehmensleitungen den erzielten Erfolg selbst einschätzen [25]. Damit ist in einem solchen Forschungsvorhaben die Datenqualität jedoch nicht mehr uneingeschränkt gewährleistet. Daher wurden – wie in den meisten Studien mit ähnlichem Erkenntnisziel – vorwiegend auf Hilfs-Kennzahlen zurückgegriffen, die noch im Einzelnen dargestellt werden.

Wegen der unterschiedlichen Erfolgspotenziale der untersuchten Unternehmen aus unterschiedlichen Branchen und unterschiedlicher Größe wurde auf einen unternehmensübergreifenden Vergleich zunächst verzichtet. Verglichen wurde vielmehr der Erfolg der Abteilungen innerhalb eines Unternehmens. Bei der statistischen Auswertung ist es bei diesem Vorgehen jedoch von Nachteil, die Anzahl der Erhebungsgruppen pro Auswertung zu reduzieren: Werden die Unternehmen getrennt betrachtet, ist die jeweilige Grundgesamtheit naturgemäß kleiner als bei einer Gesamtanalyse. Daraus resultieren begrenzte Auswertungsmöglichkeiten.

Die Ergebnisse sind bei einem solchen Vorgehen zwar weniger eindrucksvoll, systematische Fehler werden damit jedoch vermieden. Neben den unterschiedlichen Erfolgskriterien würde auch die unterschiedliche Unternehmensgröße zu einer stärkeren Gewichtung der größeren Unternehmen führen. Dennoch ist es selbstverständlich das Ziel, nach Gemeinsamkeiten zwischen den Unternehmen zu suchen. Daher wurde der unternehmensinterne Vergleich für jedes der fünf Unternehmen durchgeführt. Schließlich wurde untersucht, ob aus den jeweiligen Ergebnissen der Unternehmen Regelmäßigkeiten ersichtlich sind.

Methodisch wurden verschiedene Korrelations- und Regressionsberechnungen durchgeführt. Vorab kann bereits festgehalten werden, dass multiple Regressionen zu keinen signifikanten, das heißt zuverlässigen Ergebnissen führten. Die Hauptursache dafür ist die geringe Varianz in den Daten, die sich aufgrund der verhältnismäßig kleinen Gruppengrößen ergibt.

Schließlich ist anzumerken, dass die gebildeten Erhebungseinheiten nur teilweise mit den Abteilungen der unternehmerischen Aufbauorganisation deckungsgleich sind. Maßgeblich für die Abgrenzung der Erhebungsgruppen eines Betriebes waren unter der aus Gründen des Datenschutzes geforderten Prämisse einer Mindestgruppengröße die allfällige Abgrenzung in der betrieblichen Erfolgsrechnung, die räumliche Nähe und Intensität der täglichen Zusammenarbeit sowie ähnliche Arbeitsanforderungen und -bedingungen der Arbeitsplätze innerhalb der Gruppe.

6.4.3 Kennzahlen

Die standardisierte Erfolgsmessung erfolgte durch Kennzahlen in Unternehmen. Kennzahlen sind von anderen Daten durch drei Merkmale hervorgehoben. Maßgeblich ist zunächst ihr „Informationscharakter", der besagt, dass sie Urteile über wichtige Sachverhalte und Zusammenhänge ermöglichen. Dazu kommt ihre „Quantifizierbarkeit", d. h. Informationen werden auf metrischen Skalen dargestellt und ermöglichen so relativ präzise Aussagen. Schließlich zeichnen sich Kennzahlen durch ihre „spezifische Form" aus – sie sind in ihrer Darstellung relativ einfach und ermöglichen so einen raschen und umfassenden Überblick über einen Sachverhalt (nach [22, S. 16]).

In der vorliegenden Untersuchung wurde mit prozessproduzierten Kennzahlen gearbeitet, die bereits routinemäßig in den Unternehmen erhoben wurden. Dennoch ist die Suche nach Kennzahlen in der betrieblichen Realität nicht trivial, da auch Informationen aus anderen Bereichen auf ihre Brauchbarkeit für die Erfolgsmessung zu untersuchen sind.

Bei der Verwendung von prozessproduzierten Kennzahlen ist die Menge der verfügbaren Kennzahlen stark eingeschränkt, da nur bereits vorliegende Kennzahlen einbezogen werden können. Dennoch hat das Vorgehen wesentliche Vorteile. Zunächst gibt es im Rahmen verhältnismäßig kurzer Projektlaufzeiten in der Forschung keine Alternative. Zwar könnten während der Projektlaufzeit neue Kennzahlen entwickelt werden, es muss jedoch der Ablauf einer Periode abgewartet werden, bevor gemessen werden kann. Wegen unterschiedlicher saisonaler Schwankungen würde dies eine Wartezeit von mindestens einem Jahr erfordern. Vorteilhaft ist außerdem, dass bereits erprobte Kennzahlen vermutlich qualitativ besser und zuverlässiger sind. Verwendet man etablierte Instrumente, ist die Gefahr absichtlich beschönigender Berichte aus den Unternehmensabteilungen geringer und die fehlerträchtige Einführungsphase ist bereits überstanden. Daneben kann eine mit prozessproduzierten Kennzahlen durchgeführte Querschnittsstudie perspektivisch zu einer Längsschnittstudie ausgeweitet werden, was forschungsmethodisch wünschenswert ist.

In den Unternehmen liegen bereits zahlreiche Kennzahlen zum Abteilungserfolg vor, die Ausstattung in den verschiedenen Abteilungen ist jedoch sehr unterschiedlich. Da das Rechnungswesen häufig produktorientiert ist, ist die Kennzahlenlage mit zunehmender Nähe zur Endfertigung eines Produkts besser. Für unterstützende Bereiche wie Verwaltung und Hausdienste liegen dagegen kaum Informationen vor.

6.5 Zusammenführung von Befragungsdaten und Kennzahlen

Wie erwähnt, lagen zu Beginn unserer Untersuchung bereits Informationen über die Ausstattung von Sozialkapital in den Betrieben vor, die durch eine Mitarbeiterbefragung gewonnen wurden. Auch der wirtschaftliche Erfolg der verschiedenen Abteilungen der Unternehmen war aus Daten des betrieblichen Rechnungswesens weitgehend bekannt. Nach Zusammenhängen zwischen den beiden Faktoren wurde gesucht, indem die Kennzahlen zum Erfolg oder zum Erfolgspotenzial der Betriebe abteilungsweise ermittelt und der Abteilungswert den einzelnen Probanden (Mitarbeitern) zugeordnet wurde. Gemäß der Hypothese der Untersuchung ist der Unternehmenserfolg die abhängige Variable, die durch die Ausstattung mit Sozialkapital beeinflusst wird. Bei der Auswertung erbrachten Verfahren der linearen Einfachregression aussagefähige Ergebnisse. Für die Berechnung multipler Regressionen, die grundsätzlich zielführend erscheint, ist der Datensatz nicht umfangreich genug. Die hier dargestellten Ergebnisse liegen allesamt auf einem Signifikanzniveau von 5 Prozent oder besser und sind somit nur mir einer geringen Fehlerwahrscheinlichkeit behaftet.

Bei den vorliegenden Realdaten kann eine Zusammenhangsstärke mit einem Regressionskoeffizienten (β) von etwa 0,3 als stark betrachtet werden. Obgleich die Ausstattung mit Sozialkapital in diesem Fall einen eindeutigen Einfluss auf das Abteilungsergebnis hat, ist offensichtlich, dass andere Faktoren weitaus stärker wirken, etwa die Preise auf dem Rohstoffmarkt oder die technische Ausstattung der Abteilungen. Diese Faktoren sind von den Unternehmen jedoch nicht beeinflussbar oder bieten vergleichsweise weniger Optimierungsmöglichkeiten, da sie bereits umfassend berücksichtigt werden. Anders ist dies beim Sozialkapital, über dessen Auswirkungen bisher noch wenig Vorstellungen bestanden und wo die Implementierungs- und Verbesserungsprozesse in den Unternehmen noch am Anfang stehen.

6.6 Zusammenhänge

Im Rahmen der Untersuchung wurden die Aspekte Führungskapital, Netzwerkkapital und Wertekapital untersucht, die sich jeweils weiter untergliedern lassen. Nachfolgend werden einige Ergebnisse zu den Auswirkungen des Netzwerkkapitals und des Wertekapitals auf den Unternehmenserfolg oder das Erfolgspotenzial eines Unternehmens zusammengefasst.[5]

6.6.1 Führungskapital

Der positive Effekt eines mitarbeiterbezogenen, transformationalen Führungsstils auf den Unternehmenserfolg ist verschiedentlich nachgewiesen worden [21]. Der Schwerpunkt im Rahmen der vorliegenden Untersuchung lag bei der Beteiligung der Mitarbeiter. Außerdem wurden charismatische Anteile der Führung ermittelt, namentlich durch Abfrage der Akzeptanz der Führungskräfte durch ihre Mitarbeiter.[6]

Als sehr reagibel auf das Führungsverhalten des Vorgesetzten erweist sich der Krankenstand in den Betrieben. Wo es in den Betrieben zwischen den Abteilungen Unterschiede im Krankenstand gibt, ist ein direkter mittelgradiger Zusammenhang zur Machtorientierung des Vorgesetzten zu sehen. Entlastend auf den Krankenstand wirkt es sich aus, wenn der Vorgesetzte von seinen Mitarbeitern akzeptiert wird und die Mitarbeiter der Führungskraft vertrauen. Ein wichtiger Aspekt ist außerdem die Fairness, die die Mitarbeiter von der Führungskraft erleben. In den Industrieunternehmen sind diese Zusammenhänge wesentlich stärker ausgeprägt als in dem untersuchten Dienstleistungsunternehmen. Das mitarbeiterorientierte Vorgesetztenverhalten ist dabei auch förderlich für die Kreativität und das Engagement der Mitarbeiter, das sich in den nach Prämienhöhe gewichteten Verbesserungsvorschlägen signifikant niederschlägt. Andererseits steht eine höhere Kontrollneigung des Vorgesetzten in keinem messbaren Zusammenhang zu den Arbeitsergebnissen.

6.6.2 Netzwerkkapital

Im Bereich des Netzwerkkapitals wurden durch die Mitarbeiterbefragung Aspekte wie die soziale Passung („sozialer Fit"), der Zusammenhalt zwischen den Mitarbeitern, deren gegenseitige Unterstützung, das Vertrauen zueinander und der herrschende Umgangston erfragt.

Für zwei Industrieunternehmen der Untersuchung wird ein wesentlicher Einfluss des Beziehungskapitals auf den Produktivitätszuwachs zwischen zwei Perioden[7] festgestellt. Signifikante Auswirkungen hat besonders der „soziale Fit" der Mitarbeiter (β – 0,23 beziehungsweise 0,29). In einem der Betriebe ist auch ein Zusammenhang mittlerer Stärke des Items Kommunikation nachweisbar. Weitere, allerdings nicht signifikante Zusammenhänge wurden für Items zum Themenbereich Netzwerkkapital wie Vertrauen und Zusammenhalt der Mitarbeiter ermittelt. Bemerkenswert ist auch, dass sich das Netzwerkkapital kaum auf das Qualitätsbewusstsein in den Abteilungen auswirkt.

---

5 Die Ergebnisse basieren auf dem Forschungsprojekt ProSoB – Produktivität von Sozialkapital im Betrieb, das aus Mitteln des Landes Nordrhein-Westfalen und des Europäischen Sozialfonds in den Jahren 2006 bis 2008 an der Universität Bielefeld durchgeführt wurde. Die Projektleitung oblag Professor Dr. Wolfgang Greiner und Professor Dr. Bernhard Badura, Mitarbeiter waren Martina Behr, Petra Rixgens und Max Ueberle. Die detaillierten Ergebnisse werden in Badura et al. [2] veröffentlicht.

6 Zur Abgrenzung zwischen den Führungsstilen s. Dörr [5, S 12–15].

7 Die Produktivität wird dabei als Erzeugnisse pro Mitarbeiter berechnet und liegt naturgemäß nur für produzierende Abteilungen vor.

Beeindruckend ist der Einfluss der sozialen Beziehungen innerhalb der Arbeitsgruppen auf das Vorkommen von Arbeitsunfällen.[8] In den beiden größten Industrieunternehmen der Studie zeigen sich durchweg mittlere Zusammenhänge. Maßstab sind dabei die Unfallzahl je Arbeitsstunden oder die Unfallneulast.[9] Für die anderen betrachteten Unternehmen kann zu den Zusammenhängen hinsichtlich der Unfallzahlen keine Aussage getroffen werden, da sich im Betrachtungszeitraum keine oder sehr wenige Unfälle ereigneten.

Auch der Krankenstand[10] wird von der Ausstattung mit Netzwerkkapital beeinflusst. Hier ist der Einfluss besonders deutlich – die Ergebnisqualität der Untersuchung ist hier nochmals besser, das Signifikanzniveau hoch. In den Industrieunternehmen wird für Zusammenhalt, soziale Unterstützung durch die Gruppenmitglieder, sozialen Fit, gegenseitige Unterstützung sowie die Kommunikationskultur – in abnehmender Stärke – ein starker Zusammenhang festgestellt. In dem betrachteten Dienstleistungsunternehmen steht dahingegen die Kommunikation innerhalb des Arbeitsteams an der Spitze der entlastenden Einflussfaktoren. In zwei der Unternehmen scheint nach jahrelangen intensiven Bemühungen um die betriebliche Gesundheitsförderung ein Sockelwert im Krankenstand erreicht zu sein. Hier variiert der Krankenstand kaum zwischen den Abteilungen.

Eine weitere Ergebniskennzahl, die als Potenzialfaktor zu einem hohen Abteilungserfolg führen kann, ist die Erfüllung von Zielvorgaben,[11] die sich das Unternehmen selbst gesetzt hat. In einem der Industrieunternehmen sowie für das Dienstleistungsunternehmen sind hier hohe oder mittelgradige Zusammenhänge feststellbar. Maßgeblich für den abteilungsbezogenen Erfolg sind Kohäsion, sozialer Fit, gegenseitige Unterstützung sowie das Vertrauen in den Vorgesetzten als wichtige Förderfaktoren der Zielerreichung, gefolgt von der Kommunikation im Team.

6.6.3 Wertekapital

Der Aspekt Wertekapital bezieht sich vor allem auf die Organisationskultur des Gesamtbetriebes. Erfragt wurden Bereiche wie das Vorliegen gemeinsamer Werte und Normen, die empfundene Ausprägung von Unternehmenskultur und Teamgeist, das Vertrauen in entferntere Vorgesetzte sowie die empfangene Wertschätzung seitens der Unternehmensrepräsentanten.

Die zeitgerechte Abarbeitung von Aufträgen[12] ist ein wichtiger absatzpolitischer Wettbewerbsfaktor. Für die endproduktnahen Fertigungsbereiche eines der Industrieunternehmen konnte ein Zusammenhang in der beeindruckenden Stärke von $\beta = -0{,}45$ zum Faktor Commitment ermittelt werden. Auch auf das Unfallgeschehen hat das Commitment von allen Aspekten des Wertekapitals den höchsten Einfluss. Als weiterer Potenzialfaktor ist zwischen der Organisationskultur und dem Krankenstand ein hoher Zusammenhang festzustellen. In den Industriebetrieben steht hier das Commitment mit einem Regressionskoeffizienten in der Höhe von $\beta = -{,}21$ an der Spitze, gefolgt von dem inhaltlich verwandten Aspekt Kohäsion. In dem Dienstleistungsunternehmen steht das verwandte Item gemeinsame Werte und Normen an der Spitze.

6.7 Schlussfolgerungen

Für die fünf untersuchten Betriebe konnte ein Zusammenhang zwischen der Ausstattung mit Sozialkapital und dem Abteilungserfolg oder dem Erfolgspotenzial festgestellt werden. Dazu wurden die Mitarbeiter in einer Befragung gebeten, die Ausstattung mit verschiedenen Aspekten von Sozialkapital einzuschätzen. Betriebsweise wurden diese Daten mit abteilungsbezogenen Kennzahlen in Beziehung gesetzt. Es zeigt sich, dass besonders die Ausstattung mit Netzwerkkapital und Wertekapital mit Unterschieden in Abteilungserfolg und Erfolgspotenzial einhergehen.

In einem weiteren Schritt könnten die Auswirkungen monetär bewertet werden. Ein entsprechendes Verfahren stellt die Erweiterte Wirtschaftlichkeitsanalyse dar. Mit diesen Informationen kann eine Rentabilitätsrechnung für Investitionen in Sozialkapital erfolgen. Obgleich etwa Maßnahmen der Personalentwicklung in der betrieblichen Praxis bereits etabliert sind, bedarf die Wirksamkeit verwandter gruppenorientierter

---

8 Jeweils als Quotient auf die Mitarbeiterzahl der Abteilungen berechnet.

9 Berechnet als Quote: Unfallneulast pro Mitarbeiter. Die Unfallneulast bezeichnet die Aufwendungen des Trägers der gesetzlichen Unfallversicherung aus im Beobachtungszeitraum neu hinzugekommenen Versicherungsfällen. Die Mitarbeiteranzahl wurde auf Vollzeitäquivalente umgerechnet.

10 Ermittelt als Krankheitsquote (durch Krankheit bedingte Fehltage/Soll-Arbeitstage). Zwischen den Unternehmen bestehen im Detail unterschiedliche Erhebungsmodi, ein unternehmensinterner Vergleich ist jedoch möglich.

11 Hierzu gehören etwa Materialeinsatzziele in der Produktion, Absatzziele im Vertrieb oder Optimierungsziele im Rahmen eines kontinuierlichen Verbesserungsprozesses.

---

12 Berechnet als durchschnittlicher Lieferverzug pro Auftrag.

Maßnahmen zum Ausbau von Sozialkapital und damit deren Effizienz noch genauerer Untersuchung.

Literatur

[1] Arrow K (2000) Observations on social capital. In: Dasgupta P, Serageldin I (Hrsg) Social capital. World Bank, Washington, DC, S 3–5

[2] Badura B, Greiner W, Rixgens P et al (2008, im Druck) Sozialkapital. Springer, Heidelberg

[3] Bertelsmann AG (2006) Bertelsmann Essentials. In: Geschäftsbericht 2005. Bertelsmann AG (Gütersloh), Gütersloh, S 12–13

[4] Coleman JS (1988) Social Capital and the Creation of Human Capital. In: American Journal of Sociology 94: (Supplement) 95–120

[5] Dörr SL (2006) Motive, Einflussstrategien und transformationale Führung als Faktoren effektiver Führung. Diss. Univ. Bielefeld

[6] Ebert A, Kundinger J (2007) Altersgerechtes Arbeiten in Bayerischen Betrieben In: Deutsche Rentenversicherung Bund, Stecker C (Hrsg) Smart Region. WDV Gesellschaft für Medien und Kommunikation, Bad Homburg

[7] Fuchs J, Söhnlein D (2007) Einflussfaktoren auf das Erwerbspersonenpotenzial. Bundesagentur für Arbeit, Nürnberg

[8] Greiner W (2007) Die Rolle der Pharmaökonomie zur Ressourcenallokation im Gesundheitswesen – Überblick und Impliaktionen für Deutschland. In: Gesundheitsökonomie und Qualitätsmanagement 12:51–56

[9] Greve A, Benassi M, Sti AD (2006) Exploring the contributions of human and social capital to productivity. A revised version of a paper presented at sunbelt XXVI, Vancouver, BC, April 25–30, 2006

[10] Hauser F, Schubert A, Aicher M (2008) Unternehmenskultur, Arbeitsqualität und Mitarbeiterengagement in den Unternehmen in Deutschland. Abschlussbericht. o. O.

[11] Helliwell JF, Putnam R (1995) Economic Growth and Social Capital in Italy. In: Eastern Economic Journal 21 (3):295–307

[12] Helmenstein C, Hofmarcher M, Kleissner A et al (2004) Ökonomischer Nutzen Betrieblicher Gesundheitsförderung. Institut für Höhere Studien, Wien

[13] Kaasa A (2007) Effects of different dimensions of social capital on innovation evidence from Europe at the regional level. Tartu Univ. Press, Tartu

[14] Karazman R, Karazman-Morawetz I (1996) Sinnfindung und zwischen-menschliche Entwicklung als Kriterien betrieblicher Gesundheitsförderung. In: Lobnig H, Pelikan JM (Hrsg.) Gesundheitsförderung in Settings Gemeinde, Betrieb, Schule und Krankenhaus. Facultas-Univ.-Verlag, Wien, S 87–100

[15] Kreis J, Bödeker W (2003) Gesundheitlicher und ökonomischer Nutzen betrieblicher Gesundheitsförderung und Prävention. BKK Bundesverband, Essen

[16] Kroll LE, Lampert T (2007) Sozialkapital und Gesundheit in Deutschland. In: Das Gesundheitswesen 69:120–127

[17] Lademann J, Mertesacker H, Gebhardt B (2006) Psychische Erkrankungen im Fokus der Gesundheitsreporte der Krankenkassen. In: Psychotherapeutenjournal (2):123–129

[18] Middaugh DJ (2006) Presenteeism. In: Medsurg Nursing 15:103–105

[19] Nahapiet J, Ghoshal S (1998) Social Capital, Intellectual Capital, and the Organization Advantage. In: The Academy of Management Journal 23 (2):242–266

[20] Netta F (2006) Gesundheitsmanagement durch partnerschaftliche Führung. In: Euroforum Deutschland GmbH (Hrsg) Betriebliches Gesundheitsmanagement. 3. Euroforum Konferenz, 22. und 23. Mai 2006 in Frankfurt/Oberursel, Tagungsband. Euroforum Deutschland GmbH, Düsseldorf, Nr 8

[21] Peus C, Taut-Mattausch E, Kerschreiter R et al (2004) Ökonomische Auswirkungen professioneller Führung. In: Dürndorfer M, Friedrichs P: Human capital leadership. Murmann, Hamburg, S 193–209

[22] Reichmann T (1993) Controlling mit Kennzahlen und Managementberichten. 3. Aufl. Vahlen, München

[23] Sabatini F (2006) The empirics of social capital and economic development. Fondazione Eni Enrico Mattei, Milano

[24] Schmalenbach Gesellschaft für Betriebswirtschaft e.V./Arbeitskreis „Immaterielle Werte im Rechnungswesen" (2004) Erfassung immaterieller Werte in der Unternehmensberichterstattung vor dem Hindergrund handelsrechtlicher Rechnungslegungsnormen. In: Horváth P, Möller K (Hrsg) Intangibles in der Unternehmenssteuerung. Vahlen, München

[25] Ueberle M, Greiner W (2007) Abschätzung von wirtschaftlichen Kosten und Nutzen des Betrieblichen Gesundheitsmanagements im Krankenhaus In: Hellmann W (Hrsg) Gesunde Mitarbeiter als Erfolgsfaktor. Economica Verlag, Heidelberg, S 117–140

[26] Ueberle M, Greiner W (2008, im Druck) Empfehlungen für die betriebliche Praxis. In: Badura B, Greiner W, Rixgens P et al: Sozialkapital. Grundlagen von Gesundheit und Unternehmenserfolg. Springer, Heidelberg

[27] Zangemeister C (2000) Erweiterte Wirtschaftlichkeitsanalyse. 2. Überarb. Wirtschaftsverl. NW Verl. für Neue Wiss., Bremerhaven

Kapitel 7

Die Evidenzbasis für betriebliche Gesundheitsförderung und Prävention – Eine Synopse des wissenschaftlichen Kenntnisstandes

I. KRAMER · I. SOCKOLL · W. BÖDEKER

Zusammenfassung. *Das Bewusstsein für die Vorteile der betrieblichen Gesundheitsförderung als Bestandteil einer modernen Unternehmensstrategie nimmt in Deutschland beständig zu. Mit ihm wächst der Anspruch an die Forschung, die vermuteten Effekte von Maßnahmen der betrieblichen Gesundheitsförderung durch aussagekräftige Wirksamkeits- und Kosten-Nutzen-Analysen zu belegen. In diesem Zusammenhang hat der Begriff der „Evidenzbasierung" vermehrt Aufmerksamkeit erfahren. Ziel der Evidenzbasierung ist es, Entscheidungsgrundlagen zu schaffen, indem die derzeit beste verfügbare externe Evidenz (d. h. Wissen aus systematischer Forschung zur Wirksamkeit von Maßnahmen) zusammengestellt und beurteilt wird.*
Die Übertragung des Konzepts auf die betriebliche Gesundheitsförderung ist seit längerem Gegenstand der Arbeit der Initiative Gesundheit und Arbeit (IGA). Ausgehend von einer 2003 veröffentlichten Literaturschau zum Wissensstand auf diesem Gebiet haben die Autoren die wissenschaftliche Fachliteratur nun erneut nach hinzugekommenen Übersichtsarbeiten durchsucht. Über 40 systematische Literaturzusammenstellungen konnten ausfindig gemacht werden, die ungefähr 1000 relevante Studien erfassen. In der Gesamtbilanz stützt die gesichtete Literatur die generelle Annahme, dass betriebliche Gesundheitsförderung und Prävention einen gesundheitlichen und ökonomischen Nutzen hat.

7.1 Einleitung

Der Ruf nach Evidenzbasierung auch in der Gesundheitsförderung und Prävention wird immer lauter und ist gleichermaßen etwa in Beschlüssen der Weltgesundheitsorganisation wie auch im Handlungsleitfaden der Spitzenverbände der Gesetzlichen Krankenversicherung zum § 20 zu finden. Für die Praktiker in der Prävention stellt sich somit die Frage, wie die Maßnahmen zu gestalten sind, um als evidenzbasiert zu gelten. Das Konzept des evidenzbasierten Vorgehens hat im Bereich der klinischen Medizin bereits vor zehn Jahren unter dem Begriff Evidenzbasierte Medizin (EBM)

seinen Siegeszug angetreten. EBM versteht sich als der ausdrückliche Gebrauch der besten externen Evidenz für Entscheidungen in der medizinischen Versorgung [36]. Externe Evidenz wiederum ergibt sich aus der systematischen Zusammenstellung (Review) und Beurteilung wissenschaftlicher Studien. Durch die Erstellung, Aktualisierung und Verbreitung systematischer Übersichtsarbeiten soll eine wissenschaftliche Informationsgrundlage geschaffen werden, um den aktuellen Stand der Forschung objektiv beurteilen zu können. International hat es sich die Cochrane Collaboration zur Aufgabe gemacht, diesen Ansatz erfolgreich zu verbreiten. Der Begriff der Cochrane-Reviews ist vielfach zum Synonym für systematische Übersichtsarbeiten geworden [3].

In einem systematischen Review werden durch ein standardisiertes methodisches Vorgehen Verzerrungen des Ergebnisses möglichst weitestgehend ausgeschlossen. Ergebnisverzerrende Einflüsse sollen in allen Phasen des Erstellungsprozesses minimiert und größtmögliche Transparenz geschaffen werden. Dazu wird vorab eine klare Suchstrategie definiert, die auch für andere Wissenschaftler nachvollziehbar ist. Gleichzeitig sollen neben Publikationen aus elektronischen Datenbanken auch unveröffentlichte Studien einbezogen sowie nicht englischsprachige Literatur stärker berücksichtigt werden. Zusätzlich legt der Bearbeiter vorab fest, welchen inhaltlichen und methodischen Anforderungen Studien entsprechen müssen, um in den Review aufgenommen zu werden.

Bereits im Jahre 2003 veröffentlichte die Initiative Gesundheit und Arbeit (IGA) eine systematische Zusammenschau der wissenschaftlichen Evidenzbasis zum gesundheitlichen und ökonomischen Nutzen von betrieblicher Gesundheitsförderung und Prävention [18]. Aus der Erkenntnis, dass das Thema bereits in etlichen Übersichtsarbeiten über diverse Wissenschaftsdisziplinen hinweg behandelt worden war, wurde der Weg eines „Reviews der Reviews" beschritten. Hierfür wurden in erster Linie Übersichtsarbeiten einbezogen, die bereits ein wissenschaftliches Begutachtungsverfahren der Fachzeitschriften durchlaufen hatten. Diese Reviews wurden thematisch geordnet zusammengestellt, die Ergebnisse extrahiert und gegebenenfalls vorhandene unterschiedliche Aussagen zum selben Thema herausgestellt. Ein wichtiges originäres Ergebnis waren die synoptischen Empfehlungen dazu, was bei der Umsetzung von betrieblichen Präventionsmaßnahmen beachtet und vermieden werden sollte. Inzwischen wurde die IGA-Zusammenschau aktualisiert und durch Erweiterung der Suchstrategie auf zusätzliche Präventionsfelder ausgedehnt [41]. Nachfolgend werden die wesentlichen Ergebnisse dargestellt.

7.2 Suchstrategie und Einschlusskriterien

Für eine möglichst vollständige Einbeziehung aller relevanten wissenschaftlichen Übersichtsarbeiten erfolgte die Recherche mittels Literatur-Datenbanken und Internetsuchmaschinen sowie auf Internetseiten relevanter Organisationen und durch Handsuche in verschiedenen Zeitschriften. Die Suche in den Literatur-Datenbanken und Internetsuchmaschinen orientierte sich an früheren Suchstrategien [18] sowie an den Empfehlungen des

Occupational Health Field der Cochrane Collaboration für die Suche nach Veröffentlichungen über Effekte arbeitsweltbezogener Präventionsmaßnahmen [47].

Die vorab festgelegten Einschlusskriterien umfassten:

- Veröffentlichung im Zeitraum 2000 bis August 2006,
- nur systematische Übersichtsarbeiten (peer reviewed),
- Publikationssprache deutsch oder englisch,
- arbeitsweltbezogene Interventionen der Verhaltens- und Verhältnisprävention,
- Erhebung allgemeiner Gesundheitsindikatoren oder Risikofaktoren sowie
- Erhebung krankheitsspezifischer Zielgrößen bei Herz-Kreislauf-Erkrankungen, Muskel-Skelett-Erkrankungen und psychischen Erkrankungen.

Untersucht wurde die Wirksamkeit von Maßnahmen hinsichtlich allgemeiner Gesundheitsindikatoren (z. B. Wohlbefinden) bzw. genereller Risikofaktoren (z. B. Tabakkonsum) und krankheitsspezifischer Zielgrößen. Aus Kapazitätsgründen wurden Publikationen zu krankheitsspezifischen Endpunkten nur für die o. g. Krankheitsgruppen berücksichtigt. Insgesamt erfüllten über 40 systematische Literaturzusammenstellungen mit ca. 1000 relevanten Einzelstudien die Einschlusskriterien. Im Zuge der Sichtung der Überblicksarbeiten stellte sich heraus, dass die Wirksamkeit spezifisch auf Herz-Kreislauf-Erkrankungen ausgerichteter Interventionen in den entsprechenden Studien nicht mittels Erhebung „harter", explizit krankheitsbezogener Zielgrößen – beispielsweise der Anzahl an Neuerkrankungen (Inzidenz) – untersucht wurde. Die Effektivität der Maßnahmen wird vielmehr anhand von Veränderungen in der Prävalenz bekannter Risikofaktoren geprüft, wie z. B. Rauchen oder Stress. Diese Evidenz wurde daher dem folgenden Abschnitt über Maßnahmen zur Förderung der Gesundheit und des Wohlbefindens zugeordnet.

7.3 Wirksamkeit arbeitsweltbezogener Maßnahmen zur Förderung der allgemeinen Gesundheit und des Wohlbefindens

Im gewählten Veröffentlichungszeitraum konnten 17 Übersichtsarbeiten ausfindig gemacht werden, die die allgemeine Effektivität betrieblicher Strategien systematisch untersuchen. Als Wirksamkeitsnachweis der Maßnahmen werden meist Veränderungen bei bekannten gesundheitlichen Risikofaktoren (z. B. Tabakkonsum,

Übergewicht) bzw. Veränderungen bei gesundheitsbezogenen Verhaltensweisen (z. B. Ernährung, Bewegung) herangezogen. Weitere wichtige Zielgrößen sind u. a. Prävalenzen oder Fehlzeiten.

7.3.1 Maßnahmen zur Förderung physischer Aktivität

Für Maßnahmen zur Bewegungssteigerung bei Beschäftigten stellt sich die Evidenzlage – ausgehend von vier identifizierten Übersichtsarbeiten [14, 25, 32, 26] – wie folgt dar: Im Bereich der Verhaltensprävention besteht starke Evidenz dafür, dass körperliche Übungsprogramme die physische Aktivität von Beschäftigten erhöhen und Erkrankungen des Muskel- und Bewegungsapparats vorbeugen können. Positiv scheinen sich individuelle Bewegungsprogramme im Betrieb auch auf Erschöpfungs- und Müdigkeitszustände auszuwirken. Keine oder nur unzureichende Nachweise existieren für deren Effektivität hinsichtlich der Kenngrößen Muskelbeweglichkeit, Körpergewicht, Körperbau, Blutfette, Blutdruck sowie allgemeine gesundheitliche Beschwerden. Gleiches gilt für ärztliches Anraten im Rahmen von Gesundheitschecks im Betrieb. Darüber hinaus zeigte sich, dass intensive Schulungen mit fundierter theoretischer Basis, die das individuelle Bewegungsverhalten der Beschäftigten adressieren, deutlich wirksamer sind als unspezifische Schulungsmaßnahmen zur Erhöhung der physischen Aktivität, die allein auf Informationsvermittlung in Unterrichtsform setzen.

Großes Potenzial bergen verhältnispräventive Maßnahmen, wenn es darum geht, möglichst die ganze Belegschaft zu erreichen. So finden z. B. Matson-Koffman et al. [26] moderate bis gute Evidenz dafür, dass sich bereits mit kostengünstigen Maßnahmen wie z. B. Hinweisschildern, die zur Treppennutzung auffordern, Erfolge erzielen lassen. Die Schaffung von Bewegungsmöglichkeiten und Fitnesseinrichtungen vor Ort – am besten in Kombination mit individuellen Beratungen oder Verhaltenstrainings – kann entsprechenden Studien zufolge die körperliche Aktivität der Mitarbeiter ebenfalls fördern.

Zusätzlich gibt es Erkenntnisse, die darauf schließen lassen, dass umfassend konzipierte Programme, in denen erfolgversprechende Einzelmaßnahmen kombiniert werden, wirksamer sind als jede der Interventionen für sich.

7.3.2 Maßnahmen zur Förderung gesunder Ernährung

Diesem Interventionsbereich konnten drei Publikationen zugeordnet werden. Laut der Übersichtsarbeit von Janer et al. [14] zu verhaltenspräventiven Interventionen gehen betriebliche Programme zur Verbesserung von Ernährungsgewohnheiten generell mit positiven Effekten einher. Wenngleich diese von eher bescheidener Reichweite sind, lassen sich, wie in kontrollierten Studien gezeigt wurde, mithilfe der Maßnahmen der Obst-, Gemüse- und Fettverzehr sowie die Ballaststoffaufnahme der Mitarbeiter signifikant beeinflussen. Die beiden zu verhältnispräventiven Maßnahmen vorliegenden Arbeiten [26, 37] kommen zu einem ähnlichen Schluss. Die Schaffung gesundheitsförderlicher Verhältnisse in Form gesünderer Essensangebote in Kantinen und Automaten, entsprechende Kennzeichnung der Produkte und andere Informationsstrategien können den Verkauf und Verzehr gesünderer Speisen anregen und somit ein gesundes Ernährungsverhalten der Mitarbeiter während der Arbeitszeit fördern. Matson-Koffman et al. [26] sprechen diesbezüglich sogar von starker Evidenz.

Zusammenfassend lässt sich das Ernährungsverhalten von Beschäftigten durchaus bereits mithilfe minimaler Interventionen verbessern. Aus Sicht der Autoren genügt dies jedoch nicht, um die Ernährung in der Bevölkerung und den Lebensstil von Personen nachhaltig – auch außerhalb der Arbeitswelt – zu beeinflussen. Das kann laut Seymour et al. [37] nur dann erreicht werden, wenn verhältnispräventive Maßnahmen erprobt werden, die über die beschriebenen, relativ einfachen Strategien hinaus gehen. Auch die bislang verwendeten Zielgrößen zur Überprüfung des Interventionserfolgs sehen die Autoren als eher ungeeignet an – zum einen seien sie schwierig zu interpretieren, zum anderen nur in den seltensten Fällen mithilfe von validen Messinstrumenten erhoben worden. Deutliche Lücken zeigen sich auch, wenn es um wichtige Fragen wie z. B. Nachhaltigkeit oder Kosteneffektivität geht. An erster Stelle sollte daher eine verbesserte Methodik angestrebt werden.

7.3.3 Programme zur Nikotinentwöhnung und Tabakkontrolle

Mit sechs relevanten Reviews liegt ein vergleichsweise umfassender Überblick über die aktuelle Evidenzlage in diesem bedeutsamen Handlungsfeld innerhalb der betrieblichen Gesundheitsförderung vor. Mit mehreren zuverlässigen Arbeiten im verhaltensbezogenen Bereich gegenüber einer methodisch schwächeren Datenbasis für verhältnisorientierte Ansätze (s. z. B. Moher et al. [29]) bietet sich aber auch hier das gewohnte Bild. Nichtsdestotrotz liegen auch im letztgenannten Feld eindeutige Anhaltspunkte für die Wirksamkeit vor.

Bewertet man die Effektivität der gesamten Maßnahmengruppe global, wie es Smedslund et al. [40] in ihrem Review tun, gelangt man zu einem etwas ernüchternden Resümee: Betriebliche Raucherentwöhnung geht zwar mit positiven Effekten einher, die jedoch nach mehr als einem Jahr verschwinden. Eine Differenzierung ist an dieser Stelle allerdings unverzichtbar, da – wie sich gezeigt hat – einige der Maßnahmen durchaus auch langfristig von Nutzen sind.

So finden Moher et al. [29] starke Evidenz für einen unterstützenden Effekt von Gruppeninterventionen, individuellen, professionellen und intensiven Beratungsangeboten sowie der Behandlung mit Nikotinersatzpräparaten. Mithilfe dieser Maßnahmen können Raucherprävalenzen gesenkt und Abstinenzquoten nachhaltig verbessert werden.

Ebenso bewirken (absolute) Rauchverbote in Betrieben bei Rauchern einen beträchtlichen Rückgang des Zigarettenkonsums während der Arbeitszeit. Gleichzeitig kommt es zu einer deutlichen Verbesserung der Luftqualität [9, 20, 29]. Ob und inwiefern sich betriebliche Regelungen zum Rauchen auch auf Prävalenzen und Aufhörraten im Unternehmen auswirken, ist bislang nicht eindeutig geklärt – in der Tendenz deutet sich an, dass diese von den Verboten nicht beeinflusst werden (s. z. B. Moher et al. [29]). Bevölkerungsstudien zu diesem Thema zeigen jedoch, dass die Raucherprävalenzen bei Beschäftigten in Betrieben mit Rauchverbot deutlich unter der von Mitarbeitern in Unternehmen ohne Regelung liegen [9].

Die wissenschaftliche Literatur legt des Weiteren nahe, dass Selbsthilfematerialien und Anreizsysteme keinen Beitrag zur Reduktion von Raucherprävalenzen und Steigerung von Aufhörquoten leisten. Auch sprechen die Ergebnisse dagegen, dass soziale Unterstützung (z. B. durch Kollegen) den Rauchstopp wesentlich erleichtern und Abstinenz nachhaltig fördern kann. Die Effektivität multipler Ansätze (Mehrkomponenten-Programme), in denen die Raucherentwöhnung eine Komponente darstellt, konnte ebenfalls nicht überzeugend belegt werden.

In der Regel sind die Teilnahmeraten in den vorliegenden Studien sehr gering. D. h., hinter den Erfolgen steht meist nur eine sehr kleine absolute Zahl an Aufhörenden. Um mehr Teilnehmer für ein Programm zu gewinnen, bieten sich aber finanzielle Anreize und Prämien an, da diese nachweislich die Teilnahmerate steigern.

7.3.4   Mehrkomponenten-Programme

In Bezug auf die Wirksamkeit der multiplen Programme, die auf mehreren Ebenen ansetzen, gehen die Ergebnisse auseinander. Während die Reviews von Pelletier [30, 31], die auch Studien von geringer methodischer Qualität berücksichtigen, zu einem positiven Urteil gelangen (insbesondere in Bezug auf die Kombination umfassender Ansätze mit Hochrisiko-Interventionen), beurteilen Engbers et al. [8] die Befundlage kritischer.

Generell zeichnet sich in den Studien bei Engbers et al. [8] ab, dass Mehrkomponenten-Programme mit verhältnispräventiven Komponenten (z. B. verstärktes Angebot, Kennzeichnung und verkaufsfördernde Platzierung gesunder Kost, entsprechendes Informationsmaterial wie Broschüren und Poster) das Ernährungsverhalten Erwerbstätiger positiv beeinflussen. Hinsichtlich der Zielgröße physische Aktivität ist die Datenlage infolge eines Mangels an Studien, welche diesen Endpunkt erheben, enttäuschend. Die zukünftige Forschung sollte sich daher verstärkt diesem Kriterium zuwenden.

7.3.5   Gesundheitszirkel

Ausgehend von der im Jahr 2004 veröffentlichten systematischen Übersicht von Aust und Ducki [2] ist die Evidenzbasis für Gesundheitszirkel zum gegebenen Zeitpunkt als schwach zu beurteilen. Bedingt ist dies nicht etwa durch das Fehlen entsprechender Effekte, sondern durch den Mangel an gezielten, methodisch belastbaren Interventionsstudien. Die verfügbaren Daten sprechen nach Ansicht der Autorinnen aber dafür, dass Gesundheitszirkel einen erheblichen Beitrag zu ergonomischen, technischen und organisatorischen Verbesserungen im Betrieb leisten und dadurch Krankenstände senken, die Arbeitszufriedenheit erhöhen sowie psychosoziale Stressoren reduzieren können.

7.3.6   Partizipative ergonomische Maßnahmen

Zum partizipativen Ansatz, einem der Kernprinzipien der betrieblichen Gesundheitsförderung und Prävention, legten Cole et al. [7] einen systematischen Review vor. Mit Ausnahme einer Arbeit berichteten alle einbezogenen Studien einen positiven Einfluss der Maßnahmen auf relevante Gesundheitsindikatoren (z. B. körperliche Beschwerden, Absentismus). Aufgrund der Heterogenität der Methoden muss zunächst von begrenzter Evidenz ausgegangen werden. Dennoch empfehlen die Autoren die kontinuierliche Implementierung partizipativer ergonomischer Maßnahmen in der Praxis, da die Datenlage ihrer Meinung nach ausreichende erste Hinweise liefert.

7.4 Wirksamkeit arbeitsweltbezogener Prävention von psychischen Erkrankungen

In den letzten Jahren wurde eine Reihe zum Teil sehr ausführlicher Reviews zur Wirksamkeit verschiedener Interventionen zur Förderung der mentalen Gesundheit und Reduktion psychischer Erkrankungen veröffentlicht. Insgesamt konnten neun Reviews bzw. Metaanalysen einbezogen werden. Die meisten der darin zusammengetragenen Studien umfassen individuelle Interventionen; nur ein sehr geringer Teil untersucht die Wirksamkeit von verhältnispräventiven Maßnahmen. Für den vorgegebenen Zeitraum konnte kein Review identifiziert werden, der sich ausschließlich mit organisatorischen Interventionen beschäftigt. Im Bereich der Prävention psychischer Störungen dominieren des Weiteren die Stressinterventionen, deren Schwerpunkt auf der individuellen Ebene liegt. Zur Beurteilung der Wirksamkeit werden häufig Zielgrößen wie der generelle Arbeitsstress oder einzelne Stresskomponenten (z. B. Zeitdruck) herangezogen, direkte Merkmale wie z. B. die Erkrankungshäufigkeit oder -dauer werden wesentlich seltener als Erfolgsindikatoren genutzt.

Stressinterventionen der individuellen Ebene können laut aufgefundener Evidenz durchaus wirksam sein. Allerdings wird in der Literatur darauf verwiesen, dass durch diese Maßnahmen nicht allen Stressquellen effektiv entgegengewirkt werden kann. Konzentrieren sich Stressmanagementinterventionen ausschließlich auf das Verhalten des Einzelnen, wird ihre Wirkung begrenzt sein, da sie zwar individuelle Stresssymptome, jedoch nicht die organisationsbedingten Ursachen (wie z. B. Managementstil, Betriebsklima) bekämpfen. Hierfür bedarf es organisatorischer Maßnahmen, die bei den Arbeitsverhältnissen ansetzen.

Auf der individuellen Ebene haben sich laut der eingeschlossenen Studien insbesondere kognitiv-verhaltensbezogene Maßnahmen als wirksam erwiesen. Im Vergleich zu Entspannungstechniken sowie einem multimodalen Ansatz [43] erwiesen sich diese Interventionen darüber hinaus als überlegen. In Bezug auf Absentismus konnten Seymour und Grove [38] für die Wirksamkeit kognitiv-verhaltensbezogener Interventionen starke Evidenz nachweisen. Bewegungsprogramme wurden in derselben Arbeit mit begrenzter Evidenz eingestuft. Weitere Autoren [28, 33] gelangen hinsichtlich dieser Zielgröße zu einem ähnlichen Urteil, indem sie von „eingeschränkter Evidenz" bzw. „keiner beweiskräftigen Evidenz" und „potenzieller Effektivität" sprechen. Auf eine gute Evidenzlage verweisen auch LaMontagne et al. [19] bei individuell-fokussierten Interventionen hinsichtlich des Nutzens für den Einzelnen. Giga et al. [11] geben dabei aber zu bedenken, dass die Nachhaltigkeit von Interventionen auf der individuellen Ebene meist nur von begrenzter Dauer ist. Ebenso schreiben Caulfield et al. [4] den Maßnahmen auf der individuellen Ebene keinen deutlichen Einfluss in Form einer Minderung von Arbeitsstress zu. Seymour und Grove [38] kommen in ihrer Arbeit zu dem Schluss, dass individuelle Interventionen im Vergleich zu umfassenden Maßnahmen weniger wirksam sind; sie finden hierfür begrenzte Evidenz. Gleichzeitig wird in diesem Review jedoch die Wirksamkeit individuell-fokussierter Interventionen bei Mitarbeitern mit hohen Risiken mit starker Evidenz eingestuft.

Die Erkenntnisse zur Wirksamkeit von Maßnahmen auf der organisatorischen Ebene basieren auf einer deutlich geringeren Anzahl von Studien. Die Evidenz kann daher zum gegebenen Zeitpunkt nur ansatzweise beurteilt werden. Zusammenfassend zeigen die Reviews, dass Interventionen auf der Verhältnisebene durchaus das Potenzial für positive Effekte bergen, wenngleich zwischen einzelnen Reviews bzw. Metaanalysen Unterschiede bestehen. Michie und Williams [27] kommen zu der Bewertung, dass neben individuellen Interventionen (z. B. Schulungen) auch organisatorische Modifikationen erfolgreich das psychische Befinden fördern und Absentismus reduzieren können. Seymour und Grove [38] schreiben verhältnispräventiven Interventionen in Bezug auf den individuellen Nutzen eine begrenzte Evidenz zu. Zudem verweist der umfangreiche Review von LaMontagne et al. [19] darauf, dass neben dem einzelnen Arbeitnehmer auch Unternehmen von organisatorisch-fokussierten Interventionen profitieren. Caulfield et al. [4] geben darüber hinaus zu bedenken, dass Interventionen auf der organisatorischen Ebene mehr Arbeitnehmer erreichen.

Im Gegensatz dazu kommen van der Klink et al. [43] in ihrem Review zu dem Schluss, dass Maßnahmen auf der organisatorischen Ebene keinen Effekt aufweisen. Auch Mimura und Griffiths [28] finden stärkere Evidenz dafür, dass verhaltenspräventive Interventionen im

Vergleich zu organisatorischen Maßnahmen effektiver sind. Die Autoren verweisen in diesem Zusammenhang allerdings darauf, dass die Anzahl an vorgefundenen Studien zu organisatorisch-fokussierten Maßnahmen zu gering und der Nacherhebungszeitraum zu kurz sei.

Die Kombination von Maßnahmen auf der individuellen und organisatorischen Ebene wurde bislang eher selten mittels kontrollierter Interventionsstudien erforscht, obwohl sich in den vergangenen Jahren bereits eine Vielzahl an Wissenschaftlern für deren Einsatz ausgesprochen hat. Die Kombination aus Interventionen der individuellen und organisatorischen Ebene verbessert nach Ansicht verschiedener Autoren [11, 15, 19] die Wirksamkeit der Maßnahmen – sowohl aus der Perspektive der Arbeitgeber als auch der Arbeitnehmer. Gleichzeitig lassen sich durch den Einsatz kombinierter Programme auch aus betriebswirtschaftlicher Sicht positive Resultate in ökonomischen Evaluationen erzielen [19].

7.5 Wirksamkeit arbeitsweltbezogener Prävention von Muskel-Skelett-Erkrankungen

Im Rahmen der Literaturrecherche konnten 19 Übersichtsarbeiten (mit mehr als 400 Studien) zusammengetragen werden, die sich der Prävention von Muskel-Skelett-Erkrankungen widmen. Bedingt durch die Fülle an Studien ist eine zusammenfassende Beurteilung der Wirksamkeit von Interventionen mit einigen Schwierigkeiten verbunden. Neben einer uneinheitlichen Terminologie liegt eine Problematik nach Ansicht mehrerer Autoren (z. B. [22] und [45]) in der nicht immer eindeutigen Unterscheidung von Interventionen nach primärpräventiven Maßnahmen, die das erstmalige Auftreten von Symptomen vermeiden sollen, und sekundärpräventiven Interventionen, die darauf abzielen, das Wiederauftreten bzw. Fortschreiten einer Erkrankung zu vermeiden.

Deutlich wird dies insbesondere in den Reviews, die Maßnahmen gegen globale muskuloskelettale Symptome (z. B. Schmerzen in den oberen oder unteren Gliedmaßen) bzw. gegen Rücken- oder Kreuzschmerzen untersuchen. Da die Erstmanifestation hier häufig bereits im Kindes- oder Jugendalter auftritt [23], ist eine klassische Primärprävention bei diesen oder ähnlichen Krankheitsbildern gar nicht mehr möglich. In diesem Zusammenhang liegt das präventive Anliegen vielmehr darin, erneute muskuloskelettale Erkrankungen zu vermeiden oder die Symptome bei bestehenden Beschwerden zu mindern. Deshalb lassen viele Review-Autoren

bei der Selektion der Originalarbeiten neben Studien, die ausschließlich mit Stichproben beschwerdefreier Beschäftigter arbeiten, auch solche zu, die zuvor bereits erkrankte Arbeitnehmer einbeziehen – vorausgesetzt, es liegt bei diesen zu Studienbeginn keine Arbeitsunfähigkeit aufgrund von Muskel-Skelett-Erkrankungen vor.

Erwartungsgemäß ist die Evidenzbasis für den Erfolg verhältnispräventiver Interventionen sehr viel dünner als im verhaltenspräventiven Bereich. Nur in sechs der einbezogenen Reviews, d. h. in weniger als einem Drittel, werden Studien ausgewertet, die sich der Wirksamkeit von Einzelinterventionen der Verhältnisprävention widmen [13, 16, 21, 23, 44, 45]. Die methodische Qualität der Studien ist dabei häufig gering. Übersichtsartikel, die sich ausschließlich mit der Wirksamkeit von Veränderungen in den Arbeitsverhältnissen beschäftigen, fanden sich für den betrachteten Veröffentlichungszeitraum nicht.

7.5.1 Schulungen/Trainings (Rückenschulen, Nackenschulen, Schulungen mit ergonomischen Inhalten, Schulungen zum Umgang mit Stress)

Die wissenschaftliche Literatur legt nahe, dass Präventionsmaßnahmen, die auf reine Wissens- und Informationsvermittlung in Unterrichtsform abzielen, in Hinblick auf Zielgrößen wie Fehlzeiten vom Arbeitsplatz aufgrund von Muskel-Skelett-Erkrankungen, Inzidenz muskuloskelettaler Erkrankungen, Symptome und Dauer der Beschwerden ineffektiv sind. Da auch in methodisch belastbaren Studien nahezu keine statistisch und praktisch bedeutsamen Unterschiede zwischen den Gruppen beobachtet werden konnten, sprechen einige Autoren sogar von moderater bis starker Evidenz, dass edukative Programme zur Prävention von Erkrankungen des Bewegungsapparats ungeeignet sind (z. B. [13] und [24]).

Weder Schulungen mit ergonomischen Inhalten (z. B. Körpermechanik, Hebe- und Tragetechniken, rückengerechte Lastenhandhabung) noch theoretische und praktische Trainings zu technischen Hilfsmitteln konnten in den Studien überzeugen – und das unabhängig davon, ob die Programme auf verschiedene Berufsgruppen (z. B. Pflegepersonal, Bildschirmarbeitskräfte) oder unterschiedliche Erkrankungsbilder (z. B. Kreuzschmerzen, Karpaltunnelsyndrom) abgestimmt waren.

Als ebenfalls uneffektiv erwiesen sich klassische Rückenschulen, Nackenschulen und Stressmanagementtrainings (z. B. [21, 35, 46]. Im Falle von klassischen Rückenschulprogrammen gehen Linton und van Tulder [22] sogar von starker Evidenz aus, dass damit kein präventiver Nutzen in Bezug auf Rückenschmerzen verbunden ist. Lühmann et al. [23] weisen jedoch darauf hin, dass sich die Inzidenz wiederkehrender Schmerzepisoden gegebenenfalls kurzfristig positiv beeinflussen lässt, wenn die Rückenschulen auch einen aktiven Übungsteil beinhalten. Darüber hinaus können Rückenschulen am Arbeitsplatz anscheinend erfolgreich zur Therapie chronischer und rezidivierender Rückenbeschwerden eingesetzt werden [12].

7.5.2 Körperliche Bewegungs-/ Übungsprogramme

Für Programme zur Steigerung der physischen Belastbarkeit, Verbesserung der Beweglichkeit und Erhöhung der Fitness von Beschäftigten liegen von allen evaluierten Interventionsformen die deutlichsten Wirksamkeitsnachweise vor. Mit ihrer Hilfe lassen sich sowohl Fehlzeiten infolge von Muskel-Skelett-Erkrankungen reduzieren als auch deren Inzidenz und Prävalenz senken. Begrenzte Evidenz besteht darüber hinaus laut Tveito et al. [42] für die Kosteneffektivität von körperlichen Übungsprogrammen, auch wenn diese nach Meinung anderer Autoren, beispielsweise van Poppel et al. [46], noch nicht ausreichend nachgewiesen ist. Maher [24] kommt zu dem vergleichbaren Ergebnis, dass Übungsprogramme eine Schmerzreduktion bewirken können. Inwiefern die Wirksamkeit von Inhalt, zeitlicher Dauer und Intensität der Übungen abhängt, kann aufgrund der Heterogenität der Interventionen nicht genau bestimmt werden. Nach Ansicht von Lühmann et al. [23] ist jedoch insbesondere eine langfristige, kontinuierliche körperliche Betätigung für die Wirksamkeit von Bedeutung.

7.5.3 Lumbale Stützgürtel

Nach den Ergebnissen aus zehn Reviews existieren derzeit keine wissenschaftlichen Belege, die für einen präventiven Effekt lumbaler Stützgürtel in Hinblick auf Erkrankungen im Bereich des unteren Rückens sprechen. Während einige der Autoren (z. B. [1]) infolge fehlender Effekte weder für noch gegen einen präventiven Nutzen plädieren, besteht in den Augen anderer begrenzte bis gute Evidenz, dass Stützgürtel die Inzidenz von Rückenerkrankungen bei gesunden Erwerbstätigen nicht senken können (z. B. [22] und [24]). Darüber hinaus konnte für die Stützhilfen keine Evidenz in Bezug auf

Fehlzeiten, Schmerzstärke oder auch die Kosteneffektivität der Maßnahme gefunden werden (z. B. [42]). Es gibt jedoch Hinweise, dass Beschäftigte mit hohem Risiko und Vorerkrankungen gegebenenfalls von lumbalen Stützgürteln profitieren könnten.

7.5.4 Technische Hilfsmittel

Wie aus mehreren Reviews (z. B. [21] und [44]) hervorgeht, tragen technische Hilfsmittel (z. B. ergonomische Tastaturen, Hebe- oder Tragehilfsmittel u. a.) zur Reduktion physischer Belastung bei. Während van der Molen et al. [44] einen präventiven Effekt teilweise in Frage stellen, spricht Hignett [13] von moderater Evidenz für den präventiven Effekt von Hilfsmitteln für Patiententransfertätigkeiten bei Pflegekräften.

Van Eerd et al. [45] finden moderate Evidenz für reduzierte Nacken- und Schulterprobleme beim Einsatz alternativer Zeigegeräte (ergonomische Mausmodelle), widersprüchliche Ergebnisse für ergonomische Armstützen und Tastaturen sowie mangelnde Belege für die Wirksamkeit von Bildschirmfiltern. Unklar gestaltet sich das Bild in Bezug auf Zielgrößen wie die Inzidenz von Muskel-Skelett-Erkrankungen oder dadurch bedingte Fehlzeiten. Ebenso können Lincoln et al. [21], die das Karpaltunnelsyndrom in den Mittelpunkt ihres Reviews stellen, keine Aussagen zur Wirksamkeit technischer Ausrüstung auf Inzidenz oder Fehlzeiten treffen. Keine der hier identifizierten Studien enthält entsprechende Daten.

Insgesamt ergibt sich ein widersprüchliches Bild, da nicht genug methodisch anspruchsvolle Studien vorliegen. Die Evidenzlage zum präventiven Nutzen technischer Hilfsmittel lässt sich daher derzeit nicht klären.

7.5.5 Umgestaltung des Arbeitsplatzes

Lediglich ein Review [45] liefert Informationen über die Wirksamkeit einer Umgestaltung des Arbeitsplatzes. Da der Review sich auf die Bildschirmarbeit konzentriert, ist eine Übertragung der Ergebnisse auf andere Arbeitskontexte schwierig. Zur Bestimmung der Effektivität ergonomisch umgestalteter Arbeitsplätze bedarf es weiterer, aussagekräftiger Evaluationen – auch berufsübergreifend. In der Tendenz deutet sich bei van Eerd et al. [45] an, dass neu gestaltete Bildschirmarbeitsplätze keinen Einfluss auf relevante Zielgrößen wie z. B. muskuloskelettale Symptome haben. Allerdings ist die Datenlage auch hier nicht überzeugend.

7.5.6 Arbeitsorganisatorische Veränderungen

Zur allgemeinen Evidenzlage verhältnispräventiver Interventionen (strukturelle und organisatorische Veränderungen in den Arbeitsabläufen oder -aufgaben) können kaum Aussagen getroffen werden, weil die einbezogenen Übersichtsartikel zu wenig Informationen dazu enthalten. In nur einem Review [16] wird die Veränderung von Arbeitsaufgaben als Einzelintervention untersucht, ein zweiter [45] findet vier Studien, die verschiedene Pausensysteme evaluieren. Die schwache Datenlage und meist geringe methodische Qualität der Studien lassen keine validen Schlüsse zur Wirksamkeit organisatorisch-administrativer Interventionen zu. Hier besteht ein erheblicher Bedarf an weiterer Forschung. Im Zusammenhang mit Kurzpausensystemen verweisen van Eerd et al. [45] allerdings darauf, dass die bislang widersprüchliche Evidenz bereits durch zwei weitere, methodisch anspruchsvolle Studien mit signifikant positiven Ergebnissen erheblich verbessert werden könnte.

7.5.7 Mehrkomponenten-Programme

Neben körperlichen Übungsprogrammen sind Programme, die sich am Prinzip der Multikausalität von Erkrankungen des Stütz- und Bewegungsapparats orientieren, die zweite Interventionskategorie, die in Studien überwiegend positive Ergebnisse erzielt. Aufgrund des erheblichen Aufwands sind methodisch anspruchsvolle Evaluationen in diesem Bereich noch zu selten, wie insbesondere Reviews verdeutlichen, die sehr strenge methodische Kriterien zugrunde legen (z. B. [24] und [42]). In der Gesamtbetrachtung sprechen die Evidenzprüfungen in den elf Reviews, die multimodale Interventionen untersuchen, aber stark für einen protektiven Effekt der Programme. Nach Ansicht mehrerer Autoren (z. B. [16, 21, 39]) stellen diese sogar den effektivsten Ansatz dar.

Erfolgreiche Programme kombinierten verhaltenspräventive Maßnahmen (z. B. Schulungen, Bewegungsprogramme) mit „klassischen" ergonomischen Interventionen aus dem verhältnispräventiven Bereich (z. B. technische Hilfsmittel, arbeitsorganisatorische Veränderungen). Eine wesentliche Voraussetzung für die Wirksamkeit ist nach Ansicht mehrerer Autoren, dass sich die Beschäftigten vor und während der Implementierung des Programms aktiv beteiligen [10, 23, 39, 44].

Zusätzlich sprechen die Befunde dafür, dass eine Partizipation der Mitarbeiter bedeutsame Prozessva-

riablen positiv beeinflusst (z. B. Risikobewusstsein, Bereitschaft zur Verhaltensänderung) und dass die Wirksamkeit der Programme vom individuellen Risiko der Mitarbeiter abhängig ist, welches demnach im Vorfeld erhoben werden sollte. Darüber hinaus zeigen die Studien, dass die Programme in jedem Fall intensiv, kontinuierlich und tätigkeitsbezogen gestaltet werden müssen, vor allem dann, wenn Schulungsmaßnahmen Bestandteil des Programms sind.

7.6 Ökonomischer Nutzen betrieblicher Gesundheitsförderung und Prävention

Neben dem gesundheitlichen Nutzen von Interventionen im Rahmen der betrieblichen Gesundheitsförderung wurde auch der ökonomische Nutzen untersucht. Studien zur Kosteneffektivität liegen vorrangig aus dem angelsächsischen Sprachraum, insbesondere aus den USA vor. Die zehn für den untersuchten Zeitraum einbezogenen Studien spiegeln durchweg positive Resultate wider. Sowohl für Interventionen allgemein als auch für krankheitsspezifische Interventionen ergibt sich Evidenz für den ökonomischen Nutzen von betrieblicher Prävention.

Die erzielbaren Einsparungen werden in der Regel mithilfe der Zielgrößen Krankheitskosten und krankheitsbedingte Fehlzeiten (Absentismus) dargestellt. In einer umfangreichen Evaluation zum ökonomischen Nutzen von Interventionen allgemein wurden diese Zielgrößen von Chapman [5, 6] untersucht. Die Ergebnisse der Evaluationsstudien (peer-reviewed) sind in den Abbildungen 7.1 und 7.2 dargestellt. Dabei wird offensichtlich, dass der überwiegende Teil der bewerteten Studien eine deutliche Senkung der Zielgrößen nachweist. Trotz der Kritik am Mangel einer einheitlichen Methodik und Qualität der Evaluation von BGF-Maßnahmen stellt der Autor eine weitgehende Übereinstimmung der Resultate fest. In der Bilanz führen Maßnahmen der betrieblichen Gesundheitsförderung zu einer Reduktion der Krankheitskosten um durchschnittlich 26,1%. Die krankheitsbedingten Fehlzeiten werden um durchschnittlich 26,8% verringert.

Die Veränderungen dieser Zielgrößen lassen sich mithilfe der Kennzahl „Return on Investment" (ROI) in Form eines Verhältnisses darstellen. Dieses verdeutlicht, wie viel Einheiten pro investierten Dollar das Unternehmen „zurück erhält". Für die Krankheitskosten wird in der wissenschaftlichen Literatur ein ROI zwischen 1:2,3 bis 1:5,9 angeführt. Für die Fehlzeiten lassen sich Angaben von 1:2,5 bis zu 1:10 finden [18]. Für jeden

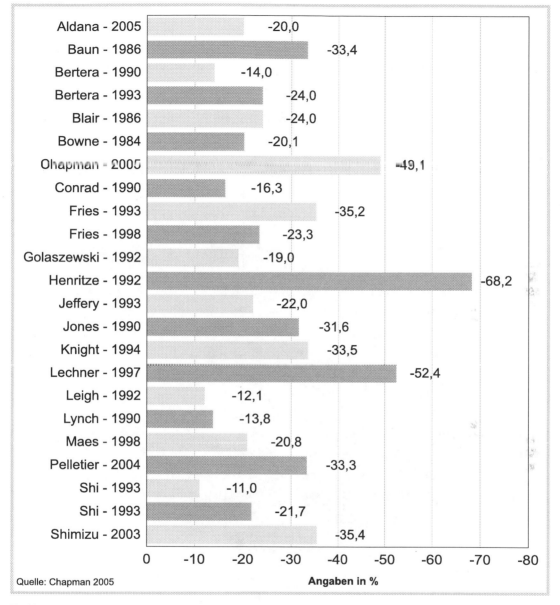

Quelle: Chapman 2005   **Angaben in %**

◨ **Abb. 7.1.** Veränderung krankheitsbedingter Fehlzeiten in %

aufgewendeten Dollar werden beispielsweise im erstgenannten Ergebnis 2,3 US Dollar durch reduzierte Krankheitskosten eingespart. Unternehmen werden so die finanziell attraktiven Vorteile aufgezeigt, die sich durch Investitionen in die betriebliche Gesundheitsförderung und Prävention erzielen lassen.

Einen positiven ROI erzeugen insbesondere Mehrkomponenten-Programme, multifaktorielle, umfassende Programme, die auf Beschäftigte mit hohen Gesundheitsrisiken ausgerichtet sind. Da diese Gruppe von Mitarbeitern in Verbindung mit höheren direkten

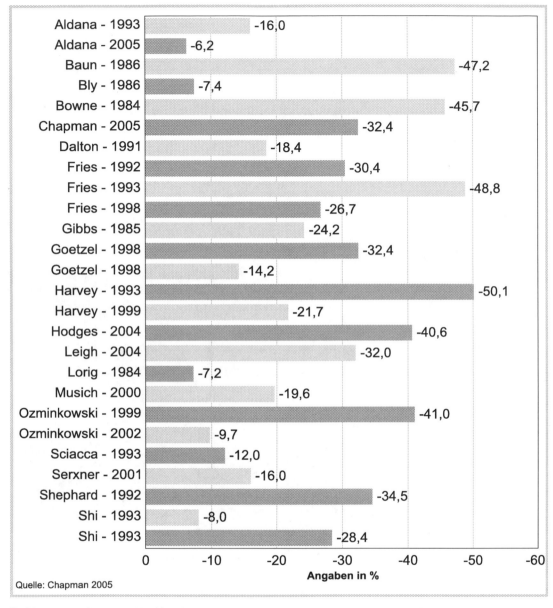

7

◘ Abb. 7.2. Veränderung von Krankheitskosten in %

und indirekten Kosten gebracht wird, birgt sie das Potenzial für größtmögliche Kostenersparnisse [31].

Im Hinblick auf spezifische Maßnahmengruppen haben sich z. B. Programme zur Raucherentwöhnung oder Alkoholprävention [29, 34] und Programme zur Prävention von psychischen Erkrankungen [19] als kosteneffektiv in Bezug auf die Fehlzeitenproblematik

herausgestellt. Teilweise sprechen die Ergebnisse auch für eine deutliche Verbesserung der Produktivität.

In der Praxis werden, insbesondere in den USA, zunehmend Modelle bzw. Kalkulatoren zur Berechnung des prospektiven ROI entwickelt. Diese stellen eine Verbindung der Erkenntnisse hinsichtlich der wissenschaftlich nachgewiesenen Effektivität von Interventionen und dem geschätzten ökonomischen Nutzen von Maßnahmen der BGF dar. Im Rahmen der Initiative Gesundheit und Arbeit (IGA) wurde dieser Ansatz genauer geprüft [17]. Mithilfe der gewonnenen Einsichten werden derzeit eigene Modelle für Deutschland entwickelt. Ziel ist ein Instrument, das den potenziellen wirtschaftlichen Nutzen von BGF-Maßnahmen aufzeigen kann und somit einerseits eine Informationsquelle, zum anderen auch eine Entscheidungs- und Argumentationshilfe darstellt.

7.7 Ausblick

Die berichteten Befunde stellen die Arbeitswelt als einen geeigneten Kontext zur Implementierung von Gesundheitsförderungs- und Präventionsmaßnahmen heraus. Gleichzeitig verdeutlichen sie aber auch, dass die Potenziale der Gesundheitsförderung im betrieblichen Rahmen in den existierenden Programmen bislang nur ansatzweise genutzt werden. Dies spiegelt sich nicht nur in der in vielen Reviews auftauchenden Forderung nach einer stärkeren Vernetzung von Maßnahmen der individuellen und organisatorischen Ebene wider, sondern vor allem darin, dass wichtige Faktoren bei der Evaluation von Programmen noch zu selten Berücksichtigung finden. Dies gilt gleichermaßen für die sorgfältige Bedarfsanalyse vor Implementierung eines Programms wie auch die Entwicklung von individuell auf die Beschäftigten zugeschnittenen Maßnahmen ebenso wie für die Partizipation der Mitarbeiter oder auch das beständige Angebot von Maßnahmen. Alle zusammen sind sie die wesentlichen Voraussetzungen dafür, dass eine Integration betrieblicher Gesundheitsförderung in die Unternehmenskultur überhaupt möglich wird.

Die Qualitätssicherung und Evaluation betrieblicher Gesundheitsförderung und Prävention befindet sich in vielen Bereichen noch im Aufbau. Methodische Probleme wie Selbstselektion, geringe Teilnahme- und Compliance-Raten oder zu kurze Interventions- und Nacherhebungszeiträume stellen dabei nur einige der Herausforderungen dar, die zukünftig zu bewältigen sind. Die existierenden, positiv stimmenden Erkenntnisse sowie der stärker werdende Ruf nach Evidenzbasierung im Feld betrieblicher Gesundheitsförderung und Prävention zeigen jedoch auf, dass es sich lohnt, die Forschung auf diesem Gebiet gezielt voranzutreiben.

Literatur

[1] Ammendolia C, Kerr MS, Bombardier C et al (2002) The use of back belts for prevention of occupational low back pain: systematic review and recommendations. Canadian Task Force on Preventive Health Care

[2] Aust B, Ducki A (2004) Comprehensive Health Promotion Interventions at the Workplace: Experiences with Health Circles in Germany. Journal of Occupational Health Psychology 9 (3):258–270

[3] Bödeker W, Kreis J (Hrsg) (2006) Evidenzbasierung in Gesundheitsförderung und Prävention. Wirtschaftsverlag NW, Bremerhaven

[4] Caulfield N, Chang D, Dollard MF et al (2004) A Review of Occupational Stress Interventions in Australia. International Journal of Stress Management 11 (2):149–166

[5] Chapman LS (2003) Meta-evaluation of Worksite Health Promotion Economic Return Studies. The Art of Health Promotion 6 (6):1–10

[6] Chapman LS (2005) Meta-evaluation of Worksite Health Promotion Economic Return Studies: 2005 Update. The Art of Health Promotion Juli/August:1–11

[7] Cole D, Rivilis I, van Eerd D et al (2005) Effectiveness of Participatory Ergonomic Interventions: A Systematic Review. Institute for Work & Health, Toronto

[8] Engbers LH, van Poppel MNM, Chin A Paw MJM et al (2005) Worksite Health Promotion Programs with Environmental Changes. A Systematic Review. American Journal of Preventive Medicine 29 (1)

[9] Fichtenberg CM, Glantz SA (2002) Effect of smoke-free workplaces on smoking behaviour: systematic review. BMJ 325:188

[10] Gatty CM, Turner M, Buitendorp DJ (2003) The effectiveness of back pain and injury programs in the workplace. Work 20 (3):257–266

[11] Giga SI, Noblet AJ, Faragher B et al (2003) The UK Perspective: A Review of Research on Organisational Stress Management Interventions. Australian Psychologist 38 (2):158–164

[12] Heymans MW, van Tulder MW, Esmail R et al (2003) Back schools for non-specific low-back pain. The Cochrane Database of Systematic Reviews 2004, Issue 4. Art. No.: CD000261.pub2. DOI: 10.1002/14651858.CD000261.pub2

[13] Hignett S (2003) Intervention strategies to reduce musculoskeletal injuries associated with handling patients: a systematic review. Occupational and Environmental Medicine 60 (e6)

[14] Janer G, Sala M, Kogevinas M (2002) Health promotion trials at worksites and risk factors for cancer. Scandinavian Journal of Work, Environment & Health Jun 28 (3):141–157

[15] Jordan J, Gurr E, Tinline G et al (2003) Beacons of excellence in stress prevention. Robertson Cooper Ltd and UMIST. HSE Books. Research Report 133

[16] Karsh B-T, Moro FBP, Smith MJ (2001) The efficacy of workplace ergonomic interventions to control musculoskeletal disorders: a critical analysis of the peer-reviewed literature. Theoretical Issues in Ergonomics Science 2 (1):23–96

[17] Kramer I, Bödeker W (2008) Return on Investment im Kontext der betrieblichen Gesundheitsförderung und Präven-

tion. Die Berechnung des prospektiven Return on Investments. www.iga-info.de

[18] Kreis J, Bödeker W (2003) Gesundheitlicher und ökonomischer Nutzen betrieblicher Gesundheitsförderung und Prävention. Zusammenstellung der wissenschaftlichen Evidenz. IGA-Report 3

[19] LaMontagne A, Louie A, Keegel T et al (2006) A Comprehensive Review of the Job Stress Intervention Evaluation Literature: Assessing the Evidence of Effectiveness for a Systems Approach. In: LaMontagne A, Louie A, Keegel T et al. Workplace stress in Victoria: Developing a systems approach. Victorian Health Promotion Foundation, S 20–46

[20] Levy DT, Friend KB (2003) The effect of clean indoor air laws: what do we know and what do we need to know? Health Education Research 18 (5):592–609

[21] Lincoln AE, Vernick JS, Ogaitis S et al (2000) Interventions for the Primary Prevention of Work-Related Carpal Tunnel Syndrome. American Journal of Preventive Medicine 18(4), supplement 1:37–50

[22] Linton SJ, van Tulder MW (2001) Preventive interventions for back and neck pain problems: what is the evidence? Spine 26 (7):778–787

[23] Lühmann D, Burkhardt-Hammer T, Stoll S et al (2006) Prävention rezidivierender Rückenschmerzen. Präventionsmaßnahmen in der Arbeitsplatzumgebung. Deutsche Agentur für Health Technology Assessment des Deutschen Instituts für Medizinische Dokumentation und Information

[24] Maher CG (2000) A systematic review of workplace interventions to prevent low back pain. Australian Journal of Physiotherapy 46 (4):259–269

[25] Marshall AL (2004) Challenges and opportunities for promoting physical activity in the workplace. Journal of Science and Medicine in Sport 7 (1): Supplement:60–66

[26] Matson-Koffman DM, Brownstein JN, Neiner JA et al (2005) A Site-specific Literature Review of Policy and Environmental Interventions that Promote Physical Activity and Nutrition for Cardiovascular Health: What Works? The Science of Health Promotion 19 (3):167–193

[27] Michie S, Williams S (2003) Reducing work related psychological ill health and sickness absence: a systematic literature review. Occupational and Environmental Medicine 60:3–9

[28] Mimura C, Griffiths P (2003) The effectiveness of current approaches to workplace stress management in the nursing profession: an evidence based literature review. Occupational and Environmental Medicine 60:10–15

[29] Moher M, Hey K, Lancaster T (2005) Workplace interventions for smoking cessation. The Cochrane Database of Systematic Reviews 2005, Issue 2. Art. No.: CD003440.pub2. DOI: 10.1002/14651858.CD003440.pub2

[30] Pelletier KR (2001) A Review and Analysis of the Clinical and Cost-effectiveness Studies of Comprehensive Health Promotion and Disease Management Programs at the Worksite: 1998 - 2000 Update. American Journal of Health Promotion 16 (2):107–116

[31] Pelletier KR (2005) A Review and Analysis of the Clinical and Cost-Effectiveness Studies of Comprehensive Health Promotion and Disease Management Programs at the Worksite: Update VI 2000–2004. Journal of Occupational and Environmental Medicine 47:1051–1058

[32] Proper KI, Koning M, van der Beek AJ et al (2003) The Effectiveness of Worksite Physical Activity Programs on Physical Activity, Physical Fitness, and Health. Clinical Journal of Sport Medicine 13:106–117

[33] Proper KI, Staal BJ, Hildebrandt VH et al (2002) Effectiveness of physical activity programs at worksites with respect to work-related outcomes. Scandinavian Journal of Work, Environment & Health 28 (2):75–84

[34] Rey-Riek S, Güttinger F, Rehm J (2003) Lohnt sich die betriebliche Suchtprävention? Zu Effektivität und Effizienz betrieblicher Alkoholprävention. Suchttherapie 4:12–17

[35] Sachverständigenrat für die Konzertierte Aktion im Gesundheitswesen (2001) Bedarfsgerechtigkeit und Wirtschaftlichkeit. Band III: Über-, Unter- und Fehlversorgung. Gutachten 2000/2001

[36] Sackett DL, Rosenberg WMC, Gray AM et al (1996) Evidence based medicine: what it is and what it isn't. BMJ 312:71–72

[37] Seymour JD, Yaroch AL, Serdula M et al (2004) Impact of nutrition environmental interventions on point-of-purchase behavior in adults: a review. Preventive Medicine 39:108–136

[38] Seymour L, Grove B (2005) Workplace interventions for people with common mental health problems: Evidence review and recommendations. British Occupational Health Research Foundation

[39] Silverstein B, Clark R (2004) Interventions to reduce work-related musculoskeletal disorders. Journal of Electromyography and Kinesiology 14 (1):135–152

[40] Smedslund G, Fisher KJ, Boles SM et al (2004) The effectiveness of workplace smoking cessation programmes: a meta-analysis of recent studies. Tobacco Control 13:197–204

[41] Sockoll I, Kramer I, Bödeker W (2008) Wirksamkeit und Nutzen betrieblicher Gesundheitsförderung und Prävention. Zusammenstellung der wissenschaftlichen Evidenz 2000–2006. IGA-Report 13.

[42] Tveito TH, Hysing M, Eriksen HR (2004) Low back pain interventions at the workplace: a systematic literature review. Occupational medicine 54:3–13

[43] van der Klink JJ, Blonk RW, Schene AH et al (2001) The Benefits of Interventions for Work-Related Stress. American Journal of Public Health 91 (2):270–276

[44] van der Molen HF, Sluiter JK, Hulshof CTJ et al (2005) Effectiveness of measures and implementation strategies in reducing physical work demands due to manual handling at work. Scandinavian Journal of Work, Environment and Health 31, supplement 2:75–87

[45] van Eerd D, Brewer S, Amick BC et al (2006) Workplace interventions to prevent musculoskeletal and visual symptoms and disorders among computer users: A systematic review. Institute for Work & Health, Toronto

[46] van Poppel MNM, Hooftman WE, Koes BW (2004) An update of a systematic review of con-trolled clinical trials on the primary prevention of back pain at the workplace. Occupational Medicine 54:345–352

[47] Verbeek J, Salmi J, Pasternack I et al (2005) A search strategy for occupational health intervention studies. Occupational and Environmental Medicine 62 (10):682–687

Kapitel 8

Der Nutzen des betrieblichen Gesundheitsmanagements aus der Sicht von Unternehmen

P. Lück · G. Eberle · D. Bonitz

Zusammenfassung. *Zahlreiche Unternehmen haben in den letzten Jahren nachhaltig und erfolgreich ein betriebliches Gesundheitsmanagement (BGM) implementiert. Gleichwohl werden seine Vorzüge noch längst nicht flächendeckend wahrgenommen. Um diese Erfolge zu konkretisieren, wurden 212 langjährig in betrieblicher Gesundheitsförderung engagierte Unternehmen („models of good practice") nach ihrer Einschätzung des Nutzens und der Erfolgsfaktoren des BGM befragt. Aus ihren Antworten wird deutlich, dass ein nachhaltiges betriebliches Gesundheitsmanagement nicht nur die gesundheitliche Situation der Beschäftigten verbessert, sondern darüber hinaus auch die Kosteneffizienz und die Wettbewerbsfähigkeit eines Unternehmens positiv beeinflusst. Dabei liegt der Schlüssel zum Erfolg nach übereinstimmender Meinung der Unternehmen in der Verbesserung der innerbetrieblichen Information, der Partizipation und der ebenenübergreifenden Kooperation, dem Kernprozess eines betrieblichen Gesundheitsmanagements.*

8.1 Ausgangslage und Zielsetzung

Unternehmen, die betriebliche Gesundheitsförderung seit Jahren in ihre Unternehmensstrategie und -kultur integriert haben, berichten von deutlichen und nachhaltigen Erfolgen. Unbestritten scheint zu sein, dass betriebliches Gesundheitsmanagement humane oder soziale Faktoren wie Kommunikation, Betriebsklima und Mitarbeiterzufriedenheit verbessert. Auch im Hinblick auf Veränderungen in der Arbeitswelt, die den Beschäftigten Höchstleistungen, Mobilität und Flexibilität abverlangen, kann betriebliches Gesundheitsmanagement einen entscheidenden Beitrag zu deren Gesundheit und Beschäftigungsfähigkeit leisten. Belastungen können im Vorfeld erkannt und reduziert oder verhindert werden, betriebliche Veränderungen lassen sich gesundheits-

gerecht umsetzen und mitarbeiterorientiert begleiten, individuelle Ressourcen lassen sich stärken.

Für die Unternehmen steht dabei die Frage nach dem ökonomischen Nutzen im Vordergrund. Insbesondere das Management strebt Verbesserungen der wirtschaftlichen Ergebnisse an: Kostensenkungen bei der Lohnfortzahlung, Produktivitätssteigerung, Ablaufoptimierung oder Qualitätssicherung.

Um Entscheidungsträger in Unternehmen, die bisher noch keine betriebliche Gesundheitsförderung eingeführt haben, von deren Vorteilen zu überzeugen, ist es hilfreich, erfolgreiche Praxisbeispiele vorzustellen. Dabei kommt es vor allem auf die Erfahrungen und Überzeugungen der Verantwortlichen in den Unternehmen an, die bereits einen solchen Prozess gesteuert und positive Effekte verbucht haben. Zwar ist die Bewertung des Erreichten in jedem BGF-Prozess im Anschluss an die Analyse- und Umsetzungsphase ein wesentlicher Prozessschritt. In der Regel werden solche Ergebnisse jedoch nicht veröffentlicht und sind somit für andere interessierte Unternehmen nicht nutzbar.

Der AOK-Bundesverband hat deshalb im Jahr 2003 eine Befragung konzipiert, um Beispiele erfolgreichen betrieblichen Gesundheitsmanagements und die Bewertungen der Prozessverantwortlichen in den Unternehmen zu sammeln. Diese Personengruppe wurde nach den Zielen und thematischen Schwerpunkten ihres Engagements gefragt sowie nach dem aus ihrer Sicht größten Nutzen, dargestellt an konkreten Erfolgsbeispielen aus ihrer Alltagspraxis. Für die Befragung wurden so genannte „models of good practice" ausgewählt, also Unternehmen, die bereits seit mehreren Jahren aus Sicht der betreuenden AOK ein erfolgreiches betriebliches Gesundheitsmanagement umsetzen.

8.2 Expertenbefragung als Erhebungsmethode

Vor der ersten Befragung im Jahr 2003 entwickelte ein Expertengremium nach einer ausführlichen Literatursichtung einen strukturierten Fragebogen. Die Befragung wurde nicht anonym durchgeführt, sondern unter Nennung des jeweiligen Unternehmens und des betrieblichen Ansprechpartners. Beabsichtigt war, eine Referenzliste engagierter Betriebe als potenzielle Ansprechpartner für andere an BGM interessierte Unternehmen zu veröffentlichen. Die Einwilligung der Befragten wurde über eine entsprechende Abfrage eingeholt.

An Strukturdaten wurden Branche und Größe der Unternehmen erhoben. In geschlossenen Fragen wurde anhand vorgegebener Kategorien erfasst, an welchen Themenschwerpunkten das Projekt ansetzte und welchen wirtschaftlichen Nutzen die Befragten für ihr Unternehmen erkannt haben. Während bei den Themen nur die zutreffenden anzukreuzen waren, sollte jede einzelne Nutzenkategorie anhand einer fünfstufigen Skala von „sehr hoch" bis „trifft nicht zu" beurteilt werden.

Der unternehmerische Nutzen wurde bewertet, indem konkret nach den Einsparungen (in Euro) bei der Lohnfortzahlung durch betriebliches Gesundheitsmanagement und nach der Produktivitätssteigerung durch gesündere und motivierte Mitarbeiter gefragt wurde. Auch die Einschätzung des „Return on Investment" durch das Projekt wurde abgefragt.

Den Abschluss des Erhebungsbogens bildeten zwei offene Fragen. Die erste ermittelte wesentliche Erfolgsfaktoren für BGM und eine kurze Beschreibung der Nutzenkategorie, die den größten Effekt auf das eigene Betriebsergebnis hatte. In der zweiten offenen Frage wurde um die Schilderung eines prägnanten Beispiels für den erzielten unternehmerischen Erfolg gebeten.

Der Fragebogen wurde nach einer ersten Teilbefragung leicht modifiziert und in der beschriebenen Form in zwei weiteren Durchläufen eingesetzt.

8.3 Auswahl und Zusammensetzung der Unternehmen

Die „models of good practice" wurden unter Vermittlung der BGF-Koordinatoren in den AOKs vor Ort ausgewählt. Voraussetzung für die Teilnahme war, dass die Unternehmen entweder langjährig im betrieblichen Gesundheitsmanagement aktiv waren oder ein von der AOK begleitetes Gesundheitsförderungsprojekt vor dem Abschluss stand.

In drei Befragungszyklen im Zeitraum von 2003 bis 2007 wurden insgesamt 212 Unternehmen befragt. Alle Unternehmen wurden nur einmal befragt, die Ergebnisse aktueller und älterer Befragungen sind im gleichen Pool zusammengefasst. Die befragten Betriebe stellen natürlich nur eine selektive Teilmenge der insgesamt mit BGM befassten Unternehmen dar und sind nicht repräsentativ.

An der Erhebung beteiligten sich Unternehmen aller Größenklassen. Überrepräsentiert, und damit durchaus typisch für die Verbreitung von BGF, sind mittlere und Großunternehmen (über 50 Mitarbeiter). Die befragten Unternehmen gehören verschiedenen Branchen an. Insgesamt entfielen 117 Betriebe auf das produzierende Gewerbe (z. B. Automobilindustrie, Ernährungsgewerbe, Metallerzeugung) und 95 Unternehmen auf den Bereich Handel und Dienstleistung (Öffentliche Verwaltung, Gesundheitswesen, KFZ-Handel). Die meisten Unternehmen wurden durch ihre Geschäfts- oder Personalleiter/-innen vertreten.

8.4 Ergebnisse

Die Ergebnisse der Befragungen werden im Folgenden zusammengefasst. Ausführlich können die Ergebnisse in der aktuellen Dokumentation vom Dezember 2007 im Internet nachgelesen werden [1].

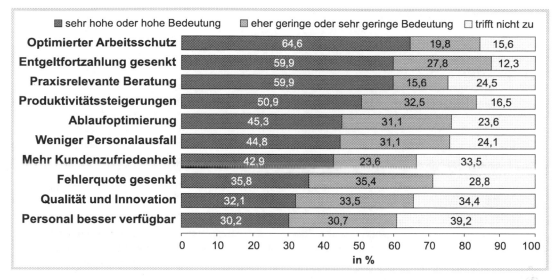

■ Abb. 8.1. Nutzenbewertung über alle Unternehmen

8.4.1 Themenschwerpunkte

Betriebliches Gesundheitsmanagement ist meist multithematisch ausgerichtet. Auch die Mehrzahl der hier befragten Unternehmen gibt an, gleichzeitig mehrere Themen adressiert zu haben. Die Themenschwerpunkte ergeben sich in der Regel aus einer differenzierten Analyse der betrieblichen Situation mittels Mitarbeiterbefragungen, Arbeitsplatzbegehungen und Auswertungen von AU-Daten und sind nicht im Vorfeld festgelegt.

Spitzenreiter im produzierenden Gewerbe sind die Themen „Vorbeugung und Reduzierung körperlicher Belastungen", „Arbeitsplatzgestaltung" und „Fehlzeitensenkung", in der Branche Handel und Dienstleistungen stehen bei den meisten Unternehmen die Themen „Verbesserung des Betriebsklimas und der Mitarbeiterzufriedenheit", „Vorbeugung und Reduzierung körperlicher Belastungen" und „innerbetriebliche Kommunikation und Kooperation" im Mittelpunkt.

8.4.2 Wirtschaftlicher Nutzen

Betriebliche Gesundheitsförderung soll die Gesundheitssituation der Beschäftigten verbessern, andererseits auch einen unternehmerischen Nutzen erzielen. Erfolge können ermittelt werden, indem Ziele formuliert und ein internes Controlling im Betrieb vor, während und nach einer Umsetzungsphase durchgeführt wird. In der Regel findet ein Abgleich der Zielerreichung im

Verlauf des Prozesses eher sporadisch statt. Die meisten Evaluationsberichte werden für den internen Gebrauch zum Projektabschluss erstellt. In der hier vorgelegten Studie haben die befragten Unternehmen auf der Grundlage ihrer eigenen Erkenntnisse zehn Faktoren in ihrer Bedeutung für den wirtschaftlichen Nutzen auf einer 5er-Skala zwischen „sehr hoch" und „trifft nicht zu" eingeschätzt.

Abb. 8.1[1] zeigt, dass die Befragten für ihre Unternehmen einen deutlichen wirtschaftlichen Nutzen durch betriebliches Gesundheitsmanagement erkennen. Über alle Branchen hinweg sind die Kategorien „Ergänzung und Optimierung von Arbeitsschutzmaßnahmen und Arbeitsschutzstrukturen", „Senkung der Entgeltfortzahlung" und „Produktivitätssteigerung" am häufigsten als sehr bedeutend bewertet worden. Wirtschaftlicher Nutzen wird insbesondere auch der Kategorie „Beratungsleistungen und Informationen mit praxisrelevanten Inhalten" bestätigt. Das heißt, dass die Unternehmen gerade in der Verbesserung interner Kommunikationsprozesse und der Organisationsentwicklung durch die externe und neutrale Unterstützung der AOK-Experten einen hohen Nutzen für ihr Betriebsergebnis sehen.

---

1 In der Abbildung wurden die Kategorien „sehr hohe" und „hohe Bedeutung" sowie die Kategorien „eher geringe" und „sehr geringe Bedeutung" jeweils in einer Gruppe zusammengefasst.

8.4.3 Branchenunterschiede

Analysiert man die Nutzenbewertung nach Branchengruppen, erhält man folgendes Ergebnis (s. Abb. 8.2): Im produzierenden Gewerbe sehen die meisten Unternehmen den höchsten Nutzen des BGM in der Optimierung des Arbeitsschutzes, der Senkung von Entgeltfortzahlungen, der praxisrelevanten Beratung durch die AOK, der Steigerung der Produktivität und im reduzierten Personalausfall. Handels- und Dienstleistungsunternehmen sehen ihn dagegen vor allem in einer deutlichen Verbesserung der Kundenzufriedenheit, in der praxisrelevanten Beratung, in der Optimierung des Arbeitsschutzes und in gesenkten Entgeltfortzahlungen.

Hinsichtlich der Bewertung der verfolgten Ziele lässt sich erkennen, dass sich die Branchen deutlich darin unterscheiden, was sie für das eigene Unternehmen als relevant und nützlich erachten. In der Branche Handel und Dienstleistungen hat sich insbesondere die Steigerung der Kundenzufriedenheit als Hauptnutzen herauskristallisiert, die in der Produktion eine weitaus geringere Rolle spielt. Auch Ablaufoptimierung, Fehlervermeidung, sowie Qualitätssteigerung und Innovation waren in dieser Branche deutlich relevanter als im produzierenden Gewerbe. Produktionsbetriebe schätzen dagegen den Nutzen von Arbeitsschutzoptimierung und Einsparungen bei Personalkosten (Entgeltfortzahlung

gesenkt, weniger Personalausfall) als deutlich höher ein als Handels- und Dienstleistungsunternehmen. Nur bei der praxisrelevanten Beratung liegen beide Branchen gleichauf.

8.4.4 Erfolgsfaktoren

Alle Unternehmen, die betriebliche Gesundheitsförderungsprozesse erfolgreich umgesetzt haben, beschreiben positive Veränderungen der Kooperation und Kommunikation im Unternehmen, Verbesserungen ihrer Organisations- und Arbeitsabläufe und der Gestaltung von Arbeitsplätzen im Sinne eines Belastungsabbaus.

Obwohl nicht explizit danach gefragt wurde, gaben die Befragten immer wieder an, dass gerade die Verbesserung sozialer Faktoren wirtschaftliche Erfolge ermöglicht hat. Geschildert wird beispielsweise, dass die Verbesserung so genannter „weicher" Faktoren wie Motivation und Kommunikation positive Entwicklungen in der Produktivität zur Folge hatten. Die befragten Unternehmen machen damit deutlich, dass sie keinen Widerspruch zwischen ökonomischem und sozialem Gewinn sehen. Die positive Gestaltung sowohl wirtschaftlicher als auch sozialer Faktoren im Rahmen der betrieblichen Gesundheitsförderung seien erwünschte unternehmerische Ziele. Die Optimierung von Kommunikation und Partizipationsprozessen wird immer

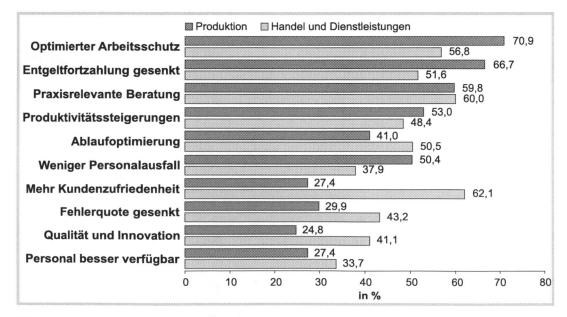

◻ Abb. 8.2. Häufigkeit hoher Nutzenbewertung nach Branchengruppen

wieder als wichtige Bedingung und Erfolgsfaktor für vielfältige andere Veränderungsprozesse angegeben, aus denen sich dann wiederum ein messbarer monetärer Nutzen ergibt.

Damit zeigen die Antworten, dass die meisten Unternehmen betriebliches Gesundheitsmanagement nicht ausschließlich mit dem Ziel durchführen, wirtschaftlichen Nutzen im Sinne von Kosteneinsparung oder Gewinnmaximierung zu erreichen, sondern im Sinne ihrer sozialen Verantwortung als Unternehmer eine kontinuierliche und dauerhafte Verbesserung der sozialen Situation im Betrieb anstreben.

8.5 Wirkungszusammenhänge

In zwei offenen Fragen wurde die Beschreibung der Erfolgsfaktoren und prägnanter Beispiele erbeten, die den wirtschaftlichen Erfolg des BGM begründen. Die Befragten nannten vielfach wechselseitige Wirkungen unterschiedlicher Faktoren, die sie als maßgeblich ansehen.

Die geschilderten Zusammenhänge werden in der Studie exemplarisch in Wirkungsketten dargestellt. Sie dienen der Veranschaulichung subjektiver Vorstellungen der Prozessverantwortlichen über Systemzusammenhänge.

8.5.1 Optimierung beim Arbeitsschutz

Arbeitsschutz ist Thema eines jeden Unternehmens: Experten sollen die Arbeitsbedingungen nach Maßgabe der Gefährdungs- und Belastungsfreiheit gestalten. Gerade die durch den BGF-Prozess verbesserten Kommunikationsstrukturen und Entscheidungswege sorgen für eine konsequente Umsetzung empfohlener Maßnahmen. Zudem wird durch die Partizipation der Beschäftigten (z. B. in Befragungen oder Gesundheitszirkeln) eine hohe Akzeptanz für notwendige Veränderungen erzielt. So kann der betriebliche Arbeitsschutz, der traditionell eher direktiv geprägt ist, von partizipativen und nondirektiven Ansätzen im betrieblichen Gesundheitsmanagement profitieren.

Beispielsweise gelang es in einem Zeitarbeitsunternehmen, durch die Befragung und Einbeziehung der betroffenen Mitarbeiter deren persönliche Schutzausrüstung zu optimieren und dadurch die Tragebereitschaft deutlich zu erhöhen. Durch diese Verbesserungen konnten die Unfallzahlen durch Augenverletzungen gesenkt werden.

8.5.2 Kostensenkung bei der Entgeltfortzahlung

Der Zusammenhang von verbessertem und erweitertem Arbeitsschutz und Kostensenkung wird häufig genannt. Über die Optimierung des Arbeitsschutzes können Krankenstand und Unfallzahlen gesenkt und deutliche Einsparungen bei der Lohnfortzahlung erzielt werden (s. Abb. 8.3).

Wenn arbeitsbedingte Gesundheitsgefahren verringert werden, treten Erkrankungen weniger häufig auf. Somit sinken auch die Fehlzeiten und die dadurch entstehenden Kosten für Lohnfortzahlung und Ersatzkräfte. Ergonomische Verbesserungen in Kombination mit Verhaltensschulungen und verbesserter Kommunikation führten z. B. in einem Unternehmen des Textilgewerbes zu einer Verminderung von körperlichen Belastungen, Rückenschmerzen und Arbeitsausfällen. Der Krankenstand konnte so über mehrere Jahre hinweg von 7,6% auf 3,3% gesenkt werden. Die Arbeitsunfähigkeitszeiten im Bereich der Muskel- und Skelett-

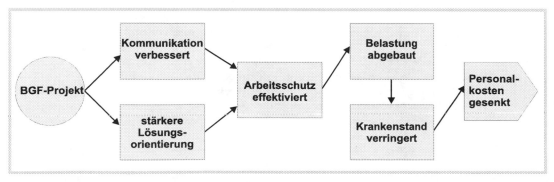

▢ Abb. 8.3. Arbeitsschutz und Personalkosten

erkrankungen wurden durch vielfältige Angebote im Bewegungsbereich sowie die Anschaffung ergonomischer Stühle auf die Hälfte des Branchendurchschnitts gesenkt und auf diesem niedrigen Niveau gehalten. Dies gelang nicht zuletzt deshalb, weil auch die Meister als Führungskräfte zu den Themen „Fehlzeiten", „Gesundheitsmanagement", „gesundheitsförderliche Kommunikation" sowie „gesundheitsförderliche Führung" und „Motivation von Mitarbeitern" geschult wurden.

8.5.3 Steigerung der Kundenzufriedenheit

Gerade in der Handels- und Dienstleistungsbranche entsteht ein hoher Nutzen durch eine erhöhte Kundenzufriedenheit. Betriebliches Gesundheitsmanagement hat aus Sicht der Unternehmen verschiedene positive Einflüsse auf die Kundenzufriedenheit: Eine verbesserte Kommunikation sowie die Steigerung der Motivation und Einsatzbereitschaft der Belegschaft sichern eine hohe Beratungsqualität. Störungsfreie Abläufe sichern guten Service und Termintreue. Eine gute Beratungs- und Dienstleistungsqualität verbessert die Zufriedenheit der Kunden, Klienten oder Bürger und es entstehen stabile Kundenbeziehungen.

8.5.4 Monetäre Erfolge

Eine für Unternehmen wichtige Frage ist die nach dem Verhältnis von Aufwand und Ertrag in monetären Größen. Daher wurde auch nach typischen Kennzahlen wie Krankenstandssenkungen, Einsparungen bei Lohnfortzahlungskosten und jährlichen Produktivitätssteigerungen gefragt, die häufig als Zielkriterien von BGM-Projekten formuliert werden. Auch die Relation zwischen Kosten und ökonomischem Nutzen, der Return on Investment (ROI), sollte angegeben werden.

Diese Fragen nach konkreten monetären Erfolgen haben relativ wenige Unternehmen beantwortet. Nur fünf Unternehmen gaben einen ROI an, den sie mit 1:3 oder 1:4 beziffern. Das bedeutet, dass sich jeder investierte Euro drei- bis vierfach ausgezahlt hat.

Die meisten konkreten Angaben wurden auf die Frage nach Einsparungen bei der Lohnfortzahlung gemacht. Etwa 10 Prozent der Betriebe beziffern eine jährliche Einsparung bei der Lohnfortzahlung durch Krankenstandssenkungen, weitere Firmen geben eine prozentuale Verringerung der Krankenstands- oder Unfallzahlen an.

Ein Unternehmen der öffentlichen Verwaltung mit etwa 4000 Mitarbeitern und ein Automobilzulieferer

mit 2000 Beschäftigten gaben Einsparungen in Millionenhöhe an. Zwei etwa gleich große Unternehmen mit über 500 Mitarbeitern erreichten ebenfalls hohe Einsparungen, wenn auch in deutlich voneinander abweichenden Größenordnungen: 600.000 Euro in einem Werk der Chemischen Industrie und 140.000 Euro in einem Verkehrsbetrieb.

Mehrere Unternehmen aus der Automobilbranche (Automobilzulieferer, Autohäuser) konnten Einsparungen bei der Lohnfortzahlung angeben, da diese Werte im Rahmen eines gemeinsamen Netzwerkprojekts (NAGU) systematisch erfasst worden waren und den Unternehmen vorlagen. Die jährlichen Einsparungen beliefen sich auf zwischen 10.000 Euro in einem Kleinbetrieb mit 20 Mitarbeitern und 1 Million Euro in einem Großbetrieb mit 2000 Mitarbeitern.

Neun Unternehmen bezifferten ihren monetären Erfolg durch Produktivitätssteigerungen. Ein mittelgroßes Unternehmen der Metallbranche beispielsweise berechnet seine jährliche Produktivitätssteigerung mit 250.000 Euro, ein Kleinunternehmen dieser Branche bewertet seinen Erfolg mit 4.400 Euro im Jahr. Diese Produktivitätssteigerungen sind nach Ansicht der Unternehmen durch eine gestiegene Motivation infolge verbesserter interner Kommunikation und Identifikation mit dem Unternehmen entstanden.

8.6 Diskussion der Ergebnisse

Die Befragungen zeigen, dass sich betriebliches Gesundheitsmanagement sowohl für die Mitarbeiter als auch die Betriebsleitung positiv auswirkt. Kostenfaktoren wie Lohnfortzahlung, Unfall- und Krankenstandszahlen konnten gesenkt und die Produktivität gesteigert werden. Die Investitionen in Maßnahmen der betrieblichen Gesundheitsförderung lohnen sich deshalb aus Unternehmenssicht mehrfach: Mit dem Start eines BGM-Prozesses werden entweder neue organisatorische Strukturen wie zum Beispiel ein Arbeitskreis Gesundheit geschaffen oder vorhandene Strukturen wie der Arbeitsschutzausschuss mit neuen Aufgaben betraut. Auf diese Weise kommen unterschiedliche Funktionsträger und Interessenvertreter an einen Tisch und sind gemeinsam verantwortlich für das Thema Gesundheit im Betrieb. Durch den moderierten Austausch und die Planung neuer Maßnahmen werden kreative Potenziale zur Verbesserung der gesamten betrieblichen Abläufe freigesetzt. So werden Entscheidungsprozesse verbessert und mögliche Fehlinvestitionen vermieden.

Der Nutzen betrieblichen Gesundheitsmanagements besteht nach Ansicht der befragten Unternehmen in einer Vielzahl von Parametern zur Verbesserung so genannter „weicher" oder sozialer Faktoren, die langfristig auch positive Einflüsse auf die „harten Fakten" wie die Kostenentwicklung haben. Als Nutzenparameter wurden ein gutes Image und eine hohe Unternehmensbindung, Mitarbeiterzufriedenheit und Motivation sowie Wettbewerbsfähigkeit genannt. Hinsichtlich „harter" Fakten wie günstige Fehlzeitenentwicklung und Kosteneinsparungen sowie Produktivitätssteigerungen lässt sich eine positive Kosten-Nutzen-Einschätzung erkennen.

In Bezug auf den Nutzen gaben die verschiedenen Branchen unterschiedliche Schwerpunkte an: Produzierende und gewerbliche Betriebe sehen den Hauptnutzen in der Optimierung von Arbeitsschutzbelangen und der Reduzierung von Kosten vor allem in der Entgeltfortzahlung. Diese Themen dominieren schon die Diskussion bei der Initiierung eines BGM-Prozesses. Vor allem hohe Krankenstände sind häufig Anlass für den Start eines BGF-Projekts. In Handelsunternehmen und in der Dienstleistungsbranche liegt der Schwerpunkt dagegen eher in Faktoren wie der Verbesserung von Kundenzufriedenheit und Betriebsklima sowie Kommunikation und Kooperation.

Offen bleibt, warum so wenige Unternehmen konkrete Zahlen nennen. Ob diese Angaben zu sensibel sind und daher nicht öffentlich gemacht werden oder ob derartige Kennziffern in den meisten Betrieben gar nicht erfasst werden, ist in dieser Untersuchung nicht zu erkennen.

In der aktuellen Diskussion um die Förderung von wissenschaftlichen Forschungsprojekten werden immer häufiger praxisgerechte Instrumente für die Bewertung von Kosten und Nutzen von betrieblichem Gesundheitsmanagement gefordert. Letztlich wird auch der Legitimationsdruck in den Unternehmen größer. Die Budgets der Abteilungen für Sozialpolitik in großen Unternehmen werden kritischer beleuchtet und stärker einem betriebswirtschaftlichen Kalkül unterworfen. Demzufolge wird der Ruf nach Instrumenten lauter, die Erfolge der Gesundheitspolitik sichtbar und in Kennzahlen für das Management nachvollziehbar zu machen. Entsprechend wächst der Bedarf an einer präzisen Kosten-Nutzen-Berechnung. Obwohl die Erfolgskontrolle grundsätzlich ein unverzichtbarer Bestandteil eines erfolgversprechenden BGM-Prozesses ist, erfassen die Unternehmen meist nur Krankenstands- und Unfallzahlen. Darüber hinaus liegen keine einheitlichen, klar definierten und damit vergleichbaren Kennzahlen zur Erfolgsrechnung vor.

8.7   Fazit und Ausblick

Für diese Studie wurden die für betriebliches Gesundheitsmanagement Verantwortlichen in ausgewählten Betrieben zu dem von ihnen wahrgenommenen unternehmerischen Nutzen von BGF befragt (Expertenbefragung). Die Ergebnisse zeigen, dass Betriebe je nach Branche unterschiedliche Ziele mit BGF verfolgen und diese Zielsetzungen auch erfolgreich realisieren konnten. Insofern könnte die Studie dazu beitragen, andere Unternehmensleitungen von dem in vielfältiger Hinsicht großen Nutzen eines BGM-Prozesses zu überzeugen und zu eigenen Aktivitäten zu motivieren.

Gerade die von den befragten Unternehmen selbst beschriebenen Wirkungsketten machen die Zusammenhänge der Nutzenkategorien und weiterer relevanter Einflussgrößen deutlich und spiegeln die Vorteile eines betrieblichen Gesundheitsmanagements für den Unternehmenserfolg wider. Praxisbeispiele und Schilderungen von Wirkungszusammenhängen aus der Sicht der mit BGM befassten Verantwortlichen in den Unternehmen liefern praxisbezogene Hinweise, um ein Verständnis für die komplexen Vorgänge zu fördern. Schwerpunkte in der Zielsetzung, Branchenspezifika, aber auch die wahrgenommene Komplexität der Wirkweisen konnten aufgezeigt werden.

Die Befragung wurde in drei Zyklen in den Jahren 2003 bis 2007 durchgeführt, jedes Unternehmen wurde jedoch nur einmal befragt. Die Ergebnisse aus den jeweils neuen Unternehmen wurden in die Dokumentation aufgenommen und die Gesamtergebnisse aktualisiert. Der Prozessverlauf, Entwicklungen und Veränderungen über die Jahre hinweg wurden bislang nicht erfasst.

Für eine künftige Aktualisierung dieser Studie ist vorgesehen, die Veränderungsprozesse auch in einer Längsschnittbetrachtung zu erfassen. Gerade in einer Längsschnittstudie liegt die Chance, Faktoren zu identifizieren, die einen erfolgreichen Verlauf und die Nachhaltigkeit des Prozesses ermöglichen. Ein jährliches Monitoring mit einem modifizierten Fragebogen wäre denkbar. Damit könnten spezifische Ziele und Einflussfaktoren erfasst und Entwicklungstrends im Zeitverlauf beschrieben werden. Durch ein PC-gestütztes Datenerhebungsinstrument könnten die künftigen Umfragen erheblich erleichtert werden.

Für repräsentative Ergebnisse wäre es notwendig, künftig von den befragten Unternehmen anhand konkreter Kennzahlen mehr Messergebnisse zum erreichten wirtschaftlichen Nutzen zu erhalten. Dazu fehlt offensichtlich vielen Unternehmen ein praktikables

Instrument, mit dem sie relevante Veränderungen messen können.

Derzeit laufen einige interessante Forschungsprojekte, die das Thema Kosten-Nutzen-Betrachtung aus verschiedenen Blickwinkeln bearbeiten. Von daher ist zu hoffen, dass im Rahmen dieser Anstrengungen für die Praxis nutzbare Instrumente entwickelt werden, um künftig Prozesse und Ergebnisse des betrieblichen Gesundheitsmanagements leichter evaluieren und letztlich auch besser steuern zu können.

Literatur

[1] Bonitz D, Eberle G, Lück P (2007) Wirtschaftlicher Nutzen von betrieblicher Gesundheitsförderung aus der Sicht von Unternehmen. Dokumentation einer Befragung von 212 Partnerunternehmen. Bonn: AOK Bundesverband. (http://www.aok-gesunde-unternehmen.de)

8

Kapitel 9

Stellenwert und Nutzen betrieblicher Gesundheitsförderung aus Sicht der Arbeitnehmer

K. ZOK

Zusammenfassung. *Aussagen von Beschäftigten zur Verbreitung und Nutzung von betrieblicher Gesundheitsförderung liefern zusammen mit deren Bewertung wichtige Hinweise über Akzeptanz und Bedarf an BGF und Primärprävention aus der Arbeitnehmerperspektive. Eine vergleichende Analyse von Ergebnissen aus betrieblichen Mitarbeiterbefragungen liefert ebenfalls Ansatzpunkte für erforderliche Maßnahmen zur Reduzierung von Fehlzeiten.*

Die empirischen Befunde aus Sicht der Arbeitnehmer zeigen, dass Gesundheitsförderungsmaßnahmen nicht in gleichem Ausmaß über alle Betriebe und Branchen verteilt sind: Mit zunehmender Unternehmensgröße stehen deutlich mehr Angebote zur Verfügung. In Klein- und Mittelbetrieben und dementsprechend in Branchen, die durch kleinbetriebliche Einheiten geprägt sind (Handel, Baugewerbe, private Dienstleistungen), sind BGF-Maßnahmen am wenigsten verbreitet. Arbeitsschutz- und Gefährdungsanalysen werden häufiger durchgeführt als personenbezogene Gesundheitsförderungsangebote. Mitarbeiter aus großen Unternehmen des verarbeitenden Gewerbes oder aus Verwaltung und Versicherungen benennen deutlich häufiger Indikatoren für ein betriebliches Gesundheitsmanagement. Dabei stehen offensichtlich nach wie vor die klassischen Angebote der Verhaltensprävention im Vordergrund; Anzeichen für eine präventive Personalpolitik, die vor dem Hintergrund des demographischen Wandels Maßnahmen speziell für ältere Erwerbstätige anbietet, lassen sich in den vorliegenden Angaben kaum erkennen.

Die Teilnahmequoten an einzelnen Angeboten liegen – bezogen auf die Arbeitnehmer insgesamt – auf einem eher niedrigen Niveau. Werden aber konkrete Maßnahmen wie Sport und Bewegung angeboten, nimmt rund jeder zweite daran teil. Vor dem Hintergrund der insgesamt hohen Wertschätzung betrieblicher Gesundheitsinterventionen formulieren die Befragten konkrete Anforderungen und Bedarfe. Neben der Ermittlung von arbeitsplatzbezogenen Belastungen und Gefährdungen wünschen sich die Arbeitnehmer vor allem Interventionen zu Bewegung und Entspannung.

9.1 Einleitung

Der globale Wettbewerb und die Erosion des Normalarbeitsverhältnisses, neue Technologien und Rationalisierung, Einsparungen und Personalabbau, älter werdende Belegschaften und die Verlängerung der Lebensarbeitszeit verändern die Anforderungen an die betriebliche Gesundheitspolitik [2].

Über die Wahrnehmung betrieblicher Gesundheitsförderung aus der Perspektive der Beschäftigten ist in diesem Zusammenhang bislang wenig bekannt [4, S. 73] [5]. Im vorliegenden Beitrag werden deshalb Aussagen zur Verbreitung und Bewertung verschiedener betrieblicher Gesundheitsfördermaßnahmen aus der Sicht von 2000 befragten Arbeitnehmern dargestellt.

Die Analysen basieren auf einer bundesweiten Erhebung, die im April 2008 mittels einer einfachen Zufallsstichprobe unter abhängig Beschäftigten zwischen 16 und 65 Jahren durchgeführt wurde. Befragt wurden Arbeitnehmer aus Betrieben mit mindestens zehn Beschäftigten. Die Stichprobenbasis bildete ein nach dem Gabler-Häder-Design gezogenes Sample von etwa 35 000 zufallsgenerierten Rufnummern privater Telefonanschlüsse. Das Verfahren von Gabler und Häder gestattet – mathematisch begründbar – eine reine einfache Zufallsauswahl von Privathaushalten mit Telefonanschlüssen unter Berücksichtigung der im Telefonbuch nicht eingetragenen Haushalte. Dadurch wird eine bundesweit repräsentative Zufallsauswahl aller Privathaushalte mit Telefonanschluss ermöglicht. Die Repräsentativität auf Personenebene ist gewährleistet, weil in Mehrpersonenhaushalten diejenige volljährige Person befragt wurde, die beim Erstkontakt mit dem Haushalt als letzte Geburtstag hatte („Last-Birthday-Methode").

Die Datenerfassung der telefonisch durchgeführten Interviews (CATI) erfolgte durch speziell geschulte Interviewer des Sozialwissenschaftlichen Umfragezentrums der Universität Duisburg-Essen (SUZ) direkt am Computer. Die Ausschöpfungsquote lag ausgehend von der bereinigten Nettostichprobe bei 45,0 Prozent.

Das für die Telefonbefragung zugrunde liegende Instrument wurde im Wissenschaftlichen Institut der AOK (WIdO) entwickelt, vom ZUMA (Mannheim) qualitätsgesichert und vor Feldbeginn getestet (n = 20). Es umfasst größtenteils standardisierte, geschlossene Fragestellungen zur Kenntnis, Bewertung und Teilnahme betrieblicher Gesundheitsförderungsmaßnahmen. Darüber hinaus wurden Fragen zur Arbeitssituation (Angaben zur Arbeitsunfähigkeit, Arbeitszeit, Branche und Betriebsgröße) und Demographie (gem. ZUMA-Standard für Telefonumfragen) gestellt.

Die Ergebnisse geben einen Überblick über die Akzeptanz und Wertschätzung betrieblicher Gesundheitsförderung und zeigen Wünsche und Bedarfe der Beschäftigten auf. Die Auswertungen erfolgen dabei nach Branche und Betriebsgröße sowie nach Alter und Geschlecht der befragten Arbeitnehmer.

9.2 Ergebnisse

9.2.1 Gesundheitsgerechte Gestaltung des Arbeitsplatzes

Trotz der Vielzahl an rechtlichen Regelungen zum betrieblichen Gesundheitsschutz in Deutschland, weit verzweigter, institutionalisierter BGF-Netzwerke, eines breiten Spektrums differenzierter Analysemethoden und „klassischer" Interventionsprogramme in vielen Unternehmen reagiert doch die Mehrheit der befragten Arbeitnehmer auf die Frage nach der gesundheitsgerechten Gestaltung ihres Arbeitsplatzes zurückhaltend: Nur rd. ein Drittel aller befragten abhängig Beschäftigten bewertet den eigenen Arbeitsplatz als gesundheitsgerecht (36,4%). Der überwiegende Anteil der Befragten (62,8%) urteilt dagegen kritisch: 44,2 Prozent antworten abwägend mit „teils, teils" und fast ein Fünftel (18,6%) der Arbeitnehmer antwortet verneinend. Bei Frauen ist der Anteil mit kritischer Einstellung höher (66,5%) als bei Männern (59,1%).

Der Anteil derjenigen, die ihren Arbeitsplatz als nur „teilweise" oder „gar nicht" gesundheitsgerecht gestaltet bewerten, nimmt allerdings mit abnehmender Unternehmensgröße deutlich zu: Vor allem in Kleinbetrieben mit 10 bis 50 Beschäftigten urteilen mehr als zwei Drittel der Befragten (70,8%) kritisch. Ein Blick auf die Branchenzugehörigkeit der befragten Arbeitnehmer zeigt, dass vor allem Beschäftigte aus dem Baugewerbe (72,7%) und dem Handel (65,3%) die Frage kritisch beantworten. Im Vergleich dazu stuft jeder zweite Beschäftigte aus dem Banken- und Versicherungssektor (51,3%), aber auch aus dem Bergbau- und Energiesektor (50,7%) seinen Arbeitsplatz als gesundheitsgerecht gestaltet ein.

Analysiert man die Angaben der Beschäftigten zu ihren eigenen krankheitsbedingten Fehlzeiten, zeigt sich indes ein Zusammenhang mit der Bewertung der Arbeitsplatzgestaltung (Tabelle 9.1): Personen, die ihren Arbeitsplatz subjektiv als gesundheitsgerecht einstufen, waren im Jahr zuvor weniger krank und geben tendenziell niedrigere Fehlzeiten an als Arbeitnehmer, die ihren Arbeitsplatz als nicht gesundheitsgerecht eingestuft haben.

9.2.2 Verbreitung von BGF-Maßnahmen

Die allgemeine Frage, ob es im eigenen Betrieb überhaupt Maßnahmen oder Angebote zur Gesundheitsförderung der Mitarbeiter in Form von Rückenschulen, Nichtraucher-Trainings, Sport etc. gibt, zielt auf die

Tabelle 9.1. Anteil Krankmeldungen in Abhängigkeit von der Arbeitsplatzgestaltung

Arbeitnehmer, die ihren Arbeitsplatz als „…" einstufen		Anteile in %						
	n	ohne AU im letzten Jahr	mit AU im letzten Jahr	AU-Dauer				
				< 1 Woche	1 bis 2 Wochen	2 bis 3 Wochen	3 bis 4 Wochen	> 4 Wochen
…„gesundheitsgerecht gestaltet" …	*731*	47,7	51,2	24,9	9,6	6,7	3,6	6,4
…„nicht gesundheitsgerecht gestaltet" …	*373*	37,8	61,9	20,9	12,9	8,0	8,8	11,3

Wahrnehmung und Kenntnis von betrieblichen Gesundheitsmaßnahmen durch die Beschäftigten. Hier antwortet jeder zweite Arbeitnehmer (49,8%) mit „ja", 49,0 Prozent antworten mit "nein" und 1,2 Prozent wissen es nicht. Männer stimmen dabei in einem höheren Maße zu (55,2%) als Frauen (44,0%). Die Zustimmungsrate steigt deutlich linear mit der Betriebsgröße an: In kleinen Betrieben (zwischen 10 und 50 Mitarbeiter) nimmt nur ein Fünftel der Befragten ein BGF-Engagement seines Betriebes wahr (21,9% „ja"-Nennungen), in Großunternehmen (mehr als 1000 Beschäftigte) wissen dagegen vier von fünf Befragten (82,3%) von betrieblichen Aktivitäten zur Gesundheitsförderung. In Westdeutschland fällt die Zustimmung höher aus (51,1%) als in den ostdeutschen Bundesländern: Dort stimmen lediglich 38,9 Prozent zu – 57,9 Prozent antworten mit „nein" und 3,2 Prozent mit „weiß nicht".

Die Einschätzung, ob BGF angeboten wird oder nicht, differenziert zudem stark nach der Branche, in der die Befragten tätig sind: Am häufigsten stimmen Beschäftigte aus dem Banken- und Versicherungsbereich zu (70,5%), auch im Bergbau und Energiesektor geht die Mehrheit (62,7%) davon aus, dass das eigene Unternehmen sich für die Mitarbeitergesundheit engagiert. Die Angaben der Beschäftigten aus dem verarbeitenden Gewerbe, der öffentlichen Verwaltung, Verkehr und Transport hingegen entsprechen dem Durchschnittswert, bei Arbeitnehmern aus der privaten Dienstleistungsbranche, dem Handel und dem – unfallträchtigen – Baugewerbe ist die Kenntnis von Gesundheitsförderungsinstrumenten und -angeboten im eigenen Betrieb am geringsten.

Anschließend wurde gezielt danach gefragt, welche einzelnen Maßnahmen und Aktivitäten der eigene Betrieb zum Schutz bzw. Förderung der Gesundheit durchführt oder anbietet. Im Fokus standen zentrale Maßnahmen der Verhältnis- und der personenbezogenen Verhaltensprävention. Gefragt wurde sowohl nach strukturellen Beurteilungsinstrumenten (z. B. Gesundheitsuntersuchungen, Gefährdungsanalysen) als auch nach den „klassischen" Präventions-Angeboten betrieblicher Gesundheitsförderung (z. B. Rückenschule, Stressabbauprogramm). Die Abfrage nach der jeweiligen Verbreitung der einzelnen Maßnahmen in den Betrieben wurde auf der Basis von standardisierten Ja-nein-Fragen vorgenommen.

Als grundlegendes Element vieler betrieblicher Präventionsprogramme gelten arbeitsmedizinische Untersuchungen. Da in Deutschland dazu eine ganze Reihe unterschiedlicher gesetzlicher Grundlagen bestehen (z. B. Arbeitsschutzgesetz, Arbeitssicherheitsgesetz, Jugendschutz, Gefahrstoffverordnung), deren Durchführung bzw. Teilnahme teils Pflicht, teils freiwillig ist, beschränkte sich die Erhebung auf die Frage nach betrieblichen Vorsorge- und Gesundheitsuntersuchungen. Hier geben 61,6 Prozent der Arbeitnehmer an, dass solche Untersuchungen in ihrem Betrieb durchgeführt bzw. angeboten werden. Im Vergleich zu allen weiteren erhobenen BGF-Maßnahmen und -Instrumenten liegt hier der Anteilswert ostdeutscher Arbeitnehmer (63,8%) das einzige Mal über dem der westdeutschen Kollegen (61,4%).

Als weiterer zentraler Bestandteil betrieblicher Prävention gilt die Analyse und (Gefährdungs-) Beurteilung der Arbeitsbedingungen und die Ableitung entsprechend notwendiger Maßnahmen und Konsequenzen. Jeder zweite Beschäftigte (49,9%) gibt an, dass sein Arbeitsplatz schon mal im Hinblick auf gesundheitliche Risiken und gesundheitsgerechte Gestaltung überprüft worden sei.

Gesundheitliche Beeinträchtigungen durch psychische Belastungen führen oft zu langfristigen ärztlichen oder psychotherapeutischen Behandlungen. Generell ist eine Zunahme psychischer Erkrankungen und ein Anstieg der Fehlzeiten bei den Betroffenen zu beobachten.[1] In diesem Zusammenhang ist auch das Thema Mobbing von Bedeutung: Mehr als zwei Fünftel (45,3%) der Arbeitnehmer geben an, dass ihr Unternehmen Betroffenen Unterstützung und Hilfe bei der Bewältigung von Mobbing und sozialen Konflikten am Arbeitsplatz anbietet.

Interaktive Verfahren zur Ermittlung und Behebung gesundheitlicher bzw. psychischer Risiken und Belastungen werden dagegen insgesamt deutlich weniger benannt, zumal diese auch konzeptionell eher zielgruppenbezogen vermittelt werden. 20,0 Prozent der Befragten geben an, Beratungs-Angebote wie Supervision und Coaching zur Ermittlung und Lösung gesundheitlicher Probleme im Arbeitsumfeld, die sich vorrangig an Führungskräfte bzw. Berater und Beziehungsarbeiter richten, seien in ihrem Betrieb vorhanden. Arbeitsgruppen und Gesundheitszirkel, bei denen Beschäftigte als Beteiligte bei der gesundheitsgerechten Gestaltung ihres Arbeitsplatzes zusammen mit Fachkräften, Betriebsarzt und Vorgesetzten gemeinsam krank machende Faktoren im Arbeitsumfeld identifizieren und Verbesserungsvorschläge erarbeiten sollen, bestätigen 15,9 Prozent der Befragten für ihren Betrieb.

Neben den vom Ansatz her partizipativen Gesundheitszirkeln werden in den Betrieben auch so genannte „Rückkehrgespräche" zur Senkung des Krankenstandes durchgeführt. Häufig laufen diese Gespräche gleichzeitig mit Maßnahmen der betrieblichen Gesundheitsförderung oder werden sogar als Teil der betrieblichen Gesundheitsförderung verstanden [8]. Mehr als ein Drittel (35,2%) der Befragten gibt an, dass in ihrem Betrieb „Gespräche zwischen Vorgesetzten und Beschäftigten, die häufiger krank waren" stattfinden. Ob es sich bei diesen Gesprächen immer um eher disziplinarische Rückkehrergespräche oder um betriebliches Wiedereingliederungsmanagement für Langzeiterkrankte (i. S. § 84.2 SGB IX) handelt, war im Rahmen der telefonischen Erhebung allerdings nicht zu klären.

Befragungen von Mitarbeitern gelten inzwischen als Standardanalyseinstrument in der betrieblichen Präventionsarbeit. Neben Fragen zu Arbeitsabläufen, -organisation, -klima und Führung können hier gezielt gesundheitliche Belastungen und Bedarfe aus der Sicht der Betroffenen anonymisiert erhoben werden. Jeder Dritte (33,2%) berichtet, dass in seinem Unternehmen Mitarbeiterbefragungen zur Ermittlung von gesundheitlichen Belastungen durchgeführt worden sind.

Neben der Analyse und Ermittlung von Arbeitsbelastungen werden in unterschiedlicher Verbreitung Maßnahmen und Projekte zur Steuerung von gesundheitsgerechtem Verhalten (Bewegung, Entspannung, Ernährung, Suchtbekämpfung) angeboten bzw. durchgeführt.

Fast zwei Fünftel der Beschäftigten bejahen die Frage nach der Existenz betrieblicher Sportgruppen (39,8%). Knapp ein Drittel (31,3%) gibt an, ihr Betrieb bietet arbeitsplatzbezogene Maßnahmen zur Tabak- bzw. Suchtprävention an.

Gesundheitsfördermaßnahmen wie arbeitsplatzbezogene Rückenschulen und betriebliche Angebote zur Stressbewältigung und Entspannung werden von 29,1 bzw. 24,2 Prozent der Befragten berichtet. 14,1 Prozent der Befragten geben an, dass ihr Unternehmen ihnen einen finanziellen Zuschuss für den Besuch eines Fitnessstudios oder Sportvereins gewährt. Im Weiteren wurde nach dem Vorhandensein einer Firmenkantine mit gesunder Ernährung (44,4%) bzw. eines Fitnessraums im Betrieb (11,8%) gefragt, die ebenfalls als Indikator dafür gelten können, dass sich ein Unternehmen um die Gesundheit seiner Mitarbeiter bemüht. Am geringsten ist die Zustimmung bei der Frage nach existierenden Angeboten von betrieblichen Gesundheitsmaßnahmen speziell für Ältere: Von Gesundheitsförderung für Beschäftigte ab 50 Jahren in seinem Unternehmen weiß nur jeder Zehnte (10,7%).

Bei der Verbreitung betrieblicher Angebote und Maßnahmen zur Gesundheitsförderung lässt sich ein deutlicher Trend zugunsten der Unternehmensgröße erkennen, die Benennung von Maßnahmen nimmt mit der Anzahl der Beschäftigten in den Betrieben deutlich zu (Tabelle 9.2).

Die Auswertung der Beschäftigtenangaben nach Branchenzugehörigkeit zeigt, wie unterschiedlich verteilt BGF-Maßnahmen und -Angebote über alle Branchen sind (Tabelle 9.3): Bei Beschäftigten aus dem privaten Dienstleistungssektor, der Baubranche und dem Handel fallen die Angaben zur Verbreitung von BGF-Maßnahmen am geringsten aus. Arbeitnehmer aus dem verarbeitendem Gewerbe, der Verwaltung und dem Banken- und Versicherungssektor benennen im Vergleich dazu deutlich häufiger betriebliche Gesundheitsmaßnahmen.

---

1 Vgl. hierzu auch den Beitrag von Heyde et al. in diesem Band.

Tabelle 9.2. Werden in Ihrem Unternehmen folgende Maßnahmen angeboten bzw. durchgeführt?

Anteil „Ja"-Nennungen in Prozent	Befragte insg.	Betriebsgröße nach Anzahl Beschäftigter				
		10–49	50–99	100–499	500–999	> 1000
n	*2.010*	*548*	*297*	*509*	*204*	*452*
Durchführung von Vorsorge- oder Gesundheitsuntersuchungen	61,6	37,8	48,8	70,1	79,4	81,4
Prüfung auf gesundheitsgerechte Arbeitsplatzgestaltung	49,9	31,9	46,5	51,9	60,8	66,6
Hilfe bei der Bewältigung von Mobbing und Konflikten	45,3	30,1	42,1	41,8	55,4	65,3
Kantine mit Angeboten zur gesunden Ernährung	44,4	14,2	27,9	47,5	67,2	78,1
Betriebliche Sportgruppe	39,8	12,2	25,6	41,5	57,8	72,6
Vorgesetzten-Gespräche mit Mitarbeitern, die häufiger krank waren	35,2	27,9	36,0	35,8	35,8	42,7
Durchführung von Mitarbeiterbefragungen	33,2	21,9	30,0	33,0	39,2	46,7
Maßnahmen zur Suchtprävention oder zur Raucherentwöhnung	31,3	12,2	15,8	30,8	44,1	59,5
Maßnahmen zur Rückengesundheit (Rückenschulen bzw. Rückengymnastik)	29,1	10,6	17,5	26,1	41,2	56,9
Angebote zur Entspannung und Stressbewältigung	24,2	10,9	16,8	22,6	27,0	45,8
Ermittlung psychischer Belastungen	20,0	15,7	21,2	19,8	21,1	24,3
Betriebliche Gesprächs- oder Arbeitskreise zu Gesundheitsproblemen	15,9	6,6	9,8	13,9	19,6	31,6
Finanzieller Zuschuss für ein Fitnessstudio	14,6	5,8	8,4	12,6	23,0	27,7
Fitnessraum, der unentgeltlich genutzt werden kann	11,8	6,0	11,1	10,0	9,8	22,3
Gesundheitsmaßnahmen für Mitarbeiter über 50	10,7	5,5	8,8	8,6	11,3	20,6

Tabelle 9.3. Werden in Ihrem Unternehmen folgende Maßnahmen angeboten bzw. durchgeführt?

Anteil „Ja"-Nennungen in Prozent	Befragte insg.	Öff. Verw./ Sozialversicherung	Baugewerbe	Verarb. Gewerbe	Verkehr, Transport	Energie, Bergbau + Land- u. Forstwirtschaft	Dienstleistungen	Handel	Banken/ Versicherungen
n	2.010	414	77	374	76	75	734	170	78
Durchführung von Vorsorge- oder Gesundheitsuntersuchungen	61,6	54,8	59,7	76,5	67,1	74,7	58,6	47,1	69,2
Prüfung auf gesundheitsgerechte Arbeitsplatzgestaltung	49,9	50,7	32,5	55,6	44,7	61,3	47,7	40,0	71,8
Hilfe bei der Bewältigung von Mobbing und Konflikten	45,3	61,4	22,1	43,3	39,5	53,3	44,1	26,5	42,3
Kantine mit Angeboten zur gesunden Ernährung	44,4	44,9	22,1	55,6	47,4	48,0	42,9	28,8	51,3
Betriebliche Sportgruppe	39,8	44,9	24,7	45,5	76,0	49,3	35,6	24,7	61,5
Vorgesetzten-Gespräche mit Mitarbeitern, die häufiger krank waren	35,2	42,3	26,0	39,8	35,5	30,7	31,9	34,7	20,5
Durchführung von Mitarbeiterbefragungen	33,2	34,5	24,7	38,8	32,9	42,7	31,6	23,5	35,9
Maßnahmen zur Suchtprävention oder zur Raucherentwöhnung	31,3	38,2	14,3	40,1	31,6	46,7	24,7	18,8	41,0
Maßnahmen zur Rückengesundheit (Rückenschulen bzw. Rückengymnastik)	29,1	29,0	13,0	34,0	30,3	36,0	30,1	11,8	41,0
Angebote zur Entspannung und Stressbewältigung	24,2	34,5	6,5	20,6	25,0	25,3	24,4	8,8	34,6
Ermittlung psychischer Belastungen	20,0	25,1	7,8	14,2	18,4	21,3	23,6	10,6	19,2
Betriebliche Gesprächs- oder Arbeitskreise zu Gesundheitsproblemen	15,9	17,1	3,9	22,5	15,8	26,7	13,5	11,2	11,5
Finanzieller Zuschuss für ein Fitnessstudio	14,6	8,9	7,8	18,4	14,5	20,0	14,3	7,6	42,3
Fitnessraum, der unentgeltlich genutzt werden kann	11,8	22,7	1,3	8,0	9,2	10,7	10,9	4,1	12,8
Gesundheitsmaßnahmen für Mitarbeiter über 50	10,7	15,0	3,9	15,0	18,7	18,4	7,8	2,4	6,4

9

9.2.3 Teilnahme an BGF-Maßnahmen

Die Angaben zur Teilnahme an betrieblichen Interventionen bzw. durchgeführten Maßnahmen zur Mitarbeitergesundheit fallen – bezogen auf alle abhängig Beschäftigten – insgesamt sehr niedrig aus. Bei Analyseinstrumenten und Angeboten mit potenziell verpflichtendem oder systematischem Charakter lassen sich die höchsten Teilnahmequoten erkennen. Dabei wird deutlich, dass Beschäftigte größerer Betriebe häufiger an BGF Maßnahmen teilnehmen. Gleichzeitig differiert die entsprechende Teilnahme deutlich nach den Branchen der Betriebe (Tabelle 9.4).

An verhaltenspräventiven Maßnahmen zur Bewegung und Entspannung wie Rückenschulen, Betriebssport und Stressabbau haben insgesamt lediglich zwischen 10 und 13 Prozent der Beschäftigten teilgenommen. Die Angaben der Befragten über eine Teilnahme an betrieblichen Maßnahmen zur Suchtprävention sind erwartungsgemäß sehr gering (3,3%). Jeder zehnte gibt persönliche Erfahrungen mit Rückkehrgesprächen an, 8,9 Prozent mit Gesundheitszirkeln.

Bei Fragen nach der Inanspruchnahme von bzw. Teilnahme an psychologischen Hilfen und Unterstützungsmassnahmen fallen die Angaben noch niedriger aus (6,2%). Knapp fünf Prozent aller Beschäftigten nehmen einen finanziellen Zuschuss für die Nutzung eines Fitnesscenters in Anspruch (4,8%) oder nutzen einen firmeneigenen Fitnessraum (4,2%). Das Schlusslicht bilden gesundheitsfördernde Maßnahmen für Beschäftigte über 50 Jahre: Hier geben insgesamt 2,9 Prozent der Arbeitnehmer aus der entsprechenden Altersgruppe an, daran teilzunehmen.

Bezogen auf die jeweils vorhandenen Angebote im Betrieb bzw. die tatsächliche Realisierung und Verbreitung betrieblicher Maßnahmen zur Senkung der Krankenstände fallen die Teilnahmeraten der Beschäftigten insgesamt natürlich höher aus (Tabelle 9.5). Bei Maßnahmen, die einen potenziell verpflichtenden oder systematischen Charakter haben, wie die Überprüfung der Arbeitsplatzgestaltung, Gesundheitsuntersuchungen, Mitarbeiterbefragungen, oder die per se nur bestimmte Zielgruppen adressieren (Supervision, Coaching, Gesundheitszirkel), ist die Beteiligungsquote der betroffenen Beschäftigten erwartungsgemäß sehr hoch. Die Teilnahmeraten bei Maßnahmen, die im Rahmen betrieblicher Verhaltensprävention angeboten werden, bewegen sich dagegen auf einem niedrigeren Niveau.

Wenn eine Firmenkantine mit Angeboten zur gesunden Ernährung vorhanden ist, wird sie von zwei Dritteln (66,9%) der Beschäftigten auch genutzt – am meisten von unter 30-Jährigen (74,5%). Nahezu jeder Zweite nimmt das betriebliche Angebot an Rückenschulen (47,3%) und Programmen zur Entspannung und Stressabbau (45,2%) auch in Anspruch. Die Inanspruchnahmequote nimmt mit dem Alter der Beschäftigten zu, Frauen nehmen häufiger teil als ihre männlichen Kollegen. Jeweils rund ein Drittel der Beschäftigten nutzt vorhandene Sportangebote wie den betriebseigenen Fitnessraum (35,4%), die Sportgruppe (33,1%) oder nehmen einen Zuschuss für ein Fitnessstudio in Anspruch (33,3%). Diese Maßnahmen werden häufiger von Männern in Anspruch genommen als von Frauen, ferner ist die Teilnahme bei jüngeren überdurchschnittlich hoch und nimmt mit dem Alter ab. Die Inanspruchnahme bestehender betrieblicher Unterstützungsangebote zur Bewältigung von Mobbing und sozialen Konflikten oder zur Suchtprävention scheint dagegen sehr gering zu sein: 13,7 Prozent bzw. 10,7 Prozent geben an, diese Angebote schon genutzt zu haben.

9.2.4 Bewertung von BGF-Maßnahmen

Eine Beurteilung betrieblicher Gesundheitsförderung aus Arbeitnehmersicht fällt – je nach Betroffenheit (Angebot, Teilnahme) – erwartungsgemäß unterschiedlich aus. Bei der Frage nach dem Nutzen von BGF insgesamt – sowohl für die Mitarbeiter als auch für das Unternehmen jeweils auf einer fünfstufigen Skala („sehr gering" bis „sehr hoch") erhoben – zeigt sich, dass jeder Zweite (51,8%) den Nutzen von BGF für die Mitarbeiter mit „hoch" bzw. „sehr hoch" einstuft (Abb. 9.1). Knapp ein Drittel (31,4%) urteilt „teils, teils" und lediglich 16,4% der Befragten bewerten den Nutzen von BGF insgesamt mit „gering" bzw. „sehr gering". Der Nutzen für die Unternehmen wird insgesamt signifikant positiver beurteilt: Drei Fünftel (60,5%) der Arbeitnehmer antworteten hier mit „hoch" bzw. „sehr hoch", ein Viertel (25,9%) urteilt indifferent und 12,5 Prozent schätzen den Nutzen für das Unternehmen als „gering" bzw. „sehr gering" ein. Die Nutzenbewertung korreliert dabei stark mit der Schulbildung der Befragten: Je höher der Bildungsabschluss der Befragten, umso höher wird auch der Nutzen für das Unternehmen eingestuft.

Befragte, die Präventionsangebote aus dem eigenen Unternehmen kennen, bewerten den Nutzen betrieblicher Gesundheitsförderung erwartungsgemäß höher als Arbeitnehmer, die für ihren Betrieb keine BGF-Maßnahmen angegeben haben. Bei Personen, die in ihrem Unternehmen an konkreten Maßnahmen wie Rückenschulen, Betriebssport oder Entspannungskur-

Tabelle 9.4. Haben Sie folgende Angebote in Anspruch genommen bzw. daran teilgenommen?

Teilnahme in % bezogen auf alle Beschäftigten	Befragte insg.	nach Branchen							
		Öff. Verw./Sozial-versicherung	Baugewerbe	Verarb. Gewerbe	Verkehr, Transport	Energie, Berg-bau + Land- u. Forstwirtschaft	Dienstleis-tungen	Handel	Banken/Versi-cherungen
n	2.010	414	77	374	76	75	734	170	78
Vorsorge- oder Gesundheitsunter-suchungen	50,8	47,3	50,6	62,8	55,3	64,0	47,0	37,1	57,7
Prüfung auf gesundheitsgerechte Arbeitsplatzgestaltung	48,4	49,1	31,2	55,0	43,4	57,3	45,9	38,8	70,6
Kantine mit Angeboten zur gesun-den Ernährung	29,7	28,0	14,3	38,5	39,5	32,0	27,5	18,8	43,6
Mitarbeiterbefragungen	29,3	31,7	22,1	35,8	27,7	36,0	27,4	17,7	32,0
Ermittlung psychischer Belastungen	19,2	24,0	7,8	13,7	18,4	20,0	22,3	10,6	19,3
Maßnahmen zur Rückengesundheit (Rückenschulen bzw. Rückengym-nastik)	13,7	14,0	3,9	17,9	10,5	17,3	14,2	4,7	19,2
Betriebliche Sportgruppe	13,2	17,4	6,5	15,0	6,6	9,3	12,5	7,1	16,7
Angebote zur Entspannung und Stressbewältigung	10,9	15,5	–	8,0	13,2	5,3	12,0	5,3	16,7
Vorgesetzten-Gespräche mit Mitar-beitern, die häufiger krank waren	10,2	11,6	6,5	12,8	11,8	9,3	9,9	7,6	–
Betriebliche Gesprächs- oder Arbeitskreise zu Gesundheitspro-blemen	8,9	9,0	2,6	13,1	7,9	13,4	8,2	7,0	3,9
Hilfe bei der Bewältigung von Mob-bing und Konflikten	6,2	8,7	5,2	3,2	2,6	10,7	7,1	4,1	5,1
Finanzieller Zuschuss für ein Fitness-studio	4,8	3,6	–	6,7	1,3	9,3	4,1	3,5	15,4
Fitnessraum, der unentgeltlich genutzt werden kann	4,2	8,7	–	2,4	2,6	2,7	4,6	–	–
Maßnahmen zur Suchtprävention oder zur Raucherentwöhnung	3,3	4,3	5,2	3,7	2,6	5,3	2,3	2,4	3,8
Gesundheitsmaßnahmen für Mitar-beiter über 50	2,9	5,3	–	2,6	–	7,1	1,1	–	–

9

Tabelle 9.5. Haben Sie folgende Angebote in Anspruch genommen bzw. daran teilgenommen?

Teilnahme in % bezogen auf vorhandene Maßnahme		Alter				Geschlecht	
	insg.	< 30	30–39	40–49	50+	m	w
Prüfung auf gesundheitsgerechte Arbeitsplatzgestaltung	97,0	95,9	95,0	97,5	98,5	98,0	95,9
Ermittlung psychischer Belastungen	96,7	96,6	95,8	96,3	98,9	97,1	96,5
Mitarbeiterbefragungen	88,2	77,7	85,7	90,5	92,9	88,6	87,6
Vorsorge- oder Gesundheitsuntersuchungen	82,4	77,3	78,8	85,1	84,9	81,7	83,3
Kantine mit Angeboten zur gesunden Ernährung	66,9	74,5	72,0	62,8	64,6	70,5	62,2
Betriebliche Gesprächs- oder Arbeitskreise zu Gesundheitsproblemen	56,1	45,5	55,4	58,0	58,3	56,9	55,1
Maßnahmen zur Rückengesundheit (Rückenschulen bzw. Rückengymnastik)	47,3	48,4	36,5	47,5	55,4	45,3	50,0
Angebote zur Entspannung und Stressbewältigung	45,2	40,6	38,3	43,6	54,9	41,3	49,4
Fitnessraum, der unentgeltlich genutzt werden kann	35,4	51,7	32,8	36,4	30,0	37,8	32,4
Gesundheitsmaßnahmen für Mitarbeiter über 50	34,1	–	–	–	34,1	31,0	40,0
Finanzieller Zuschuss für ein Fitnessstudio	33,3	46,3	40,5	27,3	27,3	33,6	33,1
Betriebliche Sportgruppe	33,1	38,3	37,0	31,5	29,3	37,1	27,0
Vorgesetzten-Gespräche mit Mitarbeitern, die häufiger krank waren	29,1	17,9	25,8	32,6	33,5	33,9	24,0
Hilfe bei der Bewältigung von Mobbing und Konflikten	13,7	14,3	13,7	11,1	16,7	10,3	17,1
Maßnahmen zur Suchtprävention oder zur Raucherentwöhnung	10,7	14,9	12,2	7,7	11,5	12,6	7,8

sen teilgenommen haben, fällt die Nutzenbewertung nochmals deutlich positiver aus.

Die Analyse der Freitext-Angaben zur Nutzenbewertung ergab, dass die Beschäftigten für sich von BGF vor allem eine Verbesserung der allgemeinen Gesundheit (58,8%) erwarten und andererseits durchaus erkennen, dass die Unternehmen Gesundheitsmanagement für kostensenkende Ziele einsetzen: nämlich zur Senkung krankheitsbedingter Fehlzeiten (40,5%) und zur Erhöhung der Leistungsfähigkeit (28,7%) und Motivation (10,3%).

Die betrieblichen Gesundheitsförderungsmaßnahmen und -aktivitäten, die nach Angaben der Befragten an ihrem Arbeitsplatz angeboten werden, wurden anschließend im Einzelnen bewertet. Dazu sollten die jeweiligen Maßnahmen auf einer fünfstufigen Skala zwischen „sehr wichtig" und „völlig unwichtig" eingeordnet werden.

Hier standen die gesundheitsgerechte Gestaltung des Arbeitsplatzes (89,7%) und Gesundheitsuntersuchungen (85,6%) an oberster Stelle – sie wurden am häufigsten als wichtig eingestuft. Aber auch Analyseinstrumente zur Ermittlung von psychischen Problemen (83,8%), Mitarbeiterbefragungen zur Ermittlung gesundheitlicher Belastungen (78,7%) sowie Gesundheitszirkel (74,9%) schätzt die überwiegende Mehrheit der beteiligten Befragten als wichtig bzw. sehr wichtig ein.

Bei den angegebenen präventiven BGF-Maßnahmen wird am häufigsten die Gesundheitsförderung für ältere Arbeitnehmer (82,9%) und die Unterstützung seitens des Betriebes bei der Bewältigung von Mobbing und Konflikten (81,8%) als wichtig bzw. sehr wichtig erachtet. Eine wichtige Rolle spielen auch konkrete Angebote wie Rückenschulen (73,8%) und Maßnahmen zur Entspannung und zum Stressabbau (68,2%). Hier ist ferner mit zunehmendem Alter eine deutliche Zunahme der Wertschätzung zu erkennen. Eine Kantine mit Angeboten zur gesunden Ernährung wird, wo sie existiert, auch mehrheitlich geschätzt (64,8%). Das gilt auch für Maßnahmen zur Suchtprävention und die Gewährung finanzieller Unterstützung für die Nutzung von externen Fitnessstudios: Beschäftigte, die für ihren Betrieb ein solches Angebot angeben, werten dies auch mehrheitlich als wichtig (jeweils 60,8%). Vorhandene Betriebssportangebote bzw. ein betrieblicher Fitnessraum werden in deutlich geringerem Maße als wichtig erachtet (49,2% bzw. 46,0%).

Die Wertschätzung der angebotenen Maßnahmen ist je nach Geschlecht unterschiedlich: Während Männer häufiger Maßnahmen wie Suchtprävention und Betriebssport sowie die betriebseigene Kantine und den Fitnessraum als wichtig einstufen, legen Frauen deutlich häufiger Wert auf Rückenschulen und Unterstützung bei Stressabbau und psychischen Belastungen.

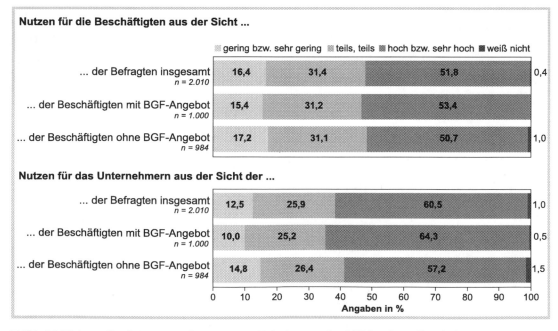

■ **Abb. 9.1.** Wie beurteilen Sie insgesamt den Nutzen von Maßnahmen zur betrieblichen Gesundheitsförderung?

Die Fragen nach der Wichtigkeit einzelner Maßnahmen sind auch denjenigen Arbeitnehmern vorgelegt worden, an deren Arbeitsplätzen die jeweiligen Maßnahmen nicht angeboten bzw. nicht durchgeführt wurden (Tabelle 9.6). Auch sie haben mit Hilfe der fünfstufigen Skala eine Wertung abgegeben. Die Wertschätzungen dieser Gruppe haben somit eine „Indikatorfunktion" für den Bedarf an BGF-Maßnahmen.

Deutlich wird, dass sich hier die Bewertungen anders als in der Vergleichsgruppe verteilen: Neben der allgemein hohen Wertschätzung einer Prüfung auf eine gesunde Arbeitsplatzgestaltung (64,3%) stufen die Befragten hier mehrheitlich konkrete betriebliche Interventionen wie Rückenschulen (62,9%), Unterstützung bei der Bewältigung von Mobbing und Konflikten (59,5%), Entspannung und Stressabbau

Tabelle 9.6. Wie wichtig ist Ihnen folgendes Angebot in Ihrem Betrieb? (Anteil „wichtig" und „sehr wichtig" in %)

nur Befragte ohne ...	insg.	Branchen							
		Öff. Verw./Sozial-versicherung	Baugewerbe	Verarb. Gewerbe	Verkehr, Transport	Energie, Bergbau + Land- u. Forstwirtschaft	Dienstleistungen	Handel	Banken/Versicherungen
n	2.010	414	77	374	76	75	734	170	78
Prüfung auf gesunde Arbeitsplatzgestaltung	64,3	70,3	56,5	68,1	61,1	60,0	59,7	65,6	80,0
Rückenschule	62,9	61,8	62,7	63,0	68,0	57,8	61,4	67,8	70,7
Hilfe bei der Bewältigung von Mobbing/Konflikten	59,5	63,2	57,4	54,9	51,3	50,0	63,6	55,9	56,4
Entspannung/Stressbewältigung	57,7	61,5	42,4	50,7	56,4	50,0	61,9	61,7	47,9
Vorsorge- bzw. Gesundheitsuntersuchungen	56,9	44,4	65,5	73,5	77,3	55,6	55,7	62,1	57,1
Ermittlung psychischer Belastungen	54,2	62,0	34,8	50,5	50,0	49,1	55,6	57,0	48,4
Mitarbeiterbefragungen	54,1	51,6	60,0	56,7	54,2	59,0	53,4	53,5	53,2
Gesundheitsmaßnahmen für MA über 50	51,2	55,8	47,6	56,0	51,9	54,2	47,4	48,7	52,5
Zuschuss für Fitnessstudio	46,8	44,6	36,2	46,3	43,5	32,8	50,3	50,3	47,7
Kantine mit gesunder Kost	38,5	47,5	21,7	39,8	43,6	40,5	37,4	31,9	34,3
Gesprächs- oder Arbeitskreise	32,9	32,2	31,8	33,3	28,6	34,8	32,9	32,9	36,1
Suchtprävention/Raucherentwöhnung	30,7	25,1	23,3	34,5	32,7	26,3	33,3	31,9	20,5
Fitnessraum	26,1	26,0	21,9	25,7	25,8	15,4	29,8	21,7	20,9
Betriebssport	24,9	26,1	19,3	19,2	15,9	18,4	26,5	28,0	50,0

(57,7%) als wichtig ein. Mehr als die Hälfte dieser Teilgruppe schätzt ferner diagnostische Maßnahmen wie Gesundheitsuntersuchungen (56,9%), die Ermittlung psychischer Belastungen (54,2%) sowie Mitarbeiterbefragungen (54,1%) als wichtig bzw. sehr wichtig ein. Die Wertschätzung dieser Analyseinstrumente steigt mit dem Alter der Befragten deutlich an. Die demographische Entwicklung wird dazu führen, dass Betriebe künftig ältere Belegschaften haben werden. Jeder zweite (51,2%) hält bedarfsorientierte Maßnahmen für Beschäftigte ab 50 Jahre für wichtig. Als weniger wichtig gelten dagegen Maßnahmen wie die Bezuschussung von Fitnessstudiobesuchen (46,8%), eine Firmenkantine mit gesunder Ernährung (38,5%), Gesundheitszirkel (32,9%), Suchtprävention (30,7%) sowie Fitnessraum (26,1%) und Betriebssport (24,9%).

Ein Blick auf die verschiedenen Wirtschaftsbranchen zeigt, dass Befragte aus der Banken- und Versicherungsbranche überdurchschnittlich häufig eine gesundheitsgerechte Arbeitsplatzgestaltung (80,0%) und Rückenschulen (70,7%) als wichtig erachten. Die Rückenschulen stehen wiederum für Beschäftigte im Handel in der Wichtigkeitsskala ganz oben (67,8%). Für Beschäftigte in der öffentlichen Verwaltung ist häufig ein gesundheitsgerecht gestalteter Arbeitsplatz (70,3%) und die Bewältigung von Mobbing (63,2%) wichtig. In der Verkehrs- und Transportbranche, im verarbeitenden Gewerbe sowie im Bausektor werden am häufigsten Gesundheitsuntersuchungen (77,5%, 73,5% und 65,5%) als wichtig angegeben. Arbeitnehmer im privaten Dienstleistungsbereich finden Unterstützung bei Mobbing (63,6%) und Entspannung bzw. Stressabbau (61,9%) am häufigsten wichtig.

Abbildung 9.2 stellt gegenüber, welche BGF-Maßnahmen in den Betrieben angeboten werden und welche sich die Arbeitnehmer wünschen. Diese Ergebnisse beinhalten die Antworten aller Befragten, also von Arbeitnehmern mit und ohne BGF-Angebot im Betrieb gleichermaßen. Es sind deutliche Unterschiede zwischen dem tatsächlichen Angebot verschiedener BGF-Maßnahmen in den Betrieben und den Wünschen der Arbeitnehmer erkennbar.

9.2.5 Bedarf an BGF

Neben Fragen nach Verbreitung, Teilnahme und Wertschätzung einzelner Maßnahmen betrieblicher Gesundheitsförderung wurde bei den Arbeitnehmern ferner der Handlungsbedarf an BGF aus ihrer Sicht ermittelt. Auf die allgemein formulierte Frage, ob der eigene Betrieb mehr für die Gesundheit der Beschäftigten tun solle, antworten fast zwei Drittel (62,7%) der Befragten mit „ja", 36,7% verneinen dies. Frauen vertreten

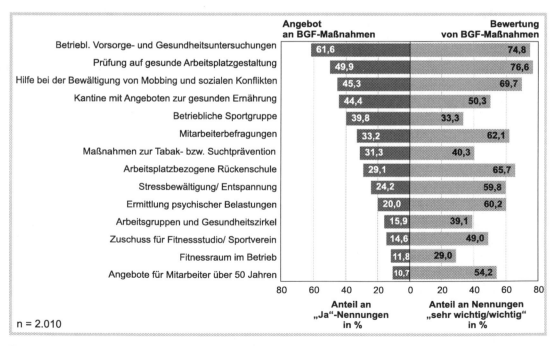

n = 2.010

❑ **Abb. 9.2.** Angebot und Bewertung von BGF-Maßnahmen

diese Auffassung häufiger (65,1%) als Männer (58,3%). Beschäftigte aus Klein- und Mittelbetrieben stimmen häufiger zu (66,1%) als Beschäftigte aus Großbetrieben (48,7%). Ein Blick auf die Branchen zeigt die höchste Zustimmung auf die Frage bei Beschäftigten des Handels (70,0%) und der Baubranche (64,9%), die geringste bei Arbeitnehmern aus der Bergbau- und Energiebranche (48,0%).

Diejenigen, die einen Bedarf für ihren Betrieb sehen, wurden im Anschluss im Rahmen einer offenen Fragestellung nach ihren Wünschen und Vorstellungen im Hinblick auf betriebliche Prävention gefragt. Die hier gemachten Angaben geben konkreten Aufschluss über den potenziellen Bedarf der Beschäftigten. An der Spitze der Angaben steht die Forderung nach einer Ermittlung von körperlichen Belastungen und Gefährdungen am Arbeitsplatz (44,9%). Darüber hinaus werden konkrete Maßnahmen wie Stressabbau und Entspannung (28,5%), Rückenschulen (27,8%) und Sport (25,7%) angegeben. 14,0% der formulierten Maßnahmen betreffen Bedarfe im Umgang mit psychischen Belastungen: Hier wurden Interventionen wie Supervision und Coaching genannt. Für 7,8% ist eine gesunde Ernährung wichtig, 4,5% benötigen Hilfe bei der Bewältigung von Mobbing.

Weitere Angaben beziehen sich auf eine Verbesserung der Arbeitsorganisation (3,8%), mehr Vorsorgeuntersuchungen (3,0%), Informationen über gesundheitsrelevante Themen im Betrieb und die Umsetzung von Nichtraucherschutzregelungen (jeweils 2,4%). Ansonsten folgen Nennungen zu Maßnahmen für ältere Mitarbeiter und zur Verbesserung von Führung und Motivation im Betrieb (6,8%).

Die Darstellung nach Wirtschaftsbranchen vermittelt, wie unterschiedlich verteilt die benannten Bedarfe sind (Tabelle 9.7). So konzentrieren sich die Angaben

Tabelle 9.7. Was sollte Ihrer Meinung nach unternommen werden? (Mehrfachnennungen)

| | insg. | Branchen | | | | | | | |
		Öff. Verw./Sozialversicherung	Baugewerbe	Verarb. Gewerbe	Verkehr, Transport	Energie, Bergbau + Land- u. Forstwirtschaft	Dienstleistungen	Handel	Banken/Versicherungen
n	2.010	414	77	374	76	75	734	170	78
Ermittlung körperlicher Belastungen und Gefährdungen	44,9	42,5	47,8	56,7	40,0	46,9	41,1	49,1	37,8
Stressbewältigung, Entspannungsprogramme	28,5	31,6	28,3	18,0	11,1	28,1	32,9	27,8	37,8
Rückenschule/ Rückengymnastik	27,8	24,3	26,1	18,6	26,7	18,8	31,7	40,7	28,9
Sport und Bewegung	25,7	23,5	28,3	18,0	28,9	28,1	27,0	31,5	35,6
Umgang mit psychischen Belastungen	14,0	15,8	2,2	10,3	4,4	6,3	17,6	10,2	22,2
Gesunde Ernährung	7,8	10,1	4,3	7,2	–	3,1	7,7	8,3	11,1
Bewältigung von Mobbing	4,5	7,7	2,2	2,6	2,2	9,4	4,2	1,9	2,2
Arbeitsorganisation	3,8	4,5	–	3,1	4,4	–	5,4	1,9	–
Vorsorgeuntersuchungen	3,0	2,0	6,5	3,6	2,2	12,5	2,3	2,8	–
Gesundheitsinformationen	2,4	2,0	2,2	2,6	–	9,4	2,1	2,8	2,2
Nichtraucherschutz	2,4	0,8	2,2	4,1	4,4	–	2,1	4,6	–
Sonstiges	6,8	10,5	–	6,2	4,4	3,1	7,0	3,7	6,7

von Beschäftigen aus dem verarbeitenden Gewerbe hauptsächlich auf die Ermittlung von körperlichen Belastungen (56,7%). Vor allem die Beschäftigten aus Kleinbetrieben (< 50 Mitarbeiter) geben hier am häufigsten Bedarf an (67,6%). In Verwaltung und Dienstleistungsbranchen sowie Banken und Versicherungen liegen die Nennungen zu Belastungsermittlung und Belastungsabbau vergleichsweise dicht beieinander. Unterstützungsbedarf im Umgang mit psychischen Belastungen werden hier ebenfalls häufiger als in anderen Bereichen genannt. Beschäftigte aus dem Handel äußern am häufigsten den Wunsch nach Rückenschulen (40,7%), Bankangestellte am häufigsten den nach Sport und Bewegung (35,6%). Gesunde Ernährung wird am häufigsten von Angestellten aus der Banken- und Versicherungsbranche (11,1%) sowie der öffentlichen Verwaltung (10,1%) gewünscht.

Die Analyse nach Alter ergibt einen mit dem Alter steigenden Bedarf an Maßnahmen zur Stressbewältigung und Entspannung sowie im Umgang mit psychischen Belastungen, während Wünsche nach Bewegungsangeboten und Rückenschulen vorwiegend von jüngeren Beschäftigten formuliert werden. Die Auswertung nach Geschlecht ergibt keinen Unterschied im Ranking der Maßnahmen.

9.3 Ergebnisse aus Mitarbeiterbefragungen

Der Bedarf an betrieblicher Gesundheitsförderung aus Sicht der Arbeitnehmer soll im Folgenden ferner anhand von Ergebnissen aus betrieblichen Mitarbeiterbefragungen dargestellt werden, die in den Jahren 2003 bis 2007 durchgeführt wurden [9]. Auch wenn die Ergebnisse dieser Stichprobendaten nicht verallgemeinerbar sind, bieten sie doch praxisbezogene Informationen aus der Nutzerperspektive. Mit Hilfe der Befragungen werden Einstellungen, Bewertungen und Verhaltensweisen der Beschäftigten in Hinblick auf ihre Arbeits- und Gesundheitssituation ermittelt.[2] Auf

---

2   Die Basis bildet ein in Zusammenarbeit mit Experten und Praktikern entwickelter, modular aufgebauter Fragenkatalog, der über 100 hauptsächlich standardisierte und geschlossene Fragen zu Themen wie „gesundheitliche Situation", „Belastungsfaktoren am Arbeitsplatz", „Führungsverhalten" und „Arbeitszufriedenheit" umfasst. Die Formulierung und Antwortskalierung der einzelnen Items stehen dabei weitgehend fest, was eine Vergleichbarkeit der Ergebnisse gewährleistet. Darüber hinaus besteht für beteiligte Unternehmen die Möglichkeit, auf den jeweiligen Betrieb bezogene zusätzliche Fragen frei zu wählen.

der Grundlage der aufbereiteten Befragungsergebnisse werden anschließend im Rahmen eines abgestimmten betrieblichen Gesundheitsmanagements zielgerichtete Interventionen entwickelt und in den Unternehmen eingesetzt.

Die Befragungsdaten stammen aus rund 200 Betrieben mit insgesamt mehr als 40 000 Mitarbeitern. Mehrheitlich wurden Beschäftigte aus Klein- und mittelständischen Betrieben befragt; das größte Unternehmen hat 1974 Beschäftigten, das kleinste 32 Mitarbeiter. Vertreten waren Betriebe und Firmen aus fast allen Wirtschaftszweigen, wobei die meisten befragten Mitarbeiter aus dem verarbeitenden Gewerbe kommen.

Auf die Frage nach den subjektiv wichtigen Faktoren für die eigene Gesundheit sehen die befragten Mitarbeiter – neben Angaben von Grundbedürfnissen wie genügend Schlaf und ausreichende Ernährung – gesunde Arbeitsbedingungen an dritter Stelle, noch vor der eigenen Zufriedenheit als besonders wichtig an (54,3% der Angaben). 27,3 Prozent der Angaben beziehen sich auf mehr Informationen über gesundes Verhalten am Arbeitsplatz und Gesundheitskurse für Mitarbeiter (26,9%).

Im Kontext der Ermittlung von arbeitsplatzbezogenen Belastungen sind fast zwei Drittel (63,8%) der befragten Arbeitnehmer der Ansicht, dass ihre gesundheitlichen Beschwerden durch veränderte Arbeitsbedingungen reduziert werden könnten. Bei der Frage, welche konkreten Gesundheitsangebote hier von Interesse sind, stehen vor allem Wünsche nach Bewegung und Entspannung im Vordergrund (Tabelle 9.8).

Korrespondierend mit den häufig angegebenen arbeitsplatzbezogenen Rückenschmerzen fordern die befragten Mitarbeiter ferner Maßnahmen, die sich auf die Kenntnisvermittlung und Therapie von Rückenproblemen beziehen (Rückenschulen und Beratung für gesunden Rücken) [10]. Außerdem werden Maßnahmen zum Stressabbau sowie konkrete Angebote aus dem Spektrum Ernährung und Bewegung gewünscht (gesunde Kantinenangebote, Bewegungspausen und Gewichtsreduzierung). Maßnahmen zur Suchtprävention (Nichtrauchertrainings, Suchtberatung) werden dagegen deutlich seltener genannt.

9.4 Schlussfolgerungen

Kosten und Nutzen vieler BGF-Maßnahmen werden häufig kritisch diskutiert, die Evaluation von BGF gilt als schwierig. Auch mit Hilfe der vorliegenden empirischen Daten ist nicht einzuschätzen, wie es jeweils

Tabelle 9.8. Welche der folgenden Gesundheitsangebote sind für Sie von Interesse? (Mehrfachantworten)

| | Befragte Mitar-beiter insg. | Branchen | | | | | | |
		Öff. Verw./Sozi-alversicherung	Verarb. Ge-werbe	Verkehr, Trans-port	Energie, Berg-bau + Land- u. Forstwirtschaft	Dienstleistun-gen	Handel	Banken/Versi-cherungen
n	16.041	5.537	6.668	236	406	2.016	764	414
Arbeitsplatzbezogene Rücken-schule	46,5	50,5	43,4	46,2	41,4	48,3	45,0	42,5
Stressbewältigung mit Entspan-nung	43,7	48,3	40,3	36,0	33,3	46,6	42,0	40,6
Entspannungskurse	34,3	37,3	33,0	26,7	28,3	32,7	29,8	42,5
Beratung am Arbeitsplatz für gesunden Rücken	32,1	30,4	34,1	33,5	27,1	29,1	39,8	24,9
Gesunde Kantinenangebote	24,9	18,9	23,8	23,7	37,2	33,9	35,5	47,1
Tägliche Gymnastik am Arbeits-platz (Bewegungspausen)	23,4	27,2	19,8	12,3	12,8	27,6	23,2	28,0
Programme zur Gewichtsab-nahme	21,7	24,3	20,2	26,7	23,2	19,5	19,4	19,1
Angebote zu Kommunikation und Führung	14,7	16,5	13,4	12,3	14,8	13,7	13,4	21,3
Nichtraucher-Training	10,5	8,0	12,6	18,2	10,8	9,4	12,0	8,9
Betriebliche Arbeitsgruppe zum Gesundheitsschutz	10,3	5,6	14,6	16,9	10,6	7,9	11,9	8,0
Angebote zur Suchtberatung	2,5	1,6	3,1	4,7	1,5	3,4	2,2	1,9

um die Qualität und Effektivität einzelner Maßnahmen bestellt war, ob es sich um systematische Programme oder nur punktuelle Angebote handelt, ob bei der Verhältnisprävention nur den Standards gemäß den gesetzlichen Vorgaben Rechnung getragen wurde und welchen konzeptionellen und zeitlichen Hintergrund und Erfolg die Maßnahmen zur Verhaltensprävention jeweils hatten.

Dennoch vermitteln die dargestellten Auswertungen plausible Hinweise auf die Einstellungen von Arbeitnehmern zu arbeitsplatzbezogenen Interventionen und lassen Präferenzen und Bedarfe erkennen. So bewertet die Mehrheit der Befragten die gesundheitsgerechte Gestaltung ihres Arbeitsplatzes kritisch, Fragen zur Kenntnis und Akzeptanz von BGF insgesamt werden zudem sehr heterogen beantwortet – je nach Betriebsgröße und Branche der Beschäftigten. Kenntnisstand und Wissen über vorhandene BGF-Angebote nimmt mit der Betriebsgröße zu, analog dazu wächst auch die Zufriedenheit mit der gesundheitsgerechten Gestaltung des eigenen Arbeitsplatzes. Hier zeigt sich ferner ein deutlicher Zusammenhang mit den angegebenen Fehlzeiten: Häufigkeit und Dauer von Arbeitsunfähigkeit sind dann niedriger, wenn der eigene Arbeitsplatz als gesundheitsgerecht eingestuft wird.

Die Teilnahme an einzelnen Maßnahmen bewegt sich insgesamt auf einem eher niedrigen Niveau; die einzelnen Anteile differieren sowohl nach Geschlecht und Altersgruppen als auch nach Branche und Betriebsgröße. Die Bewertung der Beschäftigten von BGF insgesamt und auch von einzelnen betrieblichen Maßnahmen fällt tendenziell positiv aus. Personen, die einzelne Maßnahmen kennen bzw. an ihnen teilgenommen haben, bewerten den Nutzen nicht nur für die Mitarbeiter, sondern auch für das Unternehmen höher als Arbeitnehmer, die für ihren Arbeitsplatz keine konkreten BGF-Maßnahmen benennen können. Das Interesse sowohl an verhältnisbezogenen Interventionen (Arbeitsplatzgestaltung) als auch an verhaltensbezogenen Maßnahmen (Rückengesundheit, Bewegung und Entspannung) ist jedoch in dieser Gruppe hoch.

Die Arbeitswelt ist – besonders vor dem Hintergrund von globalen und demographischen Herausforderungen – derzeit einem rasanten Wandel unterworfen. Hier ergeben sich für ein betriebliches Gesundheitsmanagement zentrale Aufgaben. Insgesamt fordert die Mehrheit der befragten Arbeitnehmer, dass die Unternehmen mehr für die Gesundheit der Belegschaften tun müssen – die Motivation auf Seiten der Arbeitnehmer ist vorhanden.

Literatur

[1] Ahlers E, Brussig M (2004) Gesundheitsbelastungen und Prävention am Arbeitsplatz – WSI-Betriebsrätebefragung 2004. In: WSI-Mitteilungen 11/2004, S 617–624

[2] Badura B, Hehlmann T (2003) Betriebliche Gesundheitspolitik. Der Weg zur gesunden Organisation. Berlin Heidelberg New York

[3] Bamberg E, Ducki A, Greiner B (2004) Betriebliche Gesundheitsförderung: Theorie und Praxis, Anspruch und Realität. In: Steffgen, G (Hrsg) Betriebliche Gesundheitsförderung, Göttingen, S 11–35

[4] BKK BV, DGUV, AOK-BV, AEV (2007) IGA-Report 12. Einschätzungen der Erwerbsbevölkerung zum Stellenwert der Arbeit, zur Verbreitung und Akzeptanz von betrieblicher Prävention und zur krankheitsbedingten Beeinträchtigung der Arbeit

[5] Inifes (2006) „Was ist gute Arbeit? Anforderungen aus Sicht von Erwerbstätigen". Forschungsbericht an die Bundesanstalt für Arbeitsschutz und Arbeitsmedizin, Stadtbergen

[6] Gröben F, Ullmer J (2004) Gesundheitsförderung im Betrieb: Postulat und Realität 15 Jahre nach Ottawa – Umsetzung des Settingansatzes. In: Arbeitspapier 88 der Hans-Böckler-Stiftung, Düsseldorf

[7] Hollederer A, Betriebliche Gesundheitsförderung in Deutschland – Ergebnisse des IAB-Betriebspanels 2002 und 2004. In: Gesundheitswesen 69/2007, S 63–76

[8] Kuhn J (2000) Rückkehrgespräche statt Gesundheitszirkel – wohin steuert die betriebliche Gesundheitsförderung? Zeitschrift für Gesundheitsförderung, Heft 2

[9] Redmann A, Zok K (2007) Mehr als ein Meinungsbild. Arbeit und Gesundheit Spezial 11/2007, S 41–43

[10] Vetter C, Redmann A (2005) Arbeit und Gesundheit. Ergebnisse aus Mitarbeiterbefragungen in mehr als 150 Betrieben, Bonn

9

Kapitel 10

Bestimmung des ökonomischen Nutzens eines ganzheitlichen Gesundheitsmanagements

E. M. Schraub · R. Stegmaier · Kh. Sonntag · V. Büch · B. Michaelis · U. Spellenberg

Zusammenfassung. *Betriebliches Gesundheitsmanagement geht heute weit über den klassischen Arbeits- und Gesundheitsschutz hinaus und bezieht vermehrt psychologische Themen ein. Gleichzeitig wird zunehmend die Frage nach dem betriebswirtschaftlichen Nutzen von Investitionen in das Gesundheitsmanagement gestellt. Im Beitrag werden verschiedene Möglichkeiten genannt, den Nutzen des betrieblichen Gesundheitsmanagements zu operationalisieren. Das BiG-Projekt, auf das genauer eingegangen wird, hat die Evaluation eines ganzheitlichen Gesundheitsmanagements zum Ziel. Hierzu wird ein Gesundheitsindex gebildet und es werden Kennzahlen herangezogen, die über die üblicherweise verwendeten Fehlzeiten und Unfallzahlen hinausgehen.*

10.1 Ausgangssituation

Trotz eines hohen Technisierungsgrades werden in unserer heutigen Informations- und Dienstleistungsgesellschaft ca. 70% des Sozialprodukts durch die menschliche Arbeitskraft erwirtschaftet [5]. Bedenkt man zudem, dass beispielsweise im Jahr 2005 die durchschnittliche krankheitsbedingte Arbeitsunfähigkeit je Arbeitnehmer 12,2 Tage und der daraus entstandene volkswirtschaftliche Produktionsausfall in Deutschland ca. 38 Mrd. Euro betrug [4], so wird die Bedeutung der Gesundheit und Sicherheit von Mitarbeitern für die Wertschöpfung von Unternehmen schnell deutlich.

Auch wissenschaftliche Studien bestätigen einen positiven Zusammenhang zwischen der Gesundheit und der Leistung von Mitarbeitern. Cropanzano et al. [9] sowie Halpern [14] zeigten z. B. starke negative Zusammenhänge zwischen Stress, physischer und psychischer Gesundheit sowie Leistung auf. Jacobs et al.

[15] ermittelten, dass die physische Gesundheit und die Work-Life-Balance von wissenschaftlichen Mitarbeitern positiv mit selbstberichteter Produktivität sowie einer objektiven Kennzahl universitärer Forschungsleistung zusammenhing. In Studien des Bertelsmann-Konzerns [22] konnte nachgewiesen werden, dass sich ein „partnerschaftlicher" Führungsstil positiv auf die Identifikation der Mitarbeiter mit dem Unternehmen auswirkt. Mitarbeiter mit einer hohen Identifikation fehlen und kündigen wiederum seltener als solche, die sich weniger stark mit dem Unternehmen identifizieren.

Gesundheit und Sicherheit bei der Arbeit stellen demnach – wie erwartet – eine wichtige Voraussetzung für die Leistung und das Engagement von Mitarbeitern dar. Letzteres ist gerade in Zeiten hohen Wettbewerbdrucks maßgeblich für die Produktivität und den Erfolg von Unternehmen. So rückte das Thema Gesundheit in den letzten Jahren neben der Vermeidung von Arbeitsunfällen und Berufskrankheiten in den Zielen und Inhalten des Arbeitsschutzes stärker in den Mittelpunkt [29, 38]. Veränderte Arbeitsbedingungen durch die Einführung neuer Technik (z. B. im Informations- und Kommunikationsbereich) und neuer Methoden und Formen der Arbeitsorganisation, aber auch der demographische Wandel führen zu neuen gesundheitlichen Risiken und Herausforderungen am Arbeitsplatz wie z. B. einer Informationsüberlastung [17]. Dementsprechend hat sich der klassische Arbeits- und Gesundheitsschutz zu einem breiter ausgerichteten Gesundheitsmanagement weiterentwickelt: Die Bedeutung psychologischer (so genannter „weicher") Themen wie die Vermittlung von Kompetenzen zum Umgang mit Konflikten oder Stresssituationen hat bei der Gestaltung betrieblicher Gesundheitsmanagement-Programme gegenüber „klassischen" Arbeitsschutzthemen wie Lärmvermeidung oder Unfallverhütung deutlich zugenommen [20].

Insbesondere Großunternehmen investieren aktuell in vielfältige, meist präventiv ausgerichtete Programme des betrieblichen Gesundheitsmanagements (vgl. [7]). Diese Programme enthalten Maßnahmen der *Verhaltens*prävention, wie z. B. Bewegungsprogramme, Stressbewältigungskurse, Ernährungsberatung oder Raucherentwöhnungskurse, ebenso wie Maßnahmen der *Verhältnis*prävention, wie z. B. Erweiterung des Aufgabenspektrums oder ergonomische Optimierung von Arbeitsplätzen. Weitere wichtige Bestandteile sind Vorsorgeuntersuchungen und eine stärkere Sensibilisierung der Mitarbeiter und Führungskräfte für das Thema Gesundheit

Solange der betriebswirtschaftliche Nutzen von Investitionen in ein derart gestaltetes Gesundheitsmanagement jedoch nicht eindeutig belegbar ist, droht bei erforderlicher Kostenreduktion schnell eine Kürzung der Mittel. Ein bedeutendes Ziel aktueller Forschung im Bereich betriebliches Gesundheitsmanagement und Mitarbeitergesundheit ist es demzufolge, den Nutzen betrieblichen Gesundheitsmanagements bestimmbar zu machen.

10.2   Stand der Forschung zur Evaluation von Gesundheitsmanagement

Zur Evaluation eines betrieblichen Gesundheitsmanagements gibt es nach Pfaff [23] drei Ansätze: Es können *Einzelmaßnahmen* wie etwa Rückenkurse oder aber *vollständige Gesundheitsprogramme* wie Programme zur Verbesserung der Ernährung betrachtet werden. In der *Managementevaluation* bezieht sich die Analyse auf das gesamte betriebliche Gesundheitsmanagement mit seinen Prozessen, Strukturen, Inhalten und Ergebnissen.

10.2.1 Evaluation von Einzelmaßnahmen und Gesundheitsprogrammen

Das Ziel der Evaluation einzelner Maßnahmen des Gesundheitsmanagements ist eine Berechnung des Return on Investment (RoI). Durch die Anwendung der von Fritz [13] (s. auch Kapitel 11 in diesem Band) entwickelten *Erweiterten Kosten-Nutzen-Analyse* wird es möglich, den monetären Nutzen von Maßnahmen des Gesundheitsmanagements zu bewerten. Damit können sowohl Einzelmaßnahmen als auch Programme des Gesundheitsmanagements analysiert werden.

Der Nutzen von Maßnahmen oder Programmen kann auch bewertet werden, indem Unterschiede bei spezifischen Zielgrößen wie z. B. Wohlbefinden oder empfundener Stress vor und nach der Durchführung einer Maßnahme oder eines Programms berechnet werden [13, 31, 35]. Diesen Weg gehen verschiedene Studien, die Effekte von Maßnahmen und Programmen des Gesundheitsmanagements aufzeigen. Armitage [1] berichtet beispielsweise die Wirksamkeit eines Raucherentwöhnungsprogramms. In der Gruppe, die am Programm teilnahm, hörten mehr Teilnehmer mit dem Rauchen auf als in der Kontrollgruppe. Richardson und Rothstein [24] präsentieren – basierend auf einer Metaanalyse – Effekte von Stressmanagementprogrammen wie z. B. verminderten empfundenen Stress oder verminderte Erschöpfung. Aust und Ducki [2] stellen ebenfalls anhand einer Metaanalyse die Effekte von Gesundheitszirkeln dar. Die in die Analyse aufgenommenen Studien zeigen einen generell positiven Effekt der Zirkel. Sochert (1998, nach [2]) berichtet, dass 40% der Mitarbeiter in Abteilungen, in denen Gesundheitszirkel durchgeführt wurden, deutliche Verbesserungen ihrer Gesundheit wahrnahmen. Friczewski (1990, nach [2]) verglich objektive medizinische Parameter (z. B. Triglyzeride, Cholesterol) und fand ebenfalls eine signifikante Verbesserung der Gesundheit. Auch durch die Schulung von Managern in psychosozialen Themen gelang es, bei Mitarbeitern physiologische Stressindikatoren (z. B. Cholesterol) zu senken [34].

10.2.2 Evaluation des Gesundheitsmanagements als Ganzes

Zur Evaluation des gesamten Gesundheitsmanagements lassen sich zwei Ansätze beschreiben:

- Die *Qualitätskriterien des Betrieblichen Gesundheitsmanagements* [3] beziehen sich auf die Strukturen (Aufbau und Zuständigkeiten im Gesundheitsmanagement), die Maßnahmenplanung (z. B. Zielgenerierung, Ressourcenbereitstellung und Information der Mitarbeiter), die Diagnose (Erhebung von Daten zum Thema Mitarbeitergesundheit), die Erfolgsbewertung (Evaluation und Kontrolle von Maßnahmen und deren Einflüssen) und die Maßnahmendurchführung (Dokumentation von und Zuständigkeiten für Maßnahmen) im betrieblichen Gesundheitsmanagement. In einer Selbstbewertung können die genannten Faktoren für das Unternehmen anhand eines Fragebogens beurteilt werden.

- Das *Evaluationsmodell des europäischen Netzwerks für betriebliche Gesundheitsförderung (ENBGF)* beruht auf dem EFQM[1]-Ansatz zur Bewertung des Qualitätsmanagements im Unternehmen. Es wird zwischen Voraussetzungen und Ergebnissen des betrieblichen Gesundheitsmanagements unterschieden. Als *Voraussetzungen* gelten die Verzahnung des Gesundheitsmanagements mit der Unternehmenspolitik (Einbindung der Führungskräfte, Bereitstellung von Ressourcen), die Planung im Gesundheitsmanagement (z. B. Information der Mitarbeiter), die Umsetzung des Gesundheitsmanagements (Systematik der Umsetzung der Maßnahmen), das Personalwesen (Kooperation mit dem Personalbereich, z. B. zur Wiedereingliederung von Langzeitkranken), die Arbeitsorganisation (Möglichkeiten flexibler Arbeitsgestaltung, z. B. zur Vereinbarkeit von Familie und Beruf) und die soziale Verantwortung (soziales Engagement des Unternehmens in Bezug auf Gesundheit). Die *Ergebnisse* des Gesundheitsmanagements beziehen sich auf die systematische Auswertung von Auswirkungen des Gesundheitsmanagements, z. B. auf die Mitarbeiterzufriedenheit, und die konsequente Verwertung dieser Ergebnisse. Auch für diesen Ansatz existiert die Möglichkeit einer Selbstbewertung mittels eines Fragebogens [44].

10.2.3 Berücksichtigung des Arbeitsumfeldes

Die beiden beschriebenen Ansätze einer Managementevaluation des Gesundheitsmanagements setzen den Fokus auf Prozesse, Strukturen, Inhalte und Ergebnisse und gehen dabei auf wichtige Konzepte und Grundlagen ein. Weitgehend unberücksichtigt bleiben allerdings weitere Merkmale des Arbeitsumfeldes, die sich auf die Gesundheit und Leistung von Mitarbeitern auswirken [30, 41, 43]. Sie unterstützen ein erfolgreiches Gesundheitsmanagement oder werden selbst durch das Gesundheitsmanagement beeinflusst. Betrachtet man Verhaltensmaßnahmen zur Förderung der Mitarbeitergesundheit, sollten beispielsweise auch die Arbeitsumgebung, die Arbeitskollegen und Führungskräfte des Mitarbeiters einbezogen werden. Die folgenden Ansätze berücksichtigen diese bei Evaluationen des Gesundheitsmanagements häufig vernachlässigten Faktoren des Arbeitsumfeldes:

- Die *Diagnose gesundheitsförderlicher Arbeit (DigA)* [11] bezieht eine umfangreiche Zahl von Variablen ein. Es werden sowohl Merkmale der Person, der Arbeit, des Unternehmens, der Führung und des Teams als auch die individuelle Gesundheit von Mitarbeitern betrachtet.

- Ein weiterer Ansatz, der aus einem Projekt der Initiative Neue Qualität der Arbeit (INQA) entstand, erprobt eine *Handlungshilfe zur Erfassung physischer und psychischer Belastungen* [10]. In diesem Zusammenhang werden Arbeitsmerkmale, Führungsstil und Teamarbeit berücksichtigt.

- Ein Modell, das sich besonders durch einen umfangreichen Variablensatz auszeichnet und unterschiedliche Zusammenhänge spezifisch einbezieht, ist das *Modell der Gesunden Arbeitsorganisation* [39]: Das Modell umfasst Merkmale der Person, der Arbeit, des Unternehmens, der Führung und des Teams.

10.2.4 Fazit

Aus den bisherigen Ausführungen lassen sich mehrere Schlussfolgerungen ziehen. Zum einen vernachlässigen Ansätze zur Evaluation von Gesundheitsmanagement es häufig, Faktoren des Arbeitsumfeldes zu betrachten, die u. a. die Wirkung verschiedener Maßnahmen beeinflussen. Zudem wird in Managementevaluationen oft versäumt, den ökonomischen Nutzen von Gesundheitsmanagement – eines betriebswirtschaftlich „harten" Kriteriums für Investitionen in das Gesundheitsmanagement – abzuschätzen. Schließlich sollten die Ergebnisse knapp und übersichtlich dargestellt werden, um neben betrieblichen Gesundheitsexperten auch die Unternehmensleitung anzusprechen. An diesen drei genannten Punkten setzt das nachfolgend beschriebene BiG-Projekt an. Der Ansatz der Managementevaluation betrieblichen Gesundheitsmanagements wird um weitere Faktoren des Arbeitsumfeldes erweitert, um so

---

1   EFQM: European Foundation for Quality Management.

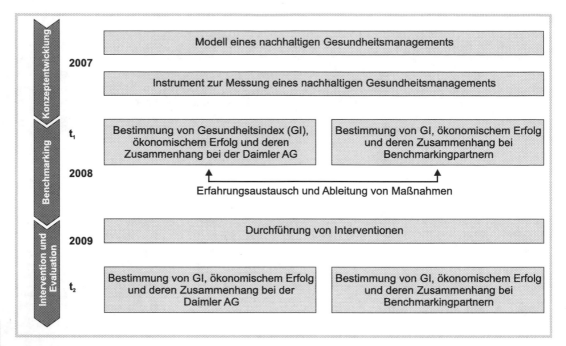

◻ Abb. 10.1. Projektablauf

ein ganzheitliches Gesundheitsmanagement abzubilden. Dieses soll u. a. anhand betrieblicher Kennzahlen evaluiert und seine Güte durch die Berechnung eines Gesundheitsindex in aggregierter Form dargestellt werden.

10.3   Das Projekt BiG

Das vom Bundesministerium für Bildung und Forschung (BMBF) geförderte Projekt „BiG - Benchmarking in einem Gesundheitsnetzwerk"[2] ist eine Kooperation der Abteilung Health & Safety der Daimler AG und des Lehrstuhls für Arbeits- und Organisationspsychologie der Universität Heidelberg. Außerdem beteiligen sich die Unternehmen Fraport AG, Bahn AG, Neff GmbH und Rewe Group als Benchmarking-Partner des Projekts.

Ziel des Projekts ist es, den ökonomischen Nutzen eines ganzheitlichen Gesundheitsmanagements aufzuzeigen. Daneben sollen mit den kooperierenden Unternehmen Stärken bzw. Schwächen ihres betrieblichen

Gesundheitsmanagements herausgearbeitet werden. Anhand dieser Analyse werden dann Interventionen abgeleitet, die die Gesundheit und Leistungsfähigkeit der Mitarbeiter steigern und sich damit positiv auf ausgewählte Kennzahlen des Unternehmens auswirken können. Eine Übersicht des Projektablaufs gibt Abbildung 10.1 wieder: Die Phase der *Konzeptentwicklung* umfasst die Entwicklung des Untersuchungsmodells und der Messinstrumente und wird durch die erste Erhebung abgeschlossen. In der Phase des *Benchmarking* erfolgen die Bestimmung des Gesundheitsindex und des Zusammenhangs zwischen diesem und ökonomischen Kennzahlen. Durch einen Erfahrungsaustausch zwischen den teilnehmenden Unternehmen werden Interventionen abgeleitet, die an den jeweils festgestellten Schwächen ansetzen. In der sich anschließenden Phase der *Intervention und Evaluation* werden diese Interventionen umgesetzt und eine zweite Erhebung durchgeführt, die die Wirksamkeit der eingeleiteten Interventionen überprüft sowie der statistischen Absicherung von Kausalaussagen zum Zusammenhang zwischen Gesundheitsmanagement, Leistungsfähigkeit und ökonomischen Kennzahlen dient.

2   Förderkennzeichen: 01FA0601, Projektträger ist das Deutsche Zentrum für Luft- und Raumfahrt (DLR).

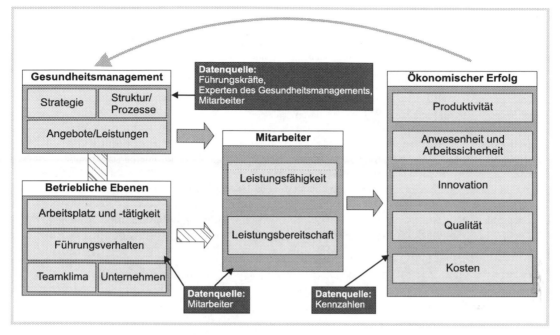

◘ Abb. 10.2. Modell eines nachhaltigen Gesundheitsmanagements

10.3.1 Das Modell eines nachhaltigen Gesundheitsmanagements

Mangels eines in Forschung und Praxis vorliegenden Untersuchungsmodells, das sowohl das Gesundheitsmanagement und das Arbeitsumfeld als auch ökonomische Kenngrößen einschließt, wurde als Grundlage des Projekts das *Modell eines nachhaltigen Gesundheitsmanagements* entwickelt.

Hierzu wurden Forschungsergebnisse aus verschiedenen Quellen aufbereitet: Aktuelle Veröffentlichungen aus internationalen wissenschaftlichen Publikationen, Projektergebnisse aus BMBF-Studien sowie Erfahrungen des Projektpartners Daimler AG. Der Fokus der Recherche lag auf Untersuchungen und Projekten, die Determinanten von Gesundheit sowie deren Zusammenhang mit individuellen Leistungsmaßen beschreiben (vgl. [7]). Die Faktoren wurden hinsichtlich ihrer Messbarkeit und ihres eindeutigen Gesundheitsbezugs bewertet und in eine inhaltliche Struktur überführt.

Das in Abbildung 10.2 dargestellte hypothetische Modell bildet die in der Recherche gewonnenen gesundheitsrelevanten Faktoren ab und zeigt deren angenommene Wirkrichtungen auf. Folgende Zusammenhänge werden postuliert: Die unter *Betriebliche Ebenen*

zusammengefassten Merkmale des Arbeitsplatzes und der -tätigkeit, des Führungsverhaltens, Teamklimas und Unternehmens beeinflussen den *Ökonomischen Erfolg* eines Unternehmens indirekt, indem sie auf den *Mitarbeiter*, d. h. dessen Leistungsfähigkeit und Leistungsbereitschaft wirken. Der ökonomische Erfolg eines Unternehmens definiert sich innerhalb des Modells über Produktivität, Anwesenheit und Arbeitssicherheit, Innovation, Qualität und Kosten. Das *Gesundheitsmanagement* hat sowohl einen direkten als auch einen über die betrieblichen Ebenen vermittelten indirekten Einfluss auf den Mitarbeiter.

10.3.2 Beschreibung der Modelldimensionen

Konkrete Anforderungen an eine nachhaltige Praxis des Gesundheitsmanagements wurden bereits formuliert (z. B. [42]): (1) Das Gesundheitsmanagement muss in die unternehmerischen Prozesse integriert sein und systematisch gesteuert werden. (2) Alle Mitarbeiter müssen Verantwortung für ihre Gesundheit übernehmen und aktiv am Thema Gesundheit mitwirken. (3) Die Verantwortung der Führungskräfte für das Thema Wohlbefinden und Gesundheit der Mitarbeiter muss erhöht werden. (4) Es muss eine Abkehr von einer Kultur der Reparatur und Kompensation erfolgen, die sich in erster Linie auf Behandlung und weniger auf Vorbeugung konzentriert. (5) Das Wissen über die arbeitsbezogenen Ursachen psychischer und chronischer Erkrankungen muss stärker genutzt werden.

Integrale Bestandteile eines ganzheitlichen Gesundheitsmanagements sind daher sowohl Eigenschaften des Gesundheitsmanagements im engeren Sinne als auch Faktoren des Arbeitsumfeldes, die im Modell unter *Betriebliche Ebenen* zusammengefasst werden (vgl. Abb. 10.2). Außerdem soll an dieser Stelle auf die Bedeutung der beiden weiteren Betrachtungsebenen des Modells – des *Mitarbeiters* und des *Ökonomischen Erfolgs* – eingegangen werden. Im Einzelnen ergeben sich folgende Beschreibungsdimensionen des integrativen Modells:

Gesundheitsmanagement: Strategie

Förderlich im Sinne eines ganzheitlichen Managementansatzes des betrieblichen Arbeits- und Gesundheitsschutzes (GAMAGS) ist die Berücksichtigung der Themen Gesundheit und Sicherheit bei Zielvereinbarungen, Beurteilungen und Anreizsystemen, Gesundheit und Sicherheit als Inhalte in speziellen Trainingsangeboten für Führungskräfte sowie ein systematisches Informations- und Kommunikationsmanagement [12].

Gesundheitsmanagement: Struktur und Prozesse

Die Strukturen und Prozesse eines ganzheitlichen Gesundheitsmanagements zeichnen sich durch klar definierte Aufgaben und Verantwortlichkeiten, gesundheits- und sicherheitsbezogene Standards, klare Zielformulierungen, Steuerungsgremien, die systematische Analyse und Bewertung gesundheits- und sicherheitsrelevanter Daten, die Ableitung von Maßnahmen und die Kontrolle ihrer Wirksamkeit sowie die Verzahnung mit Managementsystemen aus (vgl. [12, 35]).

Gesundheitsmanagement: Angebote und Leistungen

Das Portfolio eines guten Gesundheitsmanagements umfasst umfangreiche Angebote und Leistungen, die über die klassische „Rückenschule" weit hinausgehen. Dazu gehören z. B. Sport- und Bewegungsangebote, Ernährungsberatung, Stress- und Entspannungstrainings, Nichtraucherkurse sowie Herz-Kreislauf-Angebote. Außerdem sollte den Mitarbeitern die Möglichkeit gegeben werden, an Vorsorgeuntersuchungen, z. B. hinsichtlich einer erhöhten Krebsgefährdung, teilzunehmen.

Betriebliche Ebenen: Arbeitsplatz und -tätigkeit

Der Arbeitsplatz und die Arbeitstätigkeit zeichnen sich durch die vom Mitarbeiter verwendeten Technologien, die Arbeitsaufgaben und deren (organisations-)strukturelle Einbettung aus. Dabei wirken sich besonders lernförderliche Merkmale der Tätigkeit positiv auf das Sicherheitsverhalten [19], den Rückgang stressbedingter Erkrankungen [37] und die Entwicklung der beruflichen Handlungskompetenz [32] aus.

Betriebliche Ebenen: Führungsverhalten

Führung innerhalb des ganzheitlichen Gesundheitsmanagements bedeutet mehr als lediglich Einfluss auf die Leistung von Mitarbeitern innerhalb eines Unternehmens zu nehmen. Der Begriff Führung muss in diesem Zusammenhang deutlich weitreichender als bisher betrachtet werden. Untersuchungen belegen, dass eine stärkere Einbindung der Führungskräfte bei der Gestaltung des Gesundheitsmanagements nicht nur die Leistung der Mitarbeiter steigert, sondern auch positive Auswirkungen auf deren Gesundheit [26] und Sicherheitsverhalten [16] hat. Insbesondere stärken partizipative und kooperative Arbeitsformen und Führungsstile die Zielbindung der Mitarbeiter an Gesundheits- und Sicherheitsstandards [27]. Kontrollierendes Führungsverhalten und die Ungleichbehandlung von Mitarbeitern wirken sich hingegen negativ auf die Gesundheit aus [33].

Betriebliche Ebenen: Teamklima

Das Teamklima im Unternehmen beeinflusst maßgeblich die Arbeitsleistung der Mitarbeiter. Gibt es Unstimmigkeiten mit Kollegen oder Vorgesetzten, so leiden Motivation und Leistung. Ein entwicklungsfreundliches Teamklima fördert auch sicherheitsrelevantes Wissen, Sicherheitseinstellungen [40] und Sicherheitsverhalten [28] der Mitarbeiter sowie deren Bereitschaft, sich aktiv um ihre Beschäftigungsfähigkeit zu bemühen [36].

Betriebliche Ebenen: Unternehmen

Unternehmen bzw. deren Entscheidungsträger tragen in vielerlei Hinsicht Verantwortung für ihre Mitarbeiter. Im Zusammenhang eines ganzheitlichen Gesundheitsmanagements bedeutet dies, seine Mitarbeiter nicht bis zur Erschöpfung arbeiten, sondern bewusster und nachhaltiger mit ihrer Arbeitsfähigkeit umgehen zu lassen. Außerdem sollten Unternehmen Aspekte der Wettbewerbsfähigkeit und der Beschäftigungsfähigkeit balancieren. Das Thema Gesundheit sollte aus einer positiven Perspektive heraus behandelt werden, indem nicht nur über Fehlzeiten und Krankheit gesprochen wird, sondern auch über Anwesenheit und Gesundheit, wobei Aspekte der Work-Life-Balance – insbesondere auch unter einer Fairness- und Gender-Perspektive – berücksichtigt werden müssen. Nur unter Beachtung dieser Aspekte können Unternehmen auf die Gesundheit bzw. Leistungsfähigkeit der Mitarbeiter nachhaltig positiven Einfluss nehmen (vgl. [8] und [18]).

Mitarbeiter

Die Leistungsfähigkeit und -bereitschaft der Mitarbeiter wird durch vielfältige Einflussgrößen determiniert. Während die Leistungsfähigkeit maßgeblich durch die psychische und physische Gesundheit und das Wohlbefinden der Mitarbeiter bestimmt wird, setzt sich die Leistungsbereitschaft u. a. aus Aspekten der Motivation, der Zufriedenheit und des Commitments gegenüber dem Unternehmen zusammen (vgl. [25]). Die Leistungsfähigkeit beschreibt dabei das Vorhandensein der nötigen Voraussetzungen, um eine Leistung langfristig stabil zu erbringen, wohingegen sich die Leistungsbereitschaft durch den Willen eines Individuums auszeichnet, seine Arbeit oder individuelle Tätigkeit auszuüben.

Ökonomischer Erfolg

Der ökonomische Erfolg eines Unternehmens lässt sich an verschiedenen Kenngrößen ablesen. Das BiG-Projekt nutzt sowohl vergangenheits- als auch zukunftsbezogene Kennzahlen. Sie orientieren sich an der Produktivität (z. B. Personalproduktivität), der Anwesenheit und Arbeitssicherheit (z. B. Krankenstand, Unfallbelastung, Unfallhäufigkeit), der Innovationsleistung (z. B. Anzahl von Verbesserungsvorschlägen, Einsparungen durch Verbesserungsvorschläge), der Qualität (z. B. Prozessfähigkeit, Liefertreue) und den Kosten (z. B. Prozessfähigkeit, Liefertreue) und den Kosten (z. B.

Ausschuss-, Werkzeug-, und Instandhaltungskosten). All diese Kennzahlen können unseres Erachtens durch die Gesundheit und Leistungsbereitschaft der Mitarbeiter beeinflusst werden.

10.3.3 Erfassung der relevanten Größen

Zur Operationalisierung des Modells und damit zur Vorbereitung der Bildung des Gesundheitsindex werden die Modellvariablen mit zielgruppenspezifischen Erhebungsinstrumenten erfasst, sodass die jeweilige Expertise der Organisationsmitglieder genutzt wird. Im Modell des nachhaltigen Gesundheitsmanagements (vgl. Abb. 10.2) ist dargestellt, welche Betrachtungsebenen des Modells durch welche Instrumente erfasst werden. Zum einen ist dies ein *Mitarbeiterfragebogen*, bei dem die Stelleninhaber zu Angeboten und Leistungen des Gesundheitsmanagements, ihrem Arbeitsplatz und ihrer -tätigkeit, ihrer direkten Führungskraft sowie dem Teamklima und Unternehmen befragt werden. Er enthält zudem Fragen nach der eigenen Leistungsfähigkeit (psychische und physische Gesundheit) und Leistungsbereitschaft (Motivation, Leistungsverhalten). Anhand eines *Leitfadens zur Expertenbefragung* werden Führungskräfte sowie Experten des Gesundheitsmanagements wie z. B. Werksarzt, Betriebsrat oder Sozialberatung in die Erhebung einbezogen. Sie schätzen Strategie, Struktur und Prozesse sowie Angebote und Leistungen des Gesundheitsmanagements ein. Die relevanten ökonomischen Erfolgsgrößen wie Produktivität, Innovationsleistung oder Kosten werden durch einen *Kennzahlenleitfaden* erfasst, der von Controlling-Experten ausgefüllt wird. Die Messinstrumente ermöglichen es, für die Dimensionen und Variablen des Modells numerische Werte zu berechnen. Anhand der gewonnenen Daten können Einflüsse eines ganzheitlichen Gesundheitsmanagements auf die individuelle Arbeitsleistung und Gesundheit von Mitarbeitern und auf den ökonomischen Erfolg von Unternehmen aufgezeigt werden.

10.3.4 Bestimmung des ökonomischen Nutzens

Basierend auf dem entwickelten Modell und mithilfe der vorliegenden Daten zu gesundheitsrelevanten Variablen wird ein *Gesundheitsindex* berechnet. Dieser soll als aggregierte und unternehmensübergreifend vergleichbare Kennzahl die Qualität eines ganzheitlichen Gesundheitsmanagements anzeigen. Zur Berechnung des Index werden die Einschätzungen der Mitarbeiter

(Mitarbeiterfragebogen) und der Experten (Leitfaden zur Expertenbefragung), die sich auf die beiden Betrachtungsebenen „Gesundheitsmanagement" und „Betriebliche Ebenen" beziehen, zusammengeführt. Das Vorgehen zur Verrechnung der Daten orientiert sich an der Bildung anderer Indizes wie z. B. des „Social Capital Index" [21]. Dieser integriert Faktoren des Sozialkapitals einer Gesellschaft, wie z. B. gemeinsame Normen und Vertrauen, die es erlauben, beispielsweise die wahrgenommene Qualität der Regierung vorherzusagen.

Es bieten sich mehrere Möglichkeiten der Verrechnung der Daten zu einem Index an: Hält man alle Variablen a priori für gleich bedeutsam für bestimmte Zielgrößen, wie z. B. die Gesundheit der Mitarbeiter, so kann man diese gleichgewichtig in den Index eingehen lassen. Alternativ lässt man diejenigen Variablen, die empirisch einen stärkeren Zusammenhang mit den Zielgrößen aufweisen, stärker in den Index eingehen. Da auf diese Weise eine empirische Basis der Verrechnung gewährleistet wird, wurde im BiG-Projekt diese Vorgehensweise angedacht. Da das Ziel die Bildung eines *Gesundheits*index ist, erfolgt die Gewichtung der Variablen anhand der Leistungsfähigkeit und -bereitschaft der Mitarbeiter. Diejenigen Variablen, die stärker mit der Leistungsfähigkeit und -bereitschaft zusammenhängen, werden vor der Verrechnung auch stärker gewichtet. Weist also z. B. das Sicherheitsklima einen stärkeren Zusammenhang zur Leistungsfähigkeit und -bereitschaft der Mitarbeiter auf als die Partizipation bei Entscheidungen, so geht das Sicherheitsklima mit einem höheren Gewicht in den Index ein.

Zur Bestimmung des betriebswirtschaftlichen Nutzens eines ganzheitlichen Gesundheitsmanagements werden Zusammenhänge zwischen dem Gesundheitsindex und den Kennzahlen, die den ökonomischen Erfolg beschreiben, berechnet. Dabei werden sowohl *direkte* Effekte des Gesundheitsindex auf die Kennzahlen berücksichtigt als auch über eine Beeinflussung des Mitarbeiters *vermittelte* Effekte (s. Abb. 10.3). Die Summe dieser Effekte gibt an, in welchem Ausmaß der Gesundheitsindex die ökonomischen Kennzahlen beeinflusst. Je größer diese Effekte sind, desto größer ist demnach die Rolle, die das ganzheitliche Gesundheitsmanagement für den ökonomischen Erfolg spielt. Durch die Implementierung von Maßnahmen im Gesundheitsbereich und anhand der Daten des zweiten Messzeitpunkts (vgl. Abb. 10.1) lässt sich zudem feststellen, wie sich Veränderungen im Gesundheitsindex im Zeitverlauf auf die Leistungsfähigkeit und ökonomische Erfolgsgrößen auswirken.

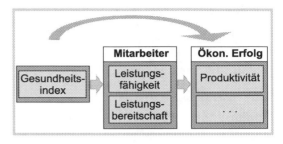

◨ **Abb. 10.3.** Effekte des Gesundheitsindex

10.4　Ausblick

Der Beitrag stellt einen integrativen Ansatz vor, der das ganzheitliche Gesundheitsmanagement abbildet und evaluiert. Auch der betriebswirtschaftliche Nutzen eines ganzheitlichen Gesundheitsmanagements und somit der Nutzen von Investitionen in das betriebliche Gesundheitsmanagement kann abgeschätzt werden, indem eine Beziehung zwischen einem Gesundheitsindex und ökonomischen Kennzahlen aufgezeigt wird.

Die Aussagekraft des Gesundheitsindex hängt wesentlich davon ab, dass er bei mehreren Unternehmen bestimmt wird und damit Vergleichswerte generiert, die im Sinne eines Benchmarking zueinander in Beziehung gesetzt werden. Um eine detailliertere Stärken-Schwächen-Analyse zu ermöglichen, lassen sich anhand von statistischen Verfahren untergeordnete Indizes berechnen (vgl. das Vorgehen bei Narayan u. Cassidy [21]), die besondere Stärken oder auch Problemfelder deutlich machen können. Damit können Entscheidungsträgern in Unternehmen konkrete Handlungsfelder aufgezeigt werden. Erkennen ließe sich so beispielsweise, dass im Bereich des Teamklimas schlechte Werte erzielt werden, wohingegen der Arbeitsplatz selbst gesundheitsförderlich gestaltet ist. Vergleiche zwischen Abteilungen und Unternehmen ermöglichen es, voneinander zu lernen. Innerhalb des BiG-Projekts erfolgt ein Austausch der beteiligten Unternehmen im Sinne des Best-Practice-Prinzips. Die anhand der Daten als gesundheitsförderlich identifizierten Faktoren sowie auf verschiedenen Erfahrungen beruhende Verbesserungsvorschläge werden genutzt, um Maßnahmen abzuleiten und umzusetzen, deren Effektivität zum Zeitpunkt der zweiten Erhebung abgeschätzt werden kann.

Insgesamt legen bisherige Erkenntnisse die Annahme nahe, dass Unternehmen ein ganzheitliches Gesundheitsmanagement gestalten müssen, um die Potenziale von Gesundheit für die Stärkung ihrer Wettbewerbsfähigkeit und der Beschäftigungsfähigkeit ihrer Mitarbeiter zu nutzen. Gesundheitsmanagement muss als integraler Bestandteil der unternehmerischen Gesamtverantwortung betrachtet werden. Der Gesundheitsindex soll als eine Möglichkeit dienen, diese Notwendigkeit zu verdeutlichen.

Literatur

[1] Armitage CJ (2007) Efficacy of a brief worksite intervention to reduce smoking: The roles of behavioral and implementation intentions. Journal of Occupational Health Psychology 12:376–390

[2] Aust B, Ducki A (2004) Comprehensive Health Promotion Interventions at the Workplace: Experiences With Health Circles in Germany. Journal of Occupational Health Psychology 9:258–270

[3] Badura B, Ritter W, Scherf M (1999) Betriebliches Gesundheitsmanagement. Ein Leitfaden für die Praxis. Edition Sigma, Berlin

[4] BAuA (2005) http://www.baua.de/nn_53930/de/Informationen-fuer-die-Praxis/Statistiken/Arbeitsunfaehigkeit/pdf/Kosten-2005.pdf (05.04.2008)

[5] BAuA (2007) http://www.baua.de/nn_8514/de/Publikationen/Broschueren/A14,xv=vt.pdf (01.04.2008)

[6] BKK-Bundesverband (1999) Qualitätskriterien für die betriebliche Gesundheitsförderung. BKK-Bundesverband, Essen

[7] Büch V, Sonntag K, Stegmaier R, Michaelis B, Schraub EM (in Vorbereitung) Gesund im Unternehmen: Beiträge der Arbeits- und Organisationspsychologie

[8] Caproni PJ (2004) Work/Life Balance: You can't get there from here. Journal of Applied Behavioral Science 40:208–218

[9] Cropanzano R, Rupp DE, Byrne ZS (2003) The relationship of emotional exhaustion to job performance ratings and organizational citizenship behavior. Journal of Applied Psychology 88:160–169

[10] Debitz U, Buruck G, Mühlpfordt S, Schmidt H, 2005, Erprobung einer Handlungshilfe zur Erfassung physischer und psychischer Belastungen, in Schmidt H, Diekholzen S, eds., Initiative Neue Qualität der Arbeit, INQA

[11] Ducki A (2000) Diagnose gesundheitsförderlicher Arbeit. Eine Gesamtstrategie zur betrieblichen Gesundheitsanalyse. Hochschulverlag AG, Zürich

[12] Elke G, Zimolong B (2005) Eine Interventionsstudie zum Einfluss des Human Resource Managements im betrieblichen Arbeits- und Gesundheitsschutz. Zeitschrift für Arbeits- und Organisationspsychologie 3:117–130

[13] Fritz S (2005) Ökonomischer Nutzen "weicher" Kennzahlen. (Geld-) Wert von Arbeitszufriedenheit und Gesundheit. vdf Hochschulverlag AG, Zürich

[14] Halpern DF (2005) How time-flexible work policies can reduce stress, improve health and save money. Stress and Health 2:157–168

[15] Jacobs PA, Tytherleigh MY, Webb C, Cooper CL (2007) Predictors of work performance among higher education employees: An examination using the ASSET model of stress. International Journal of Stress Management 14:199–210

[16] Kelloway E, Mullen J, Francis L (2006) Divergent effects of transformational and passive leadership on employee safety. Journal of Occupational Health Psychology 11:76–86

[17] Lamberg M, Partinen R, Leppo K (2006) Workplace health promotion and the main challenges. In Ylikoski M, Lamberg M, Yrjänheikki E, Ilmarinen Jet al. (eds): Health in the world of work: Workplace health promotion as a tool for improving and extending work life. University Printing House, Helsinki, pp 22–30

[18] Lambert SJ, Haley-Lock A (2004) The organizational stratification of opportunities for work-life balance: Addressing issues of equality and social justice in the workplace. Community, Work & Family 7.179–195

[19] Lingard HR, S. (1997) Behavior-based safety management in Hong Kong`s construction industry. Journal of Safety Research 24:243–256

[20] Luczak H, Cernavin O, Scheuch K, Sonntag K (2002) Trends of Research and Practice in "Occupational Risk Prevention" as seen in Germany. Industrial Health 40:74–100

[21] Narayan N, Cassidy MF (2001) A Dimensional Approach to Measuring Social Capital: Development and Validation of a Social Capital Inventory. Current Sociology 49:59–102

[22] Netta F (2007) Unternehmenskultur treibt Gesundheit und Betriebsergebnis. Nutzen und Kosten des Betrieblichen Gesundheitsmanagements: Sozialkapital und Kennzahlen als Beiträge zur Unternehmenssteuerung, Universität Bielefeld

[23] Pfaff H (2001) Evaluation und Qualitätssicherung des betrieblichen Gesundheitsmanagements. In Pfaff H, Slesina W (eds): Effektive betriebliche Gesundheitsförderung. Konzepte und methodische Ansätze zur Evaluation und Qualitätssicherung. Juventa, Weinheim, pp 27–49

[24] Richardson KM, Rothstein HR (2008) Effects of occupational stress management intervention programs: A meta-analysis. Journal of Occupational Health Psychology 13:69–93

[25] Riggio RE (2008) Introduction to industrial/organizational psychology. Prentice-Hall, Upper Saddle River, NJ

[26] Schaubroeck J, Walumbwa F, Ganster DC, Kepes S (2007) Destructive leader traits and the neutralizing influence of an "enriched" job. The Leadership Quarterly 18:236–251

[27] Simard M, Marchand A (1997) Workgroups propensity to comply with safety rules: The influence of micro-macro organisation factors. Ergonomics 40:172–188

[28] Smith-Crowe K, Burke MJ, Landis RS (2003) Organizational climate as moderator of safety knowledge-safety performance relationships. Journal of Organizational Behavior 24:861–876

[29] Sonntag K (2001) Psychological approaches to Occupational Safety and Health research. An Evaluation of 20 years of Psychological Research on Industrial Safety and Health in Germany. International Journal of Occupational Safety and Ergonomics 7:561–573

[30] Sonntag K, Benz D, Edelmann M, Kipfmüller K (2001) Gesundheit, Arbeitssicherheit und Motivation bei innerbetrieblichen Restrukturierungen. In Kastner M (ed) Gesundheit und Sicherheit in Arbeits- und Organisationsformen der Zukunft Wirtschaftsverlag NW, Bremerhaven, pp 329–399

[31] Sonntag K, Spellenberg U (2005) Erfolgreich durch Veränderungen – Veränderungen erfolgreich managen (Abschlussbericht Projekt SERO). IPA-Verlag, Stuttgart

[32] Sonntag K, Stegmaier R (2007) Arbeitsorientiertes Lernen: Zur Integration von Lernen und Arbeit. Kohlhammer, Stuttgart

[33] Stadler P, Spieß E (2002) Führungsverhalten und soziale Unterstützung am Arbeitsplatz – Möglichkeiten und Wege zur Beanspruchungsoptimierung. Ergo Med 1:2–8

[34] Theorell Tr, Emdad R, Arnetz B, Weingarten A-M (2001) Employee effects of an educational program for managers at an insurance company. Psychosomatic Medicine 63:724–733

[35] Ulich E, Wülser M (2005) Gesundheitsmanagement in Unternehmen: Arbeitspsychologische Perspektiven. Betriebswirtschaftlicher Verlag Dr. Th. Gabler/GWV Fachverlage GmbH, Wiesbaden

[36] Van Dam K (2004) Antecedents and consequences of employability orientation. European Journal of Work and Organizational Psychology 13:29–51

[37] WHO/ILO (2000) Mental health and work: Impact, issues and good practices. WHO, Genf

[38] Wieland R, Scherrer K (2007) BARMER Gesundheitsreport 2007, Wuppertal

[39] Wilson MG, DeJoy DM, Vandenberg RJ, Richardson HA, McGrath AL (2004) Work Characteristics and employee health and well being: Test of a model of healthy work organization. Journal of Occupational and Organizational Psychology 77:565–588

[40] Zacharatos A, Barling J, Iverson RD (2005) High-performance work systems and occupational safety. Journal of Applied Psychology 90:77–93

[41] Zapf D, Semmer NK (2004) Stress und Gesundheit in Organisationen. In Schuler H (ed) Enzyklopädie der Psychologie, Themenbereich D, edn. 3 Organisationspsychologie. Hogrefe, Göttingen

[42] Zimolong B, Elke G (1999) Ganzheitliches Management im betrieblichen Arbeits- und Gesundheitsschutz (GAMAGS). In Kastner M (ed) Gesundheit und Sicherheit in neuen Arbeits- und Organisationsformen. Maori-Verlag, Dortmund

[43] Zimolong B, Elke G, Trimpop R (2006) Gesundheitsmanagement. In Zimolong B, Konradt U (eds): Enzyklopädie der Psychologie, Themenbereich D, edn. 2 Ingenieurpsychologie. Hogrefe, Göttingen, pp 633–668

[44] Zink KJ (2004) TQM als integratives Managementkonzept. Das EFQM Excellence Modell und seine Umsetzung. Hanser, München

10

Kapitel 11

Wie lassen sich Effekte betrieblicher Gesundheitsförderung in Euro abschätzen? – Ergebnisse von Längsschnittuntersuchungen in drei Unternehmen

S. Fritz

Zusammenfassung. *Bei der Auswahl von Effekt-Kriterien für Maßnahmen der betrieblichen Gesundheitsförderung (BGF) allein auf den gut in Geld umrechenbaren Krankenstand oder auf die Zufriedenheit mit den Maßnahmen zu fokussieren, greift zu kurz. Die Autorin stellt eine Methode vor, wie für die jeweilige Maßnahme inhaltlich sinnvolle Kriterien ausgewählt, die erreichten Effekte gemessen und in Euro übersetzt werden können.*

Die Umsetzung der beschriebenen Methode wird anhand von drei Praxisbeispielen mit Längsschnitt-Effektmessung beschrieben. Eine Kombination von subjektiver Akzeptanz, geschätztem Aufwand-Nutzen-Verhältnis (es wurden ROI zwischen 1:0,56 und 1:26,6 ermittelt) und harten Leistungsdaten ermöglicht eine spezifische Empfehlung, welche Maßnahmen im jeweiligen Unternehmen weiter umgesetzt, welche verändert und welche weniger häufig eingesetzt werden sollten.

11.1 Verkürzungen bei der Effektmessung

11.1.1 Reicht der Krankenstand als Effektkriterium für BGF-Maßnahmen aus?

Bei der Effektmessung von Maßnahmen der betrieblichen Gesundheitsförderung treten zwei Verkürzungen auf. Die eine besteht in der alleinigen Konzentration auf „harte" Kennzahlen wie Krankenstand, Fluktuation, Leistung oder Unfallquote, die einen direkten Bezug zum ökonomischen Nutzen erlauben. Wenn es um die Erfolgsmessung von BGF-Maßnahmen geht, denken viele betriebliche Akteure vor allem an die Reduzierung des Krankenstandes. Dies ist an sich auch sinnvoll, aus den folgenden Gründen sollte der Krankenstand jedoch mit anderen Effektkriterien kombiniert werden:

1. Häufig treffen die „harten" Kennzahlen nicht den qualitativen Kern der erreichten Veränderungen. So umfasst der Krankenstand nur einen Teilbereich des von der WHO definierten umfassenden Gesundheitsbegriffs. Und die Auswirkungen so unterschiedlicher Maßnahmen wie die Bereitstellung von kostenlosen Getränken, die Möglichkeit der Sozialberatung oder die Anschaffung ergonomischer Möbel lassen sich nur grob mit dem Krankenstand als alleinige Zielgröße messen. Nutzt man dagegen zusätzlich Indikatoren wie z. B. geringerer BMI, weniger Rückenschmerzen, gutes Betriebsklima u. ä., lässt sich die Qualität der Veränderungen besser abbilden.

2. Gegen die alleinige Verwendung harter Daten sprechen zudem methodische Gründe. So hat der weiter sinkende Krankenstand in einigen Unternehmen

bereits einen Wert erreicht, der kaum noch unterschritten werden kann. Der Erfolg einer Maßnahme kann auch leicht durch Grippewellen oder Angst vor Entlassungen verwischt werden, da der Krankenstand sehr vielfältigen unterschiedlichen Einflüssen unterliegt [28]. In einer eigenen Längsschnittuntersuchung [6] konnten zwar Effekte bei den qualitativen Kriterien aufgezeigt werden, der Krankenstand blieb aber stabil. Wäre der Krankenstand das alleinige Kriterium gewesen, hätten gar keine Effekte nachgewiesen werden können.

3. Rein pragmatisch gesehen sollten umgekehrt die qualitativen Kriterien in Zahlen ausgedrückt werden, da sie so mehr argumentative Kraft bei den zu treffenden Entscheidungen haben. Guzzo et al. [13] fassten 98 Studien psychologisch begründeter Interventionen in 37.000 Erfolgsmessungen zusammen und stellten einen Produktivitätszuwachs um durchschnittlich annähernd eine Standardabweichung fest [13, S. 289]. Solch ein Effekt lässt sich in Geldbeträge übersetzen. Geldangaben sind eine für alle verständliche Effektgröße, Korrelationskoeffizienten nicht. In diesem Sinne stellte schon Cascio fest: „Like it or not, the language of business is dollars, not correlation coefficients" [2, S. 7].

11.1.2 Reichen Zufriedenheitsangaben zur Einschätzung des Erfolgs von Maßnahmen aus?

Diese Frage betrifft eine zweite Verkürzung. Kirkpatrick [19, 20, 21, 22] hat vier Ebenen der Bewertung von Weiterbildungsmaßnahmen benannt: Zufriedenheit, Lernerfolg, Transfer und Nutzen, wobei der Nutzen sich eher auf qualitativen Kennzahlen bezieht, d. h. auf nicht direkt in Geldbeträgen ausdrückbare Kennzahlen. Bei repräsentativen Befragungen von Hartmann und Traue [15] zu Maßnahmen der betrieblichen Gesundheitsförderung in deutschen Betrieben zeigte sich, dass zwar die Zufriedenheit mit den Maßnahmen zu 100% erfasst wurde, der Transfer jedoch nur zu 21% und der Nutzen zu 5%. Sinnvolle Kennzahlen können jedoch eher gefunden werden, wenn alle vier Ebenen genutzt werden. Außerdem können dabei auch theoretische Modelle, Brainstorming, plausible Zusammenhänge aus Sicht von betrieblichen Experten, vorab benannte kritische Punkte oder die „Wunderfrage" als Anregung dienen. Die Wunderfrage wurde von Shazer [30] für den therapeutischen Kontext entwickelt, um festgesetztes Problemdenken kreativ zu unterbrechen. Sie orientiert sich am zukünftigen Erfolg und könnte z. B.

für eine betriebliche Maßnahme lauten: „Stellen Sie sich vor, es wäre ein Wunder geschehen, unser Projekt wäre optimal gelaufen ohne irgendwelche Störungen, woran würden Sie den Erfolg merken?" Bei der Beantwortung dieser Frage kommen häufig ganz andere Ideen zur Erfolgsmessung als mit den üblichen Methoden. Zudem sind diese Ideen meist konkret beobachtbar und messbar.

Sind die Erfolgskriterien gefunden, gilt es, passende Methoden zu ihrer Messung auszuwählen oder zu entwickeln. Dies können standardisierte Fragebögen, Punktabfragen oder auch Interviews sein. Effekte werden idealerweise durch Vorher-Nachher-Messungen im Vergleich zur unveränderten Kontrollgruppe ermittelt. Wichtig ist, dass bei der qualitativen Kennzahl überhaupt eine Veränderung festzustellen ist. Ohne Effekte gibt es keine Basis für eine Effizienzberechnung. Ist dagegen ein Effekt vorhanden, kann er in Euro übersetzt werden.

11.2 Wie werden die erreichten Effekte in Euro übersetzt?

Im Gegensatz zu bereits genutzten Verfahren wie dem Konzept der ungestörten Arbeitsstunde [31], der Wertermittlung von Humankapital [29] und die Kosten-Wirksamkeits-Analyse im betrieblichen Kontext [32] verfügt die Kosten-Nutzen-Analyse (KNA) über zwei Vorteile: Sie erlaubt zum einen den direkten Vergleich unterschiedlicher Maßnahmen und zum zweiten ist der organisationale Einbindungsaufwand deutlich geringer. Die Anwendung des Schätzverfahrens KNA beruht auf einem von Schmidt et al. [27] entwickelten Schema (s. Abb. 11.1).

Alle in Abbildung 11.1 genannten Parameter werden kurz erläutert:

1. Die Effektstärke d_t besagt, um wie viele Standardabweichungen die qualitative Kennzahl nach der Maßnahme günstiger ist als vorher.
2. SDy als Maß dafür, was eine Veränderung um eine Standardabweichung beim harten (Leistungs-) Faktor bedeutet, wurde zunächst sehr aufwändig ermittelt. Schmidt, Hunter und Pearlman [27] maßen z. B. die Leistung von Verkäufern und nach Stücklohn bezahlten Mitarbeitern und konnten so für jede Gruppe Mittelwert und Standardabweichung der Leistung ermitteln. Später verglichen sie die mühsam ermittelten Leistungsunterschiede mit dem jeweils gezahlten Gehalt. Es zeigte sich, dass die Leistungen vergleichbar entlohnter Mitarbeiter

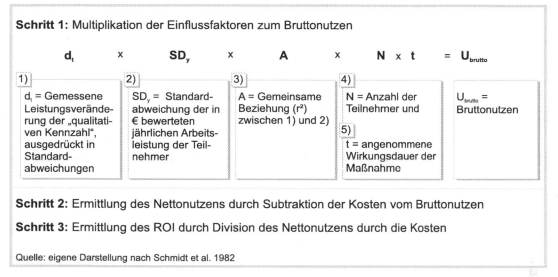

Schritt 1: Multiplikation der Einflussfaktoren zum Bruttonutzen

$$d_t \quad \times \quad SD_y \quad \times \quad A \quad \times \quad N \times t \quad = \quad U_{brutto}$$

1)
d_t = Gemessene Leistungsveränderung der „qualitativen Kennzahl", ausgedrückt in Standardabweichungen

2)
SD_y = Standardabweichung der in € bewerteten jährlichen Arbeitsleistung der Teilnehmer

3)
A = Gemeinsame Beziehung (r^2) zwischen 1) und 2)

4)
N = Anzahl der Teilnehmer und

5)
t = angenommene Wirkungsdauer der Maßnahme

U_{brutto} = Bruttonutzen

Schritt 2: Ermittlung des Nettonutzens durch Subtraktion der Kosten vom Bruttonutzen

Schritt 3: Ermittlung des ROI durch Division des Nettonutzens durch die Kosten

Quelle: eigene Darstellung nach Schmidt et al. 1982

◘ **Abb. 11.1.** Schritte zur Bestimmung des ROI

in der Regel um mindestens 20% schwanken. Da es sehr aufwändig ist, die Leistung des einzelnen Mitarbeiters zu erfassen, empfehlen die Autoren die annähernde Ermittlung der Leistungsschwankungen unter Zuhilfenahme des durchschnittlichen Gehalts. Dabei entspricht der Geldbetrag, der 20% Schwankungen bei der Leistung ausmacht, rein rechnerisch einem Anteil von 40% des Bruttogehalts. Diese Vereinfachung konnte auch in deutschen Untersuchungen als konservative Schätzung bestätigt werden [1, 10, 11]. Daher kann SDy annähernd nach der 40%-Faustregel bestimmt werden (SDy entspricht 40% des durchschnittlichen Brutto-Jahresgehalts der Teilnehmer an der Maßnahme).

3. Die gemeinsame Beziehung zwischen dem jeweiligen qualitativen Faktor (z. B. der Arbeitszufriedenheit) und dem harten Faktor Arbeitsleistung kann durch Korrelation zeitgleich erfasster Daten oder aus der Literatur ermittelt werden. Sind keine Daten dazu verfügbar, kann die gemeinsame Varianz auch geschätzt werden. So schätzten beispielsweise bei einem Stressbewältigungstraining für Bauleiter alle befragten Teilnehmer, dass eine gute Stressbewältigung mindestens 5% zum Erreichen der optimalen Leistung eines Bauleiters beiträgt, d. h. dass die gemeinsame Varianz zwischen Stressbewältigung und Leistung eines Bauleiters 5% beträgt [7].

4. Die Anzahl der Teilnehmer an einer Maßnahme erklärt sich selbst. Hier kann bei Maßnahmen für Multiplikatoren gegebenenfalls auch die schließlich erreichte Zahl der Nutznießer angegeben werden.

5. Die geschätzte Effektdauer ermitteln wir pragmatisch mit der Frage: „Wann muss eine Folgemaßnahme spätestens laufen, da die vorangegangene Maßnahme nicht mehr wirkt?" Beim Kauf von Maschinen und Möbeln sind Abschreibungszeiten sinnvoll. Auch der Abstand zwischen den Befragungen ist ein Anhaltspunkt. Liegen keine Daten vor, wird ein Jahr angenommen, wodurch der Faktor in der Formel praktisch unberücksichtigt bleibt.

Durch Multiplikation der genannten Daten ergibt sich ein geschätzter Bruttonutzen für die jeweilige Maßnahme. Der Abzug der Kosten vom Gesamtbruttonutzen ergibt den Nettonutzen. Abschließend wird der Nettonutzen durch die Kosten geteilt und es ergibt sich der ROI. Er ist ein Maß dafür, welchen geschätzten Nutzen ein investierter Euro innerhalb des benannten Zeitraumes erbringt.

Die Betonung liegt auf dem „geschätzten" Nutzen, denn das Geld steht nicht in bar zur Verfügung. Das Schätzverfahren ist Ökonomen jedoch vertraut. Versicherungsbeiträge oder das Brutto-Inlandsprodukt beruhen ebenfalls auf Schätzungen, denen wiederum explizit genannte Annahmen zugrunde liegen. Über diese Annahmen kann man streiten, aber sie ermöglichen einen Vergleich der so betrachteten Maßnahmen untereinander.

Im Folgenden wird nun an drei Beispielen die Anwendung der Methode aufgezeigt. Dabei werden alle Projekte in einem ersten Teil kurz vorgestellt, die jeweiligen Ziele, die gewählten Kennzahlen und die Messmethoden benannt. In einem zweiten Teil wird dann gezeigt, wie die Effekte bei der qualitativen Kennzahl ermittelt wurden und in einem dritten Teil schließlich, welche Zahlen der Ermittlung des geschätzten Nutzens zugrunde lagen. Während das erste Projekt dem wissenschaftlichen Vorgehen sehr nahe kommt, wurden bei den beiden anderen Projekten pragmatische Lösungen für besonders knifflige Praxissituationen gefunden.

11.3 Anwendung des Vorgehens in unterschiedlichen Projekten

11.3.1 Beispiel Papierfabrik

Vorstellung des Projekts

Der neue Geschäftsführer eines Unternehmens der Papierindustrie beauftragte die TU Dresden und das Beratungsunternehmen Management Innovation Dresden (MID) zunächst mit einer Mitarbeiterbefragung bei ei-

nem repräsentativen Drittel seiner Belegschaft. In orientierenden Vorgesprächen wurde schnell deutlich, dass das Unternehmen diese Befragung nicht zum Selbstzweck, sondern als Ausgangspunkt für tatsächliche Maßnahmen und Veränderungen bei der Entwicklung der Humanressourcen brauchte. Dabei sollten neben der allgemeinen Zufriedenheit auch der Krankenstand und die abteilungsbezogene Produktivität verbessert werden. Daher wurde mit den Mitarbeitern nicht nur die Befragung selbst und deren Auswertung vereinbart, sondern auch die Ableitung von Maßnahmen aus den Befragungsergebnissen.

Bei der Auswahl der Messvariablen ließen wir uns vom Variablenmodell von Locke und Latham [23] leiten, das wissenschaftlich fundiert ist und gleichzeitig die Sichtweise des Unternehmens nachvollziehbar integriert (vgl. Abb. 11.2).

Bei diesem Modell gehen die Autoren davon aus, dass eine höhere Leistung die Arbeitszufriedenheit erhöht und umgekehrt. Für den betrieblichen Kontext ist besonders diese Verknüpfung mit der Leistung von Bedeutung, denn Motivation, Arbeitszufriedenheit und Gesundheit der Mitarbeiter interessieren nicht an sich, sondern stets in Verbindung mit dem Erreichen von Unternehmenszielen. Die grau gekennzeichneten Variablen sind die Erfolgskriterien der Untersuchung. Für die

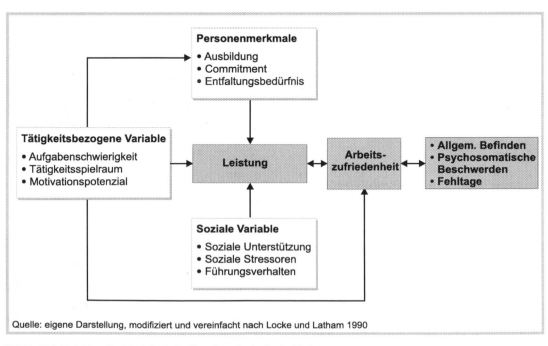

Quelle: eigene Darstellung, modifiziert und vereinfacht nach Locke und Latham 1990

◻ **Abb. 11.2.** Variablen-Modell als Basis des Vorgehens in der Papierfabrik

Prädiktorvariablen (tätigkeitsbezogene Variable, soziale Variable und Personenmerkmale) ist eine betriebliche Einflussnahme z. B. durch Arbeitstätigkeitsgestaltung, Arbeitsplatzgestaltung, Führungskräfteentwicklung oder individuelle Trainings möglich.

Zur Befragung verwendeten wir theoretisch unterlegte und empirisch validierte Fragebögen mit Alpha-Reliabilitäten von überwiegend .80 und mehr. Zu den verwendeten Fragebögen gehörten der von Richter entwickelte Fragebogen zur Aufgabenschwierigkeit und zum Tätigkeitsspielraum (FIT, [25]), der Job Diagnostic Survey (JDS) nach Hackman und Oldham (neuere Bearbeitung von Kil et al. [18]), der Fragebogen zur Sozialen Unterstützung nach Rimann et al. [26], zu sozialen Stressoren nach Frese und Zapf [5], die Commitment-Withdrawel-Scale (nach McKee et al. [24]), ein Fragebogen zum Führungsverhalten (nach Fritz et al. [9]), der General Health Questionnaire nach Goldberg [12] und eine Kurzversion der Freiburger Beschwerdenliste nach Fahrenberg [4] zur Ermittlung der psychosomatischen Beschwerden.

In der konkreten Umsetzung ergab sich der in Abbildung 11.3 aufgezeigte Untersuchungsplan, bei dem sowohl vor als auch nach der Umsetzung der Maßnahmen die oben genannten Variablen erhoben wurden [6].

Die Auswertung der ersten Befragung im Jahr 2000 erfolgte zwei Monate später. Auf Workshops mit der Geschäftsleitung und den beteiligten Bereichen wurde gezielt die Entwicklung von Maßnahmen angeregt. Aus den Workshops wurden schließlich zwölf Maßnahmen der betrieblichen Gesundheitsförderung abgeleitet. So wurden z. B. aufgrund des überdurchschnittlich häufigen Auftretens von Rückenbeschwerden im Verwaltungsbereich genau dort neue ergonomische Sitzmöbel angeschafft und eine Rückenschule für die Belegschaft ins Leben gerufen. Das als unzureichend beurteilte Informationsverhalten der Führungskräfte wurde verbessert, indem Führungskräftetrainings absolviert sowie monatlich ein Informationsbrief der Geschäftsleitung und eine Mitarbeiterzeitung herausgegeben wurden.

Ermittlung der Effektstärke

Die erreichten Effekte wurden für jede Maßnahme getrennt berechnet, wobei die Vorher- und Nachher-Werte der an der jeweiligen Maßnahme teilnehmenden Mitarbeiter (Versuchsgruppe – VG) und der nicht teilnehmenden Mitarbeiter (natürliche Kontrollgruppe = KG) einbezogen wurden. Für solche unter Feldbedingungen zusammengestellten Gruppen empfiehlt Kaluza [17] folgende Formel:

$$d_{t\text{-}klassisch\text{-}c} = \frac{[\,(MW_{VG/prä} - MW_{VG/post})\,]}{(SD_{pooled})} - \frac{[\,(MW_{KG/prä} - MW_{KG/post})\,]}{(SD_{pooled})}$$

Dabei steht die Abkürzung MW für „Mittelwert" und SD_{pooled} für „Gepoolte Standardabweichung", d. h. die Standardabweichung der Vorher-Werte („prä") und der Nachher-Werte („post") sind gleichermaßen einbezogen worden.

Basis der Effektberechnung bei der Maßnahme „Ergonomisches Mobiliar" waren die Längsschnittdaten der Angestellten, für die neues ergonomisches Mobiliar angeschafft wurde und die gleichzeitig an beiden Befragungen teilgenommen hatten.

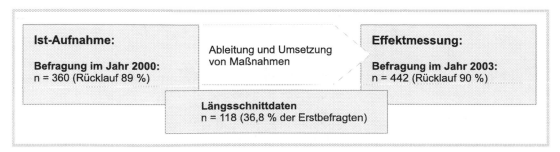

Ist-Aufnahme:

Befragung im Jahr 2000:
n = 360 (Rücklauf 89 %)

Ableitung und Umsetzung von Maßnahmen

Effektmessung:

Befragung im Jahr 2003:
n = 442 (Rücklauf 90 %)

Längsschnittdaten
n = 118 (36,8 % der Erstbefragten)

◘ **Abb. 11.3.** Zusammensetzung der Stichproben

Ermittlung des geschätzten Nutzens

Auch die anderen in Abbildung 11.1 genannten Parameter sollen am Beispiel der Maßnahme „Ergonomisches Mobiliar" im Rahmen des Projektes kurz erläutert werden:

1. Die Arbeitszufriedenheit war nach der Anschaffung ergonomischen Mobiliars im Verwaltungsbereich um 0,5 Standardabweichungen höher als davor.
2. Im befragten Unternehmen beträgt das Durchschnitts-Jahres-Bruttogehalt 29.700 €. Daraus lässt sich nach der 40%-Regel eine durchschnittliche Standardabweichung der Leistung von 11.880 € ableiten.
3. Bei einer empirisch im Unternehmen nachgewiesenen Korrelation zwischen Arbeitszufriedenheit und Leistung von 0,36 beträgt die gemeinsame Varianz $= 0{,}36^2 = 0{,}13$; das sind 13%.
4. Von den neuen Sitzmöbeln profitierten insgesamt 304 Mitarbeiter.
5. Als geschätzte Effektdauer setzten wir den Abschreibungszeitraum von sechs Jahren für die Mobiliaranschaffung an.

Durch Multiplikation der genannten Daten ergibt sich ein geschätzter Bruttonutzen der Maßnahme „Ergonomisches Mobiliar" für die Erhöhung der Arbeitszufriedenheit von 1.408.493 €. Nimmt man die anderen Zielkriterien wie die Reduzierung des Krankenstandes, die Erhöhung des allgemeinen Befindens, die Reduzierung der psychosomatischen Beschwerden und die stärkere Teilnahme der Belegschaft am KVP-Prozess hinzu und mittelt diese, ergibt sich ein Gesamtbruttonutzen von 1.024.949 €. Der Abzug der Kosten vom Gesamtbruttonutzen ergibt den Nettonutzen von 987.782 €. Abschließend wird der Nutzen durch die Kosten geteilt und es ergibt sich eine Relation von 1:26,6. Das bedeutet, dass ein in die Mobiliaranschaffung investierter Euro innerhalb von sechs Jahren einen geschätzten Nutzen von 26,60 € erbringt. Der so ermittelte Nutzen der Maßnahme „Ergonomisches Mobiliar" war der höchste der ermittelten Nutzenwerte im Projekt.

11.3.2 Beispiel Chemieunternehmen

Vorstellung des Projekts

Anlass für das Pilotprojekt in dem Chemie-Unternehmen waren Hinweise des Gewerbeaufsichtsamts (GAA). Dieses hatte bei den ca. 20 Mitarbeitern eines Teilbetriebs des Unternehmens psychische Belastungen erfasst, da es dort in der Vergangenheit zwei schwere Unfälle „aufgrund menschlichen Fehlverhaltens" gegeben hatte.

Gemeinsam mit der Geschäftsleitung wurde vereinbart, die Arbeitsbedingungen gemäß den Vorschlägen des GAA zu verbessern, das Vertrauen der Mitarbeiter in die Führung zu stärken und die Führungskräfte in ihrem Führungsverhalten zu unterstützen.

Das Projekt sollte bei rollendem Vier-Schicht-Betrieb (4 bis 5 Mitarbeiter je Schicht) umgesetzt werden. Das bedeutet, dass bei laufender Produktion alle Teamleiter bzw. alle Mitarbeiter längstens einen halben Tag gleichzeitig für übergreifende Maßnahmen zur Verfügung stehen. Unter diesen Rahmenbedingungen wurde beschlossen, zunächst die Verbesserungsvorschläge des GAA in Teilprojekten umzusetzen. Verantwortlich waren jeweils die Teamleiter. Außerdem wurden drei Halbtagestrainings für die Führungsmannschaft zu den Themen Führung, Teamentwicklung und Kommunikation durchgeführt. Neben einer fachlichen Einordnung waren in den Kurz-Trainings der Erfahrungsaustausch, die Rückmeldungen zu aktuellen praktischen Situationen und die Absprache gemeinsamer Vorgehensweisen besonders wichtig. Die Trainings wurden durch teamleiterbezogene Rückmeldungen aus den eigenen Teams und darauf aufbauende begleitende Kurz-Coachings (2 bis 4 Std. je Teamleiter) unterstützt. Diese Maßnahmen wurden durch jeweils einen Gesamt-Workshop aller Mitarbeiter zu Beginn und zum Ende des Projekts flankiert. Die beiden Gesamt-Workshops dienten dazu, alle Mitarbeiter in die Umsetzung der Teilprojekte einzubeziehen, die gemeinsamen Ziele aller Schichten zu verdeutlichen und die Ergebnisse zurückzumelden [8].

Die Umsetzung wurde nach sechs Monaten überprüft, wobei sowohl klassische harte Kennzahlen (z. B. Anzahl der Unfälle, Liefertreue in Prozent, Anzahl der Reklamationen) als auch qualitative Kennzahlen (z. B. Befragungen zu den erlebten Veränderungen in den kritischen Bereichen, qualitative Interviews) einbezogen wurden.

Ermittlung der Effektstärke

Die Rahmenbedingungen waren im Projektzeitraum (Mai bis November 2006) insbesondere durch Personalengpässe in der Produktion aufgrund von Fluktuation und Urlaub ungünstig. Der Zeitraum von sechs Monaten ist zudem für Veränderungen auf der Verhaltensebene recht knapp, sodass wir nur mit geringen Effekten rechneten. Umso überraschter waren wir, dass die relativ kurze Intervention mit deutlichen Effekten einherging.

Die harten Kennzahlen (hier wurden die Geschäftsjahre 2005 und 2006 verglichen) zeigten eine deutliche Steigerung. So hatte es keinen meldepflichtigen Unfall (im Vorjahr n = 13) gegeben, die Lieferpünktlichkeit erhöhte sich von 94% auf 100%, die Reklamationsfälle sanken von 15 auf Null und es wurde ein Fünftel mehr produziert.

Bei den qualitativen Kennzahlen konnten weder Vorher- und Nachher-Einschätzungen noch empirisch überprüfte Fragebögen genutzt werden, da für die spezifische Situation keine solchen Fragebögen zur Verfügung standen. Mit dem hier geschilderten Projekt sollte das Vertrauen in die Führungskräfte gestärkt werden, weshalb es sinnvoll war, Veränderungen bei zu Projektbeginn kritisierten konkreten Verhaltensweisen der Führungskräfte einzuschätzen. Die Mitarbeiter wurden beim Abschlussworkshop gebeten, die Veränderungen bei allen anfangs kritisierten Verhaltensweisen per Klebepunkt auf einer Pinwand auf einer Skala von 1 bis 6 einzuschätzen. Wird die Spalte „deutlich schlechter" mit „1", die nächste mit „2" bis hin zur Spalte „optimal" mit „6" kategorisiert, so lassen sich Mittelwerte und Standardabweichung für jede Verhaltensweise ermitteln. Aus Sicht der Mitarbeiter hatte sich am meisten bei der „Einbindung der Mitarbeiter bei Veränderungen" (Bepunktung mit 4,3) und der „Vollständigkeit der Informationen bei der Schichtübergabe" (Bepunktung mit 4,2) geändert. Aus den so zusammengetragenen Werten kann die Effektstärke zum standardisierten Vergleich der Einzelergebnisse ermittelt werden.

In die inhaltliche Interpretation der Effektstärke wurden folgende Grundüberlegungen einbezogen:

1. Von den bei der Bepunktung zur Wahl stehenden Kategorien (1 = deutlich schlechter, 2 = schlechter, 3 = gleich, 4 = besser, 5 = deutlich besser und 6 = optimal) sind nur die Kategorien 3 bis 6 positiv zu bewerten. Wenn diese gewählt wurden, hatte sich das Führungsverhalten zumindest nicht verschlechtert. Folglich kann nur dann von (positiven) Effekten ausgegangen werden, wenn der Mittelwert zwischen 3 und 6 liegt.

2. Die maximal mögliche Veränderung beträgt im Falle einer 100%-igen Verbesserung 3 Punkte (zwischen 3 und 6). Die tatsächliche Veränderung wird jeweils mit einem Dreisatz ermittelt, wobei erst der über 3,0 liegende Mittelwertbetrag hinzugezogen wird (z. B. bei 4,3 der Betrag von 1,3). Am Beispiel der ersten Aussage unserer Punktabfrage „Einbindung Mitarbeiter bei Veränderungen" (Mittelwert = 4,3;

Standardabweichung = 0,48) lässt sich dies wie folgt nachvollziehen:

a) Erfassung der inhaltlich positiven Veränderung mit 1,3 (4,3–3,0 = 1,3).

b) Anteil der erfolgten positiven Veränderung an der möglichen Veränderung in Prozent über einen einfachen Dreisatz:
   $1,3 = y\%$
   $3,0 = 100\%$
   $y = (1,3 \times 100\%)/3,0 = 43,3\%$
   Die Veränderung seit Projektbeginn betrug demnach 43,3% der möglichen Veränderung.

3. Setzt man die ermittelte Veränderung in Bezug zur Standardabweichung, so ergibt sich eine Effektstärke von 0,89 (dt = 0,43/0,48 = 0,89). Dieser Effekt entspricht nach Cohen [3] einem großen Effekt (> 0,8), der nicht nur für Beteiligte, sondern auch für Außenstehende erkennbar ist. Tatsächlich bestätigten sowohl Techniker aus anderen Bereichen als auch Betriebsrat und Geschäftsleitung, dass sie die benannten Veränderungen wahrgenommen hatten.

Bei der Aussage „Vollständigkeit der Informationen bei der Schichtübergabe" gab es übrigens einen noch größeren Effekt als bei dem Item „Einbindung Mitarbeiter bei Veränderungen": Hier wurde ein Effekt von 1,02 ermittelt. Allein bei der Aussage „Angst vor Disziplinarmaßnahmen" konnte noch kein Effekt festgestellt werden. Vertrauen lässt sich sicher auch nicht in einem so kurzen Zeitraum wiederherstellen.

Ermittlung des geschätzten Nutzens

Die in Abbildung 11.1 genannten Parameter werden am Beispiel der anfangs kritisierten Verhaltensweise „(Mangelnde) Einbindung der Mitarbeiter bei Veränderungen" kurz erläutert:

1. Der Weg zur Ermittlung der Effektstärke für die kritisierte Verhaltensweise wurde unter dem Abschnitt „Ermittlung der Effektstärke" (s. o.) dargestellt. Nach dem Projekt fühlten sich die Mitarbeiter deutlich mehr einbezogen als vorher, die Effektstärke betrug 0,89.

2. Im befragten Unternehmen beträgt das Durchschnitts-Jahres-Bruttogehalt ca. 40.000 €. Daraus lässt sich nach der 40%-Regel eine durchschnittliche Standardabweichung der Leistung von 16.000 € ableiten.

3. Aus einer Metaanalyse zu Korrelationen zwischen Arbeitszufriedenheit und Leistung wurde als niedrigster empirischer Wert 0,37 ermittelt, d. h. eine ge-

meinsame Varianz von 14%. Eine erstmals auch für deutsche Unternehmen vorliegende repräsentative Untersuchung [16] bei 314 Unternehmen ergibt dagegen sogar einen noch deutlich höheren Wert. Über eine Regressionsanalyse konnte dort gezeigt werden, dass die Unternehmenskultur 31% des finanziellen Unternehmenserfolgs erklärt ($r^2 = 0{,}31$). Dies zeigt, dass der von uns gewählte Wert (gemeinsame Varianz = 14%) eine konservative Schätzung ist.

4. Von der neuen Art des Umgangs, die sich u. a. in einer stärkeren Einbeziehung der Mitarbeiter zeigt, profitieren alle 24 Mitarbeiter des Betriebsbereichs.
5. Als geschätzte Effektdauer setzten wir ein Jahr an, da die Effektmessung nach einem Jahr erfolgte.

Durch Multiplikation der genannten Daten ergibt sich ein geschätzter Bruttonutzen der kombinierten Projektmaßnahmen (Führungskräftetraining und Coaching, Arbeit in Projektgruppen zur Verbesserung des Arbeits- und Gesundheitsschutzes) von 46.787 €. Der Abzug der Kosten für das Projekt (Externe Begleitung und Arbeitszeit der Mitarbeiter = 13.624 €) ergibt einen Nettonutzen von 33.164 €. Abschließend wird der Nutzen durch die Kosten geteilt und es ergibt sich eine Relation von 1:2,43. Das bedeutet, dass ein in das Projekt investierter Euro innerhalb von einem Jahr einen geschätzten Nutzen von 2,43 € erbringt. Für die Vollständigkeit der Informationen bei der Schichtübergabe ergab sich ein geschätzter ROI von 2,9.

11.3.3 Beispiel Unternehmen der Nahrungsmittelindustrie

Vorstellung des Projekts

Anlass dieses im Jahr 2007 umgesetzten Projekts war ein Wunsch des schon seit Jahren auch im Bereich der betrieblichen Gesundheitsförderung aktiven Geschäftsführers. Er wollte den Nutzen der von ihm initiierten Maßnahmen einschätzen und Entscheidungskriterien für weitere Maßnahmen festlegen. In dem Unternehmen mit 75 Mitarbeitern wurde eine sechsköpfige Projektgruppe mit Mitarbeitern aller Bereiche (Produktion, Lager, Labor, Technik, Verwaltung, Management) gebildet. Diese ermittelten u. a. die Zufriedenheit ihrer Kollegen mit 13 aktuellen Maßnahmen. Die Kollegen wurden gefragt, ob sie mit den gelaufenen Maßnahmen wenig, mittel oder hoch zufrieden waren. Für die Maßnahme „Arbeitsschutzunterweisungen" ergab sich z. B. eine Zufriedenheit von 2,76 auf der Skala von 1–3 bei

einer Standardabweichung von 0,54. Dabei merkten die Mitarbeiter aber auch Verbesserungspotenzial an, wie z. B. eine interessantere Aufbereitung und die stärkere Einbeziehung der Mitarbeiter in die Arbeitsschutzunterweisung selbst. Den Ist-Stand quantifizierte das Projektteam mit 75% der erreichbaren 100%.

Ermittlung der Effektstärke

Im Unternehmen waren die einzuschätzenden Maßnahmen schon über Jahre im Einsatz. Daher war kein Nullpunkt im Sinne einer Vorher-Messung vorhanden. Das Team legte fest, dass nur das als Effekt zählen sollte, was die 50%-Marke der möglichen Punkte bei den gemessenen Ist-Aufnahmen überschreitet. Demnach lag die Maßnahme „Arbeitsschutzunterweisung" 0,26 Punkte über der 50%-Marke der Ist-Befragung (2,76–2,5 = 0,26) und 25% über der 50%-Marke der qualitativen Einschätzung (75%–50% = 25%). Der Mittelwert beider Beträge über 50% wurde nun zur Standardabweichung in Bezug gesetzt und es ergab sich für die Maßnahme „Arbeitsschutzunterweisung" ein Effekt von 0,48 (0,26/0,54 = 0,48). Auf der Skala nach Cohen ist dies ein mittlerer, für die Beteiligten spürbarer Effekt.

Ermittlung des geschätzten Nutzens

Die in Abbildung 11.1 genannten Parameter werden nun am Beispiel der Maßnahme „Arbeitsschutzunterweisung" erläutert:

1. Der Weg zur Ermittlung der Effektstärke wurde unter dem Abschnitt „Ermittlung der Effektstärke" (s. o.) dargestellt. Für die Arbeitsschutzunterweisung wurde ein Effekt von 0,48 ermittelt.
2. Im befragten Unternehmen beträgt das Durchschnitts-Jahres-Bruttogehalt 30.000 €. Daraus lässt sich nach der 40%-Regel eine durchschnittliche Standardabweichung der Leistung von 12.000 € ableiten.
3. Aus der Metaanalyse zu Korrelationen zwischen Arbeitszufriedenheit und Leistung für die Branche wurde als niedrigster empirischer Wert 0,3 ermittelt, die gemeinsame Varianz beträgt somit $= 0{,}3^2 = 0{,}09$, das sind 9%.
4. An den Arbeitsschutzunterweisungen hatten alle 75 Mitarbeiter des Unternehmens regelmäßig teilgenommen.
5. Als geschätzte Effektdauer setzten wir ein Jahr an, da keine anderen Maße zur Verfügung standen.

Durch Multiplikation der genannten Daten ergibt sich ein geschätzter Bruttonutzen der Arbeitsschutzunterweisung von 38.961 €. Die jährlichen Kosten dafür betragen 25.000 €, wobei nicht nur die Kosten für die Schulung selbst, sondern auch die dafür entgangene Arbeitszeit in Stunden mit hinzugezogen wurden. Die Projektgruppe ermittelte für jede Maßnahme den gesetzlich erforderlichen Kostenanteil (hier 10.000 €) und den darüber hinausgehenden zusätzlich investierten Anteil (hier 15.000 €). Der freiwillige Anteil kam durch praktische Feuerwehrübungen mit Betätigung des Feuerlöschers durch alle Beschäftigten, Reaktionstests, einen eigens zum Thema selbst produzierten Film und Erste-Hilfe-Kurse zustande. Durch Abzug der Gesamtkosten vom Gesamtbruttonutzen ergaben sich ein Nettonutzen von ca. 14.000 € und ein ROI von 0,56. Das bedeutet, dass ein in die Arbeitsschutzunterweisung investierter Euro innerhalb von einem Jahr einen geschätzten Nutzen von 0,56 € erbringt, wobei die Kosten bereits gedeckt sind.

Im Vergleich zu den anderen Maßnahmen handelt es sich um einen relativ niedrigen ROI. Am gesetzlichen Anteil lässt sich wegen entsprechender Vorgaben nichts ändern, bei der Qualität der Unterweisung selbst und der spezifischen Teilnehmerauswahl gibt es jedoch Veränderungsmöglichkeiten. Außerdem wurde entschieden, die zusätzlichen Kosten zu reduzieren und nicht jedes Jahr einen neuen Film zum Thema zu produzieren.

11.4 Diskussion und Ausblick

Die ermittelten ROI waren in allen drei Unternehmen Ausgangspunkt für eine tiefer gehende Diskussion und Bewertung der umgesetzten Maßnahmen. Dabei wurde im Vorfeld abgesichert, dass die Entscheidung über eine Weiterführung verschiedener Maßnahmen nicht nur vom ermittelten ROI abhängt. Vielmehr wurde vereinbart, zum Schluss neben dem ROI auch Informationen zur Akzeptanz der Maßnahmen und zu möglichen inhaltlichen und methodischen Verbesserungen sowie die Ergebnisse bei den „harten" Leistungsdaten hinzuzuziehen. Nur so sind angstfreie Erfassungen möglich, die Voraussetzung für brauchbare Ergebnisse sind.

Die drei Beispiele zeigen, dass das Verfahren unter unterschiedlichen Bedingungen angewandt werden kann. Dabei liegt der Hauptaufwand darin, die Effekte anhand sinnvoller Kriterien nachzuweisen. Das Ziel, die qualitativen Kennzahlen in die Entscheidungsfindung einzubeziehen, wurde in allen Fällen erreicht.

Uns ist bewusst, dass die angesetzten Parameter situativ verändert werden können. Wir sehen dies aber als Vorteil und nicht als Nachteil an, da gerade dadurch die Vielfalt möglicher Effekte bei der betrieblichen Gesundheitsförderung berücksichtigt wird. Methodische Standards, alternative Erklärungsmöglichkeiten und Einschränkungen bei der Verallgemeinerbarkeit werden von Fritz [6] diskutiert.

Literatur

[1] Barthel E, Schuler H (1989) Nutzenkalkulation eignungsdiagnostischer Verfahren am Beispiel eines biographischen Fragebogens. Zeitschrift für Arbeits- und Organisationspsychologie 33 (2) 73–83

[2] Cascio WF (1991) Costing human resources: the financial impact of behavior in organizations. PWS-Kent, Boston

[3] Cohen J (1988) Statistical power Analysis for the social sciences. Hillsdale, New York

[4] Fahrenberg J (1994) Kurzfassung FBL-G/R. Psychosomatische Beschwerden. Hogrefe, Göttingen

[5] Frese M, Zapf D (1987) Eine Skala zur Erfassung von sozialen Stressoren am Arbeitsplatz. Zeitschrift für Arbeitswissenschaft 41 (3):134–141

[6] Fritz S (2006) Ökonomischer Nutzen von Maßnahmen der betrieblichen Gesundheitsförderung. 2 Aufl, MTO-Reihe 37, vdf, Zürich

[7] Fritz S, Herrmann M, Wiedemann J (2000) Mehrdimensionale Evaluation eines Handlungsleitfadens am Beispiel der Broschüre "Bauleitung ohne Stress". Schriftenreihe der Bundesanstalt für Arbeitsschutz und Arbeitsmedizin, Forschung, Fb 911, Wirtschaftsverlag, Bremerhaven

[8] Fritz S, Reddehase B, Schubert F (2007) Erfolge betrieblicher Gesundheitsförderung: Nachweis mit inhaltlich sinnvollen Kennzahlen. Wirtschaftspsychologie aktuell 3:30–32

[9] Fritz S, Richter P & Wiedemann J (1999) Kurzfragebogen zum Führungsverhalten. Institut für Arbeits-, Organisations- und Sozialpsychologie, Dresden

[10] Funke U, Schuler H, Moser K (1995) Nutzenanalyse zur ökonomischen Evaluation eines Personalauswahlprojektes für Industrieforscher. In: Gerpott TJ, Siemers SH (Hrsg) Controlling von Personalprogrammen. Schäffer-Poeschel, Stuttgart, S 139–171

[11] Gerpott TJ (1989) Ökonomische Spurenelemente in der Personalwirtschaftslehre: Ansätze zur Bestimmung ökonomischer Erfolgswirkungen von Personalauswahlverfahren. Zeitschrift für Betriebswirtschaft 59:888–912

[12] Goldberg H (1972) The General Health Questionnaire-Manual. University Press, Oxford

[13] Guzzo RA, Jette RD, Katzell RA (1985) The effects of psychologically based intervention programs on worker productivity: a meta-analysis. Personnel Psychology 38:275–292

[14] Hacker W, Fritsche B, Richter P et al (1995) Tätigkeitsbewertungssystem (TBS). Verfahren zur Analyse, Bewertung und Gestaltung von Arbeitstätigkeiten. Vdf, Zürich

[15] Hartmann SAL, Traue HC (1996) Gesundheitsförderung und Krankheitsprävention im betrieblichen Umfeld. Universitätsverlag, Ulm

[16] Hauser F, Schubert A, Aicher M (2008) Unternehmenskultur, Arbeitsqualität und Mitarbeiterengagement in den Unternehmen in Deutschland. Ein Forschungsprojekt des Bundesministeriums für Arbeit und Soziales. Abschlussbericht Forschungsbericht 18/05

[17] Kaluza G (1997) Evaluation von Stressbewältigungstrainings in der primären Prävention – eine Metaanalyse (quasi-) experimenteller Feldstudien. Zeitschrift für Gesundheitspsychologie 3:149–169

[18] Kil M, Leffelsend S, Metz-Göckel H (2000) Zum Einsatz einer revidierten und erweiterten Fassung des Job Diagnostic Survey im Dienstleistungs- und Verwaltungssektor. Zeitschrift für Arbeits- und Organisationspsychologie 44 (3):115–128

[19] Kirkpatrick DL (1959a) Techniques for evaluating training programs. Journal of the American Society of Training Directors 13 (11):3–9

[20] Kirkpatrick DL (1959b) Techniques for evaluating training programs. Part 2 – Learning. Journal of the American Society of Training Directors 13 (12):21–26

[21] Kirkpatrick DL (1960a) Techniques for evaluating training programs. Part 3 – Behavior. Journal of the American Society of Training Directors 14 (1):13–18

[22] Kirkpatrick DL (1960b) Techniques for evaluating training programs. Part 4 – Results. Journal of the American Society of Training Directors 14 (2):28–32

[23] Locke EA, Latham GP (1990) A theory of goal setting and task performance. Prentice Hall Inc, New Jersey

[24] McKee GH, Markham SE, Scott KD (1992) Job stress and employee withdrawel from work. In: Quick JC, Hurrell LRIII, Joseph JIV (eds) Stress and wellbeing at work: assessments and interventions for occupational health. American Psychological Association, Washington

[25] Richter P, Hänsgen C, Hemmann E et al (2000) Das Erleben von Arbeitsintensität und Tätigkeitsspielraum – Entwicklung und Validierung eines Fragebogens zur orientierenden Analyse (FIT). Zeitschrift für Arbeits- und Organisationspsychologie 44 (3):129–139

[26] Rimann M, Udris I, Hauer J et al (1993) Belastungen und Gesundheitsressourcen im Berufs- und Privatbereich. Eine quantitative Studie. Forschungsprojekt SALUTE, Personale und organisationale Ressourcen der Salutogenese, Bericht Nr. 3. Eidgenössische Technische Hochschule. Institut für Arbeitspsychologie (unveröffentlicht), Zürich

[27] Schmidt FL, Hunter JE, Pearlman K (1982) Assessing the economic impact of personnel programs on workforce productivity. Personnel Psychology 35:333–347

[28] Schmidt KH (2002) Organisationales und individuelles Abwesenheitsverhalten: Eine Cross-Level-Studie. Zeitschrift für Arbeits- und Organisationspsychologie 46 (2):69–77

[29] Scholz Ch, Stein V, Bechtel R (2004) Human Capital Management. Wege aus der Unverbindlichkeit. Wolters Kluwer

[30] Shazer S de (2004) Der Dreh. Überraschende Wendungen und Lösungen in der Kurzzeittherapie. Carl-Auer-Systeme Verlag, Heidelberg

[31] Thiehoff R (1991) Gesundheitsförderung und betriebliche Wirtschaftlichkeitsrechnung (VI), Die Betriebskrankenkasse:330–337

[32] Zangemeister Ch, Nolting HD (1997) Kosten-Wirksamkeits-Analyse im Arbeits- und Gesundheitsschutz. Einführung und Leitfaden für die betriebliche Praxis. Wirtschaftsverlag

Kapitel 12

Humankapitalbewertung und Gesundheitsmanagement – Erkenntnisse mit der Saarbrücker Formel

S. Müller

Zusammenfassung. *Dieser Beitrag zeigt auf, wie der Einsatz eines betrieblichen Gesundheitsmanagement auf das Humankapital wirkt und dadurch einen Beitrag zur Effizienzmessung von Maßnahmen im Gesundheitsmanagement leisten kann. Er diskutiert einen Weg, wie das betriebliche Gesundheitsmanagement durch eine ergänzende Euro-Bewertung noch mehr an Gewicht und Konkretisierung bekommen kann – was angesichts der strategischen Wettbewerbspositionierung von Unternehmen (und des Standorts Deutschland) dringend nötig erscheint.*
Neben einer Erklärung des grundlegenden Verständnisses einer Humankapitalbewertung sowie der Funktionsweise der Saarbrücker Formel wird im Besonderen die Formelkomponente „Motivation" näher betrachtet. Mit der Monetarisierung der Motivation können Auswirkungen von Maßnahmen im Gesundheitsmanagement bewertet und ihr positiver Einfluss auf das Humankapital betriebswirtschaftlich nachgewiesen werden. Abschließend wird der Einsatz der Saarbrücker Formel im Gesundheitsmanagement-Controlling diskutiert.

12.1 Human Capital Management

12.1.1 Warum: Die (betriebswirtschaftliche) Notwendigkeit

Vergegenwärtigt man sich die aktuellen Herausforderungen betriebswirtschaftlichen Handelns, wird die Notwendigkeit eines Human Capital Management deutlich. Hier drängt sich seit einigen Jahren ein neues Thema in den Mittelpunkt: Die Bewertung immaterieller Vermögenswerte von Unternehmen. Die Bedeutung und die Einzigartigkeit des Mitarbeiters als zentraler immaterieller Vermögenswert werden sowohl innerhalb der Unternehmen als auch in der öffentlichen Diskussion zunehmend wahrgenommen und akzeptiert.

Einen konkreten, monetären „Wertnachweis" der Ressource „Mitarbeiter" können allerdings nur wenige Unternehmen liefern. Diese Entwicklung wird dadurch verstärkt, dass Unternehmen an ihrem Humankapital – anders als bei Sach- und Finanzkapital – keine Eigentumsrechte besitzen, sondern Verfügungs- und Nutzungsrechte. Kapitaleigentümer im klassischen Sinne bleibt der Mitarbeiter selbst. Dass Mitarbeiter vor allem die Chance bieten, sich Wettbewerbsvorteile durch Kreativität und Innovation zu beschaffen, haben inzwischen die meisten Unternehmen erkannt [14].

Humankapital bedeutet also im betriebswirtschaftlichen Umfeld die Tatsache, Mitarbeiter als Träger von Fähigkeiten und Erfahrungen anzusehen, die einen entscheidenden Wertbeitrag im Unternehmen leisten. Dabei sollte es im Interesse des Unternehmens liegen, das Wissen und Können der Mitarbeiter langfristig zumindest zu erhalten.

Aber nicht nur das Wissen über die Bedeutung der Ressource Mitarbeiter ist wichtig, sondern gerade auch die ökonomische Bestimmung des Humankapitalwerts. Dieser Wert bietet nur dann einen Mehrwert, wenn man ihn anhand geeigneter personalwirtschaftlicher Maßnahmen optimieren kann. Personalarbeit ist in diesem Leitbild eine Investition in die zukunftsbezogenen Ressourcen des Unternehmens – durchaus mit der Erwartung, dass sich diese Investitionen auch amortisieren.

12.1.2 Was: Das (personalwirtschaftliche) Ertragspotenzial

Die existierenden Humankapitalbewertungsansätze basieren auf einem unterschiedlichen Grundverständnis darüber, was Mitarbeiter für das Unternehmen bedeuten. Daher kommen sie auch zu vollkommen unterschiedlichen Gestaltungsempfehlungen. Nach Scholz und Stein [10] gelten zwei Sichtweisen inzwischen als überholt: Zum einen das *Kostenverrechnungsparadigma*, das davon ausgeht, dass Mitarbeiter primär Personalkosten verursachen; Humankapital wird dabei als Summe der Personalkosten interpretiert. Allerdings bedeutet nach dieser Logik Humankapitalmanagement hauptsächlich, Personalkosten zu reduzieren und somit Personal abzubauen. Zum anderen das *Überschussverteilungsparadigma*, wonach Mitarbeiter primär Erträge erwirtschaften, daher sei der finanzwirtschaftlich ermittelte oder gar der prognostizierte Ertrag eines Unternehmens auf dem Absatzmarkt ein geeigneter Indikator für den Humankapitalwert (z. B. [8]). Dies ist er jedoch nicht, da er vor allem vom Marketing, vom Käuferverhalten, von der Konjunktur und von vielem mehr abhängt. Wenn sich auch nur einer dieser Faktoren ändert, würde sich der Humankapitalwert ebenfalls ändern – eine Annahme, die dem eigentlichen Wert des Humankapitals nicht gerecht wird.

Beide Sichtweisen vernachlässigen vor allem zentrale personalwirtschaftliche Argumente, da es sich bei ihnen ausschließlich um Analogien zur Gewinn- und Verlustrechnung handelt, bei denen strategische Überlegungen weitgehend ausgeklammert bleiben [13].

Das zukunftsweisende *Ertragspotenzialparadigma* hingegen bewertet, was die Belegschaft im Sinne einer Ertragsuntergrenze zu erwirtschaften in der Lage wäre – unabhängig vom gegenwärtigen Unternehmenserfolg auf dem Absatzmarkt. Das Ertragspotenzial ergibt sich hierbei aus den vorhandenen Mitarbeitern, deren Bewertung anhand von Marktgehältern, aus ih-

rer Ausstattung mit aktuellem Wissen sowie aus ihrer Motivationslage.

12.1.3 Wie: Die (monetäre) Humankapitalbewertung

Die Saarbrücker Formel ist ein Instrument zur monetären Bewertung des Humankapitals eines Unternehmens in Euro [12]. Darüber hinaus bietet die Formel Anhaltspunkte für personalwirtschaftlichen Optimierungsbedarf. Sie orientiert sich am bilanziellen Kapitalbegriff und verbindet diesen mit zentralen Wert- und Steuerungshebeln der Personalarbeit.

Gesucht wird also – gemäß der Logik des Ertragspotenzialparadigmas – das Wirkpotenzial aus den Mitarbeitern, das selbst dann einen Wert darstellt, wenn das Unternehmen diesen Wert nicht nutzt. So ergibt sich über das Personal und seine Vergütung die Wertbasis. Hat die Belegschaft veraltetes Wissen, so muss ein entsprechender Abschlag vorgenommen, die Wertbasis also reduziert werden. Als Ausgleich kann Personalentwicklung das Ertragspotenzial wieder erhöhen. Schließlich verändert sich das Humankapital in Abhängigkeit von der motivationalen Bereitschaft der Mitarbeiter zur Leistungserbringung, von ihrem Arbeitsumfeld sowie – als Risikoindikator – von ihrer Neigung, im Unternehmen zu bleiben.

Während für rein konzeptionelle Überlegungen dieses mentale Modell ausreicht, erfordert die tatsächliche wertmäßige Bestimmung als Euro-Zahl eine exakte mathematische Verknüpfung. Sie ergibt sich unmittelbar aus dem mentalen Modell, wobei eine Aggregation über unterschiedliche Beschäftigtengruppen erfolgt. Das Humankapital (HC) nach der Saarbrücker Formel (s. Abb. 12.1) setzt sich aus den folgenden vier Gruppen von Komponenten zusammen:

- aus der Wertbasis mit der Mitarbeiteranzahl als Mengenkomponente (FTE_i) und dem Marktgehalt als Preiskomponente (l_i),
- dem Wertverlust als Aussage über die Erosion an Wissenssubstanz im Unternehmen, bestimmt durch die Funktion aus Wissensrelevanzzeit (w_i) und Betriebszugehörigkeit (b_i),
- der Wertkompensation als Ausgleich des Wertverlusts (Personalentwicklungskosten, PE_i) sowie
- der Wertänderung als Mehrung oder Minderung des Humankapitalwerts, realisiert durch die Mitarbeitermotivation (M_i), die sich aus Commitment (Leistungsbereitschaft), Context (Arbeitsbedingungen) und Retention (Bindungsbereitschaft) zusammensetzt.

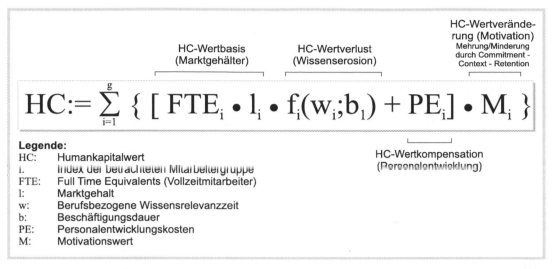

HC-Wertverände-
rung (Motivation)
Mehrung/Minderung
durch Commitment -
Context - Retention

HC-Wertbasis
(Marktgehälter)

HC-Wertverlust
(Wissenserosion)

$$HC := \sum_{i=1}^{g} \{ [FTE_i \bullet l_i \bullet f_i(w_i;b_1) + PE_i] \bullet M_i \}$$

HC-Wertkompensation
(Personalentwicklung)

Legende:
HC: Humankapitalwert
I.   Index der betrachteten Mitarbeitergruppe
FTE: Full Time Equivalents (Vollzeitmitarbeiter)
l: Marktgehalt
w: Berufsbezogene Wissensrelevanzzeit
b: Beschäftigungsdauer
PE: Personalentwicklungskosten
M: Motivationswert

☐ **Abb. 12.1.** Die Saarbrücker Formel

Die Umsetzung der Saarbrücker Formel in der IT-Landschaft erfolgt über eine webbasierte Softwarelösung, bei der Unternehmen auf ein serverseitig bereitgestelltes (externes) Berechnungsmodul zugreifen, das gleichzeitig auch die Verknüpfung mit marktüblichen Gehaltsdaten und Wissensrelevanzzeiten (die Zeit, die das Fachwissen der Mitarbeiter wertschöpfungsrelevant bleibt) realisiert. Mit diesem Modul verbunden ist zudem eine internetgestützte Motivationsbefragung zu der Komponente „M".

Damit eine weitgehende Standardisierung und Vergleichbarkeit des Humankapitalwerts erreicht wird, arbeiten Unternehmen, Forscher, Berater und andere Interessengruppen in unterschiedlichen Arbeitskreisen sowie Diskussionsforen zusammen, um die Erfassungslogik der einzelnen Formelkomponenten zu konkretisieren und zu normieren. Zur messtheoretischen Spezifizierung gehört beispielsweise die Normierung der Motivationskomponente „M" in einem Intervall von 0 bis 2. Werte über 1 wirken sich positiv auf das Humankapital aus, Werte unter 1 entsprechend negativ. Die Motivationskomponenten Commitment, Context und Retention werden – wie oben erwähnt – mit Hilfe eines Referenzfragebogen mit dreißig Standardfragen ermittelt, die sich in vielfältigen Befragungen bewährt und als besonders aussagefähig erwiesen haben. Auf diese Weise wird die an anderen Bewertungsansätzen teilweise kritisierte Manipulierbarkeit erheblich reduziert.

12.2 Gesundheitsmanagement und Human Capital Management

12.2.1 Gesundheitsmanagement und der Einfluss auf das Humankapital

Das Gesundheitsmanagement fällt in vielen Unternehmen auch unter das in Abschnitt 12.1.2 beschriebene Kostenverrechnungsparadigma. Denn zunächst sind hohe Investitionen notwendig, deren Nutzen aber nur schwer quantifizierbar sind. Auch dahinter steckt eine betriebswirtschaftlich fundamentale Diskussion um die Rolle der Mitarbeiter in der strategischen Unternehmensplanung. Vereinfacht ausgedrückt sind sie für manche (Finanz-)Vorstände primär Kostenfaktoren.

Die Bertelsmann-Stiftung hat vor einigen Jahren errechnet, dass Arbeitsunfähigkeit wegen depressiver Störungen in Deutschland 2001 zu einem Produktionsausfall in Höhe von drei Milliarden Euro geführt hat [3]. Dies zeigt, dass sowohl der betriebliche als auch der volkswirtschaftliche Bedarf an Gesundheitsmanagement steigt, denn infolge der Globalisierung mit zunehmendem Wettbewerbsdruck, der demographischen Entwicklung und der immer noch wachsenden Technisierung sind die Belastungen in der Arbeitswelt spürbar größer geworden: Mitarbeiter werden immer mehr beansprucht und sehen sich selbst oft nicht mehr in der Lage, den Arbeitsanforderungen gerecht zu werden. Dies belegt auch eine Studie des Instituts für Managementkompetenz an der Universität des Saarlandes [9].

Der Gesundheitszustand von Mitarbeitern korreliert – egal ob „subjektiv gefühlt" oder „objektiv gemessen" – laut einer Studie eindeutig mit der Bereitschaft des Mitarbeiters, im Unternehmen zu bleiben. Fühlen sich Mitarbeiter gesundheitlich angeschlagen, kann es Probleme für das Unternehmen geben, diese Mitarbeiter im Unternehmen zu halten. Und dies wirkt sich unmittelbar auf die Retention der Mitarbeiter aus. Entscheidend ist also, ob Mitarbeiter bereit und fähig sind, ihre Kompetenzen dauerhaft dem Unternehmen zur Verfügung zu stellen [7].

Nach diesen Erkenntnissen lässt sich formulieren, dass die Leistungsbereitschaft und die damit verbundene Innovationskraft von Mitarbeitern von deren körperlicher Gesundheit und seelischem Wohlbefinden abhängen, was sich dann positiv auf den (monetären) Humankapitalwert auswirkt.

Betriebliches Gesundheitsmanagement wirkt sich vor allem auf das gesundheitliche Wohlbefinden der Mitarbeiter aus, was unter anderem zu deren Arbeitsmotivation beiträgt (s. Abb. 12.2). Und dies hat unmittelbar Auswirkungen auf das Leistungspotenzial der Mitarbeiter, wie das Arbeitsverhalten, die Innovationsbereitschaft, Umfang und Qualität der Arbeit oder auf die Anwesenheitsquote [1]. Personalwirtschaftlich gesehen wirkt betriebliches Gesundheitsmanagement beispielsweise im Hinblick auf die Führungskompetenz. Führungskräfte nehmen eine wichtige Rolle im Prozess des betrieblichen Gesundheitsmanagements

ein, denn sie haben eine Vorbildfunktion. Um Gesundheitsmanagement in den Köpfen der Mitarbeiter zu verankern, ist ihre Unterstützung notwendig, denn nur dann sind positive Auswirkungen auf das Humankapital möglich.

Übertragen auf die Komponenten der Saarbrücker Formel sind vor allem die Personalentwicklung (PE) und die Motivation (M) hilfreiche Indikatoren für die Messung der Kosten-Nutzen-Relation der Maßnahmen im betrieblichen Gesundheitsmanagement. Durch eine entsprechende Humankapitalbewertung ist es möglich, Motivation (und auch Veränderungen) in Eurogrößen zu messen und mit Investitionen im Gesundheitsmanagement zu vergleichen. Weiterhin können die Entwicklungen im Zeitverlauf beobachtet werden. Zudem kann so der Einfluss von Gesundheitsmanagement auf die Gesamthöhe des Humankapitals nachgewiesen werden.

12.2.2 Gesundheitsmanagement im Kontext der Saarbrücker Formel

Wie bereits gezeigt, umfasst der Motivationsindex der Saarbrücker Formel die drei Komponenten Commitment, Context und Retention. Maßnahmen im Bereich des Gesundheitsmanagements wirken primär auf die Komponente Context, also das Arbeitsumfeld im Sinne der Hygienefaktoren nach Herzberg [6]. Dies sind Faktoren wie Entlohnung, Personalpolitik, Führungsstil, Arbeitsbedingungen, Sicherheit der Arbeitsstelle,

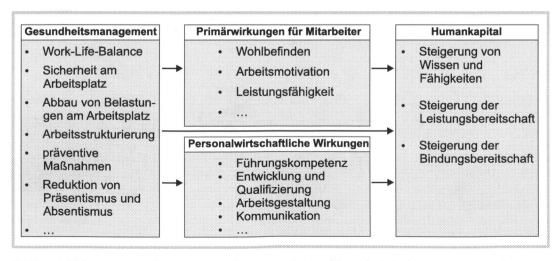

☐ Abb. 12.2. Wirkungszusammenhänge von Gesundheitsmanagement und Humankapital

zwischenmenschliche Beziehungen zu Kollegen und Führungskräften, die bei positiver Ausprägung die Entstehung von Unzufriedenheit verhindern, jedoch nicht zur Zufriedenheit beitragen. Vor allem die Arbeitsbedingungen sowie die Unternehmenspolitik und die Beziehung zu Führungskräften und Kollegen sind Faktoren, die durch betriebliches Gesundheitsmanagement beeinflusst werden können. Mit Hilfe der Saarbrücker Formel und unter Einsatz der entsprechenden Motivationserhebung ist ein monetärer Nachweis von Maßnahmen möglich (Context ist um einen Betrag von „x" gestiegen), der zugleich die Auswirkungen auf die Gesamthöhe des Humankapitals zeigt. Somit eignet sich die Saarbrücker Formel als Instrument zur Effizienzmessung, da Investitionsentscheidungen im betrieblichen Gesundheitsmanagement abgewogen werden können. Der betriebswirtschaftliche Nachweis in Euro hilft bei der Kommunikation, wenn betriebliches Gesundheitsmanagement in Unternehmen verfestigt werden soll, da ein positiver Wertbeitrag in Euro – im Verhältnis zu den zu tätigenden Investitionen – angegeben wird.

Weiterhin ist anzunehmen, dass derartige Maßnahmen auch auf die Leistungsbereitschaft und die Bindungsbereitschaft der Mitarbeiter wirken. Dadurch ergibt sich ein weiterer positiver Effekt für das Humankapital. Gleichzeitig kann ein greifbarer und messbarer Nachweis der Wirksamkeit auf den Unternehmenserfolg erbracht werden.

Vergleiche sind vor allem bei einer geplanten Einführung von betrieblichem Gesundheitsmanagement sinnvoll. Denkbar sind zwei Messzeitpunkte – vor und nach der Einführung eines entsprechenden Konzeptes –, bei denen der Humankapitalwert bestimmt wird. Auswirkungen werden dann direkt monetär sichtbar.

Gesundheitsmanagement kann sich auch auf die Formelkomponente Personalentwicklung (PE), d. h. Investitionen in Weiterbildung, positiv auswirken. Auch im Rahmen des Gesundheitsmanagements sind Weiterbildungsmaßnahmen notwendig. Dies beginnt bei der Führungskräftequalifizierung (z. B. ihre Rolle im Gesundheitsmanagement) und geht weiter zu den Mitarbeitern, da sie die Möglichkeiten der betrieblichen Gesundheitsförderung kennen müssen, um sie auch zu nutzen (z. B. Sicherheitsunterweisungen, Rückenschulen etc.). Weiterbildungsmaßnahmen wirken sich primär auf die Höhe des Humankapitalwertes aus (schon die reine Durchführung wirkt humankapitalsteigernd, da die Investitionen steigen), gleichzeitig lassen sich positive Effekte für die Motivationsfaktoren vermuten.

12.3 Fazit: Saarbrücker Formal als Controlling-Instrument

Betrachtet man die wissenschaftliche und praxisorientierte Literatur zum Gesundheitsmanagement, so findet man selten einen Hinweis zu Controlling-Aspekten (z. B. [2, 4, 5, 7]). Hier kann – wie gezeigt – die Saarbrücker Formel erste Anhaltspunkte liefern.

Denkbar wären beispielsweise Zielvereinbarungen mit Führungskräften, die über Maßnahmen im Gesundheitsmanagement die Motivation ihrer Mitarbeiter steigern sollen. Die Zielvereinbarung besteht aus einer Konkretisierung von Maßnahmen sowie messbaren und monetär bewertbaren Ergebnissen. Die Kontrolle der Zielvereinbarung erfolgt dann in einem zweistufigen Verfahren: Die durchgeführten Maßnahmen werden in der Periode überprüft, für die sie vorgesehen sind. Es kann aber erst in der nächsten Periode nach einer erneuten Erhebung der Motivationswerte überprüft werden, ob sich eine Humankapitalveränderung ergeben hat [11].

Zusammenfassend lässt sich sagen:

- Die Bedeutung des betrieblichen Gesundheitsmanagements kann mit Hilfe der Saarbrücker Formel auf eine monetäre Ebene angehoben werden. Ein solcher zahlenmäßiger Beleg unterstützt die Entscheidungsträger bei der Kommunikation innerhalb des Unternehmens und schafft eine höhere Akzeptanz.
- Gleichzeitig können die Wirkungen der Maßnahmen auf den Unternehmenserfolg nachgewiesen werden – was deren Relevanz und Wichtigkeit zusätzlich unterstützt.
- Die Bewertung hilft das Humankapital über ableitbare personalwirtschaftliche Aktionen zu steuern, sie ermöglicht einen Nachweis der Wirksamkeit von Aktionen und kann deren Erfolg belegen.

Literatur

[1] Badura B (2001) Einleitung. In: Bertelsmann Stiftung, Hans-Böckler-Stiftung (Hrsg) Erfolgreich durch Gesundheitsmanagement. Verlag Bertelsmann Stiftung, Gütersloh, S 21–36

[2] Bertelsmann Stiftung, Hans-Böckler-Stiftung (Hrsg) (2001) Erfolgreich durch Gesundheitsmanagement. Verlag Bertelsmann Stiftung, Gütersloh

[3] Bertelsmann Stiftung, Berufsgenossenschaft Druck und Papierverarbeitung (Hrsg) (2004) Psychische Gesundheit – ein Baustein des erfolgreichen Unternehmens. Wiesbaden

[4] Brandenburg U, Nieder P, Susen B (Hrsg) (2000) Gesundheitsmanagement in Unternehmen. Juventa Verlag, Weinheim und München

[5] Gröben F, Bös K (1999) Praxis betrieblicher Gesundheitsförderung. Sigma Rainer Bohn Verlag, Berlin

[6] Herzberg F (1966) Work and Nature of Man. Crosby Lockwood Staples, London

[7] Jancik JM (2002) Betriebliches Gesundheitsmanagement. Gabler, Wiesbaden

[8] Marschlich A, Menninger J (2006) Humankapital als Beitrag zum Value Reporting. Zeitschrift für Controlling und Management, Sonderheft (3): 32–41

[9] Scholz C, Niemczyk K (2008) Wenn Arbeit krank macht. managerSeminare 119: 68–73

[10] Scholz C, Stein V (2006) Das neue Paradigma der Humankapitalbewertung. Personal 58 (7–8): 52–53

[11] Scholz C, Stein V, Müller S (2007) Zielvereinbarungen zeigen Wirkung. Weiterbildung 18(3): 30–33

[12] Scholz C, Stein V, Bechtel R (2006) Human Capital Management. Wege aus der Unverbindlichkeit. Luchterhand, 2. Aufl, München/Unterschleißheim

[13] Stein V (2007) Human Capital Management: The German Way. Zeitschrift für Personalforschung 21(3): 295–321

[14] Wieland J (2001) Human Capital und Werte. Die Renaissance des menschlichen Faktors. Metropolis, Marburg

12

Kapitel 13

Einsatz der Balanced Scorecard bei der Strategieumsetzung im Betrieblichen Gesundheitsmanagement[1]

P. Horváth · N. Gamm · J. Isensee

Zusammenfassung. *Um das Betriebliche Gesundheitsmanagement (BGM) effektiv und effizient zu gestalten und damit einen Beitrag zum Unternehmenswert zu leisten, bedarf es klarer Strategien für das BGM und deren konsequenter Umsetzung. Betrachtet man jedoch die heutige Praxis, ist festzustellen, dass die Wertschöpfungspotenziale gesunder Mitarbeiter nur unzureichend genutzt werden, da eine strategische Ausrichtung fehlt und operative Einzelaktionen im BGM nicht aufeinander abgestimmt sind. Der vorliegende Beitrag stellt mit der Gesundheits-BSC ein an die Anforderungen des BGM angepasstes Instrument vor, mit dem BGM-Strategien in operative Maßnahmen überführt werden können und eine strategische Steuerung eines „Gesundheitsbereichs" erfolgen kann. Dabei werden zentrale Herausforderungen angesprochen, z. B. wie die vielen an der Gesundheitsförderung beteiligten Akteure integriert und komplexe Zusammenhänge in der Gesundheitsförderung im Rahmen der Strategieumsetzung berücksichtigt werden können.*

13.1 Einleitung

Die Gesundheit der Mitarbeiter ist eine wichtige Determinante des Unternehmenserfolgs, denn gesunde Mitarbeiter sind in der Regel motivierter und leistungsfähiger [16]. Um die Gesundheit zu erhalten und zu fördern, wird das Betriebliche Gesundheitsmanagement (BGM) eingesetzt. Damit die Potenziale des BGM effektiv und effizient in einen Wertbeitrag umgewandelt werden können, bedarf es klarer Strategien und deren konsequenter Umsetzung.

Betrachtet man die heutige Praxis des BGM, ist jedoch festzustellen, dass die Wertschöpfungspotenziale gesunder Mitarbeiter aufgrund fehlender strategischer Ausrichtung und nicht abgestimmter operativer Einzelaktionen nur unzureichend genutzt werden [18]. Um Gesundheitsmanagement wirkungsvoll zu gestalten, ist eine konzertierte Umsetzung von BGM-Maßnahmen erforderlich. Daher muss eine Gesundheitsstrategie entwickelt und umgesetzt werden, die an der Unternehmensstrategie ausgerichtet ist. Es bedarf spezifischer

---

1 Das hier vorgestellte Konzept zur Erstellung einer „Gesundheits-BSC" wurde zum Teil in einem Forschungsprojekt der Bundesanstalt für Arbeitsschutz und Arbeitsmedizin (BAUA) entwickelt. Das Projekt wurde in Zusammenarbeit zwischen der International Performance Research Institute gGmbH, der Universität Dortmund – Lehrstuhl für Grundlagen und Theorien der Organisationspsychologie, dem Fraunhofer Institut für Arbeitswissenschaften (IAO) und Context Leadership.Performance.Consulting durchgeführt. Weitere Informationen unter www.baua.de oder www.gesundheits-bsc.de

Kennzahlen und Zielwerte, welche die Gesundheitsstrategie widerspiegeln und eine Messung der Zielerreichung ermöglichen. Die zentralen Herausforderungen sind hierbei, zum einen die vielen an der Gesundheitsförderung beteiligten Akteure zu integrieren und zum anderen komplexe Zusammenhänge in der Gesundheitsförderung zu messen.

Zur Umsetzung von Strategien hat sich die Balanced Scorecard (BSC) als praxistaugliches Instrument bewährt [8]. Vor dem spezifischen Hintergrund der Gesundheitsförderung muss das Konzept jedoch inhaltlich angepasst werden. Dieser Beitrag beschreibt die Entwicklung und Umsetzung einer „Gesundheits-BSC" als Instrument der strategischen Steuerung des BGM.

Im zweiten Abschnitt wird daher das Konzept der Gesundheits-BSC basierend auf den Grundlagen der Strategieumsetzung und den Rahmenbedingungen des BGM hergeleitet. Ausgehend von diesen konzeptionellen Überlegungen wird im dritten Abschnitt beschrieben, wie eine Gesundheits-BSC eingeführt werden kann. Der vierte Abschnitt fasst die Ergebnisse zusammen und liefert einen Ausblick auf weiteren Forschungsbedarf.

13.2 Konzeption der Gesundheits-BSC

13.2.1 Das Konzept der Balanced Scorecard als Ausgangsbasis

Grundlage für die Entwicklung einer BSC ist eine klar definierte Unternehmensstrategie zur Schaffung „einer einzigartigen und werthaltigen Marktposition unter Einschluss einer Reihe differenzierender Geschäftstätigkeiten" [17]. Die Bestandteile einer Strategie lassen sich in Form eines „Zwiebelschalenmodells" beschreiben: Zunächst müssen im Rahmen der Strategieentwicklung die externen Rahmen- und Wettbewerbsbedingungen (Zukunftsszenarien über die Branche, Wettbewerber, Märkte und Kunden) analysiert werden. Davon ausgehend sind in einem nächsten Schritt eine spezifische Mission („Warum existieren wir?") und Vision („Wo wollen wir hin?") zu definieren. Diese bilden die Grundlage des Geschäftsmodells und der strategischen Zielposition des Unternehmens. Eine Strategie kann nur dann erfolgreich sein, wenn es gelingt, die Einzigartigkeit des eigenen Marktauftritts nach außen hin glaubhaft zu machen sowie die Strategie nach innen zu konkretisieren und bis in alle operativen Bereiche des Unternehmens zielorientiert und koordiniert umzusetzen (vgl. oberer Teil von Abb. 13.1).

Erfahrungen aus der Unternehmenspraxis zeigen, dass die koordinierte und zielgerichtete Umsetzung von Strategien eine Herausforderung für die Unternehmenssteuerung darstellt. Die BSC als Instrument der Strategieumsetzung hilft, folgende Schwierigkeiten zu überwinden:

- Unzureichende Strategiediskussion: Kein gemeinsam getragenes Verständnis der Strategie; Zusammenhänge zwischen den Erfolgsfaktoren der Strategie sind weitestgehend unbekannt; keine konsequente Festlegung auf eine einheitliche Strategielinie.
- Strategische Unausgewogenheit: Häufig sind Strategien zu finanz- und marktlastig; interne Prozesse und Potenziale werden unzureichend berücksichtigt.
- Mangelnde Strategiekonkretisierung: Strategische Ziele sind zu pauschal; unsystematische Überführung der Strategie auf die operative Ebene.
- Unzureichende Strategiekommunikation: Strategien sind den Mitarbeitern zu wenig bekannt; kein einheitliches Kommunikationsmittel „nach oben" wie „nach unten".
- „Halbherziges" Strategie-Controlling: Vernachlässigung der Messung und Steuerung von Zielen; Planungsdaten werden nicht aus strategischen Zielen abgeleitet; keine ganzheitliche Verfolgung der Strategieentwicklung durch das Berichtswesen.

Bei der Entwicklung einer BSC werden zunächst ausgehend von einer gegebenen Strategie die wichtigsten strategischen Ziele identifiziert. Danach werden die Ziele schrittweise konkretisiert, indem Kennzahlen zur Messung der Zielerreichung festgelegt, Zielwerte vorgegeben und Maßnahmen bestimmt werden. Eher abstrakte strategische Überlegungen können so in konkrete und verpflichtende Aktionen übersetzt werden (vgl. unterer Teil von Abb. 13.1).

Ein Vorteil der BSC liegt darin, dass sie eine Strategie durch die Berücksichtigung finanzieller und nichtfinanzieller Ziele ausgewogen darstellt, indem sie aus verschiedenen Perspektiven beschrieben wird. Kaplan und Norton [13] schlagen dafür neben einer Finanzperspektive (bspw. finanzielle Ziele wie Umsatz, Ergebnis etc.) eine Kundenperspektive (bspw. Ziele zur Erfüllung der Kundenwünsche), eine Prozessperspektive (bspw. Ziele zur Effektivität und Effizienz der internen Abläufe) und eine Potenzialperspektive (bspw. Ziele zur Lern- und Innovationsfähigkeit der Mitarbeiter) vor.[2]

---

2 Die Anzahl und der Inhalt der Perspektiven sind jedoch nicht fest vorgegeben, sondern müssen im Zuge der Entwicklung einer BSC unternehmens- und funktionsspezifisch angepasst werden.

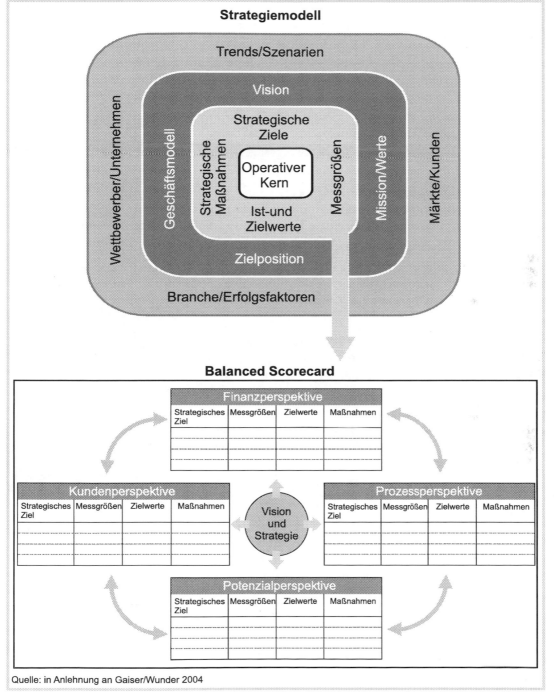

Abb. 13.1. Strategieumsetzung mit der Balanced Scorecard

Für jede dieser Perspektiven sind die Ziele so auszuwählen, dass sie die Strategie widerspiegeln und die Erfolgsfaktoren des Unternehmens darstellen.

Die Perspektiven und die darin enthaltenen Ziele müssen hierbei zusammenhängend betrachtet werden. Die Potenziale des Unternehmens (Mitarbeiter, Unternehmenskultur etc.) bilden die Grundlage für eine effektive und effiziente Prozessdurchführung, welche wiederum eine Voraussetzung für die Befriedigung der Kundenbedürfnisse darstellt, was letztendlich die Basis für finanziellen Erfolg bildet. Als Vorstufe einer BSC werden die Ziele in so genannter „Strategy Maps" abgebildet. Strategy Maps stellen ein vereinfachtes Modell der Strategie dar, indem sie anhand der wesentlichen strategischen Ziele und deren Ursache-Wirkungsbeziehungen illustrieren, wie die Strategie „immaterielle Vermögenswerte mit Wertschöpfungsprozessen verbindet" [14]. Durch eine einfache und klare Visualisierung der Annahmen verdeutlicht die Strategy Map dem Management und den Mitarbeitern somit die Zusammenhänge zwischen den Perspektiven und den Zielen und trägt zur Entwicklung und Kommunikation eines gemeinsamen Strategieverständnisses bei.

Zur eindeutigen Beschreibung der Ziele und zur Messung der Zielerreichung werden für jedes Ziel Kennzahlen definiert. Erst durch die Ergänzung der Kennzahlen um Zielwerte ist ein strategisches Ziel vollständig beschrieben, da den Verantwortlichen so Sollwerte vorgegeben werden, an denen ihr Handeln und der Zielerreichungsgrad der Strategieumsetzung gemessen werden kann.

Anschließend müssen Maßnahmen zur Erreichung der Zielwerte bestimmt werden. Diese Maßnahmen werden als „strategische Aktionen" bezeichnet, da sie sich in der Regel nicht im Rahmen der alltäglichen Arbeit umsetzen lassen, sondern einzelne strategische Projekte darstellen. Diese Aktionen werden direkt den Zielen zugeordnet und ermöglichen so eine operative Umsetzung der Strategie. Nach festgelegten Intervallen findet im Rahmen eines Feedback-Prozesses ein Soll-Ist-Vergleich statt, der zu einer Anpassung der Ziele, Zielwerte und Maßnahmen für die Folgeperiode führen kann. Auf diese Weise wird ein (strategisches) Lernen der Organisation ermöglicht.

Die in einer übergeordneten BSC (Top Management-BSC) auf Unternehmensebene definierten strategischen Ziele werden in Form von Bereichs- bzw. Abteilungs-BSCs spezifiziert: Für untergeordnete Organisationseinheiten (bspw. Funktionsbereiche) werden aus der übergeordneten BSC spezifische Ziele (ggf. in unterschiedlicher Ausprägung bzw. Detaillierungsgrad) abgeleitet. Damit erfolgt eine Ausrichtung der gesamten Organisation an der Unternehmensstrategie. Da die Unternehmensstrategie Teilstrategien enthält (bspw. Produktionsstrategie, Personalstrategie, Gesundheitsstrategie), beinhaltet die strategische Ausrichtung eines Unternehmens mehrere vertikal oder horizontal abgestimmte Balanced Scorecards.

Zusammenfassend trägt die BSC zur Lösung der oben genannten Probleme (siehe die Angaben in Klammern) durch die folgenden Merkmale bei:

- Festlegung der strategischen Ziele und Beschäftigung mit den grundlegenden Ursache-Wirkungsbeziehungen (Unzureichende Strategiediskussion).
- Ausgewogene Betrachtung sowohl finanzieller als auch nicht finanzieller Ziele über die vier Perspektiven sowie Berücksichtigung zentraler Einflussgrößen (vorlaufende Aspekte), die sich in finanziellen Zielgrößen (nachlaufende Aspekte) niederschlagen (Strategische Unausgewogenheit).
- Schrittweise Konkretisierung der Strategie bis in operative Maßnahmen (Mangelnde Strategiekonkretisierung).
- Visualisierung der Strategie und die Spezifizierung der Top-BSC in Balanced Scorecards für untergeordnete Einheiten (Unzureichende Strategiekommunikation).
- Messung der Zielerreichung mittels Kennzahlen („halbherziges" Strategiecontrolling).

13.2.2 Rahmenbedingungen des Betrieblichen Gesundheitsmanagements

Betriebliches Gesundheitsmanagement ist vor allem dann notwendig, wenn das Leistungsvermögen der Mitarbeiter durch psychische und physische Fehlbelastungen gemindert wird. Ursachen dafür können u. a. sein: Der demographische Wandel, der die Unternehmen vor die Herausforderung alternder Belegschaften stellt; die Globalisierung, die den weltweiten Wettbewerb zwischen Unternehmen erhöht, und ein sich daraus ergebender Rationalisierungsdruck, der Unternehmen zu kontinuierlichen Verbesserungen und Optimierungen anhält; die mit der Rationalisierung verbundene Arbeitsplatzunsicherheit, die die Angst der Mitarbeiter verstärkt, ihren Arbeitsplatz zu verlieren; der Wandel in Unternehmens- und Prozessstrukturen, der den Mitarbeitern ein lebenslanges Lernen abverlangt.

In diesem Zusammenhang wird unter betrieblichem Gesundheitsmanagement die „Entwicklung betrieblicher Rahmenbedingungen, betrieblicher Strukturen und Prozesse, die die gesundheitsförderliche Gestaltung von Arbeit und Organisation und die Befähigung zum gesundheitsfördernden Verhalten der Mitarbeiterinnen und Mitarbeiter zum Ziel haben" [3] verstanden. Damit das BGM einen Beitrag zur Erreichung der Unternehmensziele leisten kann, bedarf es geeigneter Instrumente zur Steuerung und Evaluation der durchgeführten Maßnahmen. Zur Evaluation des BGM werden häufig Wirtschaftlichkeitsanalysen herangezogen, welche Kosten und den Nutzen von einzelnen Maßnahmen betrachten.

Die BSC wird daher auch für das BGM als Steuerungs- und Messkonzept diskutiert [19]: Es werden gesundheitsbezogene Ziele in die BSC-Perspektiven „Potenziale" oder „Prozesse" (vgl. Abb. 13.1) der Unternehmens-BSC integriert [11, 20]. Hierbei handelt es sich meist um einzelne und stark aggregierte Ziele wie die Verringerung des Krankenstands, die Vermeidung von Arbeitsunfällen oder die gesundheitsgerechte Gestaltung von Arbeitsplätzen. Mittels dieser Ansätze gelingt es, gesundheitsbezogene Ziele in die strategische Wahrnehmung der Unternehmensleitung zu rücken; eine strategische Steuerung der BGM ist damit jedoch nicht möglich. Dies liegt u. a. im hohen Aggregationsgrad der betrachteten Ziele, in der Fokussierung auf wenige Steuerungsgrößen sowie in einer fehlenden Verknüpfung dieser Kennzahlen mit den Maßnahmen und Prozessen der BGM.

Ausgehend vom salutogenen Gesundheitsverständnis ist das BGM mehr als nur die Behandlung und Vermeidung von Krankheiten der Mitarbeiter. Nach diesem Ansatz gehören zu einem ganzheitlichen Gesundheitsmanagement die Förderung und Gestaltung sowohl persönlicher als auch organisationaler Gesundheitspotenziale [2]. Die Salutogenese widmet sich damit der Frage, wie Gesundheit durch die Durchführung vertrauensbildender Maßnahmen (bspw. mehr Transparenz und Beteiligung), die Vernetzung der Beschäftigten, die Pflege gemeinsamer Überzeugungen, Werte und Regeln (bspw. durch Betriebsvereinbarungen), die Aufklärung zum Thema Gesundheit, ihrer Ursachen und Auswirkungen als Teil der Unternehmenskultur etc. erhalten und gefördert werden kann. Dabei kann ein salutogen ausgerichtetes BGM nicht alleinige Aufgabe eines Bereichs (bspw. medizinischer Dienst) sein, sondern erfordert ein kooperatives Zusammenwirken verschiedener Akteure.

Eine wesentliche Rolle nehmen dabei die Führungskräfte, der Personalbereich, der medizinische Dienst, die Arbeitsplanung sowie die Organisationsentwicklung ein. Aufgrund der Aufgabenheterogenität dieser Akteure können Widersprüche zwischen den BGM-Zielen und den spezifischen Zielsetzungen der Akteure bestehen. Für Führungskräfte, die u. a. durch ihr Führungsverhalten einen zentralen Einfluss auf die Gesundheit ihrer Mitarbeiter haben, ergeben sich diese Zielkonflikte aus der Divergenz der langfristig orientierten Ziele des BGM und den eher kurzfristig gewinnorientierten Zielen, wie die kurzfristige Erhöhung der Produktivität oder die Senkung der Arbeits- und Stückkosten etc. Dieser Konflikt wird dadurch verstärkt, dass häufig die Führungskräfte selbst entscheiden, welche BGM-Maßnahmen umgesetzt und welche Mittel dafür verwendet werden. Dem medizinischen Dienst oder dem Personalbereich kommt oft lediglich eine beratende Rolle zu. Aus diesem zentralen Problem des BGM ergeben sich zwei Anforderungen an eine strategieorientierte Steuerung:

1. Gesundheitsbezogene Ziele müssen möglichst im Einklang mit der übergeordneten Unternehmensstrategie und deren Teilstrategien (z. B. Produktionsstrategie) stehen. Es bedarf hierzu einer Klärung der Ziele und der Zielbeziehungen. In diesem Zusammenhang muss eine Abstimmung der Rolle des Gesundheitsmanagements im Gesamtunternehmen erfolgen (Was wird vom BGM erwartet? In welchem Bereich soll welcher Wertbeitrag erreicht werden?).
2. Da die BGM-Maßnahmen nicht durch einzelne Akteure erbracht werden können (dies betrifft weniger Maßnahmen wie Rückenschulungen, sondern vielmehr die zentralen gesundheitsbeeinflussenden Faktoren wie soziale Unterstützung, Arbeitsplatzsicherheit, Vertrauenskultur etc.), besteht die Herausforderung darin, die unterschiedlichen Akteure organisatorisch in einem „virtuellen"[3] Gesundheitsbereich zu vereinen und ihre Interessen zu bündeln sowie Ziele und Maßnahmen zu koordinieren.

Aus diesen Anforderungen wird deutlich, dass ein gesundheitsbezogenes Steuerungsinstrument einerseits die Gesundheitsziele inhaltlich konsistent und ganzheitlich verfolgen und andererseits vielfältige Akteure und deren Interessen koordinieren muss. Die Steuerung des BGM ist dann erfolgreich, wenn sie nicht nur die Aufmerksamkeit des Managements erlangt, sondern wenn es gelingt, die verschiedenen Akteure und deren Ziele mit Blick auf die Gesundheits- und die Gesamtstrategie auszurichten.

---

3 Unter einem virtuellen Bereich wird hierbei ein Querschnittsbereich verstanden, der nicht als reale Organisationseinheit existiert, sondern nur durch das faktische Zusammenwirken mehrerer Akteure besteht.

13.2.3 Konzept der Gesundheits-BSC

Die Gesundheits-BSC dient dazu, die strategischen Ziele des BGM zu operationalisieren, indem konkrete Maßnahmen für den virtuellen Gesundheitsbereich abgeleitet werden und anschließend die Zielerreichung gemessen wird. Die Systematik der BSC wird dabei übernommen; die Perspektiven werden jedoch den Anforderungen des BGM inhaltlich angepasst. Die Anpassung liegt darin, dass mit der Gesundheits-BSC keine Ziele für externe Kunden am Markt, sondern für interne „Kunden" (Mitarbeiter und deren Gesundheit) verfolgt werden. Daher werden im Weiteren angepasste Perspektiven vorgeschlagen, mit deren Hilfe eine Gesundheitsstrategie beschrieben werden kann. Grundsätzlich kann bei der Steuerung des BGM von den folgenden Zusammenhängen und Wirkungen ausgegangen werden:

1. Die Gesundheit der Mitarbeiter wirkt sich positiv auf den Unternehmenserfolg aus: Ein schlechter Gesundheitszustand und gesundheitliche Beschwerden sind ein wesentliches Problem in der Unternehmenspraxis, Produktivitätsverluste und hohe direkte sowie indirekte Kosten sind die Folge. So können häufig und lang abwesende Mitarbeiter (Absentismus) nicht effektiv und effizient eingesetzt werden. Zudem sind die Mitarbeiter durch Fehlbelastungen weniger motiviert. Der so genannte Präsentismus erklärt Produktivitätsverluste dadurch, dass Beschäftigte zur Arbeit erscheinen, obwohl sie krank sind und somit nicht voll einsatzfähig sind [4]. Die Bedeutung des Präsentismus für den Unternehmenserfolg zeigen Studien der Cornell Universität [1]. Von einem Zusammenhang zwischen Gesundheitsverhalten und wirtschaftlichem Erfolg ist somit auszugehen.

2. Effektive BGF-Prozesse und -Maßnahmen verbessern den Gesundheitszustand der Mitarbeiter, indem langfristig die physischen und psychischen Fehlbelastungen reduziert werden. Beispielsweise kann eine Analyse der Arbeitsbedingungen aufzeigen, dass die schlechte Ausgestaltung von Arbeitsplätzen in der Montage zusammen mit einer falschen Nutzung durch die Werker zu Fehlbelastungen führt. Im Rahmen der BGF-Maßnahmen müssen zur positiven Beeinflussung der Gesundheit z. B. technische Verbesserungen und zusätzlich Trainings für die richtige Nutzung durchgeführt werden [5].

3. Die optimale Umsetzung der BGM-Prozesse hängt von den Potenzialen der BGM-Akteure ab: Betrachtet man Prozessanforderungen für BGF-Maßnahmen wie z. B. Rückenschulen, ist die medizinische Kompetenz der Akteure wichtig, um die Mitarbeiter optimal beraten und anweisen zu können. Zudem ist auch eine ausgeprägte interdisziplinäre Kommunikationskompetenz förderlich, um das BGF-Programm an den Bedarfen der Mitarbeiter auszurichten. Analysen der Arbeitsplätze in der Produktion und Gespräche mit Mitarbeitern und Meistern führen dazu, die tatsächlichen Probleme besser zu identifizieren.

Aus diesen Ursache-Wirkungsbeziehungen lassen sich vier Perspektiven zur Beschreibung einer Gesundheitsstrategie ableiten. Mit Hilfe der im Folgenden formulierten Fragestellungen können strategische Ziele in jeder dieser Perspektiven identifiziert werden:

- Wertbeitrag des BGM (Perspektive 1): Welche Kosten- und Nutzenziele müssen gesetzt werden, um zu den wirtschaftlichen Zielen des Unternehmens beizutragen?
- Gesundheit und Beschwerden (Perspektive 2): Welche strategischen Ziele sind hinsichtlich des Gesundheitsverhaltens der Beschäftigten (interne Kunden) zu setzen, um positive Auswirkungen bzgl. der Kosten und Nutzenziele zu erreichen?
- Prozesse des BGM (Perspektive 3): Wie müssen die Leistungen und Prozesse gestaltet werden, um eine optimale Gesundheitsförderung gewährleisten zu können (Dies betrifft das Gesundheitsverhalten der Beschäftigten sowie Kosten und Nutzen)?
- Potenziale des BGM (Perspektive 4): Wie müssen die Entwicklungs- und Wandlungsfähigkeit (z. B. Qualifikationen, Aufmerksamkeit für Gesundheitsthemen) der an der Gesundheitsförderung beteiligten Akteure (z. B. Führungskräfte, Gesundheitsexperten) verbessert werden, um die Ziele zu erreichen?

Abbildung 13.2 zeigt eine beispielhafte Gesundheits-BSC. In der zweiten Spalte enthält diese eine Strategy Map, welche die Gesundheitsstrategie (die strategischen Ziele und deren Zusammenhänge) aus den vier Perspektiven qualitativ darstellt. Sie zeigt bspw. auf, dass durch die Steigerung der Präventionskompetenz eine bessere Umsetzung der Ergonomie- und Arbeitsschutzprozesse erreicht werden soll. Durch eine Verbesserung dieser BGM-Prozesse soll die physische und psychische Fehlbelastung reduziert werden, was sich wiederum in einem erhöhten Wertbeitrag (Steigerung der Produktivität, Senkung der Fehlzeiten) auswirken soll. Somit wird durch eine „Story of Strategy" beschrieben, wie das BGM zur Unternehmenswertsteigerung beitragen kann.

Perspektive	Strategy Map	Ziele	Kennzahlen	Zielwerte	Maßnahmen	Budget
Wertbeitrag des BGM	Wertbeitrag erhöhen	• Qualität steigern • Produktivität steigern • Kosteneinsparungen • Fehlzeiten	• Ausschussrate (ppm) • Produktivitätskennzahl • ROI der BGF-Maßnahmen • Anwesenheitsquote	-5 % +5 % +5 % +1 %		
Gesundheit und Beschwerden	Psychische Fehlbelastung verringern / Physische Fehlbelastung verringern / Gesundheitsverhalten verbessern	• Physische Fehlbelastung vermeiden & minimieren • Psychische Fehlbelastung vermeiden & minimieren • Gesundheitsbewusstsein und Gesundheitsverhalten steigern (Führungskräfte & Mitarbeiter)	• Anzahl der arbeitsplatzbezogenen Beschwerden • Anzahl der arbeitsplatzbezogenen psychischen Erkrankungen • Teilnehmerzahl an BGF-Maßnahmen	-5 % -5 % +5 %	• Marketing-Maßnahmen für das BGF-Maßnahmenpaket	xxx €
Prozesse des BGM	Ergonomie verbessern / Arbeitsschutz verbessern / Vernetzung BGM mit den operativen Bereichen implementieren	• Ergonomie verbessern • Arbeitsschutz verbessern • Vernetzung des BGM mit den operativen Bereichen implementieren	• Anzahl der ergonomischen Arbeitsplätze • Anzahl der Unfälle • Vernetzungsprozess implementiert	+5% -5%	• Analyse des Maßnahmenpakets • Analyse des Maßnahmenpakets • Vorschlag zur Gestaltung eines Vernetzungsprozesses erarbeiten	xxx € xxx € xxx €
Potenziale des BGM	Neue Themengebiete erschließen / Kundenorientierung implementieren / Präventionskompetenz steigern	• Neue Themengebiete erschließen • Kundenorientierung implementieren • Präventionskompetenz steigern	• Anzahl neue Themen • Index aus Mitarbeiterbefragung • Fortbildungen pro Mitarbeiter und Jahr	2 pro Jahr 3 von 5 +5 %	• Innovationsdiskussion • Kulturleitlinien • Mitarbeiter gezielte fordern und fördern	xxx € xxx € xxx €

◨ **Abb. 13.2.** Beispiel einer Gesundheits-BSC

Abbildung 13.2 stellt weiterhin die Konkretisierung der Ziele über Kennzahlen bis hin zu den Maßnahmen dar. So wird das Ziel „Arbeitsschutz verbessern" über die Anzahl der Unfälle gemessen. Alternativ kann das Ziel „Arbeitsschutz verbessern" u. a. auch über den Durchdringungsgrad von Arbeitsschutzmaßnahmen oder die Anzahl der Verbesserungsmaßnahmen gemessen werden. Als Zielwert wurde eine Verringerung der Unfälle um 5% festgelegt. Um dieses strategische Ziel zu erreichen, kann als Maßnahme eine Analyse des bestehenden Maßnahmenpakets mit darauffolgender Optimierung vorgesehen werden. Hierfür ist ein Budget und ein Verantwortlicher festzulegen.

Das hier vorgestellte Konzept ermöglicht die Steuerung des Gesundheitsbereichs über die traditionelle Sichtweise eines medizinischen Dienstes hinaus. Durch die Entwicklung einer eigenständigen BSC wird die zielgerichtete Steuerung des BGM ermöglicht. Dabei fokussiert die Steuerung nicht auf einzelne Kennzahlen, sondern zeigt konkret auf, wie der Wertbeitrag des BGM entstehen soll.

Adressat und Nutzer dieses Instruments ist somit der Koordinator des Gesundheitsbereichs. Diese Aufgabe kann vom medizinischen Dienst oder dem Personalbereich wahrgenommen werden. Der Koordinator kann das Instrument einerseits zur Steuerung, d. h. der Umsetzung und Messung von Strategien, und andererseits zur Unterstützung der Kommunikation und Argumentation gegenüber den übrigen Akteuren, insbesondere den Führungskräften, einsetzen. Durch die transparente Darstellung der Auswirkungen des BGM bis auf den Wertbeitrag kann die Gesundheits-BSC bspw. bei der Lösung von Zielkonflikten eingesetzt werden und Entscheidungen für BGM-Maßnahmen unterstützen. Idealerweise wird die Gesundheits-BSC in einem gemeinsamen der Akteure verabschiedet, die Zielerreichung wird regelmäßig überprüft und eine gemeinsame Anpassung der Ziele an veränderte Umweltbedingungen regelmäßig durchgeführt.

13.3 Umsetzung der Gesundheits-BSC

Im vorangegangen Kapitel wurden die Grundlagen der BSC sowie ihre Adaption an den Kontext des BGM in Form der Gesundheits-BSC erläutert. In diesem Abschnitt wird darauf aufbauend beschrieben, wie bei der unternehmensspezifischen Umsetzung der Gesundheits-BSC vorgegangen werden sollte. Hierfür sind vier Schritte erforderlich, die in Abbildung 13.3 dargestellt und im Folgenden erläutert werden. Die Erarbeitung einer Gesundheits-BSC sollte durch den späteren Anwender und Koordinator des Instruments initiiert und geleitet werden.

Quelle: in Anlehnung an Horváth & Partners 2007

◨ **Abb. 13.3.** Vorgehen zur Umsetzung einer Gesundheits-BSC

13.3.1 Schaffung des organisatorischen Rahmens

Erster Schritt für die Entwicklung der Gesundheits-BSC ist die Festlegung der organisatorischen Rahmenbedingungen. Zunächst ist die „Reichweite" des BGM festzulegen: Dies umfasst sowohl die inhaltliche Reichweite (z. B. pathogene vs. salutogene Sichtweise, Verhaltens- vs. Verhältnisprävention) als auch die organisatorische Reichweite innerhalb des Unternehmens (Gesamtorganisation vs. einzelne Teilbereiche). Da das BGM, wie dargelegt, eine Aufgabe verschiedener Akteure ist, müssen Vertreter aller betroffenen Bereiche in das Projekt integriert werden. Durch deren frühzeitige Einbindung wird die Akzeptanz sichergestellt und die Umsetzung auf Basis eines gemeinsamen Verständnisses vereinfacht.

Ergebnis dieses ersten Schrittes ist die Projektaufbau- und -ablauforganisation (Aufgaben, Kompetenzen, Verantwortlichkeiten, Meilensteine).

13.3.2 Klärung der strategischen Grundlagen

In Abschnitt 13.2.1 wurde erläutert, wie wichtig eine klar definierte Strategie für die Entwicklung einer BSC ist. Übertragen auf den Gesundheitsbereich bedeutet dies, dass vor der Entwicklung einer Gesundheits-BSC ein gemeinsames Verständnis darüber bestehen muss, welche Ziele mit dem BGM verfolgt werden sollen und welcher Beitrag sich daraus für den Unternehmenswert ergeben soll. Davon ausgehend sind konkrete Stoßrichtungen für das Gesundheitsmanagement herzuleiten (vgl. Abb. 13.4).

Die Gesundheitsstrategie muss sich als eine Teilstrategie in das Strategiegebilde des Unternehmens einfügen. Wichtig hierbei ist, bereits bei der Strategiefestlegung zu klären, welche der Unternehmensziele, bspw. im Bereich Qualität oder Produktivität durch die Verfolgung von gesundheitsbezogenen Zielen beeinflusst werden und welche betrieblichen Ziele möglicherweise mit den Gesundheitszielen in Widerspruch stehen.

In Analogie zur Unternehmensstrategie sind ausgehend von den übergeordneten Strategien die externen und internen Rahmenbedingungen des BGM zu analysieren. Zur Abbildung der Ausgangssituation (Ist-Zustand sowie Prognose für zukünftige Entwicklungen) eignet sich die SWOT-Analyse (Strengths-Weaknesses-Opportunities-Threads), die eine Analyse der internen

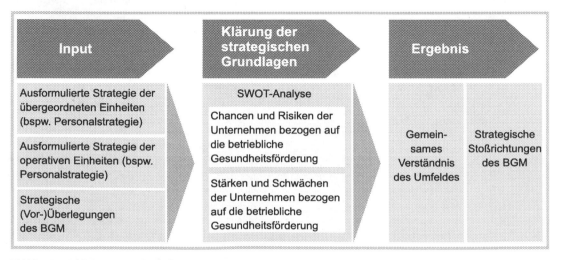

◨ **Abb. 13.4.** Herleitung einer Gesundheitsstrategie

Stärken und Schwächen sowie der externen Chancen und Risiken darstellt [21]. Stärken und Schwächen sind bspw. bereits realisierte BGM-Erfolge, die Unternehmenskultur, die Gesundheits- und Altersstruktur der Belegschaft oder das bestehende Verhalten der Führungskräfte. Chancen und Risiken verkörpern hingegen u. a. die Wettbewerbssituation des Unternehmens, die Arbeitsmarktsituation, die demographische Entwicklung etc. Ergebnis der SWOT-Analyse ist ein gemeinsames Verständnis des Umfelds, in dem das BGM stattfindet. Aus diesem können wesentliche und relevante Handlungsfelder, so genannte „strategische Stoßrichtungen", abgeleitet werden. Darunter ist in diesem Zusammenhang eine zentrale strategische Herausforderung des BGM, wie die Vermeidung des Burn-Out-Syndroms, der Umgang mit einer alternden Belegschaft oder der Wandel hin zu einer partizipativen Unternehmenskultur zu verstehen. Aufgrund der inhaltlichen Dimension des BGM empfiehlt sich zunächst eine Fokussierung auf wenige, wesentliche Stoßrichtungen.

Ergebnis des zweiten Schritts ist ein klares Bild über die strategischen Zielsetzungen des BGM, über zu verfolgende Stoßrichtungen und die Antwort auf die Frage, welche konkrete Rolle das BGM im Unternehmen einnehmen soll.

13.3.3 Erarbeitung einer Gesundheits-BSC

Die strategischen Stoßrichtungen müssen im Rahmen der Entwicklung der Gesundheits-BSC in konkrete, strategische Aktionen für den Gesundheitsbereich übersetzt werden. Im ersten Teilschritt werden daher mit Hilfe der oben beschriebenen Fragestellungen die relevanten strategischen Ziele für jede Perspektive ermittelt. Zur Ableitung der Ziele kann auf verschiedene Theorien, Ansätze und Modelle der Betrieblichen Gesundheitsförderung zurückgegriffen werden, welche die Gesundheitsentstehung erklären können [7, 15, 22]. Die identifizierten Ziele müssen anschließend entsprechend dem Handlungsbedarf priorisiert werden. Erfahrungen haben gezeigt, dass eine Beschränkung auf ungefähr 20 strategische Ziele (vier bis fünf je Perspektive) eine handhabbare und übersichtliche Menge darstellt. Nach der Festlegung der Ziele werden diese in Form einer Strategy Map strukturiert und über die wesentlichen Ursache-Wirkungsbeziehungen verknüpft. Zur Kommunikation der Strategie empfiehlt sich eine Ausformulierung des gewonnenen Ursache-Wirkungs-Modells in einer „Story of Strategy".

Im zweiten Teilschritt sind die Ziele durch Kennzahlen zu konkretisieren. Ausgehend von Ist-Werten sind anspruchsvolle, aber dennoch realistische Zielvorgaben für die folgenden Perioden zu bestimmen. Um den Aussagegehalt und die Vergleichbarkeit der zu erhebenden Informationen gewährleisten zu können, sollten hier möglichst objektiv messbare Kennzahlen verwendet werden. Aufgrund der eingeschränkten Datenverfügbarkeit im Gesundheitsbereich (Patienten- und Datenschutz) ist dies jedoch oft nicht durchgehend möglich. So kann es zielführend sein, für schwer messbare Aspekte neue Kennzahlen zu definieren und in die BSC zu integrieren. Beispiele für neu zu definierende Kennzahlen sind der Employee-Commitment-Index, ROI für BGM-Programme, Body-Mass-Index, Diversity-Index etc. Auch bei den Leistungsdaten der operativen Einheiten (Qualität, Produktivität etc.) sind zwischen einzelnen Bereichen und Einheiten häufig aufgrund der Varianz der Einheiten nicht immer einheitliche Daten gegeben bzw. sinnvoll. Ziel muss es daher sein, eine geeignete Aggregationsebene zu finden, bei der vergleichende Aussagen möglich und zweckmäßig sind.

Im dritten Teilschritt ist mit den Beteiligten festzulegen, welche Aktivitäten, Maßnahmen und Veränderungen ergriffen werden müssen, um die Zielwerte zu erreichen. Analog zu den Perspektiven der Gesundheits-BSC sind die primären Handlungsfelder im Bereich der Potenziale (bspw. Personalentwicklung für BGF-Akteure) und der Prozesse (bspw. Optimierung und Standardisierung von Abläufen und Kooperationsprozessen, Ergänzung des Maßnahmen-Portfolios in der Kuration und Prävention) zu sehen, da diese sich jeweils direkt steuern lassen. Aber auch für die Ziele der Perspektive „Gesundheit und Beschwerden" können strategische Aktionen festgelegt werden. Diese umfassen u. a. die Fokussierung auf bestimmte Ziele und Zielgruppen, wie die stärkere Qualifizierung und Betreuung von Führungskräften als Gesundheits(mit)-verantwortliche.

Ergebnis dieses dritten Schritts ist die zusammengeführte Gesundheits-BSC, wie sie in Abbildung 13.2 dargestellt ist.

13.3.4 Sicherstellung des kontinuierlichen Einsatzes

Die Erarbeitung der BSC ist nicht als einmalige Aufgabe aufzufassen – Inhalte und die Zielwerte müssen regelmäßig angepasst werden. Für die Prüfung und Anpassung der BSC sind ein Verantwortlicher und geeignete Zeitabstände zu bestimmen.

Von erheblicher Bedeutung ist die Integration der Gesundheits-BSC in bestehende Managementsysteme. Die Gesundheits-BSC stellt zunächst ein gesondertes, individuelles Steuerungsinstrument für den Gesundheitsbereich dar. Die gemeinsam gesetzten Ziele werden unter der Leitung eines „Gesundheitsmanagers" als Koordinator und Verantwortlichem umgesetzt. Es bietet sich z. B. an, einen quartalsmäßig stattfindenden Jour Fix einzurichten, bei dem der Gesundheitsmanager den anderen Beteiligten über den Stand der Umsetzung berichtet und gemeinsam Steuerungsmaßnahmen beschlossen werden.

Um gesundheitsbezogene Ziele ganzheitlich und unternehmensweit umzusetzen, müssen die Ziele der Gesundheits-BSC jedoch zusätzlich mit den bestehenden Systemen der Leistungsmessung (z. B. BSC, Zielvereinbarungen) sowie den Anreizsystemen verknüpft werden. Zu diesem Zweck sind unternehmensindividuell geeignete Vorgehensweisen zu wählen. Für den Fall, dass auf Unternehmensebene Balanced Scorecards bereits vorhanden sind, können für jede Organisationseinheit die relevanten Zielgrößen aus der Gesundheits-BSC ausgewählt und in deren BSCs integriert werden. Alle beteiligten Akteure des BGM sind daher im Umgang und der Interpretation der Gesundheits-BSC zu schulen. Nur wenn die Integration der Gesundheits-BSC in bestehende Instrumente der Steuerung und Leistungsmessung gelingt, können Gesundheitsstrategien nachhaltig umgesetzt und geplante Effekte realisiert werden.

13.4   Fazit und Ausblick

Mit der Gesundheits-BSC wurde ein Instrument zur Strategieumsetzung im BGM entwickelt. Dabei werden die gesundheitsbezogenen Ziele nicht in bestehende Scorecards integriert, sondern es wurde ein separates Instrument für die Steuerung eines „virtuellen" Gesundheitsbereichs vorgestellt. Die Gesundheits-BSC zur Steuerung des übergreifenden Querschnittsbereichs kann somit auch in Unternehmen eingesetzt werden, bei denen keine BSC zur Unternehmenssteuerung existiert.

Grundlegende Voraussetzung einer Gesundheits-BSC ist, dass – ausgehend von der Unternehmensstrategie und externen sowie internen Einflüssen – zunächst eine „Gesundheitsstrategie", entwickelt wird, die die Ziele des Gesundheitsmanagements umfasst. Das Instrument BSC kann dann in Form einer Gesundheits-BSC an den Kontext des BGM angepasst werden. Das vorgeschlagene Konzept bedarf einer Validierung und Optimierung durch Fallstudien in der Unternehmenspraxis [12].

Im Gegensatz zur Steuerung von funktionalen Bereichen (wie z. B. Beschaffung, Produktion etc.) wurde die BSC hier für die Steuerung von Querschnittsbereichen angepasst. Das Besondere hierbei sind verteilte Aufgaben und Verantwortlichkeiten. Aus wissenschaftlicher Perspektive stellt sich dabei die Frage, wie Instrumente wie die BSC eingesetzt werden können, um Zielbeziehungen zwischen handelnden Akteuren zu erkennen und die Zielerreichung gesamtoptimierend auszugleichen. Hierzu muss die BSC die Interessen der Akteure abbilden und sie mit Informationen versorgen, damit sie bei ihrer Entscheidungsfindung und ihrem Handeln gesundheitsbezogene Aspekte berücksichtigen. Dabei ist es wichtig, die Ziele der Gesundheits-BSC mit bestehenden Systemen der Steuerung und Leistungsmessung zu verknüpfen.

Zunehmend findet das BGM nicht nur unternehmensintern statt. Auch Krankenversicherungen sowie Renten- und Unfallversicherungen, aber auch externe Dienstleister, die einzelne Maßnahmen des BGM umsetzen, spielen zunehmend eine wichtige Rolle. Diese Akteure erweitern die mit der Durchführung des BGM verbundenen Zielbeziehungen, was einen unternehmensübergreifenden Einsatz von Steuerungsinstrumenten im Gesundheitsmanagement erfordert. Die Integration von Krankenkassen und Rentenversicherungen als Lieferanten (anonymisierter) Daten für Kennzahlen bzgl. der Diagnosehäufigkeit einzelner Krankheiten im Betrieb etc. ist daher als weiterer Forschungsansatz zu prüfen.

Literatur

[1]   American Psychiatric Foundation Mental Health Works (2003) auf den Seiten der American Psychiatric Foundation. http://www.workplacementalhealth.org/mentalhealthworks/issues/mhw2st2003_102803.pdf. Zugriff am 15.07.06

[2]   Antonovsky A (1991) Health, stress and coping. Jossey-Bass, San Francisco, Washington, London

[3]   Badura B, Hehlmann T (2003) Betriebliche Gesundheitspolitik. Der Weg zur gesunden Organisation. Springer, Heidelberg Berlin New York

[4]   Brown S, Sessions JG (2004) Absenteeism, Presenteeism, and Shirking. Economic Issues 9(1):15–21

[5]   Frieling E, Sonntag K (1999) Lehrbuch Arbeitspsychologie, 2 Aufl. Huber, Bern Göttingen

[6]   Gaiser B, Wunder T (2004) Strategy Maps und Strategieprozess. Einsatzmöglichkeiten, Nutzen, Erfahrungen. In: Controlling 16 (8/9):457–463

13

[7] Hacker W (1999) Regulation und Struktur von Arbeitstätigkeiten. In: Graf Hoyos C, Frey D (Hrsg) Arbeits- und Organisationspsychologie. Ein Lehrbuch. Psychologie Verlags Union, Weinheim, S 385–397

[8] Horváth & Partners (2005) Balanced-Scorecard-Studie 2005. Horvath & Partners GmbH, Stuttgart

[9] Horváth & Partners (2001) Balanced Scorecard umsetzen. 2. Aufl. Schäffer-Poeschel, Stuttgart

[10] Horváth & Partners (2007) Balanced Scorecard umsetzen. 4. Aufl. Schäffer-Poeschel, Stuttgart

[11] Janssen P, Kentner M, Rockholtz C (2004) Balanced Scorecard und betriebliches Gesundheitsmanagement. In: Meifert MT, Kesting M (Hrsg) Gesundheitsmanagement im Unternehmen. Springer, Berlin Heidelberg New York, S 41–56

[12] Kaplan RS (1998) Innovation action research. Creating new management theory and practice. In: Journal of Management Accounting Research 10:89–118

[13] Kaplan RS, Norton DP (1997) The balance Scorecard. Harvard Business School Press, Boston

[14] Kaplan RS, Norton DP (2004) Strategy Maps. Der Weg von immateriellen Werten zum materiellen Erfolg. Schäffer-Poeschel, Stuttgart

[15] Karasek RA, Theorell T (1990) Healthy work. Basic Books, New York

[16] Kreis J, Bödeker W (2003) Gesundheitlicher und ökonomischer Nutzen betrieblicher Gesundheitsförderung und Prävention. Zusammenstellung der wissenschaftlichen Evidenz. BKK Bundesverband, Hauptverband der gewerblichen Berufsgenossenschaften, Berufsgenossenschaftliches Institut Arbeit und Gesundheit. Eigenverlage, Dresden Essen

[17] Porter M (1997) Competitive Strategy. 9. Aufl. Campus, Frankfurt a. M.

[18] Slesina W (2001) Effektive betriebliche Gesundheitsförderung. In: Pfaff H , Slesina W (Hrsg) Effektive betriebliche Gesundheitsförderung. Konzepte und methodische Ansätze zur Evaluation und Qualitätssicherung. Juventa, Weinheim München

[19] Thiehoff, R (2000) Betriebliches Gesundheitsschutzmanagement. Möglichkeiten erfolgreicher Interessenbalance. Erich Schmidt, Berlin

[20] Ulich E, Wülser M (2005) Gesundheitsmanagement in Unternehmen. Arbeitspsychologische Perspektiven. 2. Aufl. Gabler, Wiesbaden

[21] Welge MK, Al-Laham A (2008) Strategisches Management. Grundlagen – Prozess – Implementierung. 5. Aufl. Gabler, Wiesbaden

[22] Zapf D, Dormann C (2001) Gesundheit und Arbeitsschutz. In: Schuler H (Hrsg) Lehrbuch der Personalpsychologie. Hogrefe, Göttingen, S 559–587

Kapitel 14

Die Bedeutung von Fehlzeitenstatistiken für die Unternehmensdiagnostik

U. WALTER · E. MÜNCH

Zusammenfassung. *Die Entwicklung der Fehlzeitenquote wird von den meisten Unternehmen aufmerksam beobachtet, weil Fehlzeiten aufgrund von Arbeitsunfähigkeit betriebliche Kosten erzeugen. Auch für die Unternehmensdiagnostik ist die Betrachtung des Fehlzeitengeschehens unverzichtbar: als Signalgeber für vorhandene Probleme im gesamten Unternehmen, in einzelnen Abteilungen oder Teams. Darüber hinaus ist die Aussagekraft von Fehlzeiten jedoch begrenzt. Im folgenden Beitrag werden eigene Daten aus einer betrieblichen Fallstudie präsentiert. Die Befunde einer Mitarbeiterbefragung in vier Bereichen eines produzierenden Unternehmens mit rund 2000 Mitarbeitern legen nahe, dass Fehlzeiten in erster Linie Auskunft über den Zustand einer Organisation, und insbesondere ihre Ausstattung mit Sozialkapital geben, aber nicht valide den Gesundheitszustand der Organisationsmitglieder widerspiegeln. Um verlässliche Aussagen über das Befinden der Beschäftigten und die dafür relevanten Einflussgrößen treffen zu können – das macht die Studie deutlich – ist eine verbesserte Unternehmensdiagnostik unverzichtbar, insbesondere unter Einbeziehung von Befragungsdaten.*

14.1 Fragestellung

Steigende Anforderungen, die mit älter werdenden Belegschaften zu bewältigen sind, erfordern von Unternehmen eine deutliche Aufwertung ihrer Personalarbeit und verstärkte Investitionen in die Gesundheit und das Wohlbefinden der Beschäftigten. Voraussetzung hierfür ist, dass verlässliche Daten über das gesundheitliche Befinden der Beschäftigten sowie die dafür relevanten Einflussgrößen zur Verfügung stehen. Ohne eine gute Diagnostik, d. h. ohne aussagekräftige Informationen darüber, wo im Unternehmen der „Schuh drückt", in welchen Unternehmensbereichen prioritärer Handlungsbedarf besteht, lassen sich Investitionen in das betriebliche Human- und Sozialkapital nicht begrün-

den und der Erfolg durchgeführter Maßnahmen nicht belegen.

Ein systematisch betriebenes Betriebliches Gesundheitsmanagement ist unseres Erachtens ein geeigneter Weg zu einer mitarbeiterorientierten Unternehmenspolitik. Über seine vier Kernprozesse erfüllt das Betriebliche Gesundheitsmanagement in erster Linie zwei Funktionen: die datenbasierte Identifikation des Handlungsbedarfs und Prioritätensetzung (Diagnostik) sowie die an Standards orientierte Durchführung gesundheitsförderlicher Projekte und Maßnahmen und deren Erfolgsbewertung (Evaluation). Der Organisationsdiagnose kommt dabei eine besondere Bedeutung zu. Ebenso wie beim Arzt gilt auch im Betrieblichen Gesundheitsmanagement die Devise, dass eine wirksame

Therapie zunächst eine sorgfältige Diagnose erfordert, um gesundheitsrelevante Problembereiche im Betrieb sowie die hierfür in Frage kommenden möglichen Ursachen zu identifizieren. Eine gute Diagnose sollte sich dabei nicht allein auf die Einschätzungen einzelner Experten, Führungskräfte oder Mitarbeiter stützen, sondern immer auch zur Objektivierung der Diskussion und Berichterstattung systematisch erhobene und ausgewertete Daten berücksichtigen [2, 12, 18].

Folgende Datenquellen können für die Diagnose im Betrieblichen Gesundheitsmanagement beispielsweise herangezogen werden:

- Beobachtungsdaten (z. B. Arbeitsplatzanalysen)
- Routinedaten der Sozialversicherungsträger (Arbeitsunfähigkeitsanalysen, Arbeitsunfälle, Frühberentungsdaten)
- Routinedaten aus der Personalabteilung (Fehlzeiten, Fluktuationsdaten)
- Daten aus medizinischen Untersuchungen
- Daten, die im Dialog mit Mitarbeitern gewonnen werden (Workshops, Fokusgruppen)
- Daten aus Mitarbeiterbefragungen

In der betrieblichen Praxis erfolgt die Beobachtung und Bewertung des Gesundheitszustands der Beschäftigten bislang im Wesentlichen über die krankheitsbedingten Fehlzeiten. Herangezogen werden dazu Routinedaten: die betriebsinternen Fehlzeitenstatistiken und – soweit verfügbar – die Arbeitsunfähigkeitsanalysen der Krankenkassen. Beim Management genießt das Fehlzeitengeschehen vor allem deshalb besondere Aufmerksamkeit, weil erhöhte Fehlzeiten mit unerwünschten, möglichst zu vermeidenden Personalkosten einhergehen. Insofern sind Vorstände und Führungskräfte in der Regel auch weniger an einer Krankheitsartenstatistik interessiert. Ihr Augenmerk richtet sich vielmehr auf die Menge und Verteilung der Fehlzeiten sowie auf wirksame Vermeidungsstrategien.

Fehlzeiten haben ohne Frage eine wichtige Signalfunktion, wenn es darum geht, Problembereiche im Unternehmen oder in verschiedenen Unternehmensbereichen, Abteilungen oder Teams zu identifizieren. Sie sind darüber hinaus aber mit einigen Schwächen behaftet: Fehlzeiten sind Spätindikatoren, die eine nachträgliche „Reparatur" gesundheitsrelevanter Probleme erfordern statt sie vorausschauend zu verhüten. Darüber hinaus geben Fehlzeiten keinerlei Auskunft über die ihnen zugrunde liegenden Ursachen. Und schließlich erfassen Fehlzeiten nur unzureichend die im Unternehmen durch Krankheit real entstehenden Kosten bzw. den entgangenen Nutzen (Präsentismus)

– dies gilt insbesondere im Fall der chronischen Erkrankungen [1].

Welche Aussagekraft besitzen Fehlzeitenstatistiken im Rahmen der gesundheitsbezogenen Unternehmensdiagnostik? Worin besteht ihr konkreter Nutzen, und wo liegen ihre Grenzen? Unsere Thesen, die im Rahmen der nachfolgend beschriebenen Fallstudie untersucht werden, lauten:

1. Fehlzeiten spiegeln in erster Linie den „Gesundheitszustand" einer Organisation wider.
2. Sie geben keine valide Auskunft über den Gesundheitszustand der Organisationsmitglieder.

Im Vordergrund der Untersuchung steht die Diagnostik. Das Studiendesign basiert auf dem von Badura et al. [3] entwickelten Unternehmensmodell und dem zugrunde liegenden Sozialkapitalansatz (s. auch die Beiträge von Rixgens und Ueberle und Greiner in diesem Band). Dem Ansatz folgend gehen wir davon aus, dass sich Unternehmen nicht nur in ihrer Ausstattung mit Sachkapital, sondern auch in der Höhe ihres Sozialkapitals unterscheiden. Wir gehen weiter davon aus, dass das Sozialkapital mit seinen drei Dimensionen Netzwerkkapital, Führungskapital, Überzeugungs- und Wertekapital sowie die immateriellen Arbeitsbedingungen Einfluss auf die Gesundheit der Beschäftigten nehmen und darüber indirekt das Fehlzeitengeschehen beeinflussen. Wir nehmen schließlich aber auch an, dass ein direkter Zusammenhang zwischen Sozialkapital, immateriellen Arbeitsbedingungen und Fehlzeiten besteht (s. Abb. 14.1).

14.2 Forschungsstand

In der deutschen Wirtschaft sind die Fehlzeiten seit vielen Jahren kontinuierlich rückläufig und liegen im Durchschnitt bei ca. 3,5 bis 4,5 Prozent. Für das Jahr 2006 meldeten die Krankenkassen Rekordtiefstände: So lag beispielsweise bei der BKK der Krankenstand bei 3,4% (12,4 AU-Tage pro Pflichtmitglied) – den eigenen Angaben zufolge der niedrigste Wert seit 30 Jahren. Bei der AOK wurde die Krankenquote im entsprechenden Berichtsjahr mit 4,2 Prozent beziffert, was ebenfalls als niedrigster Wert seit 10 Jahren bezeichnet wurde [5, 9].

Das Fehlzeitengeschehen wird durch zahlreiche Faktoren beeinflusst: die konjunkturelle Lage am Arbeitsmarkt, regionale Einflüsse, die Wirtschaftsbranche und Betriebsgröße, periodische Einflüsse (Jahreszeit, Wochentage) sowie persönliche Faktoren wie Alter, Geschlecht, Qualifikationsgrad [10, 11]. Für die rückläufige

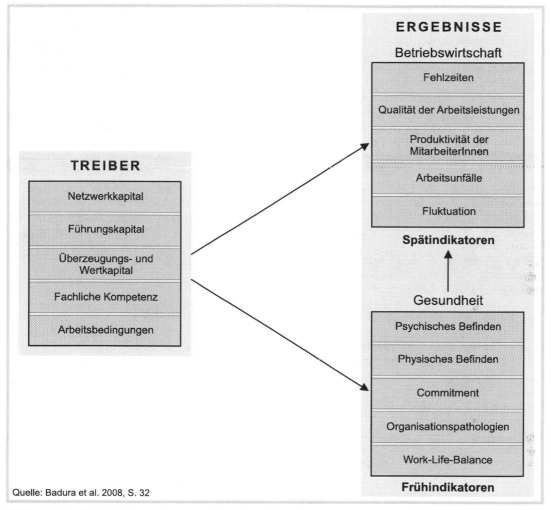

Quelle: Badura et al. 2008, S. 32

◘ **Abb. 14.1.** Das Bielefelder Unternehmensmodell: Treiber und Ergebnisse

Entwicklung der Fehlzeiten in den letzten Jahrzehnten werden vor allem folgende Gründe angeführt:

- Angst vor Arbeitplatzverlust, die dazu führt, dass sich Arbeitnehmer weniger oder gar nicht krank melden,
- Beschäftigungsrückgang und das vorzeitige Ausscheiden älterer Arbeitnehmer aus dem Erwerbsleben (Frühverrentung),
- sektorale Verschiebung der Wirtschaft hin zur wissensintensiven Dienstleistungsarbeit und als Folge davon der Rückgang körperlicher Belastungen [9].

Gegenwärtig ist der langjährige Abwärtstrend offenbar zum Stillstand gekommen, für das Berichtsjahr 2007 wird sogar erstmalig wieder ein geringfügiger Anstieg der Fehlzeiten gemeldet (dpa-Meldung vom 22.05.2008). Inwieweit die Alterung der Belegschaften zukünftig zu einem Anstieg der Fehlzeiten beiträgt, bleibt abzuwarten. Es ist jedoch davon auszugehen, dass ohne Investitionen in eine alternsgerechte Personal- und Gesundheitspolitik das Erkrankungsrisiko mit dem Alter steigt und die Arbeitsunfähigkeit zunimmt [17]. Bei der Frage nach den Ursachen für Fehlzeiten ist prinzipiell zu unterscheiden zwischen:

- Erkrankungen (akute oder chronische Beeinträchtigungen),
- motivationalen Gründen (z. B. mangelndes Vertrauen in die Führung, Über-/Unterforderung, fehlende Sinnhaftigkeit der Arbeit, mangelnde

Identifikation mit dem Unternehmen oder mit der eigenen Arbeit),

- Gründen, die außerhalb der Arbeit liegen.

Zur ursachenbezogenen Abgrenzung werden in der Literatur häufig unterschiedliche Begrifflichkeiten für die Abwesenheit vom Arbeitsplatz verwendet: Bei Abwesenheiten, die auf eine medizinisch begründbare Erkrankung zurückzuführen sind, wird von Krankenstand gesprochen. Das Fernbleiben von der Arbeit, das nicht auf medizinische Gründe zurückzuführen ist, sondern motivational bedingt ist, wird dagegen häufig als Absentismus, vulgo: „blaumachen" oder „krankfeiern" bezeichnet [10, 13]. Bei der Fehlzeitenquote handelt es sich Kentner [8] zufolge stets um eine Kombination aus Krankheit, individueller Einstellung zur Arbeit und sozialem Umfeld.

Bei den betriebsbedingten Einflussfaktoren wird zwischen materiellen bzw. physischen Faktoren (z. B. Art und Schwere der Tätigkeit, Arbeitszeit, Entlohnung) einerseits sowie immateriellen bzw. psychosozialen Faktoren (z. B. Führungsstil, Betriebsklima, Gruppenkohäsion) andererseits unterschieden [4, 13, 16].

In der Literatur zu findende Hypothesen zu den immateriellen Einflussfaktoren zielen häufig darauf ab, dass Arbeitsunfähigkeit und Arbeitsabwesenheit ein Symptom für beeinträchtigte soziale Beziehungen in der Organisation sind (vgl. dazu zusammenfassend [10, 13]). Dahrendorf hat bereits in einer Publikation aus dem Jahr 1959 auf die Abwesenheit vom Arbeitsplatz als einem Symptom betrieblicher Konflikte hingewiesen, wobei er deutlich macht, dass betriebliche Konflikte nicht nur zu willkürlicher Abwesenheit, sondern auch zu echten Krankheiten führen können. Er weist aber auch darauf hin, dass Fehlzeitenquoten erst dann als umgeleitete Konflikte gedeutet werden dürfen, wenn sie in vergleichbaren Branchen, Betrieben oder Betriebsabteilungen deutlich unterschiedliche Muster aufweisen [6]. Bei von Uexküll [15] spielt der Begriff der emotionalen Integration eine wichtige Rolle. Ihm zufolge ist es für den Einzelnen wichtig, sich mit den Wertmaßstäben und Rollenerwartungen der ihm offen stehenden Gruppen identifizieren zu können. Gestörte oder verhinderte emotionale Integration in das soziale Umfeld kann nach von Uexküll zu einem pathogenen Faktor werden.

Die Befunde einer aktuellen, vom Land Nordrhein-Westfalen und der Europäischen Union geförderten Studie bestätigen diese Hypothesen und stellen sie zugleich konzeptionell auf eine breitere Basis [3]. Eine vergleichende Analyse von fünf Unternehmen zeigt, dass die Ausstattung eines Unternehmens mit Sozialka-

pital einen zentralen Einflussfaktor für die Gesundheit und das Wohlbefinden der Beschäftigten sowie die Betriebsergebnisse darstellt. In diesem Kontext wird auch deutlich, dass Fehlzeiten nicht nur mit Krankheit in Verbindung zu bringen sind, sondern in einem direkten Zusammenhang zum betrieblichen Sozialkapital und den immateriellen Arbeitsbedingungen stehen. Fehlzeiten im Unternehmen korrelieren den Befunden der Studie zufolge insbesondere mit dem Netzwerkkapital, d. h. mit der Güte der sozialen Beziehungen, gefolgt von der Qualität der Führung und der Unternehmenskultur. Darüber hinaus wurde ein enger Zusammenhang zwischen den Fehlzeiten und dem Ausmaß an Partizipation und Handlungsspielraum festgestellt [3, S. 109 ff]. Direkte Zusammenhänge zwischen Aspekten der Unternehmenskultur und dem Krankenstand wurden auch in einer weiteren aktuellen Studie ermittelt [7].

14.3 Gegenstand der Fallstudie

Gegenstand unserer Fallstudie ist ein produzierendes Unternehmen mit rund 2000 Mitarbeitern. Aufgrund veränderter Rahmenbedingungen und Neustrukturierungen haben sich die materiellen und immateriellen Arbeitsbedingungen für die Beschäftigten in den letzten Jahren deutlich verändert. Auffällig ist, dass entgegen dem seit Jahren zu beobachtenden Trend rückläufiger Fehlzeiten in einigen Unternehmensbereichen die Fehlzeiten in den letzten Jahren angestiegen sind bzw. auf einem auffällig erhöhten Niveau liegen.

Zielgerichtete betriebliche Interventionen zur Verminderung von Fehlzeiten setzen in jedem Unternehmen eine sorgfältige Ursachenanalyse voraus. Mitarbeiterbefragungen kommt dabei als Diagnostikinstrument insofern eine besondere Bedeutung zu, als sie einen tieferen Einblick in die Organisation ermöglichen und helfen Problembereiche aufzudecken. Darüber hinaus lassen Befragungsdaten im Unterschied zu Fehlzeitenquoten Aussagen über Wirkungszusammenhänge zu [14, 18].

Im vorliegenden Fall erfolgte die Diagnostik mittels Befragung in vier Produktionsbetrieben des Unternehmens, die sich in der Höhe der Fehlzeiten deutlich unterscheiden. Die Auswahl der Betriebe wurde auf Grundlage der betriebsinternen Fehlzeitenstatistiken getroffen. Mit Hilfe der Mitarbeiterbefragung sollten insbesondere folgende Fragen beantwortet werden:

1. Lassen sich die Unterschiede im Fehlzeitengeschehen der vier Produktionsbetriebe durch Unterschiede im Gesundheitszustand der Beschäftigten erklären?

2. Welche sonstigen Faktoren können zur Erklärung des Fehlzeitengeschehens herangezogen werden?
3. Welche Schlussfolgerungen lassen sich daraus für zielgerichtete Maßnahmen ableiten?

Die Befragung und das dazu eingesetzte Fragebogeninstrument folgen dem Unternehmensmodell (s. o.) und basieren auf der Annahme, dass vor allem das Sozialkapital mit den drei Dimensionen Netzwerkkapital, Führungskapital, Überzeugungs- und Wertekapital für das Fehlzeitengeschehen von großer Bedeutung ist [3].

14.4 Vorgehensweise bei der Unternehmensdiagnostik

Die zur Unternehmensdiagnose eingesetzte Mitarbeiterbefragung in den vier ausgewählten Produktionsbetrieben erfolgte in Form einer Klassenraumbefragung; insgesamt haben 228 Beschäftigte an der Befragung teilgenommen. Die Daten wurden extern an der Universität Bielefeld erfasst und mit Hilfe von SPSS ausgewertet.

Der Fragebogen[1] umfasst insgesamt 151 Items[2], die sich zu folgenden Konstrukten zusammenfassen lassen: immaterielle Arbeitsbedingungen, Netzwerkkapital, Führungskapital, Überzeugungs- und Wertekapital als die unabhängigen Variablen (Einflussfaktoren); Gesundheit, Organisationspathologien und wahrgenommene Produktivität als die abhängigen Variablen (Ergebnisse).

Die immateriellen Arbeitsbedingungen werden durch insgesamt 24 Fragen erfasst, die sich auf folgende Aspekte beziehen: Zufriedenheit mit den organisatorischen Rahmenbedingungen, Partizipationsmöglichkeiten, fachliche Anforderungen, zeitliche Anforderungen, Klarheit der Arbeitsaufgabe, Handlungsspielraum und Sinnhaftigkeit der Aufgabe.

Das Sozialkapital wird über die Kapitaldimensionen Netzwerkkapital, Führungskapital und Überzeugungs-

und Wertekapital erfasst (s. Abb. 14.2). Die Fragen zum Netzwerkkapital (Qualität der sozialen Beziehungen am Arbeitsplatz) fokussieren das unmittelbare Arbeitsteam (z. B. die Schicht) und hier die folgenden Aspekte: Ausmaß des Zusammengehörigkeitsgefühls im Team, Qualität der Kommunikation im Team, sozialer „Fit" der Teammitglieder, soziale Unterstützung im Team sowie gegenseitiges Vertrauen innerhalb des Teams.

Der Fragenkomplex zum Führungsverhalten des direkten Vorgesetzten bezieht sich mit insgesamt 20 Items auf die folgenden Aspekte: Ausmaß der Mitarbeiterorientierung, Ausmaß der sozialen Kontrolle, Güte der Kommunikation, Akzeptanz des direkten Vorgesetzten, Vertrauen in den direkten Vorgesetzten, Fairness und Gerechtigkeit des direkten Vorgesetzten sowie Machtorientierung des direkten Vorgesetzten.

Der Themenkomplex „Überzeugungs- und Wertekapital" umfasst insgesamt 26 Items, die die folgenden Aspekte fokussieren: Gemeinsame Normen und Werte, Gelebte Unternehmenskultur, Konfliktkultur im Unternehmen, Zusammenhalt (Kohäsion) im Unternehmen, Gerechtigkeit, Wertschätzung der Mitarbeiter, Vertrauen in die Geschäftsführung und den Betriebsrat.

Die Fragen zu dem Themenkomplex „Gesundheit und Wohlbefinden" beziehen sich auf folgende Aspekte: Güte des körperlichen Gesundheitszustandes, Häufigkeit psychosomatischer Beschwerden, Ausmaß an depressiver Verstimmung, Ausmaß des psychosozialen Wohlbefindens, Ausmaß des Selbstwertgefühls, eigenes Gesundheitsverhalten (Rauch- und Trinkgewohnheiten), Work-Life-Balance und Ausmaß der krankheitsbedingten Fehltage. Die Organisationspathologien Mobbing und innere Kündigung werden durch insgesamt sechs Items erfasst. Die wahrgenommene Produktivität der Mitarbeiterinnen und Mitarbeiter schließlich wird durch insgesamt 13 Items zu folgenden Aspekten abgebildet: Qualität der Arbeitsleistungen insgesamt, Ausmaß des Qualitätsbewusstseins im Team, subjektive Arbeitsfähigkeit und Commitment.[3]

14.5 Ergebnisse

Bei der Datenanalyse wird auf zwei unterschiedliche Datenquellen zurückgegriffen: Zum einen auf Daten, die in vier Produktionsbetrieben des Unternehmens mit Hilfe der Mitarbeiterbefragung gewonnen wurden, zum zweiten auf objektive, betriebsinterne Fehlzeiten

---

1 Das in dieser Studie eingesetzte Fragebogeninstrument wurde im Rahmen eines vom Land Nordrhein-Westfalen und der Europäischen Union geförderten Forschungsprojekts entwickelt, über dessen Befunde an anderer Stelle in diesem Fehlzeitenreport berichtet wird (s. Rixgens; Ueberle und Greiner). Der Fragebogen wurde uns zu Forschungszwecken von dem Wissenschaftsteam freundlicher Weise zur Verfügung gestellt. Details zu den eingesetzten Konstrukten und Skalen sowie zur Güte des Messinstruments sind der Buchpublikation zum Forschungsprojekt zu entnehmen [3].

2 Inklusive Angaben zur Organisationseinheit und Sozialstatistik.

3 Die Organisationspathologien und die wahrgenommene Produktivität wurden bei der hier beschriebenen Fallstudie nicht berücksichtigt.

Sozialkapital von Organisationen

Netzwerkkapital	Führungskapital	Überzeugungs-/Wertekapital
■ Kohäsion im Team	■ Mitarbeiterorientierung	■ Gemeinsame Normen und Werte
■ Qualität der Kommunikation	■ Qualität der Kommunikation	■ Gelebte Kultur
■ Sozialer „Fit"	■ Fairness und Gerechtigkeit	■ Konfliktkultur im Unternehmen
■ Soziale Unterstützung	■ Vertrauen	■ Kohäsion im Betrieb
■ Vertrauen	■ Akzeptanz des Vorgesetzten	■ Gerechtigkeit
	■ Soziale Kontrolle	■ Wertschätzung
	■ Machtorientierung	■ Vertrauen

Quelle: Badura et al. 2008, S. 33

◘ **Abb. 14.2.** Das Sozialkapital von Organisationen: Elemente und Indikatoren

der jeweiligen Einheiten.[4] Der aus dem Fragebogen gewonnene Datensatz wurde somit um eine so genannte „Dummy-Variable" ergänzt, die die jeweils betriebsbezogene Fehlzeitenquote abbildet.

In die Untersuchung wurden insgesamt 228 Beschäftigte einbezogen.[5] Diese verteilen sich auf die vier verschiedenen Betriebe (P1–P4) wie in Tabelle 14.1 dargestellt.

Nach der Darstellung des Fehlzeitengeschehens[6] in den vier Unternehmensteilen wird im ersten Analyseschritt der Frage nachgegangen, inwieweit ein Zusammenhang zwischen den betriebsinternen Fehlzeiten und der Gesundheit und dem Wohlbefinden der Beschäftigten besteht. Dazu werden die entsprechenden Mittelwerte (arithmetisches Mittel) der vier Betriebe verglichen und hinsichtlich signifikanter Unterschiede (t-Test) sowie ggf. bestehender statistischer Zusammen-

Tabelle 14.1. Gesamtrücklauf und Anzahl der Beschäftigten in den vier Unternehmensteilen

Unternehmensteil	N	Anteil am Gesamtsample (in %)
P1	78	34,21
P2	33	14,47
P3	34	14,92
P4	83	36,40
Gesamt	228	100,00

hänge (Korrelationen) analysiert. Im anschließenden Arbeitsschritt erfolgt das gleiche analytische Vorgehen hinsichtlich der drei Dimensionen des Sozialkapitals sowie der immateriellen Arbeitsbedingungen und dem Fehlzeitengeschehen. Abschließend werden die beobachteten Zusammenhänge (Korrelationen) zwischen Sozialkapital sowie immateriellen Arbeitsbedingungen und gesundheitlichem Befinden beschrieben. Die Untersuchung beschränkt sich somit auf uni- und bivariate Analysen.

Das Fehlzeitengeschehen in den vier Unternehmensteilen stellt sich deutlich unterschiedlich dar (s. Abb 14.3). So fehlten die Beschäftigten in den Betrieben P2 und P3 im Jahr 2006 (krankheitsbedingt) zu 3,9 bzw.

---

4   Die Verwendung der betriebsinternen Fehlzeitenstatistik hat u. a. den Vorteil, dass hierin alle Fehltage (gemessen an der Soll-Arbeitszeit des jeweiligen Betriebs) enthalten sind und nicht nur die durch eine Arbeitsunfähigkeitsbescheinigung belegten Tage.

5   Vor dem Hintergrund der Tatsache, dass ältere Arbeitnehmer in aller Regel mehr krankheitsbedingte Fehltage aufweisen, soll an dieser Stelle nicht auf den Hinweis verzichtet werden, dass in den ausgewählten Unternehmensteilen durchschnittlich lediglich 3,8 Prozent der Beschäftigten älter als 55 Jahre sind.

6   Die der Analyse zugrunde liegenden Daten beziehen sich auf das Jahr 2006 und beinhalten alle krankheitsbedingten Fehlzeiten – inklusive Langzeiterkrankter.

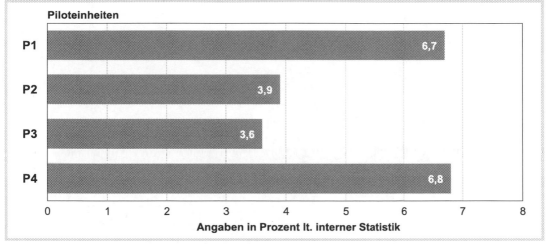

Abb. 14.3. Krankheitsbedingte Fehlzeiten im Jahr 2006

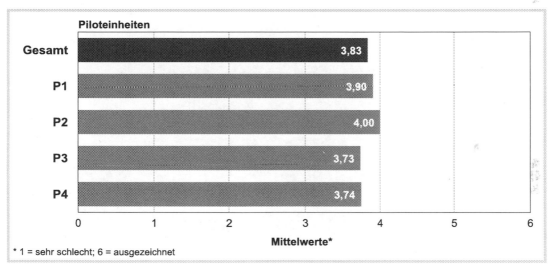

Abb. 14.4. Güte des körperlichen Gesundheitszustands

3,6 Prozent ihrer Soll-Arbeitszeit, während die Fehlzeitenquoten für die Betriebe P1 und P4 mit 6,7 resp. 6,8 Prozent deutlich darüber liegen.

Die zuvor beobachteten Unterschiede in der Verteilung der Fehlzeiten spiegeln sich jedoch nicht im gesundheitlichen Status der Beschäftigten wider. Auffallend ist vielmehr, dass sich hinsichtlich

- der Güte des körperlichen Zustands,
- der Häufigkeit psychosomatischer Beschwerden,
- des Ausmaßes an depressiver Verstimmung sowie
- des Ausmaßes des Wohlbefindens

erstens lediglich geringe, statistisch nicht signifikante Unterschiede in den Mittelwerten der vier Betriebe zeigen (vgl. Abb. 14.4 bis Abb. 14.6) und sich zweitens keine statistisch signifikanten Korrelationen mit dem Fehlzeitengeschehen beobachten lassen. Nachfolgend werden exemplarisch die Befunde für die Güte des körperlichen Gesundheitszustands, die Häufigkeit psychosomatischer Beschwerden sowie das Ausmaß des Wohlbefindens vorgestellt.

Das arithmetische Mittel des körperlichen Gesundheitszustands aller vier Produktionsbetriebe (s. Abb. 14.4) liegt bei 3,83. Die Unterschiede zwischen den Betrieben sind statistisch nicht signifikant. Auffal-

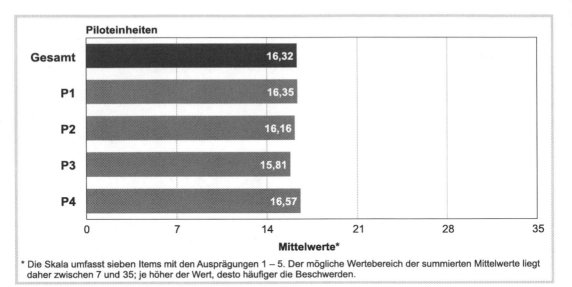

* Die Skala umfasst sieben Items mit den Ausprägungen 1 – 5. Der mögliche Wertebereich der summierten Mittelwerte liegt daher zwischen 7 und 35; je höher der Wert, desto häufiger die Beschwerden.

◘ **Abb. 14.5.** Häufigkeit psychosomatischer Beschwerden

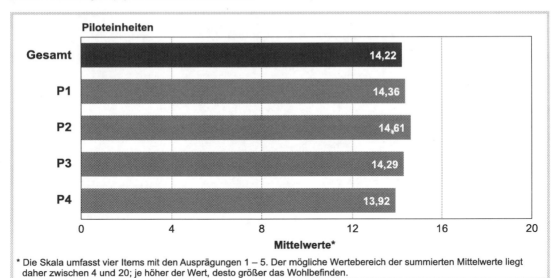

* Die Skala umfasst vier Items mit den Ausprägungen 1 – 5. Der mögliche Wertebereich der summierten Mittelwerte liegt daher zwischen 4 und 20; je höher der Wert, desto größer das Wohlbefinden.

◘ **Abb. 14.6.** Ausmaß des Wohlbefindens

lend ist allenfalls, dass der Betrieb mit den geringsten Fehlzeiten (vgl. Abb. 14.3) zugleich auch den vergleichsweise ungünstigsten Wert hinsichtlich des körperlichen Gesundheitszustands aufweist.

Der Befund für die Häufigkeit psychosomatischer Beschwerden (s. Abb. 14.5) weist ein arithmetisches Mittel aller vier Unternehmensteile von 16,32 auf. Die Werte für die einzelnen Betriebe variieren dabei zwischen 15,81 und 16,57. Die beobachteten Unterschiede

sind statistisch nicht signifikant und zeigen ebenfalls keine Korrelation zur Fehlzeitenquote der Betriebe.

Das arithmetische Mittel aller vier Betriebe für das Ausmaß an Wohlbefinden (s. Abb. 14.6) liegt bei 14,22. Auch hier fällt die Varianz zwischen den Betrieben (MW = 13,92–14,61) sehr gering aus und es kann weder ein statistisch signifikanter Unterschied in den Mittelwerten noch eine signifikante Korrelation zum Fehlzeitengeschehen beobachtet werden.

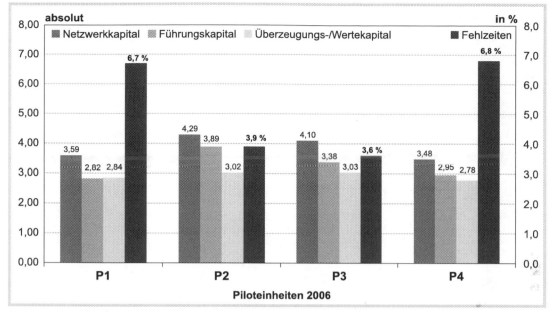

Abb. 14.7. Fehlzeiten, Netzwerk-, Führungs- und Überzeugungs-/Wertekapital in den vier Produktionsbetrieben

Die exemplarisch dargestellten Befunde bestätigen damit unsere Annahme, dass der Gesundheitszustand der Beschäftigten nicht die beobachtete Varianz im Fehlzeitengeschehen des untersuchten Kollektivs erklären kann.

Im nächsten Schritt wurden mögliche Zusammenhänge zwischen dem Fehlzeitengeschehen einerseits und dem Netzwerk-, Führungs- und Überzeugungs-/Wertekapital andererseits analysiert. Zunächst einmal wurden die Fehlzeitenquoten der vier Betriebe den jeweiligen Mittelwerten der drei Kapitaldimensionen gegenübergestellt und auf signifikante Unterschiede in ihren Mittelwerten untersucht (s. Abb. 14.7)[7]. Augenfällig ist dabei, dass die beiden Betriebe mit den geringsten Fehlzeiten (P2 und P3) die höheren und damit günstigeren Werte bei allen drei Kapitaldimensionen aufweisen bzw. umgekehrt, dass die Betriebe mit den höheren Fehlzeiten (P1 und P4) zugleich auch die geringeren und damit ungünstigeren Werte beim Netzwerk-, Führungs- und Überzeugungskapital vorweisen. Die beobachteten Unterschiede in den Mittelwerten zwischen den Produktionsbetrieben sind alle statistisch signifikant.

Als nächstes wurden die drei Sozialkapitaldimensionen auf signifikante Korrelationen zum Fehlzeitengeschehen untersucht. Die Analyse zeigt – in unterschiedlicher Stärke – hoch signifikante Zusammenhänge zwischen allen drei Sozialkapitaldimensionen und dem Fehlzeitengeschehen (Tabelle 14.2). Die stärksten Zusammenhänge bestehen mit dem Führungskapital (-,386**) und dem Netzwerkkapital (-,377**).

Das Führungsverhalten der direkten Vorgesetzten sowie die sozialen Beziehungen der Beschäftigten untereinander scheinen demnach – im Gegensatz zu Gesundheit und Wohlbefinden – in deutlicher Weise das Fehlzeitengeschehen in den vier Unternehmensteilen zu beeinflussen. Interessant ist in diesem Zusammenhang die Frage, welche einzelnen Aspekte des Führungsverhaltens und der sozialen Beziehungen hier besonders wirksam sind. Daher wurden in einem weiteren Arbeitsschritt die einzelnen Indikatoren aller Kapitaldimensionen und – um mögliche weitere Einflussgrößen nicht zu übersehen – die immateriellen Arbeitsbedingungen mit den Fehlzeiten korreliert.

Die bivariaten Analysen zeigen mittlere bis starke und zugleich statistisch hoch-signifikante Zusammenhänge insbesondere mit verschiedenen Aspekten des Führungs-, Netzwerks- und Überzeugungs-/Werteka-

---

7 Die Mittelwerte für die drei Kapitaldimensionen wurden zuvor standardisiert. Die dadurch möglichen Wertebereiche liegen zwischen 1 und 5; je höher der Wert, desto höher das jeweilige Kapital.

Tabelle 14.2. Fehlzeiten, Netzwerk-, Führungs- und Überzeugungs-/Wertekapital

		Fehlzeiten 2006 (mit LZ-Erkrankten)
Netzwerkkapital	Korrelation n. Pearson	-,377**
	Signifikanz (2-seitig)	-,000
Führungskapital	Korrelation n. Pearson	-,386**
	Signifikanz (2-seitig)	-,000
Überzeugungs-/Wertekapital	Korrelation n. Pearson	-,186**
	Signifikanz (2-seitig)	-,000

** = Die Korrelation ist auf dem Niveau von 0,01 (2-seitig) signifikant.

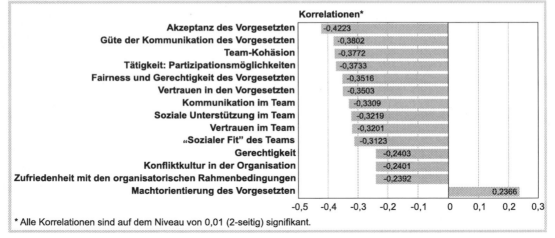

Abb. 14.8. Korrelationen zwischen den Fehlzeiten sowie den immateriellen Arbeitsbedingungen und dem Sozialkapital.

pitals sowie mit einzelnen Aspekten der immateriellen Arbeitsbedingungen (s. Abb. 14.8).[8] Dabei erweisen sich die Akzeptanz des direkten Vorgesetzten durch die Beschäftigten (-,4223**) sowie die Güte der Kommunikation des direkten Vorgesetzten (-,3802**) als die stärksten Einzelfaktoren – dicht gefolgt von der Team-Kohäsion (-,3772**) und den Partizipationsmöglichkeiten am unmittelbaren Arbeitsplatz (-,3733**). Beide darauffolgende Faktoren beziehen sich wieder auf den direkten Vorgesetzten: dessen Fairness und Gerechtigkeit (-,3516**) sowie das seitens der Mitarbeiter in ihn gesetzte Vertrauen (-,3503**).

Erwähnenswert ist darüber hinaus, dass das Ausmaß, in dem das Unternehmen von den Beschäftigten als gerecht empfunden wird (-,2403**), sowie die Konfliktkultur der Organisation (-,2401**) und die Zufriedenheit mit den organisatorischen Rahmenbe-

8   Aus Gründen der Übersichtlichkeit und Lesbarkeit der Abbildung wurde die Darstellung auf die 15 Aspekte begrenzt, die die stärksten Korrelationen aufweisen. Der Vollständigkeit halber seien hier die vier weiteren Faktoren aufgeführt, die ebenfalls signifikante Korrelationen aufweisen: Wertschätzung der Mitarbeiter durch die Organisation (-,228**), gemeinsame Normen und Werte in der Organisation (-,206**), Kohäsion in der Organisation (-,190**), Sinnhaftigkeit der Tätigkeit (-,137*).

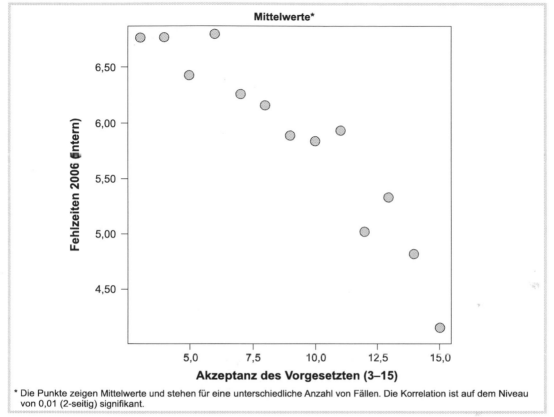

Mittelwerte*

* Die Punkte zeigen Mittelwerte und stehen für eine unterschiedliche Anzahl von Fällen. Die Korrelation ist auf dem Niveau von 0,01 (2-seitig) signifikant.

◻ **Abb. 14.9.** Zusammenhang zwischen den Fehlzeiten und dem Ausmaß der Akzeptanz des direkten Vorgesetzten (-,4223).

dingungen (-,2392**) deutliche, hoch signifikante Korrelationen zum Fehlzeitengeschehen aufweisen.

Beispielhaft veranschaulichen die nachfolgenden drei ausgewählten Punktdiagramme den Zusammenhang zwischen dem Fehlzeitengeschehen und dem jeweiligen Einflussfaktor (vgl. Abb. 14.9 bis Abb. 14.11).

Deutlich wird, dass die Fehlzeiten sinken, je positiver sich die Akzeptanz des direkten Vorgesetzten entwickelt. Umgekehrt gilt: Je geringer die Akzeptanz des Vorgesetzen durch die Mitarbeiter, desto höher die Fehlzeiten (s. Abb. 14.9).

Nahezu identisch fällt der Befund für den Zusammenhang zwischen den Fehlzeiten und der Güte der Kommunikation mit dem direkten Vorgesetzten aus. Auch hier ist ein nahezu linearer Zusammenhang klar erkennbar: Mit zunehmendem Anstieg der Kommunikationsqualität des direkten Vorgesetzten sinken die Fehlzeiten (s. Abb. 14.10).

Das dritte Diagramm veranschaulicht die Partizipationsmöglichkeiten und deren Zusammenhang mit dem Fehlzeitengeschehen. Die Beschäftigten mit geringen Partizipationsmöglichkeiten an ihrem Arbeitsplatz weisen etwa doppelt so hohe Fehlzeiten auf wie deren Kollegen mit einem hohen Maß an Möglichkeiten zur Mitgestaltung (s. Abb. 14.11).

Neben den zuvor dargestellten Zusammenhängen zwischen verschiedenen Faktoren des Sozialkapitals und dem Fehlzeitengeschehen konnten wir erwartungsgemäß auch Zusammenhänge zwischen dem Sozialkapital und der Gesundheit der Beschäftigten feststellen. Abschließend stellen wir diese zusammenfassend in Form einer Korrelationsmatrix vor (Tabelle 14.3). Die Zeilen der Matrix enthalten die 26 Treiber-Faktoren für die verwendeten Konstrukte der immateriellen Arbeitsbedingungen und des Sozialkapitals; in den Spalten finden sich die in unserer Fallstudie untersuchten Ergebnisva-

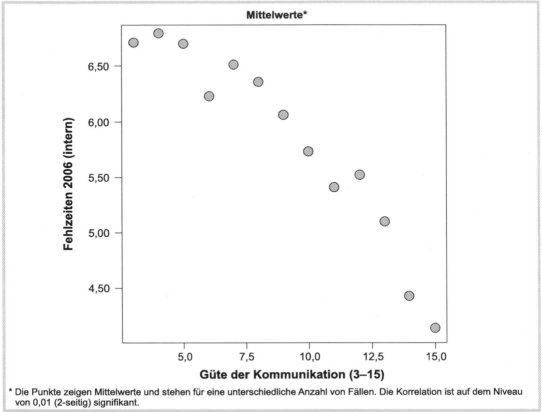

Abb. 14.10. Zusammenhang zwischen den Fehlzeiten und der Güte der Kommunikation des direkten Vorgesetzten (-,3802).

14

riablen für Gesundheit und Wohlbefinden (körperlicher Gesundheitszustand, Häufigkeit psychosomatischer Beschwerden, depressive Verstimmung, Wohlbefinden, Selbstwertgefühl) sowie die Fehlzeitenquote.[9]

Die drei stärksten statistisch signifikanten Zusammenhänge hinsichtlich des *körperlichen Gesundheitszustands* zeigen sich mit der Wertschätzung der Mitarbeiter durch die Organisation (r = ,408), der Sinnhaftigkeit der Aufgabe (r = ,366) sowie der Zufriedenheit mit den organisatorischen Rahmenbedingungen (r = ,314.) Diese drei Einflussgrößen weisen auch die stärksten

signifikanten Korrelationen mit der *Häufigkeit psychosomatischer Beschwerden* aus (Zufriedenheit mit den organisatorischen Rahmenbedingungen (r = -,318), Wertschätzung der Mitarbeiter durch die Organisation (r = -,315), Sinnhaftigkeit der Aufgabe (r = -,310)).

Bezüglich der signifikanten Zusammenhänge mit dem *Ausmaß depressiver Verstimmung* ist die folgende Rangfolge zu beobachten: Sinnhaftigkeit der Aufgabe (r = -,413), Konfliktkultur im Unternehmen (r = -,402), Zufriedenheit mit den organisatorischen Rahmenbedingungen (r = -,401). Etwas anders stellt sich der Befund für die beobachteten Korrelationen mit dem *Ausmaß des Wohlbefindens* dar. Auch hier weist zunächst die Sinnhaftigkeit der Aufgabe (r = ,460) den stärksten statistischen Zusammenhang auf. An zweiter und dritter Stelle finden sich hingegen die Wertschätzung der Mitarbeiter durch die Organisation (r = ,315)

---

9   Die bivariaten Korrelationen können Werte zwischen 0 und 1 (positive Korrelation) bzw. 0 und -1 (negative Korrelation) annehmen; je näher der beobachtete Wert an der 1 bzw. -1 liegt, desto stärker ist die Korrelation zwischen Treiber- und Ergebnisvariable. Die Signifikanz der beobachteten Korrelationen ist jeweils angegeben.

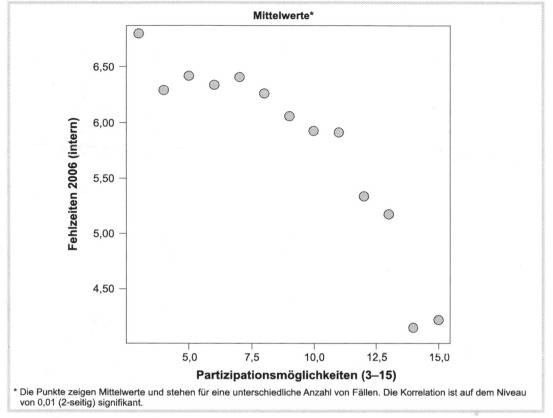

Abb. 14.11. Zusammenhang zwischen den Fehlzeiten und dem an Partizipationsmöglichkeiten am unmittelbaren Arbeitsplatz (-,3733).

sowie das Ausmaß, in dem die Organisation als gerecht empfunden wird (r = -,298).

Die stärksten signifikanten Zusammenhänge mit dem *Ausmaß des Selbstwertgefühls* bestehen mit den immateriellen Arbeitsbedingungen. Auch hier findet sich an erster Stelle die Sinnhaftigkeit der Aufgabe (r = ,410), dicht gefolgt von der Klarheit der Aufgabe (r = ,407) sowie der fachlichen Überforderung (r = -,351).

Tabelle 14.3. Korrelationsmatrix der verschiedenen Faktoren des Unternehmensmodells

	Körperlicher Ge-sundheitszustand	Psychosomat. Beschwerden	Depressive Verstimmung	Wohlbefin-den	Selbstwert-gefühl	Fehlzeiten intern
Arbeitsbedingungen						
Zufriedenheit mit den organisatorischen Rahmenbedingungen	,314(**)	-,318(**)	-,401(**)	,224(**)	,298(**)	-,239(**)
Partizipationsmöglichkeiten	,241(**)	-,173(*)	-,256(**)	,211(**)	,207(**)	-,373(**)
Fachliche Überforderung	-,226(**)	,151(*)	,324(**)	-,244(**)	-,351(**)	0,020
Zeitliche Überforderung	-,181(**)	,199(**)	,256(**)	-,204(**)	-0,061	0,125
Klarheit der Aufgabe	,204(**)	-,201(**)	-,322(**)	,275(**)	,407(**)	-0,083
Handlungsspielraum	,211(**)	-0,124	-,151(*)	,193(**)	,242(**)	-0,054
Sinnhaftigkeit der Aufgabe	,366(**)	-,310(**)	-,413(**)	,460(**)	,410(**)	-,137(*)
Netzwerkkapital						
Team-Kohäsion	,224(**)	-,221(**)	-,265(**)	,190(**)	,218(**)	-,377(**)
Güte d. Kommunikation	,181(**)	-,174(*)	-0,105	,142(*)	,213(**)	-,326(**)
Sozialer „Fit" d. Teams	,174(*)	-,184(**)	-,197(**)	,171(*)	,207(**)	-,323(**)
Soziale Unterstützung	,147(*)	-0,092	-,161(*)	,153(*)	,241(**)	-,325(**)
Vertrauen innerhalb d. Teams	,158(*)	-,152(*)	-,155(*)	0,127	,170(*)	-,323(**)
Führungskapital						
Ausmaß der Mitarbeiterorientierung	,255(**)	-,259(**)	-,263(**)	,231(**)	,170(*)	-,388(**)
Ausmaß der sozialen Kontrolle	0,094	-0,133	0,003	0,000	0,041	-0,067
Güte der Kommunikation	,182(**)	-,243(**)	-,248(**)	,174(*)	0,136	-,380(**)
Akzeptanz des Vorgesetzten	,219(**)	-,236(**)	-,210(**)	,201(**)	,180(**)	-,422(**)
Vertrauen in den Vorgesetzten	,264(**)	-,251(**)	-,267(**)	,286(**)	,199(**)	-,350(**)
Fairness und Gerechtigkeit	,237(**)	-,239(**)	-,238(**)	,184(**)	,141(*)	-,352(**)
Ausmaß der Machtorientierung	-0,101	0,119	,145(*)	-,155(*)	-0,014	,237(**)

14

Tabelle 14.3. Fortsetzung

	Körperlicher Ge-sundheitszustand	Psychosomat. Beschwerden	Depressive Verstimmung	Wohlbefin-den	Selbstwert-gefühl	Fehlzeiten intern
Werte-/Überzeugungskapital						
Gemeinsame Normen und Werte	,217(**)	-,206(**)	-,222(**)	,241(**)	,295(**)	-,206(**)
Gelebte Unternehmens-kultur	,262(**)	-,234(**)	-,295(**)	,193(**)	0,058	-0,048
Konfliktkultur	,291(**)	-,292(**)	-,402(**)	,269(**)	0,109	-,245(**)
Gemeinschaftsgefühl	,266(**)	-,215(**)	-,275(**)	,248(**)	,185(**)	-,190(**)
Gerechtigkeit	,301(**)	-,277(**)	-,366(**)	,293(**)	0,082	-,240(**)
Wertschätzung der Mitar-beiter	,408(**)	-,315(**)	-,356(**)	,315(**)	,258(**)	-,228(**)
Vertrauen in die Geschäfts-führung	,161(*)	-,150(*)	-,252(**)	,139(*)	,162(*)	0,076

(*) Die Korrelation ist auf dem Niveau von 0,05 (2-seitig) signifikant.
(**) Die Korrelation ist auf dem Niveau von 0,01 (2-seitig) signifikant.

14.6   Fazit

Mit Blick auf die Ergebnisse der Fallstudie ist zunächst zu konstatieren, dass die beobachteten Unterschiede im Fehlzeitengeschehen der vier untersuchten Produktionsbetriebe nicht durch Unterschiede in der Gesundheit der Beschäftigten zu erklären sind. Vielmehr scheinen die Ergebnisse der Analyse unsere These zu bestätigen, dass das Fehlzeitengeschehen in erster Linie den Zustand der Organisation widerspiegelt. Das der Analyse zugrunde liegende Unternehmensmodell vermag einen erheblichen Teil der Varianz des Fehlzeitengeschehens zu erklären: Sozialkapital und immaterielle Arbeitsbedingungen stehen in einem statistisch engen Zusammenhang mit den Fehlzeiten.

Bei der vertiefenden Analyse haben sich weitere Anhaltspunkte ergeben, die unsere These stützen. So ist z. B. bei den größeren Betrieben P1 und P4 ein noch stärkerer statistischer Zusammenhang zwischen dem Führungskapital und den Fehlzeiten zu beobachten als in den zahlenmäßig kleineren Einheiten.[10] In der nachgehenden Diskussion mit den verantwortlichen Führungskräften hat sich tatsächlich die relativ große Führungsspanne in den Betrieben P1 und P4 als eher problematisch erwiesen.[11]

Eine sorgfältige Unternehmensdiagnostik erfüllt keinen Selbstzweck, sondern liefert die Grundlage für wirksame Interventionen und die „Baseline" für die spätere Evaluation. Insofern ist die Diagnose stets nur der erste Schritt innerhalb eines Betrieblichen Gesundheitsmanagements. Im vorliegenden Fallbeispiel wurden im Anschluss an die Mitarbeiterbefragung moderierte Fokusgruppen mit Mitarbeiterinnen und Mitarbeitern der vier Betriebe durchgeführt. Ziel der Workshops war es, die Ergebnisse der Mitarbeiterbefragung vertiefend zu analysieren, mögliche Arbeitsbelastungen zu identifizieren sowie konkrete Verbesserungsvorschläge zu entwickeln. In diesem Kontext wurden die Ergebnisse der statistischen Analysen von den Beschäftigten weitgehend bestätigt. Die Umsetzung konkreter Maßnahmen, wie beispielsweise die Durchführung von Qualifizierungsprogrammen für Führungskräfte, dauert derzeit noch an.

---

10 Gemessen an der Anzahl der dort tätigen Mitarbeiter.

11 Ein Betriebsmeister war jeweils für ca. 80 Mitarbeiter/-innen disziplinarisch verantwortlich und hatte dadurch – unabhängig von seinem Führungsverhalten im engeren Sinne – zwangsläufig eine andere soziale Nähe zu seinen Mitarbeitern als dies in den „kleineren" Einheiten möglich war.

Zusammenfassend ist festzuhalten, dass Fehlzeitenstatistiken auch zukünftig für die Unternehmensdiagnostik unverzichtbar sind – allerdings sollten dabei die Grenzen ihrer Aussagekraft richtig eingeschätzt werden: Betriebsinterne Fehlzeitenstatistiken ebenso wie die Arbeitsunfähigkeitsdaten der Krankenkassen sind Routinedaten, die im engeren epidemiologischen Sinne nicht das reale Morbiditätsgeschehen abbilden. Unseres Erachtens besteht für die betriebliche Ebene – aber auch für die Erwerbsbevölkerung insgesamt – ein grundsätzlicher Bedarf an einer verbesserten Datenqualität sowie an der Entwicklung eines dazu geeigneten Instrumentariums. Zu empfehlen ist der Aufbau einer Dateninfrastruktur, die insbesondere auch repräsentative Befragungen berücksichtigt, um verlässliche Informationen über das gesundheitliche Befinden der Beschäftigten und die dafür relevanten Einflussgrößen zu erhalten.

Literatur

[1] Baase C (2007) Auswirkungen chronischer Krankheiten auf Arbeitsproduktivität und Absentismus und daraus resultierende Kosten für die Betriebe. In: Badura B, Schellschmidt H, Vetter C (Hrsg) Fehlzeiten-Report 2006. Chronische Krankheiten. Betriebliche Strategien zur Gesundheitsförderung, Prävention und Wiedereingliederung. Springer, Heidelberg, S 45–59

[2] Badura B, Hehlmann T (2003) Betriebliche Gesundheitspolitik. Der Weg zur gesunden Organisation. Springer, Berlin Heidelberg New York

[3] Badura B, Greiner, W, Rixgens P, Ueberle M, Behr M (2008) Sozialkapital. Grundlagen von Gesundheit und Unternehmenserfolg. Springer, Berlin

[4] Bitzer B, Bürger KR (1997) Fehlzeitenreduzierung durch intelligente Menschenführung. In: Personal 8, S 426–429

[5] BKK-Bundesverband (2007) BKK-Gesundheitsreport 2007. Gesundheit in Zeiten der Globalisierung. Essen, Eigendruck

[6] Dahrendorf R (1959) Sozialstruktur des Betriebs. Gabler, Wiesbaden

[7] Hauser F, Schubert A, Aicher M (2007) Unternehmenkultur, Arbeitsqualität und Mitarbeiterengagement in den Unternehmen in Deutschland. Abschlussbericht Forschungsprojekt Nr. 18/05

[8] Kentner M (1999) Fetisch Fehlzeitenquote? – Aussagekraft und Beeinflussung von Arbeitsunfähigkeitsdaten. Handout IAS Stiftung für Arbeits- und Sozialhygiene. Karlsruhe

[9] Küsgens I, Macco K, Vetter C (2008) Krankheitsbedingte Fehlzeiten in der deutschen Wirtschaft im Jahr 2006. In: Badura B, Schröder H, Vetter C (Hrsg) Fehlzeiten-Report 2007. Arbeit, Geschlecht und Gesundheit. Geschlechteraspekte im betrieblichen Gesundheitsmanagement. Springer, Heidelberg, S 261–465

[10] Marr R (1996) Absentismus. Der schleichende Verlust an Wettbewerbspotenzial. Göttingen: Verlag für angewandte Psychologie

[11] Marstedt G, Müller R (1998) Ein kranker Stand? Fehlzeiten und Integration älterer Arbeitnehmer im Vergleich Öffentlicher Dienst – Privatwirtschaft, Berlin

[12] Münch E, Walter U, Badura B (2003) Führungsaufgabe Gesundheitsmanagement. Ein Modellprojekt im öffentlichen Sektor. Berlin: edition sigma

[13] Nieder P (Hrsg) (1998) Fehlzeiten wirksam reduzieren. Konzepte, Maßnahmen, Praxisbeispiele. Gabler, Wiesbaden

[14] Pfaff H, Bentz J, Weiland E (2001) Kernprozesse: Diagnostik, Intervention, Evaluation. In: Bertelsmann Stiftung und Hans-Böckler-Stiftung (Hrsg) Erfolgreich durch Gesundheitsmanagement. Beispiele aus der Arbeitswelt. Bertelsmann Stiftung, Gütersloh, S 175–192

[15] Uexküll T v (1963) Grundlagen der psychosomatischen Medizin. Rowohlt, Reinbek

[16] Ulich E (1965) Über Fehlzeiten im Betrieb. Köln und Opladen, Westdeutscher Verlag

[17] Vetter C (2003) Einfluss der Altersstruktur auf die krankheitsbedingten Fehlzeiten. In: Badura B, Schellschmidt H, Vetter C (Hrsg) Fehlzeiten-Report 2002. Demographischer Wandel. Herausforderung für die betriebliche Personal- und Gesundheitspolitik. Springer, Heidelberg, S 249–263

[18] Walter U (2007) Qualitätsentwicklung durch Standardisierung am Beispiel des Betrieblichen Gesundheitsmanagements. Dissertation an der Fakultät für Gesundheitswissenschaften der Universität Bielefeld

14

Kapitel 15

Gesundheitsmanagement und Netzwerkgestütztes Lernen als Erfolgsfaktoren

M. Bienert · M. Drupp · V. Kirschbaum

Zusammenfassung. *Betriebliches Gesundheitsmanagement (BGM) als eine moderne Unternehmensstrategie zur Verbesserung der Gesundheit wie auch Leistungsfähigkeit der Mitarbeiter stellt klein- und mittelständische Unternehmen (KMU) vor vielfältige Umsetzungsprobleme wie mangelnde Zeitressourcen oder nicht ausreichend qualifiziertes Personal. Dadurch ist es ihnen nicht möglich, die Vorteile und das aktuelle Wissen im Bereich des Betrieblichen Gesundheitsmanagements ausreichend zu nutzen. Professionell organisierte Netzwerke sind eine Möglichkeit diese Defizite auszugleichen. In diesem Beitrag wird nach einer kurzen Erläuterung der Grundzüge des BGM ein durch die Initiative Neue Qualität der Arbeit (INQA) öffentlich gefördertes Netzwerkprojekt vorgestellt. Im Rahmen dieses Projekts erfolgt eine Evaluation der in den beteiligten Betrieben durchgeführten Maßnahmen über Mitarbeiterbefragungen, Krankenstandsanalysen und eine Befragung zum wirtschaftlichen Erfolg. Erste Zwischenergebnisse dieser Evaluation beleuchten den Zusammenhang zwischen Arbeitsbelastungen und Mitarbeiterengagement sowie Gesundheit und Unternehmenserfolg, welche nachfolgend dargestellt werden.*

15.1 Einführung

Betriebliches Gesundheitsmanagement ist eine moderne Unternehmensstrategie zur Verbesserung der Gesundheit am Arbeitsplatz. Sie umfasst die Optimierung der Arbeitsorganisation und Arbeitsumgebung, die Förderung aktiver Teilnahme von Führungskräften und Mitarbeitern sowie die Unterstützung der Personalentwicklung bei der Realisierung dieser Ziele. Sie wird als praktisch gelebte Unternehmensphilosophie auch und gerade in globalisierten Märkten zunehmend zu einem Erfolgsfaktor für Wettbewerbsfähigkeit, Innovationsentwicklung und Standortsicherung. Große Unternehmen wie VW, Daimler und Bertelsmann verfügen über eigene Gesundheits- und Arbeitsschutzabteilungen, die auf dem neuesten Stand von Forschung und Entwicklung Erkenntnisse aus Arbeitsorganisation, Medizin und Management nutzen, um die betriebswirtschaftlichen Vorteile eines modernen Arbeits- und Gesundheitsschutzes zu generieren.

Klein- und mittelständische Unternehmen (KMU) stoßen dabei auf das Problem der Ressourcenbegrenzung. Oft verfügen sie weder über ausreichend qualifiziertes Personal noch über hinreichende Zeitressourcen, um die Vorteile und das aktuelle Wissen im Bereich des Betrieblichen Gesundheitsmanagements umfassend zu nutzen. Professionell organisierte Netzwerke können dieses größenstrukturell bedingte Defizit kompensieren. Netzwerke sind als Unternehmenskooperation eine Organisationsform zwischen Hierarchie und Markt mit besonderen Strukturmerkmalen, Regulierungsnormen und Gesetzmäßigkeiten. Sie sind vor allem für kleinere und mittelständische Betriebe ein Hilfsinstrument, das größenbedingte Entwicklungsbarrieren ausgleicht, themenbezogenes Erfahrungswissen generieren lässt und damit Innovations- und Wettbewerbsvorteile verschafft. Nicht zuletzt der anhaltende Wettbewerbs- und Kostendruck selbst führt bei vielen Betrieben zu einer Konzentration auf ihre Kernkompetenzen und lässt bei der Nutzung betriebswirtschaftlich mittelbar relevanter Supportleistungen den Einbezug von externen Dienstleistern und die Kooperation mit anderen branchengleichen oder auch branchenfremden Unternehmen attraktiv erscheinen.

Die Wege der Netzwerkbildung sind vor dem Hintergrund der dargestellten Motivationslage in der Praxis unterschiedlich: Entweder geht die Initiative von einzelnen Betrieben selbst aus. Sie setzt dann ein Mindestmaß an Zeit und Promotorenbereitschaft (z. B. einzelner Unternehmerpersönlichkeiten) voraus und stellt von Anfang an auf die finanzielle Eigenbeteiligung der Kooperationspartner ab. Ein weiterer Weg geht über die öffentliche Anschubfinanzierung der Verbundaktivitäten. Dabei treten intermediäre Institutionen wie Krankenkassen, Innungs- und Handwerkskammern als Promotoren mit auf. Nach Auslaufen der Anschubfinanzierung wird eine Refinanzierung über Mitgliedsbeiträge oder eine Mischfinanzierung unter Nutzung anderer Finanzierungsquellen wie beispielsweise aus dem Europäischen Sozialfonds (ESF) angestrebt.

Der vorliegende Beitrag basiert auf den Erfahrungen eines im Rahmen der Initiative Neue Qualität der Arbeit (INQA) öffentlich geförderten Netzwerkprojekts. Nach einer kurzen Beschreibung des Netzwerks und der besonderen Bedeutung des Betrieblichen Gesundheitsmanagements als verbindendem Thema der Netzwerkarbeit werden differenzierte Zwischenergebnisse einer ökonomischen Evaluation des Zusammenhangs von Arbeitsqualität bzw. Arbeitsbelastung, Mitarbeiterengagement und Unternehmenserfolg dargestellt. Zum Abschluss wird ein kleiner Ausblick auf weitergehende Fragestellungen gegeben.

15.2 Das Netzwerk KMU-Kompetenz „Gesundheit, Arbeitsqualität und Mitarbeiterengagement"

Das Netzwerk KMU-Kompetenz besteht seit Dezember 2005. Das Projekt wurde durch INQA finanziell gefördert und seit 2007 im Rahmen eines Transferauftrags auf drei weitere Bundesländer ausgeweitet. Im heutigen niedersächsischen Teil des Kompetenznetzwerks sind 25 Unternehmen (Stand: Juli 2008) organisiert.

KMU-Kompetenz richtet sich vornehmlich an kleinere und mittlere Unternehmen, die über 100 bis 500 Mitarbeiter beschäftigen und aus unterschiedlichen Branchen kommen. Der DGB Niedersachsen/Bremen/Sachsen-Anhalt und die Unternehmerverbände Niedersachsen e.V., die die Initiierung und den Ausbau des Netzwerks von Beginn an unterstützt haben, sind so genannte Kernnetzwerkpartner. Die Organisation und Steuerung des Netzwerkes hat das niedersächsische AOK-Institut für Gesundheits-Consulting übernommen.

Das Netzwerk leistet konkrete Beiträge wie z. B. Wissensvermittlungen über Arbeitskreise und Seminare, damit auch kleine und mittelständische Betriebe eine verstärkte Handlungskompetenz in Bezug auf Sicherheit und Gesundheitsförderung am Arbeitsplatz sowie die systematische Verankerung eines sicherheits- und gesundheitsgerechten Verhaltens erwerben können.

Es umfasst solche Unternehmen, die in Kooperation mit dem niedersächsischen AOK-Institut für Gesundheits-Consulting systematisch ein Betriebliches Gesundheitsmanagement einführen, das als Strategie zur Erreichung von Sicherheit und Gesundheitsförderung am Arbeitsplatz (im Sinne der Verhältnisprävention) und zur Verankerung eines sicherheits- und gesundheitsförderlichen Verhaltens (im Sinne der Verhaltensprävention) anzusehen ist. Die KMU führen dabei den kompletten Projektzyklus von Planung, Analyse, Gestaltung und Überprüfung (u. a. mittels Zweitbefragung) durch.

Das Netzwerk veranstaltet jährlich eine Konferenz, auf der in Management- und Fachkräfteforen Arbeitskreise der beteiligten Partnerbetriebe gebildet werden, die konkrete Fragestellungen und Herausforderungen im Folgejahr gemeinsam angehen. Zur Vermittlung von Handlungskompetenz im beschriebenen Feld dienen aber nicht nur die Arbeitskreise, auf denen ein Erfahrungsaustausch und Wissenstransfer möglich ist, sondern auch konkrete Angebote zum Erlernen von mehr Handlungskompetenz. In 2006 ist hierzu ein eigenes Stressmanagement-Programm entwickelt worden. Seit 2007 werden auch themenbezogene Schulungen in den Bereichen Altersstrukturanalyse, gesund älter werden im Betrieb und Wiedereingliederungsmanagement durchgeführt.

Das Ergebnis einer 2006 durchgeführten Kundenbefragung war so positiv, dass das Bundesministerium für Arbeit und Soziales bzw. die federführende Bundesanstalt für Arbeitsschutz und Arbeitsmedizin einen Antrag auf ein Folgeprojekt bewilligt hat, um einen Transfer auf weitere Bundesländer zu organisieren und dabei besonderen Fragestellungen des demographischen Wandels nachzugehen.

Im Rahmen des Projekts werden seitdem in drei weiteren Bundesländern Kompetenznetzwerke nach dem Vorbild des niedersächsischen Netzwerks aufgebaut (in Hamburg zusammen mit dem BGF-Institut der AOK Rheinland/Hamburg sowie in Mecklenburg-Vorpommern und in Westfalen-Lippe zusammen mit den dortigen AOKs).

15.3 Ansatz des BGM

Ein effektives Betriebliches Gesundheitsmanagement beinhaltet immer sowohl Maßnahmen im Sinne der arbeitsbedingungsgestaltenden Verhältnis- als auch der individuumsbezogenen Verhaltensprävention im Sinne von Informationsverschaffung und Verhaltensschulungen (z. B. Hebe- und Tragetechniken für Lagerarbeiter oder Stressbewältigungsseminare für Führungskräfte) zur Stärkung der Eigenverantwortung. Verhältnispräventive Maßnahmen zielen letztlich auf die Reduzierung von Arbeitsbelastungen bzw. eine Steigerung der Arbeits(bedingungs-)qualität ab.

Betriebliches Gesundheitsmanagement lässt sich als das Management des Prozesses zur Erarbeitung, Umsetzung und Evaluation von Maßnahmen zur Gesundheitsprävention in einem Betrieb verstehen. Dabei unterteilt sich das Gesundheitsmanagement in die Teilprozesse: Planung, Organisation, Steuerung der Umsetzung, Durchsetzung, Kontrolle der Ergebnisse sowie Fortentwicklung. In den Betrieben umfasst das

Verständnis von Gesundheitsmanagement auch die Maßnahmen selbst (s. dazu Abb. 15.1).

Zunächst gilt es insbesondere, die globalen Ziele für das konkrete Betriebliche Gesundheitsmanagement zu planen. Liegt ein dringendes Fehlzeitenproblem vor oder soll das Gesundheitsmanagement eher als Maßnahme zur „Personalpflege" verstanden werden? Da die Einführung eines Gesundheitsmanagements eine umfänglichere Aufgabe ist, bietet es sich an, ein entsprechendes Einführungsprojekt mit Beraterunterstützung zu definieren. Wichtige Aspekte bei der Planung sind auch die Ressourcenplanung und die Abstimmung mit weiteren Änderungsprojekten im Unternehmen.

Organisatorisch geht es darum, die Projektbeteiligten konkret zu bestimmen und einen entsprechenden Steuerkreis sowie ggf. Projektteams aufzubauen. Zudem sind Budgets bereitzustellen, Berichtswege und Prozesse zu definieren sowie die Rahmenbedingungen zu konkretisieren. Wer soll der interne Projektleiter sein? Wie wird die Mitarbeiterinformation organisiert? Das sind Fragen, die geklärt sein müssen, damit die Analysephase – in der Regel beginnend mit einer Mitarbeiterbefragung zu den möglichen Belastungsfaktoren im Unternehmen – reibungslos funktioniert.

Ausgehend von den Analyseergebnissen werden verhaltens- und verhältnispräventive Maßnahmen geplant und kontinuierlich umgesetzt. Die Fortschritte bei der Umsetzung der Maßnahmen werden von den Maßnahmenverantwortlichen im Steuerkreis (auch Arbeitskreis Gesundheit genannt) berichtet. Der Steuerkreis nimmt die Berichte entgegen und leitet bei Bedarf Gegensteuerungsmaßnahmen in die Wege.

◻ **Abb. 15.1.** Gesundheitsmanagement-Begriff im Überblick

Ein nicht zu unterschätzendes Problem ist das Auftreten von Widerständen. Diese treten in der Regel nicht offen zu Tage („Wer hat schon etwas gegen die Gesundheit der Mitarbeiter/-innen?"). Sie erscheinen oft verdeckt in Form von Umsetzungsbarrieren. Hier ist den differenzierten Hintergründen nachzugehen. Dabei erweist es sich als notwendig, „Betroffene zu Beteiligten" zu machen: Führung und Mitarbeiter sollten Lösungsschritte konsequent gemeinsam umsetzen.

Nach Umsetzung der Maßnahmen erfolgt mittels einer Evaluation die Ergebniskontrolle. Sind die erhofften Effekte eingetreten? Welche Erkenntnisse bringt die Kontrolle der Ergebnisse hinsichtlich Belastungsabbau, Wohlbefinden der Mitarbeiter, Engagement und der Fehlzeiten? Wie sollte das Gesundheitsmanagement fortentwickelt werden und auf welche Faktoren sollte man sich besonders konzentrieren?

Gerade bei der Lösung schwieriger Fragestellungen hat sich im Projektverlauf der organisierte Erfahrungsaustausch in den Arbeitskreisen des Netzwerks als sehr hilfreich und zielführend erwiesen. Die Mitwirkung im Netzwerk KMU-Kompetenz gibt den beteiligten Firmen neben der Nutzung von Angeboten zur Kompetenzentwicklung bei Einzelpersonen – mit Zielrichtung Multiplikatorenfunktion – die Gelegenheit zum Erfahrungsaustausch bzgl. ihrer Gesundheitsmanagement-Maßnahmen. Was ist gut gelaufen, was weniger? Eine offene Gesprächsatmosphäre ermöglicht einen ehrlichen Austausch. Im Arbeitskreis Führung und Kommunikation wird z. B. im Rahmen eines „Marktes der Möglichkeiten" die Gelegenheit geboten, eigene positive Beispiele zu präsentieren. So hat die Firma Wurst Stahlbau GmbH z. B. quartalsbezogene „Chef-Frühstücke" eingeführt, bei denen zufällig ausgewählte Mitarbeiter bei einem Frühstück ihre Sorgen und Anliegen direkt den Geschäftsführern mitteilen können. Übernommen wurde diese Idee vom Bürgermeister der Stadt Osterode, der so genannte „Bürgermeister-Frühstücke" durchführte. Eine unkonventionelle Idee, die aber großen Anklang in den Belegschaften fand.

und Gesundheit sowie die Auswirkungen auf den Unternehmenserfolg untersucht.

Hauptziel der Untersuchung im Rahmen des Netzwerkprojektes ist es demnach zu überprüfen, ob kleine und mittelgroße Unternehmen (KMU) letztlich erfolgreicher sind, wenn ihre Mitarbeiter geringeren Arbeitsbelastungen ausgesetzt sind. Der Zusammenhang zwischen Arbeitsbelastungen einerseits und Unternehmenserfolg andererseits ist sehr komplex. Es sind direkte und indirekte Wirkungen zu unterscheiden und auch die unterschiedlichen Dimensionen und Messmöglichkeiten der zunächst noch virtuellen Begriffe „Belastung" und „Erfolg" sind adäquat zu berücksichtigen bzw. zu operationalisieren [1]. Da eine vereinfachte monokausale Argumentation und Messung der Vielschichtigkeit der realen Zusammenhänge nicht gerecht wird, war stattdessen ein Modell zu definieren, das

- multifaktoriell angelegt ist, d. h. alle wichtigen Einflussfaktoren in die Betrachtung mit einbezieht,
- hypothesengeleitet ist, d. h. gezielt auf Erkenntnissen und einschlägigen Befunden aus Voruntersuchungen aufbaut,
- hinreichend empirisch fundiert ist, d. h. über eine genügend große Datenbasis in der Zielgruppe verfügt,
- aber dennoch durchführbar und kommunizierbar ist, d. h. die KMU-Verantwortlichen müssen es letztlich noch verstehen und auf dieser Basis praktikable Optimierungsmaßnahmen in ihren Unternehmen ableiten können.[1]

Die hohen theoretischen und praktischen Anforderungen an Design, Durchführung und Verwertung einer solchen Studie beinhalten auch eine Reihe von Zielkonflikten (z. B. zwischen Ergebnisgenauigkeit einerseits sowie Aufwand und Kommunizierbarkeit andererseits), sodass es generell keinen optimalen Untersuchungsansatz geben kann, der allen Anforderungen vollständig gerecht wird. Das hier beschriebene Studienkonzept stellt insofern einen Kompromiss dar, zu dem mit KMU-Bezug derzeit nichts Vergleichbares vorliegt oder bekannt ist.

15.4 Evaluation

15.4.1 Hintergrund und Rahmenbedingungen

Durch die Mitarbeiterbefragungen und begleitenden Arbeitsunfähigkeitsanalysen der im Netzwerk beteiligten Betriebe verfügt das Kompetenz-Center über einen stetig wachsenden Datenpool. Im Rahmen einer Evaluation wird der Zusammenhang zwischen Mitarbeiterengagement, Arbeitsqualität, Arbeitsbelastungen

15.4.2 Zentrale Hypothesen

Für die Qualität und Aussagekraft einer empirischen Analyse ist es von großer Bedeutung, ob lediglich ex-

---

1   Vgl. hierzu auch die empfohlenen Eigenschaften von Evaluationsstudien der Deutschen Gesellschaft für Evaluation e.V. DeGEval, www.degeval.de

plorativ vorgegangen wird (Zusammenhänge werden erstmals neu „entdeckt" und beschrieben) oder ob ein konfirmatorischer Ansatz gewählt werden kann, der bewährtes Vorwissen explizit in Form von Hypothesen vorab dokumentiert, um diese dann gezielt empirisch zu testen. Die vorliegende Untersuchung folgte dem zweiten Ansatz. Bekannte Wirkungszusammenhänge aus einschlägigen älteren Untersuchungen der AOK und aus Drittquellen wurden zu Hypothesen verdichtet, die anschließend mit AOK-Experten aus dem Bereich Betriebliches Gesundheitsmanagement sowie den Unternehmen aus dem Arbeitskreis Benchmarking des AOK-INQA-Netzwerkes intensiv diskutiert wurden. Es wurden folgende sieben zentrale Arbeitshypothesen formuliert:

H1: Je höher die Arbeitsbelastungen sind, desto schlechter ist der Gesundheitszustand der Mitarbeiter.

H2: Je höher die Arbeitsbelastungen sind, desto geringer ist das Mitarbeiter-Engagement.

H3: Je höher die Arbeitsbelastungen sind, desto geringer ist der Unternehmenserfolg.

H4: Je höher das Mitarbeiter-Engagement ist, desto höher ist der Unternehmenserfolg.

H5: Je besser der Gesundheitszustand der Mitarbeiter ist, desto höher ist der Unternehmenserfolg.

H6: Je intensiver/besser das Gesundheitsverhalten der Mitarbeiter ist, desto besser ist ihr Gesundheitszustand.

H7: Je höher die Arbeitsbelastungen sind, desto schlechter ist das Gesundheitsverhalten.

15.4.3 Fragebogenentwicklung

Für die Fragebogenentwicklung ist es unerlässlich, dass das Instrumentarium mit dem Forschungsziel übereinstimmt, d. h. die Variablen des zugrunde liegenden Konzepts müssen vollständig und inhaltlich angemessen operationalisiert sein.

Ausgehend von den formulierten Hypothesen lassen sich fünf Dimensionen identifizieren:

- Arbeitsbelastung
- Gesundheitszustand
- Mitarbeiterengagement
- Gesundheitsverhalten
- Unternehmenserfolg

Diese Dimensionen sind multifaktoriell und lassen sich nicht direkt messen. Daher müssen sie operationalisiert werden. Grundlage hierfür waren die im KMU-Netzwerk der AOK durchgeführten schriftlichen Mitarbeiterbefragungen. Nahezu jedes Mitgliedsunternehmen führte eine umfassende Ersterhebung auf Basis des „AOK-INQA-Fragebogens" durch. Dem Fragebogen liegen einschlägige Arbeiten u. a. von Ducki und Rosenstiel [2] zugrunde. Er wurde aber von der AOK um eigene, stärker praxisbezogene Aspekte (z. B. zum Gesundheitsverhalten der Mitarbeiter) ergänzt. Das Messmodell ist grafisch in Abbildung 15.2 dargestellt.

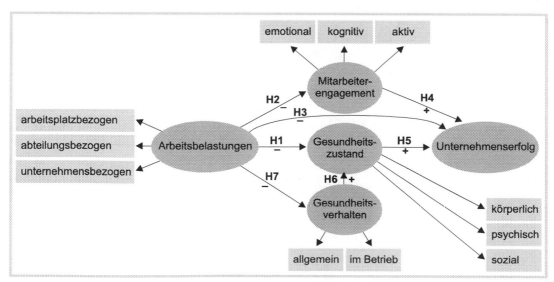

☐ **Abb. 15.2.** Messmodell im Überblick

Den fünf in den Hypothesen formulierten Dimensionen werden jeweils mehrere Faktoren zugeordnet. Die in Abbildung 15.2 dargestellten Faktoren lassen sich auf eine weitere Ebene untergliedern. Daraus werden dann schließlich die Aussagen für den Fragebogen formuliert (vgl. Tabelle 15.1). Der Fragebogen besteht aus insgesamt 161 Items bzw. Aussagen, die anhand einer 5-stufigen Likert-Skala von „trifft nie zu" bis „trifft immer zu" abgefragt wurden.

15.4.4 Empirische Ergebnisse

Im Februar 2008 lagen Befragungsergebnisse von elf Unternehmen mit insgesamt 1828 Mitarbeitern vor (Erhebungszeitraum: November 2007 bis Januar 2008), die für die hier gezeigten Analysen verwendet wurden. Es ist geplant, die empirische Basis im Laufe des Jahres weiter zu verbreitern. Da der Unternehmenserfolg im AOK-INQA-Fragebogen primär aus der Mitarbeiterperspektive erfasst wird, wurden in einer separaten schriftlichen Befragung zusätzliche Messindikatoren für Erfolg beim jeweiligen KMU-Management direkt erhoben. Der Fragebogen wurde extra für die Eva-

Tabelle 15.1. Operationalisierung der fünf Dimensionen

Dimension	Faktor (1. Ebene)	Faktor (2. Ebene)	Item / Messindikator
Arbeits-belastungen	Arbeitsplatzbezogen	9 Items (z. B. Monotonie)	36 Items (z. B. Arbeit ist eintönig)
	Abteilungsbezogen	6 Items (z. B. Entwicklungsperspektive)	14 Items (z. B. Aufstiegsmöglichkeiten)
	Unternehmens-bezogen	2 Items (z. B. Arbeitsplatzunsicherheit)	5 Items (z. B. Angst vor Arbeitslosigkeit)
Gesundheits-zustand	Körperlich	5 Items (z. B. Magen/Darm)	18 Items (z. B. Sodbrennen)
	Psychisch	2 Items (z. B. psych. Belastetheit)	7 Items (z. B. fühle mich überfordert)
	Sozial	11 Items (z. B. Vorgesetztenbeziehung)	41 Items (z. B. Beziehung zum Vorgesetzten ist gut)
Mitarbeiter-engagement	Emotional		4 Items (z. B. Arbeit ist mir egal)
	Kognitiv		4 Items (z. B. lass mich nicht ablenken)
	Aktiv		5 Items (z. B. bleibe, bis Arbeit fertig)
Gesundheits-verhalten	Allgemein	5 Items (z. B. Ernährungsverhalten)	8 Items (z. B. achte auf gesunde Ernährung)
	Im Betrieb	3 Items (z. B. Tragen von Schutzkleidung)	3 Items (z. B. trage Schutzkleidung)
Unternehmens-erfolg	Mitarbeiter-beurteilung		5 Items (z. B. Unternehmen hat Zukunft)
	Management-beurteilung		9 Items (z. B. Produktivität)
5	13	43	161

luationsbefragung entwickelt. Teilgenommen an der Evaluationsbefragung haben primär Unternehmen aus dem produzierenden Gewerbe und der öffentlichen Verwaltung.

Alle sieben Hypothesen wurden auf Bestätigung oder Nicht-Bestätigung geprüft, wozu neben der Kontingenzanalyse insbesondere die Korrelationsanalyse eingesetzt wurde. Der Korrelationskoeffizient nach Pearson dient dabei als Maß für die Stärke des Zusammenhangs zwischen jeweils zwei Variablen. Er kann grundsätzlich Werte von 1 (hochgradig negativer Zusammenhang) bis +1 (hochgradig positiver Zusammenhang) annehmen. Bei einem Wert von r = 0 besteht überhaupt kein Zusammenhang zwischen den Variablen. Eine generell gültige Interpretation, bei welchem Wert von einer starken bzw. schwachen Beziehung gesprochen werden kann, gibt es nicht, es sind letztlich immer die Einzelfallbedingungen zu berücksichtigen. Für die vorliegende Analyse war davon auszugehen, dass eine sehr große Zahl interner und externer Einflussfaktoren die zentrale Zielgröße „Unternehmenserfolg" potenziell beeinflussen und von daher die Ein-

flussstärke der hier untersuchten Faktorenauswahl von vornherein beschränkt sein würde.

Nachfolgend werden die wichtigsten Ergebnisse der durchgeführten Korrelationsanalyse vorgestellt. In Abbildung 15.3 sind die wichtigsten Ergebnisse der Korrelationsanalyse graphisch dargestellt.

Es zeigt sich, dass die Arbeitsbelastungen einen großen Einfluss auf die Dimensionen Mitarbeiterengagement, Unternehmenserfolg sowie Gesundheitszustand und -verhalten haben. Interessante und abwechslungsreiche Arbeitsinhalte fördern zum einen das Mitarbeiterengagement (r = 0.60) und werden durch den Mitarbeiter als weniger psychisch belastend empfunden (r = 0.34). Ebenfalls Auswirkung auf das Mitarbeiterengagement haben Gratifikation (r = 0.36), Betriebsklima (r = 0.36) und Entscheidungsspielräume (r = 0.34), jedoch in einem geringeren Ausmaß als die Arbeitsinhalte.

Arbeitsbelastungen sind zudem entscheidend für den Unternehmenserfolg. Je eher Entwicklungsperspektiven überhaupt gegeben und für sich persönlich empfunden werden (r = 0.49), je besser das Betriebs-

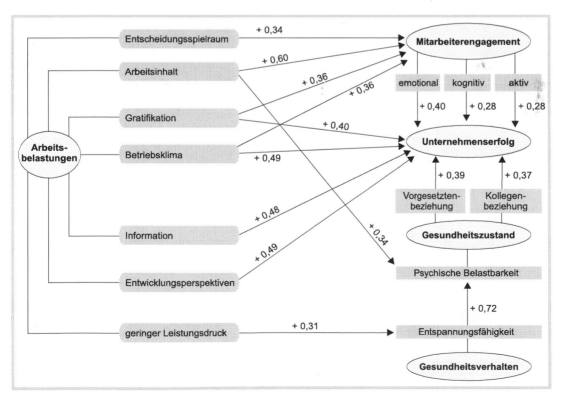

◘ **Abb. 15.3.** Ergebnisse der Korrelationsanalyse

klima beurteilt wird (r = 0.49), je besser sich Mitarbeiter informiert fühlen (r = 0.48) und je zufriedener Mitarbeiter mit ihrer Bezahlung sind (r = 0.40), desto höher wird der Unternehmenserfolg aus Mitarbeitersicht beurteilt.

Wie schon gezeigt, haben geringe Arbeitsbelastungen positiven Einfluss auf das Mitarbeiterengagement, was wiederum Einfluss auf den Unternehmenserfolg hat. Insbesondere das emotionale Mitarbeiterengagement („Arbeit ist mir wichtig, macht Spaß, motiviert mich") korreliert stark mit der Beurteilung des Unternehmenserfolgs durch die Mitarbeiter (r = 0.40).

Aber auch eine gute Beziehung zum Vorgesetzten und zu den Arbeitskollegen haben einen positiven Einfluss auf den Unternehmenserfolg (r = 0.39 bzw. r = 0.37). Hier zeigt sich besonders die Bedeutung der „sozialen Gesundheit", denn im Gegensatz dazu gab es bei den Fragen zur körperlichen Gesundheit keine oder nur sehr schwache Wirkungszusammenhänge.

Zudem wurde festgestellt, dass mit der Höhe des empfundenen Leistungsdrucks die Entspannungsfähigkeit abnimmt (r = 0.31). Diese jedoch hat wiederum starken Einfluss auf die psychische Belastetheit der Mitarbeiter (r = 0.72).

Eine Vielzahl auffälliger Zusammenhänge im Sinne der vorab definierten Hypothesen sind empirisch nachweisbar. Ein Großteil der Annahmen der direkten und indirekten Erfolgsbeeinflussung durch Maßnahmen des Betrieblichen Gesundheitsmanagements scheinen sich damit zu bestätigen. Bei der Fülle potenzieller unternehmerischer Erfolgsfaktoren sind generell keine überdurchschnittlich starken Einzelkorrelationen zu erwarten gewesen, weshalb die dargestellten Ergebnisse als positiv gewertet werden können. Gleichwohl ist die statistische Datenanalyse noch nicht abgeschlossen, systematische Detailanalysen und deren exakte Interpretationen stehen bis zum Projektabschluss Ende 2008 noch aus.

15.5   Zusammenfassung und Ausblick

Die positiven Zwischenergebnisse der empirischen Studie bestätigen einen wichtigen Teil der Nutzenerwartungen der Netzwerkteilnehmer. Sie erwarten sich – im Sinne eines Benchmark-basierten Lernens voneinander – konkrete Hinweise zur Optimierung ihres betrieblichen Arbeits- und Gesundheitsschutzes. Diese Hinweise erhalten sie im Rahmen des Erfahrungsaus-

tausches in den Arbeitskreisen. So werden in den Arbeitskreisen des Netzwerkes themenbezogen Ergebnisse und „Best-Practice-Beispiele" diskutiert. Durch Vor-Ort-Begehungen werden diese Erfahrungen nachhaltig in ihrer praktischen Umsetzung veranschaulicht. Damit werden Voraussetzungen für ein verbessertes Umsetzen im eigenen Unternehmen geschaffen. Signifikante Verbesserungen, die sich bei den ersten Unternehmen, welche die Erst- und Zweitbefragung durchgeführt haben, abzeichnen, deuten darauf hin, dass der beschrittene Weg der systematischen, analysegestützten Ableitung von Maßnahmen sowie der datengestützte Maßnahmenvergleich mit Unternehmen derselben wie auch anderer Branchen erfolgversprechend ist. Wenngleich einschränkend die „Positivauswahl" der Unternehmen berücksichtigt werden muss, deuten die empirischen Befunde zugleich an, dass eine Verbesserung von Arbeitsqualität und Mitarbeiterengagement über ein Betriebliches Gesundheitsmanagement auch die wirtschaftliche Situation der Unternehmen positiv beeinflusst. Differenziertere Aussagen dazu bleiben der Abschlussevaluation vorbehalten.

Die Endergebnisse der Studie, die voraussichtlich im Frühjahr 2009 zur Verfügung stehen, werden weitere Anregungen für konkrete Optimierungen einzelner betrieblicher Maßnahmen bzw. von Maßnahmen des Betrieblichen Gesundheitsmanagements hervorbringen. Die Konzentration auf Teilaspekte, die hier hohe Wirkungszusammenhänge zeigen, wäre für Unternehmen dann grundsätzlich empfehlenswert und Effizienz-fördernd, weil nicht mehr nach dem Gießkannenprinzip breit in diverse Maßnahmen investiert werden muss, deren Wirksamkeit oft nur erahnt werden kann.

Sollten sich die insgesamt positiven Ergebnisse bestätigen, dürfte damit auch eine wichtige Basis für ein Fortbestehen des Netzwerkes ohne „öffentliche Finanzierung" geschaffen werden.

Literatur

[1] Bienert ML, Razavi B (2007) Betriebliche Gesundheitsförderung: Entwicklung, Vorgehensweise und Erfolgsfaktoren. In: Hellmann W (Hrsg) Gesunde Mitarbeiter als Erfolgsfaktor. Economica Verlag, Heidelberg, S 91

[2] Ducki A (2000) Diagnose gesundheitsförderlicher Arbeit – Eine Gesamtstrategie zur betrieblichen Gesundheitsanalyse. Zürich und von Rosenstiel, Betriebsklima geht jeden an! 4. Auflage, München 1992

Kapitel 16

Erfolgsfaktoren Betrieblicher Gesundheitsförderung – Eine Bilanz aus Sicht bayerischer Unternehmen

W. WINTER · C. SINGER

Zusammenfassung. *Der Nachweis der Wirksamkeit ist für die Akzeptanz der Betrieblichen Gesundheitsförderung (BGF) von enormer Bedeutung. Seit 2004 erhebt die AOK Bayern daher Daten zur Wirkung der Betrieblichen Gesundheitsförderung in Unternehmen. Der vorliegende Beitrag fasst die Ergebnisse von über 250 BGF-Projekten zusammen. Im Folgenden werden die wichtigsten Nutzeneffekte aus Sicht der Unternehmen detailliert beschrieben. Dabei werden insbesondere auch die Erfolgsfaktoren betrachtet, die Einfluss auf den Nutzen haben. Die Daten zeigen, dass mit BGF das Gesundheitsverhalten der Beschäftigten positiv beeinflusst werden kann. Darüber hinaus leistet BGF einen wertvollen Beitrag zu Verbesserung „weicher" Erfolgsfaktoren wie Kommunikation und Betriebsklima.*

16.1 Einleitung

Berechnungen der AOK Bayern zeigen, dass im Jahr 2007 allein die 1,95 Mio. AOK-versicherten Erwerbstätigen über 22 Mio. Arbeitsunfähigkeitstage aufwiesen; trotz des seit Jahren extrem niedrigen Krankenstands. Bei einem durchschnittlichen Arbeitnehmerentgelt von jährlich 32.200 € entspricht dies einem volkswirtschaftlichen Produktionsausfall in Höhe von zwei Mrd. € [1]. Kaum bezifferbar sind zusätzliche Verluste durch Minderleistungen wie z. B. Stress oder Überforderung

Der demographische Wandel und das immer spätere Renteneintrittsalter zwingen Unternehmen dazu, die weiter zunehmende Arbeitsverdichtung mit älteren Arbeitnehmern zu bewältigen und um qualifizierte

jüngere Fachkräfte zu konkurrieren. Im eigenen Interesse müssen Betriebe Voraussetzungen schaffen, um Menschen langfristig im Erwerbsleben zu halten bzw. Leistungsträger an das Unternehmen zu binden.

Als Folge dieser Entwicklung hat in den letzten Jahren die Nachfrage nach Maßnahmen zur Betrieblichen Gesundheitsförderung (BGF) zugenommen. In zahlreichen Unternehmen sind eine Vielzahl von Gesundheitsförderungsmaßnahmen installiert worden.

Der Frage nach dem Nutzen der durchgeführten Maßnahmen für die Unternehmen ist dabei bisher nur unzureichend nachgegangen worden. Allenfalls standen Fragen nach Veränderungen bei den Zielgruppen von Gesundheitsförderungsangeboten, also bei den Beschäftigten, im Mittelpunkt des Interesses. Hat sich z. B. der Gesundheitszustand der Mitarbeiter verbessert? Die Frage nach den Auswirkungen auf den wirtschaftlichen Erfolg beschränkte sich häufig darauf, den Kranken-

---

1 Eigene Berechungen der AOK Bayern in Anlehnung an die Bundesanstalt für Arbeitsschutz und Arbeitsmedizin (www.baua.de).

stand zu beobachten. Dass dies nicht sinnvoll ist, da ein Krankenstand von vielen Faktoren abhängt, ist in der Literatur vielfach beschrieben.

Eine wichtige Voraussetzung für eine permanente Verbesserung der Maßnahmen und gleichzeitig Motivation zur Fortsetzung der Anstrengungen ist, dass die Wirkungen gesundheitsfördernder Projekte sichtbar gemacht werden. Darüber hinaus beeinflussen die Ergebnisse den Einsatz betrieblicher Ressourcen (Finanzen und Personal), die wiederum wesentlich für den Erfolg der BGF sind.

Dies ist Anlass genug für die AOK Bayern, sich mit den zu erwartenden und evtl. unerwarteten Wirkungen von Gesundheitsförderungsmaßnahmen näher auseinanderzusetzen.

16.2 Betriebliche Gesundheitsförderung der „AOK Bayern – Die Gesundheitskasse"

Betriebliche Gesundheitsförderung hat bei der „AOK Bayern – Die Gesundheitskasse" eine lange Tradition. Seit Beginn der 90er Jahre werden Unternehmen bei der Implementierung von Betrieblicher Gesundheitsförderung unterstützt. Allein im Jahr 2007 hat die AOK Bayern mit mehr als 2200 Unternehmen in diesem Bereich zusammengearbeitet. Damit wurde ein neuer Höchststand erreicht. Thema Nr. 1 waren die Gesundheitsberichte, die in 1500 Unternehmen vorgestellt wurden, gefolgt von den Angeboten zur Ergonomie am Arbeitsplatz: Basierend auf einer arbeitsplatzbezogenen Analyse wurden über 400 Rückentrainings durchgeführt. Zunehmend nachgefragt wurden Workshops zur Betriebsverpflegung und Angebote zum Stressmanagement. Von den daraus entwickelten Maßnahmen profitierten insgesamt über 800.000 Beschäftigte in Bayern. Um den spezifischen Situationen kleinerer und mittlerer Unternehmen gerecht zu werden, hat die AOK Angebote entwickelt, die pragmatisch und kostengünstig sind sowie schnell zu Ergebnissen führen. Untersucht wird dabei nicht nur die körperliche Belastung am Arbeitsplatz. Auch Stressmanagement und gesundheitsgerechte Mitarbeiterführung können Themen sein.

16.3 Erfolgsmessung der AOK Bayern

Seit 2004 setzen die BGF-Berater der AOK Bayern einen standardisierten Fragebogen ein, mit dessen Hilfe gesundheitliche und wirtschaftliche Nutzeneffekte

aus Unternehmenssicht eingeschätzt werden. Bewusst wurde dabei ein niederschwelliges Verfahren entwickelt, das Unternehmen möglichst wenig belastet. Insofern erhebt dieses Instrument nicht den Anspruch einer hohen Evidenzstufe. Das Instrument sollte in der Lage sein, Wirkungen der komplexen, gleichermaßen auf Verhalten und Verhältnisse abzielenden BGF abzubilden.

16.3.1 Aufbau des Fragebogens

Der Fragebogen besteht im Wesentlichen aus drei Teilen: Im ersten Teil werden die Strukturdaten wie Betriebsname, Branche, Beschäftigtenzahl etc. erfasst. Im zweiten Teil erfolgt die Bewertung von 16 Nutzenkategorien anhand einer vierstufigen Skala (sehr hoher Nutzen, hoher Nutzen, mittlerer Nutzen, geringer Nutzen) plus den Antwortmöglichkeiten „Zur Zeit noch nicht bewertbar" und „Wurde im Projekt nicht bearbeitet". Detailliertere Daten werden im dritten Teil erhoben: Neben Angaben zu finanziellen Investitionen und zur Projektzufriedenheit stehen freie Textfelder zur Verfügung, in denen die wichtigsten Veränderungen im Unternehmen aufgrund des BGF-Projekts beschrieben werden können. Nach einer ersten Testphase wurde der Fragebogen hinsichtlich der am Auswertungsgespräch beteiligten Personen und der Nutzenkategorien leicht überarbeitet.

16.3.2 Erhebung der Daten

Der Fragebogen wird in der Regel im Projekt-Steuerkreis von Unternehmen eingesetzt und dient damit zur Erfassung und Dokumentation der Gruppenmeinung. Der Steuerkreis setzt sich aus Vertretern der Unternehmens- und/oder Personalleitung, des Betriebsrats, des Betriebsärztlichen Dienstes und der Arbeitssicherheit zusammen. Je nach Ausgangslage werden weitere Experten hinzugezogen. Bei Klein- und Mittelunternehmen wird der Fragebogen aus praktischen Erwägungen im Dialog mit einem oder mehreren Projektverantwortlichen eingesetzt.

16.3.3 Einsatzbedingungen

Voraussetzung zur Beurteilung des Nutzens der BGF-Aktivitäten ist die Umsetzung der im Projekt entwickelten Veränderungsmaßnahmen. Bewertet werden entweder die Wirkungen dieser Maßnahmen auf das Gesamtunternehmen oder auf Teilprojekte bei Maßnahmen, die sich nur auf bestimmte Organisationseinheiten im Betrieb beziehen. Letzteres führt dazu, dass von einem Unternehmen mehrere Fragebögen vorliegen können.

16.4 Ergebnisse

16.4.1 Strukturdaten der BGF-Projekte

Mittlerweile liegen der AOK Bayern die Daten für 263 BGF-Projekte aus 245 Unternehmen vor.

Betriebsgrößen[2]

Die Unternehmensstruktur in Bayern ist mittelständisch geprägt. Fast zwei Drittel der AOK-Mitglieder arbeiten in Unternehmen mit weniger als 100 Beschäftigten. Dies drückt sich auch in den vorliegenden Projektdaten aus. Jeder achte eingesetzte Fragebogen bezog sich auf Unternehmen mit weniger als 51 Mitarbeitern. Fast die Hälfte der untersuchten Projekte fanden in Unternehmen mit bis zu 200 Beschäftigten statt. 27% der BGF-Projekte wurde in Unternehmen mit mehr als 500 Beschäftigen durchgeführt. Nähere Einzelheiten sind Abbildung 16.1 zu entnehmen.

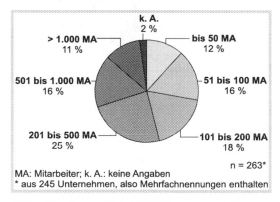

MA: Mitarbeiter; k. A.: keine Angaben
* aus 245 Unternehmen, also Mehrfachnennungen enthalten

◻ **Abb. 16.1.** Durchgeführte BGF-Maßnahmen nach Unternehmensgröße

Branchenverteilung[3]

Der Großteil der BGF-Projekte wurde in Unternehmen des verarbeitenden Gewerbes durchgeführt (ca. 43%). 21% der in die Auswertung eingeflossenen Pro-

jekte waren dem Gesundheits- und Sozialwesen und knapp 10% der öffentlichen Verwaltung zuzuordnen (s. Tabelle 16.1).

Tabelle 16.1. BGF-Projekte und Branchen (n = 263)

		Anzahl	%-Anteil
Abschnitt C	Bergbau und Gewinnung von Steinen und Erden	1	0,4%
Abschnitt D	Verarbeitendes Gewerbe	114	43,3%
Abschnitt E	Energie- und Wasserversorgung	1	0,4%
Abschnitt F	Baugewerbe	10	3,8%
Abschnitt G	Handel; Instandhaltung und Reparatur von Kraftfahrzeugen und Gebrauchsgütern	22	8,4%
Abschnitt H	Gastgewerbe	2	0,8%
Abschnitt I	Verkehr und Nachrichtenübermittlung	6	2,3%
Abschnitt J	Kredit- und Versicherungsgewerbe	5	1,9%
Abschnitt K	Grundstücks- und Wohnungswesen, Vermietung beweglicher Sachen, Erbringung von wirtschaftlichen Dienstleistungen, a.n.g.	10	3,8%
Abschnitt L	Öffentliche Verwaltung, Verteidigung, Sozialversicherung	25	9,5%
Abschnitt M	Erziehung und Unterricht	5	1,9%
Abschnitt N	Gesundheits-, Veterinär- und Sozialwesen	56	21,3%
Abschnitt O	Erbringung von sonstigen öffentlichen und persönlichen Dienstleistungen	6	2,3%

---

2   Betriebsgrößenklassen orientiert an EWG-VO Nr. 2186/93.

3   Gem. WZ 2003.

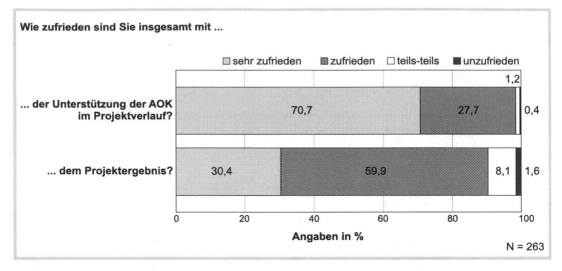

Wie zufrieden sind Sie insgesamt mit ...

☐ sehr zufrieden ▨ zufrieden ☐ teils-teils ■ unzufrieden

... der Unterstützung der AOK im Projektverlauf? — 70,7 | 27,7 | 1,2 | 0,4

... dem Projektergebnis? — 30,4 | 59,9 | 8,1 | 1,6

Angaben in %

N = 263

☐ Abb. 16.2. Zufriedenheit der Unternehmen mit der AOK-Unterstützung und dem Projektergebnis

Zufriedenheit mit dem Projektergebnis

Von den bisher Befragten zeigten sich über 90% mit dem Projektergebnis insgesamt sehr zufrieden bzw. zufrieden. Dieses positive Ergebnis korreliert mit der hohen Zufriedenheit hinsichtlich der Unterstützung durch die AOK im Projektverlauf. Hier äußerten 98,4% der Beteiligten eine sehr hohe bzw. hohe Zufriedenheit (s. Abb. 16.2).

16.4.2 Zielrichtungen von BGF-Maßnahmen

Jüngste Untersuchungen der Bundesanstalt für Arbeitsschutz und Arbeitsmedizin (BAuA) und dem Bundesinstitut für Berufsbildung (BIBB)[4] weisen auf die noch immer hohe Bedeutung körperlicher Belastungen am Arbeitsplatz hin. Einseitiges Arbeiten z. B. im Stehen bzw. im Sitzen, das Heben und Tragen schwerer Lasten und Zwangshaltungen gehören noch immer zum betrieblichen Alltag. Demzufolge wundert es nicht, dass die meisten Projekte zur Betrieblichen Gesundheitsförderung das Ziel verfolgten, die Gesundheitskompetenz bzw. das Gesundheitsverhalten der Beschäftigten positiv zu beeinflussen und physische Belastungen zu

reduzieren (s. Abb. 16.3). Ersteres geschah meist durch die Teilnahme an Trainingsprogrammen und letzteres zusätzlich durch Veränderungen der Tätigkeit bzw. der Arbeitsorganisation.

Überraschend zeigte sich, dass in vier von fünf Projekten bereits „weiche Erfolgsfaktoren" wie Betriebsklima/Arbeitszufriedenheit Gegenstand des Projekts waren. Die Kommunikation im Unternehmen war in drei Viertel aller Projekte und die Verringerung psychischer Belastungen sowie Mitwirkungsmöglichkeiten in zwei Drittel aller Projekte Motivation zum Handeln. Dies unterstreicht die zunehmende Verbreitung hoher psychischer Anforderungen, wie sie auch in der bereits erwähnten Erwerbstätigenbefragung von BIBB und BAuA hervorgehoben werden.

16.4.3 Nutzenbewertung aus Sicht der Unternehmen

Im Folgenden gehen wir auf die vier Kategorien mit dem höchsten Nutzen (Gesundheitskompetenz bzw. Kommunikation verbessert, physische Belastungen reduziert, Gesundheitsangebote ermöglicht) näher ein (s. Abb. 16.4).

---

4   Eigene Berechnungen nach BIBB/BAUA Erwerbstätigenbefragungen 1998/99 und 2005/06, www.bibb.de

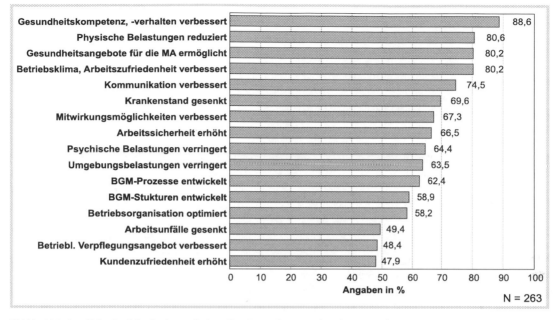

Abb. 16.3. Anteil der Betriebe, in denen die jeweilige Nutzenkategorie bearbeitet wurde

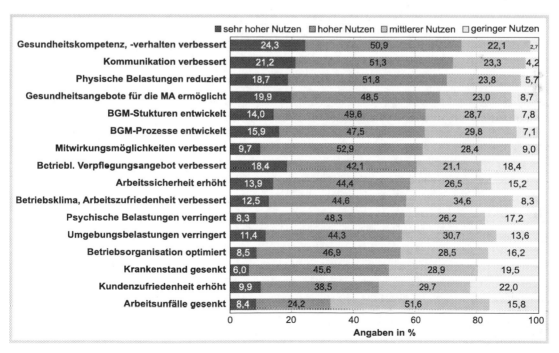

Abb. 16.4. Nutzenbewertung auch Sicht der Unternehmen

Verbessertes Gesundheitsverhalten, erhöhte Gesundheitskompetenz

Das Gesundheitsverhalten der Beschäftigten wurde in insgesamt 233 Projekten (89%) bewertet. Mehr als drei Viertel davon bescheinigen den BGF-Aktivitäten einen sehr hohen bzw. hohen Nutzen in Bezug auf ein verbessertes Gesundheitsverhalten und eine erhöhte Gesundheitskompetenz. Im Wesentlichen handelte es sich hier um Aktivitäten zur Reduktion arbeitsbedingter körperlicher Belastungen, seltener zu Stressbewältigung und Ernährungsgewohnheiten oder zum Nichtrauchen. Unternehmen beschreiben hier folgende Effekte:

- Durch „ein auf den Arbeitsplatz abgestimmtes Training erfolgt ein bewussterer Umgang mit dem Körper, mit Werkzeugen und Materialien"
- „bereits vorhandene Hilfsmittel werden häufiger und konsequenter eingesetzt"
- dass „Mitarbeiter sich nach den Schulungen gegenseitig an die richtige Haltung bei der Arbeit erinnern"
- die Mitarbeiter sich des eigenen Körpers bewusster geworden sind und deshalb „das gelernte Verhalten auch in das Privatleben integrieren"
- „Lust auf körperliche (Ausgleichs-)Bewegung entstanden" sei und Trainingsangebote im Unternehmen und in der Freizeit besser angenommen werden („tägliche Gymnastik", „Bewegungspausen", „Kursbesuche").

Wesentliche Erfolgsfaktoren dafür waren:

- eine vorausgegangene Analyse der Belastungen, um einerseits die Zielgruppen zu bestimmen und andererseits die Inhalte der Trainings passgenau für diese festzulegen;
- die Bereitschaft der Unternehmen, in Arbeitsplatzveränderungen und Hilfsmittel zu investieren (z. B. „Flachbildschirme angeschafft", „in neue Stühle investiert", „Arbeitsplatz umorganisiert");
- kompetente und praxisnah arbeitende Trainer;
- das gemeinsame Umsetzen der Lerninhalte durch die Beschäftigten;
- die neutrale Moderation durch AOK, die sich positiv auf die Mitarbeiterbeteiligung auswirkt, v. a. bei den psychosozialen Themen wie Stressbewältigung und Rauchen;
- dass das Unternehmen auch Eigeninitiativen der Beschäftigten unterstützt („Schwimmkurse", „Hallenfußballturnier", „Nordic-Walking-Kurs").

Beschäftigte erleben es als stark wertschätzend, wenn ihr Arbeitgeber Gesundheitsangebote bereitstellt bzw. deren Teilnahme aktiv fördert. Die Wertschätzung ist um so höher, je besser es gelingt, Mitarbeiter bei der Entwicklung des Gesundheitsangebots einzubinden. Führungskräfte berichten in solchen Fällen von einer Motivationssteigerung bei den Mitarbeitern. Erkennbar ist weiter, dass in solchen Gesundheitsförderungsprozessen die Führungskräfte für die „Belange der Mitarbeiter" sensibilisiert werden. Das Bewusstsein der Vorgesetzten für die Bedeutung von Einstellung bzw. Motivation der Mitarbeiter auf das Betriebsergebnis wächst, was sich wiederum in verändertem Führungsverhalten niederschlägt.

Gesundheitsangebote für Mitarbeiter ermöglicht

In den meisten Unternehmen, in denen eine Steigerung der Gesundheitskompetenz zu verzeichnen war, ging dies mit einer Verbesserung des Zugangs zu (betrieblichen) Gesundheitsangeboten einher. Dies war in 211 BGF-Projekten (80%) Gegenstand der Nutzendiskussion.

Die beteiligten Firmen beschreiben hier folgende Angebote:

- Durchführung spezifischer Trainingsmaßnahmen (z. B. arbeitsplatzbezogene Rückenschule, Nordic-Walking-Kurs, Ausgleichsgymnastik, Nichtraucherseminare, Angebote zur Stressbewältigung)
- Durchführung zielgruppenspezifischer Angebote (z. B. für Auszubildende, Mitarbeiter in der Produktion, Mitarbeiter im Rettungsdienst, Küchenmitarbeiter)
- Erstellung eines bzw. Ausbau des innerbetrieblichen Fortbildungsprogramms.

Als hilfreich erwies es sich dabei, die Inhalte eines längerfristigen Angebots erst einmal in Form eines „Schnupperangebots" näher zu bringen. Beschäftigten aus Klein- und Mittelunternehmen, für die kein eigenes Gesundheitsprogramm bereitgehalten werden konnte, wurden auf das umfangreiche AOK-Kursangebot aufmerksam gemacht. In einem Unternehmen wurden Gesundheitsangebote für die Mitarbeiter sogar in die Unternehmensziele aufgenommen.

Kommunikation verbessert

Die Kommunikation war in rund 75% (n = 196) der bewerteten Projekte Gegenstand der Betrachtung. In fast drei Viertel dieser Projekte konnte die Kommunikation deutlich verbessert werden. In diesem Zusammenhang muss beachtet werden, dass die AOK Bayern überwiegend beteiligungsorientierte Verfahren zur Analyse arbeitsbedingter Gesundheitsbelastungen und zur Maßnahmenentwicklung einsetzt (Gesundheitszirkel, Workshops, etc.). Auffallend viele Unternehmen gehörten dem Gesundheits- und Sozialwesen und der Öffentlichen Verwaltung an. Hier scheint es für dieses Thema einen besonders hohen Bedarf zu geben.

Die Tatsache, dass sich Beschäftigte mit oder ohne Vorgesetzte über persönliche Belastungen austauschen, bewirkte eine gewisse Enttabuisierung des Themas und erweiterte das gegenseitige Verständnis bezüglich der Arbeitssituation. Selbst erfahrene Betriebsärzte berichteten, dass sie z. B. durch die Zirkelarbeit einen viel tieferen Einblick in die Arbeitsbelastungen der Beschäftigten erhalten haben. Als Folge der Diskussionsprozesse hat die Bereitschaft zur Zusammenarbeit und zur gegenseitigen Hilfestellung deutlich zugenommen. Dass dies häufig mit einer Besserung des Betriebsklimas verbunden ist, ist nachvollziehbar. In Einzelfällen hat die offene Diskussion dazu beigetragen, Missverständnisse auszuräumen. So ermahnte eine Vorgesetzte ihre Mitarbeiter, Gespräche mit privatem Inhalt nicht in Anwesenheit der Kunden zu führen. Die Beschäftigten interpretierten dies im Sinne eines Gesprächsverbots für außerdienstliche Inhalte. Erst im Rahmen des durchgeführten Gesundheitszirkels konnte die Fehlinterpretation aufgedeckt und korrigiert werden. Eine verbesserte Kommunikation konnten die befragten Unternehmen u. a. erreichen durch:

- eine optimierte, d. h. häufigere oder regelmäßige und zeitnahe Weitergabe von Informationen („runde Tische", „Teamgespräche"),
- ein geändertes Kommunikationsverhalten der Vorgesetzten („Umgangston verändert", „vertrauensvoller Umgang mit Mitarbeitern", „mehr Zeit nehmen für Gespräche"),
- die Möglichkeit, sich bei Fragen und Problemen direkt an den Vorgesetzten zu wenden („kurze Wege") und umgekehrt, dass Vorgesetzte zeitnah und direkt auf die Mitarbeiter zugehen.

Ergebnis der Projektarbeit war des Öfteren die Einführung von Gesprächsroutinen. Dabei ging es zum einen um „regelmäßige Feedback-Gespräche" oder „turnusmäßige Meetings", also die Kommunikation zwischen Führungskraft und Mitarbeitern („die Kooperation zwischen Mitarbeiter und Schichtführer hat sich deutlich verbessert"). Zum anderen konnten aber auch Kommunikationsprobleme zwischen einzelnen Organisationseinheiten im Unternehmen beseitigt werden („Schnittstellenprobleme wurden beseitigt",

„Verbesserung der Kommunikation zwischen den Bereichen").

Zu beobachten war aber auch eine veränderte Kommunikation unter den Mitarbeitern. In einem Pflegeheim hat das Auseinandersetzen mit gesundheitlichen Belastungen dazu geführt, dass die Beschäftigten jetzt offener über Überforderung sprechen und um Unterstützung bitten.

Der durchgreifendste Erfolgsfaktor für Veränderungen ist es, wenn die erarbeiteten Vorschläge auch umgesetzt werden. Nicht immer kann dies im Rahmen des Gesundheitsprojekts erfolgen, vor allem dann nicht, wenn andere Organisationseinheiten betroffen sind. Hier hat es sich als hilfreich erwiesen, diese Themen in bereits etablierte betriebliche Verfahren zu überführen. Beispielsweise hat ein Seniorenwohnheim bereichsübergreifende Themen in den bereits existierenden Qualitätszirkel übernommen und dort weiter bearbeitet.

Physische Belastungen reduziert

Über 80% der beteiligten Projekte (n = 212) hatten eine Verringerung der körperlichen Belastungen zum Ziel. Über 70% der Befragten gaben an, bezüglich der Reduktion der physischen Belastungen zufrieden bzw. sehr zufrieden zu sein. Auf die noch immer große Bedeutung der körperlichen Belastungen haben wir eingangs bereits hingewiesen.

Unternehmen erzielten einen hohen Nutzen durch die ergonomische Optimierung von Arbeitsplätzen, z. B. durch die „Anschaffung neuer Montagestühle". Zusätzliche Nutzeneffekte wurden erzielt durch:

- organisatorische Änderungen, z. B. „abwechselnde Körperhaltung ermöglicht", „Einführung von Jobrotation",
- eine Veränderungen der auszuführenden Bewegungsabläufe, z. B. durch abwechselndes Stehen und Sitzen; teilweise konnten auch Ausgleichsübungen in den Betriebsalltag integriert werden,
- Neugestaltung von Arbeitsplätzen („Anpassung der Arbeitsmittel an die Körpergröße der Mitarbeiter"),
- Anschaffung von Arbeits- und Hilfsmitteln („Impulsschrauber", „Scherenhubwägen", „Hebehilfen", „Flachbildschirme", „Thermokleidung"),
- Schulungen, Trainingsmaßnahmen („richtiges Sitzen", „Heben und Tragen").

Die beteiligten Unternehmen unterschieden bei Investitionen nicht, ob es sich um wertschöpfende Tätigkeiten handelt oder nicht. In Einzelfällen sorgten die Unternehmen sogar für eine personelle Verstärkung, um vorhandene Arbeitsbelastungen zu reduzieren. Zahlreiche Betriebe machten jedoch die Erfahrung, dass es nicht immer die großen Veränderungen sind, die wirken. Auch die Umsetzung kleinerer Maßnahmen kann eine deutliche Verringerung der physischen Belastungen zur Folge haben. Allein das Umrüsten auf leichtlaufende Rollen an Containern half den Mitarbeitern, den Krafteinsatz bei der Arbeit deutlich zu senken.

Dass sich Investitionen in die Gesundheit der Mitarbeiter auszahlen, ist bekannt. Explizit beschrieb ein Unternehmen des Behälterbaus folgende Wirkungszusammenhänge: Durch ergonomische Optimierungen reduzierten sich die Rückenbeschwerden der Beschäftigten, was zu einer insgesamt besseren Arbeitsleistung führte und gleichzeitig die Mitarbeiterzufriedenheit steigerte. Als Folgen konnten eine sinkende Krankheitsquote und damit einhergehend ein besseres Betriebsergebnis beobachtet werden.

16.4.4 Höhe der Investitionen und Zufriedenheit mit dem Projektaufwand

Für etwa die Hälfte der Projekte stehen Angaben zur Investitionshöhe zur Verfügung. Insgesamt gaben 127 Unternehmen rund 3,3 Mio. € für Arbeitsplatzveränderungen aus. 53% davon investierten weniger als 10.000 € und 5% mehr als 50.000 €. Die durchschnittliche Investition in die Maßnahmenumsetzung betrug damit 26.000 €. Die Berechnungsgrundlagen der Investitionen unterscheiden sich jedoch in den Unternehmen: Einige Unternehmen haben die Personalkosten mit eingerechnet, andere wiesen nur „echte Neuinvestitionen" aus.

Die Spannbreite der Investitionen lag zwischen 35 € (Pflegeheim) und 500.000 € (ein kunststoffverarbeitender Betrieb und ein metallverarbeitender Betrieb). Bei Betrachtung der Branchen fällt auf, dass das verarbeitende Gewerbe durchschnittlich 22.000 €, der Handel 19.250 €, die öffentliche Verwaltung rund 14.000 € und das Gesundheits- und Sozialwesen rund 12.950 € für betriebliche Veränderungen ausgegeben hat.

Die Höhe der Investition steht nicht in direktem Zusammenhang mit der Betriebsgröße. So wurden sehr hohe Investitionen in einem Unternehmen mit 185 Beschäftigten (500.000 €) und in einem Unternehmen mit 130 Beschäftigten (200.000 €) getätigt. Ausschlaggebend für die Investition war die Überzeugung der Geschäftsführung, dass diese Ausgaben notwendig sind. Hier konnte die BGF wichtige Entscheidungsgrundlagen liefern.

Fast alle befragten Unternehmen (98%) sind der Meinung, dass der Projektaufwand in einem positiven Verhältnis zum Nutzen steht.

16.5 Fazit

Betriebliche Gesundheitsförderung lohnt sich. Fast alle der von der AOK Bayern befragten 263 Unternehmen äußerten eine hohe bzw. sehr hohe Zufriedenheit mit dem Projektergebnis und der Unterstützungsleistung der AOK Bayern. Überraschend zeigte sich, dass trotz aller Bemühungen der letzten Jahrzehnte die betriebliche Auseinandersetzung mit körperlich anstrengender Arbeit nichts von ihrer Aktualität verloren hat. Um hier effektive Abhilfe zu schaffen, genügten oft einfache Mittel. Bei deren Entwicklung leisteten die Aktivitäten zur Betrieblichen Gesundheitsförderung einen wesentlichen Beitrag. Voraussetzung für die Wirksamkeit von BGF sind passgenaue Angebote für Mitarbeitergruppen in Unternehmen, die aktive Unterstützung durch die Unternehmensleitung und die Beteiligung der Beschäftigten.

Wird Gesundheit im Unternehmen offen zum Thema gemacht und ein konstruktiver Diskussionsprozess in Gang gesetzt, erleben dies die Beschäftigten als wertschätzend. Ein positiver Nebeneffekt der Diskussion ist das gestiegene Verständnis auf allen Hierarchieebenen für die Situation und Belastungen der Mitarbeiter. Außerdem ist zu beobachten, dass sich die Zusammenarbeit unter den Mitarbeitern und mit den Vorgesetzten verbessert und Reibungsverluste reduziert werden.

Deutlich wurde, dass die Betriebe von heute – und hier sind insbesondere auch die Klein- und Mittelbetriebe hervorzuheben – um den hohen Stellenwert „weicher" Erfolgsfaktoren wissen. Themen wie die innerbetriebliche Kommunikation, Mitwirkungsmöglichkeiten, Betriebsklima und Arbeitszufriedenheit rücken angesichts der weiter zunehmenden Arbeitsverdichtung in den Mittelpunkt. Auch hier kann Betriebliche Gesundheitsförderung einen wirkungsvollen Beitrag zur Verbesserung leisten.

Kapitel 17

Integratives Betriebliches Gesundheitsmanagement – ein Kooperationsprojekt des Instituts für Technologie und Arbeit und der AOK – Die Gesundheitskasse in Hessen
Umsetzung und Evaluation unter Berücksichtigung einer Stakeholderperspektive

K. J. ZINK · M. J. THUL · J. HOFFMANN · A. FLECK

Zusammenfassung. *Zur Verbesserung der betrieblichen Gesundheitssituation wurden in den letzten Jahren zunehmend Konzepte eines „Betrieblichen Gesundheitsmanagements" entwickelt. Damit „Gesundheit" und „Management" zu einem tragfähigen „Gesundheitsmanagement" verschmelzen können, müssen Managementprinzipien zur Anwendung kommen, die die Integration des Themenfeldes „Gesundheit" in unternehmensspezifische Managementsysteme sicherstellen. Darüber hinaus ist zu klären, anhand welcher Kenngrößen sich ein erfolgreiches Gesundheitsmanagement messen und steuern lässt. Das am Institut für Technologie und Arbeit e. V. (ITA) entwickelte Modell für die Bewertung eines Integrativen Betrieblichen Gesundheitsmanagement (IBGM-Modell) zeigt eine Möglichkeit zur Beantwortung dieser Frage. Dieses Bewertungsmodell lehnt sich an das EFQM-Modell für Excellence an und wurde bzw. wird in drei Modellvorhaben u. a. von der AOK – Die Gesundheitskasse in Hessen gemeinsam mit mehr als 40 Unternehmen unterschiedlicher Größe und Branchenzugehörigkeit erprobt. Bei erfolgreicher Umsetzung eines betrieblichen Gesundheitsmanagements erhalten die Unternehmen einen prospektiven Beitragsbonus. Grundlage dieses Bonus ist eine Selbstbewertung auf Basis des oben skizzierten Bewertungsmodells, deren Ergebnis von einer unabhängigen dritten Stelle geprüft wird. Die Unternehmen erhalten ein umfassendes Feedback, mit dessen Hilfe sie Maßnahmen zur weiteren Verbesserung ihres Gesundheitsmanagements ableiten können. Damit wird die betriebliche Gesundheitssituation über Jahre hinweg kontinuierlich verbessert. Die Ergebnisse aus den begleitenden Evaluationen geben Hinweise auf die Wirksamkeit des IBGM-Ansatzes und ermutigen, ihn dauerhaft und nachhaltig in Unternehmen zu etablieren.*

17.1 Betriebliches Gesundheitsmanagement: Aufwand- und Nutzeneffekte

Zur Verbesserung der Gesundheitssituation in den Betrieben haben in den letzten Jahren Konzepte eines „Betrieblichen Gesundheitsmanagements" zunehmend Verbreitung gefunden. Auf der Basis eines mehr oder weniger breit angelegten Gesundheitsverständnisses sollten durch die Einführung spezifischer, auf das Thema Gesundheit ausgerichteter Managementsysteme die Voraussetzungen geschaffen werden, die Gesundheit und Zufriedenheit der Mitarbeiter zu fördern. Der teilweise inflationäre Gebrauch des Begriffs „Management" lässt aber die Frage aufkommen, inwieweit solche Konzepte tatsächlich den inhaltlich weit reichenden Anforderungen des Managementbegriffs gerecht werden und welchen Nutzen sie stiften können. Letztlich geht es dabei um die Fragen, welche Voraussetzungen ein Betriebliches Gesundheitsmanagement erfüllen muss und anhand welcher Kenngrößen sich der Erfolg messen und damit das Managementsystem steuern lässt [7].

17.1.1 Kennzeichen eines Betrieblichen Gesundheitsmanagements

Ein Betriebliches Gesundheitsmanagement ist ein spezifisches Managementsystem, welches das Ziel hat, die betriebliche Gesundheitssituation im Rahmen kontinuierlicher Verbesserungsprozesse umfassend und nachhaltig zu fördern. Managementsysteme dienen der ergebnisorientierten Führung und umfassen alle organisatorischen Maßnahmen, die geeignet sind, das Erreichen eines definierten Ziels zu unterstützen [2].

Grundlage eines Betrieblichen Gesundheitsmanagements muss ein breites Gesundheitsverständnis sein, das physische und psycho-soziale Gesundheitsdimensionen umfasst. Gestaltungsmaßnahmen setzen damit sowohl an den Arbeitsbedingungen als auch am Verhalten der Organisationsmitglieder an. Bei der Umsetzung muss ein geeignetes Gesundheitsmanagementsystem aufgebaut, in das Tagesgeschäft integriert, gelenkt und weiterentwickelt werden. Der Begriff „integriert" bringt dabei zum Ausdruck, dass die Anstrengungen einer Organisation nicht darauf abzielen dürfen, lediglich ein „weiteres Managementsystem" zu schaffen. Vielmehr muss Gesundheit als integraler Bestandteil betrieblicher Managementsysteme verstanden und auf die organisationsspezifischen Bedingungen abgestimmt werden.

Bei der Umsetzung eines Betrieblichen Gesundheitsmanagements kommen Managementprinzipien zur Anwendung, die sich insbesondere in folgenden Merkmalen niederschlagen [10]:

- Zielorientierung zur Sicherung ressourcenschonender, bedarfsorientierter Ansätze
- Ausrichtung der betrieblichen Ansätze auf unterschiedliche Interessengruppen (Stakeholderorientierung) wie z. B. Mitarbeiter, Unternehmensleitung, Gesellschaft, Kunden etc.
- Integration in das Tagesgeschäft durch eine geeignete Abstimmung des Betrieblichen Gesundheitsmanagements mit Unternehmenspolitik und -strategie
- Abstimmung mit vorhandenen Managementsystemen (z. B. Umwelt- oder Qualitätsmanagement) zur Erschließung von Synergieeffekten und ökonomischen Vorteilen
- Evolutionäre Weiterentwicklung von Konzepten, Strukturen und Prozessen
- Aufbau geeigneter Regelkreise zur Steuerung der Prozesse des betrieblichen Gesundheitsmanagements und zur Überprüfung der Wirksamkeit betrieblicher Ansätze
- Kennzahlensysteme, die einem breiten Gesundheitsverständnis Rechnung tragen

- Langfristige, strategisch ausgerichtete Konzepte statt kurzfristiger Programme
- Systemische Ansätze, die Wechselwirkungen und Abhängigkeiten zwischen den einzelnen Bausteinen eines betrieblichen Gesundheitsmanagements berücksichtigen und auch das Umfeld einer Organisation in die Betrachtungen miteinbeziehen
- Einbindung von Fachexperten, Führungskräften und Mitarbeitern
- Umsetzung geeigneter Strukturen und Prozesse

Ein Betriebliches Gesundheitsmanagement, das den oben skizzierten Anforderungen gerecht wird, orientiert sich an den Interessen unterschiedlicher unternehmensinterner und -externer Anspruchsgruppen (Stakeholder). Es bietet nicht nur die Chance, mitarbeiter- und unternehmensbezogene Zielsetzungen zu verfolgen, sondern eröffnet einer Organisation auch die Möglichkeit zur Übernahme gesellschaftlicher Verantwortung.

Betriebliche Gesundheitsmanagementsysteme lassen sich in produzierenden Unternehmen ebenso umsetzen wie in Dienstleistungsbetrieben oder in der öffentlichen Verwaltung. Allerdings können sich die inhaltlichen Schwerpunkte, die zu berücksichtigenden gesetzlichen Regelungen oder aber die unternehmenskulturellen Besonderheiten stark unterscheiden. Aus diesem Grund kann es kein standardisiertes Konzept geben, vielmehr muss ein solches Managementsystem auf die individuellen Bedürfnisse und Rahmenbedingungen einer Organisation zugeschnitten werden.

17.1.2 Umsetzung Betrieblicher Gesundheitsmanagementsysteme

Ein Betriebliches Gesundheitsmanagement muss inhaltlich breit angelegt sein. Deshalb werden neben eher „klassischen" Gesundheitsthemen z. B. aus den Bereichen der Arbeitsmedizin oder des Arbeits- und Gesundheitsschutzes auch viele gesundheitsrelevante Themen behandelt, die das Tagesgeschäft betreffen (z. B. Personalentwicklung, Führung, Beschaffung). Insofern ist es wenig sinnvoll, einen solchen Ansatz ausschließlich über eine spezialisierte Fachabteilung etablieren zu wollen. Sinnvoller ist es, die Verantwortung für das Thema Gesundheit in die „Linie" zu integrieren und den Führungskräften die hierfür benötigte Fach- und Prozessberatung in geeigneter Form bereitzustellen. Darüber hinaus erfordert die Notwendigkeit einer aktiven Einbindung der Mitarbeiter, dass geeignete Beteiligungskonzepte bzw. -instrumente eingesetzt werden.

17

Eine wichtige Voraussetzung für ein auf Dauer angelegtes Betriebliches Gesundheitsmanagement ist eine geeignete organisatorische Verankerung. Hierbei kommt der Abstimmung mit vorhandenen Prozessen und Strukturen (z. B. ASI-Gremien) eine besondere Bedeutung zu. Wo immer möglich, sollten bewährte Konzepte – evtl. nach einer entsprechenden Anpassung – in das Betriebliche Gesundheitsmanagement integriert werden. Dies verringert einerseits den Entwicklungsaufwand und reduziert andererseits die Gefahr von Widerständen gegen die anstehenden Veränderungen. In Bezug auf die Aufbauorganisation ist die Gremienstruktur so auszugestalten, dass sowohl Fach- und Führungskräfte als auch die Mitarbeiter der ausführenden Ebene in geeigneter Form eingebunden sind.

Ein möglicher Weg, die daraus resultierenden Anforderungen umzusetzen, zeigt das am Institut für Technologie und Arbeit e.V. (ITA) entwickelte Modell für die Bewertung eines Integrativen Betrieblichen Gesundheitsmanagements (IBGM-Modell), welches sich an die Philosophie und Struktur des 1992 erstmals vorgelegten EFQM-Modells für Excellence (EFQM = European Foundation for Quality Management) anlehnt. Beide Modelle basieren auf denselben grundlegenden Prinzipien und erleichtern dadurch die Abstimmung spezifischer Aktivitäten im Gesundheitsbereich mit denen des Tagesgeschäfts [9].

Das IBGM-Modell ist ein Bewertungsmodell, welches nicht für sich in Anspruch nimmt, unmittelbar als Gestaltungsmodell einsetzbar zu sein. Gleichwohl leiten sich aber aus den Bewertungskriterien spezifische Anforderungen an den Aufbau und die Weiterentwicklung eines Gesundheitsmanagementsystems ab. Das Bewertungsmodell hat insofern eine Leitbildfunktion und zeigt Anforderungen auf, deren Erfüllung von maßgeblicher Bedeutung für die Qualität eines betrieblichen Gesundheitsmanagementsystems ist [6]. Seinen strukturellen Aufbau und wesentliche Inhalte zeigt Abbildung 17.1.

Bei diesem Modell lassen sich zwei Kriteriengruppen gegeneinander abgrenzen: Zum einen ist dies eine breite Palette von Gesundheitsergebnissen, zum anderen sind

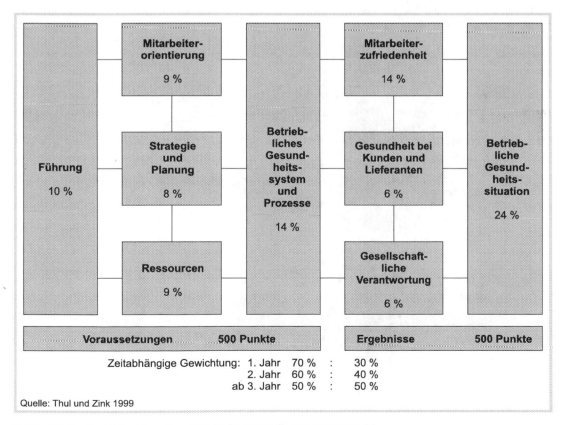

Abb. 17.1. Das Modell des Integrativen Betrieblichen Gesundheitsmanagements [6]

es Kriterien, die den Aufbau sowie die erfolgreiche Umsetzung eines Betrieblichen Gesundheitsmanagements ermöglichen (Voraussetzungen) und maßgeblich für das Zustandekommen positiver Resultate sind. Damit liefert das Modell die Basis, um eine ergebnisorientierte Perspektive mit einer potentialorientierten zu verknüpfen.

Abbildung 17.1 zeigt nur die oberste Ebene der Modellstruktur. Die dort angeführten Kriterien setzen sich in den meisten Fällen aus verschiedenen Teilkriterien zusammen, die wiederum zahlreiche „Ansatzpunkte" enthalten. Ansatzpunkte sind entweder beispielhafte Möglichkeiten, die Anforderungen, welche sich in dem Bewertungsmodell niederschlagen, zu erfüllen, oder Hinweise auf Kennzahlen zu geben, mit denen sich Gesundheitsergebnisse messen lassen. Abbildung 17.2 zeigt beispielhaft, welche gesundheitsrelevanten Inhalte sich hinter den einzelnen Kriterien verbergen.

Das oben skizzierte IBGM-Modell kommt seit 1997 im Rahmen von insgesamt drei Modellvorhaben zur Anwendung, bei denen die AOKen verschiedener Bundesländer Unternehmen und ihren AOK-Versicherten einen Beitragsbonus gewähren, wenn sie die erfolgreiche Umsetzung eines Betrieblichen Gesundheitsmanagements nachweisen können. Hierzu wird jährlich eine umfassende Selbstbewertung auf Basis des IBGM-Modells durchgeführt. Ziel der Modellvorhaben ist es zu überprüfen, ob solch ein finanzielles Anreizsystem zu einer nachhaltigen Verbesserung der betrieblichen Gesundheitssituation sowie zur Einsparung von Gesundheitskosten führen kann. Im Folgenden werden das hierfür entwickelte Evaluationskonzept sowie entsprechende Erkenntnisse aus der Evaluation des seit 2001 laufenden Modellvorhabens der AOK – Die Gesundheitskasse in Hessen vorgestellt.

17.2 Evaluation des Integrativen Betrieblichen Gesundheitsmanagements (IBGM)

17.2.1 Das Evaluationskonzept

Die Überprüfung, ob ein finanzielles Anreizsystem durch die Verbesserung der betrieblichen Gesundheitssituation dazu führen kann, dass Gesundheitskosten eingespart werden, erfordert ein Evaluationskonzept, das zum einen der inhaltlichen Breite eines IBGM Rechnung trägt und zum anderen eine angemessene Erfolgsbewertung ermöglicht.

Das Evaluationsziel bedingt, dass eine isolierte Betrachtung von Kennzahlen nicht ausreichend bzw.

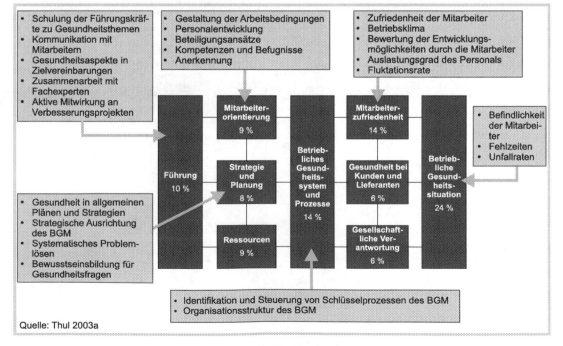

Quelle: Thul 2003a

◨ **Abb. 17.2.** Beispielhafte Inhalte des Modells für ein Integratives Betriebliches Gesundheitsmanagement [4]

zulässig ist. Vielmehr muss sichergestellt werden, dass positive Effekte auf die systematische Umsetzung eines Integrativen Betrieblichen Gesundheitsmanagements zurückführbar sind. Dieser Anforderung wird durch die Auswahl der Unternehmen entsprochen. Es werden nur solche Unternehmen in die Auswertung einbezogen, welche über einen längeren Zeitraum hinweg die Voraussetzungen für die Gewährung eines Beitragsbonus erfüllt haben und damit definierten Leistungsstandards gerecht wurden. Abbildung 17.3 zeigt den intendierten Wirkmechanismus des anreizbasierten IBGM, der gleichzeitig die Basis für dessen Evaluation bildet.

Der Beitragsbonus wirkt zunächst als Anreiz für den Aufbau, später als Treiber für die Weiterentwicklung und Stabilisierung eines IBGM. Letzteres wird vor dem Hintergrund des IBGM-Modells konzipiert, unternehmensspezifisch ausgestaltet und umgesetzt. Entsprechend der Modell-Philosophie sind die umzusetzenden betrieblichen Maßnahmen inhaltlich breit angelegt und beeinflussen direkt und indirekt die Gesundheit der Mitarbeiter. Die so erzielten Verbesserungen führen dann zur Reduktion von Leistungsausgaben, was sich mithilfe geeigneter Kennzahlen nachweisen lässt.

Im Gegensatz zu dem zunächst vermittelten Eindruck ist der in Abbildung 17.3 skizzierte Prozess kein linearer, der unabhängig von externen Einflüssen ist. Die Zusammenhänge zwischen Maßnahmen und Erfolgen sind multikausal: Beabsichtigte Effekte treten teilweise erst mit erheblichem Zeitverzug ein und externe Störgrößen (z. B. die wirtschaftliche Situation eines Unternehmens) überlagern die Effekte des IBGM. Hieraus resultieren weit reichende Anforderungen an die Evaluation betrieblicher Gesundheitsmanagementsysteme, z. B. dass direkte und indirekte Effekte berücksichtigt oder quantitative und qualitative Daten einbezogen werden.

17.2.2 Quantitative Effekte – Konzeption, Messung, Ergebnisse

Die Wirkungen eines IBGM lassen sich anhand unterschiedlicher Indikatoren belegen. Einige Indikatoren wie z. B. Kosten sind relativ leicht quantifizierbar,

andere, wie z. B. Veränderungen der betrieblichen Gesundheitskultur, lassen sich dagegen nur mit sehr hohem Aufwand oder gar nicht quantifizieren. Im Evaluationskonzept werden deshalb sowohl quantitative als auch qualitative Effekte berücksichtigt.

Das Ziel der quantitativen Evaluation liegt letztlich darin, anhand definierter Kennzahlen eine Aussage über Effekte des anreizbasierten Gesamtansatzes insgesamt zu treffen. In diesem Sinne müssen fundierte Ergebnisse bereitgestellt werden, anhand derer sich beurteilen lässt, ob und in welchem Umfang der Ansatz zu einer Verbesserung der betrieblichen Gesundheitssituation und damit zur Einsparung von Gesundheitskosten geführt hat. Die Fokussierung auf den Gesamtansatz und nicht auf einzelne Maßnahmen hat zur Folge, dass bei den Betrachtungen ein relativ hoher (gewollter!) Abstraktionsgrad gewählt werden muss, der zur Klärung spezifischer Einzelfragen gegebenenfalls durch differenzierte Detailbetrachtungen zu ergänzen ist [8].

Konzept zur Messung quantitativer Effekte

Zur Überprüfung der Wirkungen im Modellvorhaben wurde ein komplexer Evaluationsansatz entwickelt, dessen zentrales Element der „Warenkorb Gesundheit" ist (s. Tabelle 17.1). Letzterer enthält die relevanten Kennzahlen, mit deren Hilfe sich die Effekte des Betrieblichen Gesundheitsmanagements überprüfen lassen. Bei der Festlegung der Kennzahlen waren folgende Aspekte maßgeblich:

- Das Kennzahlenset repräsentiert ein breites Gesundheitsverständnis.
- Die Anforderungen einer breiten Palette von Anspruchsgruppen werden berücksichtigt.
- Positive Aspekte sind unmittelbar oder zumindest mittelbar auf Initiativen im Rahmen des IBGM zurückführbar.

Die im „Warenkorb Gesundheit" enthaltenen Indikatoren liefern im Idealfall ein umfassendes, auf quantitativen Daten basierendes Bild der betrieblichen Gesundheitssituation. Die Realität der Evaluation hat jedoch gezeigt, dass in der Regel nur Teilmengen des

| Beitragsbonus | Aufbau und Weiterentwicklung des BGM | Verbesserung der Gesundheit im Unternehmen | Reduktion von Leistungsausgaben | Kennzahlen-Sets, die Erfolge belegen können |

☐ **Abb. 17.3.** Intendierter Wirkmechanismus im Modellvorhaben

Tabelle 17.1. Warenkorb Gesundheit [5]

Bewertungsdimension	Primäre Stakeholder	Indikator
Leistungsausgaben	Gesellschaft	Krankenhausausgaben
		Kosten der ambulanten Versorgung
		Krankengeld
		Kosten für Medikamente
Fehlzeiten	Unternehmen	Muskel-Skelett-Erkrankungen
		Unfälle
		Atemwegserkrankungen
Unfallzahlen	Unternehmen, Mitarbeiter	1000-Mann-Quote
Befindlichkeit	Mitarbeiter	Allgemein
		Schmerz
		Anspannung
Mitarbeiterzufriedenheit	Unternehmen, Mitarbeiter	Kollegen
		Vorgesetzte
		Organisation
		Information
		Zufriedenheit allg.

Indikatoren-Sets tatsächlich zur Verfügung stehen [3]. Damit wird die Aussagekraft der quantitativen Evaluation insgesamt eingeschränkt. Diese Problematik zeigt Abbildung 17.4.

Der Ansatz eines IBGM bedingt, dass entsprechende Managementsysteme keinen kurzfristigen Programmcharakter haben dürfen, sondern auf Langfristigkeit angelegt sein müssen. Diesem Sachverhalt muss die Evaluation dadurch Rechnung tragen, dass sie als Längsschnittstudie angelegt wird, bei der Verlaufsentwicklungen im Zentrum der Betrachtung stehen.

Umgang mit Störgrößen. Die Evaluation eines Betrieblichen Gesundheitsmanagements ist mit dem grundsätzlichen Problem behaftet, dass auch Bedingungen, die nicht im Einflussbereich einer Organisation liegen, die oben angeführten Kennzahlen beeinflussen. Um diesen Effekt angemessen berücksichtigen zu können,

müssen die Veränderung von Gesundheitskennzahlen immer vor dem Hintergrund der Entwicklung geeigneter Vergleichswerte (z. B. Branchenvergleiche) betrachtet werden [1]. Eine vergleichende Betrachtung ist z. B. in Bezug auf die Leistungsausgaben auch deshalb zwingend erforderlich, da zu erwarten ist, dass letztere schon aufgrund der allgemeinen Kostenentwicklung im Gesundheitswesen eine steigende Tendenz aufweisen. Demnach ist ein Erfolg des Betrieblichen Gesundheitsmanagements nicht erst dann festzustellen, wenn die unternehmensbezogenen Leistungsausgaben absolut sinken, sondern schon dann, wenn sie in geringerem Umfang steigen als bei Vergleichsunternehmen.

Eine wesentliche Prämisse des Betrieblichen Gesundheitsmanagements ist, dass es sich um einen langfristigen Ansatz handelt, bei dem sich positive Ergebnisse – bedingt durch die erforderlichen Ver-

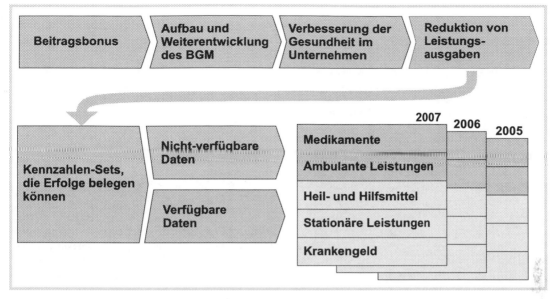

□ Abb. 17.4. Tatsächlich verfügbare Datenbasis zur Abbildung von Leistungsausgaben

haltensänderungen bei den Mitgliedern einer Organisation – vielfach erst mittel- bis langfristig einstellen. Um dessen Wirksamkeit richtig beurteilen zu können, dürfen zum einen nur solche Unternehmen in die Evaluation einbezogen werden, die über ein fundiertes Betriebliches Gesundheitsmanagementsystem verfügen, das zudem einen gewissen Reifegrad besitzt. Insofern handelt es sich bei den „Modellbetrieben" um Unternehmen, die innerhalb der Laufzeit kontinuierlich die Umsetzung eines IBGM betrieben haben – ungeachtet der Entwicklung von Gesundheitskennzahlen in den einzelnen Betrieben. Darüber hinaus erfordert diese Evaluationsperspektive Längsschnittbetrachtungen, welche Aussagen über die langfristigen Effekte eines anreizbasierten Betrieblichen Gesundheitsmanagements ermöglichen.

Vorgehen bei der Datenerhebung. Die in der rechten Spalte von Tabelle 17.1 aufgeführten Indikatoren wurden auf unterschiedliche Weise als Kennzahlen erhoben. Die Angaben zu Leistungsausgaben und Fehlzeiten stammen aus den Datenbanken der AOK Hessen, Unfallzahlen aus dem Controlling der Unternehmen, Befindlichkeit und Mitarbeiterzufriedenheit wurden mit Skalen von Fahrenberg und von Rosenstiel im Rahmen von Mitarbeiterbefragungen in den Unternehmen erhoben.

Zur Durchführung der Evaluation werden also primär Daten verwendet, welche die AOK Hessen zur Verfügung stellt. Die Datenbank, auf der die dargestellten Ergebnisse basieren, beinhaltet Daten ab dem Jahr 2000 und wird seit Beginn des Modellvorhabens kontinuierlich gepflegt. Die abschließende Datenauswertung erfolgt zum Ende des Modellvorhabens 2008. Ergänzend zu den spezifischen Leistungsdaten der ausgewählten Bonusbetriebe enthält die Datenbank auch Branchenvergleichswerte, die den Daten der Bonusbetriebe gegenübergestellt werden. Die Vergleichsbranchen wurden von der AOK Hessen zu Beginn des Modellvorhabens passend zu den darin eingruppierten Unternehmen ausgewählt. Dadurch konnte ein Panel-Design umgesetzt werden. Neben den Daten der AOK Hessen wurden bei der Evaluation noch weitere Vergleichsgrößen herangezogen, die aus verschiedenen Quellen stammen (z. B. Kennzahlen der Bonusbetriebe, HVBG-Zahlen, Zahlen des Statistisches Bundesamtes). Sie dienen dazu, die Evaluationsergebnisse in einen sinnvollen Bezugsrahmen zu setzen und diese zu validieren.

Auswertung und Grenzen der Auswertbarkeit und Interpretation. Eine Besonderheit des Modellvorhabens der AOK Hessen besteht darin, dass die beteiligten Betriebe zeitlich versetzt in das Modellvorhaben „eingestiegen" sind. Um die Effekte des IBGM in den Vordergrund der Betrachtung zu stellen, wurden die Datensätze so parallelisiert, dass jeweils die Zeitpunkte im Projektverlauf phasengleich liegen. Die Betrachtung beginnt mit dem Zeitpunkt t-1. Dies ist das Jahr vor der ersten erfolgreichen Bewertung eines IBGM. Die jeweiligen Branchenvergleichswerte wurden in gleicher Weise den Unternehmen zugeordnet. Dieses Vorgehen basiert auf der Annahme, dass die allgemeine Kostensteigerung durch die jeweiligen Branchenvergleiche ausgeblendet werden können und Effekte des IBGM in einer „typischen" Entwicklung beobachtbar werden. Der Einstieg der Unternehmen in das Modellvorhaben erstreckte sich von 2001 bis 2004. Folglich ist die Spanne der in die Auswertung einzubeziehenden Jahrgänge geringer als die Gesamtprojektlaufzeit. Auch wenn das zuletzt „eingestiegene" Unternehmen in den Datensätzen zu t3 noch nicht enthalten ist, werden diese Daten hier unter dem Vorbehalt, dass sich an dieser Stelle noch geringfügige Änderungen ergeben können, aufgeführt.

Die Grenzen der Auswertbarkeit ergeben sich durch den Aggregationsgrad, in dem die Daten von der AOK Hessen zur Verfügung gestellt werden. Sie liegen jeweils für die einzelnen Unternehmen und die einzelnen Branchen als summierter Gesamtdatensatz vor. Lediglich eine Aufsplittung in Altersgruppen und nach Geschlecht ist zugänglich. Da aber auch die Branchenvergleichswerte nicht auf Einzelunternehmensebene, sondern nur als Summen vorliegen und aus datenschutzrechtlichen Gründen keine Auslese auf Mitgliederebene möglich war, sind (statistische) Auswertungsverfahren, die über deskriptive Ansätze hinausgehen, nicht sinnvoll anwendbar. So beschränken sich die Ergebnisse auf die Darstellung und Kombination deskriptiver Auswertungen.

Eine Unschärfe der Vergleichsbetrachtungen liegt darin, dass es nicht möglich ist, das Sample der Vergleichsbetriebe über den Betrachtungszeitraum zu kontrollieren und konstant zu halten. Die Auslese erfolgt über so genannte Betriebsnummern, die jedem Unternehmen zugewiesen wurden. Durch Unternehmensauflösungen, -zusammenschlüsse, -splittings oder Branchenwechsel kann sich somit die Branchenvergleichsstruktur verändern.

Um die Ergebnisse der Vergleichsbetrachtungen korrekt interpretieren zu können, müssen neben den vorgenannten Punkten noch zwei weitere in Betracht gezogen werden. Erstens handelte es sich bei der Auswahl der Bonusbetriebe um eine „Positivauswahl", d. h. um Unternehmen, die aufgrund ihrer Größe und Organisation in der Lage waren, den Anforderungen im Modellvorhaben gerecht zu werden. Da sie dadurch eine günstigere Ausgangsposition in Bezug auf verschiedene Kennzahlen haben, sind die Potenziale für weitere Verbesserungen begrenzt. Zweitens ist z. B. durch die wachsende gesellschaftliche Bedeutung des Themas Gesundheit davon auszugehen, dass auch bei

den Vergleichsunternehmen der relevanten Branchen Maßnahmen zur Verbesserung der betrieblichen Gesundheitssituation umgesetzt wurden bzw. werden. Insofern handelt es sich bei den nachfolgend angeführten Untersuchungsergebnissen nicht um Resultate, die einem klassischen Interventions-/Kontrollgruppen-Ansatz entstammen. Es werden eher Unternehmen, die evtl. Interventionen durchführen, mit Organisationen verglichen, die ein umfassendes und systematisches Gesundheitsmanagement realisiert haben.

Da Branchen und Interventionsbetriebe große Unterschiede in Bezug auf die Anzahl der Versicherten aufweisen, kann insbesondere bei den Leistungsausgaben nicht mit den Absolutwerten gearbeitet werden. Vielmehr ist eine Normierung (in Versichertenjahre = VJ) unumgänglich. Von einer Altersstandardisierung wurde vorerst abgesehen, da auch eine Veränderung der Altersstruktur zu den gewollten Effekten des IBGM zählt. Die nachfolgend aufgeführten Leistungseinsparungen sind somit die tatsächlichen und keine fiktiven, wie sie es im Falle einer Altersstandardisierung gewesen wären. Die Interpretation der Daten muss deshalb im Kontext der Entwicklung der Altersstruktur der AOK-Versicherten gesehen werden: Erfolge bei Leistungseinsparungen, die trotz eines größer werdenden Anteils älterer Versicherter erzielt werden, sind höher zu bewerten als Ergebnisse in derselben Höhe, die bei einer unveränderten Altersstruktur erreicht würden.

Wichtig bei der Interpretation der Ergebnisse ist die Tatsache, dass es sich im Folgenden explizit um eine Betrachtung von Wirkungen handelt. Um darüber hinaus eine Kosten-Nutzen-Bilanz im Sinne einer Effizienzbetrachtung ziehen zu können, bedarf es weiterer Voraussetzungen, auf die in Kapitel 17.2.3 näher eingegangen wird.

Ergebnisse der quantitativen Effektivitätsbetrachtung

Im Folgenden werden beispielhaft Ergebnisse aus dem Modellvorhaben „Integratives betriebliches Gesundheitsmanagement in hessischen Unternehmen" vorgestellt. Dabei wird einerseits ein Schlaglicht auf wesentliche Ergebniskennzahlen geworfen, andererseits eine erste Zusammenführung zu einem Gesamtbild angestrebt.

Entwicklung der Alterstruktur der AOK-Versicherten. Wie oben ausgeführt, müssen die Ergebnisse auf Basis der Alters- und Risikostruktur der AOK-Versicherten interpretiert werden. Deshalb wird in Abbildung 17.5 zunächst die Entwicklung der Altersstruktur gezeigt.

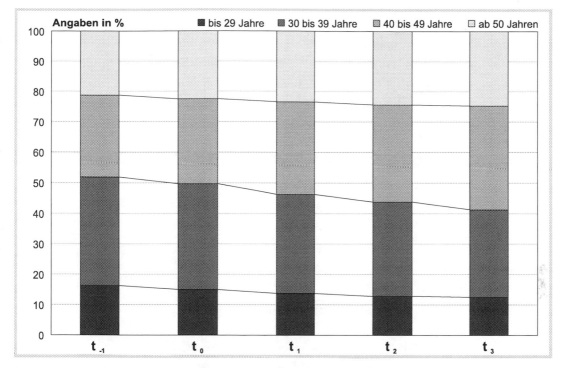

Abb. 17.5. Entwicklung der Alterstruktur in den Bonusbetrieben

Bei der Entwicklung der Alterstruktur in den Bonusbetrieben (s. Abb. 17.5) ist eine kontinuierliche Verringerung der Anteile der Mitarbeiter in den Altersgruppen bis 39 Jahre zu verzeichnen. Ganz ähnlich sieht die Entwicklung im Branchenvergleich (ohne Abbildung) aus. Man kann folglich für die Interpretation der Ergebnisse von ähnlichen Rahmenbedingungen bzgl. der Effekte, die von der Alterstruktur mitbedingt werden, ausgehen. Für die Interpretation der im Folgenden dargestellten Ergebnisse ist zu berücksichtigen, dass die Entwicklung der Altersstruktur derzeit mit einer Verschlechterung der Risikostruktur einhergeht.

Entwicklung der Fehlzeiten. Über den Betrachtungszeitraum hinweg zeigt sich, dass in den Modellbetrieben insgesamt höhere Fehlzeiten als in den Branchenvergleichsbetrieben zu verzeichnen sind. Dies ist zum Teil auf eine besondere Risikostruktur durch die spezifischen Tätigkeitsfelder in den Bonusbetrieben zurückzuführen.

Bei einer prozentualen Betrachtung der AU-Tage ausgehend von t0 (s. Abb. 17.6) zeigt sich bei den Bonusbetrieben ein kontinuierlicher Trend zu geringeren Fehlzeiten, während die Entwicklung in den Branchen zum Zeitpunkt t3 von einem positiven Trend abweicht.

Hier kann man von einem ersten Hinweis auf Stabilität der Entwicklung in den Modellunternehmen sprechen. Die Trendentwicklung bei den Fehlzeiten spiegelt sich darüber hinaus in den als wesentlich erachteten ICD-Hauptgruppen wie Muskel-Skelett-Erkrankungen, Herz-Kreislauf-Erkrankungen und auch – trotz allgemeinem Trend zu höheren Fallzahlen und Fehlzeiten – bei den psychischen Erkrankungen wider.

Entwicklung der Leistungsausgaben. Bei der quantitativen Evaluation ist es wichtig, die Entwicklung der Leistungsausgaben zu betrachten. Hier stehen Daten zu Krankengeld (Lohnfortzahlung ab dem 42. Fehltag), stationären Leistungen und Heil- und Hilfsmitteln zur Verfügung. In allen drei Ausgabenarten sind ähnliche Entwicklungen auf unterschiedlichen Kostenniveaus zu verzeichnen. Beispielhaft zeigt Abbildung 17.7 die Entwicklung der Krankengeldausgaben in den Unternehmen und Vergleichsbranchen.

Es zeigt sich, dass sich in den Bonusbetrieben ein positiver Anfangstrend auf stabilem Niveau einstellt. In den Vergleichsbranchen sind die Ausgaben von Anfang an höher, mit einem jahrgangsübergreifenden Trend zu steigenden Ausgaben. Die Differenz im Vergleich zu den Ausgaben in den Bonusunternehmen

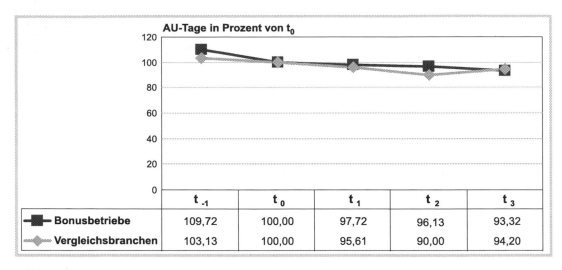

AU-Tage in Prozent von t_0

	t_{-1}	t_0	t_1	t_2	t_3
Bonusbetriebe	109,72	100,00	97,72	96,13	93,32
Vergleichsbranchen	103,13	100,00	95,61	90,00	94,20

◘ **Abb. 17.6.** Entwicklung der AU-Tage in Prozent von t0

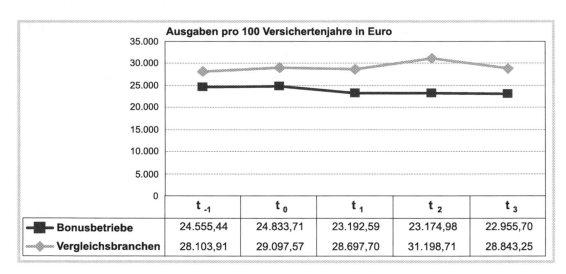

Ausgaben pro 100 Versichertenjahre in Euro

	t_{-1}	t_0	t_1	t_2	t_3
Bonusbetriebe	24.555,44	24.833,71	23.192,59	23.174,98	22.955,70
Vergleichsbranchen	28.103,91	29.097,57	28.697,70	31.198,71	28.843,25

◘ **Abb. 17.7.** Ausgaben Krankengeld pro 100 VJ

wird tendenziell größer. Die Schwankungsbreite der Ausgaben pro 100 VJ zwischen den einzelnen Betrachtungszeitpunkten ist in den Branchendaten größer als in Unternehmensdaten. Bringt man die Entwicklung der Altersstruktur der zugrunde liegenden Stichproben und die Fehlzeitenentwicklung in Zusammenhang, dann ist an dieser Stelle deutlich zu sehen, dass in den Unternehmen, in denen die beschriebene Form eines IBGM betrieben wird, eine Kostensenkung stattgefunden hat. Dieser Effekt wird dann sichtbar, wenn man die Daten nach Altersgruppen differenziert oder eine altersstandardisierte Auswertung durchführt. Die Kos-

tenentwicklung gibt daher vor dem Hintergrund einer allgemeinen Lohnkostensteigerung im Modellzeitraum und damit einhergehend einer tatsächlichen Kostensteigerung im Lohnfortzahlungsfall eine eher konservative Betrachtung wieder.

Da jedoch zu erwarten ist, dass es bei erfolgreichem IBGM zu Kostenverschiebungen zwischen den einzelnen Ausgabenarten kommt, wird der Bewertung eine kombinierte Differenzbetrachtung zugrunde gelegt. Dafür wurden die für die Auswertung zur Verfügung stehenden Leistungsausgaben (Krankengeld, Heil- und Hilfsmittel, stationäre Leistungen) in den Betrachtungs-

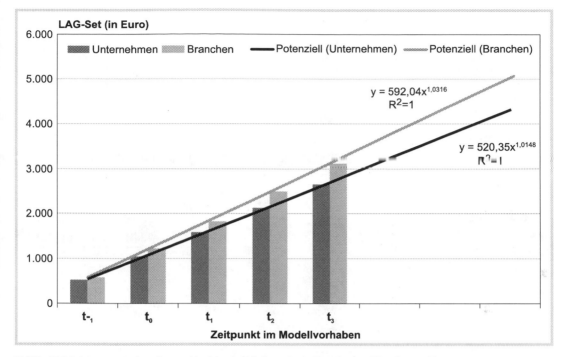

Abb. 17.8. Leistungsausgaben-Set: pro Versichertenjahr kumulierte Ausgaben und Trendentwicklung

zeiträumen aufsummiert und nach Versichertenjahr normiert. Die kumulierten Werte ergeben bei einer Differenzbildung kumulierte Einsparungen. So wird der Fokus auf einen Gesamteffekt für die Projektlaufzeit gelenkt.

In Abbildung 17.8 fällt der oben beschriebene Effekt der „Positivauswahl" im Jahr t-1, also dem Jahr vor der ersten Abgabe einer Selbstbewertung auf. Dieser Anfangseffekt ist auf die Ausgangssituation der Unternehmen zurückzuführen. Liegt ein solcher Anfangseffekt vor, sind „Deckeneffekte" zu vermuten, d. h., es ist davon auszugehen, dass sich die Einsparungen einem Grenzwert nähern. Dass es trotz dieses möglichen „Deckeneffekts" zu weiteren Einsparungen kommt – und dies trotz sich verschlechternder Altersstruktur, kann auch auf die IBGM-Aktivitäten in den Modellunternehmen zurückgeführt werden.

Abbildung 17.8 zeigt, dass im Rahmen des Modellvorhabens kontinuierlich Einsparungen im Leistungsausgabenset zu verzeichnen sind.

Fazit aus den quantitativen Evaluationsergebnissen. Zusammenfassend ist bei der Betrachtung der quantitativen Evaluationsergebnisse festzustellen, dass IBGM mit längerfristigen positiven Effekten einhergeht. Ein IBGM trägt somit trotz einer sich verschlechternden

Risikostruktur aufgrund einer „älteren" Belegschaftsstruktur zur Stabilisierung der Fehlzeiten- und Kostenentwicklung bei.

17.2.3 Abgrenzung Effektivitätsbetrachtung und Effizienzbetrachtung

Von der Effektivitätsbetrachtung (das Richtige tun) ist die Effizienzbetrachtung (etwas richtig tun) klar abzugrenzen. Im vorliegenden Fall konkretisiert sich letztere in einer erweiterten Wirtschaftlichkeitsanalyse (EWA), bei der direkte und indirekte Nutzeneffekte zu monetisieren und den für die Umsetzung des Vorhabens entstandenen Kosten gegenüberzustellen sind.

Durch geeignete Indikatoren werden Aufwand und Nutzen monetär quantifiziert und einander gegenübergestellt. Bei einer erweiterten Wirtschaftlichkeitsanalyse lässt sich die reale Situation umso besser abbilden, je vollständiger das verwendete Kennzahlen-Set ist. Während sich der Aufwand (z. B. Höhe der Bonuszahlungen, Personalkosten etc.) relativ sicher und umfassend bestimmen lässt, entziehen sich viele Nutzenpotenziale einer direkten monetären Erfassung. Dies betrifft z. B. die Einsparungen von Leistungsausgaben, wo nur eine

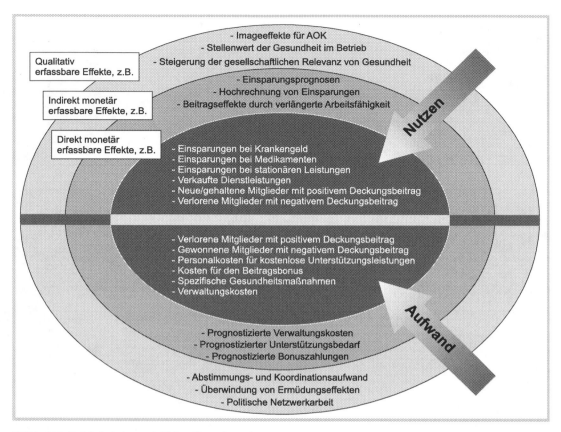

Abb. 17.9. „Zwiebelschalenmodell" der Effizienzbetrachtung

begrenzte Auswahl von Indikatoren für eine Auswertung zur Verfügung steht. Damit liegt der grundsätzliche Nachteil eines solchen Ansatzes zunächst darin, dass alle Effekte, die sich einer monetären Bewertung entziehen (z. B. Imagegewinn), bei einer systematischen Aufwand/Nutzenbilanz keine angemessene Berücksichtigung finden. Insofern bleibt eine solche Bilanz immer unvollständig. Sie wird dem mehrdimensionalen, inhaltlich weit reichenden Anspruch des zugrunde liegenden Gesundheitsmanagementmodells allein nicht gerecht.

Eine Effizienzbetrachtung, die den inhaltlichen Anforderungen eines betrieblichen Gesundheitsmanagements gerecht werden soll, stellt somit sehr hohe Anforderungen an die Konzeption des zugrunde liegenden Datenmodells sowie die Bereitstellung einer geeigneten Datengrundlage. Neben monetär quantifizierbaren Größen müssen auch solche Berücksichtigung finden, die nur qualitativ oder nicht monetär beschreibbar sind. Letztlich muss die Effizienzbetrachtung auf einem

„Zwiebelschalen-Modell" basieren, das die verschiedenen Ebenen einer Aufwand/Nutzen-Betrachtung abbildet. In Abbildung 17.9 ist ein solches Modell, das keinen Anspruch auf Vollständigkeit erhebt, dargestellt.

Aus Abbildung 17.9 wird ersichtlich, dass von innen nach außen Aufwand und Nutzen immer schwerer zu quantifizieren sind. Die im Modellvorhaben zur Verfügung gestellten Daten decken nur einen begrenzten Teil des für eine Effizienzbetrachtung notwendigen Gesamtportfolios ab. So lassen sich mit den vorliegenden Daten Aussagen zur Entwicklung einzelner Indikatoren auf den verschiedenen Ebenen des Zwiebelschalenmodells machen, für eine vollständige Abdeckung fehlen jedoch die Datengrundlagen. Eine umfassende Bewertung und eine stimmige Quantifizierung aller Indikatoren bildet jedoch die Basis für eine valide Effizienzbetrachtung. Hier liegt weiterer Forschungsbedarf vor.

17

17.2.4 Ergebnisse der qualitativen Evaluation

Wie eingangs skizziert, schlägt sich der Erfolg eines IBGM nicht nur in quantitativen Größen nieder – auch qualitative Effekte müssen bei der Evaluation Berücksichtigung finden. Grundlagen für die entsprechenden Erkenntnisse sind qualitative Auswertungen von Interviews bzw. Workshops mit Unternehmensvertretern und Fachexperten, welche die betriebliche Umsetzung integrierter betrieblicher Gesundheitsmanagementsysteme begleitet haben.

Die Auswertung dieser Daten lieferte nicht nur Erkenntnisse bzgl. der Effekte des Betrieblichen Gesundheitsmanagements, vielmehr wurde auch deutlich, was kritische Faktoren für eine erfolgreiche IBGM-Einführung sind.

Kriterien für eine erfolgreiche IBGM-Einführung

Fachliche und methodische Unterstützung. Die erfolgreiche und nachhaltige Integration von Gesundheitsaspekten in eine Organisation erfordert sowohl eine geeignete methodische Unterstützung als auch ein System, das integrative Eigenschaften beinhaltet und eine Verankerung in der Organisation ermöglicht.

Die Unternehmen werden durch externe Fachberater, Experten der AOK Hessen und des Instituts für Technologie und Arbeit an der Universität Kaiserslautern methodisch unterstützt. Diese transferieren wissenschaftlich fundierte Ansätze und arbeiten den innerbetrieblichen Akteuren zu. Die funktionale Einordnung der betrieblichen Ansprechpartner reicht von der Arbeitssicherheit über Arbeitsmedizin bis zur Personalleitung der Unternehmen. Der methodische Input gelangt über die verantwortlichen Akteure in die Unternehmen, die ihrerseits als Multiplikatoren interne Überzeugungsarbeit für den neuen Ansatz leisten müssen. Die Unternehmen erhalten damit einen herausfordernden Input, mit dem sie sich inhaltlich auseinander setzen müssen. Dies erfordert eine hohe Bereitschaft sich darauf einzulassen und Ressourcen für eine erfolgreiche Umsetzung bereitzustellen. Positive Effekte des Ansatzes zeigen sich für die Organisation jedoch in der Regel erst mittelfristig. Dass Investition und Wirkung zeitlich versetzt sind, erschwert die Überzeugungsarbeit. Dies ist eine Herausforderung für die Organisation.

Selbstbewertung nach dem IBGM-Modell. Auch das IBGM-Modell hat eine unterstützende Funktion. Die integrativen Eigenschaften des betrieblichen Gesundheitsmanagements werden insbesondere durch die Verknüpfbarkeit mit vorhandenen Ansätzen, Strukturen und Prozessen im Unternehmen deutlich. Dabei ist die „Selbstbewertung" das Kernelement einer nachhaltigen Verankerung in den Organisationen, da sie einen kontinuierlichen Verbesserungsprozess initiiert – insbesondere auch dadurch, dass die Ergebnisse des Bewertungsprozesses in einem „Feedback-Report" dokumentiert werden, der an das Unternehmen zurückgemeldet wird. Dieses Dokument enthält eine detaillierte Auflistung von Stärken und Verbesserungsbereichen, die es dem Unternehmen ermöglichen, gezielte Maßnahmen abzuleiten.

Das Bewertungsverfahren wurde von den Akteuren ambivalent beurteilt. Einerseits wurde der hohe Aufwand zur Dokumentation bemängelt, andererseits bot es die Chance, betriebliche Prozesse und Strukturen systematisiert zu reflektieren, Transparenz bzgl. der betrieblichen Ansätze zu schaffen und die Kommunikation über Gesundheitsthemen zu fördern.

Parallel zu den betrieblichen Aktivitäten wurden im Modellvorhaben in Hessen überbetriebliche Kooperationsstrukturen aufgebaut, die es den beteiligten Modellbetrieben ermöglicht haben, Lernnetzwerke aufzubauen und ein gesundheitsspezifisches Benchmarking zu betreiben.

Benchmarking. In der Möglichkeit, eigene Kennzahlen externen Vergleichsgrößen gegenüberzustellen, sahen die Unternehmen einen entscheidenden qualitativen Vorteil des Modellvorhabens. Die teilnehmenden Betriebe haben einen gemeinsamen „Gesundheitskennzahlenpool" entwickelt, in den definierte Kennzahlen eingespeist werden.

Diese Datenbasis gibt den Unternehmen die Möglichkeit, die Wirksamkeit ihrer Ansätze kritisch zu reflektieren und von den Erfahrungen und Konzepten ihrer Benchmarking-Partner zu profitieren. Den organisatorischen Rahmen hierfür bilden regelmäßige Betriebstreffen.

Betriebstreffen. In den Betriebstreffen bietet sich im Modellvorhaben zudem die Möglichkeit, Erfahrungen und Erkenntnisse auszutauschen, mehr über das Modell IBGM und seine Umsetzung zu erfahren und Herausforderungen gemeinsam zu diskutieren.

Darüber hinaus werden Erkenntnisse und wissenschaftliche Ansätze kommuniziert, die für die Bearbeitung betrieblicher Gesundheitsprobleme besonders wichtig sind. Insbesondere den Erfahrungsaustausch mit anderen Unternehmen sahen die Unternehmensvertreter, aber auch die beteiligten Fachexperten, als einen wesentlichen Erfolgsgaranten an.

Wirkungen von IBGM in den Unternehmen – Ergebnisse und qualitative Effekte

Eine weitere Dimension der qualitativen Evaluation bezieht sich auf die Effekte des IBGM in den beteiligten Unternehmen. Insgesamt sind die Wirkungen sehr vielfältig und die Aufwand/Nutzen-Bilanz der Unternehmen fällt überwiegend positiv aus.

Eine auffällige und gleichzeitig bedeutende Entwicklung wurde gemeinsam von Unternehmensvertretern und den AOK-Experten als prägend für das Modellvorhaben beschrieben: die Aufnahme des Themas Gesundheit in die Unternehmenspolitik und in die Unternehmensleitlinien. Dies wird über den Modellzeitraum hinaus langfristige Wirkungen haben. Weitere konkrete Anhaltspunkte ergeben sich aus den Beschreibungen der betrieblichen Akteure. Beispielsweise sind Gesundheitsaspekte in den Zielen der Führungskräfte enthalten. Die Selbstbewertung und die Reviews sind als Methode anerkannt und fester Bestandteil von Prozessen. Das bedeutet, dass die Unternehmen das IBGM mit dem Ende des Modellvorhabens nicht „abschalten" können, da das Thema „Gesundheit" in ihren Strukturen und Prozessen im Rahmen des Modellvorhabens verankert wurde. Es bleibt abzuwarten, inwiefern die erwarteten langfristigen Erfolge eintreten.

Die unten beschriebenen qualitativen Aspekte basieren auf Aussagen der IBGM-Beauftragten in den Unternehmen und der AOK-Projektmanager. Sie wurden in unterschiedlicher Ausprägung in den Unternehmen nutzbar gemacht und geben einen Einblick in die heterogene Vielfalt der positiven nicht quantifizierbaren Effekte.

Nutzen und „Highlights" aus Sicht der Unternehmen

Die unten stehenden Aussagen wurden in den projektbegleitenden Benchmarking-Treffen und im Rahmen eines Ergebnisworkshops systematisch erfasst. Die Auswirkungen können drei Feldern zugeordnet werden: mitarbeiterbezogene, strukturelle und prozessuale Auswirkungen.

Auswirkungen bei Mitarbeitern und Führungskräften

- Durchführung von Mitarbeiterbefragungen zum Thema Gesundheit
- Berücksichtigung von Gesundheitsaspekten bei der Arbeitsplanung (flexibler Einsatz, Belastungswechsel)
- Erweiterung der Qualifikation der Mitarbeiter – Sensibilisierung zum Thema Gesundheit
- Bewusstsein der Mitarbeiter und der Führungskräfte zum Thema Gesundheit hat sich verändert und führte zur Ausweitung der Kommunikation zwischen Führungskräften und Mitarbeitern
- Arbeitsschutz und Gesundheitsschutz werden als gemeinsames wichtiges Themenfeld betrachtet
- Erweiterter Handlungsspielraum für Präventionsexperten mit klaren Strukturen und Zuständigkeiten
- Klärung des Gesundheitsverständnisses
- Bewusstseinsänderung bei Führungskräften, Geschäftsleitung und Mitarbeitern: Gesundheit ist mehr als eine Privatsache
- Höher empfundene Wertschätzung der Mitarbeiter
- Das Bewusstsein der Mitarbeiter und der Führungskräfte zum Thema Gesundheit hat sich verändert
- Ausbau der Qualifikationen zur Gesundheit und der kommunikativen Fähigkeiten
- Gesundheitsschutz ist „raus aus der Kuschelecke" und hat ein professionelles Profil

Auswirkungen auf Struktur und Funktionen

- Zusammenführung der Arbeitsschutz-, Gesundheits- und Umweltschutzgremien
- Gesundheitszirkel sind Routinegremien und ein Forum der Mitarbeiter für Belastungspunkte aus dem Arbeitsalltag
- Die monetäre Unterstützung fließt als Re-Investition in Gesundheitsschulungs- maßnahmen und ist ein Argument, um weiter zu investieren
- Breitere Verwendung von Mitteln zur Prävention im Unternehmen
- Ausbau eines flächendeckenden Gesundheitsmanagements, das sowohl Arbeitsschutz als auch Gesundheitsschutz integriert und fester Bestandteil des Qualitätsmanagements ist
- Einführung von Regelkommunikation und Abstimmungsgesprächen zwischen den Abteilungen des Gesundheitsschutzes, des Arbeitsschutzes und des Sozialdienstes
- Regelgespräche mit Arbeitnehmervertretungen zum Thema Gesundheit im Unternehmen
- Gesundheit ist ständiger Verantwortungsbereich der Führungskräfte
- Verbesserung des innerbetrieblichen Informationsflusses und Schaffen von transparenten Kommunikationswegen, verbesserte Kommunikation innerhalb der Abteilungen

17

- Verbesserung der verschiedenen Arbeitsschutz- und Gesundheitsschutz-Funktionen
- Verbesserte Wahrnehmung der eigenen Leistung als betrieblicher Gesundheitsexperte, „Aufwertung" der Funktion
- Erweiterung des Weiterbildungsangebotes

Auswirkungen auf Prozesse und Verfahren
- Auseinandersetzung mit den Kernprozessen im Gesundheitsmanagement
- Aufnahme von Gesundheitszielen in die Balanced Scorecard, feste Ziele und Zielvorgaben in der Scorecard
- Gesundheitskennzahlen sind im Regel-Reporting eingepflegt
- Gesundheit ist in die Unternehmensprozesse integriert, Instrumente der betrieblichen Gesundheitsförderung sind als betriebliche Standards bestätigt
- Gesundheitstage sind langfristig eingeplant und sichern das Thema im Arbeitsalltag
- Die Rückmeldungen der Assessoren zu den Beschreibungen des Gesundheits- managements sichern die interne Weiterentwicklung und unterstützen die Argumentation bei Veränderungen
- Systematische Analyse der Gesundheitssituation und das Ableiten von Veränderungen sind „Alltagsprozedere", mitarbeiterorientierte Befragungsinstrumente werden eingesetzt
- Erweiterung der arbeitsmedizinischen Angebote
- Gesundheitsaspekte sind in Vorschlagswesen aufgenommen
- Ergonomische Bewertung der Arbeitsplätze
- Selbstbewertung analog eines QM- oder Umweltberichts ist mittlerweile Routineprozess
- Gesundheitsprozesse sind transparenter und werden dargestellt, regelmäßige Prozessbewertungen und -verbesserungen werden vorgenommen

Das IBGM hat in den Unternehmen zu weit reichenden Veränderungen geführt, deren Spuren auch nach Auslaufen des Modellvorhabens sichtbar bleiben werden. Inwiefern sich diese Aktivitäten, die im intendierten IBGM-Wirkmechanismus (Abbildung 17.2) bei „Aufbau und Weiterentwicklung des BGM" anzusiedeln sind, in Kennzahlen-Sets abbilden lassen, die Erfolge belegen können, kann nicht abschließend geklärt werden. Einiges wird sicherlich auf der qualitativen Ebene verbleiben müssen. Feststellbar ist jedoch, dass die Aktivitäten im Rahmen des Modellvorhabens zu überwiegend positiven Reaktionen bei den Beteiligten im Unternehmen geführt haben.

17.3   Fazit

Ein IBGM umzusetzen, die Umsetzung und den Erfolg in den Unternehmen anhand der EFQM-basierten IBGM-Selbstbewertung zu bewerten sowie ein Evaluationskonzept zur Bewertung des Erfolges aus Sicht der AOK Hessen zu schaffen, erforderten einen insgesamt breiten und umfassenden Ansatz.

Diese Vorgehensweise ist trotz des damit einhergehenden größeren Aufwandes und einer größeren Komplexität sehr sinnvoll. Das Thema „Gesundheit" lässt sich damit im Unternehmen neu positionieren und gewinnt dadurch an Bedeutung, dass es nicht länger Aufgabe spezialisierter Fachabteilungen, sondern Bestandteil des Tagesgeschäfts ist. Es kann damit, ergänzt durch den prospektiven Beitragsbonus, die für die erfolgreiche Umsetzung von Veränderungsmaßnahmen notwendige Unterstützung des Managements und Akzeptanz bei den Mitarbeitern erhalten.

Die Wirkungen dieser Veränderungsmaßnahmen sind, wie die Evaluationsergebnisse zeigen, objektiv messbar und subjektiv erlebbar. Einerseits wird dem Ziel, zur Verbesserung der betrieblichen Gesundheitssituation beizutragen, Rechnung getragen. Andererseits kommt es zu Effekten bei den Kosten. Die Evaluationsergebnisse geben damit deutliche Hinweise auf die Wirksamkeit des Ansatzes und ermutigen, den IBGM-Ansatz dauerhaft und nachhaltig in Unternehmen zu etablieren.

Im Lauf des Prozesses sollten Effizienzbetrachtungen angestellt werden, die explizit nicht nur direkt bilanzierbare, kurzfristige Kosten-Nutzen-Betrachtungen fokussieren, sondern sehr viel weiter gefasst sind. Nach dem vorgestellten „Zwiebelschalenmodell" zur Effizienzbetrachtung ist auf Basis der derzeit verfügbaren Daten nur eine Effektivitätsbetrachtung mit einer Verknüpfung und Interpretation der Effekte leistbar. Bei einer Effizienzbetrachtung wären darüber hinaus die Perspektiven und Bedarfe der verschiedenen Anspruchsgruppen (Stakeholder) zu berücksichtigen. Auf der einen Seite stehen dabei diejenigen, welche die betriebliche Gesundheitssituation beeinflussen können, auf der anderen Seite aber auch diejenigen, die von den Auswirkungen betroffen sind und beeinflusst werden.

Es ist davon auszugehen, dass die Wirkungen eines IBGM vielfältig sind und zwar nicht nur bei den betroffenen Mitarbeitern und in den teilnehmenden Unternehmen, sondern dass sie auch im gesamten Sozialversicherungs- und Gesundheitssystem ihren Niederschlag finden. Welche Anspruchsgruppen in welcher Art und Weise von den Wirkungen eines IBGM betroffen sind und wie diese in ein IBGM und in entsprechende Anreizsysteme integriert werden können, muss in weiteren Forschungsprojekten geklärt werden.

Literatur

[1] Bortz J, Döring N (2006) Forschungsmethoden und Evaluation für human- und Sozialwissenschaften. 3. Aufl., Springer, Berlin

[2] Schwaninger M (1994) Managementsysteme. Campus, Frankfurt

[3] Stockmann R (2006) Evaluation und Qualitätsentwicklung, Eine Grundlage für wirkungsorientiertes Qualitätsmanagement. Waxmann, Münster

[4] Thul MJ (2003a) Psycho-soziale Gesundheit als Managementaufgabe. In: Bundesanstalt für Arbeitsschutz und Arbeitsmedizin (Hrsg) Psychische Belastungen am Arbeitsplatz, Tagungsbericht Tb 135. Wirtschaftsverlag, Bremerhaven, S 50–74

[5] Thul MJ (2003b) Betriebliches Gesundheitsmanagement. In: Knauth P, Wollert A (Hrsg) Human Ressource Management – Kapitel 2 Personalmanagement A-Z, 45. Erg.-Lfg., Wolters und Kluwer, Neuwied, S 1-30

[6] Thul MJ, Zink KJ (1999) Konzepte und Instrumente eines integrativen betrieblichen Gesundheitsmanagements. Zentralblatt für Arbeitsmedizin, Arbeitsschutz und Ergonomie, 8/49, S 274–284

[7] Thul MJ, Zink, KJ (2006) Qualität im betrieblichen Gesundheitsmanagement – Welche Erkenntnisse lassen sich aus den Entwicklungen im Qualitätswesen für ein betriebliches Gesundheitsmanagement ableiten? In: Leidig S, Limbacher K; Zielke M (Hrsg) Stress im Erwerbsleben: Perspektiven eines integrativen Gesundheitsmanagements. Pabst, Lengerich, S 59–88

[8] Vester F (2002) Die Kunst vernetzt zu denken. Ideen und Werkzeuge für einen neuen Umgang mit Komplexität. Deutscher Taschenbuchverlag, München

[9] Zink KJ (2004) TQM als integratives Managementkonzept: Das EFQM-Excellence-Modell und seine Umsetzung. 2. überarb. und erw. Aufl., Hanser, München Wien

[10] Zink KJ, Thul M J (2007) Betriebliches Gesundheitsmanagement. In: Landau K (Hrsg) Lexikon der Arbeitsgestaltung. 1. Aufl., Gentner, Stuttgart, S 333–336

17

Kapitel 18

Unternehmenskultur, Gesundheit und wirtschaftlicher Erfolg in den Unternehmen in Deutschland – Ergebnisse eines Forschungsprojekts des Bundesministeriums für Arbeit und Soziales

F. Hauser

Zusammenfassung. *Das im Auftrag des Bundesministeriums für Arbeit und Soziales durchgeführte Forschungsprojekt „Unternehmenskultur, Arbeitsqualität und Mitarbeiterengagement in den Unternehmen in Deutschland" kann auf sehr umfassender Datenbasis zeigen, dass eine mitarbeiterorientierte Unternehmenskultur bzw. die Arbeitsqualität und das damit eng verbundene Engagement der Mitarbeiter sehr wichtig für den Erfolg und die Wettbewerbsfähigkeit der Unternehmen in Deutschland sind. Gleichzeitig wird deutlich, dass das grundsätzlich vorhandene Potenzial in den meisten Unternehmen und Organisationen noch nicht ausreichend genutzt wird. Analoges zeigt sich zu Status und Einfluss auf die Gesundheit der Beschäftigten. Aus Sicht vieler Mitarbeiter besteht Optimierungspotenzial hinsichtlich der gesundheitsfördernden Rahmenbedingungen. Gleichzeitig beeinflussen verschiedene Aspekte einer mitarbeiterorientierten Unternehmenskultur das Ausmaß des Krankenstandes nachhaltig. Durch die Entwicklung einer mitarbeiterorientierten Unternehmenskultur mit einer ausgeprägten Qualität der Arbeit können die Potenziale besser genutzt und das Engagement der Mitarbeiter in den Unternehmen weiter gefördert und gepflegt werden .*

18.1 Einleitung

Durch den zunehmenden Wettbewerbsdruck sind Unternehmen und Organisationen gezwungen, alle zur Verfügung stehenden Leistungspotenziale und Ressourcen effektiv und effizient zu nutzen. Der damit verbundene erhöhte Arbeits- bzw. Leistungsdruck erfordert, dass besonderer Wert darauf gelegt wird, das Engagement und die – ganzheitlich verstandene – Gesundheit der Beschäftigten zu erhalten und zu fördern. Vor diesem Hintergrund rückt das Thema Unternehmenskultur verstärkt in den Fokus wirtschaftlicher und gesamtgesellschaftlicher Interessen. Mehr und mehr wird davon ausgegangen, dass die Unternehmenskultur und das damit verbundene Thema Arbeitsqualität sowohl die Wettbewerbsfähigkeit der Unternehmen als auch die Zufriedenheit der Beschäftigten steigern können.

Um Erkenntnisse über die Situation in Deutschland zu gewinnen, wurde in den Jahren 2006 und 2007 im Auftrag des Bundesministeriums für Arbeit und Soziales das Projekt „Unternehmenskultur, Arbeitsqualität und Mitarbeiterengagement in den Unternehmen in Deutschland" durchgeführt. Forschungsnehmer waren die psychonomics AG in Kooperation mit dem Great Place to Work® Institute Deutschland und dem Institut für Wirtschafts- und Sozialpsychologie der Universität zu Köln. Im Rahmen des Projekts wurden drei wesentliche Ziele verfolgt:

- Analyse des Status der Unternehmenskultur, der Arbeitsqualität und des Mitarbeiterengagements in Deutschland
- Analyse der Zusammenhänge von Unternehmenskultur, Arbeitsqualität, Mitarbeiterengagement und Unternehmenserfolg
- Entwicklung von Interventionsmodellen zur Gestaltung einer Unternehmenskultur, die die Wettbewerbsfähigkeit, das Mitarbeiterengagement und die Gesundheit der Beschäftigten fördert

Die Analyse des Themas betriebliche Gesundheit war kein ausdrücklicher Teil der Zielstellung. Als zentrale Zielgröße des betrieblichen Personalmanagements wurde diese aber mit in die Untersuchung einbezogen. Dieser Artikel gibt einen Überblick über die Ergebnisse des Forschungsprojektes insgesamt und zeigt die Ergebnisse zum Thema Gesundheit auf.

18.2 Untersuchungsmethode

Zur Erfassung des Status quo und zur Untersuchung der zentralen Fragestellung nach dem Zusammenhang von Unternehmenskultur, Mitarbeiterengagement und Unternehmenserfolg wurden auf Grundlage einer disproportional nach Größe und Branche geschichteten Zufallsstichprobe in insgesamt 314 Unternehmen in Deutschland jeweils eine umfassende Mitarbeiterbefragung und eine Befragung eines Managementvertreters bzw. eines Fachverantwortlichen durchgeführt.

In die Stichprobe wurden Unternehmen aus den zwölf unternehmens- und mitarbeiterstärksten Branchen in Deutschland einbezogen: Nahrungsmittelindustrie, chemische Industrie, Metallindustrie, Maschinenbau, Automobilindustrie, Baugewerbe, Handel, Logistik und Verkehr, Finanzdienstleistungsbranche, unternehmensbezogene Dienstleistungen, öffentliche Verwaltung, Gesundheits- und Sozialwesen. Befragt wurden ausschließlich Unternehmen mit mindestens 20 Mitarbeitern. Die Unternehmen wurden nach Größe kategorisiert in kleine Unternehmen (20–99 Mitarbeiter), mittelgroße Unternehmen (100–499 Mitarbeiter) und große Unternehmen (500 und mehr Mitarbeiter). Die Stichproben-Auswahl anhand der genannten Kriterien stellt sicher, dass die Studie repräsentative Aussagen über einen großen Anteil der in Deutschland angesiedelten Unternehmen und Beschäftigten erlaubt. Das Stichprobenkonzept umfasste eine Grundgesamtheit von rund 18,5 Millionen Beschäftigten in etwa 195 000 Unternehmen.

Die **Mitarbeiterbefragung** erfasst in Form eines standardisierten Fragebogens das Erleben der Mitarbeiter im Hinblick auf zentrale Aspekte der Unternehmenskultur sowie das Mitarbeiterengagement. Im Mittelpunkt steht dabei die Dimension Mitarbeiterorientierung, die auch als erlebte Arbeitsqualität interpretiert werden kann. Zu deren Erfassung konnte auf das international bewährte Konzept und Instrumentarium des Great Place to Work® Institute zurückgegriffen werden (Trust Index©). Auf diese Weise wird auch ein Vergleich mit der Mitarbeiterorientierung und dem Engagement in Unternehmen möglich, die als „ausgezeichnete Arbeitgeber" bzw. „Beste Arbeitgeber" gelten, da das Great Place to Work® Institute seit vielen Jahren – in Deutschland seit dem Jahr 2002 – Benchmark-Studien zu diesem Thema durchführt. Im Bereich der Instrumentendimension „Fürsorge" beinhaltet der Trust Index© auch zwei direkte Fragen zum Thema Gesundheit. Sie betreffen die körperliche Sicherheit und die Bedingungen für emotionales Wohlbefinden. Eine weitere Frage zum Angebot von Maßnahmen der Gesundheitsförderung wurde speziell für Deutschland aufgenommen und auch im hier dargestellten Forschungsprojekt eingesetzt. Ergänzt zur erlebten Arbeitsqualität wurden folgende Dimensionen der Unternehmenskultur untersucht: Kundenorientierung, Leistungsorientierung, Veränderungsfähigkeit und Innovationen sowie die Stärke der Unternehmenskultur. Außerdem wurden die Arbeitsgesamtzufriedenheit und verschiedene Fragen zur Entwicklung der Arbeitssituation in das Untersuchungskonzept aufgenommen.

Die **Managementbefragung** umfasst neben allgemeinen Angaben zu Unternehmens- und Personalstruktur Fragen zu eingesetzten Personalführungsinstrumenten und vor allem zum Unternehmenserfolg. Zur Messung des Unternehmenserfolgs wurden sowohl subjektive Erfolgskennzahlen als auch objektive Finanzkennzahlen, insbesondere der EBIT (Earnings Before Interests and Taxes), erfasst und zu einem integrierten Erfolgsindex zusammengefasst. Zudem wurden der Krankenstand und die Fluktuation erhoben.

Die **Stichprobe** besteht aus 37 151 befragten Mitarbeitern in den 314 Unternehmen. Die Beteiligungsquote bei den Mitarbeiterbefragungen lag bei durchschnittlich 58 Prozent, was einen für diese Art von Untersuchung guten Rücklauf darstellt und die weiteren Auswertungen auf eine sehr gute empirische Basis stellt. 122 kleine, 132 mittelgroße und 60 große Unternehmen konnten für die freiwillige Teilnahme an dem Forschungsprojekt gewonnen werden.

Die Verteilung auf die untersuchten Branchen entspricht bezüglich der Mitarbeiterzahlen in etwa der tatsächlichen Verteilung in Deutschland. Die Gewichtung im Hinblick auf die in der Grundgesamtheit gegebene Größenverteilung erlaubt repräsentative Aussagen für das Arbeiten in den Unternehmen in Deutschland.

18.3 Status Quo von Arbeitszufriedenheit, Engagement, Unternehmenskultur und gesundheitsfördernden Rahmenbedingungen

18.3.1 Arbeitszufriedenheit und Engagement

Ihre Arbeitzufriedenheit bewerten die Beschäftigten in den Unternehmen in Deutschland mehrheitlich positiv: Etwa vier von fünf Befragten (77%) geben an, mit ihrer Arbeit im Großen und Ganzen zufrieden zu sein. Der Anteil derer, die „völlig zufrieden" (6%) oder „sehr zufrieden" (31%) sind, liegt jedoch nur bei gut einem Drittel (37%). Auch die Gesamtbewertung der Unternehmen als Arbeitgeber fällt verhaltener als die persönliche Gesamtzufriedenheit aus: Zwei Drittel der Befragten stimmen der Aussage „Alles in allem kann ich sagen, dies hier ist ein sehr guter Arbeitsplatz" überwiegend zu. Ein ähnliches Bild zeigt sich beim Engagement der Beschäftigten: Gut drei Viertel der Befragten (77%) möchten zwar noch mindestens fünf Jahre bei ihrem derzeitigen Arbeitgeber bleiben, eine eindeutige Identifikation mit ihrem Unternehmen bzw. Stolz auf ihr Unternehmen sowie eine hohe Einsatzbereitschaft zeigen aber nur knapp zwei Drittel (je 63%). Passive Bindungsmerkmale sind damit stärker ausgeprägt als die aktiven Merkmale des Mitarbeiterengagements. Insgesamt können etwa 40 Prozent der Befragten als umfassend engagiert gelten, insofern sie alle drei Aspekte des Engagements (Bindung, Identifikation/Stolz und Einsatzbereitschaft) mit hoher Zustimmung bewerten.

Die vorliegende Studie zeigt hinsichtlich der zentralen Aspekte des Arbeitsplatzerlebens auch in zeitlicher Perspektive insgesamt eine relativ hohe Stabilität. 60 Prozent der Befragten gaben an, dass sich die Situation bezüglich ihrer Zufriedenheit und der verschiedenen Aspekte des Engagements in den letzten drei Jahren nicht verändert hat. Der Anteil derer, für die sich ihre persönliche Arbeitssituation verbessert oder verschlechtert hat, ist etwa gleich groß. Ein vertiefender Vergleich mit der Situation aus dem Jahr 2001 zeigt, dass der Anteil der Beschäftigten, die zufrieden sind, etwa gleich geblieben ist, der Anteil der überdurchschnittlich zufriedenen Beschäftigten aber um etwa 10 Prozentpunkte gesunken ist. Auch wenn keine generelle Zunahme der Unzufriedenheit festgestellt werden kann, hat das absolute Niveau der Arbeitszufriedenheit erkennbar abgenommen.

Die wahrgenommene Sicherheit des Arbeitsplatzes ist in den letzten drei Jahren für knapp 60 Prozent der Beschäftigten gleich geblieben, für etwa jeden Vierten hat sie jedoch weiter abgenommen. Eindeutig gestiegen ist der erlebte Arbeitsstress. Hier stellen 62 Prozent eine Zunahme in den vergangenen drei Jahren fest. Der Vergleich mit der Situation aus dem Jahr 2001 zeigt, dass der in Deutschland bereits 2001 im europäischen Vergleich überdurchschnittliche Anteil von Beschäftigten, die zunehmendem Stress ausgesetzt waren, 2006 weiter gestiegen ist.

18.3.2 Unternehmenskultur und Arbeitsqualität

Hinsichtlich ihrer kulturellen Orientierung sind die Unternehmen in Deutschland aus Mitarbeitersicht am stärksten durch die Merkmale Kundenorientierung und Leistungsorientierung geprägt: 77 bzw. 70 Prozent der Befragten sehen die damit verbundenen Prinzipien und Verhaltensweisen in ihrem Unternehmen eindeutig positiv ausgeprägt. Nur etwa 60 Prozent der Arbeitnehmerinnen und Arbeitnehmer erleben eine insgesamt prägnante und homogene Unternehmenskultur, in der beispielsweise klare Grundsätze die Arbeit bestimmen. Die verschiedenen Dimensionen der Arbeitsqualität, von der Führungskompetenz über die Entwicklungsorientierung, Teamorientierung, Fairness im Austausch bis hin zur Kommunikationskultur, werden nur von gut der Hälfte der Beschäftigten positiv bewertet. Auch die angesichts der steigenden Wettbewerbsintensität immer wichtiger werdende Fähigkeit zur Innovation und Veränderung sieht nur jeder zweite Mitarbeiter in seinem Unternehmen als ausreichend gegeben an. Am kritischsten beurteilen die Beschäftigten jedoch die im Unternehmen erlebte Fürsorge – im Sinne ganzheitlicher Maßnahmen, die sie über ihre Rolle als Funktionsträger hinaus unterstützen – sowie vor allem die Partizipationsmöglichkeiten. Nur 48 Prozent bzw. 40 Prozent der Befragten urteilen hier positiv.

Von den einzelnen Aspekten der Unternehmenskultur ist ein faires, diskriminierungsfreies Verhalten – insbesondere unabhängig von der Nationalität – aus Sicht der Mitarbeiter am stärksten ausgeprägt (86%). Auch die Fürsorge für die körperliche Sicherheit sehen viele Beschäftigte gegeben (85%). Gleichwohl weist der verbleibende Anteil von rund 15 Prozent, darauf hin, dass diese Themen nicht vernachlässigt werden dürfen. Ähnlich hoch ausgeprägt ist die Bedeutung des Kunden in den Unternehmen: 84 Prozent der Beschäftigten geben an, dass die Erfüllung von Kundenwünschen wichtiger Leitsatz des Handelns in ihrem Unternehmen ist. Knapp 80 Prozent der Befragten geben an, dass ihre Arbeit eine besondere Bedeutung für sie hat und nicht nur ein „Job" ist und zeigen damit eine grundsätzlich ausgeprägte Arbeitsorientierung. Dazu passt, dass etwa ebenso viele der Qualität ihrer Arbeit verpflichtet sind und angeben, dass in ihren Unternehmen die Sicherung und Steigerung von Qualität wichtiger Bestandteil der täglichen Arbeit ist.

Zu den am kritischsten bewerteten Einzelaspekten gehört die Beteiligung der Mitarbeiter an den Gewinnen des Unternehmens. Nur etwa jeder Vierte (24%) fühlt sich angemessen beteiligt. Insgesamt ist die erlebte distributive Gerechtigkeit eine der Schwachstellen der Unternehmen in Deutschland: Nur 38 Prozent der Befragten bewerten ihre Bezahlung als leistungsgerecht und auch die Gerechtigkeit der Verteilung der Positionen in den Unternehmen wird sehr kritisch bewertet Aber auch die Unterstützung der (Work-)Life-Balance, Anerkennung für gute Leistung, Gesundheitsförderung und Einbeziehung in Entscheidungen, die die eigene Arbeit betreffen, werden überwiegend kritisch bewertet.

Der Vergleich mit sehr guten Arbeitgebern zeigt noch erhebliche Verbesserungspotenziale, in punkto einer hochwertigen Unternehmenskultur und speziell bei der Mitarbeiterorientierung bzw. der Arbeitsqualität.

18.3.3 Gesundheitsfördernde Rahmenbedingungen

Die körperliche Sicherheit am Arbeitsplatz ist in den meisten untersuchten Unternehmen kein kritischer Faktor. 85 Prozent der Mitarbeiter geben an, dass ihre körperliche Sicherheit gewährleistet ist. Wie bereits oben erwähnt darf der Anteil von 15 Prozent der Beschäftigten, die das Thema Sicherheit am Arbeitsplatz kritischer betrachten, jedoch nicht vernachlässigt werden. Unterschiede bestehen zudem bei einer Differenzierung nach der Art der Tätigkeit: 91 Prozent der Mitarbeiter ohne körperliche Tätigkeit sehen ihre körperliche Sicherheit im Unternehmen zufrieden stellend gewährleistet, unter den Mitarbeitern mit körperlicher Tätigkeit sind dies hingegen nur 76 Prozent. Vergleichsweise selten sind gezielte Maßnahmen der betrieblichen Gesundheitsförderung, diese werden den Mitarbeitern nach eigenen Angaben erst zu 39 Prozent angeboten. Auch der Anteil derer, die ihren Arbeitsplatz als gutes Umfeld für das

psychische und emotionale Wohlbefinden bewerten, ist mit 41 Prozent vergleichsweise gering.

18.4 Zusammenhänge von Unternehmenskultur, Engagement und Unternehmenserfolg

Zur Untersuchung der Frage nach den Zusammenhängen zwischen Unternehmenskultur, Mitarbeiterengagement und dem Unternehmenserfolg wurden verschiedene Erfolgsindikatoren analysiert. Im Vordergrund stand der finanzielle Erfolg, aber auch der Krankenstand wurde als eine zu minimierende Zielgröße erfasst.

Finanzieller Erfolg

Als Indikator für den finanziellen Erfolg wurde ein Index aus der nach Branche standardisierten EBIT-Marge (EBIT/Umsatz) der Unternehmen für 2005 und einer Gesamteinschätzung des Gewinns der letzten drei Jahre im brancheninternen Vergleich mit anderen Unternehmen durch das Management verwandt. Der entsprechende Index-Wert konnte für 135 Unternehmen ausreichend gut abgebildet werden.

Auf Basis dieses Erfolgsindex zeigt sich zunächst ein bedeutsamer und signifikanter Zusammenhang zwischen dem Mitarbeiterengagement und dem Unternehmenserfolg. Die Korrelationsstärke beträgt $r = 0{,}32$ ($p < 0{,}01$). Zur sich daraus ergebenden Frage, wie das Engagement der Beschäftigten positiv beeinflusst werden kann, zeigt die Untersuchung, dass die erlebte Unternehmenskultur – und speziell Aspekte der Mitarbeiterorientierung – einen außerordentlich hohen Einfluss auf das Engagement hat ($r = 0{,}87$; $p < 0{,}01$). Über eine Regressionsanalyse konnte zudem gezeigt werden, dass die einzelnen Aspekte der Unternehmenskultur in Kombination bis zu 31 Prozent der Unterschiede des finanziellen Unternehmenserfolgs erklären können ($R^2 = 0{,}31$). Ähnlich wie beim Zusammenhang zwischen Unternehmenskultur und Engagement sind für diesen Einfluss insbesondere Aspekte der Identifikation, der Teamorientierung, der Förderung der beruflichen Entwicklung und eines fairen Miteinanders wie auch die Veränderungsfähigkeit der Organisation verantwortlich. Dem Engagement kommt in diesem Wirkungsgefüge eine besondere, vermittelnde Funktion zu. Insgesamt kann damit statistisch gezeigt werden, dass die Unternehmenskultur und das damit verbundene Mitarbeiter-

18

engagement einen sehr bedeutsamen Einfluss auf den finanziellen Unternehmenserfolg haben.

Krankenstand

Der Krankenstand ging als Zahl der durchschnittlichen Krankentage je Mitarbeiter als objektive Kennzahl in die Analyse ein. Die durchschnittliche Zahl der **Krankheitstage** pro Mitarbeiter im Jahr beträgt in der Gesamtstichprobe 9,07, wobei die Unterschiede zwischen den Unternehmen in der Stichprobe relativ hoch sind (Standardabweichung s = 5,22, Minimum 0 Krankheitstage, Maximum 28,74 Krankheitstage). Es zeigen sich hier starke Brancheneffekte; die entsprechenden Mittelwerte der Krankheitstage pro Mitarbeiter sind Tabelle 18.1 zu entnehmen.

Neben dem Brancheneffekt zeigt sich, dass der Krankenstand von der Unternehmensgröße abhängt. In kleinen Unternehmen (20 bis 99 Mitarbeiter) beträgt die Zahl der durchschnittlichen Krankentage pro Mit-

arbeiter im Jahr 6,63 (s = 4,94), in mittelgroßen Unternehmen (50 bis 499 Mitarbeiter) 10,13 (s = 4,51) und in großen Unternehmen (über 500 Mitarbeiter) 11,43 (s = 5,39). Die Unterschiede sind jeweils signifikant (p < 0,05).

Ein signifikanter direkter Zusammenhang zwischen dem Krankenstand und dem Erfolgsindex konnte nicht nachgewiesen werden. Das Engagement der Mitarbeiter steht jedoch in einem zwar nicht sehr starken, aber signifikanten Zusammenhang mit dem Krankenstand. Die Korrelation mit dem Engagement Index je Unternehmen beträgt hier r = −0,17 (p < 0,01).

Möglicherweise bedingen sich Engagement und Krankenstand auch gegenseitig oder werden durch eine dritte Variable, z. B. die Unternehmenskultur, beeinflusst. So korreliert der Krankenstand mit dem Mitarbeiterorientierungs-Index zu r = −0,24 (p < 0,01). Wie bei allen Korrelationen ist die Kausalität nicht eindeutig geklärt, aber in diesem Zusammenhang erscheint es wahrscheinlich, dass es weniger Krankmeldungen gibt, wenn das Engagement der Mitarbeiter hoch ist bzw. die Mitarbeiterorientierung im Unternehmen hoch ausgeprägt ist.

In einer weitergehenden Regressionsanalyse mit dem Krankenstand als Zielkriterium wurden sieben Aussagen als Prädiktoren identifiziert, die ein korrigiertes R-Quadrat von 0,23 ergaben. Mehr als 20 Prozent der Unterschiede im Krankenstand lassen sich mit den folgenden Aspekten der Unternehmenskultur vorhersagen. Die Zusammenhänge sind mit einer entsprechend vermerkten Ausnahme negativ, d. h. wenn die Merkmale gegeben sind, ist der Krankenstand tendenziell niedriger:

- Die Mitarbeiter unterlassen verdeckte Machenschaften und Intrigen, um etwas zu erreichen.
- Die Mitarbeiter erhalten hilfreiche Maßnahmen zur Förderung der Gesundheit (positiver Zusammenhang!).
- Die Geschäftspraktiken der Führungskräfte sind ehrlich und ethisch vertretbar.
- Wir haben hier klare und einheitliche Grundsätze und Werte, die unsere Arbeit bestimmen.
- Hier ist man offen für Neues und tolerant gegenüber Abweichungen vom normalen Alltagsgeschäft.
- Hier werden unabhängig von der aktuellen Unternehmens-/Organisationsleitung langfristige Ziele und Strategien verfolgt.

Den größten Einfluss auf den Krankenstand hat der faire Umgang der Mitarbeiter miteinander. Insbesondere wenn verdeckte Machenschaften oder Intrigen im Unternehmen vorkommen, steigt der Krankenstand.

Tabelle 18.1. Krankheitstage nach Branchen

Branche	Krankheitstage pro Mitarbeiter	
	Mittelwert	s
Bau	11,23	9,77
Öffentliche Verwaltung	11,13	5,15
Logistik	10,88	4,44
Gesundheits- u. Sozialwesen	10,16	4,50
Chemie, Kunststoff	10,16	4,58
Automobil	9,53	5,41
Nahrungsmittel	9,17	4,13
Dienstleistung	9,03	5,49
Metall	8,00	5,64
Maschinenbau	7,32	3,56
Handel	6,55	4,26
Finanzdienstleistung	6,19	3,59

Die Auswirkungen des in diesem Zusammenhang immer wieder thematisierten Phänomens „Mobbing" wurden in den letzten Jahren immer wieder beschrieben [2]. Positiv auf den Krankenstand wirkt sich auch aus, wenn im Unternehmen klare, langfristig angelegte und als ethisch vertretbare Prinzipien das Handeln von Führungskräften und Mitarbeitern bestimmen. Neben Verlässlichkeit und Integrität ist es aber auch bedeutsam, offen zu sein für Neues und Abweichungen vom normalen Alltag zuzulassen. In der durchgeführten Regressionsanalyse zeigt sich darüber hinaus die betriebliche Gesundheitsförderung als ein bedeutsamer Prädiktor für den Krankenstand. Nur auf den ersten Blick erstaunlicherweise ist der Zusammenhang jedoch positiv. Die Wirkrichtung ist hier umgekehrt anzunehmen: In Unternehmen, in denen der Krankenstand hoch ist, werden auch mehr Maßnahmen zur Gesundheitsförderung angeboten.

18.5   Einfluss der Personalstruktur und des Personalmanagements

Im Rahmen der Untersuchung konnten auch erste explorative Analysen zum Einfluss von Merkmalen der Personalstruktur und insbesondere von Maßnahmen des Personalmanagements auf die erlebte Mitarbeiterorientierung und den Unternehmenserfolg durchgeführt werden. Negative Effekte auf das Erleben der Mitarbeiterorientierung haben hier unter anderem die Größe der Führungsspanne und der Anteil der Leiharbeiter, positive Effekte der Anteil der Frauen in Führungspositionen, die Umsetzung eines Leitbildes und das Angebot von Unternehmensbeteiligungen. Mit dem Erfolg stehen unter anderem die Potenzialträgerquote und eine nachhaltig gesicherte Leitbildumsetzung in positivem Zusammenhang.

18.6   Ansätze zur Unterstützung

Eine Reihe von Ansätzen zur Unterstützung der Unternehmen durch öffentliche Stellen bei der Weiterentwicklung ihrer Unternehmenskultur werden von Unternehmensseite als hilfreich bewertet. Als Unterstützungsmaßnahmen unterhalb der regulativen Ebene bewerteten die Manager insbesondere folgende Maßnahmen positiv:

- Ermittlung und Veröffentlichung von Beispielen guter Praxis (Best Practice) auf dem Gebiet der Unternehmenskultur

- Unterstützung bei der Bildung von Netzwerken, in denen Organisationen/Unternehmen voneinander lernen können
- Durchführung und Veröffentlichung von Studien zu offenen Fragen auf dem Gebiet der Unternehmenskultur
- Angebot von Seminaren und Schulungen zur Verbesserung der Unternehmenskultur

Die Priorität für diese Maßnahmen gilt für Unternehmen aller Größenklassen und aller Branchen.

18.7   Fazit

Die vorliegende Studie kann auf sehr umfassender Datenbasis zeigen, dass eine mitarbeiterorientierte Unternehmenskultur bzw. die Arbeitsqualität und das damit eng verbundene Engagement der Mitarbeiter ein sehr wichtiges Potenzial für den Erfolg und die Wettbewerbsfähigkeit der Unternehmen in Deutschland darstellen. Dies gilt für Unternehmen aller Größen und Branchen. Gleichzeitig wird deutlich, dass das grundsätzlich vorhandene Potenzial in den meisten Unternehmen und Organisationen noch nicht ausreichend genutzt wird – eine Situation, die angesichts des weiter steigenden internationalen Wettbewerbsdrucks besonders kritisch bewertet werden muss. Analoges zeigt sich zu Status und Einfluss auf die Gesundheit der Beschäftigten. Aus Sicht vieler Mitarbeiter besteht bei der Gestaltung gesundheitsfördernder Rahmenbedingungen der Arbeit deutliches Optimierungspotenzial. Gleichzeitig beeinflussen verschiedene Aspekte einer mitarbeiterorientierten Unternehmenskultur die Höhe des Krankenstandes nachhaltig.

Zur entscheidenden Frage wird damit, wie die vorhandenen Potenziale besser genutzt werden können und insbesondere, wie das Engagement der Mitarbeiter in den Unternehmen weiter gefördert und gepflegt werden kann. Die Antwort lautet: Durch die Entwicklung einer mitarbeiterorientierten Unternehmenskultur mit einer ausgeprägten Qualität der Arbeit. Die Entwicklung einer solchen für das Engagement und die Zufriedenheit der Mitarbeiter sowie für den Unternehmenserfolg förderlichen Kultur kann letztlich nur auf der Ebene des einzelnen Unternehmens stattfinden. Jedoch macht die Untersuchung auch deutlich, dass in den Unternehmen eine Reihe von Unterstützungsmaßnahmen seitens öffentlicher Stellen unterhalb der regulativen Ebene als sehr hilfreich begrüßt würde. Ein solches Unterstützungsangebot zu entwickeln und bereitzustellen verspricht – für Ministerien, Verbände und

18

weitere öffentliche Einrichtungen mit einem Auftrag im Bereich der Arbeitsqualität und Leistungsfähigkeit von Unternehmen – ein relevantes Handlungsfeld zu werden, mit dessen Hilfe die Wettbewerbsfähigkeit der Unternehmen sowie die Zufriedenheit und Gesundheit der Beschäftigten gesteigert werden können. Aufgrund der demographischen Entwicklung, mit der Konsequenz einer abnehmenden Zahl an Nachwuchskräften und älter werdenden Belegschaften, gewinnt die Aufgabe, die Qualität der Arbeit in den Unternehmen systematisch weiterzuentwickeln, exponentiell an Bedeutung. Die Weiterentwicklung von Konzepten und Maßnahmen der betrieblichen Gesundheitsförderung stellt in diesem Rahmen ein wichtiges Handlungsfeld dar.

Literatur

[1] Hauser F et al (2008) Unternehmenskultur, Arbeitsqualität und Mitarbeiterengagement in den Unternehmen in Deutschland. Ein Forschungsprojekt des Bundesministeriums für Arbeit und Soziales

[2] Zapf D (1999) Mobbing in Organisationen – Überblick zum Stand der Forschung. Zeitschrift für Arbeits- und Organisationspsychologie 43:1–25

Kapitel 19

Erfahrungen des Bereichs Gesundheit der ThyssenKrupp Steel AG mit anerkannten und selbst entwickelten Kennzahlen

W. Mölders

Zusammenfassung. *Die ThyssenKrupp Steel AG führt seit den 80er Jahren Betriebliche Gesundheitsförderung durch. Nachdem zur Gewinnung von Kennzahlen zunächst der Work Ability Index eingesetzt wurde, entwickelten die Betriebsärzte von ThyssenKrupp mit dem Gesundheitsscore® ein eigenes Instrument, das auf die Motivierung der Mitarbeiter zielt. Das Instrument wird auch im Rahmen der Gesundheitsschicht® eingesetzt, eines ebenfalls selbst entwickelten Weiterbildungskonzepts zur Vermittlung von Basiswissen über Gesundheit und Verbesserung der Arbeitsfähigkeit. Führungsdefiziten versucht ThyssenKrupp mit dem so genannten Vorgesetzten-Barometer zu begegnen. Hierbei beurteilen Mitarbeiter ihre Vorgesetzten jährlich anhand der Schulnotensystematik sowie im Rahmen von Team-Workshops. Beim Einsatz von Kennzahlen ist es aus Sicht von ThyssenKrupp wichtiger, dass die Zahlen betriebsspezifisch hilfreich als dass sie wissenschaftlich validierbar sind.*

19.1 Einleitung

Schon bei den Vorläufer-Unternehmen der Thyssen-Krupp Steel AG (Hoesch, Krupp, Thyssen) hatte die betriebliche Gesundheitspolitik einen sehr hohen Stellenwert. Bereits in den 50er Jahren des letzten Jahrhunderts und damit lang vor Inkrafttreten des Arbeitssicherheitsgesetzes (1973) gab es in allen drei Unternehmen werksärztliche Dienste mit großen angegliederten Abteilungen für physikalische Therapie („Medizinische Badeabteilungen"). Durch entsprechende organisatorische Festlegungen war zudem eine effektive Zusammenarbeit mit den Abteilungen für Arbeitssicherheit gewährleistet. Allerdings wurde bis Anfang der 80er Jahre die „klassische Arbeitsmedizin" betrieben. Im Vordergrund standen Bemühungen, gesetzliche und berufsgenossenschaftliche Vorschriften einzuhalten, Vorsorgeuntersuchungen durchzuführen sowie verunfallte Mitarbeiter zu versorgen.

Bei Hoesch und bei Thyssen wurden in den 80er Jahren des letzten Jahrhunderts mehrere Ärztinnen und Ärzte eingestellt, die sich bewusst für das Fach Arbeitsmedizin entschieden hatten und hier eine Möglichkeit sahen, strukturiert und effektiv Gesundheitsförderung zu betreiben. Die Anfänge waren gekennzeichnet durch eine Betriebliche Gesundheitsförderung, mit der versucht wurde, Maßnahmen, die sich an anderer Stelle (Schule, Volkshochschule, Sportvereine) bewährt hatten, eins zu eins auf die Betriebe zu übertragen. Dieser „Gesundheitsaktivismus" (B. Badura) war mehr vom Engagement als von Analyse und Sachverstand getragen und hat sicherlich nicht geschadet, aber auch keinen belegbaren Nutzen gebracht. Seit Ende der 90er Jahre wird bei ThyssenKrupp konsequent eine gezielte Betriebliche Gesundheitsförderung durchgeführt. Das bedeutet: Die Programme sollen arbeitsbedingte Belastungen ausgleichen, bedarfsorientiert angeboten und adressatengerecht gestaltet werden.

Inzwischen sind bei der ThyssenKrupp Steel AG die Anforderungen an ein Betriebliches Gesundheitsmanagement (Steuerungsgremien, Abfolge von Diagnosen, Maßnahmenplanung, Umsetzung der Maßnahmen, Evaluation, Einbeziehung vieler Fachabteilungen, regelmäßige Erstellungen von Gesundheitsberichten, konsequenter Einsatz von Kennzahlen) weitgehend erfüllt. Durch den Abschluss einer Betriebsvereinbarung „BGM" im März 2008 sind auch die formalen Voraussetzungen für eine unternehmensweite Umsetzung geschaffen worden. Mit anderen Worten: Die Gesundheitspolitik hat sich im ThyssenKrupp-Konzern von Aktionen (Gesundheitsförderung im Betrieb) über Programme (gezielte betriebliche Gesundheitsförderung) hin zu Prozessen (Betriebliches Gesundheitsmanagement) entwickelt.

19.2   Kennzahlen

Das Arbeiten mit Kennzahlen ist ein Kernelement des betrieblichen Gesundheitsmanagements. Kennzahlen sind allerdings nicht nur ein Eckpfeiler von BGM, sie helfen auch, Erfolge der Tätigkeit der Betriebsärzte und anderer Akteure der betrieblichen Gesundheitspolitik zu dokumentieren. Kennzahlen sollten laut Badura [2]:

- nicht nur den körperlichen Zustand der Beschäftigten anzeigen, sondern auch ihr psychisches Befinden, weil das psychische Befinden den körperlichen Zustand und die Arbeitsfähigkeit beeinflusst.
- nicht nur unerwünschte Ereignisse dokumentieren, sondern als Frühwarnsystem zu ihrer rechtzeitigen Erkennung und zur Schadensvermeidung dienen.
- klare Anhaltspunkte zur Vermeidung arbeitsbedingter Risiken und zur Mobilisierung betrieblicher Gesundheitspotenziale enthalten.
- eine Verknüpfung sein zwischen Befragungsdaten und betrieblichen Routinedaten.

Nach wie vor sind allerdings die in Unternehmen am häufigsten verwendeten Kennzahlen im BGM der Krankenstand/die Gesundheitsquote und die Arbeitsunfälle.

Betriebsärzte, die sich dagegen wehren, dass vor allem die Höhe des Krankenstandes als Basis für BGM-Maßnahmen sowie für den Erfolg/Misserfolg ihrer Arbeit herangezogen wird, sind aufgefordert, andere anerkannte Kennzahlen routinemäßig zu generieren und eventuell neue Kennzahlen zu entwickeln.

19.3   Work Ability Index

Der Work Ability Index (WAI) ist eine anerkannte und vielfach bewährte Kennzahl im Betrieblichen Gesundheitsmanagement. Er zeigt, wie gut ein Arbeitnehmer in der Lage ist, seine Arbeit zu leisten. Der WAI wird aus den Antworten auf eine Reihe von Fragen in insgesamt sieben Kategorien bestimmt. Abgefragt werden die physischen und psychischen Anforderungen der Arbeit, der Gesundheitszustand und die Leistungsreserven des Arbeitnehmers. Der so ermittelte Wert zeigt, wie hoch die eigene Arbeitsfähigkeit eingeschätzt wird [3]. Das Niveau der Arbeitsfähigkeit und die Zielsetzungen für erforderliche Maßnahmen werden wie in Tabelle 19.1 dargestellt klassifiziert.

Tabelle 19.1. Work Ability Index

Punkte	Arbeitsfähig-keit	Ziel von Maß-nahmen
7–27	schlecht	Arbeitsfähigkeit wiederherstellen
28–36	mittelmäßig	Arbeitsfähigkeit verbessern
37–43	gut	Arbeitsfähigkeit unterstützen
44–49	sehr gut	Arbeitsfähigkeit erhalten

Quelle: Hasselhorn und Freude 2007

Mithilfe des Fragebogens kann der Betriebsarzt frühzeitig erkennen, welche Arbeitnehmer Unterstützung benötigen und wo die Arbeitsumgebung verbessert werden muss. Die Wirkung der eingeleiteten Maßnahmen lässt sich mittels wiederholten Index-Erhebungen in Verbindung mit regelmäßigen Vorsorgeuntersuchungen oder dem Einsatz von anderen Screeening-Verfahren verfolgen.

Die Betriebsärzte der ThyssenKrupp Steel AG setzten den WAI erstmals Anfang 2003 im Rahmen von Vorsorgeuntersuchungen ein. Nach Durchführung eines Pilotprojekts in einem Kaltwalzwerk in Duisburg im zweiten Halbjahr 2003 schätzten die Betriebsärzte den WAI als hilfreiches Instrument ein, das in der Arbeitsmedizin vielfach eingesetzt werden kann.

Im Rahmen eines 2004 bei der TSTG Schienentechnik in Duisburg durchgeführten, breit angelegten

Gesundheitsförderungsprogramms wurde der WAI doppelt eingesetzt:

- Freiwilligen wurde angeboten, den WAI beim Betriebsarzt bestimmen zu lassen. Im Rahmen einer Nachuntersuchung sollte nach einem halben Jahr überprüft werden, ob die dabei besprochenen verhaltens- und verhältnispräventiven Maßnahmen auch umgesetzt worden sind.
- Es wurde eine gesundheitsbezogene Mitarbeiter-Befragung durchgeführt, die auch die WAI-typischen Fragen enthielt.

Von der Tendenz zeigten sich bei den Ergebnissen keine großen Unterschiede. Allerdings bleibt anzumerken, dass für Mitarbeiter, bei denen im Rahmen der Mitarbeiter-Befragung schlechte WAI-Werte festgestellt wurden, aus Gründen der Anonymität keine Hilfestellung möglich war.

Ebenfalls im Jahre 2004 wurden am Standort Bochum der ThyssenKrupp Steel AG im Rahmen einer Kampagne WAI-Bestimmungen bei insgesamt 272 Mitarbeitern vorgenommen. Die statistische Aufarbeitung erfolgte durch den Bundesverband der Betriebskrankenkassen. Beispielhafte Ergebnisse zeigen die Abbildungen 19.1 und 19.2.

Versuchsweise wurden WAI-Bestimmungen 2006 auch im Rahmen von Einsatzüberprüfungen durchgeführt. Dabei wurden folgende Beobachtungen gemacht:

- Bei 28 von 37 Mitarbeitern, bei denen die Ärzte einen dringenden Umsetzungsbedarf gesehen haben, waren die WAI-Werte schlecht (< 27 Punkte).
- Bei fünf Mitarbeitern sind erst durch schlechte WAI-Werte Hinweise auf dringenden Umsetzungsbedarf gefunden worden.
- Auf Basis von 17 mittelmäßigen/guten WAI-Werten ist es gelungen, nach entsprechenden ergonomischen/organisatorischen Veränderungen ein Verbleiben auf dem bisherigen Arbeitsplatz zu erreichen.

Mit anderen Worten: WAI-Bestimmungen sind im Rahmen von Einsatzüberprüfungen eine ausgesprochen hilfreiche Ergänzung des bisherigen Routineinstrumentariums (Sichtung von fachärztlichen Unterlagen, ausführliche Erhebung der Anamnese, Durchführung von körperlichen und technischen Untersuchungen).

Ende 2006 wurde der WAI bei der ThyssenKrupp Steel AG erstmals im Rahmen eines breit angelegten Gesundheitsförderungsprogramms eingesetzt. Die Bestimmung des WAI erfolgte vor und zwei Monate

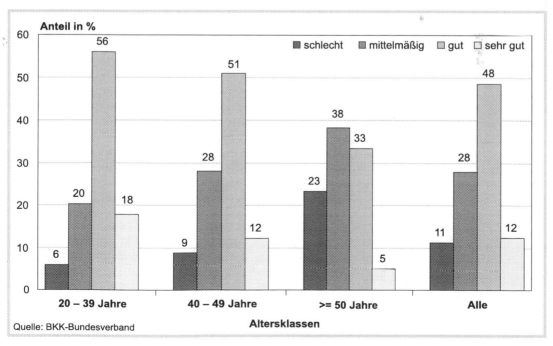

Quelle: BKK-Bundesverband

◻ **Abb. 19.1.** WAI und Alter

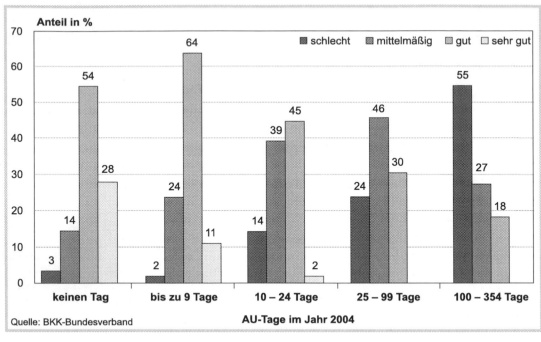

◪ Abb. 19.2. WAI und Krankenstand

nach Absolvierung der sechs Monate laufenden Gesundheitsförderungsmaßnahmen (Bausteine: Rücken, Bewegung, Ernährung).
Beobachtet wurden zwei Gruppen:

- Interessierte/eigenmotivierte Mitarbeiter,
- Animierte/fremdmotivierte Mitarbeiter.

Die Ergebnisse zeigten, dass sich die WAI-Werte in der Gruppe „Animierte/Fremdmotivierte" deutlicher gebessert haben als in der Gruppe „Interessierte/Eigenmotivierte". Die Verbesserungen zeigten sich hauptsächlich bei den WAI-Unterpunkten:

- Einschätzung der aktuellen Arbeitsfähigkeit,
- Einschätzung der zukünftigen Arbeitsfähigkeit,
- Psychische Leistungsreserven.

Ganz offensichtlich hat das sechsmonatige Gesundheitsförderungsprogramm das Vertrauen der Mitarbeiter in die eigene Leistungsfähigkeit gestärkt, sie zu einer optimistischeren Einschätzung ihrer Gesundheit und ihres Leistungsvermögens geführt und (reaktive) subdepressive Phasen unterbrochen/beendet.

Fazit

Der WAI ist ein im Rahmen des Betrieblichen Gesundheitsschutzes vielfältig einsetzbares Instrument, das vor allem vor dem Hintergrund „alternde Belegschaft/demographischer Wandel" benötigt wird. Wirklich hilfreich ist dieses Instrument allerdings nur, wenn es routinemäßig in zwei- bis dreijährigen Abständen eingesetzt wird. Bei der ThyssenKrupp Steel AG sind im Rahmen des „Programm Zukunft" die Weichen für diesen routinemäßigen Einsatz gestellt.

19.4 Gesundheitsscore®

19.4.1 Vorgeschichte

Ende 2003 haben die zwölf Betriebsärztinnen/Betriebsärzte der damaligen ThyssenKrupp Steel AG im Rahmen einer eintägigen Klausurtagung diskutiert, welche Kennzahlen für die gezielte betriebliche Gesundheitsförderung bzw. für betriebliches Gesundheitsmanagement geeignet sein könnten. Gesucht wurde ein Instrument, das

- neugierig macht,

- einen orientierenden Überblick über die gesundheitliche Situation eines Mitarbeiters gibt,
- neben beeinflussbaren Gesundheitsrisiken auch „salutogene" Faktoren berücksichtigt,
- Betroffenheit auslöst und damit die Grundlage für eine gezielte Gesundheitsförderung darstellt,
- für das Controlling von Präventionsmaßnahmen geeignet ist,
- im Betrieb zu Diskussionen über Gesundheitsthemen führt,
- ohne großen apparativen/zeitlichen Aufwand eingesetzt werden kann,
- dessen Skalierung erfolgreiche Bemühungen um Verbesserung der Gesundheit deutlich sichtbar werden lässt.

Die damals bereits etablierten Instrumente wie Procam Risiko-Score (International Task Force for Prevention of Coronary Heart Disease [7]) oder Score Deutschland [1] waren zwar wissenschaftlich evaluiert und EDV-gestützt recht komfortabel einsetzbar. Die darin dokumentierte Reduzierung des Risikos nach Verbesserung bestimmter Parameter ist zwar wissenschaftlich belegt, allerdings unspektakulär und nur mäßig motivierend. Vor diesem Hintergrund entwickelte die ThyssenKrupp Steel AG ein eigenes Instrument mit motivational ausgerichteter Skalierung.

Der Gesundheitsscore beinhaltet eine Bewertung von Faktoren, die ein Risiko bedeuten können: Blutdruck, Blutzucker, Cholesterin, Gewicht, Rauchen, Alkohol, Stress sowie von Parametern, die möglicherweise Indikatoren für gesundheitsbewusstes Verhalten darstellen: Ausdauersport, Impfstatus, Teilnahme an privaten Vorsorgeuntersuchungen. Nach entsprechenden Literaturrecherchen wurde für jeden der o. g. Parameter eine Skalierung entwickelt.
Die daraus abgeleitete Risikobetrachtung erfolgt in vier Kategorien:
- geringes Risiko ≤ 7 Punkte
- mittleres Risiko 8–15 Punkte
- erhöhtes Risiko 16–29 Punkte
- hohes Risiko ≥ 30 Punkte

Bei den ersten Erprobungen wurde für die Bestimmung des Gesundheitsscores einschließlich der ärztlichen Beratung eine halbe Stunde eingeplant. Später zeigte sich, dass dafür 20 Minuten völlig ausreichend sind.
Zum Gesundheitsscore gehören obligatorisch folgende Rahmenbedingungen:
- Die Gesamtpunktzahl wird sofort mitgeteilt.
- Zu den Einzelergebnissen erfolgt eine ärztliche Beratung.

- Der Mitarbeiter wird zusätzlich noch schriftlich über die wichtigsten Ergebnisse informiert.
- Für jeden Parameter werden konkrete Gesundheitsförderungsmaßnahmen angeboten.

Die Einzelergebnisse und die Gesamtpunktzahl unterliegen der Schweigepflicht.

19.4.2 Piloterprobung

Auf Basis einer detaillierten Beschreibung des Instruments Gesundheitsscore und nach Festlegung des Ablaufs und des Beratungsumfangs erfolgte die erste Erprobung im Rahmen von Vorsorgeuntersuchungen. Auf Basis der dabei gewonnenen Erkenntnisse wurden die Beratungsinhalte leicht modifiziert.

Am Standort Dortmund der ThyssenKrupp Steel AG wurden 2004 für insgesamt 120 Mitarbeiter 1½-tägige Schichtarbeiterseminare durchgeführt. Dabei ging es um Theorie und Praxis zu den Bausteinen Ernährung, Bewegung, Entspannung sowie schwerpunktmäßig um Informationsvermittlung zum Thema Gesundheit und Schichtarbeit. Diese Seminare fanden in einem externen Tagungshotel statt. Der Gesundheitsscore wurde während des Seminars bestimmt und ein halbes Jahr danach kontrolliert. Zu dem Schichtarbeiterseminar gehörte, dass die Teilnehmer konkrete Hilfsangebote zur Verbesserung der gesundheitlichen Situation erhalten. Die Nutzung dieser Angebote hat zu einer deutlichen Verbesserung des Gesundheitsscores geführt.

Eine weitere Erprobung des Instruments Gesundheitsscore erfolgte im Rahmen des Gesundheitsprojekts „Gesund und Fit – ich mach mit!" der TSTG Schienentechnik GmbH in Duisburg. Im Rahmen dieses Projektes wurden in einer Gruppe der Gesundheitsscore, in einer zweiten Gruppe der WAI und in einer dritten Gruppe beide Instrumente eingesetzt. Ziel dieser Vorgehensweise war es herauszufinden, welches Instrument in der Belegschaft die größere Akzeptanz hat und welche Veränderung/Verbesserungen es in den jeweiligen Gruppen im Hinblick auf Verhaltens-/Verhältnisprävention gab.
Im Abschlussbericht dieses Projekts wurde festgehalten:
- Die Bestimmung des Gesundheitsscores hat deutlich mehr Zustimmung gefunden als die des WAI.
- Es zeigte sich, dass der Gesundheitsscore eher geeignet ist, verhaltenspräventive Maßnahmen zu initiieren, während der WAI eine gute Grundlage für verhältnispräventive Maßnahmen ist.

▬ Die Ergebnisse zeigen, dass sich (wie bei den meisten Angebotsveranstaltungen) auch in diesem Projekt vor allem die Interessierten und die Gesundheitsbewussten beteiligten. Die Ergebnisse sind daher nicht für die Gesamt-Belegschaft repräsentativ.

19.4.3 Aktueller Einsatz des Gesundheitsscores®

Der Gesundheitsscore wird nach wie vor im Rahmen von Schichtarbeiterseminaren sowie bei dem neu konzipierten Seminar „Führungsgesundheit – gesundes Führen" eingesetzt. Außerdem ist er ein permanentes Angebot der betrieblichen Gesundheitsförderung. Das bedeutet: Jede Mitarbeiterin, jeder Mitarbeiter hat die Möglichkeit, seinen Gesundheitsscore im Rahmen von Vorsorgeuntersuchungen oder nach entsprechender Terminvereinbarung bestimmen zu lassen. Von diesem Angebot wird reger Gebrauch gemacht. Allerdings gilt nach wie vor, dass vor allem interessierte, gesundheitsbewusste und etwas differenziertere Mitarbeiterinnen und Mitarbeiter dieses Instrument nutzen.

19.4.4 Einsatz des Gesundheitsscores® im Rahmen der Gesundheitsschicht®

Die TKS AG muss in den nächsten Jahren die Folgen des demographischen Wandels bewältigen. Ein wichtiges Ziel des dafür entwickelten „Programm Zukunft" ist, die gesundheitliche Situation der Mitarbeiter und damit auch ihre Leistungsfähigkeit nachhaltig zu verbessern.

Die vor diesem Hintergrund von den Betriebsärzten der ThyssenKrupp Steel AG entwickelte Gesundheitsschicht ist ein innovatives und adressatenorientiertes Weiterbildungskonzept zur nachhaltigen Verbesserung von Gesundheit und Leistungsfähigkeit

Die Gesundheitsschicht® ist ein Instrument zur Vermittlung von Basiswissen zur Gesundheit, beinhaltet eine individuelle Gesundheitsanalyse (Check-up) und ermöglicht die Nutzung eines medizinischen Netzwerks zur Umsetzung gesundheitsfördernder Maßnahmen.

Aus den Ergebnissen des finnischen Nationalprogramms [6] ist bekannt, dass individuelle Gesundheitsförderung einer der Faktoren ist, der die Arbeitsfähigkeit steigert und – gemeinsam mit einem verbesserten Führungsverhalten – bis ins Rentenalter erhält [5].

Um überdurchschnittlich wirksam zu sein, müssen Maßnahmen der individuellen Gesundheitsförderung gerade auch die Gesundheitstypen 3 (traditionelle

Minimalisten) und 4 (passive Zauderer)[1] ansprechen, eine hohe Teilnehmerquote aufweisen, insbesondere auch Mitarbeiter mit hohem gesundheitlichen Risiko erreichen und eine langfristige Perspektive aufweisen.

Jeweils 15 Mitarbeiter nehmen an einer achtstündigen Weiterbildung zum Thema Gesundheit teil. Systematisch wird das Basiswissen zu wichtigen gesundheitsrelevanten Themen vermittelt. Dazu zählen Informationen über die Bedeutung des demographischen Wandels für den Einzelnen, Rückenprobleme und adäquate Ernährung. Die Teilnehmer werden aufgefordert, zusätzlich zu dem vermittelten Grundlagenwissen weitere für sie persönlich interessante Themen auszuwählen (z. B. Stressabbau, Erlernen von Entspannungstechniken, Auffrischung in Erster Hilfe, naturheilkundlich orientierte Selbsthilfe). Ein ärztlicher Gesundheitscheck, der neben der Bestimmung des WAI auch die Ermittlung des Gesundheitsscores beinhaltet, sowie die Erarbeitung eines „persönlichen Gesundheits-Fahrplans" unter fachärztlicher Beratung runden als feste Bestandteile den Gesundheitsschicht®-Tag ab. Am „Schichtende" ist der Mitarbeiter in die Lage versetzt worden, besser eigenverantwortlich für seine Gesundheit zu sorgen (Empowerment-Konzept der Weltgesundheitsorganisation) [4]. Zugleich hat der Mitarbeiter die ersten Schritte hin zu einer dauerhaften Verhaltensänderung – Information, Entschluss zur Verhaltensänderung und konkrete Planung – absolviert.

Im Anschluss an diesen Tag folgt nach drei Monaten ein „Telefon-Coaching" mit standardisierter Beratung/Befragung und nach sechs Monaten ein ausführlicher ärztlicher Kontroll-Gesundheitscheck. Parallel hierzu kann der Mitarbeiter die Angebote der betrieblichen Gesundheitsförderung nutzen. Falls erwünscht oder medizinisch erforderlich, ist jederzeit eine persönliche Beratung durch geschulte Gesundheitsbeauftragte und/oder durch spezialisierte Ärzte verschiedener Fachrichtungen möglich. Nach Ablauf der drei Jahre wird der Teilnehmer erneut zu einem Gesundheitsschicht®-Tag eingeladen; der Zyklus des Gesundheitsschicht®- Konzepts beginnt von vorn.

Weit über einen Gesundheitsschicht®-Zyklus von drei Jahren hinaus erfährt der Teilnehmer so „Schritt für Schritt" eine individuelle, auf seine Fähigkeiten und Bedürfnisse ausgerichtete, nachhaltige Unterstützung auf dem Weg zur Erhaltung und Verbesserung seiner Gesundheit und Leistungsfähigkeit.

Ab der geplanten Inbetriebnahme des Präventionszentrums im Januar 2009 werden an vier Tagen pro

19

---

1 Skolamed News, Ausgabe 2/2007

Woche Gesundheitsschichten mit je 15 Teilnehmern durchgeführt. Jährlich werden dann rund 3000 Mitarbeiter Gesundheitsschichten „verfahren".

19.4.5 Visionen

Betriebsärzte benötigen Frühindikatoren, um in den Feldern Verhaltens -und Verhältnisprävention rechtzeitig und effektiv tätig werden zu können. Die dafür nötigen Kennzahlen müssen strukturiert und verlässlich erhoben werden. Vor diesem Hintergrund plädieren die Betriebsärzte der ThyssenKrupp Steel AG dafür, die Parameter WAI, Gesundheitsscore und einen Fragebogen zum salutogenen Potenzial spätestens ab dem 35. Lebensjahr in dreijährigen Abständen einzusetzen. Nur so wäre gewährleistet, dass nicht nur die Gesundheitsbewussten und Interessierten, sondern tatsächlich die ganze Belegschaft von verhaltens- und verhältnispräventiven Maßnahmen profitieren.

19.4.6 Fazit

Nach nunmehr vierjähriger Anwendung besteht unter den Betriebsärzten der ThyssenKrupp Steel AG Übereinkunft, dass das Instrument Gesundheitsscore® die ursprünglichen Erwartungen erfüllt hat. Es ist sehr gut geeignet, gesundheitliche Risiken zu visualisieren, Mitarbeiter zu motivieren und breit angelegte Gesundheitsprogramme zu evaluieren. Außerdem finden tatsächlich auf Basis der mitgeteilten Risikopunktzahlen Diskussionen über Gesundheitsthemen unter den Mitarbeitern statt.

Der Charme des Instruments Gesundheitsscore® besteht darin, dass weder die überprüften Parameter noch die Skalierung oder die Einteilung der Risikobewertung zementiert sind. Jeder Arzt, den das Grundprinzip überzeugt hat, kann dieses Instrument nach seinen Bedürfnissen neu justieren und entsprechend seinen Prioritäten und Rahmenbedingungen einsetzen.

19.5 Vorgesetzten-Barometer

Bei der ThyssenKrupp Steel AG werden seit 2002 in zweijährigen Abständen Mitarbeiterbefragungen durchgeführt. Bei vielen guten Teilergebnissen zeigte das Benchmark mit anderen Unternehmen gerade bei den ersten beiden Befragungen noch deutliche Defizite beim Thema „Führung". Der Parameter „Führung" besteht aus vier Dimensionen (Anerkennung, persönliche Ziele, Mitarbeiterförderung, Transparenz).

Im Rahmen der Diskussionen, die aus den Ergebnissen der Mitarbeiterbefragungen resultierten, wurde vom Bereich Gesundheit der ThyssenKrupp Steel AG als ein neues Instrument zur Bewertung von Führungsverhalten das „Vorgesetzten-Barometer" entwickelt. Es geht darum, dass Mitarbeiter ihre Vorgesetzten nach selbst festgelegten Kriterien in jährlichen Abständen in einer Schulnotensystematik beurteilen. Dazu nennen und priorisieren die Mitarbeiter im Rahmen eines Team-Workshops Eigenschaften und Qualitäten, die ihrer Meinung nach bei ihrer Führungskraft besonders wichtig sind. Für die kontinuierliche Bewertung werden die ersten acht Kriterien herangezogen. Die Führungskraft wird dann von jedem einzelnen Teammitglied geheim nach der Schulnotensystematik von 1 (volle Zufriedenheit mit der Ausprägung dieses Merkmals) bis 6 (diese Eigenschaft/diese Qualifikation zeigt sich überhaupt nicht) bewertet. Die Tabellen 19.2 und 19.3 zeigen

Tabelle 19.2. Vorgesetzten-Barometer	
Eigenschaften/Kompetenzen/Qualitäten, die den für unseren Bereich „idealen" Direktor kennzeichnen	
Fachliche Kompetenz	8
Ehrlichkeit	5
Fairness/gerecht	5
Durchsetzungsvermögen	4
Humorvoll	4
Loyalität	3
Verlässlichkeit	3
Interesse für Probleme des Alltags der Mitarbeiter	3
Soziale Kompetenz	3
Entscheidungsfreudig	2
Vertrauenswürdig	2
Teamfähigkeit	2
Innovativ	2
Führungsqualität	2
Berechenbar	2
Selbstkritisch	2
Quelle: ThyssenKrupp Steel AG, Bereich Gesundheit, 2006	

Tabelle 19.3. Ergebnisse Vorgesetzten-Barometer

Eigenschaften/Kompetenzen/Qualitäten	Note
Soziale Kompetenz	1.4
Fachliche Kompetenz	2.1
Persönlichkeit	2.0
Durchsetzungsvermögen	2.5
Ehrlichkeit	2.1
Innovativ	1.5
Humorvoll/ lebendig	1.7
Behält die Zukunft der Abteilung im Auge	2.2

Quelle: ThyssenKrupp Steel AG, Bereich Gesundheit, 2006

den von einer Gruppe zusammengestellten Kriterien-Katalog sowie die Ergebnisse einer Erstbewertung.

Gegenüber etablierten Beurteilungssystemen hat das Vorgesetzten-Barometer den Charme, dass Vorgesetzte auf Basis von Kriterien beurteilt werden, die die Mitarbeiter einer Gruppe für besonders relevant halten. Nach unseren ersten Erfahrungen wiegt dieser Vorteil bei weitem den Nachteil auf, dass durch diese Vorgehensweise eine unternehmensweite Vergleichbarkeit von Führungsverhalten nicht möglich ist.

19.6 Fazit

Für die Qualitätssicherung, für den gezielten Einsatz von Kapazitäten und für den Beleg von Erfolgen der betrieblichen Gesundheitspolitik ist es unabdingbar, Gesundheitsförderungsprogramme und Prozesse des betrieblichen Gesundheitsmanagements auf Basis und mithilfe von Kennzahlen durchzuführen. Wenn anerkannte Kennzahlen den unternehmensspezifischen Bedarf nicht abdecken, sollten innovativ und mutig eigene Kennzahlen entwickelt werden. Dabei ist es wichtig, dass diese Zahlen betriebsspezifisch hilfreich sind und nachrangig, ob sie sich nach streng wissenschaftlichen Kriterien validieren lassen.

Literatur

[1] Assmann G, Cullen P, Schulte H (2006) Risikoabschätzung tödlicher Herz-Kreislauf-Erkrankungen – Die neuen SCORE-Deutschland-Tabellen für die Primärprävention: Defizitäre Daten. Dtsch Arztebl 103(5): A-256 / B-221 / C-216
[2] Badura B (2007) Kennzahlen im Betrieblichen Gesundheitsmanagement. Vortrag Konferenz "Qualität der Arbeit", Mai 2007
[3] Hasselhorn HM, Freude G (2007) Der Work Ability Index – ein Leitfaden. Wirtschaftsverlag NW
[4] Herriger N (2002) Empowerment – Brückenschläge zur Gesundheitsförderung „Gesundheit: Strukturen und Arbeitsfelder". Ergänzungslieferung 4, Luchterhand-Verlag, Neuwied, S 1–24
[5] Ilmarinen J ,Tempel J (2002) Arbeitsfähigkeit 2010. VSA Verlag, Hamburg, S 313–315
[6] Ilmarinen J, Lehtinen S. (Hrsg) (2004) Past, Present and Future of Work Ability – People and Work Research Report 65. Finnish Institute of Occupational Health, Helsinki
[7] International Task Force for Prevention of Coronary Heart Disease http://www.chd-taskforce.com/index_d.htm

Teil B:

Daten und Analysen

Kapitel 20

Krankheitsbedingte Fehlzeiten in der deutschen Wirtschaft im Jahr 2007

K. Heyde · K. Macco · C. Vetter

20.1 Branchenüberblick

Zusammenfassung. *Der folgende Beitrag liefert umfas sende und differenzierte Daten zu den krankheitsbeding- ten Fehlzeiten in der deutschen Wirtschaft. Datenbasis sind die Arbeitsunfähigkeitsmeldungen der 9,8 Millio- nen erwerbstätigen AOK-Mitglieder in Deutschland. Ein einführendes Kapitel gibt zunächst einen Überblick über die allgemeine Krankenstandsentwicklung und wichtige Determinanten des Arbeitsunfähigkeitsge- schehens. Im Einzelnen wird u. a. eingegangen auf die Verteilung der Arbeitsunfähigkeit, die Bedeutung von Kurz- und Langzeiterkrankungen und Arbeitsunfällen, regionale Unterschiede in den einzelnen Bundesländern sowie die Abhängigkeit des Krankenstandes von Fakto- ren wie der Betriebsgröße und der Beschäftigtenstruk- tur. In elf separaten Kapiteln wird anschließend detail- liert die Krankenstandsentwicklung in den unterschied- lichen Wirtschaftszweigen beleuchtet.*

20.1.0 Einführung

Im Jahr 2007 haben die krankheitsbedingten Fehlzeiten erstmals seit 1999 wieder zugenommen. Bei den 9,8 Millionen erwerbstätigen AOK-Mitgliedern stieg der Krankenstand von 4,2 auf 4,5%. In den vergangenen Jahren waren die Fehlzeiten stetig zurückgegangen und hatten 2006 den vorerst niedrigsten Stand erreicht. Von einer Trendwende zu sprechen wäre indes verfrüht.

Trotz des Anstiegs in diesem Jahr liegt der Kranken- stand im Vergleich zu den neunziger Jahren nach wie vor auf einem niedrigen Niveau. Die Gründe für die niedrigen Krankenstände sind vielfältig. Wie Umfragen gezeigt haben, führt eine angespannte Lage auf dem Arbeitsmarkt dazu, dass viele Arbeitnehmer auf Krank- meldungen verzichten, um ihren Arbeitsplatz nicht zu gefährden. Trotz sinkender Arbeitslosigkeit besteht scheinbar weiterhin die Angst vor Jobverlust. Daneben spielen bei der Krankenstandsentwicklung aber auch strukturelle Faktoren wie der geringere Anteil älterer Arbeitnehmer, die Abnahme körperlich belastender Tätigkeiten sowie eine verbesserte Gesundheitsvorsorge in den Betrieben eine wichtige Rolle.

Schätzungen der Bundesanstalt für Arbeitsschutz und Arbeitsmedizin zufolge verursachten im Jahr 2006 401,4 Mio. AU-Tage[1] volkswirtschaftliche Pro- duktionsausfälle von 36 Mrd. Euro bzw. 65 Mrd. Euro Ausfall an Bruttowertschöpfung [3]. Das Institut für Arbeits- und Berufsforschung (IAB) beziffert den Ausfall des Arbeitsvolumens durch Krankheit im Jahr 2007 auf knapp 1.480 Mio. Stunden[2]. Der Anstieg des Krankenstands bedeutet für die Krankenkassen auch höhere Ausgaben an Krankengeld. Nach Angaben des Bundesministeriums für Gesundheit stiegen die Aus-

---

1 Dieser Wert ergibt sich durch die Multiplikation von 34 696 Tsd. Arbeitnehmern mit durchschnittlich 11,6 AU-Tagen.

2 Persönliche Mitteilung von Bach, Hans-Uwe, Institut für Ar- beits- und Berufsforschung (IAB), 2008

gaben für Krankengeld im Jahr 2007 um 5,6% auf rund 6 Mrd. Euro [2].

Der leichte Anstieg des Krankenstandes im Jahr 2007 lässt sich durch die Zunahme von Infektionen sowie Krankheiten des Verdauungs- und Atmungssystems erklären. Wie auch schon in den letzten Jahren ist der Anteil der Krankheitstage aufgrund von psychischen Erkrankungen weiterhin gestiegen. Sie stellen mittlerweile die vierthäufigste Ursache für Fehlzeiten in deutschen Unternehmen dar. Auch der Anteil psychischer und psychosomatischer Erkrankungen an der Frühinvalidität hat in den letzten Jahren erheblich zugenommen. Inzwischen geht fast ein Drittel der Frühberentungen auf eine psychisch bedingte Erwerbsminderung zurück [9]. Nach Prognosen der Weltgesundheitsorganisation (WHO) ist mit einem weiteren Anstieg der psychischen Erkrankungen zu rechnen. Der Prävention dieser Erkrankungen wird daher in Zukunft eine wachsende Bedeutung zukommen.

Zukünftig werden der demographische Wandel und eine längere Lebensarbeitszeit zu immer älter werdenden Belegschaften führen und die Unternehmen vor neue Herausforderungen stellen: Mit steigendem Alter nimmt die Häufigkeit und Dauer von Erkrankungen wie bspw. Muskel-Skelett- oder Herz- und Kreislauferkrankungen zu.

Daher steigt der Bedarf nach Analyseinstrumenten zur Altersprognose, die im Rahmen der Betrieblichen Gesundheitsförderung in Unternehmen eingesetzt werden können. Damit kann den Unternehmen prognostiziert werden, wie sich die Altersstruktur ihrer zukünftigen Belegschaft darstellt und welche Auswirkungen dies auf zu erwartende Fehlzeiten haben wird [5].

In den einzelnen Wirtschaftszweigen und Berufsgruppen gab es zum Teil erhebliche Unterschiede beim Krankenstand. Der vorliegende Beitrag zeigt, wo die Krankheitsschwerpunkte in den einzelnen Branchen und Berufsgruppen liegen und von welchen Faktoren die Höhe des Krankenstandes abhängt. Ein einführendes Kapitel gibt zunächst einen Überblick über die allgemeine Krankenstandsentwicklung in Deutschland. Im Folgenden wird dann in separaten Kapiteln das Arbeitsunfähigkeitsgeschehen in den einzelnen Wirtschaftszweigen detailliert beleuchtet.

20.1.1   Datenbasis und Methodik.

Die folgenden Ausführungen zu den krankheitsbedingten Fehlzeiten in der deutschen Wirtschaft basieren auf einer Analyse der Arbeitsunfähigkeitsmeldungen aller **erwerbstätigen AOK-Mitglieder**. Die AOK ist nach wie

vor die Krankenkasse mit dem größten Marktanteil in Deutschland. Sie verfügt daher über die umfangreichste Datenbasis zum Arbeitsunfähigkeitsgeschehen. Bei den Auswertungen wurden auch freiwillig Versicherte berücksichtigt. Ausgewertet wurden die Daten des Jahres 2007. In diesem Jahr waren insgesamt 9,8 Millionen Arbeitnehmer bei der AOK versichert.

Datenbasis der Auswertungen sind sämtliche Arbeitsunfähigkeitsfälle, die der AOK im Jahr 2007 gemeldet wurden.[3] Allerdings werden **Kurzzeiterkrankungen** bis zu drei Tagen von den Krankenkassen nur erfasst, soweit eine ärztliche Krankschreibung vorliegt. Der Anteil der Kurzzeiterkrankungen liegt daher höher, als dies in den Krankenkassendaten zum Ausdruck kommt. Hierdurch verringern sich die Fallzahlen und die rechnerische Falldauer erhöht sich entsprechend. **Langzeitfälle** mit einer Dauer von mehr als 42 Tagen wurden in die Auswertungen mit einbezogen, da sie von entscheidender Bedeutung für das Arbeitsunfähigkeitsgeschehen in den Betrieben sind.

Die **Arbeitsunfähigkeitszeiten** werden von den Krankenkassen so erfasst, wie sie auf den Krankmeldungen angegeben sind. Auch Wochenenden und Feiertage gehen dabei in die Berechnung mit ein, soweit sie in den Zeitraum der Krankschreibung fallen. Die Ergebnisse sind daher mit betriebsinternen Statistiken, bei denen nur die Arbeitstage berücksichtigt werden, nur begrenzt vergleichbar. Bei jahresübergreifenden Arbeitsunfähigkeitsfällen wurden nur Fehlzeiten in die Auswertungen miteinbezogen, die im Auswertungsjahr anfielen.

Tabelle 20.1.1 gibt einen Überblick über die wichtigsten Kennzahlen und Begriffe, die in diesem Beitrag zur Beschreibung des Arbeitsunfähigkeitsgeschehens verwendet werden. Die Berechnung der Kennzahlen erfolgt auf der Basis der Versicherungszeiten, d. h. es wird berücksichtigt, ob ein Mitglied ganzjährig oder nur einen Teil des Jahres bei der AOK versichert war bzw. als in einer bestimmten Branche oder Berufsgruppe beschäftigt geführt wurde.

Aufgrund der speziellen **Versichertenstruktur** der AOK sind die Daten nur bedingt repräsentativ für die Gesamtbevölkerung in der Bundesrepublik Deutschland bzw. die Beschäftigten in den einzelnen Wirtschaftszweigen. Als Folge ihrer historischen Funktion als Basiskasse weist die AOK einen überdurchschnittlich hohen Anteil an Versicherten aus dem gewerblichen

---

3   Im Zusammenhang mit Schwangerschaften und Kuren auftretende Fehlzeiten wurden bei den Auswertungen nicht berücksichtigt.

Tabelle 20.1.1. Kennzahlen und Begriffe zur Beschreibung des Arbeitsunfähigkeitsgeschehens

Kennzahl	Definition	Einheit, Ausprägung	Erläuterungen
AU-Fälle	Anzahl der Fälle von Arbeitsunfähigkeit	je AOK-Mitglied bzw. je 100 AOK-Mitglieder in % aller AU-Fälle	Jede Arbeitsunfähigkeitsmeldung, die nicht nur die Verlängerung einer vorangegangenen Meldung ist, wird als ein Fall gezählt. Ein AOK-Mitglied kann im Auswertungszeitraum mehrere AU-Fälle aufweisen
AU-Tage	Anzahl der AU-Tage, die im Auswertungsjahr anfielen	je AOK-Mitglied bzw. je 100 AOK-Mitglieder in % aller AU-Tage	Da arbeitsfreie Zeiten wie Wochenenden und Feiertage, die in den Krankschreibungszeitraum fallen, mit in die Berechnung eingehen, können sich Abweichungen zu betriebsinternen Fehlzeitenstatistiken ergeben, die bezogen auf die Arbeitszeiten berechnet wurden. Bei jahresübergreifenden Fällen werden nur die AU-Tage gezählt, die im Auswertungsjahr anfielen
AU-Tage je Fall	mittlere Dauer eines AU-Falls	Kalendertage	Indikator für die Schwere einer Erkrankung
Krankenstand	Anteil der im Auswertungszeitraum angefallenen Arbeitsunfähigkeitstage am Kalenderjahr	in %	War ein Versicherter nicht ganzjährig bei der AOK versichert, wird dies bei der Berechnung des Krankenstandes entsprechend berücksichtigt
Krankenstand, standardisiert	nach Alter und Geschlecht standardisierter Krankenstand	in %	Um Effekte der Alters- und Geschlechtsstruktur bereinigter Wert
AU-Quote	Anteil der AOK-Mitglieder mit einem oder mehreren Arbeitsunfähigkeitsfällen im Auswertungsjahr	in %	Diese Kennzahl gibt Auskunft darüber, wie groß der von Arbeitsunfähigkeit betroffene Personenkreis ist
Kurzzeiterkrankungen	Arbeitsunfähigkeitsfälle mit einer Dauer von 1–3 Tagen	in % aller Fälle/Tage	Erfasst werden nur Kurzzeitfälle, bei denen eine Arbeitsunfähigkeitsbescheinigung bei der AOK eingereicht wurde
Langzeiterkrankungen	Arbeitsunfähigkeitsfälle mit einer Dauer von mehr als 6 Wochen	in % aller Fälle/Tage	Mit Ablauf der 6. Woche endet in der Regel die Lohnfortzahlung durch den Arbeitgeber, ab der 7. Woche wird durch die Krankenkasse Krankengeld gezahlt
Arbeitsunfälle	durch Arbeitsunfälle bedingte Arbeitsunfähigkeitsfälle	je 100 AOK-Mitglieder in % aller AU-Fälle/Tage	Arbeitsunfähigkeitsfälle, bei denen auf der Krankmeldung als Krankheitsursache „Arbeitsunfall" angegeben wurde, nicht enthalten sind Wegeunfälle
AU-Fälle/-Tage nach Krankheitsarten	Arbeitsunfähigkeitsfälle/-tage mit einer bestimmten Diagnose	je 100 AOK-Mitglieder in % aller AU-Fälle bzw. -Tage	Ausgewertet werden alle auf den Arbeitsunfähigkeitsbescheinigungen angegebenen ärztlichen Diagnosen, verschlüsselt werden diese nach der Internationalen Klassifikation der Krankheitsarten (ICD-10)

Bereich auf. Angestellte sind dagegen im Versicherten-klientel der AOK unterrepräsentiert.

Die **Wirtschaftsgruppensystematik** entspricht der Klassifikation der Wirtschaftszweige der Bundesagentur für Arbeit (vgl. Anhang). Diese enthält insgesamt fünf Differenzierungsebenen, von denen allerdings bei den vorliegenden Analysen nur die ersten drei berücksichtigt wurden. Es wird zwischen Wirtschaftsabschnitten, -abteilungen und -gruppen unterschieden. Ein *Abschnitt* ist beispielsweise das „Verarbeitende Gewerbe". Dieser untergliedert sich in die *Wirtschaftsabteilungen* „Chemische Industrie", „Herstellung von Gummi- und Kunststoffwaren", „Textilgewerbe" usw. Die Wirtschaftsabteilung „Chemische Industrie" umfasst wiederum die *Wirtschaftsgruppen* „Herstellung von chemischen Grundstoffen", „Herstellung von Schädlingsbekämpfungs- und Pflanzenschutzmitteln" etc. Im vorliegenden Unterkapitel erfolgt die Betrachtung zunächst ausschließlich auf der Ebene der Wirtschaftsabschnitte.[4] In den folgenden Kapiteln wird dann auch nach Wirtschaftsabteilungen und teilweise auch nach Wirtschaftsgruppen differenziert. Die Metallindustrie, die nach der Systematik der Wirtschaftszweige der Bundesanstalt für Arbeit zum verarbeitenden Gewerbe gehört, wird, da sie die größte Branche des Landes darstellt, in einem eigenen Kapitel behandelt (s. Kap. 20.9). Auch dem Bereich „Erziehung und Unterricht" wird angesichts der zunehmenden Bedeutung des Bildungsbereichs für die Produktivität der Volkswirtschaft ein eigenes Kapitel gewidmet (s. Kap. 20.6). Aus Tabelle 20.1.2 ist die Anzahl der AOK-Mitglieder in den einzelnen Wirtschaftsabschnitten sowie deren Anteil an den so-

Tabelle 20.1.2. Anzahl der AOK-Mitglieder nach Wirtschaftsabschnitten im Jahr 2007

Wirtschaftsab-schnitte	Pflichtmitglieder		Freiwillige Mitglieder
	Absolut	Anteil an der Branche (in %)	Absolut
Banken/Versi-cherungen	105.481	10,7	8.336
Baugewerbe	683.877	43,0	4.678
Dienstleistun-gen	3.563.096	39,5	36.033
Energie/Was-ser/Bergbau	74.134	20,2	4.333
Handel	1.270.498	31,5	14.571
Land- und Forstwirt-schaft	211.030	65,1	335
Öff. Verwal-tung/Sozialver-sicherung	624.885	37,1	9.660
Verarbeitendes Gewerbe	2.346.954	34,4	61.314
Verkehr/Trans-port	601.241	38,0	4.116
Sonstige	181.306	18,0	1.522
Alle Branchen	**9.662.502**	**35,2**	**144.898**

---

4 Die Abschnitte E (Energie- und Wasserversorgung) und C (Bergbau und Gewinnung von Steinen und Erden) wurden unter der Bezeichnung „Energie/Wasser/Bergbau" zusammengefasst. Der Bereich Dienstleistungen umfasst die Abschnitte H (Gastgewerbe), K (Grundstücks- und Wohnungswesen, Vermietung beweglicher Sachen, Erbringung von Dienstleistungen überwiegend für Unternehmen), N (Gesundheits-, Veterinär- und Sozialwesen), O (Erbringung von sonstigen öffentlichen und persönlichen Dienstleistungen) und P (Private Haushalte). Der Bereich Land- und Forstwirtschaft umfasst die Wirtschaftsabschnitte A (Land- und Forstwirtschaft) und B (Fischerei und Fischzucht). Unter der Bezeichnung „Öffentliche Verwaltung" wurden die Abschnitte L (Öffentl. Verwaltung) und Q (Exterritoriale Organisationen) zusammengefasst. Das Verarbeitende Gewerbe umfasst in diesem Unterkapitel auch die Metallindustrie. Als Synonym für den Begriff „Wirtschaftsabschnitte" werden auch die Begriffe Branchen oder Wirtschaftszweige verwandt. Im Text sowie in den Tabellen und Grafiken werden die offiziellen Bezeichnungen der Bundesagentur für Arbeit aus Platzgründen teilweise abgekürzt bzw. pars pro toto verwandt. Die vollständigen Bezeichnungen finden sich im Anhang.

zialversicherungspflichtig Beschäftigten insgesamt[5] ersichtlich.

Angesichts nach wie vor unterschiedlicher Morbiditätsstrukturen werden neben den Gesamtergebnissen für die Bundesrepublik Deutschland die Ergebnisse für **Ost- und Westdeutschland** separat ausgewiesen.

Die **Verschlüsselung der Diagnosen** erfolgt nach der 10. Revision des ICD (International Classification

---

5 Errechnet auf der Basis der Beschäftigtenstatistik der Bundesagentur für Arbeit, Stichtag: 30.9. 2007 [4].

Tabelle 20.1.3. Arbeitsunfähigkeit der AOK-Mitglieder im Jahr 2007 im Vergleich zum Vorjahr

	Kranken- stand (in %)	Arbeitsunfähigkeiten je 100 AOK-Mitglieder				Tage je Fall	Veränd. z. Vorj. (in %)	AU- Quote (in %)
		Fälle	Veränd. z. Vorj. (in %)	Tage	Veränd. z. Vorj. (in %)			
West	4,6	143,1	8,1	1.660,5	6,5	11,6	-1,7	51,6
Ost	4,3	132,1	6,4	1.558,6	6,6	11,8	0,0	49,2
Bund	4,5	141,2	7,8	1.643,4	6,5	11,6	-1,7	51,2

of Diseases).[6] Teilweise weisen die Arbeitsunfähigkeits-bescheinigungen mehrere Diagnosen auf. Um einen Informationsverlust zu vermeiden, werden bei den diagnosebezogenen Auswertungen im Unterschied zu anderen Statistiken,[7] die nur eine (Haupt-) Diagnose berücksichtigen, auch **Mehrfachdiagnosen**[8] in die Auswertungen mit einbezogen.

20.1.2 Allgemeine Krankenstandsentwicklung

Der Krankenstand der AOK-Mitglieder betrug im Jahr 2007 4,5% (vgl. Tabelle 20.1.3). 51,2% der AOK-Mitglieder meldeten sich mindestens einmal krank. Die Versicherten waren im Jahresdurchschnitt 16,4 Kalendertage krankgeschrieben.[9] 4,5% der Arbeitsunfähigkeitstage waren durch Arbeitsunfälle bedingt.

Im Vergleich zum Vorjahr konnte ein Anstieg des Krankenstands verzeichnet werden. Die Zahl der krankheitsbedingten Ausfalltage nahm um 6,5% zu, in Ostdeutschland stärker als in Westdeutschland (Ost: 6,6%; West: 6,5%). Der Anstieg der Fehlzeiten ist vor allem auf eine höhere Anzahl von Krankmeldungen zurückzuführen (West: 8,1%; Ost: 6,4%). Die durchschnittliche Dauer der Krankmeldungen hingegen blieb in Ostdeutschland konstant, während sie in Westdeutschland sogar um 1,7% zurückging. Die Zahl der

von Arbeitsunfähigkeit betroffenen AOK-Mitglieder (AU-Quote: Anteil der AOK-Mitglieder mit mindestens einem AU-Fall) stieg im Jahr 2007 um 1,9 Prozentpunkte auf 51,2% (West: 1,9 Prozentpunkte; Ost: 1,7 Prozentpunkte).

Im Jahresverlauf wurde mit 5,5% der höchste Krankenstand im Februar erreicht, während der niedrigste Wert im August (3,8%) zu verzeichnen war. Im Vergleich zum Vorjahr ist ein leichter Anstieg der Krankenstände zu verzeichnen (vgl. Abb. 20.1.1).

Abbildung 20.1.2 zeigt die längerfristige Entwicklung des Krankenstandes in den Jahren 1975 bis 2007 auf der Basis von Stichtagserhebungen der gesetzlichen Krankenkassen. Seit Mitte der neunziger Jahre ist ein starker Rückgang der Krankenstände zu verzeichnen. Im Jahr 2003 unterschritt der Krankenstand mit einem Wert von 3,6% erstmals die 4%-Marke. 2007 sank der Krankenstand auf 3,2% und erreichte damit den niedrigsten Stand seit der Wiedervereinigung.[10]

Bis zum Jahr 1995 war der Krankenstand in Ostdeutschland stets niedriger als in Westdeutschland. In den Jahren 1996 bis 2007 waren dann jedoch in den neuen Ländern meist etwas höhere Werte als in den alten zu verzeichnen. Diese Entwicklung wird vom Institut für Arbeitsmarkt- und Berufsforschung auf Verschiebungen in der Altersstruktur der erwerbstätigen Bevölkerung zurückgeführt [6]. Diese war nach der Wende zunächst in den neuen Ländern günstiger, weil viele Arbeitnehmer vom Altersübergangsgeld Gebrauch machten. Dies habe sich aufgrund altersspezifischer Krankenstandsquoten in den durchschnittlichen Kran-

---

6   International übliches Klassifikationssystem der Weltgesundheitsorganisation (WHO)

7   Beispielsweise die von den Krankenkassen im Bereich der gesetzlichen Krankenversicherung herausgegebene Krankheitsartenstatistik.

8   Leidet ein Arbeitnehmer an unterschiedlichen Krankheitsbildern (Multimorbidität), kann eine Arbeitsunfähigkeitsbescheinigung mehrere Diagnosen aufweisen. Insbesondere bei älteren Beschäftigten kommt dies häufiger vor.

9   Wochenenden und Feiertage eingeschlossen.

---

10   Die Abweichungen zwischen den Krankenstandszahlen der GKV und den einzelnen Krankenkassen ergeben sich durch Unterschiede in der Erhebung. Vgl. hierzu auch den Beitrag von Busch in diesem Band.

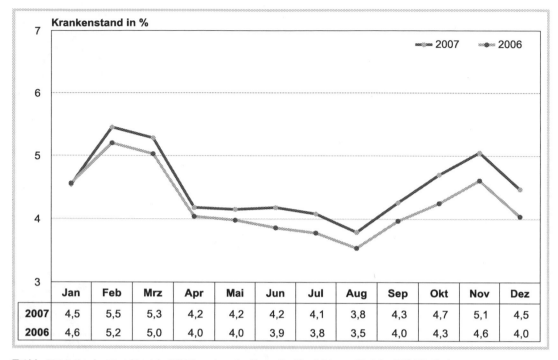

■ **Abb. 20.1.1.** Krankenstand im Jahr 2007 im saisonalen Verlauf im Vergleich zum Vorjahr, AOK-Mitglieder

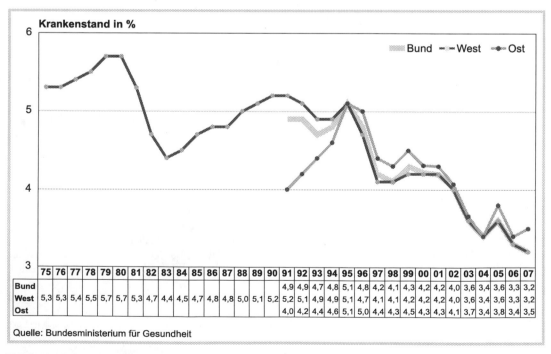

■ **Abb. 20.1.2.** Entwicklung des Krankenstands der Pflichtmitglieder in der GKV in den Jahren 1975–2007 (in %)

kenständen niedergeschlagen. Inzwischen sind diese Effekte jedoch ausgelaufen.

20.1.3 Verteilung der Arbeitsunfähigkeit

Im Jahr 2007 waren 51,2% der AOK-Mitglieder von Arbeitsunfähigkeit betroffen (Arbeitsunfähigkeitsquote). Davon meldeten sich 24,8% einmal, 13,1% zweimal und 13,3% dreimal oder häufiger krank (vgl. Abb. 20.1.3.).

Der Anteil der Arbeitnehmer, die das ganze Jahr überhaupt nicht krank geschrieben waren, ist von 44,7% im Jahr 2000 auf 50,7% im Jahr 2006 gestiegen. 2007 sank der Anteil um 1,9 Prozentpunkte auf 48,8%.

Abbildung 20.1.4. zeigt die Verteilung der kumulierten Arbeitsunfähigkeitstage auf die AOK-Mitglieder in Form einer Lorenzkurve. Daraus ist ersichtlich, dass der überwiegende Teil der Tage sich auf einen relativ kleinen Teil der AOK-Mitglieder konzentriert. Die folgenden Zahlen machen dies deutlich:

- Ein Fünftel der Arbeitsunfähigkeitstage entfällt auf nur 1,0% der Mitglieder.
- Die Hälfte der Tage wird von lediglich 5,5% der Mitglieder verursacht.
- Knapp 80% der Arbeitsunfähigkeitstage gehen auf nur 18,3% der AOK-Mitglieder zurück.

20.1.4 Kurz- und Langzeiterkrankungen

Die Höhe des Krankenstandes wird entscheidend durch länger dauernde Arbeitsunfähigkeitsfälle bestimmt. Die Zahl dieser Erkrankungsfälle ist zwar relativ gering, sie sind aber für eine große Zahl von Ausfalltagen verantwortlich (vgl. Abb. 20.1.5). 2007 waren fast die Hälfte aller Arbeitsunfähigkeitstage (48,9%) auf lediglich 7,5% der Arbeitsunfähigkeitsfälle zurückzuführen. Dabei handelt es sich um Fälle mit einer Dauer von mehr als vier Wochen. Besonders zu Buche schlagen Langzeitfälle, die sich über mehr als sechs Wochen erstrecken. Obwohl ihr Anteil an den Arbeitsunfähigkeitsfällen im Jahr 2007 nur 4,2% betrug, verursachten sie 39,2% des gesamten AU-Volumens. Langzeitfälle sind häufig auf chronische Erkrankungen zurückzuführen. Der An-

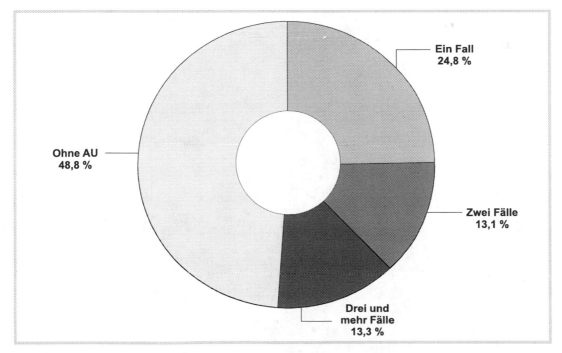

Abb. 20.1.3. Arbeitsunfähigkeitsquote der AOK-Mitglieder im Jahr 2007

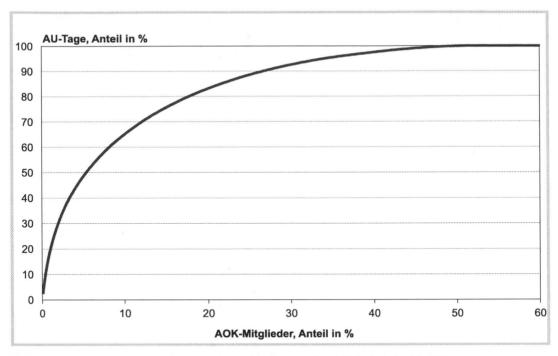

Abb. 20.1.4. Lorenzkurve zur Verteilung der Arbeitsunfähigkeitstage der AOK-Mitglieder im Jahr 2007

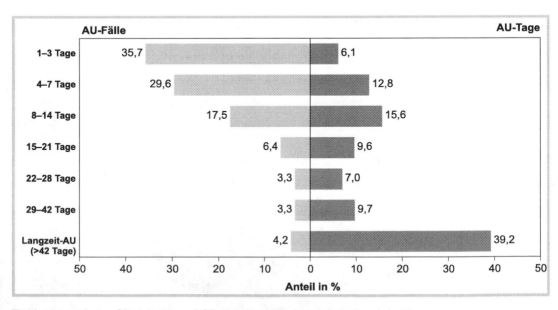

Abb. 20.1.5. Arbeitsunfähigkeitstage und -fälle der AOK-Mitglieder im Jahr 2007 nach der Dauer

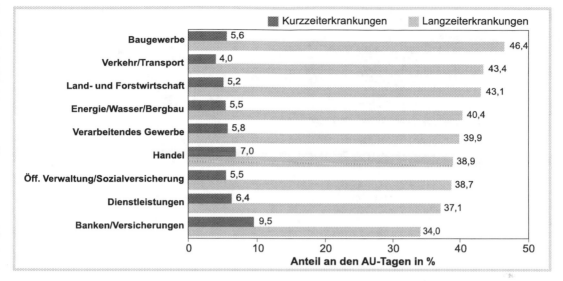

◘ Abb. 20.1.6. Anteil der Kurz- und Langzeiterkrankungen an den Arbeitsunfähigkeitstagen nach Branchen im Jahr 2007, AOK-Mitglieder

teil der Langzeitfälle nimmt mit zunehmendem Alter deutlich zu.

Kurzzeiterkrankungen wirken sich zwar häufig sehr störend auf den Betriebsablauf aus, spielen aber, anders als häufig angenommen, für den Krankenstand nur eine untergeordnete Rolle. Auf Arbeitsunfähigkeitsfälle mit einer Dauer von 1 bis 3 Tagen gingen 2007 lediglich 6,1% der Fehltage zurück, obwohl ihr Anteil an den Arbeitsunfähigkeitsfällen 35,7% betrug. Da viele Arbeitgeber in den ersten drei Tagen einer Erkrankung keine ärztliche Arbeitsunfähigkeitsbescheinigung verlangen, liegt der Anteil der Kurzzeiterkrankungen allerdings in der Praxis höher, als dies in den Daten der Krankenkassen zum Ausdruck kommt. Nach einer Befragung des Instituts der deutschen Wirtschaft [10] hat jedes zweite Unternehmen die Attestpflicht ab dem ersten Krankheitstag eingeführt. Der Anteil der Kurzzeitfälle von 1 bis 3 Tagen an den krankheitsbedingten Fehltagen in der privaten Wirtschaft beträgt danach insgesamt durchschnittlich 11,3%. Auch wenn man berücksichtigt, dass die Krankenkassen die Kurzzeit-Arbeitsunfähigkeit nicht vollständig erfassen, ist also der Anteil der Erkrankungen von 1 bis 3 Tagen am Arbeitsunfähigkeitsvolumen insgesamt nur gering. Von Maßnahmen, die in erster Linie auf eine Reduzierung der Kurzzeitfälle abzielen, ist daher kein durchgreifender Effekt auf den

Krankenstand zu erwarten. Maßnahmen, die auf eine Senkung des Krankenstandes abzielen, sollten vorrangig bei den Langzeitfällen ansetzen. Welche Krankheitsarten für die Langzeitfälle verantwortlich sind, wird in Kapitel 20.1.15 dargestellt.

Im Vergleich zum Vorjahr hat sich 2007 der Anteil der Langzeiterkrankungen[11] nur geringfügig verändert. Die AU-Fälle und -Tage sanken jeweils um 0,1 Prozentpunkte. Wie schon in den Vorjahren war 2007 der Anteil der Langzeiterkrankungen mit 46,4% im Baugewerbe am höchsten und in der Branche Banken und Versicherungen mit 34,0% am niedrigsten. Der Anteil der Kurzzeiterkrankungen schwankte in den einzelnen Wirtschaftszweigen zwischen 9,5% bei Banken und Versicherungen und 4,0% im Bereich Verkehr und Transport (vgl. Abb. 20.1.6).

_____

11 Mit einer Dauer von mehr als sechs Wochen.

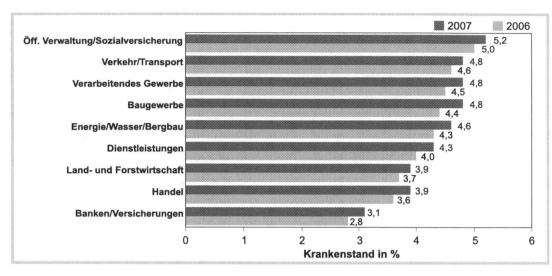

□ Abb. 20.1.7. Krankenstand der AOK-Mitglieder nach Branchen im Jahr 2007 im Vergleich zum Vorjahr

20.1.5   Krankenstandsentwicklung in den einzelnen Branchen

Im Jahr 2007 wiesen die öffentlichen Verwaltungen – wie bereits in den Vorjahren – mit 5,2% den höchsten Krankenstand, Banken und Versicherungen mit 3,1% den niedrigsten Krankenstand auf (vgl. Abb. 20.1.7). Bei dem hohen Krankenstand in der öffentlichen Verwaltung muss allerdings berücksichtigt werden, dass ein großer Teil der in diesem Sektor beschäftigten AOK-Mitglieder keine Bürotätigkeiten ausübt, sondern in gewerblichen Bereichen mit teilweise sehr hoher Arbeitsbelastung tätig ist, wie z. B. im Straßenbau, in der Straßenreinigung und Abfallentsorgung, in Gärtnereien etc. Insofern sind die Daten, die der AOK für diesen Bereich vorliegen, nicht repräsentativ für die gesamte öffentliche Verwaltung. Hinzu kommt, dass die in den öffentlichen Verwaltungen beschäftigten AOK-Mitglieder eine im Vergleich zur freien Wirtschaft ungünstige Altersstruktur aufweisen, die zum Teil für die erhöhten Krankenstände mitverantwortlich ist. Schließlich spielt auch die Tatsache, dass die öffentlichen Verwaltungen ihrer Verpflichtung zur Beschäftigung Schwerbehinderter stärker nachkommen als andere Branchen, eine erhebliche Rolle. Der Anteil erwerbstätiger Schwerbehinderter liegt im öffentlichen Dienst um etwa 50% höher als in anderen Sektoren (6,6% der Beschäftigten in der öffentlichen Verwaltung gegenüber 4,2% in

anderen Beschäftigungssektoren). Nach einer Studie der Hans-Böckler-Stiftung ist die gegenüber anderen Beschäftigungsbereichen höhere Zahl von Arbeitsunfähigkeitsfällen im öffentlichen Dienst knapp zur Hälfte allein auf den erhöhten Anteil an schwerbehinderten Arbeitnehmern zurückzuführen [7].[12]

Im Vergleich zum Vorjahr wurde im Jahr 2007 in allen Branchen ein Anstieg des Krankenstandes verzeichnet.

Die Höhe des Krankenstandes resultiert aus der Zahl der Krankmeldungen und deren Dauer. Bei den öffentlichen Verwaltungen und im verarbeitenden Gewerbe lag sowohl die Zahl der Krankmeldungen als auch die mittlere Dauer der Krankheitsfälle über dem Durchschnitt (vgl. Abb. 20.1.8). Der überdurchschnittlich hohe Krankenstand im Baugewerbe und im Bereich Verkehr/Transport war dagegen ausschließlich auf die lange Dauer (12,9 bzw. 14,2 Tage) der Arbeitsunfähigkeitsfälle zurückzuführen. Auf den hohen Anteil der Langzeitfälle in diesen Branchen wurde bereits in Ka-

---

12 Vgl. dazu den Beitrag von Gerd Marstedt et al. in: Badura B, Litsch M, Vetter C (Hrsg) (2001) Fehlzeiten-Report 2001, Springer, Berlin (u. a.). Weitere Ausführungen zu den Bestimmungsfaktoren des Krankenstandes in der öffentlichen Verwaltung finden sich im Beitrag von Alfred Oppolzer in: Badura B, Litsch M, Vetter C (2000) Fehlzeiten-Report 1999, Springer, Berlin (u. a.).

pitel 20.1.4 hingewiesen. Die Zahl der Krankmeldungen war dagegen im Baugewerbe und im Bereich Verkehr/ Transport geringer als im Branchendurchschnitt (vgl. Tabelle 20.3.2 und Tabelle 20.12.2).

Ebenso wie in den Vorjahren war der Krankenstand auch im Jahr 2007 in den meisten Wirtschaftszweigen in Ostdeutschland niedriger als in Westdeutschland. Im Bereich Energie, Wasser, Bergbau lag er 1,1 Prozentpunkte, im Baugewerbe 0,7 Prozentpunkte unter dem westdeutschen Niveau. In der Land- und Forstwirtschaft (0,8 Prozentpunkte) sowie bei den Banken und Versicherungen (0,3 Prozentpunkte) waren jedoch in den neuen Bundesländern höhere Werte festzustellen.

Tabelle 20.1.4 zeigt die Krankenstandsentwicklung in den einzelnen Branchen in den Jahren 1993 bis 2007, differenziert nach West- und Ostdeutschland. Im Vergleich zum Vorjahr stieg der Krankenstand im Jahr 2007 in West- und Ostdeutschland in allen Branchen.

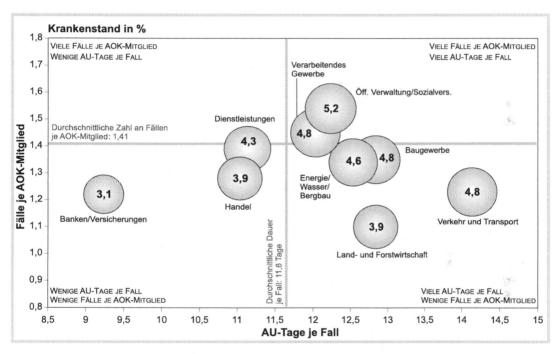

◘ **Abb. 20.1.8.** Krankenstand der AOK-Mitglieder nach Branchen im Jahr 2007 nach Bestimmungsfaktoren

Tabelle 20.1.4. Entwicklung des Krankenstands der AOK-Mitglieder in den Jahren 1993–2007 (in %)

Wirtschafts abschnitte		1993	1994	1995	1996	1997	1998	1999	2000	2001	2002	2003	2004	2005	2006	2007
Banken/ Versicherungen	West	4,2	4,4	3,9	3,5	3,4	3,5	3,6	3,6	3,5	3,5	3,3	3,1	3,1	2,7	3,1
	Ost	2,9	3,0	4,0	3,6	3,6	3,6	4,0	4,1	4,1	4,1	3,5	3,2	3,3	3,2	3,4
	Bund	**3,9**	**4,0**	**3,9**	**3,5**	**3,4**	**3,5**	**3,7**	**3,6**	**3,6**	**3,5**	**3,3**	**3,1**	**3,1**	**2,8**	**3,1**
Baugewerbe	West	6,7	7,0	6,5	6,1	5,8	6,0	6,0	6,1	6,0	5,8	5,4	5,0	4,8	4,6	4,9
	Ost	4,8	5,5	5,5	5,3	5,1	5,2	5,5	5,4	5,5	5,2	4,6	4,1	4,0	3,8	4,2
	Bund	**6,2**	**6,5**	**6,2**	**5,9**	**5,6**	**5,8**	**5,9**	**5,9**	**5,9**	**5,7**	**5,3**	**4,8**	**4,7**	**4,4**	**4,8**
Dienstleistungen	West	5,6	5,7	5,2	4,8	4,6	4,7	4,9	4,9	4,9	4,8	4,6	4,2	4,1	4,0	4,3
	Ost	5,4	6,1	6,0	5,6	5,3	5,2	5,6	5,5	5,4	5,2	4,7	4,2	4,0	3,8	4,1
	Bund	**5,5**	**5,8**	**5,3**	**4,9**	**4,7**	**4,8**	**5,0**	**5,0**	**4,9**	**4,8**	**4,6**	**4,2**	**4,1**	**4,0**	**4,3**
Energie/Wasser/ Bergbau	West	6,4	6,4	6,2	5,7	5,5	5,7	5,9	5,8	5,7	5,5	5,2	4,9	4,8	4,4	4,8
	Ost	4,8	5,2	5,0	4,1	4,2	4,0	4,4	4,4	4,4	4,5	4,1	3,7	3,7	3,6	3,7
	Bund	**5,8**	**6,0**	**5,8**	**5,3**	**5,2**	**5,3**	**5,6**	**5,5**	**5,4**	**5,3**	**5,0**	**4,6**	**4,6**	**4,3**	**4,6**
Handel	West	5,6	5,6	5,2	4,6	4,5	4,6	4,6	4,6	4,6	4,5	4,2	3,9	3,8	3,7	3,9
	Ost	4,2	4,6	4,4	4,0	3,8	3,9	4,2	4,2	4,2	4,1	3,7	3,4	3,3	3,3	3,6
	Bund	**5,4**	**5,5**	**5,1**	**4,5**	**4,4**	**4,5**	**4,5**	**4,6**	**4,5**	**4,5**	**4,2**	**3,8**	**3,7**	**3,6**	**3,9**
Land- und Forst- wirtschaft	West	5,6	5,7	5,4	4,6	4,6	4,8	4,6	4,6	4,6	4,5	4,2	3,8	3,5	3,3	3,6
	Ost	4,7	5,5	5,7	5,5	5,0	4,9	6,0	5,5	5,4	5,2	4,9	4,3	4,3	4,1	4,4
	Bund	**5,0**	**5,6**	**5,6**	**5,1**	**4,8**	**4,8**	**5,3**	**5,0**	**5,0**	**4,8**	**4,5**	**4,0**	**3,9**	**3,7**	**3,9**
Öffentl. Verwal- tung/ Sozialver- sicherung	West	7,1	7,3	6,9	6,4	6,2	6,3	6,6	6,4	6,1	6,0	5,7	5,3	5,3	5,1	5,3
	Ost	5,1	5,9	6,3	6,0	5,8	5,7	6,2	5,9	5,9	5,7	5,3	5,0	4,5	4,7	4,8
	Bund	**6,6**	**6,9**	**6,8**	**6,3**	**6,1**	**6,2**	**6,5**	**6,3**	**6,1**	**5,9**	**5,6**	**5,2**	**5,1**	**5,0**	**5,2**
Verarbeitendes Gewerbe	West	6,2	6,3	6,0	5,4	5,2	5,3	5,6	5,6	5,6	5,5	5,2	4,8	4,8	4,6	4,9
	Ost	5,0	5,4	5,3	4,8	4,5	4,6	5,2	5,1	5,2	5,1	4,7	4,3	4,2	4,1	4,4
	Bund	**6,1**	**6,2**	**5,9**	**5,3**	**5,1**	**5,2**	**5,6**	**5,6**	**5,5**	**5,5**	**5,1**	**4,7**	**4,7**	**4,5**	**4,8**
Verkehr/ Transport	West	6,6	6,8	4,7	5,7	5,3	5,4	5,6	5,6	5,6	5,6	5,3	4,9	4,8	4,7	4,9
	Ost	4,4	4,8	4,7	4,6	4,4	4,5	4,8	4,8	4,9	4,9	4,5	4,2	4,2	4,1	4,3
	Bund	**6,2**	**6,4**	**5,9**	**5,5**	**5,2**	**5,3**	**5,5**	**5,5**	**5,5**	**5,5**	**5,2**	**4,8**	**4,7**	**4,6**	**4,8**

20

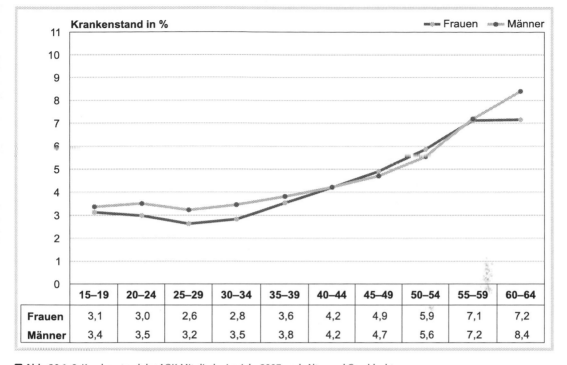

Abb. 20.1. 9. Krankenstand der AOK-Mitglieder im Jahr 2007 nach Alter und Geschlecht

Einfluss der Alters- und Geschlechtsstruktur

Die Höhe des Krankenstandes hängt entscheidend vom Alter der Beschäftigten ab. Die krankheitsbedingten Fehlzeiten nehmen mit steigendem Alter deutlich zu. Die Höhe des Krankenstandes variiert ebenfalls in Abhängigkeit vom Geschlecht (vgl. Abb. 20.1.9).

Zwar geht die Zahl der Krankmeldungen mit zunehmendem Alter zurück, die durchschnittliche Dauer der Arbeitsunfähigkeitsfälle steigt jedoch kontinuierlich an (vgl. Abb. 20.1.10). Ältere Mitarbeiter sind also seltener krank als ihre jüngeren Kollegen, fallen aber bei einer Erkrankung in der Regel wesentlich länger aus. Der starke Anstieg der Falldauer hat zur Folge, dass der Krankenstand trotz der Abnahme der Krankmeldungen mit zunehmendem Alter deutlich ansteigt. Hinzu kommt, dass ältere Arbeitnehmer im Unterschied zu ihren jüngeren Kollegen häufiger von mehreren Erkrankungen gleichzeitig betroffen sind (Multimorbidität). Auch dies kann längere Ausfallzeiten mit sich bringen.

Da die Krankenstände in Abhängigkeit von Alter und Geschlecht sehr stark variieren, ist es sinnvoll, beim Vergleich der Krankenstände unterschiedlicher Branchen oder Regionen die Alters- und Geschlechtsstruktur zu berücksichtigen. Mit Hilfe von Standardisierungsverfahren lässt sich berechnen, wie der Krankenstand in den unterschiedlichen Bereichen ausfiele, wenn man eine durchschnittliche Alters- und Geschlechtsstruktur zugrunde legen würde. Abbildung 20.1.11 zeigt die standardisierten Werte für die einzelnen Wirtschaftszweige im Vergleich zu den nicht standardisierten Krankenständen. [13]

In den meisten Branchen fallen die standardisierten Werte niedriger aus als die nicht standardisierten. Ins-

---

13 Berechnet nach der Methode der direkten Standardisierung. Zugrunde gelegt wurde die Alters- und Geschlechtsstruktur der erwerbstätigen Mitglieder der gesetzlichen Krankenversicherung insgesamt im Jahr 2007 (Mitglieder mit Krankengeldanspruch). Quelle: AOK-Bundesverband, SA 40 auf Basis des 2. RSA Zwischenausgleiches 2007. Hinweis: Weil den erwerbstätigen Mitgliedern als Datenquelle die Satzart 40-Versichertengruppen X1 und X2 (Versicherte mit Anspruch auf Krankengeld) zugrunde liegen, sind in den Daten auch nicht erwerbstätige Personengruppen enthalten, z.B. Empfänger von Arbeitslosengeld I oder Elterngeld.

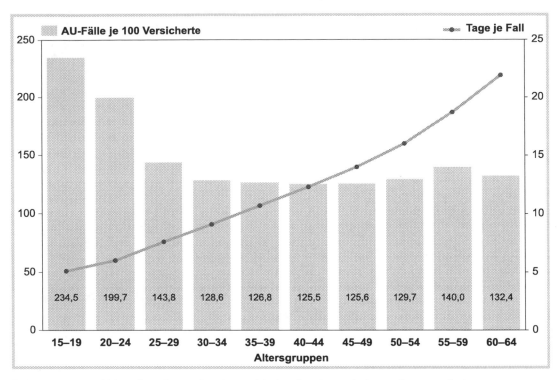

Abb. 20.1.10. Anzahl der Fälle und Dauer der Arbeitsunfähigkeit der AOK-Mitglieder im Jahr 2007 nach Alter

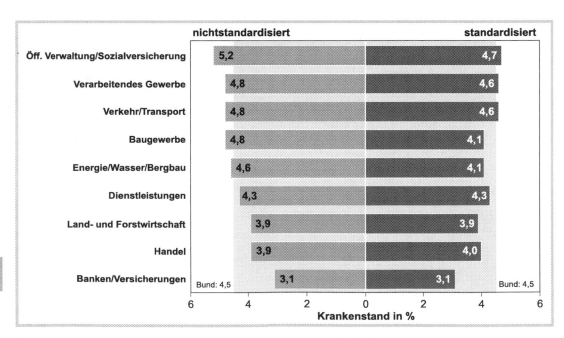

Abb. 20.1.11. Alters- und geschlechtsstandardisierter Krankenstand der AOK-Mitglieder im Jahr 2007 nach Branchen

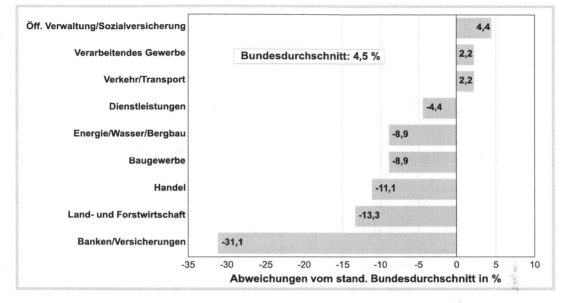

■ **Abb. 20.1.12.** Abweichungen der alters- und geschlechtsstandardisierten Krankenstände vom Bundesdurchschnitt im Jahr 2007 nach Branchen, AOK-Mitglieder

besondere in der öffentlichen Verwaltung, im Bereich Energie/Wasser/Bergbau (jeweils 0,5 Prozentpunkte) und im Baugewerbe (0,7 Prozentpunkte) ist der überdurchschnittlich hohe Krankenstand zu einem erheblichen Teil auf die Altersstruktur in diesen Bereichen zurückzuführen. In der Land- und Forstwirtschaft und im Dienstleistungsbereich zeigen sich keine Unterschiede. Im Handel hingegen ist es genau umgekehrt. Dort wären bei einer durchschnittlichen Altersstruktur etwas höhere Krankenstände zu erwarten (0,1 Prozentpunkte).

Abbildung 20.1.12 zeigt die Abweichungen der standardisierten Krankenstände vom Bundesdurchschnitt. In der öffentlichen Verwaltung, im verarbeitenden Gewerbe sowie im Bereich Verkehr und Transport liegen die standardisierten Werte über dem Durchschnitt. Die günstigsten Werte sind bei den Banken und Versicherungen zu verzeichnen. In diesem Bereich ist der standardisierte Krankenstand fast ein Drittel niedriger als im Bundesdurchschnitt. Dies ist in erster Linie auf den hohen Angestelltenanteil in dieser Branche zurückzuführen (vgl. Kap. 20.1.9).

20.1.6   Fehlzeiten nach Bundesländern

Wie auch schon in den Vorjahren unterschied sich im Jahr 2007 der Krankenstand in West- und Ostdeutschland nur geringfügig (West: 4,6%; Ost: 4,3%) (vgl. Tabelle 20.1.3). Zwischen den einzelnen Bundesländern gab es jedoch erhebliche Unterschiede im Krankenstand (vgl. Abb. 20.1.13). Die höchsten Krankenstände waren 2007 in den Stadtstaaten Berlin (5,4%), Hamburg (5,3%) und Bremen (5,3%) sowie im Saarland (5,6%) zu verzeichnen. Die niedrigsten Krankenstände wiesen die Bundesländer Sachsen (4,0%), Bayern (4,0%) und Baden-Württemberg (4,3%) auf.

Die hohen Krankenstände in den Stadtstaaten kommen auf unterschiedliche Weise zustande. In Berlin, Bremen und Hamburg lag sowohl die Zahl der Arbeitsunfähigkeitsfälle als auch deren durchschnittliche Dauer über dem Bundesdurchschnitt (vgl. Abb. 20.1.14). Im Saarland ist der hohe Krankenstand dagegen ausschließlich auf die lange Dauer der Arbeitsunfähigkeitsfälle zurückzuführen. Die Zahl der Arbeitsunfähigkeitsfälle war dort geringer als im Bundesdurchschnitt.

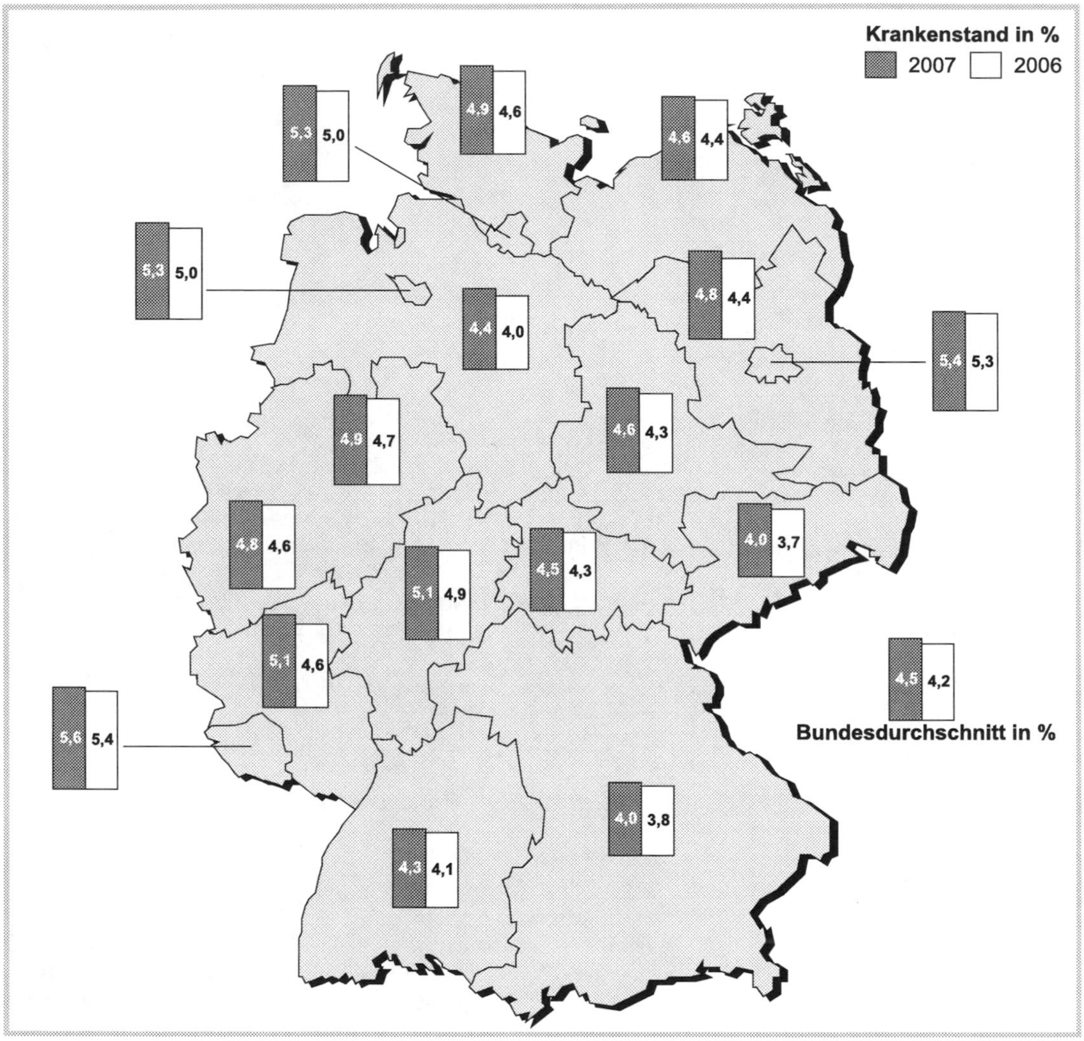

Krankenstand in %
2007   2006

5,3 5,0
5,3 5,0
4,9 4,6
4,6 4,4
4,8 4,4
5,4 5,3
4,4 4,0
4,9 4,7
4,6 4,3
4,8 4,6
5,1 4,9
4,5 4,3
4,0 3,7
5,1 4,6
4,5 4,2
5,6 5,4
Bundesdurchschnitt in %
4,0 3,8
4,3 4,1

◘ **Abb. 20.1.13.** Krankenstand der AOK-Mitglieder nach Landes-AOKs im Jahr 2007 im Vergleich zum Vorjahr

Inwieweit sind die regionalen Unterschiede im Krankenstand auf unterschiedliche Alters- und Geschlechtsstrukturen zurückzuführen? Abbildung 20.1.15 zeigt die nach Alter und Geschlecht standardisierten Werte für die einzelnen Bundesländer im Vergleich zu den nicht standardisierten Krankenständen.[14] Durch die

Berücksichtigung der Alters- und Geschlechtsstruktur relativieren sich die beschriebenen regionalen Unterschiede im Krankenstand nur geringfügig. Die oben beschriebene Verteilungsstruktur bleibt im Wesentlichen erhalten. Bei den Stadtstaaten Berlin, Hamburg und Bremen fallen die standardisierten Werte lediglich um 0,1 bzw. 0,2 Prozentpunkte niedriger aus als die Rohwerte. Sachsen, Bayern und Baden-Württemberg erzielen auch nach der Standardisierung die günstigsten Werte.

Abbildung 20.1.16 zeigt die Abweichungen der standardisierten Krankenstände vom Bundesdurchschnitt. Die höchsten Werte weisen Berlin und das Saarland auf.

20

14 Berechnet nach der Methode der direkten Standardisierung. Zugrunde gelegt wurde die Alters- und Geschlechtsstruktur der erwerbstätigen Mitglieder der gesetzlichen Krankenversicherung insgesamt (Mitglieder mit Krankengeldanspruch) im Jahr 2007. Quelle: AOK-Bundesverband, SA 40 auf Basis des 2. RSA Zwischenausgleichs 2007

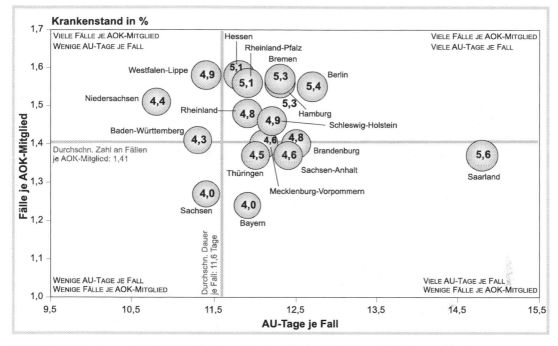

Abb. 20.1.14. Krankenstand der AOK-Mitglieder nach Landes-AOKs im Jahr 2007 nach Bestimmungsfaktoren

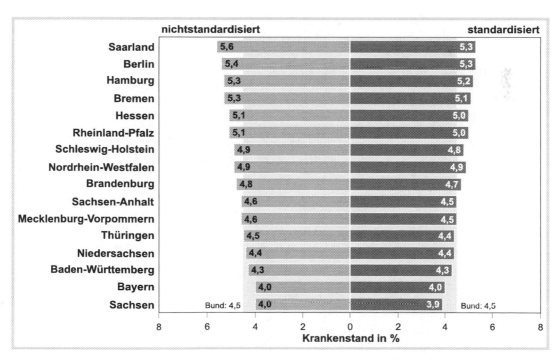

Abb. 20.1.15. Alters- und geschlechtsstandardisierter Krankenstand der AOK-Mitglieder im Jahr 2007 nach Bundesländern

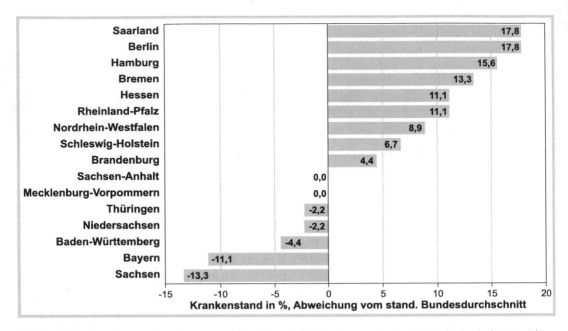

◻ Abb. 20.1.16. Abweichungen der alters- und geschlechtsstandardisierten Krankenstände vom Bundesdurchschnitt im Jahr 2007 nach Bundesländern, AOK-Mitglieder

Dort liegen die standardisierten Werte jeweils 17,8% über dem Durchschnitt. Wie schon erwähnt verzeichnen Sachsen und Bayern die günstigsten Werte. In diesen Bundesländern ist der standardisierte Krankenstand deutlich niedriger als im Bundesdurchschnitt.

Im Vergleich zum Vorjahr hat im Jahr 2007 sowohl die Zahl der Arbeitsunfähigkeitsfälle als auch die Zahl der Arbeitsunfähigkeitstage in allen Bundesländern zugenommen (vgl. Tabelle 20.1.5). Bei den Krankmel-

dungen waren die stärksten Anstiege in Baden-Württemberg (9,6%), Bayern (9,1%) und in Brandenburg (8,5%) zu verzeichnen. Die Zahl der Arbeitsunfähigkeitstage stieg am stärksten in Niedersachsen (11,8%), Rheinland-Pfalz (8,8%) und Brandenburg (8,0%). Die Falldauer sank jedoch in fast allen Bundesländern. Bundesweit ging die Falldauer um 1,7 Prozentpunkte auf 11,6 Tage je Fall zurück.

Tabelle 20.1.5. Arbeitsunfähigkeit der AOK-Mitglieder nach Bundesländern im Jahr 2007 im Vergleich zum Vorjahr

	Arbeitsunfähigkeiten je 100 AOK-Mitglieder				Tage je Fall	Veränd. z. Vorj. (in %)
	Fälle	Veränd. z. Vorj. (in %)	Tage	Veränd. z. Vorj. (in %)		
Baden Württemberg	140,9	9,6	1.587,4	6,9	11,3	-2,6
Bayern	123,7	9,1	1.466,6	6,8	11,9	-1,7
Berlin	155,3	5,3	1.968,9	2,4	12,7	-2,3
Brandenburg	139,7	8,5	1.750,9	8,0	12,5	-0,8
Bremen	156,2	7,1	1.919,6	4,4	12,3	-2,4
Hamburg	156,6	7,0	1.922,7	4,7	12,3	-1,6
Hessen	157,8	7,0	1.855,1	4,5	11,8	-1,7
Mecklenburg-Vorpommern	139,8	3,3	1.692,9	5,2	12,1	1,7
Niedersachsen	151,0	7,2*	1.623,3	11,8*	10,8	4,9*
Rheinland	148,2	7,5	1.756,8	5,5	11,9	-1,7
Rheinland-Pfalz	155,6	8,4	1.846,0	8,8	11,9	0,8
Saarland	137,2	5,6	2.029,3	2,3	14,8	-3,3
Sachsen	127,0	7,1	1.445,2	7,1	11,4	0,0
Sachsen-Anhalt	136,6	5,2	1.687,3	7,4	12,4	2,5
Schleswig-Holstein	145,6	5,1	1.776,0	5,0	12,2	0,0
Thüringen	137,2	5,9	1.650,4	5,0	12,0	-0,8
Westfalen-Lippe	158,3	8,3	1.797,3	5,3	11,4	-2,6
Bund	**141,2**	**7,8**	**1.643,4**	**6,5**	**11,6**	**-1,7**

*Aufgrund einer Umstellung in der Datenvorhaltung bei der AOK Niedersachsen ist der Vergleich mit dem Vorjahr nur bedingt möglich.

20.1.7 Fehlzeiten nach Betriebsgröße

Mit zunehmender Betriebsgröße steigt die Anzahl der krankheitsbedingten Fehltage. Während die Mitarbeiter von Betrieben mit 10 bis 99 AOK-Mitgliedern im Jahr 2007 durchschnittlich 17,3 Tage fehlten, fielen in Betrieben mit 500 bis 999 AOK-Mitgliedern pro Mitarbeiter 19,6 Fehltage an (vgl. Abb. 20.1.17).[15] In größeren Betrieben mit 1.000 und mehr AOK-Mitgliedern nimmt dann allerdings die Zahl der Arbeitsunfähigkeitstage

---

15 Als Maß für die Betriebsgröße wird hier die Anzahl der AOK-Mitglieder in den Betrieben zugrunde gelegt, die allerdings in der Regel nur einen Teil der gesamten Belegschaft ausmachen.

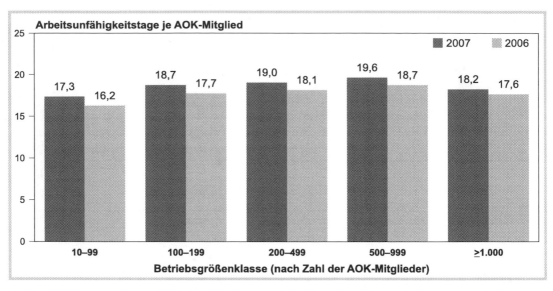

□ Abb. 20.1.17. Tage der Arbeitsunfähigkeit je AOK-Mitglied nach Betriebsgröße im Jahr 2007 im Vergleich zum Vorjahr

wieder deutlich ab. Dort waren 2007 nur 18,2 Fehltage je Mitarbeiter zu verzeichnen.

Eine Untersuchung des Instituts der Deutschen Wirtschaft kam zu einem ähnlichen Ergebnis [10]. Mit Hilfe einer Regressionsanalyse konnte darüber hinaus nachgewiesen werden, dass der positive Zusammenhang zwischen Fehlzeiten und Betriebsgröße nicht auf andere Einflussfaktoren wie zum Beispiel die Beschäftigtenstruktur oder Schichtarbeit zurückzuführen ist, sondern unabhängig davon gilt.

Im Vergleich zum Vorjahr nahm die Zahl der Arbeitsunfähigkeitstage im Jahr 2007 bei allen Betriebsgrößenklassen zu.

20.1.8 Fehlzeiten nach Stellung im Beruf

Die krankheitsbedingten Fehlzeiten variieren erheblich in Abhängigkeit von der beruflichen Stellung (vgl. Abb. 20.1.18). Die höchsten Fehlzeiten weisen Arbeiter auf (19,8 Tage je AOK-Mitglied), die niedrigsten Angestellte (11,9 Tage). Facharbeiter (17,4 Tage), Auszubildende (13,4 Tage) und Meister, Poliere (13,3 Tage) liegen hinsichtlich der Fehltage im Mittelfeld. Diese Rangfolge findet sich fast durchgängig in allen Branchen wieder.

Im Vergleich zum Vorjahr nahm im Jahr 2007 die Zahl der Arbeitsunfähigkeitstage bei allen Statusgruppen zu.

Worauf sind die erheblichen Unterschiede in der Höhe des Krankenstandes in Abhängigkeit von der beruflichen Stellung zurückzuführen? Zunächst muss berücksichtigt werden, dass Angestellte häufiger als Arbeiter bei Kurzerkrankungen von ein bis drei Tagen keine Arbeitsunfähigkeitsbescheinigung vorlegen müssen. Dies hat zur Folge, dass bei Angestellten die Kurzzeiterkrankungen in geringerem Maße von den Krankenkassen erfasst werden als bei Arbeitern. Dann ist zu bedenken, dass gleiche Krankheitsbilder je nach Art der beruflichen Anforderungen durchaus in einem Fall zur Arbeitsunfähigkeit führen können, im anderen Fall aber nicht. Bei schweren körperlichen Tätigkeiten, die im Bereich der industriellen Produktion immer noch eine große Rolle spielen, haben Erkrankungen viel eher Arbeitsunfähigkeit zur Folge als etwa bei Bürotätigkeiten. Hinzu kommt, dass sich die Tätigkeiten von gering qualifizierten Arbeitnehmern im Vergleich zu höher qualifizierten Beschäftigten in der Regel durch ein größeres Maß an physiologisch-ergonomischen Belastungen, eine höhere Unfallgefährdung und damit durch erhöhte Gesundheitsrisiken auszeichnen. Eine nicht unerhebliche Rolle dürfte schließlich auch die Tatsache spielen, dass in höheren Positionen das Ausmaß an Verantwortung, aber gleichzeitig auch der Handlungsspielraum und die Gestaltungsmöglichkeiten zunehmen. Dies führt zu größerer Motivation und stärkerer Identifikation mit der beruflichen Tätigkeit. Aufgrund dieser Tatsache ist in der Regel der Anteil

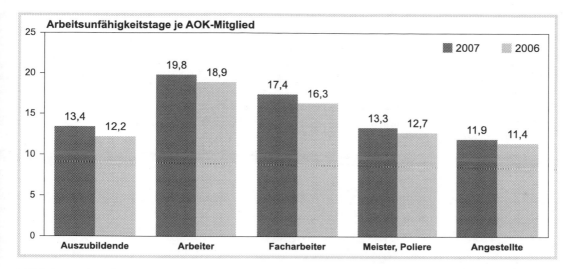

□ Abb. 20.1.18. Tage der Arbeitsunfähigkeit je AOK-Mitglied nach der Stellung im Beruf im Jahr 2007 im Vergleich zum Vorjahr

motivationsbedingter Fehlzeiten bei höherem beruflichen Status geringer.

Nicht zuletzt muss berücksichtigt werden, dass sich das niedrigere Einkommensniveau bei Arbeitern ungünstig auf die außerberuflichen Lebensverhältnisse wie z. B. die Wohnsituation, die Ernährung und die Erholungsmöglichkeiten auswirkt. Untersuchungen haben auch gezeigt, dass bei einkommensschwachen Gruppen verhaltensbedingte gesundheitliche Risikofaktoren wie Rauchen, Bewegungsarmut und Übergewicht stärker ausgeprägt sind als bei Gruppen mit höheren Einkommen [8].

20.1.9 Fehlzeiten nach Berufsgruppen

Auch bei den einzelnen Berufsgruppen gibt es große Unterschiede hinsichtlich der krankheitsbedingten Fehlzeiten (s. Abb. 20.1.19). Die Art der ausgeübten Tätigkeit hat erheblichen Einfluss auf das Ausmaß der Fehlzeiten. Die meisten Arbeitsunfähigkeitstage weisen Berufsgruppen aus dem gewerblichen Bereich

auf, wie beispielsweise Straßenreiniger, Halbzeugputzer und Waldarbeiter. Dabei handelt es sich häufig um Berufe mit hohen körperlichen Arbeitsbelastungen und überdurchschnittlich vielen Arbeitsunfällen (vgl. Kap. 20.1.11). Einige der Berufsgruppen mit hohen Krankenständen sind auch in besonders hohem Maße psychischen Arbeitsbelastungen ausgesetzt, wie beispielsweise Helfer in der Krankenpflege. Die niedrigsten Krankenstände sind bei akademischen Berufsgruppen wie z. B. Hochschullehrern, Ärzten, Wirtschaftsprüfern und Steuerberatern zu verzeichnen. Während Hochschullehrer im Jahr 2007 im Durchschnitt nur 4,7 Tage krank geschrieben waren, waren es bei den Straßenreinigern und Abfallbeseitigern 27,4 Tage, also fast sechsmal so viel.

Auch der Anteil der Beschäftigten, die von Arbeitsunfähigkeit betroffen sind, differiert in den einzelnen Berufsgruppen erheblich. Bei den Hochschullehrern meldeten sich im Jahr 2007 nur 22,7% der AOK-Mitglieder ein- oder mehrmals krank. Bei den Straßenwarten waren es dagegen 72,3%, also mehr als dreimal soviel.

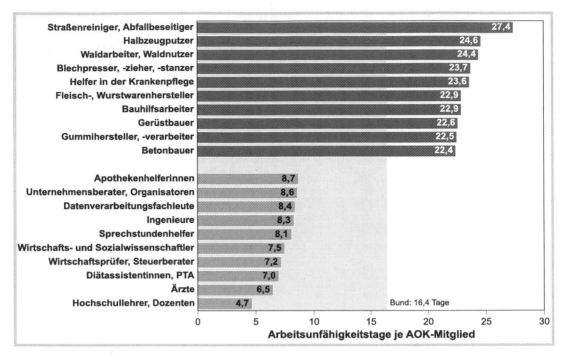

◻ Abb. 20.1.19. Zehn Berufsgruppen mit hohen und niedrigen Fehlzeiten je AOK-Mitglied im Jahr 2007

20.1.10 Fehlzeiten nach Wochentagen

Die meisten Krankschreibungen sind am Wochenanfang zu verzeichnen (vgl. Abb. 20.1.20). Zum Wochenende hin nimmt die Zahl der Arbeitsunfähigkeitsmeldungen tendenziell ab. 2007 entfiel mehr als ein Drittel (34,5%) der wöchentlichen Krankmeldungen auf den Montag.

Bei der Bewertung der gehäuften Krankmeldungen am Montag muss allerdings berücksichtigt werden, dass der Arzt am Wochenende in der Regel nur in Notfällen aufgesucht wird, da die meisten Praxen geschlossen sind. Deshalb erfolgt die Krankschreibung für Erkrankungen, die am Wochenende bereits begannen, in den meisten Fällen erst am Wochenanfang. Insofern sind in den Krankmeldungen vom Montag auch die Krankheitsfälle vom Wochenende mitenthalten. Die Verteilung der Krankmeldungen auf die Wochentage ist also in erster Linie durch die ärztlichen Sprechstundenzeiten bedingt [4]. Dies wird häufig in der Diskussion um den „blauen Montag" nicht bedacht.

Geht man davon aus, dass die Wahrscheinlichkeit zu erkranken an allen Wochentagen gleich hoch ist und

verteilt die Arbeitsunfähigkeitsmeldungen vom Samstag, Sonntag und Montag gleichmäßig auf diese drei Tage, beginnen am Montag – „wochenendbereinigt" – nur noch 12,5% der Krankheitsfälle. Danach ist der Montag nach dem Freitag (10,5%) der Wochentag mit der geringsten Zahl an Krankmeldungen.

Das Ende der Arbeitswoche wird von der Mehrheit der Ärzte als Ende der Krankschreibung bevorzugt (vgl. Abb. 20.1.21). 2007 endeten 44,9% der Arbeitsunfähigkeitsfälle am Freitag. Nach dem Freitag ist der Mittwoch der Wochentag, an dem die meisten Krankmeldungen (13,9%) abgeschlossen sind.

Da meist bis Freitag krankgeschrieben wird, nimmt der Krankenstand gegen Ende der Woche hin zu (vgl. Abb. 20.1.21). Daraus abzuleiten, dass am Freitag besonders gerne „krank gefeiert" wird, um das Wochenende auf Kosten des Arbeitgebers zu verlängern, erscheint wenig plausibel, insbesondere wenn man bedenkt, dass der Freitag der Werktag mit den wenigsten Krankmeldungen ist.

20

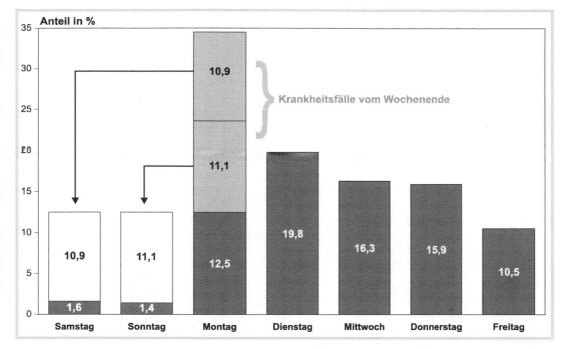

■ **Abb. 20.1.20.** Verteilung der Arbeitsunfähigkeitsfälle der AOK-Mitglieder nach AU-Beginn im Jahr 2007

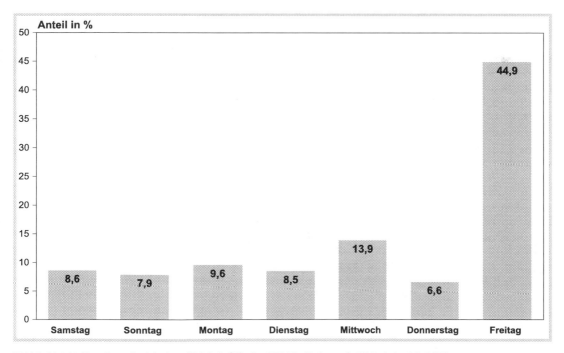

■ **Abb. 20.1.21.** Verteilung der Arbeitsunfähigkeitsfälle der AOK-Mitglieder nach AU-Ende im Jahr 2007

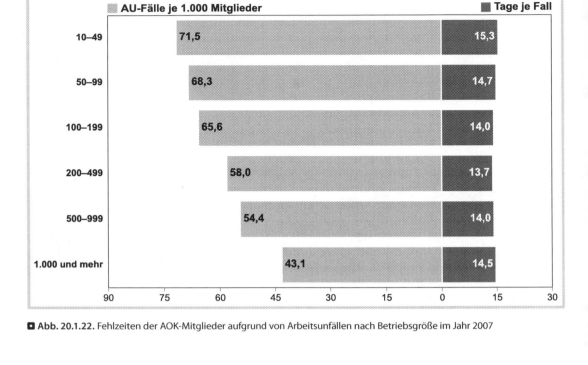

◘ Abb. 20.1.22. Fehlzeiten der AOK-Mitglieder aufgrund von Arbeitsunfällen nach Betriebsgröße im Jahr 2007

20.1.11 Arbeitsunfälle

Im Jahr 2007 waren 4,5% der Arbeitsunfähigkeitsfälle auf Arbeitsunfälle zurückzuführen. Diese waren für 5,7% der Arbeitsunfähigkeitstage verantwortlich. Bezogen auf 1.000 AOK-Mitglieder waren 63 Arbeitsunfälle mit einem Arbeitsunfähigkeitsvolumen von 939 Tagen zu verzeichnen. Die durchschnittliche Falldauer eines Arbeitsunfalls betrug 14,9 Tage. Im Vergleich zum Vorjahr gingen die Zahl der Arbeitsunfälle und die damit verbundenen Fehlzeiten leicht zurück (2006: 65 Fälle und 953 Tage je 1.000 AOK-Mitglieder).

In kleineren Betrieben kommt es wesentlich häufiger zu Arbeitsunfällen als in größeren Betrieben (vgl. Abb. 20.1.22).[16] Die Unfallquote in Betrieben mit 10 bis 49 AOK-Mitgliedern war im Jahr 2007 1,7 mal so hoch wie in Betrieben mit 1.000 und mehr AOK-Mitgliedern. Auch die durchschnittliche Dauer einer unfallbedingten Arbeitsunfähigkeit ist in kleineren Betrieben höher als in größeren Betrieben, was darauf hindeutet, dass

dort häufiger schwere Unfälle passieren. Während ein Arbeitsunfall in einem Betrieb mit 10 bis 49 AOK-Mitgliedern durchschnittlich 15,3 Tage dauerte, waren es in Betrieben mit 200 bis 499 AOK-Mitgliedern lediglich 13,7 Tage.

In den einzelnen Wirtschaftszweigen variiert die Zahl der Arbeitsunfälle erheblich, die meisten sind im Baugewerbe und in der Land- und Forstwirtschaft zu verzeichnen (vgl. Abb. 20.1.23). Dort war der Anteil der Arbeitsunfälle an den Arbeitsunfähigkeitsfällen im Jahr 2007 mehr als achtmal so hoch wie im Bereich Banken und Versicherungen. So gingen bspw. 8,9% der AU-Fälle und 12,0% der AU-Tage in der Land- und Forstwirtschaft auf Arbeitsunfälle zurück. Dort wäre der Krankenstand (3,9%) ohne die arbeitsbedingten Unfälle um 0,5 Prozentpunkte niedriger. Neben dem Baugewerbe und der Land- und Forstwirtschaft waren auch im Bereich Verkehr und Transport (5,8% der Fälle), im verarbeitenden Gewerbe (5,2% der Fälle) sowie im Bereich Energie, Wasser und Bergbau (4,8% der Fälle) überdurchschnittlich viele Arbeitsunfälle zu verzeichnen. Den geringsten Anteil an Arbeitsunfällen verzeichneten die Banken und Versicherungen mit 1,1% und die öffentliche Verwaltung mit 2,7% der Fälle.

---

16 Als Maß für die Betriebsgröße wird hier die Anzahl der AOK-Mitglieder in den Betrieben zugrunde gelegt, die allerdings in der Regel nur einen Teil der gesamten Belegschaft ausmachen (vgl. Kap. 20.1.7).

20

In Ostdeutschland ist zwar die Zahl der Arbeitsunfälle etwas geringer als in Westdeutschland (Ost: 62 Fälle je 1.000 AOK-Mitglieder; West: 63 Fälle je 1.000 AOK-Mitglieder), die durchschnittliche Dauer der Fälle ist jedoch deutlich höher (16,2 vs. 14,6 Tage). Daher ist auch der Anteil der Arbeitsunfälle am Krankenstand in den östlichen Bundesländern größer als in den westlichen (vgl. Abb. 20.1.24).

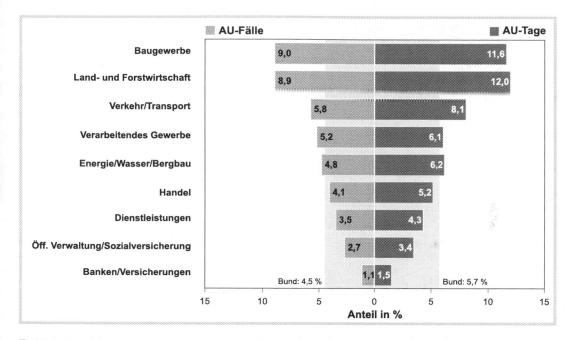

Abb. 20.1.23. Fehlzeiten der AOK-Mitglieder aufgrund von Arbeitsunfällen nach Branchen im Jahr 2007

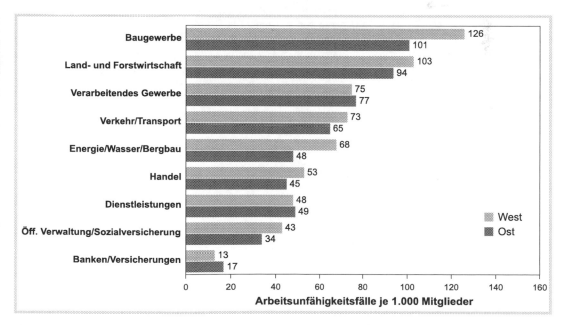

Abb. 20.1.24. Fälle der Arbeitsunfähigkeit der AOK-Mitglieder aufgrund von Arbeitsunfällen nach Branchen in West- und Ostdeutschland im Jahr 2007

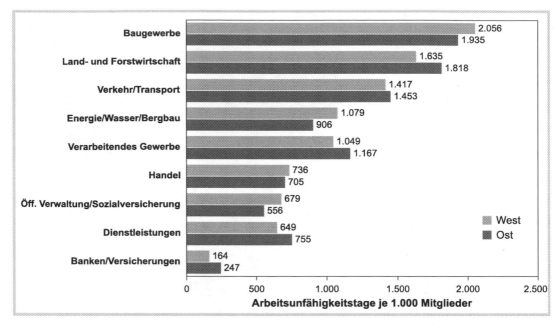

◘ Abb. 20.1.25. Tage der Arbeitsunfähigkeit durch Arbeitsunfälle nach Branchen in West- und Ostdeutschland im Jahr 2007

Insbesondere in der Land- und Forstwirtschaft sowie im verarbeitenden Gewerbe war die Zahl der auf Arbeitsunfälle zurückgehenden Arbeitsunfähigkeitstage in Ostdeutschland höher als in Westdeutschland (vgl. Abb. 20.1.25). Im Baugewerbe, im Bereich Energie, Wasser, Bergbau sowie in der öffentlichen Verwaltung fielen dagegen in Ostdeutschland weniger unfallbedingte Ausfallzeiten an.

Tabelle 20.1.6 zeigt die Berufsgruppen, die in besonderem Maße von arbeitsbedingten Unfällen betroffen sind. Spitzenreiter sind Waldarbeiter (4.645 AU-Tage je 1.000 AOK-Mitglieder), Betonbauer (4.109 AU-Tage je 1.000 AOK-Mitglieder) und Kraftfahrzeugführer (4.103 AU-Tage je 1.000 AOK-Mitglieder).

20

Tabelle 20.1.6. Tage der Arbeitsunfähigkeit durch Arbeitsunfälle nach Berufsgruppen im Jahr 2007, AOK-Mitglieder

Tätigkeit	AU-Tage je 1000 AOK-Mitglieder
Waldarbeiter, Waldnutzer	4.645
Betonbauer	4.100
Kraftfahrzeugführer	4.103
Sonstige Bauhilfsarbeiter, Bauhelfer	3.997
Straßenreiniger, Abfallbeseitiger	3.964
Dachdecker	3.898
Helfer in der Krankenpflege	3.885
Wächter, Aufseher	3.875
Sonstige Tiefbauer	3.805
Maurer	3.698
Raum-, Hausratreiniger	3.646
Transportgeräteführer	3.639
Zimmerer	3.604
Hauswirtschaftliche Betreuer	3.574
Lager-, Transportarbeiter	3.545
Bauhilfsarbeiter	3.483
Sozialarbeiter, Sozialpfleger	3.482
Straßenbauer	3.480
Chemiebetriebswerker	3.478
Facharbeiter/innen	3.469
Lagerverwalter, Magaziner	3.452
Gärtner, Gartenarbeiter	3.340
Sonstige Montierer	3.317
Warenprüfer, -sortierer	3.317

20.1.12 Krankheitsarten im Überblick

Wie bereits in den Vorjahren wurde im Jahr 2007 das Krankheitsgeschehen im Wesentlichen von sechs großen Krankheitsgruppen bestimmt: Muskel- und Skeletterkrankungen, Atemwegserkrankungen, Verletzungen, psychische und Verhaltensstörungen, Herz- und Kreislauferkrankungen sowie Erkrankungen der Verdauungsorgane (vgl. Abb. 20.1.26). 69,7% der Arbeitsunfähigkeitsfälle und 71,0% der Arbeitsunfähigkeitstage gingen auf das Konto dieser sechs Krankheitsarten. Der Rest verteilte sich auf sonstige Krankheitsgruppen.

Der häufigste Anlass für Krankschreibungen waren Atemwegserkrankungen. Im Jahr 2007 ging mehr als jeder fünfte Arbeitsunfähigkeitsfall (22,2%) auf diese Krankheitsart zurück. Aufgrund einer relativ geringen durchschnittlichen Erkrankungsdauer betrug der Anteil der Atemwegserkrankungen am Krankenstand allerdings nur 12,4%. Die meisten Arbeitsunfähigkeitstage wurden durch Muskel- und Skeletterkrankungen verursacht, die häufig mit langen Ausfallzeiten verbunden sind. Allein auf diese Krankheitsart waren 2007 24,2% der Arbeitsunfähigkeitstage zurückzuführen, obwohl sie nur für 17,7% der Arbeitsunfähigkeitsfälle verantwortlich war.

Abbildung 20.1.27 zeigt die Anteile der Krankheitsarten an den krankheitsbedingten Fehlzeiten im Jahr 2007 im Vergleich zum Vorjahr. Eine Abnahme ist bei den Verletzungen (0,8 Prozentpunkte) und Muskel- und Skeletterkrankungen (0,2 Prozentpunkte) zu verzeichnen, während der Anteil an Atemwegserkrankungen um 0,7 Prozentpunkte sowie an psychischen Erkrankungen und Verhaltensstörungen um 0,3 Prozentpunkte gestiegen ist.

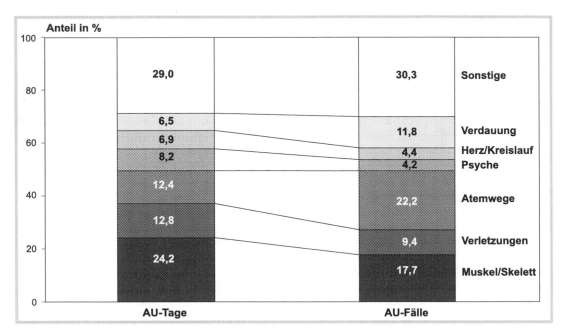

■ Abb. 20.1.26. Arbeitsunfähigkeit der AOK-Mitglieder nach Krankheitsarten im Jahr 2007

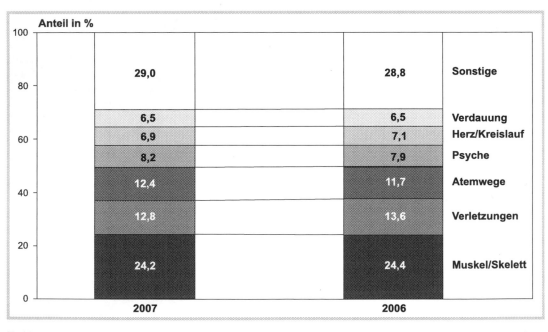

■ Abb. 20.1.27. Tage der Arbeitsunfähigkeit der AOK-Mitglieder nach Krankheitsarten im Jahr 2007 im Vergleich zum Vorjahr

20

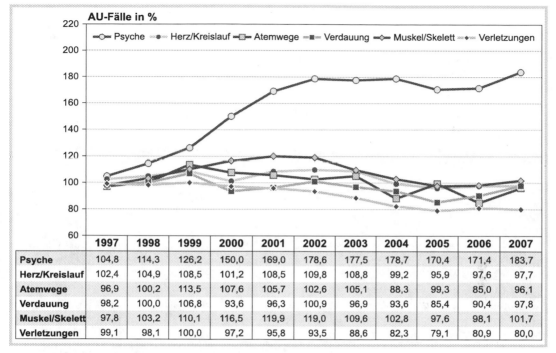

AU-Fälle in %

	1997	1998	1999	2000	2001	2002	2003	2004	2005	2006	2007
Psyche	104,8	114,3	126,2	150,0	169,0	178,6	177,5	178,7	170,4	171,4	183,7
Herz/Kreislauf	102,4	104,9	108,5	101,2	108,5	109,8	108,8	99,2	95,9	97,6	97,7
Atemwege	96,9	100,2	113,5	107,6	105,7	102,6	105,1	88,3	99,3	85,0	96,1
Verdauung	98,2	100,0	106,8	93,6	96,3	100,9	96,9	93,6	85,4	90,4	97,8
Muskel/Skelett	97,8	103,2	110,1	116,5	119,9	119,0	109,6	102,8	97,6	98,1	101,7
Verletzungen	99,1	98,1	100,0	97,2	95,8	93,5	88,6	82,3	79,1	80,9	80,0

�’ **Abb. 20.1.28.** Fälle der Arbeitsunfähigkeit der AOK-Mitglieder nach Krankheitsarten in den Jahren 1997–2007, Indexdarstellung (1996=100%)

Die Abbildungen 20.1.28 und 20.1.29 zeigen die Entwicklung der häufigsten Krankheitsarten in den Jahren 1997 bis 2007 in Form einer Indexdarstellung. Ausgangsbasis ist dabei der Wert des Jahres 1996. Dieser wurde auf 100 normiert. Wie in den Abbildungen deutlich erkennbar ist, haben die psychischen und Verhaltensstörungen in den letzten Jahren deutlich zugenommen. Die Zahl der auf diese Krankheitsart zurückgehenden Arbeitsunfähigkeitsfälle ist seit 1996 um 83,7%, die der -tage um 58,0% gestiegen. In den Jahren 2000 und 2001 war ein besonders starker Anstieg der Krankmeldungen aufgrund psychischer Störungen zu verzeichnen. Dies dürfte nicht nur auf eine Zunahme der Erkrankungsraten, sondern auch auf veränderte

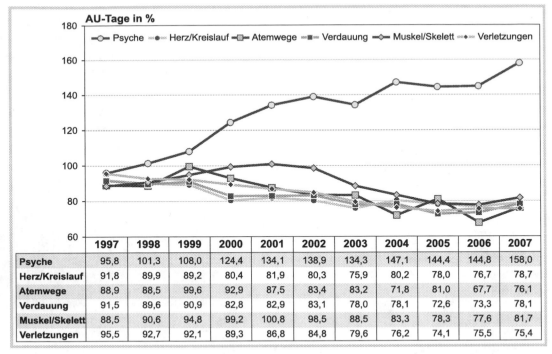

Abb. 20.1.29. Tage der Arbeitsunfähigkeit der AOK-Mitglieder nach Krankheitsarten in den Jahren 1997–2007, Indexdarstellung (1996=100%)

Diagnosestellungen in den Arztpraxen (Wechsel des Diagnoseschlüssels von ICD-9 zu ICD-10 im Jahr 2000)[17] zurückzuführen sein.

Fehlzeiten aufgrund von Atemwegserkrankungen, Erkrankungen des Verdauungssystems, Herz- und Kreislauferkrankungen, Muskel- und Skeletterkrankungen und Verletzungen haben dagegen seit 1996 abgenommen. So reduzierten sich die Arbeitsunfähigkeitstage, die auf Atemwegserkrankungen zurückgingen, um 23,9%, wobei allerdings die durch Atemwegserkrankungen bedingten Fehlzeiten aufgrund von Jahr zu Jahr unterschiedlich stark auftretenden Grippewellen teilweise erheblichen Schwankungen unterlagen. Fehl-

zeiten durch Erkrankungen des Verdauungssystems reduzierten sich um 21,9%. Auch die durch Herz-/Kreislauferkrankungen, Muskel- und Skeletterkrankungen und Verletzungen bedingten Fehltage gingen seit 1996 um fast ein Viertel zurück.

Zwischen West- und Ostdeutschland sind nach wie vor deutliche Unterschiede in der Verteilung der Krankheitsarten festzustellen (vgl. Abb. 20.1.30). In den westlichen Bundesländern verursachten insbesondere Muskel- und Skeletterkrankungen (3,4 Prozentpunkte) und psychische Erkrankungen (1,4 Prozentpunkte) deutlich mehr Fehltage als in den neuen Bundesländern. In Ostdeutschland dagegen ging ein höherer Anteil an Ausfalltagen auf das Konto von Verletzungen (1,4 Prozentpunkte), Atemwegserkrankungen (1,4 Prozentpunkte), Erkrankungen des Herz/Kreislauf- (1,3 Prozentpunkte) und des Verdauungssystems (1,1 Prozentpunkte).

Auch in Abhängigkeit vom Geschlecht ergeben sich deutliche Unterschiede in der Morbiditätsstruktur (vgl. Abb. 20.1.31). Insbesondere Verletzungen und muskuloskelettale Erkrankungen führen bei Männern häufiger zur Arbeitsunfähigkeit als bei Frauen. Dies

17 Die Verschlüsselung der Diagnosen erfolgte bis zum Jahr 1999 nach der 9. Revision des ICD (International Classification of Diseases). Im Jahr 2000 wurde auf die 10. Revision umgestellt. Der ICD-10 ist insgesamt feiner gegliedert und nimmt z.T. andere Zuweisungen der Diagnosen zu den Diagnosegruppen vor. Zudem war bis 1999 die Verschlüsselung Sache der Krankenkassen. Seit 2000 erfolgt diese direkt durch die Krankenhäuser und Vertragsärzte.

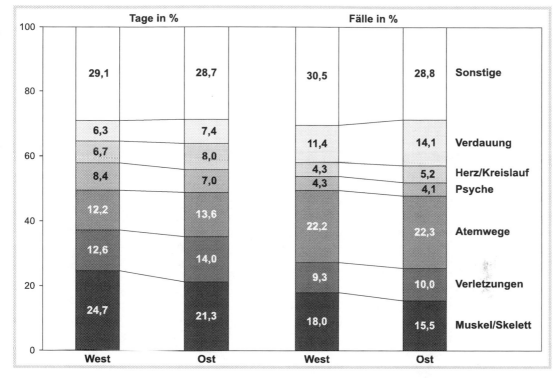

■ **Abb. 20.1.30.** Arbeitsunfähigkeit der AOK-Mitglieder nach Krankheitsarten in West- und Ostdeutschland im Jahr 2007

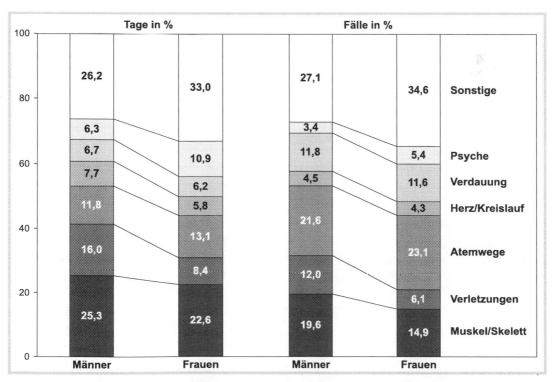

■ **Abb. 20.1.31.** Arbeitsunfähigkeit der AOK-Mitglieder nach Krankheitsarten und Geschlecht im Jahr 2007

dürfte damit zusammen hängen, dass Männer nach wie vor in größerem Umfang körperlich beanspruchende und unfallträchtige Tätigkeiten ausüben als Frauen. Auch der Anteil der Erkrankungen des Verdauungssystems und der Herz- und Kreislauferkrankungen an den Arbeitsunfähigkeitsfällen und -tagen ist bei den Männern höher als bei den Frauen. Bei den Herz- und Kreislauferkrankungen ist insbesondere der Anteil an den AU-Tagen bei den Männern deutlich höher als bei den Frauen, da sie in stärkerem Maße von schweren und langwierigen Erkrankungen wie Herzinfarkt betroffen sind.

Psychische Erkrankungen und Atemwegserkrankungen kommen dagegen bei Frauen häufiger vor als bei Männern. Bei den psychischen Erkrankungen sind die Unterschiede besonders groß. Während sie bei den Männern in der Rangfolge nach AU-Tagen erst an sechster Stelle stehen, nehmen sie bei den Frauen bereits den dritten Rang ein.

Abbildung 20.1.32 zeigt die Bedeutung der Krankheitsarten für die Fehlzeiten in den unterschiedlichen Altersgruppen. Aus der Abbildung ist deutlich zu ersehen, dass die Zunahme der krankheitsbedingten Ausfalltage mit dem Alter vor allem auf den starken Anstieg der Muskel- und Skeletterkrankungen und der Herz- und Kreislauferkrankungen zurückzuführen ist. Während diese beiden Krankheitsarten bei den jüngeren Altersgruppen noch eine untergeordnete Bedeutung haben, verursachen sie in den höheren Altersgruppen die meisten Arbeitsunfähigkeitstage. Bei den 60- bis 64-Jährigen gehen mehr als ein Viertel (28,4%) der Ausfalltage auf das Konto der muskuloskelettalen Erkrankungen. Muskel- und Skeletterkrankungen und Herz-/Kreislauferkrankungen zusammen sind bei dieser Altersgruppe für fast die Hälfte des Krankenstandes (41,4%) verantwortlich. Neben diesen beiden Krankheitsarten nehmen auch die Fehlzeiten aufgrund psychischer Erkrankungen und Verhaltensstörungen in den höheren Altersgruppen vermehrt zu, allerdings in geringerem Ausmaß.

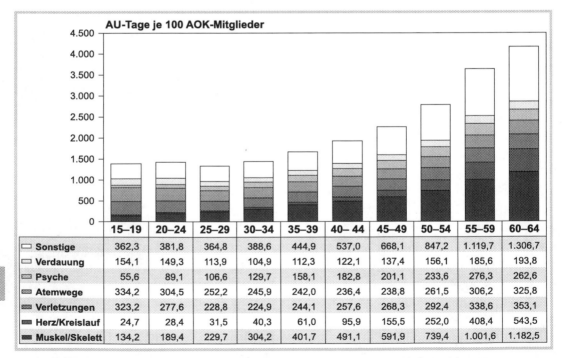

20

AU-Tage je 100 AOK-Mitglieder

	15–19	20–24	25–29	30–34	35–39	40–44	45–49	50–54	55–59	60–64
Sonstige	362,3	381,8	364,8	388,6	444,9	537,0	668,1	847,2	1.119,7	1.306,7
Verdauung	154,1	149,3	113,9	104,9	112,3	122,1	137,4	156,1	185,6	193,8
Psyche	55,6	89,1	106,6	129,7	158,1	182,8	201,1	233,6	276,3	262,6
Atemwege	334,2	304,5	252,2	245,9	242,0	236,4	238,8	261,5	306,2	325,8
Verletzungen	323,2	277,6	228,8	224,9	244,1	257,6	268,3	292,4	338,6	353,1
Herz/Kreislauf	24,7	28,4	31,5	40,3	61,0	95,9	155,5	252,0	408,4	543,5
Muskel/Skelett	134,2	189,4	229,7	304,2	401,7	491,1	591,9	739,4	1.001,6	1.182,5

◘ **Abb. 20.1.32.** Tage der Arbeitsunfähigkeit je 100 AOK-Mitglieder nach Krankheitsarten und Alter im Jahr 2007

20.1.13 Die häufigsten Einzeldiagnosen

Nachdem im letzten Kapitel dargestellt wurde, welche Krankheitsarten das Arbeitsunfähigkeitsgeschehen dominieren, soll nun auf der Ebene der Einzeldiagnosen aufgezeigt werden, welche Krankheitsbilder im Einzelnen das Krankheitsgeschehen bestimmen. In Tabelle 20.1.7. sind die 40 häufigsten Diagnosen nach Anzahl der Arbeitsunfähigkeitsfälle aufgelistet. Auf diese Diagnosen waren im Jahr 2007 56,3% aller AU-Fälle und 42,9% aller AU-Tage zurückzuführen.

Unter den häufigsten Diagnosen sind Krankheitsbilder aus dem Bereich der Muskel- und Skeletterkrankungen besonders zahlreich vertreten. Die mit Abstand häufigste Diagnose, die zu Krankmeldungen führt, sind Rückenschmerzen. Darauf waren im Jahr 2007 7,1% der AU-Fälle und der AU-Tage zurückzuführen.

Neben Erkrankungen aus dem Bereich der muskuloskelettalen Erkrankungen sind Atemwegserkrankungen, Erkrankungen des Verdauungssystems und psychische Erkrankungen am stärksten unter den häufigsten Einzeldiagnosen anzutreffen.

Tabelle 20.1.7. Anteile der 40 häufigsten Diagnoseuntergruppen an den AU-Fällen und AU-Tagen im Jahr 2007, AOK-Mitglieder

ICD-10	Bezeichnung	AU-Fälle (in %)	AU-Tage (in %)
M54	Rückenschmerzen	7,1	7,1
J06	Akute Infektionen der oberen Atemwege	6,4	2,9
K52	Nichtinfektiöse Gastroenteritis und Kolitis	3,6	1,3
J20	Akute Bronchitis	3,1	1,7
A09	Diarrhoe und Gastroenteritis	2,6	0,9
J40	Nicht akute Bronchitis	2,3	1,3
K08	Sonstige Krankheiten der Zähne und des Zahnhalteapparates	2,1	0,4
K29	Gastritis und Duodenitis	1,6	0,8
T14	Verletzung an einer nicht näher bezeichneten Körperregion	1,5	1,4
I10	Essentielle Hypertonie	1,5	2,5
B34	Viruskrankheit	1,5	0,6
J03	Akute Tonsillitis	1,4	0,7
R10	Bauch- und Beckenschmerzen	1,3	0,7
J01	Akute Sinusitis	1,3	0,6
J02	Akute Pharyngitis	1,2	0,5
J32	Chronische Sinusitis	1,1	0,6
M53	Sonstige Krankheiten der Wirbelsäule und des Rückens	1,1	1,3
F32	Depressive Episode	1,0	2,3
M51	Sonstige Bandscheibenschäden	0,9	2,2
R51	Kopfschmerz	0,9	0,4
M77	Sonstige Enthesopathien	0,8	1,0
M75	Schulterläsionen	0,8	1,5
M99	Biomechanische Funktionsstörungen	0,8	0,6
J11	Grippe	0,8	0,4
F43	Reaktionen auf schwere Belastungen und Anpassungsstörungen	0,7	1,2
M25	Sonstige Gelenkkrankheiten	0,7	0,8

20

Tabelle 20.1.7. Fortsetzung

ICD-10	Bezeichnung	AU-Fälle (in %)	AU-Tage (in %)
S93	Luxation, Verstauchung und Zerrung der Gelenke und Bänder in Höhe des oberen Sprunggelenkes und des Fußes	0,7	0,8
M23	Binnenschädigung des Kniegelenkes	0,7	1,3
J04	Akute Laryngitis und Tracheitis	0,7	0,3
R11	Übelkeit und Erbrechen	0,6	0,3
B99	Sonstige Infektionskrankheiten	0,6	0,3
M79	Sonstige Krankheiten des Weichteilgewebes	0,6	0,6
R50	Fieber unbekannter Ursache	0,6	0,3
G43	Migräne	0,6	0,2
R42	Schwindel und Taumel	0,6	0,4
F45	Somatoforme Störungen	0,5	0,8
N39	Sonstige Krankheiten des Harnsystems	0,5	0,4
M47	Spondylose	0,5	0,7
J00	Akute Rhinopharyngitis	0,5	0,2
M65	Synovitis und Tenosynovitis	0,5	0,6
Summe		**56,3**	**42,9**
Sonstige		43,7	57,1
Gesamt		**100,0**	**100,0**

20.1.14 Krankheitsarten nach Branchen

Bei der Verteilung der Krankheitsarten bestehen erhebliche Unterschiede zwischen den Branchen, die im Folgenden für die wichtigsten Krankheitsgruppen aufgezeigt werden.

Muskel- und Skeletterkrankungen

Die Muskel- und Skeletterkrankungen verursachen in fast allen Branchen anteilmäßig die meisten Fehltage (vgl. Abb. 20.1.33). Ihr Anteil an den Arbeitsunfähigkeitstagen bewegte sich im Jahr 2007 in den einzelnen Branchen zwischen 17,0% bei Banken und Versicherungen und 28,0% im Baugewerbe. In Wirtschaftszweigen mit überdurchschnittlich hohen Krankenständen sind häufig die muskuloskelettalen Erkrankungen besonders ausgeprägt und tragen wesentlich zu den erhöhten Fehlzeiten bei.

Abbildung 20.1.34 zeigt die Anzahl und durchschnittliche Dauer der Krankmeldungen aufgrund von Muskel- und Skeletterkrankungen in den einzelnen Branchen. Die meisten Arbeitsunfähigkeitsfälle waren im Bereich Energie/Wasser/Bergbau zu verzeichnen, fast doppelt so viele wie bei den Banken und Versicherungen, wo die Zahl der Krankheitsfälle am niedrigsten ausfiel. Überdurchschnittlich hoch war die Anzahl der

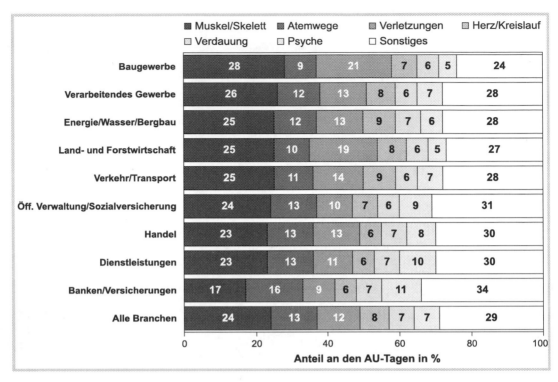

■ **Abb. 20.1.33.** Tage der Arbeitsunfähigkeit der AOK-Mitglieder nach Krankheitsarten und Branche im Jahr 2007

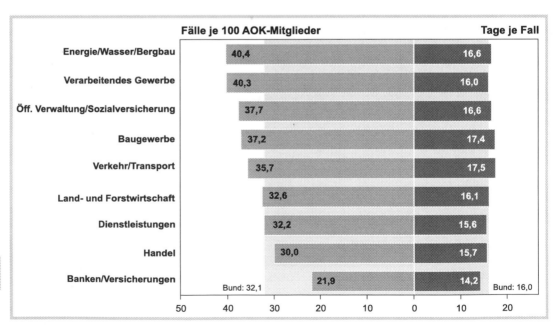

■ **Abb. 20.1.34.** Krankheiten des Muskel- und Skelettsystems und des Bindegewebes nach Branchen im Jahr 2007, AOK-Mitglieder

Fälle auch im Bereich des verarbeitenden Gewerbes, in der öffentlichen Verwaltung, im Baugewerbe, im Bereich Verkehr und Transport sowie in der Land- und Forstwirtschaft.

Die muskuloskelettalen Erkrankungen sind häufig mit langen Ausfallzeiten verbunden. Die mittlere Dauer der Krankmeldungen schwankte im Jahr 2007 in den einzelnen Branchen zwischen 14,2 Tagen bei Banken und Versicherungen und 17,5 Tagen im Bereich Verkehr und Transport. Im Branchendurchschnitt lag sie bei 16,0 Tagen.

Atemwegserkrankungen

Die meisten Erkrankungsfälle aufgrund von Atemwegserkrankungen waren im Jahr 2007 bei den Banken und Versicherungen zu verzeichnen (vgl. Abb. 20.1.35). Überdurchschnittlich viele Fälle fielen auch in der öffentlichen Verwaltung, im Dienstleistungsbereich, im verarbeitenden Gewerbe, im Bereich Energie/Wasser/Bergbau und im Handel an.

Aufgrund einer großen Anzahl an Bagatellfällen ist die durchschnittliche Erkrankungsdauer bei dieser Krankheitsart relativ gering. Im Branchendurchschnitt liegt sie bei 6,5 Tagen. In den einzelnen Branchen bewegte sie sich im Jahr 2007 zwischen 5,5 Tagen bei Banken und Versicherungen und 7,7 Tagen im Bereich Verkehr und Transport.

Der Anteil der Atemwegserkrankungen an den Arbeitsunfähigkeitstagen (vgl. Abb. 20.1.33) ist bei den Banken und Versicherungen (16,0%) am höchsten, im Baugewerbe (9,0%) am niedrigsten.

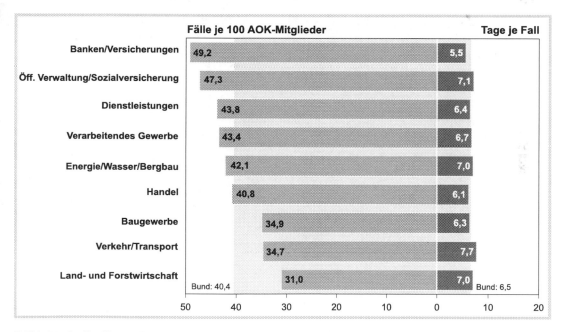

□ Abb. 20.1.35. Krankheiten des Atmungssystems nach Branchen im Jahr 2007, AOK-Mitglieder

Verletzungen

Der Anteil der Verletzungen an den Arbeitsunfähigkeitstagen variiert sehr stark zwischen den einzelnen Branchen (vgl. Abb. 20.1.33). Am höchsten ist er in Branchen mit vielen Arbeitsunfällen. Im Jahr 2007 bewegte er sich zwischen 9,0% bei den Banken und Versicherungen und 21,0% im Baugewerbe. Das Baugewerbe ist Spitzenreiter bei den Verletzungen. Dort war die Zahl der Fälle mehr als doppelt so hoch wie bei Banken und Versicherungen (vgl. Abb. 20.1.36). Die Dauer der verletzungsbedingten Krankmeldungen schwankte in den einzelnen Branchen zwischen 13,8 Tagen bei Banken und Versicherungen und 19,5 Tagen im Bereich Verkehr und Transport.

Ein erheblicher Teil der Verletzungen ist auf Arbeitsunfälle zurückzuführen. In der Land- und Forstwirtschaft, dem Baugewerbe sowie im Bereich Verkehr und Transport gehen bei den Verletzungen mehr als ein Drittel der Fehltage auf Arbeitsunfälle zurück (vgl. Abb. 20.1.37). Am niedrigsten ist der Anteil der Arbeitsunfälle bei den Banken und Versicherungen. Dort beträgt er lediglich 11,0%.

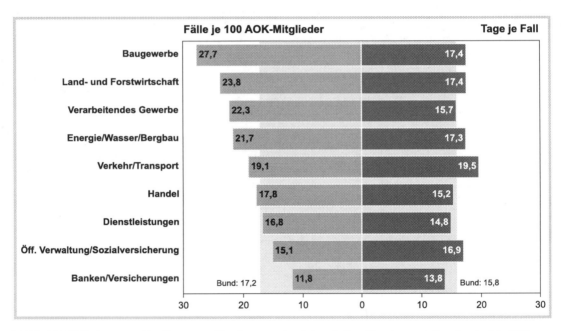

◘ **Abb. 20.1.36.** Verletzungen, Vergiftungen und bestimmte andere Folgen äußerer Ursachen nach Branchen im Jahr 2007, AOK-Mitglieder

20

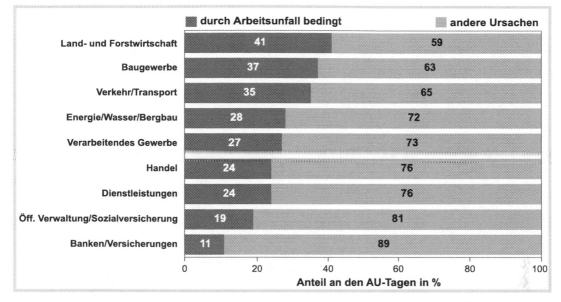

☐ **Abb. 20.1.37.** Anteil der Arbeitsunfälle an den Verletzungen nach Branchen im Jahr 2007, AOK-Mitglieder

Erkrankungen der Verdauungsorgane

Auf Erkrankungen der Verdauungsorgane gingen im Jahr 2007 in den einzelnen Branchen 6,0% bis 7,0% der Arbeitsunfähigkeitstage zurück (vgl. Abb. 20.1.33). Die Unterschiede zwischen den Wirtschaftszweigen hinsichtlich der Zahl der Arbeitsunfähigkeitsfälle sind relativ gering (vgl. Abb. 20.1.38). Die meisten Erkran-

kungsfälle waren im Bereich Energie, Wasser, Bergbau, im verarbeitenden Gewerbe und im Dienstleistungsbereich zu verzeichnen. Am niedrigsten war die Zahl der Arbeitsunfähigkeitsfälle in der Land- und Forstwirtschaft. Die Dauer der Fälle betrug im Branchendurchschnitt 6,4 Tage. In den einzelnen Branchen bewegte sie sich zwischen 5,3 und 7,8 Tagen (vgl. Abb. 20.1.38).

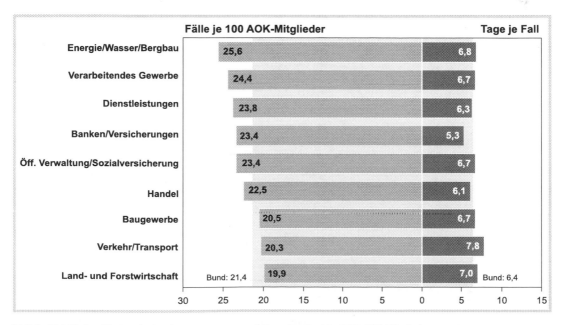

☐ **Abb. 20.1.38.** Krankheiten des Verdauungssystems nach Branchen im Jahr 2007, AOK-Mitglieder

Herz- und Kreislauferkrankungen

Der Anteil der Herz- und Kreislauferkrankungen an den Arbeitsunfähigkeitstagen lag im Jahr 2007 in den einzelnen Branchen zwischen 6,0% und 9,0% (vgl. Abb. 20.1.33). Die meisten Erkrankungsfälle waren im Bereich Energie, Wasser und Bergbau zu verzeichnen. Am niedrigsten war die Anzahl der Fälle bei den Beschäftigten im Baugewerbe. Herz- und Kreislauferkrankungen bringen oft lange Ausfallzeiten mit sich. Die Dauer eines Erkrankungsfalls bewegte sich in den einzelnen Wirtschaftsbereichen zwischen 13,9 Tagen bei den Banken und Versicherungen und 23,5 Tagen im Bereich Verkehr und Transport (vgl. Abb. 20.1.39).

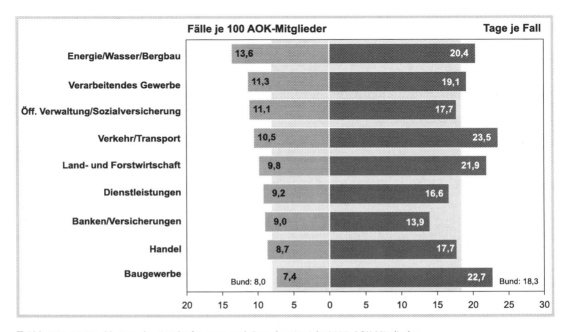

◘ **Abb. 20.1.39.** Krankheiten des Kreislaufsystems nach Branchen im Jahr 2007, AOK-Mitglieder

Psychische und Verhaltensstörungen

Der Anteil der psychischen und Verhaltensstörungen an den krankheitsbedingten Fehlzeiten schwankte in den einzelnen Branchen erheblich. Die meisten Erkrankungsfälle sind im tertiären Sektor zu verzeichnen. Während im Baugewerbe und in der Land- und Forstwirtschaft nur rund 5,0% bzw. 6,5% der Arbeitsunfähigkeitsfälle auf psychische und Verhaltensstörungen zurückgingen, waren es in der öffentlichen Verwaltung 10,8% und im Dienstleistungsbereich 10,7%. Die durchschnittliche Dauer der Arbeitsunfähigkeitsfälle bewegte sich in den einzelnen Branchen zwischen 22,1 und 23,8 Tagen (vgl. Abb. 20.1.40).

20

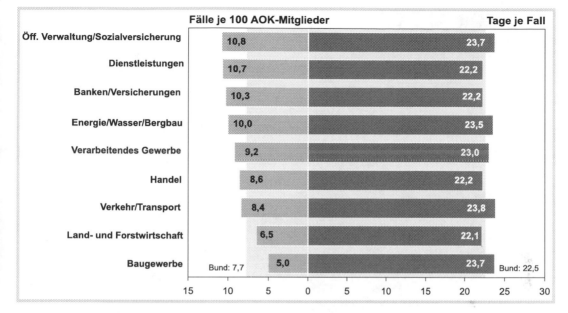

Abb. 20.1.40. Psychische und Verhaltensstörungen nach Branchen im Jahr 2007, AOK-Mitglieder

20.1.15 Langzeitfälle nach Krankheitsarten

Langzeitarbeitsunfähigkeit mit einer Dauer von mehr als sechs Wochen stellt sowohl für die Betroffenen als auch für die Unternehmen und Krankenkassen eine besondere Belastung dar. Daher kommt der Prävention von Erkrankungen, die zu derart langen Ausfallzeiten führen, eine spezielle Bedeutung zu.

Abbildung 20.1.41 zeigt, welche Krankheitsarten für die Langzeitfälle verantwortlich sind. Ebenso wie im Arbeitsunfähigkeitsgeschehen insgesamt spielen auch hier die Muskel- und Skeletterkrankungen und Verletzungen eine entscheidende Rolle. Auf diese beiden Krankheitsarten gingen 2007 bereits 39,0% der durch Langzeitfälle verursachten Fehlzeiten zurück. An dritter und vierter Stelle stehen die psychischen und Verhaltensstörungen

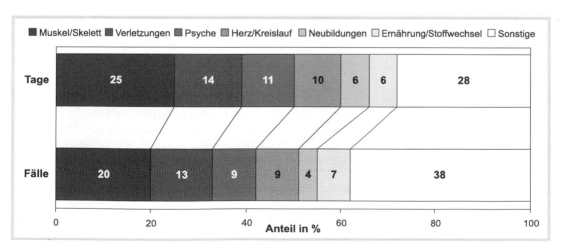

Abb. 20.1.41. Langzeit-Arbeitsunfähigkeit (> 6 Wochen) der AOK-Mitglieder nach Krankheitsarten im Jahr 2007

sowie die Herz- und Kreislauferkrankungen mit einem Anteil von 11,0% bzw. 10,0% an den durch Langzeitfälle bedingten Fehlzeiten. Der Rest verteilt sich auf Neubildungen, Ernährungs- und Stoffwechselkrankheiten sowie sonstige Krankheitsarten.

Auch in den einzelnen Wirtschaftsabteilungen geht die Mehrzahl der durch Langzeitfälle bedingten Arbeitsunfähigkeitstage auf die o.g. Krankheitsarten zurück (vgl. Abb. 20.1.42). Der Anteil der muskuloskelettalen Erkrankungen ist am höchsten im Baugewerbe

(30,0%). Bei den Verletzungen werden die höchsten Werte ebenfalls im Baugewerbe (21,0%) und in der Land- und Forstwirtschaft erreicht (20,0%). Die psychischen und Verhaltensstörungen verursachen bezogen auf die Langzeiterkrankungen die meisten Ausfalltage bei Banken und Versicherungen (18,0%). Der Anteil der Herz- und Kreislauferkrankungen ist am ausgeprägtesten im Bereich Verkehr und Transport sowie im Bereich Energie, Wasser und Bergbau (jeweils 12,0%).

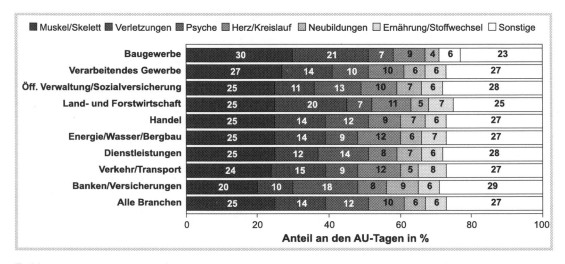

◧ Abb. 20.1.42. Langzeit-Arbeitsunfähigkeit (> 6 Wochen) der AOK-Mitglieder nach Krankheitsarten und Branchen im Jahr 2007

20.1.16 Krankheitsarten nach Diagnoseuntergruppen

Muskel- und Skeletterkrankungen

Bei den Muskel- und Skeletterkrankungen dominieren die Rückenerkrankungen (vgl. Abb.20.1.43). Auf sie entfallen im Branchendurchschnitt mehr als die Hälfte der durch diese Krankheitsart verursachten Krankmeldungen (54,6% der AU-Fälle und 49,0% der AU-Tage). Daneben spielen vor allem Arthropathien und Krankheiten der Weichteilgewebe eine Rolle. Der Rest entfällt auf sonstige Erkrankungen.

Bei den Muskel- und Skeletterkrankungen sind die Rückenerkrankungen in allen Wirtschaftsabteilungen vorherrschend. Ihr Anteil an den Arbeitsunfähigkeitstagen lag im Jahr 2007 in den einzelnen Branchen zwischen 47,0% und 54,0%. An zweiter Stelle standen in allen Wirtschaftszweigen die Arthropathien; deren Anteil an den Muskel- und Skeletterkrankungen bewegte sich zwischen 21,0% und 26,0%. Auf Krankheiten der Weichteilgewebe gingen in den einzelnen Branchen 19,0% bis 22,0% der durch diese Krankheitsart bedingten Arbeitsunfähigkeitstage zurück.

20

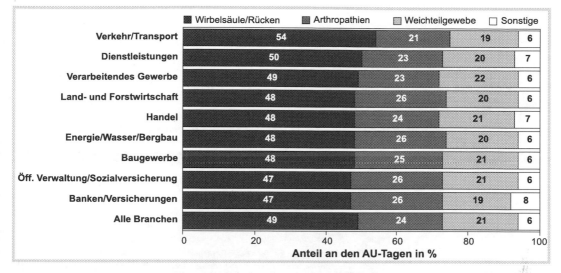

■ **Abb. 20.1.43.** Krankheiten des Muskel-, Skelettsystems und Bindegewebserkrankungen nach Diagnoseuntergruppen und Branchen im Jahr 2007, AOK-Mitglieder

Verletzungen, Vergiftungen und bestimmte andere Folgen äußerer Ursachen

Nach dem ICD-10 erfolgt die Klassifikation der Verletzungen nach der betroffenen Körperregion. Abbildung 20.1.44 zeigt die Verteilung der Diagnoseuntergruppen in den einzelnen Branchen. Für die meisten Ausfalltage waren Verletzungen im Bereich von Knie und Unterschenkel verantwortlich.

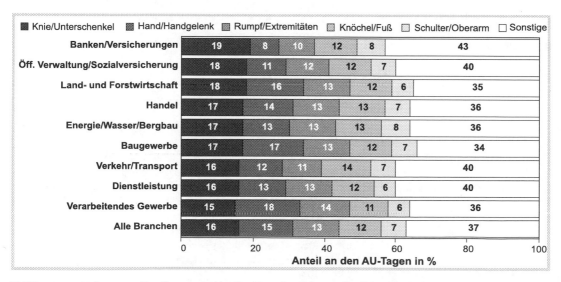

■ **Abb. 20.1.44.** Verletzungen, Vergiftungen und bestimmte andere Folgen äußerer Ursachen nach Diagnoseuntergruppen und Branchen im Jahr 2007, AOK-Mitglieder

Erkrankungen des Atmungssystems

Bei den Erkrankungen des Atmungssystems dominieren akute Infektionen der oberen und unteren Atemwege sowie chronische Krankheiten der unteren Atemwege. Zu den Infektionen gehören u. a. Erkältungen, Hals- und Rachenentzündungen sowie Entzündungen der Neben- und Kieferhöhlen. Darauf entfielen zusammen im Branchendurchschnitt mehr als die Hälfte (59,0%) der krankheitsbedingten Fehltage aufgrund von Atemwegserkrankungen. Chronische Krankheiten

der unteren Atemwege, wie z. B. Bronchitis, waren für 21,0% der Ausfallzeiten aufgrund von Atemwegserkrankungen verantwortlich. Weitere 9,0% gingen auf sonstige Krankheiten der oberen Atemwege wie z. B. Heuschnupfen zurück. Der Rest verteilte sich auf sonstige Krankheiten.

Abbildung 20.1.45 zeigt aufgegliedert nach den einzelnen Branchen die Anteile der verschiedenen Diagnoseuntergruppen an den Arbeitsunfähigkeitstagen, die auf Atemwegserkrankungen zurückgehen.

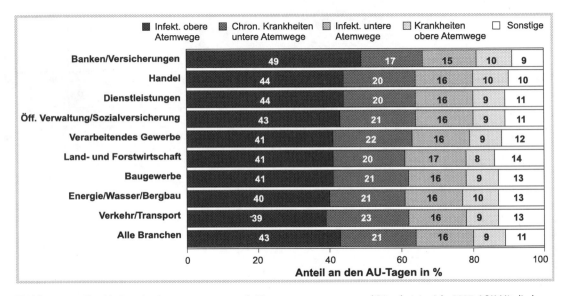

◨ Abb. 20.1.45. Krankheiten des Atmungssystems nach Diagnoseuntergruppen und Branchen im Jahr 2007, AOK-Mitglieder

Erkrankungen der Verdauungsorgane

Bei den Erkrankungen des Verdauungssystems entfiel im allgemeinen Branchendurchschnitt der größte Anteil auf nichtinfektiöse Enteritis und Kolitis-Fälle und zwar 37,1% der Fälle und 26,0% der Tage. An zweiter Stelle standen Krankheiten der Speiseröhre, des Magens und des Zwölffingerdarms mit einem Anteil von 22,0% an den Arbeitsunfähigkeitstagen. Auf dem dritten Rangplatz folgen Hernien (Nabel-, Leistenbrüche). Der Rest entfiel auf Krankheiten des Darms, der Mundhöhle,

der Speicheldrüsen und der Kiefer sowie sonstige Erkrankungen.

Abbildung 20.1.46 zeigt, welche Rolle die unterschiedlichen Diagnoseuntergruppen in den einzelnen Wirtschaftszweigen spielten. In den meisten Branchen geht der Löwenanteil der durch Erkrankungen der Verdauungsorgane bedingten Arbeitsunfähigkeitstage auf nichtinfektiöse Enteritis und Kolitis-Fälle sowie Krankheiten der Speiseröhre, des Magens und des Zwölffingerdarms zurück (zusammen 41,0% bis 52,0%).

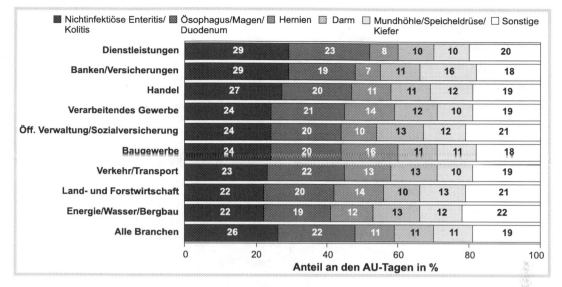

Abb. 20.1.46. Krankheiten des Verdauungssystems nach Diagnoseuntergruppen und Branchen im Jahr 2007, AOK-Mitglieder

Krankheiten des Kreislaufsystems

Bei den Herz- und Kreislauferkrankungen entfielen im Branchendurchschnitt anteilsmäßig die meisten Krankheitstage auf Hypertoniefälle und ischämische Herzkrankheiten, wie z. B. Herzinfarkt. Auf diese beiden Diagnosegruppen gingen im Branchendurchschnitt zusammen mehr als die Hälfte (55,0%) der durch Krankheiten des Herz/Kreislaufsystems verursachten Arbeitsunfähigkeitstage zurück. Den dritten und vierten Rangplatz nahmen sonstige Formen der Herzkrankheit (z. B. Herzklappenkrankheiten oder Herzmuskelentzündungen) sowie Krankheiten der Venen, der Lymphgefäße und der Lymphknoten ein. Der Rest entfiel auf sonstige Erkrankungen des Kreislaufsystems.

Der Anteil der ischämischen Herzkrankheiten an den auf Herz- und Kreislauferkrankungen zurückgehenden Arbeitsunfähigkeitstagen variiert in den einzelnen Branchen sehr stark (Abb. 20.1.47). Er bewegte sich 2007 zwischen 12,0% bei Banken und Versicherungen und 22,0% im Bereich Verkehr und Transport. Auch hinsichtlich des Anteils der durch Erkrankungen der Venen, Lymphgefäße und sonstige Krankheiten des Kreislaufsystems verursachten Fehltage gibt es in den einzelnen Branchen große Unterschiede. Der Anteil an den AU-Tagen bewegt sich zwischen 9,0% und 15,0%. Der Anteil der Hypertonie und Hochdruckkrankheiten schwankte zwischen 37,0% und 41,0%.

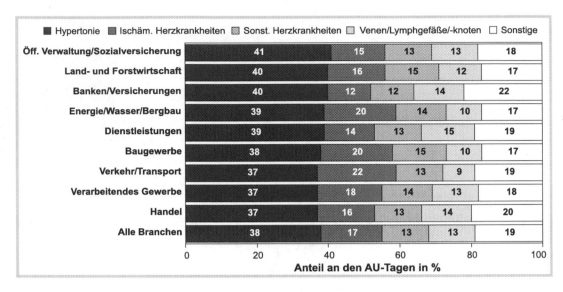

■ **Abb. 20.1.47.** Krankheiten des Kreislaufsystems nach Diagnoseuntergruppen und Branchen im Jahr 2007, AOK-Mitglieder

Psychische und Verhaltensstörungen

Bei den psychischen und Verhaltensstörungen dominieren neurotische, Belastungs- und somatoforme Störungen, zu denen u. a. Phobien und andere Angststörungen gehören, sowie affektive Störungen, bei denen insbesondere Depressionen eine wichtige Rolle spielen. Diese beiden Diagnosegruppen haben im Branchendurchschnitt einen Anteil von 37,0% bzw. 38,0% an den auf psychische Erkrankungen zurückgehenden Arbeitsunfähigkeitstagen. Auf psychische und Verhaltensstörungen durch psychotrope Substanzen, wie z. B. die Alkoholabhängigkeit, gingen 15,0% der Krankheitstage

zurück. Persönlichkeits- und Verhaltenstörungen waren für 3,0% der Fehltage verantwortlich. Der Rest entfiel auf sonstige Erkrankungen.

Abbildung 20.1.48 zeigt die Anteile der Diagnoseuntergruppen an den Arbeitsunfähigkeitstagen in den einzelnen Branchen. Die Anteile der Diagnoseuntergruppen variiern in den einzelnen Wirtschaftszweigen sehr stark. Dies gilt in besonderem Maße für psychische und Verhaltensstörungen durch psychotrope Substanzen. Während im Baugewerbe 30,0% der durch psychische Erkrankungen verursachten Ausfalltage auf Suchterkrankungen zurückgingen, waren es bei Banken und Versicherungen lediglich 7,0%.

20

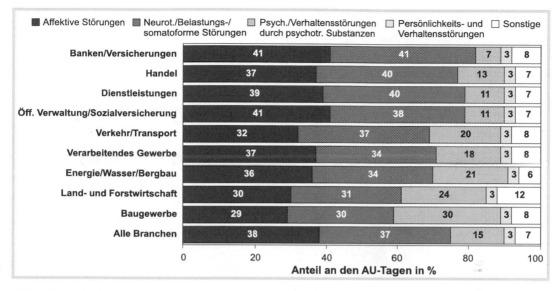

■ **Abb. 20.1.48.** Psychische und Verhaltensstörungen nach Diagnoseuntergruppen und Branchen im Jahr 2007, AOK-Mitglieder

Literatur

[1] Bundesagentur für Arbeit (2007) Sozialversicherungspflichtig Beschäftigte nach Wirtschaftsabteilungen und Wirtschaftsgruppen WZ 93/ WZ 2003 in der Bundesrepublik Deutschland, Stand 30.9. 2007. Nürnberg

[2] Bundesministerium für Gesundheit (2007) Vorläufige Rechnungsergebnisse der gesetzlichen Krankenversicherung nach der Statistik KV 45.1, 1. bis 4. Quartal

[3] Bundesministerium für Arbeit und Soziales (2008) Sicherheit und Gesundheit bei der Arbeit 2006. Dortmund, Berlin, Dresden

[4] Ferber C, Kohlhausen K (1970) Der „blaue Montag" im Krankenstand. Arbeitsmedizin, Sozialmedizin, Arbeitshygiene, Heft 2, 25–30

[5] Kaiser E (2007) Altersstruktur-Datenanalyse (ALSTA). Informationsbaustein zum Alternsmanagement in Betrieben. AOK Hessen

[6] Kohler H (2002) Krankenstand – Ein beachtlicher Kostenfaktor mit fallender Tendenz. IAB-Werkstattbericht, Diskussionsbeiträge des Instituts für Arbeitsmarkt- und Berufsforschung der Bundesanstalt für Arbeit, Ausgabe Nr. 1 / 30.1.2002

[7] Marstedt G, Müller R (1998) Ein kranker Stand? Fehlzeiten und Integration älterer Arbeitnehmer im Vergleich Öffentlicher Dienst – Privatwirtschaft. Ed. Sigma, Forschung aus der Hans-Böckler-Stiftung, Berlin

[8] Mielck A (2000) Soziale Ungleichheit und Gesundheit. Huber, Bern

[9] Robert Koch Institut (2006) Gesundheitsbedingte Frühberentung. Schwerpunktbericht der Gesundheitsberichterstattung des Bundes. Berlin

[10] Schnabel C (1997) Betriebliche Fehlzeiten, Ausmaß, Bestimmungsgründe und Reduzierungsmöglichkeiten. Institut der deutschen Wirtschaft, Köln

20.2 Banken und Versicherungen

20

Tabelle 20.2.1. Entwicklung des Krankenstands der AOK-Mitglieder in der Branche Banken und Versicherungen in den Jahren 1994 bis 2007

Jahr	Krankenstand in %		
	West	Ost	Bund
1994	4,4	3,0	4,0
1995	3,9	4,0	3,9
1996	3,5	3,6	3,5
1997	3,4	3,6	3,4
1998	3,5	3,6	3,5
1999	3,6	4,0	3,7
2000	3,6	4,1	3,6
2001	3,5	4,1	3,6
2002	3,5	4,1	3,5
2003	3,3	3,5	3,3
2004	3,1	3,2	3,1
2005	3,1	3,3	3,1
2006	2,7	3,2	2,8
2007	3,1	3,4	3,1

Tabelle 20.2.2. Anzahl der Fälle und Dauer der Arbeitsunfähigkeit der AOK-Mitglieder in der Branche Banken und Versicherungen in den Jahren 1994 bis 2007

Jahr	AU-Fälle je 100 Mitglieder			Tage je Fall		
	West	Ost	Bund	West	Ost	Bund
1994	114,7	71,8	103,4	12,8	14,1	13,0
1995	119,3	111,2	117,9	11,9	13,8	12,2
1996	108,0	109,3	108,1	12,2	12,5	12,2
1997	108,4	110,0	108,5	11,5	11,9	11,5
1998	110,6	112,2	110,7	11,4	11,7	11,4
1999	119,6	113,3	119,1	10,8	11,6	10,9
2000	125,6	148,8	127,1	10,5	10,2	10,5
2001	122,2	137,5	123,1	10,6	10,8	10,6
2002	125,0	141,3	126,1	10,1	10,6	10,2
2003	126,0	137,1	127,0	9,5	9,4	9,5
2004	117,6	127,7	118,8	9,7	9,3	9,6
2005	122,6	132,0	123,8	9,2	9,0	9,1
2006	108,1	126,7	110,7	9,2	9,1	9,2
2007	121,0	133,6	122,8	9,2	9,3	9,2

20

Tabelle 20.2.3. Arbeitsunfähigkeit der AOK-Mitglieder in der Branche Banken und Versicherungen nach Bundesländern im Jahr 2007 im Vergleich zum Vorjahr

Bundesland	Kranken-stand in %	Arbeitsunfähigkeit je 100 AOK-Mitglieder				Tage je Fall	Veränd. z. Vorj. in %	AU-Quote in %
		AU-Fälle	Veränd. z. Vorj. in %	AU-Tage	Veränd. z. Vorj. in %			
Baden-Württemberg	2,9	115,9	15,7	1.057,8	15,4	9,1	0,0	50,8
Bayern	2,8	102,2	12,8	1.013,0	12,6	9,9	0,0	45,6
Berlin	3,8	123,0	7,0	1.395,4	15,5	11,3	7,6	39,4
Brandenburg	4,1	143,7	18,2	1.502,0	35,6	10,5	15,4	54,0
Bremen	4,2	134,1	15,5	1.526,1	18,8	11,4	2,7	51,0
Hamburg	3,9	139,6	-1,0	1.408,9	-3,8	10,1	-2,9	50,3
Hessen	3,7	144,9	14,4	1.342,7	13,5	9,3	0,0	52,8
Mecklenburg-Vorpommern	3,2	130,2	0,5	1.176,8	-5,0	9,0	-6,3	46,5
Niedersachsen	3,0	133,2	8,6	1.083,6	7,5	8,1	-1,2	51,5
Nordrhein-Westfalen	3,4	140,3	8,6	1.249,1	12,4	8,9	3,5	52,1
Rheinland-Pfalz	3,3	136,6	9,2	1.193,4	8,2	8,7	-1,1	52,4
Saarland	3,5	125,4	17,2	1.261,4	-5,0	10,1	-18,5	49,9
Sachsen	3,3	132,4	5,2	1.218,2	5,4	9,2	0,0	54,2
Sachsen-Anhalt	3,8	145,8	9,7	1.395,6	11,3	9,6	2,1	50,8
Schleswig-Holstein	3,3	135,6	9,6	1.202,9	4,7	8,9	-4,3	51,7
Thüringen	3,6	132,3	0,8	1.297,3	21,7	9,8	21,0	52,7
West	3,1	121,0	11,9	1.114,6	12,3	9,2	0,0	49,7
Ost	3,4	133,6	5,4	1.245,8	7,8	9,3	2,2	53,5
Bund	3,1	122,8	10,9	1.133,3	11,6	9,2	0,0	50,3

Tabelle 20.2.4. Arbeitsunfähigkeit der AOK-Mitglieder in der Branche Banken und Versicherungen nach Wirtschaftsabteilungen im Jahr 2007

Wirtschaftsabteilung	Krankenstand in %		Arbeitsunfähigkeiten je 100 AOK-Mitglieder		Tage je Fall	AU-Quote in %
	2007	2007 stand.*	Fälle	Tage		
Kreditgewerbe	3,1	3,0	123,0	1.115,7	9,1	52,4
Versicherungsgewerbe	3,7	3,8	137,1	1.337,1	9,8	49,9
Assoziierte Tätigkeiten	2,9	3,1	108,1	1.047,3	9,7	40,8
Branche insgesamt	3,1	3,1	122,8	1.133,3	9,2	50,3
Alle Branchen	4,5	4,5	141,2	1.643,4	11,6	51,2

*Krankenstand alters- und geschlechtsstandardisiert

Tabelle 20.2.5. Kennzahlen der Arbeitsunfähigkeit der AOK-Mitglieder nach ausgewählten Berufsgruppen in der Branche Banken und Versicherungen im Jahr 2007

Tätigkeit	Kranken-stand in %	Arbeitsunfähigkeiten je 100 AOK-Mitglieder		Tage je Fall	AU-Quote in %	Anteil der Be-rufsgruppe an der Branche in %*
		Fälle	Tage			
Bankfachleute	2,7	121,0	987,0	8,2	52,5	55,2
Bausparkassenfachleute	3,8	146,3	1.375,4	9,4	57,8	1,0
Bürofachkräfte	3,0	118,4	1.104,8	9,3	44,7	11,4
Bürohilfskräfte	3,8	118,5	1.378,2	11,6	41,9	2,2
Datenverarbeitungsfach-leute	2,3	108,0	840,6	7,8	47,9	1,2
Krankenversicherungs-fachleute (nicht Sozialver-sicherung)	4,1	153,8	1.506,1	9,8	52,2	1,8
Lebens-, Sachversiche-rungsfachleute	3,3	133,1	1.196,3	9,0	48,1	11,1
Pförtner, Hauswarte	4,4	102,8	1.602,6	15,6	47,2	1,1
Raum-, Hausratreiniger	5,4	123,5	1.979,3	16,0	53,9	4,2
Stenographen, Stenoty-pistinnen, Maschinen-schreiber	3,6	118,5	1.312,8	11,1	50,5	1,0
Branche insgesamt	3,1	122,8	1.133,3	9,2	50,3	1,2**

* Anteil der AOK-Mitglieder in der Berufsgruppe an den in der Branche beschäftigten AOK-Mitgliedern insgesamt
**Anteil der AOK-Mitglieder in der Branche an allen AOK-Mitgliedern

20

Tabelle 20.2.6. Dauer der Arbeitsunfähigkeit der AOK-Mitglieder in der Branche Banken und Versicherungen im Jahr 2007

Fallklasse	Branche hier		alle Branchen	
	Anteil Fälle in %	Anteil Tage in %	Anteil Fälle in %	Anteil Tage in %
1–3 Tage	43,4	9,5	35,7	6,1
4–7 Tage	29,0	15,4	29,6	12,8
8–14 Tage	14,8	16,2	17,5	15,6
15–21 Tage	4,8	9,0	6,4	9,6
22–28 Tage	2,6	6,9	3,3	7,0
29–42 Tage	2,4	9,0	3,3	9,7
Langzeit-AU (> 42 Tage)	3,0	34,0	4,2	39,2

Tabelle 20.2.7. Tage der Arbeitsunfähigkeit je AOK-Mitglied nach Wirtschaftsabteilung und Betriebsgröße in der Branche Banken und Versicherungen im Jahr 2007

Wirtschaftsabteilungen	Betriebsgröße (Anzahl der AOK-Mitglieder)					
	10–49	50–99	100–199	200–499	500–999	≥ 1.000
Kreditgewerbe	10,6	11,2	11,0	12,3	13,7	11,6
Versicherungsgewerbe	13,2	14,2	14,1	12,8	13,2	–
Assoziierte Tätigkeiten	12,7	17,1	13,2	24,5	–	–
Branche insgesamt	11,1	11,8	11,5	12,6	13,6	11,6
Alle Branchen	16,8	18,4	18,7	19,0	19,6	18,2

Tabelle 20.2.8. Krankenstand in Prozent nach der Stellung im Beruf in der Branche Banken und Versicherungen im Jahr 2007, AOK-Mitglieder

Wirtschaftsabteilung	Stellung im Beruf				
	Auszubildende	Arbeiter	Facharbeiter	Meister, Poliere	Angestellte
Kreditgewerbe	2,1	5,0	4,6	3,8	2,8
Versicherungsgewerbe	2,5	5,8	5,0	9,3	3,5
Assoziierte Tätigkeiten	2,4	4,3	3,8	3,2	3,0
Branche insgesamt	2,2	5,0	4,5	3,9	2,9
Alle Branchen	3,7	5,4	4,8	3,7	3,3

Tabelle 20.2.9. Tage der Arbeitsunfähigkeit je AOK-Mitglied nach der Stellung im Beruf in der Branche Banken und Versicherungen im Jahr 2007

Wirtschaftsabteilung	Stellung im Beruf				
	Auszubil-dende	Arbeiter	Facharbeiter	Meister, Poliere	Angestellte
Kreditgewerbe	7,8	18,2	16,8	13,7	10,1
Versicherungsgewerbe	9,0	21,1	18,2	34,0	12,8
Assoziierte Tätigkeiten	8,9	15,8	13,9	11,6	10,9
Branche insgesamt	8,1	18,2	16,4	14,3	10,6
Alle Branchen	13,4	19,8	17,4	13,3	11,9

Tabelle 20.2.10. Anteil der Arbeitsunfälle an den AU-Fällen und -Tagen in Prozent nach Wirtschaftsabteilungen in der Branche Banken und Versicherungen im Jahr 2007, AOK-Mitglieder

Wirtschaftsabteilung	Arbeitsunfähigkeiten	
	AU-Fälle in %	AU-Tage in %
Kreditgewerbe	1,1	1,6
Versicherungsgewerbe	1,1	1,1
Assoziierte Tätigkeiten	1,3	1,8
Branche insgesamt	1,1	1,5
Alle Branchen	4,5	5,7

Tabelle 20.2.11. Tage und Fälle der Arbeitsunfähigkeit durch Arbeitsunfälle nach Berufsgruppen in der Branche Banken und Versicherungen im Jahr 2007, AOK-Mitglieder

Tätigkeit	Arbeitsunfähigkeit je 1.000 AOK-Mitglieder	
	AU-Tage	AU-Fälle
Pförtner, Hauswarte	622,6	34,9
Raum-, Hausratreiniger	388,2	14,8
Lebens-, Sachversicherungsfachleute	166,1	16,4
Bankfachleute	117,8	10,6
Bürofachkräfte	113,7	12,0

20

Tabelle 20.2.12. Tage der Arbeitsunfähigkeit je 100 AOK-Mitglieder nach Krankheitsarten in der Branche Banken und Versicherungen in den Jahren 1995 bis 2007

Jahr	AU-Tage je 100 Mitglieder					
	Psyche	Herz/Kreis-lauf	Atemwege	Verdauung	Muskel/Skelett	Verlet-zungen
1995	102,9	154,9	327,6	140,1	371,0	179,5
1996	107,8	129,5	286,2	119,4	339,3	166,9
1997	104,8	120,6	258,1	112,5	298,0	161,1
1998	109,3	112,8	252,3	109,3	313,9	152,2
1999	113,7	107,6	291,2	108,7	308,3	151,0
2000	138,4	92,5	281,4	99,1	331,4	145,3
2001	144,6	99,8	264,1	98,8	334,9	147,6
2002	144,6	96,7	254,7	105,1	322,6	147,3
2003	133,9	88,6	261,1	99,0	288,0	138,2
2004	150,2	92,8	228,5	103,7	273,1	136,5
2005	147,5	85,1	270,1	100,1	248,8	132,1
2006	147,2	79,8	224,6	98,8	243,0	134,0
2007	167,2	87,7	243,9	103,0	256,9	125,2

Tabelle 20.2.13. Fälle der Arbeitsunfähigkeit je 100 AOK-Mitglieder nach Krankheitsarten in der Branche Banken und Versicherungen in den Jahren 1995 bis 2007

Jahr	AU-Fälle je 100 Mitglieder					
	Psyche	Herz/Kreis-lauf	Atemwege	Verdauung	Muskel/Skelett	Verlet-zungen
1995	4,1	8,2	43,8	19,1	20,0	10,7
1996	3,8	6,6	39,8	17,9	17,2	9,9
1997	4,1	6,8	39,8	17,8	16,9	9,8
1998	4,5	6,9	40,4	18,1	18,0	9,7
1999	4,8	6,9	46,4	19,0	18,6	10,3
2000	5,8	6,3	45,3	16,6	19,9	10,0
2001	6,6	7,1	44,4	17,3	20,5	10,3
2002	6,8	7,1	44,0	19,0	20,6	10,5
2003	6,9	7,1	46,5	18,7	19,5	10,3
2004	7,1	6,5	40,6	19,0	18,4	9,8
2005	7,0	6,5	47,7	17,9	18,1	9,7
2006	7,0	6,2	40,8	18,3	17,4	9,6
2007	7,5	6,3	44,4	19,6	18,1	9,1

Tabelle 20.2.14. Verteilung der Arbeitsunfähigkeitstage nach Krankheitsarten in Prozent in der Branche Banken und Versicherungen im Jahr 2007, AOK-Mitglieder

Wirtschaftsabteilung	AU-Tage in %						
	Psyche	Herz/Kreislauf	Atem-wege	Verdau-ung	Muskel/Skelett	Verlet-zungen	Sonstige
Kreditgewerbe	10,7	6,0	16,6	7,1	17,3	8,5	33,7
Versicherungsgewerbe	13,8	5,9	16,5	6,3	18,0	7,6	31,9
Assoziierte Tätigkeiten	11,8	5,4	15,5	6,8	16,9	8,9	34,6
Branche insgesamt	11,3	5,9	16,5	6,9	17,3	8,4	33,6
Alle Branchen	8,2	6,9	12,4	6,5	24,2	12,8	29,0

20

Tabelle 20.2.15. Verteilung der Arbeitsunfähigkeitsfälle nach Krankheitsarten in Prozent in der Branche Banken und Versicherungen im Jahr 2007, AOK-Mitglieder

Wirtschaftsabteilung	AU-Fälle in %						
	Psyche	Herz/ Kreislauf	Atem- wege	Verdau- ung	Muskel/ Skelett	Verlet- zungen	Sonstige
Kreditgewerbe	4,5	4,0	28,2	12,4	11,4	5,7	33,8
Versicherungsgewerbe	5,4	4,0	28,1	11,8	11,8	5,6	33,2
Assoziierte Tätigkeiten	5,3	3,9	26,5	12,6	11,4	5,8	34,5
Branche insgesamt	4,7	4,0	28,0	12,3	11,4	5,7	33,8
Alle Branchen	4,2	4,4	22,2	11,8	17,7	9,4	30,3

Tabelle 20.2.16. Anteile der 40 häufigsten Einzeldiagnosen an den AU-Fällen und AU-Tagen in der Branche Banken und Versicherungen im Jahr 2007, AOK-Mitglieder

ICD-10	Bezeichnung	AU-Fälle in %	AU-Tage in %
J06	Akute Infektionen der oberen Atemwege	8,3	4,2
M54	Rückenschmerzen	4,1	4,3
K52	Nichtinfektiöse Gastroenteritis und Kolitis	3,6	1,5
J20	Akute Bronchitis	3,4	2,0
J40	Nicht akute Bronchitis	2,7	1,6
A09	Diarrhoe und Gastroenteritis	2,6	1,0
K08	Sonstige Krankheiten der Zähne und des Zahnhalteapparates	2,4	0,7
B34	Viruskrankheit	1,9	1,0
J01	Akute Sinusitis	1,9	1,0
J03	Akute Tonsillitis	1,8	0,9
J32	Chronische Sinusitis	1,7	0,9
J02	Akute Pharyngitis	1,7	0,8
K29	Gastritis und Duodenitis	1,5	0,8
R10	Bauch- und Beckenschmerzen	1,4	0,8
F32	Depressive Episode	1,2	3,3
I10	Essentielle Hypertonie	1,2	2,1
J04	Akute Laryngitis und Tracheitis	1,1	0,6
R51	Kopfschmerz	0,9	0,5
F43	Reaktionen auf schwere Belastungen und Anpassungsstörungen	0,9	1,7
J11	Grippe	0,9	0,5
G43	Migräne	0,8	0,4
N39	Sonstige Krankheiten des Harnsystems	0,8	0,6
M53	Sonstige Krankheiten der Wirbelsäule und des Rückens	0,8	1,0
Z38	Lebendgeborene nach dem Geburtsort	0,8	0,3
B99	Sonstige Infektionskrankheiten	0,7	0,4
T14	Verletzung an einer nicht näher bezeichneten Körperregion	0,7	0,7

20

Tabelle 20.2.16. Fortsetzung

ICD-10	Bezeichnung	AU-Fälle in %	AU-Tage in %
M51	Sonstige Bandscheibenschäden	0,7	1,9
F45	Somatoforme Störungen	0,7	1,2
R11	Übelkeit und Erbrechen	0,7	0,4
R50	Fieber unbekannter Ursache	0,6	0,4
J98	Sonstige Krankheiten der Atemwege	0,6	0,3
J00	Akute Rhinopharyngitis	0,6	0,3
F48	Andere neurotische Störungen	0,6	0,9
R42	Schwindel und Taumel	0,6	0,4
R53	Unwohlsein und Ermüdung	0,5	0,6
M99	Biomechanische Funktionsstörungen	0,5	0,5
S93	Luxation, Verstauchung und Zerrung der Gelenke und Bänder in Höhe des oberen Sprunggelenkes und des Fußes	0,5	0,6
M23	Binnenschädigung des Kniegelenkes	0,5	1,1
M79	Sonstige Krankheiten des Weichteilgewebes	0,5	0,5
A08	Virusbedingte Darminfektionen	0,5	0,2
	Summe hier	**57,9**	**42,9**
	Restliche	42,1	57,1
	Gesamtsumme	**100,0**	**100,0**

Tabelle 20.2.17. Anteile der 40 häufigsten Diagnoseuntergruppen an den AU-Fällen und AU-Tagen in der Branche Banken und Versicherungen im Jahr 2007, AOK-Mitglieder

ICD-10	Bezeichnung	AU-Fälle in %	AU-Tage in %
J00–J06	Akute Infektionen der oberen Atemwege	15,1	7,8
M40–M54	Krankheiten der Wirbelsäule und des Rückens	5,9	8,0
K50–K52	Nichtinfektiöse Enteritis und Kolitis	4,1	1,9
J40–J47	Chronische Krankheiten der unteren Atemwege	4,0	2,8
J20–J22	Sonstige akute Infektionen der unteren Atemwege	3,9	2,3
A00–A09	Infektiöse Darmkrankheiten	3,4	1,4
K00–K14	Krankheiten der Mundhöhle, Speicheldrüsen und Kiefer	3,1	1,0
R50–R69	Allgemeinsymptome	3,0	2,5
J30–J39	Sonstige Krankheiten der oberen Atemwege	2,5	1,6
F40–F48	Neurotische, Belastungs- und somatoforme Störungen	2,5	4,8
R10–R19	Symptome bzgl. Verdauungssystem und Abdomen	2,3	1,4
M60–M79	Krankheiten der Weichteilgewebe	2,3	3,3
B25–B34	Sonstige Viruskrankheiten	2,2	1,2
M00–M25	Arthropathien	2,1	4,3
K20–K31	Krankheiten des Ösophagus, Magens und Duodenums	2,1	1,2
F30–F39	Affektive Störungen	1,6	4,8
G40–G47	Episod. und paroxysmale Krankheiten des Nervensystems	1,5	1,3
I10–I15	Hypertonie	1,3	2,4
N30–N39	Sonstige Krankheiten des Harnsystems	1,3	0,8
J10–J18	Grippe und Pneumonie	1,3	0,9
Z20–Z29	Pot. Gesundheitsrisken bzgl. übertragbarer Krankheiten	1,2	0,6
R00–R09	Symptome bzgl. Kreislauf- und Atmungssystem	1,0	0,7
O60–O75	Komplikationen bei Wehentätigkeit und Entbindung	0,9	0,6
N80–N98	Krankheiten des weiblichen Genitaltraktes	0,9	1,0
T08–T14	Verletzungen Rumpf, Extremitäten u. a. Körperregionen	0,9	0,8
S90–S99	Verletzungen der Knöchelregion und des Fußes	0,8	1,0

20

Tabelle 20.2.17. Fortsetzung

ICD-10	Bezeichnung	AU-Fälle in %	AU-Tage in %
B99–B99	Sonstige Infektionskrankheiten	0,8	0,4
O30–O48	Betreuung der Mutter	0,8	0,6
K55–K63	Sonstige Krankheiten des Darmes	0,8	0,7
I00–I09	Krankheiten der Venen, Lymphgefäße und -knoten	0,8	0,9
I95–I99	Sonstige Krankheiten des Kreislaufsystems	0,8	0,4
S80–S89	Verletzungen des Knies und des Unterschenkels	0,7	1,7
J95–J99	Sonstige Krankheiten des Atmungssystems	0,7	0,5
R40–R46	Symptome bzgl. Wahrnehmung, Stimmung, Verhalten	0,7	0,6
D10–D36	Gutartige Neubildungen	0,7	0,9
E70–E90	Stoffwechselstörungen	0,7	1,2
O20–O29	Sonstige mit Schwangerschaft verbundene Krankheiten	0,7	0,7
M95–M99	Sonstige Krankheiten des Muskel-Skelett-Systems und des Bindegewebes	0,6	0,6
H65–H75	Krankheiten des Mittelohres und des Warzenfortsatzes	0,6	0,3
C00–C75	Bösartige Neubildungen	0,6	2,5
	Summe hier	**80,6**	**69,9**
	Restliche	19,4	30,1
	Gesamtsumme	**100,0**	**100,0**

20.3   Baugewerbe

20

Tabelle 20.3.1. Entwicklung des Krankenstands der AOK-Mitglieder in der Branche Baugewerbe in den Jahren 1994 bis 2007

Jahr	Krankenstand in %		
	West	Ost	Bund
1994	7,0	5,5	6,5
1995	6,5	5,5	6,2
1996	6,1	5,3	5,9
1997	5,8	5,1	5,6
1998	6,0	5,2	5,8
1999	6,0	5,5	5,9
2000	6,1	5,4	5,9
2001	6,0	5,5	5,9
2002	5,8	5,2	5,7
2003	5,4	4,6	5,3
2004	5,0	4,1	4,8
2005	4,8	4,0	4,7
2006	4,6	3,8	4,4
2007	4,9	4,2	4,8

Tabelle 20.3.2. Anzahl der Fälle und Dauer der Arbeitsunfähigkeit der AOK-Mitglieder in der Branche Baugewerbe in den Jahren 1994 bis 2007

Jahr	AU-Fälle je 100 Mitglieder			Tage je Fall		
	West	Ost	Bund	West	Ost	Bund
1994	155,3	137,3	150,2	14,9	13,5	14,6
1995	161,7	146,9	157,6	14,7	13,7	14,5
1996	145,0	134,8	142,2	15,5	14,0	15,1
1997	140,1	128,3	137,1	14,6	14,0	14,5
1998	143,8	133,8	141,4	14,7	14,0	14,5
1999	153,0	146,3	151,5	14,2	13,9	14,1
2000	157,3	143,2	154,5	14,1	13,8	14,1
2001	156,3	141,5	153,6	14,0	14,1	14,0
2002	154,3	136,0	151,2	13,8	14,0	13,8
2003	148,8	123,0	144,3	13,3	13,7	13,3
2004	136,6	110,8	131,9	13,4	13,7	13,4
2005	136,0	107,1	130,8	13,0	13,7	13,1
2006	131,6	101,9	126,2	12,7	13,7	12,8
2007	141,4	110,3	135,7	12,7	14,0	12,9

20

Tabelle 20.3.3. Arbeitsunfähigkeit der AOK-Mitglieder in der Branche Baugewerbe nach Bundesländern im Jahr 2007 im Vergleich zum Vorjahr

Bundesland	Kran-ken-stand in %	Arbeitsunfähigkeit je 100 AOK-Mitglieder				Tage je Fall	Ver-änd. z. Vorj. in %	AU-Quote in %
		AU-Fälle	Veränd. z. Vorj. in %	AU-Tage	Veränd. z. Vorj. in %			
Baden-Württemberg	5,1	148,6	8,2	1.868,6	6,1	12,6	-1,6	55,8
Bayern	4,3	121,3	8,9	1.576,1	10,7	13,0	1,6	49,8
Berlin	5,1	115,4	-6,1	1.843,9	1,1	16,0	8,1	37,3
Brandenburg	4,4	114,6	11,9	1.603,2	11,7	14,0	0,0	44,7
Bremen	5,6	150,1	10,1	2.046,4	9,5	13,6	-0,7	51,7
Hamburg	6,3	146,2	4,1	2.286,8	4,0	15,6	-0,6	52,3
Hessen	5,5	150,4	6,8	1.996,9	3,1	13,3	-2,9	53,8
Mecklenburg-Vorpommern	4,4	115,1	12,2	1.604,1	14,0	13,9	1,5	44,7
Niedersachsen	4,4	142,9	8,7	1.612,9	15,9	11,3	6,6	53,6
Nordrhein-Westfalen	5,2	155,0	6,3	1.914,4	4,5	12,4	-1,6	54,5
Rheinland-Pfalz	5,7	163,1	8,5	2.086,1	12,3	12,8	3,2	56,2
Saarland	6,5	150,6	7,6	2.386,2	9,5	15,8	1,3	53,0
Sachsen	4,0	105,6	8,4	1.476,6	9,7	14,0	1,4	45,1
Sachsen-Anhalt	4,6	114,0	3,6	1.664,1	10,7	14,6	6,6	43,5
Schleswig-Holstein	5,1	148,4	7,8	1.858,6	9,9	12,5	1,6	54,3
Thüringen	4,3	116,4	7,0	1.577,7	8,2	13,6	1,5	47,0
West	4,9	141,4	7,4	1.796,8	7,9	12,7	0,0	52,8
Ost	4,2	110,3	8,2	1.541,1	10,1	14,0	2,2	45,2
Bund	4,8	135,7	7,5	1.750,1	8,2	12,9	0,8	51,3

Tabelle 20.3.4. Arbeitsunfähigkeit der AOK-Mitglieder in der Branche Baugewerbe nach Wirtschaftsabteilungen im Jahr 2007

Wirtschaftsabteilung	Krankenstand in %		Arbeitsunfähigkeiten je 100 AOK-Mitglieder		Tage je Fall	AU-Quote in %
	2007	2007 stand.*	Fälle	Tage		
Bauinstallation	4,3	3,9	141,1	1.571,3	11,1	52,9
Hoch- und Tiefbau	5,2	4,1	130,7	1.893,5	14,5	51,1
Vermietung von Baumaschinen und -geräten mit Bedienungspersonal	4,7	3,2	113,3	1.728,0	15,2	49,3
Vorbereitende Baustellenarbeiten	4,9	4,3	121,2	1.782,8	14,7	43,8
Sonstiges Baugewerbe	4,5	4,2	142,6	1.643,6	11,5	51,0
Branche insgesamt	**4,8**	**4,1**	**135,7**	**1.750,1**	**12,9**	**51,3**
Alle Branchen	**4,5**	**4,5**	**141,2**	**1.643,4**	**11,6**	**51,2**

*Krankenstand alters- und geschlechtsstandardisiert

20

Tabelle 20.3.5. Kennzahlen der Arbeitsunfähigkeit der AOK-Mitglieder nach ausgewählten Berufsgruppen in der Branche Baugewerbe im Jahr 2007

Tätigkeit	Kranken- stand in %	Arbeitsunfähigkeiten je 100 AOK-Mitglieder		Tage je Fall	AU- Quote in %	Anteil der Be- rufsgruppe an der Branche in %*
		Fälle	Tage			
Bauhilfsarbeiter	5,8	136,6	2.114,5	15,5	57,1	2,2
Baumaschinenführer	5,2	100,4	1.911,1	19,0	49,7	1,5
Betonbauer	6,2	144,3	2.260,5	15,7	50,1	2,8
Bürofachkräfte	2,5	82,1	906,5	11,0	37,0	5,2
Dachdecker	5,5	169,2	2.025,0	12,0	59,3	3,7
Elektroinstallateure, -monteure	4,1	143,5	1.501,0	10,5	55,1	7,2
Erdbewegungsmaschi- nenführer	5,2	103,2	1.884,4	18,3	49,4	1,4
Fliesenleger	4,9	140,5	1.776,9	12,6	52,9	1,7
Gerüstbauer	6,2	160,9	2.268,5	14,1	51,0	1,5
Isolierer, Abdichter	5,5	137,8	2.008,7	14,6	48,4	2,2
Kraftfahrzeugführer	5,2	104,6	1.894,1	18,1	48,7	1,9
Maler, Lackierer (Ausbau)	4,5	157,6	1.648,2	10,5	54,8	7,1
Maurer	5,4	132,8	1.955,1	14,7	52,2	11,1
Rohrinstallateure	4,7	157,6	1.727,9	11,0	59,8	8,0
Sonstige Bauhilfsarbeiter, Bauhelfer	5,0	132,6	1.831,9	13,8	42,7	7,3
Sonstige Tiefbauer	5,2	120,1	1.904,6	15,9	53,0	2,9
Straßenbauer	5,2	142,9	1.888,9	13,2	55,9	2,6
Stukkateure, Gipser, Verputzer	5,8	164,6	2.110,7	12,8	56,2	1,8
Tischler	4,1	138,5	1.504,5	10,9	54,5	2,6
Zimmerer	5,2	138,8	1.880,9	13,6	55,2	3,1
Branche insgesamt	**4,8**	**135,7**	**1.750,1**	**12,9**	**51,3**	**7,0****

* Anteil der AOK-Mitglieder in der Berufsgruppe an den in der Branche beschäftigten AOK-Mitgliedern insgesamt
** Anteil der AOK-Mitglieder in der Branche an allen AOK-Mitgliedern

Tabelle 20.3.6. Dauer der Arbeitsunfähigkeit der AOK-Mitglieder in der Branche Baugewerbe im Jahr 2007

Fallklasse	Branche hier		alle Branchen	
	Anteil Fälle in %	Anteil Tage in %	Anteil Fälle in %	Anteil Tage in %
1–3 Tage	36,9	5,6	35,7	6,1
4–7 Tage	28,0	10,8	29,6	12,8
8–14 Tage	16,8	13,5	17,5	15,6
15–21 Tage	6,3	8,5	6,4	9,6
22–28 Tage	3,3	6,2	3,3	7,0
29–42 Tage	3,3	8,9	3,3	9,7
Langzeit-AU (> 42 Tage)	5,4	46,4	4,2	39,2

Tabelle 20.3.7. Tage der Arbeitsunfähigkeit je AOK-Mitglied nach Wirtschaftsabteilung und Betriebsgröße in der Branche Baugewerbe im Jahr 2007

Wirtschaftsabteilungen	Betriebsgröße (Anzahl der AOK-Mitglieder)					
	10–49	50–99	100–199	200–499	500–999	≥ 1.000
Bauinstallation	16,5	17,5	16,8	18,7	13,2	–
Hoch- und Tiefbau	19,3	20,1	20,3	19,8	19,9	–
Vermietung von Baumaschinen und -geräten mit Bedienungspersonal	20,0	11,0	19,9	–	–	–
Vorbereitende Baustellenarbeiten	17,8	17,7	17,6	–	–	–
Sonstiges Ausbaugewerbe	18,1	18,2	18,8	17,2	–	–
Branche insgesamt	18,4	19,5	19,5	19,5	17,2	–
Alle Branchen	16,8	18,4	18,7	19,0	19,6	18,2

20

Tabelle 20.3.8. Krankenstand in Prozent nach der Stellung im Beruf in der Branche Baugewerbe im Jahr 2007, AOK-Mitglieder

Wirtschaftsabteilung	Stellung im Beruf				
	Auszubil-dende	Arbeiter	Facharbeiter	Meister, Poliere	Angestellte
Bauinstallation	3,7	4,8	4,7	4,0	2,6
Hoch- und Tiefbau	4,6	5,6	5,5	4,4	2,7
Vermietung von Bauma-schinen und -geräten mit Bedienungspersonal	2,9	3,9	5,6	3,4	2,2
Vorbereitende Baustel-lenarbeiten	4,1	5,2	5,0	4,0	2,9
Sonstiges Baugewerbe	4,2	4,9	4,8	4,4	2,7
Branche insgesamt	**4,1**	**5,3**	**5,1**	**4,3**	**2,7**
Alle Branchen	**3,7**	**5,4**	**4,8**	**3,7**	**3,3**

Tabelle 20.3.9. Tage der Arbeitsunfähigkeit je AOK-Mitglied nach der Stellung im Beruf in der Branche Baugewerbe im Jahr 2007

Wirtschaftsabteilung	Stellung im Beruf				
	Auszubil-dende	Arbeiter	Facharbeiter	Meister, Poliere	Angestellte
Bauinstallation	13,5	17,4	17,3	14,5	9,6
Hoch- und Tiefbau	16,7	20,4	20,0	15,9	9,9
Vermietung von Bauma-schinen und -geräten mit Bedienungspersonal	10,7	14,4	20,4	12,2	8,1
Vorbereitende Baustel-lenarbeiten	14,9	19,0	18,1	14,5	10,5
Sonstiges Baugewerbe	15,2	18,0	17,4	16,0	10,0
Branche insgesamt	**14,9**	**19,2**	**18,8**	**15,5**	**9,8**
Alle Branchen	**13,4**	**19,8**	**17,4**	**13,3**	**11,9**

Tabelle 20.3.10. Anteil der Arbeitsunfälle an den AU-Fällen und -Tagen in Prozent nach Wirtschaftsabteilungen in der Branche Baugewerbe im Jahr 2007, AOK-Mitglieder

Wirtschaftsabteilung	Arbeitsunfähigkeiten	
	AU-Fälle in %	AU-Tage in %
Bauinstallation	7,6	9,8
Hoch- und Tiefbau	10,5	13,2
Vermietung von Baumaschinen und -geräten mit Bedienungspersonal	11,7	12,9
Vorbereitende Baustellenarbeiten	9,6	13,6
Sonstiges Baugewerbe	7,3	9,2
Branche insgesamt	**9,0**	**11,6**
Alle Branchen	**4,5**	**5,7**

Tabelle 20.3.11. Tage und Fälle der Arbeitsunfähigkeit durch Arbeitsunfälle nach Berufsgruppen in der Branche Bauge-werbe im Jahr 2007, AOK-Mitglieder

Tätigkeit	Arbeitsunfähigkeit je 1.000 AOK-Mitglieder	
	AU-Tage	AU-Fälle
Zimmerer	3.747,2	206,6
Betonbauer	3.529,1	174,3
Dachdecker	3.498,0	199,2
Gerüstbauer	3.065,8	176,6
Maurer	2.701,3	147,6
Bauhilfsarbeiter	2.623,5	139,0
Feinblechner	2.546,3	160,1
Sonstige Tiefbauer	2.327,4	120,9
Stukkateure, Gipser, Verputzer	2.172,9	138,0
Tischler	2.119,1	154,0
Kraftfahrzeugführer	2.088,5	99,2
Isolierer, Abdichter	2.079,0	119,6
Baumaschinenführer	2.010,3	96,7
Rohrnetzbauer, Rohrschlosser	1.964,4	134,4
Straßenbauer	1.935,2	117,9
Rohrinstallateure	1.822,9	142,1
Erdbewegungsmaschinenführer	1.739,8	90,7
Elektroinstallateure, -monteure	1.529,4	103,3
Maler, Lackierer (Ausbau)	1.445,9	101,7
Fliesenleger	1.165,9	89,3

Tabelle 20.3.12. Tage der Arbeitsunfähigkeit je 100 AOK-Mitglieder nach Krankheitsarten in der Branche Baugewerbe in den Jahren 1995 bis 2007

Jahr	AU-Tage je 100 Mitglieder					
	Psyche	Herz/Kreis-lauf	Atemwege	Verdauung	Muskel/Skelett	Verlet-zungen
1995	69,1	208,2	355,9	205,2	780,6	602,6
1996	70,5	198,8	308,8	181,0	753,9	564,8
1997	65,3	180,0	270,4	162,5	677,9	553,6
1998	69,2	179,1	273,9	160,7	715,7	548,9
1999	72,2	180,3	302,6	160,6	756,0	547,9
2000	80,8	159,7	275,1	144,2	780,1	528,8
2001	89,0	163,6	262,0	145,0	799,9	508,4
2002	90,7	159,7	240,8	141,0	787,2	502,0
2003	84,7	150,0	233,3	130,8	699,3	469,0
2004	102,0	158,3	200,2	132,1	647,6	446,6
2005	101,1	155,2	227,0	122,8	610,4	435,3
2006	91,9	146,4	184,3	119,4	570,6	442,6
2007	105,1	148,5	211,9	128,7	619,3	453,9

Tabelle 20.3.13. Fälle der Arbeitsunfähigkeit je 100 AOK-Mitglieder nach Krankheitsarten in der Branche Baugewerbe in den Jahren 1995 bis 2007

Jahr	AU-Fälle je 100 Mitglieder					
	Psyche	Herz/Kreis-lauf	Atemwege	Verdauung	Muskel/Skelett	Verlet-zungen
1995	2,6	8,0	43,5	23,6	38,5	34,4
1996	2,5	7,0	37,3	21,3	35,0	31,7
1997	2,7	7,0	35,5	20,5	34,4	31,9
1998	2,9	7,3	37,1	20,9	37,0	31,7
1999	3,1	7,5	41,7	22,4	39,5	32,2
2000	3,6	6,9	39,2	19,3	41,2	31,2
2001	4,2	7,3	39,0	19,7	42,3	30,3
2002	4,4	7,3	36,7	20,2	41,8	29,7
2003	4,3	7,1	36,7	19,1	38,2	28,6
2004	4,4	6,6	30,6	18,6	36,0	26,8
2005	4,2	6,5	34,7	17,0	34,2	25,7
2006	4,1	6,4	29,1	17,8	33,8	26,4
2007	4,4	6,6	33,5	19,3	35,6	26,0

20

Tabelle 20.3.14. Verteilung der Arbeitsunfähigkeitstage nach Krankheitsarten in Prozent in der Branche Baugewerbe im Jahr 2007, AOK-Mitglieder

Wirtschaftsabteilung	AU-Tage in %						
	Psyche	Herz/ Kreislauf	Atem- wege	Verdau- ung	Muskel/ Skelett	Verlet- zungen	Sonstige
Bauinstallation	5,1	6,2	11,4	6,3	26,0	20,0	24,9
Hoch- und Tiefbau	4,5	7,4	8,5	5,6	29,1	21,3	23,6
Vermietung von Bauma- schinen und -geräten mit Bedienungspersonal	3,5	8,4	8,7	6,5	28,0	17,7	27,2
Vorbereitende Baustel- lenarbeiten	5,3	8,0	8,8	6,1	25,3	21,1	25,3
Sonstiges Baugewerbe	5,2	5,6	10,8	6,0	28,9	19,7	23,8
Branche insgesamt	**4,8**	**6,8**	**9,6**	**5,9**	**28,2**	**20,7**	**24,1**
Alle Branchen	**8,2**	**6,9**	**12,4**	**6,5**	**24,2**	**12,8**	**29,0**

Tabelle 20.3.15. Verteilung der Arbeitsunfähigkeitsfälle nach Krankheitsarten in Prozent in der Branche Baugewerbe im Jahr 2007, AOK-Mitglieder

Wirtschaftsabteilung	AU-Fälle in %						
	Psyche	Herz/ Kreislauf	Atem- wege	Verdau- ung	Muskel/ Skelett	Verlet- zungen	Sonstige
Bauinstallation	2,6	3,6	22,1	11,9	18,6	14,6	26,7
Hoch- und Tiefbau	2,6	4,2	18,0	11,0	22,5	16,3	25,3
Vermietung von Bauma- schinen und -geräten mit Bedienungspersonal	2,6	5,7	16,8	11,5	20,7	15,2	27,6
Vorbereitende Baustel- lenarbeiten	3,2	4,7	17,6	10,9	22,6	15,1	26,0
Sonstiges Baugewerbe	2,7	3,3	21,1	11,7	20,8	14,3	26,1
Branche insgesamt	**2,6**	**3,9**	**19,8**	**11,4**	**21,0**	**15,4**	**25,9**
Alle Branchen	**4,2**	**4,4**	**22,2**	**11,8**	**17,7**	**9,4**	**30,3**

Tabelle 20.3.16. Anteile der 40 häufigsten Einzeldiagnosen an den AU-Fällen und AU-Tagen in der Branche Baugewerbe im Jahr 2007, AOK-Mitglieder

ICD-10	Bezeichnung	AU-Fälle in %	AU-Tage in %
M54	Rückenschmerzen	8,3	7,8
J06	Akute Infektionen der oberen Atemwege	5,6	2,1
K52	Nichtinfektiöse Gastroenteritis und Kolitis	3,6	1,1
J20	Akute Bronchitis	2,9	1,3
T14	Verletzung an einer nicht näher bezeichneten Körperregion	2,6	2,2
A09	Diarrhoe und Gastroenteritis	2,6	0,7
K08	Sonstige Krankheiten der Zähne und des Zahnhalteapparates	2,2	0,4
J40	Nicht akute Bronchitis	2,1	0,9
J03	Akute Tonsillitis	1,4	0,6
I10	Essentielle Hypertonie	1,4	2,4
K29	Gastritis und Duodenitis	1,4	0,6
B34	Viruskrankheit	1,3	0,5
M51	Sonstige Bandscheibenschäden	1,2	3,0
S93	Luxation, Verstauchung und Zerrung der Gelenke und Bänder in Höhe des oberen Sprunggelenkes und des Fußes	1,2	1,2
J01	Akute Sinusitis	1,1	0,4
J02	Akute Pharyngitis	1,0	0,4
M53	Sonstige Krankheiten der Wirbelsäule und des Rückens	1,0	1,2
M23	Binnenschädigung des Kniegelenkes	1,0	1,9
M77	Sonstige Enthesopathien	1,0	1,1
M75	Schulterläsionen	1,0	1,9
R10	Bauch- und Beckenschmerzen	1,0	0,4
M25	Sonstige Gelenkkrankheiten	0,9	1,0
M99	Biomechanische Funktionsstörungen	0,9	0,6
J32	Chronische Sinusitis	0,9	0,4
S61	Offene Wunde des Handgelenkes und der Hand	0,8	0,8
R51	Kopfschmerz	0,8	0,3

20

Tabelle 20.3.16. Fortsetzung

ICD-10	Bezeichnung	AU-Fälle in %	AU-Tage in %
S83	Luxation, Verstauchung und Zerrung des Kniegelenkes und von Bändern des Kniegelenkes	0,7	1,3
J11	Grippe	0,7	0,3
S60	Oberflächliche Verletzung des Handgelenkes und der Hand	0,6	0,5
M79	Sonstige Krankheiten des Weichteilgewebes	0,6	0,5
B99	Sonstige Infektionskrankheiten	0,6	0,2
R50	Fieber unbekannter Ursache	0,6	0,3
M47	Spondylose	0,6	0,9
M17	Gonarthrose	0,6	1,4
T15	Fremdkörper im äußeren Auge	0,6	0,1
R11	Übelkeit und Erbrechen	0,5	0,2
S62	Fraktur im Bereich des Handgelenkes und der Hand	0,5	1,2
S80	Oberflächliche Verletzung des Unterschenkels	0,5	0,5
M70	Krankheiten des Weichteilgewebes im Zusammenhang mit Beanspruchung, Überbeanspruchung und Druck	0,5	0,5
M65	Synovitis und Tenosynovitis	0,5	0,6
	Summe hier	**57,3**	**43,7**
	Restliche	42,7	56,3
	Gesamtsumme	**100,0**	**100,0**

Tabelle 20.3.17. Anteile der 40 häufigsten Diagnoseuntergruppen an den AU-Fällen und AU-Tagen in der Branche Baugewerbe im Jahr 2007, AOK-Mitglieder

ICD-10	Bezeichnung	AU-Fälle in %	AU-Tage in %
M40–M54	Krankheiten der Wirbelsäule und des Rückens	11,0	13,3
J00–J06	Akute Infektionen der oberen Atemwege	10,1	3,9
M60–M79	Krankheiten der Weichteilgewebe	4,6	5,8
K50–K52	Nichtinfektiöse Enteritis und Kolitis	4,0	1,3
M00–M25	Arthropathien	3,9	7,0
J40–J47	Chronische Krankheiten der unteren Atemwege	3,4	2,0
J20–J22	Sonstige akute Infektionen der unteren Atemwege	3,3	1,5
A00–A09	Infektiöse Darmkrankheiten	3,3	1,0
T08–T14	Verletzungen Rumpf, Extremitäten u. a. Körperregionen	3,1	2,7
K00–K14	Krankheiten der Mundhöhle, Speicheldrüsen und Kiefer	2,8	0,6
S60–S69	Verletzungen des Handgelenkes und der Hand	2,8	3,6
R50–R69	Allgemeinsymptome	2,5	1,7
K20–K31	Krankheiten des Ösophagus, Magens und Duodenums	2,0	1,1
S90–S99	Verletzungen der Knöchelregion und des Fußes	2,0	2,6
S80–S89	Verletzungen des Knies und des Unterschenkels	1,8	3,6
R10–R19	Symptome bzgl. Verdauungssystem und Abdomen	1,7	0,9
I10–I15	Hypertonie	1,6	2,8
B25–B34	Sonstige Viruskrankheiten	1,5	0,6
J30–J39	Sonstige Krankheiten der oberen Atemwege	1,5	0,9
S00–S09	Verletzungen des Kopfes	1,3	1,2
J10–J18	Grippe und Pneumonie	1,1	0,7
R00–R09	Symptome bzgl. Kreislauf- und Atmungssystem	1,0	0,7
M95–M99	Sonstige Krankheiten des Muskel-Skelett-Systems und des Bindegewebes	1,0	0,8
F40–F48	Neurotische, Belastungs- und somatoforme Störungen	1,0	1,5
G40–G47	Episod. und paroxysmale Krankheiten des Nervensystems	0,8	0,7
S20–S29	Verletzungen des Thorax	0,8	1,2

20

Tabelle 20.3.17. Fortsetzung

ICD-10	Bezeichnung	AU-Fälle in %	AU-Tage in %
F10–F19	Psychische und Verhaltensstörungen durch psychotrope Substanzen	0,8	1,4
E70–E90	Stoffwechselstörungen	0,7	1,5
G50–G59	Krankheiten von Nerven, Nervenwurzeln und Nervenplexus	0,7	1,1
I80–I89	Krankheiten der Venen, Lymphgefäße und -knoten	0,7	0,8
S40–S49	Verletzungen der Schulter und des Oberarmes	0,7	1,5
L00–L08	Infektionen der Haut und der Unterhaut	0,7	0,7
B99–B99	Sonstige Infektionskrankheiten	0,6	0,3
F30–F39	Affektive Störungen	0,6	1,4
T15–T19	Folgen des Eindringens eines Fremdkörpers	0,6	0,1
S50–S59	Verletzungen des Ellenbogens und des Unterarmes	0,6	1,3
I20–I25	Ischämische Herzkrankheiten	0,6	1,5
K55–K63	Sonstige Krankheiten des Darmes	0,6	0,6
R40–R46	Symptome bzgl. Wahrnehmung, Stimmung, Verhalten	0,6	0,4
I30–I52	Sonstige Formen der Herzkrankheit	0,5	1,1
	Summe hier	**82,9**	**77,4**
	Restliche	17,1	22,6
	Gesamtsumme	**100,0**	**100,0**

20.4   Dienstleistungen

20

Tabelle 20.4.1. Entwicklung des Krankenstands der AOK-Mitglieder in der Branche Dienstleistungen in den Jahren 1994 bis 2007

Jahr	Krankenstand in %		
	West	Ost	Bund
1994	5,7	6,1	5,8
1995	5,2	6,0	5,3
1996	4,8	5,6	4,9
1997	4,6	5,3	4,7
1998	4,7	5,2	4,8
1999	4,9	5,6	5,0
2000	4,9	5,5	5,0
2001	4,9	5,4	4,9
2002	4,8	5,2	4,8
2003	4,6	4,7	4,6
2004	4,2	4,2	4,2
2005	4,1	4,0	4,1
2006	4,0	3,8	4,0
2007	4,3	4,1	4,3

Tabelle 20.4.2. Anzahl der Fälle und Dauer der Arbeitsunfähigkeit der AOK-Mitglieder in der Branche Dienstleistungen in den Jahren 1994 bis 2007

Jahr	AU-Fälle je 100 Mitglieder			Tage je Fall		
	West	Ost	Bund	West	Ost	Bund
1994	136,9	134,9	136,6	14,0	14,6	14,1
1995	144,7	149,1	145,5	13,5	14,5	13,7
1996	133,7	142,5	135,3	13,7	14,3	13,8
1997	132,0	135,1	132,5	12,8	13,9	13,0
1998	136,6	136,4	136,6	12,6	13,5	12,8
1999	146,2	155,7	147,6	12,2	13,1	12,3
2000	152,7	165,0	154,3	11,8	12,3	11,9
2001	150,0	155,2	150,7	11,8	12,7	12,0
2002	149,6	152,6	150,0	11,7	12,4	11,8
2003	146,4	142,9	145,9	11,4	11,9	11,4
2004	132,8	127,3	131,9	11,6	12,0	11,7
2005	131,7	121,6	130,1	11,3	11,9	11,4
2006	130,3	118,3	128,3	11,2	11,8	11,3
2007	142,0	128,6	139,7	11,1	11,7	11,2

20

Tabelle 20.4.3. Arbeitsunfähigkeit der AOK-Mitglieder in der Branche Dienstleistungen nach Bundesländern im Jahr 2007 im Vergleich zum Vorjahr

Bundesland	Kran- ken- stand in %	Arbeitsunfähigkeit je 100 AOK-Mitglieder				Tage je Fall	Ver- änd. z. Vorj. in %	AU- Quote in %
		AU- Fälle	Veränd. z. Vorj. in %	AU- Tage	Veränd. z. Vorj. in %			
Baden-Württemberg	4,0	137,1	10,7	1.459,0	8,0	10,6	-2,8	47,4
Bayern	3,8	121,5	10,2	1.381,3	7,6	11,4	-1,7	43,1
Berlin	5,4	147,6	5,1	1.966,0	3,1	13,3	-2,2	42,5
Brandenburg	4,7	137,1	11,6	1.710,6	9,1	12,5	-2,3	46,3
Bremen	4,9	156,1	7,7	1.793,6	2,0	11,5	-5,0	48,7
Hamburg	5,0	155,5	5,8	1.831,4	5,0	11,8	-0,8	46,7
Hessen	4,8	156,2	7,5	1.743,6	4,8	11,2	-2,6	48,4
Mecklenburg-Vorpommern	4,4	131,8	4,7	1.612,8	4,7	12,2	0,0	44,4
Niedersachsen	4,3	153,3	8,4	1.586,0	13,3	10,3	4,0	50,2
Nordrhein-Westfalen	4,5	151,1	9,1	1.646,5	6,9	10,9	-1,8	48,6
Rheinland-Pfalz	4,7	156,0	9,3	1.697,9	9,3	10,9	0,0	48,8
Saarland	4,9	138,3	8,2	1.774,3	4,2	12,8	-3,8	43,2
Sachsen	3,8	123,1	8,5	1.388,2	7,6	11,3	-0,9	47,0
Sachsen-Anhalt	4,5	133,2	11,4	1.655,7	10,0	12,4	-1,6	44,8
Schleswig-Holstein	4,7	143,4	4,6	1.728,7	5,2	12,1	0,8	48,3
Thüringen	4,4	137,0	7,7	1.595,9	4,7	11,6	-3,3	47,2
West	4,3	142,0	9,0	1.568,9	7,4	11,1	-0,9	47,0
Ost	4,1	128,6	8,7	1.504,4	7,3	11,7	-0,8	46,4
Bund	4,3	139,7	8,9	1.557,9	7,4	11,2	-0,9	46,9

Tabelle 20.4.4. Arbeitsunfähigkeit der AOK-Mitglieder in der Branche Dienstleistungen nach Wirtschaftsabteilungen im Jahr 2007

Wirtschaftsabteilung	Krankenstand in %		Arbeitsunfähigkeiten je 100 AOK-Mitglieder		Tage je Fall	AU-Quote in %
	2007	2007 stand.*	Fälle	Tage		
Abwasser- und Abfallbeseitigung und sonstige Entsorgung	6,3	5,4	162,1	2.295,4	14,2	60,2
Datenverarbeitung und Daten-banken	2,5	2,9	114,0	913,5	8,0	42,2
Erbringung von Dienstleistungen überwiegend für Unternehmen	4,3	4,5	157,0	1.576,7	10,0	44,9
Erbringung von sonstigen Dienst-leistungen	3,8	4,2	141,3	1.383,5	9,8	50,2
Forschung und Entwicklung	3,5	3,7	131,6	1.278,1	9,7	46,9
Gastgewerbe	3,4	3,6	102,0	1.235,7	12,1	37,0
Gesundheits-, Veterinär- und Sozialwesen	4,7	4,6	141,9	1.726,7	12,2	54,9
Grundstücks- und Wohnungswesen	4,1	3,8	116,9	1.484,1	12,7	45,4
Interessenvertretungen sowie kirch-liche und sonstige Vereinigungen	4,4	4,1	155,6	1.607,2	10,3	53,3
Kultur, Sport und Unterhaltung	3,7	3,7	106,1	1.342,8	12,7	35,8
Private Haushalte	2,5	2,4	68,1	925,7	13,6	30,7
Vermietung beweglicher Sachen ohne Bedienungspersonal	4,0	4,1	115,9	1.459,2	12,6	43,9
Branche insgesamt	**4,3**	**4,3**	**139,7**	**1.557,9**	**11,2**	**46,9**
Alle Branchen	**4,5**	**4,5**	**141,2**	**1.643,4**	**11,6**	**51,2**

*Krankenstand alters- und geschlechtsstandardisiert

20

Tabelle 20.4.5. Kennzahlen der Arbeitsunfähigkeit der AOK-Mitglieder nach ausgewählten Berufsgruppen in der Branche Dienstleistungen im Jahr 2007

Tätigkeit	Krankenstand in %	Arbeitsunfähigkeiten je 100 AOK-Mitglieder		Tage je Fall	AU-Quote in %	Anteil der Berufsgruppe an der Branche in %*
		Fälle	Tage			
Bürofachkräfte	3,0	126,8	1.078,3	8,5	45,8	6,2
Friseur(e/innen)	2,9	153,9	1.056,2	6,9	52,4	1,7
Glas-, Gebäudereiniger	5,2	143,3	1.905,5	13,3	47,6	1,1
Hauswirtschaftliche Betreuer	5,6	139,2	2.051,5	14,7	52,0	2,4
Heimleiter, Sozialpädagogen	3,8	130,2	1.404,5	10,8	53,9	1,4
Helfer in der Krankenpflege	6,5	155,7	2.368,5	15,2	59,8	2,8
Hoteliers, Gastwirt(e/innen)	2,9	124,6	1.073,3	8,6	44,2	1,1
Kindergärtnerinnen, Kinderpflegerinnen	3,8	162,3	1.376,5	8,5	60,3	1,6
Köche	4,3	118,8	1.572,9	13,2	42,5	7,6
Kraftfahrzeugführer	5,6	133,5	2.041,1	15,3	49,6	1,3
Krankenschwestern, -pfleger, Hebammen	4,2	125,5	1.530,8	12,2	54,2	4,8
Lager-, Transportarbeiter	5,1	188,6	1.865,4	9,9	47,5	2,4
Pförtner, Hauswarte	4,3	100,9	1.555,1	15,4	44,2	1,4
Raum-, Hausratreiniger	5,6	138,0	2.026,2	14,7	49,8	8,3
Restaurantfachleute, Steward/ Stewardessen	3,1	96,6	1.126,3	11,7	34,2	3,9
Sozialarbeiter, Sozialpfleger	5,4	151,3	1.968,6	13,0	56,8	4,7
Sprechstundenhelfer	2,2	120,8	787,2	6,5	47,2	3,4
Gästebetreuer	3,7	110,0	1.364,1	12,4	39,2	1,3
Verkäufer	3,9	122,4	1.407,3	11,5	41,8	2,1
Wächter, Aufseher	4,8	116,2	1.764,8	15,2	43,3	1,5
Branche insgesamt	**4,3**	**139,7**	**1.557,9**	**11,2**	**46,9**	**36,7****

* Anteil der AOK-Mitglieder in der Berufsgruppe an den in der Branche beschäftigten AOK-Mitgliedern insgesamt
**Anteil der AOK-Mitglieder in der Branche an allen AOK-Mitgliedern

Tabelle 20.4.6. Dauer der Arbeitsunfähigkeit der AOK-Mitglieder in der Branche Dienstleistungen im Jahr 2007

Fallklasse	Branche hier		alle Branchen	
	Anteil Fälle in %	Anteil Tage in %	Anteil Fälle in %	Anteil Tage in %
1–3 Tage	35,2	6,4	35,7	6,1
4–7 Tage	31,0	14,2	29,6	12,8
8–14 Tage	17,6	16,3	17,5	15,6
15–21 Tage	6,2	9,8	6,4	9,6
22–28 Tage	3,1	6,9	3,3	7,0
29–42 Tage	3,0	9,4	3,3	9,7
Langzeit-AU (> 42 Tage)	3,9	37,1	4,2	39,2

Tabelle 20.4.7. Tage der Arbeitsunfähigkeit je AOK-Mitglied nach Wirtschaftsabteilung und Betriebsgröße in der Branche Dienstleistungen im Jahr 2007

Wirtschaftsabteilungen	Betriebsgröße (Anzahl der AOK-Mitglieder)					
	10–49	50–99	100–199	200–499	500–999	≥ 1.000
Abwasser- und Abfallbeseitigung und sonstige Entsorgung	20,7	24,5	25,9	28,4	31,6	–
Datenverarbeitung und Datenbanken	9,9	12,6	12,5	9,6	14,4	–
Erbringung von Dienstleistungen überwiegend für Unternehmen	16,5	17,6	17,6	17,3	19,5	15,7
Erbringung von sonstigen Dienstleistungen	15,9	19,6	19,5	23,3	–	32,3
Forschung und Entwicklung	12,5	16,0	13,8	13,6	21,0	–
Gastgewerbe	13,5	16,1	18,4	19,5	14,9	21,3
Gesundheits-, Veterinär- und Sozialwesen	19,4	19,6	19,2	19,4	20,3	18,6
Grundstücks- und Wohnungswesen	17,9	20,0	19,9	19,7	17,5	–
Interessenvertretungen sowie kirchliche und sonstige Vereinigungen	16,4	18,1	20,0	17,3	19,1	16,2
Kultur, Sport und Unterhaltung	14,6	17,2	17,9	14,6	12,8	20,4
Private Haushalte	10,1	–	9,6	–	–	–
Vermietung beweglicher Sachen ohne Bedienungspersonal	15,9	17,1	19,4	14,8	–	–
Branche insgesamt	16,8	18,5	18,5	18,4	20,0	17,4
Alle Branchen	16,8	18,4	18,7	19,0	19,6	18,2

Tabelle 20.4.8. Krankenstand in Prozent nach der Stellung im Beruf in der Branche Dienstleistungen im Jahr 2007, AOK-Mitglieder

Wirtschaftsabteilung	Stellung im Beruf				
	Auszubildende	Arbeiter	Facharbeiter	Meister, Poliere	Angestellte
Abwasser- und Abfallbeseitigung und sonstige Entsorgung	3,7	7,2	5,8	4,0	3,4
Datenverarbeitung und Datenbanken	2,4	4,1	3,4	1,9	2,2
Erbringung von Dienstleistungen überwiegend für Unternehmen	3,2	4,8	4,8	3,6	2,8
Erbringung von sonstigen Dienstleistungen	3,3	4,8	3,1	3,2	3,3
Forschung und Entwicklung	3,1	6,3	4,9	3,1	2,4
Gastgewerbe	3,6	3,5	3,3	3,3	2,8
Gesundheits-, Veterinär- und Sozialwesen	3,3	7,2	5,2	3,7	4,1
Grundstücks- und Wohnungswesen	3,0	4,6	5,0	4,9	3,0
Interessenvertretungen sowie kirchliche und sonstige Vereinigungen	5,3	6,4	5,1	3,0	3,6
Kultur, Sport und Unterhaltung	2,9	4,3	4,9	3,3	2,9
Private Haushalte	2,8	2,6	2,8	2,0	2,5
Vermietung beweglicher Sachen ohne Bedienungspersonal	3,0	5,0	4,3	3,4	2,7
Branche insgesamt	3,5	4,9	4,3	3,5	3,5
Alle Branchen	3,7	5,4	4,8	3,7	3,3

20

Tabelle 20.4.9. Tage der Arbeitsunfähigkeit je AOK-Mitglied nach der Stellung im Beruf in der Branche Dienstleistungen im Jahr 2007

Wirtschaftsabteilung	Stellung im Beruf				
	Auszubil-dende	Arbeiter	Facharbeiter	Meister, Poliere	Angestellte
Abwasser- und Abfallbe-seitigung und sonstige Entsorgung	13,4	26,3	21,1	14,7	12,5
Datenverarbeitung und Datenbanken	8,9	14,9	12,6	6,9	8,2
Erbringung von Dienst-leistungen überwiegend für Unternehmen	11,6	17,4	17,4	13,2	10,4
Erbringung von sonsti-gen Dienstleistungen	12,2	17,6	11,4	11,7	12,0
Forschung und Entwicklung	11,3	22,9	18,0	11,2	8,7
Gastgewerbe	13,0	12,7	11,9	12,0	10,0
Gesundheits-, Veterinär- und Sozialwesen	11,9	26,3	18,8	13,5	15,0
Grundstücks- und Wohnungswesen	11,0	16,9	18,1	17,9	11,0
Interessenvertretungen sowie kirchliche und sonstige Vereinigungen	19,3	23,5	18,5	11,1	13,3
Kultur, Sport und Unter-haltung	10,5	15,6	17,7	12,2	10,5
Private Haushalte	10,2	9,3	10,0	7,5	9,2
Vermietung beweglicher Sachen ohne Bedie-nungspersonal	10,9	18,3	15,8	12,5	9,7
Branche insgesamt	**12,6**	**17,9**	**15,7**	**12,8**	**12,7**
Alle Branchen	**13,4**	**19,8**	**17,4**	**13,3**	**11,9**

Tabelle 20.4.10. Anteil der Arbeitsunfälle an den AU-Fällen und -Tagen in Prozent nach Wirtschaftsabteilungen in der Branche Dienstleistungen im Jahr 2007, AOK-Mitglieder

Wirtschaftsabteilung	Arbeitsunfähigkeiten	
–	AU-Fälle in %	AU-Tage in %
Abwasser- und Abfallbeseitigung und sonstige Entsorgung	6,9	8,5
Datenverarbeitung und Datenbanken	1,3	2,1
Erbringung von Dienstleistungen überwiegend für Unternehmen	4,4	5,7
Erbringung von sonstigen Dienstleistungen	2,2	3,0
Forschung und Entwicklung	2,1	3,0
Gastgewerbe	4,4	4,9
Gesundheits-, Veterinär- und Sozialwesen	2,2	2,6
Grundstücks- und Wohnungswesen	3,9	4,7
Interessenvertretungen sowie kirchliche und sonstige Vereinigungen	2,3	3,0
Kultur, Sport und Unterhaltung	4,7	6,7
Private Haushalte	2,3	2,7
Vermietung beweglicher Sachen ohne Bedienungspersonal	5,8	7,7
Branche insgesamt	**3,5**	**4,3**
Alle Branchen	**4,5**	**5,7**

Tabelle 20.4.11. Tage und Fälle der Arbeitsunfähigkeit durch Arbeitsunfälle nach Berufsgruppen in der Branche Dienstleistungen im Jahr 2007, AOK-Mitglieder

Tätigkeit	Arbeitsunfähigkeit je 1.000 AOK-Mitglieder	
	AU-Tage	AU-Fälle
Industriemechaniker/innen	2.217,4	178,2
Schweißer, Brennschneider	2.131,9	203,7
Straßenreiniger, Abfallbeseitiger	2.038,4	123,9
Kraftfahrzeugführer	1.813,1	96,1
Elektroinstallateure, -monteure	1.458,7	87,9
Lager-, Transportarbeiter	1.286,2	101,8
Glas-, Gebäudereiniger	977,6	60,9
Pförtner, Hauswarte	803,1	50,1
Köche	726,7	56,1
Wächter, Aufseher	644,4	36,3
Raum-, Hausratreiniger	624,1	38,9
Helfer in der Krankenpflege	575,6	34,1
Hauswirtschaftliche Betreuer	573,6	34,1
Restaurantfachleute, Steward/Stewardessen	475,1	35,6
Verkäufer	471,5	36,0
Sozialarbeiter, Sozialpfleger	460,9	29,9
Hoteliers, Gastwirt(e/innen)	455,0	42,7
Krankenschwestern, -pfleger, Hebammen	341,3	24,3
Bürofachkräfte	210,7	15,4
Sprechstundenhelfer	120,0	13,3

Tabelle 20.4.12. Tage der Arbeitsunfähigkeit je 100 AOK-Mitglieder nach Krankheitsarten in der Branche Dienstleistungen in den Jahren 1995 bis 2007

Jahr	AU-Tage je 100 Mitglieder					
	Psyche	Herz/Kreis-lauf	Atemwege	Verdauung	Muskel/ Skelett	Verlet-zungen
1995	131,2	189,5	388,0	196,9	577,8	304,6
1996	126,7	166,6	350,8	173,5	529,5	285,6
1997	120,9	153,0	309,8	159,5	467,4	267,9
1998	129,5	150,0	307,2	155,3	480,0	260,5
1999	137,2	147,1	343,9	159,4	504,9	260,8
2000	163,5	131,5	321,8	142,8	543,2	249,3
2001	174,7	135,5	303,0	143,3	554,2	246,0
2002	180,1	131,4	289,1	143,9	542,4	239,2
2003	175,1	125,2	289,3	134,6	491,7	226,0
2004	187,1	130,4	247,0	133,3	463,9	216,7
2005	179,3	123,3	275,1	121,8	429,9	208,9
2006	181,7	122,7	234,5	125,9	435,3	217,8
2007	201,1	126,2	264,4	135,8	461,1	220,2

20

Tabelle 20.4.13. Fälle der Arbeitsunfähigkeit je 100 AOK-Mitglieder nach Krankheitsarten in der Branche Dienstleistungen in den Jahren 1995 bis 2007

Jahr	AU-Fälle je 100 Mitglieder					
	Psyche	Herz/Kreis- lauf	Atemwege	Verdauung	Muskel/ Skelett	Verlet- zungen
1995	5,4	9,8	47,1	23,3	30,4	18,9
1996	5,1	8,6	43,5	22,0	27,9	17,7
1997	5,4	8,7	41,8	21,6	27,1	17,3
1998	5,8	8,9	43,3	22,0	28,7	17,4
1999	6,3	9,2	48,9	24,1	31,3	18,0
2000	7,7	8,3	45,8	20,4	33,4	17,2
2001	8,6	9,0	44,8	20,9	34,5	17,2
2002	8,9	9,0	43,5	21,9	34,1	16,7
2003	8,8	8,9	44,7	20,9	31,5	15,8
2004	8,8	7,9	37,4	20,0	29,2	14,6
2005	8,2	7,4	41,7	18,2	27,2	13,9
2006	8,4	7,6	36,5	19,6	28,0	14,7
2007	9,1	7,6	41,3	21,6	29,5	14,9

Tabelle 20.4.14. Verteilung der Arbeitsunfähigkeitstage nach Krankheitsarten in Prozent in der Branche Dienstleistungen im Jahr 2007, AOK-Mitglieder

Wirtschaftsabteilung	AU-Tage in %						
	Psyche	Herz/ Kreislauf	Atem- wege	Verdau- ung	Muskel/ Skelett	Verlet- zungen	Sonstige
Abwasser- und Abfallbe- seitigung und sonstige Entsorgung	6,0	8,6	11,0	6,1	27,9	14,2	26,2
Datenverarbeitung und Datenbanken	10,6	5,2	19,2	8,3	15,8	9,5	31,5
Erbringung von Dienst- leistungen überwiegend für Unternehmen	8,2	6,0	13,8	7,1	23,3	12,6	28,9
Erbringung von sonsti- gen Dienstleistungen	9,7	6,1	13,8	7,1	21,6	10,0	31,7
Forschung und Entwicklung	8,4	6,1	16,0	6,7	21,5	10,3	31,0
Gastgewerbe	9,3	6,3	11,6	7,1	21,9	12,2	31,6
Gesundheits-, Veterinär- und Sozialwesen	12,0	6,1	12,5	6,2	22,9	8,6	31,8
Grundstücks- und Wohnungswesen	8,5	8,1	11,7	6,6	23,5	11,4	30,3
Interessenvertretungen sowie kirchliche und sonstige Vereinigungen	10,7	6,1	15,1	6,8	20,4	9,5	31,3
Kultur, Sport und Unter- haltung	10,2	6,8	12,6	6,1	21,1	13,5	29,8
Private Haushalte	9,8	7,6	9,6	5,7	19,9	10,0	37,3
Vermietung beweglicher Sachen ohne Bedie- nungspersonal	7,1	7,7	10,9	6,5	23,4	15,4	29,1
Branche insgesamt	9,9	6,2	13,0	6,7	22,7	10,9	30,5
Alle Branchen	8,2	6,9	12,4	6,5	24,2	12,8	29,0

20

Tabelle 20.4.15. Verteilung der Arbeitsunfähigkeitsfälle nach Krankheitsarten in Prozent in der Branche Dienstleistungen im Jahr 2007, AOK-Mitglieder

Wirtschaftsabteilung	AU-Fälle in %						
	Psyche	Herz/ Kreislauf	Atem- wege	Verdau- ung	Muskel/ Skelett	Verlet- zungen	Sonstige
Abwasser- und Abfallbe- seitigung und sonstige Entsorgung	3,6	5,4	18,9	11,4	22,6	11,3	27,0
Datenverarbeitung und Datenbanken	4,3	3,4	29,7	13,1	11,1	5,9	32,5
Erbringung von Dienst- leistungen überwiegend für Unternehmen	4,4	3,9	22,2	12,1	17,7	9,4	30,2
Erbringung von sonsti- gen Dienstleistungen	4,7	4,0	23,3	12,6	14,2	7,0	34,2
Forschung und Entwicklung	4,3	4,2	25,9	11,5	15,3	6,8	31,9
Gastgewerbe	5,1	4,3	20,4	11,7	15,9	9,6	32,9
Gesundheits-, Veterinär- und Sozialwesen	5,7	4,2	23,4	11,6	15,0	6,5	33,6
Grundstücks- und Wohnungswesen	4,7	5,4	20,9	11,8	17,5	8,5	31,3
Interessenvertretungen sowie kirchliche und sonstige Vereinigungen	4,9	4,2	25,7	12,1	13,9	6,8	32,4
Kultur, Sport und Unter- haltung	5,6	4,7	22,6	10,7	15,6	9,5	31,2
Private Haushalte	5,8	5,9	19,5	10,0	15,6	7,4	35,9
Vermietung beweglicher Sachen ohne Bedie- nungspersonal	4,2	4,9	20,4	11,7	18,2	10,8	29,9
Branche insgesamt	5,0	4,2	22,7	11,9	16,2	8,2	31,9
Alle Branchen	4,2	4,4	22,2	11,8	17,7	9,4	30,3

Tabelle 20.4.16. Anteile der 40 häufigsten Einzeldiagnosen an den AU-Fällen und AU-Tagen in der Branche Dienstleistungen im Jahr 2007, AOK-Mitglieder

ICD-10	Bezeichnung	AU-Fälle in %	AU-Tage in %
M54	Rückenschmerzen	6,6	6,9
J06	Akute Infektionen der oberen Atemwege	6,5	3,1
K52	Nichtinfektiöse Gastroenteritis und Kolitis	4,0	1,6
J20	Akute Bronchitis	3,1	1,8
A09	Diarrhoe und Gastroenteritis	2,8	1,1
J40	Nicht akute Bronchitis	2,4	1,3
K08	Sonstige Krankheiten der Zähne und des Zahnhalteapparates	1,8	0,4
K29	Gastritis und Duodenitis	1,7	0,9
R10	Bauch- und Beckenschmerzen	1,6	0,9
J03	Akute Tonsillitis	1,5	0,7
B34	Viruskrankheit	1,5	0,7
I10	Essentielle Hypertonie	1,4	2,2
J01	Akute Sinusitis	1,3	0,7
T14	Verletzung an einer nicht näher bezeichneten Körperregion	1,2	1,1
F32	Depressive Episode	1,2	2,9
J02	Akute Pharyngitis	1,2	0,6
J32	Chronische Sinusitis	1,1	0,6
M53	Sonstige Krankheiten der Wirbelsäule und des Rückens	1,0	1,3
R51	Kopfschmerz	1,0	0,5
F43	Reaktionen auf schwere Belastungen und Anpassungsstörungen	0,9	1,6
M51	Sonstige Bandscheibenschäden	0,8	2,0
R11	Übelkeit und Erbrechen	0,7	0,4
J11	Grippe	0,7	0,4
M77	Sonstige Enthesopathien	0,7	0,9
M99	Biomechanische Funktionsstörungen	0,7	0,6
J04	Akute Laryngitis und Tracheitis	0,7	0,4

20

Tabelle 20.4.16. Fortsetzung

ICD-10	Bezeichnung	AU-Fälle in %	AU-Tage in %
G43	Migräne	0,7	0,3
M75	Schulterläsionen	0,7	1,3
M25	Sonstige Gelenkkrankheiten	0,7	0,8
F45	Somatoforme Störungen	0,6	1,0
B99	Sonstige Infektionskrankheiten	0,6	0,3
N39	Sonstige Krankheiten des Harnsystems	0,6	0,5
S93	Luxation, Verstauchung und Zerrung der Gelenke und Bänder in Höhe des oberen Sprunggelenkes und des Fußes	0,6	0,7
R50	Fieber unbekannter Ursache	0,6	0,3
M79	Sonstige Krankheiten des Weichteilgewebes	0,6	0,6
R42	Schwindel und Taumel	0,6	0,4
F48	Andere neurotische Störungen	0,6	0,8
M23	Binnenschädigung des Kniegelenkes	0,6	1,2
J00	Akute Rhinopharyngitis	0,5	0,2
M65	Synovitis und Tenosynovitis	0,5	0,7
	Summe hier	**56,6**	**44,7**
	Restliche	43,4	55,3
	Gesamtsumme	**100,0**	**100,0**

Tabelle 20.4.17. Anteile der 40 häufigsten Diagnoseuntergruppen an den AU-Fällen und AU-Tagen in der Branche Dienstleistungen im Jahr 2007, AOK-Mitglieder

ICD-10	Bezeichnung	AU-Fälle in %	AU-Tage in %
J00–J06	Akute Infektionen der oberen Atemwege	11,6	5,6
M40–M54	Krankheiten der Wirbelsäule und des Rückens	8,9	11,1
K50–K52	Nichtinfektiöse Enteritis und Kolitis	4,4	1,8
J40–J47	Chronische Krankheiten der unteren Atemwege	3,7	2,6
A00–A09	Infektiöse Darmkrankheiten	3,6	1,4
J20–J22	Sonstige akute Infektionen der unteren Atemwege	3,5	2,0
M60–M79	Krankheiten der Weichteilgewebe	3,4	4,6
R50–R69	Allgemeinsymptome	3,0	2,3
M00–M25	Arthropathien	2,6	5,2
R10–R19	Symptome bzgl. Verdauungssystem und Abdomen	2,5	1,5
F40–F48	Neurotische, Belastungs- und somatoforme Störungen	2,4	4,1
K20–K31	Krankheiten des Ösophagus, Magens und Duodenums	2,4	1,4
K00–K14	Krankheiten der Mundhöhle, Speicheldrüsen und Kiefer	2,3	0,7
J30–J39	Sonstige Krankheiten der oberen Atemwege	1,8	1,2
B25–B34	Sonstige Viruskrankheiten	1,7	0,8
F30–F39	Affektive Störungen	1,6	4,0
I10–I15	Hypertonie	1,5	2,5
T08–T14	Verletzungen Rumpf, Extremitäten u. a. Körperregionen	1,5	1,4
G40–G47	Episod. und paroxysmale Krankheiten des Nervensystems	1,4	1,0
S60–S69	Verletzungen des Handgelenkes und der Hand	1,2	1,5
J10–J18	Grippe und Pneumonie	1,1	0,8
S90–S99	Verletzungen der Knöchelregion und des Fußes	1,1	1,4
R00–R09	Symptome bzgl. Kreislauf- und Atmungssystem	1,0	0,7
N30–N39	Sonstige Krankheiten des Harnsystems	1,0	0,7
N80–N98	Krankheiten des weiblichen Genitaltraktes	0,9	0,9
S80–S89	Verletzungen des Knies und des Unterschenkels	0,9	1,7

20

Tabelle 20.4.17. Fortsetzung

ICD-10	Bezeichnung	AU-Fälle in %	AU-Tage in %
M95–M99	Sonstige Krankheiten des Muskel-Skelett-Systems und des Bindegewebes	0,8	0,7
I80–I89	Krankheiten der Venen, Lymphgefäße und -knoten	0,8	1,0
Z20–Z29	Potenzielle Gesundheitsrisken bzgl. übertragbarer Krankheiten	0,8	0,4
R40–R46	Symptome bzgl. Wahrnehmung, Stimmung, Verhalten	0,8	0,6
I95–I99	Sonstige Krankheiten des Kreislaufsystems	0,7	0,4
G50–G59	Krankheiten von Nerven, Nervenwurzeln und Nervenplexus	0,7	1,2
B99–B99	Sonstige Infektionskrankheiten	0,7	0,4
E70–E90	Stoffwechselstörungen	0,7	1,1
S00–S09	Verletzungen des Kopfes	0,6	0,6
F10–F19	Psychische und Verhaltensstörungen durch psychotrope Substanzen	0,6	1,1
K55–K63	Sonstige Krankheiten des Darmes	0,6	0,6
O60–O75	Komplikationen bei Wehentätigkeit und Entbindung	0,6	0,3
J95–J99	Sonstige Krankheiten des Atmungssystems	0,6	0,4
O20–O29	Sonstige mit Schwangerschaft verbundene Krankheiten	0,6	0,6
	Summe hier	**80,6**	**72,3**
	Restliche	19,4	27,7
	Gesamtsumme	**100,0**	**100,0**

20.5   Energie, Wasser und Bergbau

20

Tabelle 20.5.1. Entwicklung des Krankenstands der AOK-Mitglieder in der Branche Energie, Wasser und Bergbau in den Jahren 1994 bis 2007

Jahr	Krankenstand in %		
	West	Ost	Bund
1994	6,4	5,2	6,0
1995	6,2	5,0	5,8
1996	5,7	4,1	5,3
1997	5,5	4,2	5,2
1998	5,7	4,0	5,3
1999	5,9	4,4	5,6
2000	5,8	4,4	5,5
2001	5,7	4,4	5,4
2002	5,5	4,5	5,3
2003	5,2	4,1	5,0
2004	4,9	3,7	4,6
2005	4,8	3,7	4,6
2006	4,4	3,6	4,3
2007	4,8	3,7	4,6

Tabelle 20.5.2. Anzahl der Fälle und Dauer der Arbeitsunfähigkeit der AOK-Mitglieder in der Branche Energie, Wasser und Bergbau in den Jahren 1994 bis 2007

Jahr	AU-Fälle je 100 Mitglieder			Tage je Fall		
	West	Ost	Bund	West	Ost	Bund
1994	143,8	117,4	136,7	16,1	14,0	15,6
1995	149,0	126,4	143,3	15,6	13,9	15,2
1996	139,1	112,4	132,3	15,7	13,8	15,3
1997	135,8	107,1	129,1	14,8	13,8	14,6
1998	140,4	108,1	133,4	14,8	13,6	14,6
1999	149,7	118,8	143,4	14,4	13,5	14,2
2000	148,8	122,3	143,7	14,3	13,1	14,1
2001	145,0	120,3	140,4	14,3	13,5	14,2
2002	144,9	122,0	140,7	13,9	13,4	13,8
2003	144,2	121,6	139,9	13,2	12,4	13,0
2004	135,2	114,8	131,1	13,1	11,9	12,9
2005	139,1	115,5	134,3	12,7	11,7	12,5
2006	127,1	112,8	124,2	12,7	11,7	12,5
2007	138,7	117,0	134,3	12,7	11,6	12,5

20

Tabelle 20.5.3. Arbeitsunfähigkeit der AOK-Mitglieder in der Branche Energie, Wasser und Bergbau nach Bundesländern im Jahr 2007 im Vergleich zum Vorjahr

Bundesland	Kranken-stand in %	Arbeitsunfähigkeit je 100 AOK-Mitglieder				Tage je Fall	Veränd. z. Vorj. in %	AU-Quote in %
		AU-Fälle	Veränd. z. Vorj. in %	AU-Tage	Veränd. z. Vorj. in %			
Baden-Württemberg	4,4	135,5	9,4	1.620,1	6,8	12,0	-1,6	58,1
Bayern	4,5	122,1	10,1	1.630,8	8,2	13,4	-1,5	53,5
Berlin	4,9	108,2	43,1	1.795,7	63,5	16,6	14,5	48,9
Brandenburg	4,1	115,4	10,9	1.484,4	21,7	12,9	10,3	49,2
Bremen	5,2	158,0	11,5	1.882,6	9,7	11,9	-1,7	62,3
Hamburg	3,5	217,7	42,8	1.290,6	80,4	5,9	25,5	55,3
Hessen	5,8	151,7	5,6	2.100,8	9,0	13,9	3,7	59,8
Mecklenburg-Vorpommern	4,4	122,7	0,7	1.590,6	10,0	13,0	9,2	53,3
Niedersachsen	4,3	133,3	12,3	1.559,4	18,0	11,7	5,4	54,2
Nordrhein-Westfalen	5,4	156,0	8,1	1.965,6	9,0	12,6	0,8	62,3
Rheinland-Pfalz	5,1	144,5	8,4	1.853,0	9,2	12,8	0,8	57,1
Saarland	7,0	157,4	10,1	2.555,8	9,9	16,2	-0,6	56,3
Sachsen	3,5	115,6	3,3	1.261,2	0,9	10,9	-2,7	53,7
Sachsen-Anhalt	3,8	109,2	4,4	1.369,6	-5,6	12,5	-10,1	50,1
Schleswig-Holstein	4,9	142,2	9,6	1.794,4	1,4	12,6	-7,4	57,9
Thüringen	4,1	127,8	1,6	1.501,4	4,3	11,7	2,6	54,4
West	4,8	138,7	9,1	1.765,2	9,0	12,7	0,0	57,4
Ost	3,7	117,0	3,7	1.358,1	3,3	11,6	-0,9	52,8
Bund	4,6	134,3	8,1	1.681,7	8,0	12,5	0,0	56,5

Tabelle 20.5.4. Arbeitsunfähigkeit der AOK-Mitglieder in der Branche Energie, Wasser und Bergbau nach Wirtschaftsabteilungen im Jahr 2007

Wirtschaftsabteilung	Krankenstand in %		Arbeitsunfähigkeiten je 100 AOK-Mitglieder		Tage je Fall	AU-Quote in %
	2007	2007 stand.*	Fälle	Tage		
Energieversorgung	4,5	4,1	140,9	1.635,0	11,6	57,7
Erzbergbau	6,9	4,6	153,1	2.526,6	16,5	68,7
Gewinnung von Erdöl und Erdgas, Erbringung damit verbundener Dienstleistungen	3,9	2,9	114,7	1.407,5	12,3	47,8
Gewinnung von Steinen und Erden, sonstiger Bergbau	4,8	3,9	117,2	1.742,2	14,9	52,8
Kohlenbergbau, Torfgewinnung	4,5	3,7	119,9	1.638,3	13,7	47,7
Wasserversorgung	4,9	4,3	140,8	1.798,3	12,8	60,3
Branche insgesamt	**4,6**	**4,1**	**134,3**	**1.681,7**	**12,5**	**56,5**
Alle Branchen	**4,5**	**4,5**	**141,2**	**1.643,4**	**11,6**	**51,2**

*Krankenstand alters- und geschlechtsstandardisiert

Tabelle 20.5.5. Kennzahlen der Arbeitsunfähigkeit der AOK-Mitglieder nach ausgewählten Berufsgruppen in der Branche Energie, Wasser und Bergbau im Jahr 2007

Tätigkeit	Kranken-stand in %	Arbeitsunfähigkeiten je 100 AOK-Mitglieder		Tage je Fall	AU-Quote in %	Anteil der Be-rufsgruppe an der Branche in %*
		Fälle	Tage			
Betriebsschlosser, Repara-turschlosser	5,1	146,3	1.867,4	12,8	62,0	3,8
Bürofachkräfte	2,9	126,7	1.061,5	8,4	52,0	10,8
Elektroinstallateure, -monteure	4,2	133,3	1.545,4	11,6	58,2	13,1
Energiemaschinisten	4,1	115,4	1.502,7	13,0	55,7	2,4
Erdbewegungsmaschinen-führer	4,8	106,5	1.761,3	16,5	51,8	2,0
Erden-, Kies-, Sandgewinner	5,5	124,2	1.989,3	16,0	56,8	1,5
Kraftfahrzeugführer	5,3	125,7	1.940,6	15,4	53,9	7,7
Kraftfahrzeuginstandsetzer	5,3	149,8	1.919,3	12,8	61,2	1,2
Lager-, Transportarbeiter	5,8	152,5	2.098,8	13,8	61,9	1,1
Maschinenschlosser	4,8	132,5	1.765,8	13,3	59,6	1,4
Maschinenwärter, Maschinistenhelfer	4,1	116,7	1.508,9	12,9	57,3	1,9
Raum-, Hausratreiniger	6,8	157,2	2.465,3	15,7	61,2	2,2
Rohrinstallateure	5,2	155,0	1.890,2	12,2	65,2	3,9
Rohrnetzbauer, Rohrschlosser	5,0	150,4	1.820,0	12,1	63,5	5,4
Sonstige Maschinisten	4,5	121,7	1.625,8	13,4	53,7	1,0
Sonstige Techniker	3,0	101,5	1.108,4	10,9	49,6	1,4
Steinbearbeiter	5,3	139,4	1.925,8	13,8	57,4	2,3
Steinbrecher	6,0	135,0	2.185,3	16,2	57,0	1,5
Straßenreiniger, Abfallbeseitiger	6,1	164,6	2.233,1	13,6	66,2	1,7
Branche insgesamt	**4,6**	**134,3**	**1.681,7**	**12,5**	**56,5**	**0,8****

* Anteil der AOK-Mitglieder in der Berufsgruppe an den in der Branche beschäftigten AOK-Mitgliedern insgesamt
**Anteil der AOK-Mitglieder in der Branche an allen AOK-Mitgliedern

Tabelle 20.5.6. Dauer der Arbeitsunfähigkeit der AOK-Mitglieder in der Branche Energie, Wasser und Bergbau im Jahr 2007

Fallklasse	Branche hier		alle Branchen	
	Anteil Fälle in %	Anteil Tage in %	Anteil Fälle in %	Anteil Tage in %
1–3 Tage	34,9	5,5	35,7	6,1
4–7 Tage	27,3	10,8	29,6	12,8
8–14 Tage	18,2	15,1	17,5	15,6
15–21 Tage	7,0	9,7	6,4	9,6
22–28 Tage	3,9	7,6	3,3	7,0
29–42 Tage	3,9	10,8	3,3	9,7
Langzeit-AU (> 42 Tage)	4,7	40,4	4,2	39,2

Tabelle 20.5.7. Tage der Arbeitsunfähigkeit je AOK-Mitglied nach Wirtschaftsabteilung und Betriebsgröße in der Branche Energie, Wasser und Bergbau im Jahr 2007

Wirtschaftsabteilungen	Betriebsgröße (Anzahl der AOK-Mitglieder)					
	10–49	50–99	100–199	200–499	500–999	≥ 1.000
Energieversorgung	15,7	16,4	17,6	18,4	16,1	20,5
Erzbergbau	16,0	–	28,0	–	–	–
Gewinnung von Erdöl und Erdgas, Erbringung damit verbundener Dienstleistungen	16,4	12,4	15,4	–	–	–
Gewinnung von Steinen und Erden, sonstiger Bergbau	17,5	17,4	18,9	18,6	–	–
Kohlenbergbau, Torfgewinnung	15,9	20,6	–	–	–	–
Wasserversorgung	18,1	20,9	16,3	19,9	–	–
Branche insgesamt	16,7	17,2	17,6	18,6	16,1	20,5
Alle Branchen	16,8	18,4	18,7	19,0	19,6	18,2

20

Tabelle 20.5.8. Krankenstand in Prozent nach der Stellung im Beruf in der Branche Energie, Wasser und Bergbau im Jahr 2007, AOK-Mitglieder

Wirtschaftsabteilung	Stellung im Beruf				
	Auszubil-dende	Arbeiter	Facharbeiter	Meister, Poliere	Angestellte
Energieversorgung	2,8	6,5	5,0	2,5	3,2
Erzbergbau	15,6	4,0	7,6	0,6	4,4
Gewinnung von Erdöl und Erdgas, Erbringung damit verbundener Dienstleistungen	1,7	6,0	4,2	7,2	1,7
Gewinnung von Steinen und Erden, sonstiger Bergbau	3,4	5,3	4,9	5,4	2,4
Kohlenbergbau, Torfgewinnung	2,8	4,9	4,5	0,2	2,0
Wasserversorgung	3,3	7,2	5,4	2,8	2,7
Branche insgesamt	2,9	5,9	5,1	3,0	3,0
Alle Branchen	3,7	5,4	4,8	3,7	3,3

Tabelle 20.5.9. Tage der Arbeitsunfähigkeit je AOK-Mitglied nach der Stellung im Beruf in der Branche Energie, Wasser und Bergbau im Jahr 2007

Wirtschaftsabteilung	Stellung im Beruf				
	Auszubil-dende	Arbeiter	Facharbeiter	Meister, Poliere	Angestellte
Energieversorgung	10,3	23,9	18,4	9,3	11,6
Erzbergbau	56,9	14,6	27,8	2,1	16,2
Gewinnung von Erdöl und Erdgas, Erbringung damit verbundener Dienstleistungen	6,2	21,9	15,2	26,2	6,1
Gewinnung von Steinen und Erden, sonstiger Bergbau	12,3	19,2	17,9	19,9	8,9
Kohlenbergbau, Torfgewinnung	10,2	18,0	16,5	0,9	7,4
Wasserversorgung	12,2	26,2	19,9	10,2	9,9
Branche insgesamt	10,7	21,4	18,5	10,8	11,0
Alle Branchen	13,4	19,8	17,4	13,3	11,9

Tabelle 20.5.10. Anteil der Arbeitsunfälle an den AU-Fällen und -Tagen in Prozent nach Wirtschaftsabteilungen in der Branche Energie, Wasser und Bergbau im Jahr 2007, AOK-Mitglieder

Wirtschaftsabteilung	Arbeitsunfähigkeiten	
	AU-Fälle in %	AU-Tage in %
Energieversorgung	3,8	4,9
Erzbergbau	5,6	5,0
Gewinnung von Erdöl und Erdgas, Erbringung damit verbundener Dienstleistungen	2,5	4,4
Gewinnung von Steinen und Erden, sonstiger Bergbau	8,1	9,8
Kohlenbergbau, Torfgewinnung	8,1	8,7
Wasserversorgung	4,1	4,8
Branche insgesamt	**4,8**	**6,2**
Alle Branchen	**4,5**	**5,7**

Tabelle 20.5.11. Tage und Fälle der Arbeitsunfähigkeit durch Arbeitsunfälle nach Berufsgruppen in der Branche Energie, Wasser und Bergbau im Jahr 2007, AOK-Mitglieder

Tätigkeit	Arbeitsunfähigkeit je 1.000 AOK-Mitglieder	
	AU-Tage	AU-Fälle
Baumaschinenführer	3.099,6	122,1
Steinbrecher	3.007,1	136,8
Formstein-, Betonhersteller	2.492,1	184,1
Erden-, Kies-, Sandgewinner	2.314,0	122,1
Straßenreiniger, Abfallbeseitiger	1.991,1	107,3
Lager-, Transportarbeiter	1.894,1	86,8
Steinbearbeiter	1.731,7	113,9
Erdbewegungsmaschinenführer	1.685,0	79,7
Kraftfahrzeuginstandsetzer	1.647,2	101,5
Betriebsschlosser, Reparaturschlosser	1.434,8	92,0
Kraftfahrzeugführer	1.186,8	64,0
Rohrinstallateure	1.103,7	80,6
Rohrnetzbauer, Rohrschlosser	1.090,4	74,1
Industriemechaniker/innen	1.076,8	87,7
Maschinenwärter, Maschinistenhelfer	949,4	55,9
Maschinenschlosser	833,0	54,3
Elektroinstallateure, -monteure	783,7	55,3
Energiemaschinisten	722,5	32,6
Raum-, Hausratreiniger	562,1	42,3
Bürofachkräfte	184,3	19,8

Tabelle 20.5.12. Tage der Arbeitsunfähigkeit je 100 AOK-Mitglieder nach Krankheitsarten in der Branche Energie, Wasser und Bergbau in den Jahren 1995 bis 2007

Jahr	AU-Tage je 100 Mitglieder					
	Psyche	Herz/Kreis-lauf	Atemwege	Verdauung	Muskel/Skelett	Verlet-zungen
1995	97,5	225,6	388,0	190,5	713,0	381,6
1996	95,0	208,2	345,8	168,6	664,2	339,2
1997	96,1	202,5	312,8	159,4	591,7	326,9
1998	100,6	199,5	314,8	156,4	637,4	315,3
1999	109,0	191,8	358,0	159,4	639,7	333,0
2000	117,1	185,3	305,5	140,8	681,8	354,0
2001	128,8	179,0	275,2	145,3	693,3	354,0
2002	123,5	176,2	262,8	144,0	678,0	343,6
2003	125,3	167,0	276,9	134,4	606,6	320,6
2004	136,6	179,8	241,9	143,2	583,5	301,5
2005	134,4	177,8	289,5	134,6	547,0	299,8
2006	131,5	180,1	232,2	131,8	540,1	294,5
2007	142,8	187,1	255,4	141,0	556,8	293,1

20

Tabelle 20.5.13. Fälle der Arbeitsunfähigkeit je 100 AOK-Mitglieder nach Krankheitsarten in der Branche Energie, Wasser und Bergbau in den Jahren 1995 bis 2007

Jahr	AU-Fälle je 100 Mitglieder					
	Psyche	Herz/Kreis-lauf	Atemwege	Verdauung	Muskel/ Skelett	Verlet-zungen
1995	3,5	9,4	45,0	22,7	35,2	22,1
1996	3,4	8,5	40,8	21,0	32,2	19,3
1997	3,6	8,6	39,5	20,8	31,8	19,4
1998	3,9	8,9	40,6	20,8	34,3	19,4
1999	4,2	9,1	46,6	22,2	35,5	19,9
2000	4,7	8,4	40,2	18,6	37,5	20,5
2001	5,1	9,1	37,6	19,2	38,0	20,4
2002	5,5	9,2	36,7	20,2	38,3	19,6
2003	5,8	9,5	39,4	20,1	35,5	19,0
2004	5,7	8,9	33,9	20,2	34,5	17,7
2005	5,5	8,9	40,4	18,7	33,2	17,5
2006	5,6	8,9	33,7	19,3	32,9	17,7
2007	6,1	9,2	36,4	20,7	33,5	16,9

Tabelle 20.5.14. Verteilung der Arbeitsunfähigkeitstage nach Krankheitsarten in Prozent in der Branche Energie, Wasser und Bergbau im Jahr 2007, AOK-Mitglieder

Wirtschaftsabteilung	AU-Tage in %						
	Psyche	Herz/ Kreislauf	Atem- wege	Verdau- ung	Muskel/ Skelett	Verlet- zungen	Sonstige
Energieversorgung	7,2	8,0	13,0	6,8	24,1	12,2	28,6
Erzbergbau	7,9	7,2	11,6	4,6	22,7	12,7	33,3
Gewinnung von Erdöl und Erdgas, Erbringung damit verbundener Dienstleistungen	2,9	4,1	10,8	6,0	30,5	16,6	29,1
Gewinnung von Steinen und Erden, sonstiger Bergbau	5,2	9,9	8,6	5,8	26,5	16,2	27,7
Kohlenbergbau, Torfge- winnung	6,5	7,5	7,6	7,7	23,3	13,6	33,8
Wasserversorgung	6,1	8,5	12,1	5,9	28,3	12,5	26,6
Branche insgesamt	**6,5**	**8,5**	**11,6**	**6,4**	**25,4**	**13,4**	**28,2**
Alle Branchen	**8,2**	**6,9**	**12,4**	**6,5**	**24,2**	**12,8**	**29,0**

20

Tabelle 20.5.15. Verteilung der Arbeitsunfähigkeitsfälle nach Krankheitsarten in Prozent in der Branche Energie, Wasser und Bergbau im Jahr 2007, AOK-Mitglieder

Wirtschaftsabteilung	AU-Fälle in %						
	Psyche	Herz/ Kreislauf	Atem- wege	Verdau- ung	Muskel/ Skelett	Verlet- zungen	Sonstige
Energieversorgung	3,7	5,1	22,6	12,2	18,2	9,0	29,3
Erzbergbau	4,2	3,6	18,7	12,3	19,7	8,5	33,0
Gewinnung von Erdöl und Erdgas, Erbringung damit verbundener Dienstleistungen	3,0	3,6	20,0	12,5	23,0	10,7	27,1
Gewinnung von Steinen und Erden, sonstiger Bergbau	2,9	6,2	17,1	11,3	21,8	12,3	28,4
Kohlenbergbau, Torfge- winnung	2,1	4,4	19,5	9,6	23,0	12,0	29,6
Wasserversorgung	3,8	5,4	21,1	12,2	20,4	9,2	27,8
Branche insgesamt	3,5	5,3	21,1	12,0	19,4	9,8	28,9
Alle Branchen	4,2	4,4	22,2	11,8	17,7	9,4	30,3

Tabelle 20.5.16. Anteile der 40 häufigsten Einzeldiagnosen an den AU-Fällen und AU-Tagen in der Branche Energie, Wasser und Bergbau im Jahr 2007, AOK-Mitglieder

ICD-10	Bezeichnung	AU-Fälle in %	AU-Tage in %
M54	Rückenschmerzen	7,3	6,7
J06	Akute Infektionen der oberen Atemwege	5,9	2,6
J20	Akute Bronchitis	3,1	1,6
K52	Nichtinfektiöse Gastroenteritis und Kolitis	3,0	1,1
K08	Sonstige Krankheiten der Zähne und des Zahnhalteapparates	2,6	0,5
J40	Nicht akute Bronchitis	2,3	1,2
A09	Diarrhoe und Gastroenteritis	2,2	0,7
I10	Essentielle Hypertonie	2,2	3,2
T14	Verletzung an einer nicht näher bezeichneten Körperregion	1,5	1,4
B34	Viruskrankheit	1,4	0,6
K29	Gastritis und Duodenitis	1,3	0,7
M51	Sonstige Bandscheibenschäden	1,2	2,6
J01	Akute Sinusitis	1,2	0,6
J03	Akute Tonsillitis	1,2	0,5
M53	Sonstige Krankheiten der Wirbelsäule und des Rückens	1,1	1,3
J02	Akute Pharyngitis	1,1	0,5
J32	Chronische Sinusitis	1,0	0,6
M75	Schulterläsionen	1,0	1,8
R10	Bauch- und Beckenschmerzen	1,0	0,5
M77	Sonstige Enthesopathien	0,9	1,0
M23	Binnenschädigung des Kniegelenkes	0,8	1,5
F32	Depressive Episode	0,8	1,7
M99	Biomechanische Funktionsstörungen	0,8	0,5
M25	Sonstige Gelenkkrankheiten	0,7	0,8
S93	Luxation, Verstauchung und Zerrung der Gelenke und Bänder in Höhe des oberen Sprunggelenkes und des Fußes	0,7	0,8
J11	Grippe	0,7	0,3

20

Tabelle 20.5.16. Fortsetzung

ICD-10	Bezeichnung	AU-Fälle in %	AU-Tage in %
R51	Kopfschmerz	0,7	0,3
M17	Gonarthrose	0,7	1,5
M47	Spondylose	0,6	0,8
I25	Chronische ischämische Herzkrankheit	0,6	1,3
E66	Adipositas	0,6	1,2
J04	Akute Laryngitis und Tracheitis	0,6	0,3
F43	Reaktionen auf schwere Belastungen und Anpassungsstörungen	0,6	0,8
E78	Störungen des Lipoproteinstoffwechsels und sonstige Lipid-ämien	0,6	1,0
M79	Sonstige Krankheiten des Weichteilgewebes	0,6	0,5
R50	Fieber unbekannter Ursache	0,6	0,3
B99	Sonstige Infektionskrankheiten	0,5	0,3
E11	Typ-II-Diabetes	0,5	0,9
S83	Luxation, Verstauchung und Zerrung des Kniegelenkes und von Bändern des Kniegelenkes	0,5	0,8
R42	Schwindel und Taumel	0,5	0,4
	Summe hier	**55,2**	**45,7**
	Restliche	44,8	54,3
	Gesamtsumme	**100,0**	**100,0**

Tabelle 20.5.17. Anteile der 40 häufigsten Diagnoseuntergruppen an den AU-Fällen und AU-Tagen in der Branche Energie, Wasser und Bergbau im Jahr 2007, AOK-Mitglieder

ICD-10	Bezeichnung	AU-Fälle in %	AU-Tage in %
J00–J06	Akute Infektionen der oberen Atemwege	10,4	4,6
M40–M54	Krankheiten der Wirbelsäule und des Rückens	10,1	11,8
M60–M79	Krankheiten der Weichteilgewebe	4,0	5,0
M00–M25	Arthropathien	3,9	6,4
J40–J47	Chronische Krankheiten der unteren Atemwege	3,7	2,4
J20–J22	Sonstige akute Infektionen der unteren Atemwege	3,6	1,9
K50–K52	Nichtinfektiöse Enteritis und Kolitis	3,5	1,4
K00–K14	Krankheiten der Mundhöhle, Speicheldrüsen und Kiefer	3,4	0,7
A00–A09	Infektiöse Darmkrankheiten	2,9	1,0
I10–I15	Hypertonie	2,5	3,7
R50–R69	Allgemeinsymptome	2,4	1,9
K20–K31	Krankheiten des Ösophagus, Magens und Duodenums	2,0	1,2
T08–T14	Verletzungen Rumpf, Extremitäten u. a. Körperregionen	1,9	1,7
J30–J39	Sonstige Krankheiten der oberen Atemwege	1,7	1,1
R10–R19	Symptome bzgl. Verdauungssystem und Abdomen	1,6	0,9
B25–B34	Sonstige Viruskrankheiten	1,6	0,7
F40–F48	Neurotische, Belastungs- und somatoforme Störungen	1,6	2,3
S60–S69	Verletzungen des Handgelenkes und der Hand	1,3	1,9
S90–S99	Verletzungen der Knöchelregion und des Fußes	1,3	1,7
S80–S89	Verletzungen des Knies und des Unterschenkels	1,2	2,4
G40–G47	Episod. und paroxysmale Krankheiten des Nervensystems	1,2	1,0
J10–J18	Grippe und Pneumonie	1,2	0,8
E70–E90	Stoffwechselstörungen	1,1	1,8
R00–R09	Symptome bzgl. Kreislauf- und Atmungssystem	1,0	0,8
F30–F39	Affektive Störungen	1,0	2,4
M95–M99	Sonstige Krankheiten des Muskel-Skelett-Systems und des Bindegewebes	0,9	0,7

20

Tabelle 20.5.17. Fortsetzung

ICD-10	Bezeichnung	AU-Fälle in %	AU-Tage in %
I20–I25	Ischämische Herzkrankheiten	0,9	1,9
K55–K63	Sonstige Krankheiten des Darmes	0,9	0,8
I80–I89	Krankheiten der Venen, Lymphgefäße und -knoten	0,9	0,9
S00–S09	Verletzungen des Kopfes	0,8	0,7
E10–E14	Diabetes mellitus	0,7	1,2
F10–F19	Psychische und Verhaltensstörungen durch psychotrope Substanzen	0,7	1,4
I30–I52	Sonstige Formen der Herzkrankheit	0,7	1,3
C00–C75	Bösartige Neubildungen	0,7	2,2
G50–G59	Krankheiten von Nerven, Nervenwurzeln und Nervenplexus	0,7	1,1
Z70–Z76	Sonstige Inanspruchnahme des Gesundheitswesens	0,7	1,1
E65–E68	Adipositas und sonstige Überernährung	0,7	1,3
L00–L08	Infektionen der Haut und der Unterhaut	0,6	0,6
R40–R46	Symptome bzgl. Wahrnehmung, Stimmung, Verhalten	0,6	0,5
N30–N39	Sonstige Krankheiten des Harnsystems	0,6	0,4
	Summe hier	**81,2**	**77,6**
	Restliche	18,8	22,4
	Gesamtsumme	**100,0**	**100,0**

20.6 Erziehung und Unterricht

20

Tabelle 20.6.1. Entwicklung des Krankenstands der AOK-Mitglieder in der Branche Erziehung und Unterricht in den Jahren 1994 bis 2007

Jahr	Krankenstand in %		
	West	Ost	Bund
1994	6,0	8,3	6,8
1995	6,1	9,8	7,5
1996	6,0	9,5	7,5
1997	5,8	8,9	7,0
1998	5,9	8,4	6,9
1999	6,1	9,3	7,3
2000	6,3	9,2	7,3
2001	6,1	8,9	7,1
2002	5,6	8,6	6,6
2003	5,3	7,7	6,1
2004	5,1	7,0	5,9
2005	4,6	6,6	5,4
2006	4,4	6,1	5,1
2007	4,7	6,1	5,3

Tabelle 20.6.2. Anzahl der Fälle und Dauer der Arbeitsunfähigkeit der AOK-Mitglieder in der Branche Erziehung und Unterricht in den Jahren 1994 bis 2007

Jahr	AU-Fälle je 100 Mitglieder			Tage je Fall		
	West	Ost	Bund	West	Ost	Bund
1994	180,5	302,8	226,3	12,0	10,1	11,0
1995	193,8	352,2	253,3	11,5	10,2	10,8
1996	220,6	364,8	280,3	10,0	9,5	9,7
1997	226,2	373,6	280,6	9,4	8,7	9,0
1998	237,2	376,1	289,1	9,1	8,2	8,7
1999	265,2	434,8	326,8	8,4	7,8	8,1
2000	288,2	497,8	358,3	8,0	6,8	7,5
2001	281,6	495,1	352,8	7,9	6,6	7,3
2002	267,2	507,0	345,5	7,7	6,2	7,0
2003	259,4	477,4	332,4	7,4	5,9	6,7
2004	247,5	393,6	304,7	7,6	6,5	7,0
2005	227,8	387,2	292,1	7,4	6,2	6,8
2006	223,0	357,5	277,6	7,2	6,2	6,7
2007	251,4	357,2	291,0	6,9	6,2	6,6

20

Tabelle 20.6.3. Arbeitsunfähigkeit der AOK-Mitglieder in der Branche Erziehung und Unterricht nach Bundesländern im Jahr 2007 im Vergleich zum Vorjahr

Bundesland	Kran-ken-stand in %	Arbeitsunfähigkeit je 100 AOK-Mitglieder				Tage je Fall	Ver-änd. z. Vorj. in %	AU-Quote in %
		AU-Fälle	Veränd. z. Vorj. in %	AU-Tage	Veränd. z. Vorj. in %			
Baden-Württemberg	3,5	168,2	18,5	1.268,9	6,6	7,5	-10,7	48,6
Bayern	3,4	138,9	16,3	1.244,1	7,6	9,0	-7,2	46,2
Berlin	8,3	514,7	2,4	3.035,6	3,1	5,9	0,0	62,5
Brandenburg	6,6	383,5	0,6	2.408,3	0,4	6,3	0,0	62,5
Bremen	4,9	306,1	11,9	1.780,5	-7,6	5,8	-17,1	58,2
Hamburg	6,5	320,9	12,5	2.358,6	4,6	7,3	-7,6	64,5
Hessen	5,1	309,4	11,1	1.862,1	4,8	6,0	-6,3	60,0
Mecklenburg-Vorpommern	5,8	332,1	-2,4	2.112,0	-1,3	6,4	1,6	62,5
Niedersachsen	5,0	267,7	4,1	1.828,3	6,6	6,8	1,5	58,3
Nordrhein-Westfalen	5,2	294,6	21,4	1.899,5	14,8	6,4	-5,9	58,3
Rheinland-Pfalz	5,6	275,6	20,0	2.039,0	0,5	7,4	-15,9	61,9
Saarland	5,7	295,7	20,4	2.066,5	-1,1	7,0	-17,6	55,9
Sachsen	6,1	359,9	1,0	2.236,2	3,2	6,2	1,6	65,0
Sachsen-Anhalt	6,0	345,9	0,2	2.205,5	0,4	6,4	0,0	53,1
Schleswig-Holstein	4,2	208,2	0,9	1.522,8	5,2	7,3	4,3	53,0
Thüringen	6,0	362,8	-2,8	2.203,2	-3,0	6,1	0,0	62,6
West	4,7	251,4	12,7	1.733,0	7,3	6,9	-4,2	55,1
Ost	6,1	357,2	-0,1	2.230,8	0,9	6,2	0,0	61,8
Bund	5,3	291,0	4,8	1.919,1	3,4	6,6	-1,5	57,7

Tabelle 20.6.4. Arbeitsunfähigkeit der AOK-Mitglieder in der Branche Erziehung und Unterricht nach Wirtschaftsabteilungen im Jahr 2007

Wirtschaftsabteilung	Krankenstand in %		Arbeitsunfähigkeiten je 100 AOK-Mitglieder		Tage je Fall	AU-Quote in %
	2007	2007 stand.*	Fälle	Tage		
Erwachsenenbildung und sonstiger Unterricht	5,6	4,6	336,1	2.035,1	6,1	56,9
Hochschulen	4,4	4,0	220,6	1.596,4	7,2	50,0
Kindergärten, Vor- und Grundschulen	4,5	4,9	159,8	1.641,5	10,3	59,1
Weiterführende Schulen	5,5	4,4	314,8	1.996,8	6,3	61,7
Branche insgesamt	5,3	4,6	291,0	1.919,1	6,6	57,7
Alle Branchen	4,5	4,5	141,2	1.643,4	11,6	51,2

*Krankenstand alters- und geschlechtsstandardisiert

20

Tabelle 20.6.5. Kennzahlen der Arbeitsunfähigkeit der AOK-Mitglieder nach ausgewählten Berufsgruppen in der Branche Erziehung und Unterricht im Jahr 2007

Tätigkeit	Kranken-stand in %	Arbeitsunfähigkeiten je 100 AOK-Mitglieder		Tage je Fall	AU-Quote in %	Anteil der Be-rufsgruppe an der Branche in %*
		Fälle	Tage			
Bürofachkräfte	4,3	248,9	1.579,6	6,3	52,5	9,1
Facharbeiter/innen	5,5	213,4	2.011,9	9,4	41,8	1,6
Fachschul-, Berufsschul-, Werklehrer	2,9	104,0	1.070,5	10,3	44,0	1,4
Gärtner, Gartenarbeiter	7,6	389,6	2.768,4	7,1	65,9	2,0
Gästebetreuer	8,1	536,1	2.970,8	5,5	71,2	1,3
Groß- und Einzelhandels-kaufleute, Einkäufer	5,4	396,7	1.961,9	4,9	69,3	2,0
Hauswirtschaftliche Betreuer	6,0	300,4	2.187,4	7,3	65,2	1,5
Heimleiter, Sozialpädagogen	3,6	150,9	1.332,0	8,8	53,5	2,6
Hochschullehrer, Dozenten	1,6	64,1	580,6	9,1	27,0	1,5
Kindergärtnerinnen, Kinder-pflegerinnen	3,6	167,5	1.331,4	7,9	60,7	7,1
Köche	6,4	341,2	2.354,2	6,9	66,3	4,1
Maler, Lackierer (Ausbau)	7,4	522,7	2.713,1	5,2	70,4	2,4
Pförtner, Hauswarte	4,5	113,9	1.638,4	14,4	49,3	1,3
Raum-, Hausratreiniger	6,0	144,4	2.185,8	15,1	58,1	3,7
Real-, Volks-, Sonderschul-lehrer	2,5	95,0	900,9	9,5	40,1	1,2
Sonstige Lehrer	2,7	90,3	1.001,1	11,1	38,1	3,1
Sonstige Mechaniker	7,3	547,5	2.676,9	4,9	70,9	1,6
Sozialarbeiter, Sozialpfleger	4,4	187,7	1.604,3	8,5	53,6	1,6
Tischler	7,8	525,2	2.851,1	5,4	73,0	2,0
Verkäufer	6,6	480,1	2.391,7	5,0	68,9	4,9
Branche insgesamt	5,3	291,0	1.919,1	6,6	57,7	1,9**

* Anteil der AOK-Mitglieder in der Berufsgruppe an den in der Branche beschäftigten AOK-Mitgliedern insgesamt
**Anteil der AOK-Mitglieder in der Branche an allen AOK-Mitgliedern

Tabelle 20.6.6. Dauer der Arbeitsunfähigkeit der AOK-Mitglieder in der Branche Erziehung und Unterricht im Jahr 2007

Fallklasse	Branche hier		alle Branchen	
	Anteil Fälle in %	Anteil Tage in %	Anteil Fälle in %	Anteil Tage in %
1–3 Tage	49,0	14,3	35,7	6,1
4–7 Tage	29,9	22,2	29,6	12,8
8–14 Tage	13,4	20,4	17,5	15,6
15–21 Tage	3,4	8,8	6,4	9,6
22–28 Tage	1,5	5,6	3,3	7,0
29–42 Tage	1,4	7,1	3,3	9,7
Langzeit-AU (> 42 Tage)	1,5	21,5	4,2	39,2

Tabelle 20.6.7. Tage der Arbeitsunfähigkeit je AOK-Mitglied nach Wirtschaftsabteilung und Betriebsgröße in der Branche Erziehung und Unterricht im Jahr 2007

Wirtschaftsabteilungen	Betriebsgröße (Anzahl der AOK-Mitglieder)					
	10–49	50–99	100–199	200–499	500–999	≥ 1.000
Erwachsenenbildung und sonstiger Unterricht	20,2	21,9	24,1	25,4	25,9	20,1
Hochschulen	14,1	20,7	20,8	21,1	13,2	14,3
Kindergärten, Vor- und Grundschulen	16,1	19,3	21,1	22,1	24,3	–
Weiterführende Schulen	16,6	20,5	24,8	24,1	22,0	22,1
Branche insgesamt	18,0	21,2	23,8	24,3	21,3	18,8
Alle Branchen	16,8	18,4	18,7	19,0	19,6	18,2

20

Tabelle 20.6.8. Krankenstand in Prozent nach der Stellung im Beruf in der Branche Erziehung und Unterricht im Jahr 2007, AOK-Mitglieder

Wirtschaftsabteilung	Stellung im Beruf				
	Auszubil-dende	Arbeiter	Facharbeiter	Meister, Poliere	Angestellte
Erwachsenenbildung und sonstiger Unterricht	6,8	6,9	4,8	3,7	3,3
Hochschulen	6,6	6,5	5,6	3,4	3,1
Kindergärten, Vor- und Grundschulen	3,6	7,6	6,0	4,6	3,8
Weiterführende Schulen	6,7	6,6	5,4	2,7	3,2
Branche insgesamt	6,7	6,9	5,3	3,4	3,4
Alle Branchen	3,7	5,4	4,8	3,7	3,3

Tabelle 20.6.9. Tage der Arbeitsunfähigkeit je AOK-Mitglied nach der Stellung im Beruf in der Branche Erziehung und Unterricht im Jahr 2007

Wirtschaftsabteilung	Stellung im Beruf				
	Auszubil-dende	Arbeiter	Facharbeiter	Meister, Poliere	Angestellte
Erwachsenenbildung und sonstiger Unterricht	24,7	25,1	17,6	13,3	12,0
Hochschulen	24,0	23,6	20,6	12,2	11,2
Kindergärten, Vor- und Grundschulen	13,1	27,8	21,9	16,7	14,0
Weiterführende Schulen	24,5	24,1	19,9	9,8	11,8
Branche insgesamt	24,4	25,2	19,2	12,5	12,3
Alle Branchen	13,4	19,8	17,4	13,3	11,9

Tabelle 20.6.10. Anteil der Arbeitsunfälle an den AU-Fällen und -Tagen in Prozent nach Wirtschaftsabteilungen in der Branche Erziehung und Unterricht im Jahr 2007, AOK-Mitglieder

Wirtschaftsabteilung	Arbeitsunfähigkeiten	
	AU-Fälle in %	AU-Tage in %
Erwachsenenbildung und sonstiger Unterricht	2,2	3,2
Hochschulen	2,0	2,7
Kindergärten, Vor- und Grundschulen	1,8	2,6
Weiterführende Schulen	2,3	2,9
Branche insgesamt	**2,2**	**3,0**
Alle Branchen	**4,5**	**5,7**

Tabelle 20.6.11. Tage und Fälle der Arbeitsunfähigkeit durch Arbeitsunfälle nach Berufsgruppen in der Branche Erziehung und Unterricht im Jahr 2007, AOK-Mitglieder

Tätigkeit	Arbeitsunfähigkeit je 1.000 AOK-Mitglieder	
	AU-Tage	AU-Fälle
Sonstige Mechaniker	1.329,2	170,0
Metallarbeiter	1.256,2	170,4
Tischler	1.169,4	140,5
Industriemechaniker/innen	1.107,8	180,1
Gärtner, Gartenarbeiter	1.031,1	105,4
Köche	782,6	98,3
Lagerverwalter, Magaziner	728,8	127,1
Facharbeiter/innen	726,8	74,9
Restaurantfachleute, Steward/Stewardessen	718,9	106,0
Maurer	675,1	110,7
Maler, Lackierer (Ausbau)	639,7	103,9
Pförtner, Hauswarte	626,3	53,5
Verkäufer	520,3	71,1
Sonstige Lehrer	490,3	25,0
Raum-, Hausratreiniger	440,8	24,2
Hauswirtschaftliche Betreuer	362,0	45,1
Heimleiter, Sozialpädagogen	296,8	23,5
Groß- und Einzelhandelskaufleute, Einkäufer	296,1	48,1
Bürofachkräfte	270,0	22,7
Kindergärtnerinnen, Kinderpflegerinnen	154,1	17,4

Tabelle 20.6.12. Tage der Arbeitsunfähigkeit je 100 AOK-Mitglieder nach Krankheitsarten in der Branche Erziehung und Unterricht in den Jahren 2000 bis 2007

Jahr	AU-Tage je 100 Mitglieder					
	Psyche	Herz/Kreis-lauf	Atemwege	Verdauung	Muskel/ Skelett	Verlet-zungen
2000	200,3	145,3	691,6	268,8	596,0	357,1
2001	199,2	140,8	681,8	265,8	591,4	342,0
2002	199,6	128,7	623,5	257,3	538,7	327,0
2003	185,4	120,7	596,5	239,2	470,6	296,4
2004	192,8	121,5	544,1	245,2	463,3	302,8
2005	179,7	102,4	557,4	216,9	388,1	281,7
2006	174,6	99,8	481,8	215,6	365,9	282,7
2007	191,0	97,1	503,6	229,8	366,9	278,0

Tabelle 20.6.13. Fälle der Arbeitsunfähigkeit je 100 AOK-Mitglieder nach Krankheitsarten in der Branche Erziehung und Unterricht in den Jahren 2000 bis 2007

Jahr	AU-Fälle je 100 Mitglieder					
	Psyche	Herz/Kreis-lauf	Atemwege	Verdauung	Muskel/ Skelett	Verlet-zungen
2000	13,3	16,1	122,5	55,4	56,0	33,8
2001	13,9	16,1	125,5	55,8	56,8	32,9
2002	14,2	15,3	118,9	57,3	54,4	32,0
2003	13,5	14,8	116,7	55,5	48,9	30,0
2004	14,0	12,7	101,0	53,0	46,9	29,1
2005	12,5	11,0	104,0	49,3	40,2	27,7
2006	12,0	11,2	92,8	50,0	38,0	27,7
2007	12,9	10,5	97,6	52,9	38,5	27,1

Tabelle 20.6.14. Verteilung der Arbeitsunfähigkeitstage nach Krankheitsarten in Prozent in der Branche Erziehung und Unterricht im Jahr 2007, AOK-Mitglieder

Wirtschaftsabteilung	AU-Tage in %						
	Psyche	Herz/ Kreislauf	Atem- wege	Verdau- ung	Muskel/ Skelett	Verlet- zungen	Sonstige
Erwachsenenbildung und sonstiger Unterricht	7,6	3,8	22,9	10,8	15,0	13,0	27,0
Hochschulen	8,8	4,2	20,1	9,1	17,6	10,5	29,8
Kindergärten, Vor- und Grundschulen	11,2	5,9	16,8	6,1	19,0	8,2	32,8
Weiterführende Schulen	7,6	4,0	22,7	10,6	15,2	12,7	27,2
Branche insgesamt	8,2	4,2	21,7	9,9	15,8	12,0	28,1
Alle Branchen	8,2	6,9	12,4	6,5	24,2	12,8	29,0

Tabelle 20.6.15. Verteilung der Arbeitsunfähigkeitsfälle nach Krankheitsarten in Prozent in der Branche Erziehung und Unterricht im Jahr 2007, AOK-Mitglieder

Wirtschaftsabteilung	AU-Fälle in %						
	Psyche	Herz/ Kreislauf	Atem- wege	Verdau- ung	Muskel/ Skelett	Verlet- zungen	Sonstige
Erwachsenenbildung und sonstiger Unterricht	3,6	2,9	27,9	15,7	11,2	8,1	30,8
Hochschulen	4,1	3,3	26,8	14,8	11,9	7,3	31,9
Kindergärten, Vor- und Grundschulen	5,0	3,7	29,4	11,5	12,1	5,5	32,9
Weiterführende Schulen	3,5	3,0	28,7	15,9	10,5	8,3	30,1
Branche insgesamt	3,7	3,0	28,2	15,3	11,1	7,8	30,9
Alle Branchen	4,2	4,4	22,2	11,8	17,7	9,4	30,3

Tabelle 20.6.16. Anteile der 40 häufigsten Einzeldiagnosen an den AU-Fällen und AU-Tagen in der Branche Erziehung und Unterricht im Jahr 2007, AOK-Mitglieder

ICD-10	Bezeichnung	AU-Fälle in %	AU-Tage in %
J06	Akute Infektionen der oberen Atemwege	9,7	6,4
K52	Nichtinfektiöse Gastroenteritis und Kolitis	6,6	3,6
M54	Rückenschmerzen	5,0	5,4
A09	Diarrhoe und Gastroenteritis	3,9	2,1
J20	Akute Bronchitis	3,3	2,7
K29	Gastritis und Duodenitis	3,2	1,8
J03	Akute Tonsillitis	2,5	1,9
R51	Kopfschmerz	2,3	1,0
J40	Nicht akute Bronchitis	2,3	1,8
R10	Bauch- und Beckenschmerzen	2,1	1,2
B34	Viruskrankheit	2,0	1,3
J02	Akute Pharyngitis	1,8	1,1
K08	Sonstige Krankheiten der Zähne und des Zahnhalteapparates	1,5	0,6
R11	Übelkeit und Erbrechen	1,4	0,7
J01	Akute Sinusitis	1,4	1,0
T14	Verletzung an einer nicht näher bezeichneten Körperregion	1,2	1,4
J32	Chronische Sinusitis	1,1	0,9
G43	Migräne	1,1	0,4
J11	Grippe	1,0	0,7
J04	Akute Laryngitis und Tracheitis	1,0	0,7
J00	Akute Rhinopharyngitis	0,9	0,5
F32	Depressive Episode	0,8	2,3
F43	Reaktionen auf schwere Belastungen und Anpassungsstörungen	0,7	1,4
S93	Luxation, Verstauchung und Zerrung der Gelenke und Bänder in Höhe des oberen Sprunggelenkes und des Fußes	0,7	1,0
B99	Sonstige Infektionskrankheiten	0,7	0,5
J98	Sonstige Krankheiten der Atemwege	0,7	0,5
M53	Sonstige Krankheiten der Wirbelsäule und des Rückens	0,7	0,8
I10	Essentielle Hypertonie	0,7	1,3

20

Tabelle 20.6.16. Fortsetzung

ICD-10	Bezeichnung	AU-Fälle in %	AU-Tage in %
I95	Hypotonie	0,6	0,4
A08	Virusbedingte Darminfektionen	0,6	0,4
F45	Somatoforme Störungen	0,6	0,9
R42	Schwindel und Taumel	0,6	0,4
M99	Biomechanische Funktionsstörungen	0,6	0,5
N39	Sonstige Krankheiten des Harnsystems	0,6	0,5
M25	Sonstige Gelenkkrankheiten	0,5	0,7
R50	Fieber unbekannter Ursache	0,5	0,4
G44	Sonstige Kopfschmerzsyndrome	0,5	0,3
I99	Sonstige Krankheiten des Kreislaufsystems	0,5	0,3
M79	Sonstige Krankheiten des Weichteilgewebes	0,5	0,5
J45	Asthma bronchiale	0,5	0,5
	Summe hier	**66,9**	**50,8**
	Restliche	33,1	49,2
	Gesamtsumme	**100,0**	**100,0**

Tabelle 20.6.17. Anteile der 40 häufigsten Diagnoseuntergruppen an den AU-Fällen und AU-Tagen in der Branche Erziehung und Unterricht im Jahr 2007, AOK-Mitglieder

ICD-10	Bezeichnung	AU-Fälle in %	AU-Tage in %
J00–J06	Akute Infektionen der oberen Atemwege	17,0	11,6
K50–K52	Nichtinfektiöse Enteritis und Kolitis	7,0	4,0
M40–M54	Krankheiten der Wirbelsäule und des Rückens	6,4	7,7
A00–A09	Infektiöse Darmkrankheiten	4,9	2,7
K20–K31	Krankheiten des Ösophagus, Magens und Duodenums	4,1	2,5
R50–R69	Allgemeinsymptome	3,9	2,7
J20–J22	Sonstige akute Infektionen der unteren Atemwege	3,7	3,1
R10–R19	Symptome bzgl. Verdauungssystem und Abdomen	3,6	2,1
J40–J47	Chronische Krankheiten der unteren Atemwege	3,4	3,0
B25–B34	Sonstige Viruskrankheiten	2,2	1,4
M60–M79	Krankheiten der Weichteilgewebe	2,1	3,0
G40–G47	Episod. und paroxysmale Krankheiten des Nervensystems	2,0	1,2
F40–F48	Neurotische, Belastungs- und somatoforme Störungen	1,9	3,4
J30–J39	Sonstige Krankheiten der oberen Atemwege	1,9	1,6
K00–K14	Krankheiten der Mundhöhle, Speicheldrüsen und Kiefer	1,9	0,8
M00–M25	Arthropathien	1,7	3,7
T08–T14	Verletzungen Rumpf, Extremitäten u. a. Körperregionen	1,6	1,7
S60–S69	Verletzungen des Handgelenkes und der Hand	1,4	2,2
J10–J18	Grippe und Pneumonie	1,3	1,1
I95–I99	Sonstige Krankheiten des Kreislaufsystems	1,2	0,7
S90–S99	Verletzungen der Knöchelregion und des Fußes	1,1	1,7
F30–F39	Affektive Störungen	1,0	3,0
N30–N39	Sonstige Krankheiten des Harnsystems	1,0	0,8
R00–R09	Symptome bzgl. Kreislauf- und Atmungssystem	0,9	0,7
S80–S89	Verletzungen des Knies und des Unterschenkels	0,9	2,0
N80–N98	Krankheiten des weiblichen Genitaltraktes	0,8	0,7

20

Tabelle 20.6.17. Fortsetzung

ICD-10	Bezeichnung	AU-Fälle in %	AU-Tage in %
J95–J99	Sonstige Krankheiten des Atmungssystems	0,8	0,6
B99–B99	Sonstige Infektionskrankheiten	0,8	0,5
I10–I15	Hypertonie	0,8	1,4
R40–R46	Symptome bzgl. Wahrnehmung, Stimmung, Verhalten	0,7	0,6
S00–S09	Verletzungen des Kopfes	0,7	0,8
M95–M99	Sonstige Krankheiten des Muskel-Skelett-Systems und des Bindegewebes	0,6	0,6
H65–H75	Krankheiten des Mittelohres und des Warzenfortsatzes	0,6	0,4
F10–F19	Psychische und Verhaltensstörungen durch psychotrope Substanzen	0,5	1,2
L00–L08	Infektionen der Haut und der Unterhaut	0,5	0,7
K55–K63	Sonstige Krankheiten des Darmes	0,5	0,5
I80–I89	Krankheiten der Venen, Lymphgefäße und -knoten	0,5	0,6
Z20–Z29	Pot. Gesundheitsrisiken bzgl. übertragbarer Krankheiten	0,4	0,4
O20–O29	Sonstige mit Schwangerschaft verbundene Krankheiten	0,4	0,6
L20–L30	Dermatitis und Ekzem	0,4	0,3
	Summe hier	**87,1**	**78,3**
	Restliche	12,9	21,7
	Gesamtsumme	**100,0**	**100,0**

20.7   Handel

20

Tabelle 20.7.1. Entwicklung des Krankenstands der AOK-Mitglieder in der Branche Handel in den Jahren 1994 bis 2007

Jahr	Krankenstand in %		
	West	Ost	Bund
1994	5,6	4,6	5,5
1995	5,2	4,4	5,1
1996	4,6	4,0	4,5
1997	4,5	3,8	4,4
1998	4,6	3,9	4,5
1999	4,6	4,2	4,5
2000	4,6	4,2	4,6
2001	4,6	4,2	4,5
2002	4,5	4,1	4,5
2003	4,2	3,7	4,2
2004	3,9	3,4	3,8
2005	3,8	3,3	3,7
2006	3,7	3,3	3,6
2007	3,9	3,6	3,9

Tabelle 20.7.2. Anzahl der Fälle und Dauer der Arbeitsunfähigkeit der AOK-Mitglieder in der Branche Handel in den Jahren 1994 bis 2007

Jahr	AU-Fälle je 100 Mitglieder			Tage je Fall		
	West	Ost	Bund	West	Ost	Bund
1994	144,1	105,9	138,3	13,1	14,1	13,3
1995	149,7	116,2	144,7	12,8	14,1	13,0
1996	134,3	106,2	129,9	12,9	14,4	13,1
1997	131,3	100,7	126,9	12,3	13,9	12,5
1998	134,1	102,0	129,6	12,3	13,8	12,5
1999	142,7	113,4	138,9	11,9	13,6	12,1
2000	146,5	117,9	143,1	11,6	13,0	11,7
2001	145,4	113,2	141,8	11,5	13,5	11,7
2002	145,5	114,4	142,0	11,4	13,0	11,5
2003	140,5	110,7	136,8	11,0	12,4	11,2
2004	127,0	100,9	123,4	11,2	12,2	11,3
2005	127,9	100,7	123,9	10,9	12,1	11,0
2006	122,7	97,0	118,9	11,0	12,3	11,2
2007	132,4	106,6	128,6	10,9	12,2	11,0

20

Tabelle 20.7.3. Arbeitsunfähigkeit der AOK-Mitglieder in der Branche Handel nach Bundesländern im Jahr 2007 im Vergleich zum Vorjahr

Bundesland	Kranken-stand in %	Arbeitsunfähigkeit je 100 AOK-Mitglieder				Tage je Fall	Veränd. z. Vorj. in %	AU-Quote in %
		AU-Fälle	Veränd. z. Vorj. in %	AU-Tage	Veränd. z. Vorj. in %			
Baden-Württemberg	3,8	132,1	9,1	1.400,0	6,9	10,6	-1,9	51,2
Bayern	3,5	117,4	9,7	1.293,7	7,3	11,0	-2,7	47,7
Berlin	3,9	111,4	8,5	1.439,3	-1,3	12,9	-9,2	38,8
Brandenburg	4,0	111,2	8,3	1.455,2	6,9	13,1	-1,5	44,5
Bremen	4,4	137,6	7,5	1.595,2	9,0	11,6	1,8	51,6
Hamburg	5,0	151,2	6,6	1.807,8	7,0	12,0	0,8	52,2
Hessen	4,3	144,7	6,6	1.570,2	3,4	10,8	-3,6	51,5
Mecklenburg-Vorpommern	3,8	107,3	9,4	1.372,9	5,6	12,8	-3,8	43,6
Niedersachsen	3,8	136,7	7,2	1.384,4	12,2	10,1	4,1	52,2
Nordrhein-Westfalen	4,2	139,0	7,3	1.524,1	5,8	11,0	-0,9	51,9
Rheinland-Pfalz	4,4	147,1	8,5	1.621,2	10,0	11,0	0,9	52,9
Saarland	5,0	134,5	5,2	1.820,3	0,3	13,5	-4,9	50,0
Sachsen	3,3	103,3	11,2	1.212,9	11,3	11,7	0,0	45,7
Sachsen-Anhalt	4,0	112,5	7,9	1.467,5	8,8	13,0	0,8	44,5
Schleswig-Holstein	4,1	138,2	5,9	1.512,9	3,6	10,9	-2,7	51,5
Thüringen	3,8	111,6	8,5	1.371,7	7,6	12,3	-0,8	45,9
West	3,9	132,4	7,9	1.439,2	6,6	10,9	-0,9	50,5
Ost	3,6	106,6	9,9	1.299,5	9,3	12,2	-0,8	45,3
Bund	3,9	128,6	8,2	1.418,6	7,0	11,0	-1,8	49,8

Tabelle 20.7.4. Arbeitsunfähigkeit der AOK-Mitglieder in der Branche Handel nach Wirtschaftsabteilungen im Jahr 2007

Wirtschaftsabteilung	Krankenstand in %		Arbeitsunfähigkeiten je 100 AOK-Mitglieder		Tage je Fall	AU-Quote in %
	2007	2007 stand.*	Fälle	Tage		
Einzelhandel	3,6	3,9	120,5	1.331,0	11,0	46,8
Großhandel	4,3	4,2	132,8	1.563,1	11,8	52,3
Kraftfahrzeughandel	3,7	3,8	141,9	1.367,4	9,6	53,0
Branche insgesamt	3,9	4,0	128,6	1.418,6	11,0	49,8
Alle Branchen	4,5	4,5	141,2	1.643,4	11,6	51,2

*Krankenstand alters- und geschlechtsstandardisiert

Tabelle 20.7.5. Kennzahlen der Arbeitsunfähigkeit der AOK-Mitglieder nach ausgewählten Berufsgruppen in der Branche Handel im Jahr 2007

Tätigkeit	Kranken-stand in %	Arbeitsunfähigkeiten je 100 AOK-Mitglieder		Tage je Fall	AU-Quote in %	Anteil der Be-rufsgruppe an der Branche in %*
		Fälle	Tage			
Bürofachkräfte	2,6	109,7	961,4	8,8	45,2	8,7
Groß- und Einzelhandels-kaufleute, Einkäufer	2,8	137,1	1.011,2	7,4	51,1	6,1
Kassierer	4,4	122,2	1.609,0	13,2	50,5	2,7
Kraftfahrzeugführer	5,2	116,4	1.911,3	16,4	51,6	5,3
Kraftfahrzeuginstand-setzer	4,0	157,7	1.456,7	9,2	59,1	6,6
Lager-, Transportarbeiter	5,3	157,3	1.925,5	12,2	56,7	7,0
Lagerverwalter, Magaziner	5,1	149,5	1.849,1	12,4	58,9	4,4
Raum-, Hausratreiniger	4,3	114,0	1.554,2	13,6	48,7	1,0
Verkäufer	3,6	114,2	1.295,8	11,4	45,1	26,4
Warenaufmacher, Versand-fertigmacher	5,3	158,1	1.946,8	12,3	53,2	3,0
Branche insgesamt	3,9	128,6	1.418,6	11,0	49,8	13,1**

* Anteil der AOK-Mitglieder in der Berufsgruppe an den in der Branche beschäftigten AOK-Mitgliedern insgesamt
**Anteil der AOK-Mitglieder in der Branche an allen AOK-Mitgliedern

20

Tabelle 20.7.6. Dauer der Arbeitsunfähigkeit der AOK-Mitglieder in der Branche Handel im Jahr 2007

Fallklasse	Branche hier		alle Branchen	
	Anteil Fälle in %	Anteil Tage in %	Anteil Fälle in %	Anteil Tage in %
1–3 Tage	38,3	7,0	35,7	6,1
4–7 Tage	29,7	13,6	29,6	12,8
8–14 Tage	10,2	13,3	17,5	15,6
15–21 Tage	5,8	9,2	6,4	9,6
22–28 Tage	3,0	6,7	3,3	7,0
29–42 Tage	3,0	9,3	3,3	9,7
Langzeit-AU (> 42 Tage)	4,0	38,9	4,2	39,2

Tabelle 20.7.7. Tage der Arbeitsunfähigkeit je AOK-Mitglied nach Wirtschaftsabteilung und Betriebsgröße in der Branche Handel im Jahr 2007

Wirtschaftsabteilungen	Betriebsgröße (Anzahl der AOK-Mitglieder)					
	10–49	50–99	100–199	200–499	500–999	≥ 1.000
Einzelhandel	13,8	15,7	16,3	15,9	17,3	15,6
Großhandel	16,1	18,0	18,4	19,6	19,0	14,3
Kraftfahrzeughandel	14,3	15,2	16,4	17,9	19,6	–
Branche insgesamt	**14,9**	**16,7**	**17,2**	**17,3**	**17,8**	**15,4**
Alle Branchen	**16,8**	**18,4**	**18,7**	**19,0**	**19,6**	**18,2**

Tabelle 20.7.8. Krankenstand in Prozent nach der Stellung im Beruf in der Branche Handel im Jahr 2007, AOK-Mitglieder

Wirtschaftsabteilung	Stellung im Beruf				
	Auszubil-dende	Arbeiter	Facharbeiter	Meister, Poliere	Angestellte
Einzelhandel	3,1	4,5	3,9	2,9	3,1
Großhandel	3,1	5,4	4,8	3,6	2,8
Kraftfahrzeughandel	3,5	4,4	4,2	3,3	2,6
Branche insgesamt	**3,2**	**5,0**	**4,4**	**3,3**	**2,9**
Alle Branchen	**3,7**	**5,4**	**4,8**	**3,7**	**3,3**

Tabelle 20.7.9. Tage der Arbeitsunfähigkeit je AOK-Mitglied nach der Stellung im Beruf in der Branche Handel im Jahr 2007

Wirtschaftsabteilung	Stellung im Beruf				
	Auszubil-dende	Arbeiter	Facharbeiter	Meister, Poliere	Angestellte
Einzelhandel	11,3	16,5	14,4	10,5	11,2
Großhandel	11,5	19,6	17,5	13,0	10,3
Kraftfahrzeughandel	12,8	16,0	15,5	12,0	9,6
Branche insgesamt	11,9	18,2	15,9	11,9	10,7
Alle Branchen	13,4	19,8	17,4	13,3	11,9

Tabelle 20.7.10. Anteil der Arbeitsunfälle an den AU-Fällen und -Tagen in Prozent nach Wirtschaftsabteilungen in der Branche Handel im Jahr 2007, AOK-Mitglieder

Wirtschaftsabteilung	Arbeitsunfähigkeiten	
	AU-Fälle in %	AU-Tage in %
Einzelhandel	3,2	3,9
Großhandel	4,6	6,3
Kraftfahrzeughandel	4,9	5,7
Branche insgesamt	4,1	5,2
Alle Branchen	4,5	5,7

20

Tabelle 20.7.11. Tage und Fälle der Arbeitsunfähigkeit durch Arbeitsunfälle nach Berufsgruppen in der Branche Handel im Jahr 2007, AOK-Mitglieder

Tätigkeit	Arbeitsunfähigkeit je 1.000 AOK-Mitglieder	
	AU-Tage	AU-Fälle
Landmaschineninstandsetzer	2.258,5	162,1
Kraftfahrzeugführer	1.865,5	95,3
Fleischer	1.661,9	114,5
Tischler	1.644,1	107,9
Lager-, Transportarbeiter	1.144,6	71,7
Kraftfahrzeuginstandsetzer	1.092,7	104,3
Sonstige Mechaniker	1.018,8	92,6
Elektroinstallateure, -monteure	980,6	85,5
Lagerverwalter, Magaziner	980,3	65,9
Warenaufmacher, Versandfertigmacher	848,6	58,4
Verkäufer	428,2	33,3
Kassierer	406,8	26,1
Groß- und Einzelhandelskaufleute, Einkäufer	324,4	29,6
Bürofachkräfte	195,6	16,2

Tabelle 20.7.12. Tage der Arbeitsunfähigkeit je 100 AOK-Mitglieder nach Krankheitsarten in der Branche Handel in den Jahren 1995 bis 2007

Jahr	AU-Tage je 100 Mitglieder					
	Psyche	Herz/Kreis-lauf	Atemwege	Verdauung	Muskel/Skelett	Verletzungen
1995	101,3	175,6	347,2	183,5	592,8	345,0
1996	92,4	152,5	300,8	153,0	524,4	308,0
1997	89,6	142,2	268,9	143,7	463,5	293,2
1998	95,7	142,2	266,0	140,9	480,4	284,6
1999	100,4	139,6	301,5	142,3	499,5	280,8
2000	113,7	119,8	281,4	128,1	510,3	278,0
2001	126,1	124,0	266,0	128,9	523,9	270,3
2002	131,0	122,5	254,9	129,6	512,6	265,8
2003	127,0	114,6	252,1	121,3	459,2	250,8
2004	136,9	120,4	215,6	120,4	424,2	237,7
2005	135,8	118,1	245,8	113,5	399,1	230,5
2006	137,2	117,7	202,9	115,7	400,5	234,8
2007	151,2	120,3	231,0	122,6	426,0	234,3

Tabelle 20.7.13. Fälle der Arbeitsunfähigkeit je 100 AOK-Mitglieder nach Krankheitsarten in der Branche Handel in den Jahren 1995 bis 2007

Jahr	AU-Fälle je 100 Mitglieder					
	Psyche	Herz/Kreis-lauf	Atemwege	Verdauung	Muskel/Skelett	Verlet-zungen
1995	4,1	8,5	43,8	22,6	31,9	21,1
1996	3,8	7,1	38,8	20,3	27,6	18,8
1997	4,0	7,4	37,5	20,2	26,9	18,4
1998	4,3	7,6	38,5	20,4	28,3	18,3
1999	4,7	7,8	44,0	21,7	30,0	18,5
2000	5,5	7,0	42,5	19,1	31,3	18,8
2001	6,3	7,6	41,9	19,8	32,5	18,7
2002	6,7	7,7	41,0	20,8	32,0	18,4
2003	6,6	7,6	41,5	19,8	29,4	17,4
2004	6,4	6,8	34,6	19,0	27,1	16,0
2005	6,2	6,6	39,4	17,6	25,9	15,5
2006	6,3	6,7	33,5	18,4	26,0	15,7
2007	6,8	6,8	37,9	20,0	27,1	15,4

Tabelle 20.7.14. Verteilung der Arbeitsunfähigkeitstage nach Krankheitsarten in Prozent in der Branche Handel im Jahr 2007, AOK-Mitglieder

Wirtschaftsabteilung	AU-Tage in %						
	Psyche	Herz/ Kreislauf	Atem- wege	Verdau- ung	Muskel/ Skelett	Verlet- zungen	Sonstige
Einzelhandel	9,7	6,0	12,8	6,7	22,2	11,0	31,7
Großhandel	7,4	7,5	11,9	6,5	24,7	13,2	28,9
Kraftfahrzeughandel	6,5	6,0	13,8	7,2	22,6	16,6	27,2
Branche insgesamt	8,3	6,6	12,6	6,7	23,2	12,8	29,9
Alle Branchen	8,2	6,9	12,4	6,5	24,2	12,8	29,0

Tabelle 20.7.15. Verteilung der Arbeitsunfähigkeitsfälle nach Krankheitsarten in Prozent in der Branche Handel im Jahr 2007, AOK-Mitglieder

Wirtschaftsabteilung	AU-Fälle in %						
	Psyche	Herz/ Kreislauf	Atem- wege	Verdau- ung	Muskel/ Skelett	Verlet- zungen	Sonstige
Einzelhandel	4,7	4,1	23,0	12,1	14,8	8,1	33,2
Großhandel	3,9	4,6	22,0	11,8	18,5	9,5	29,7
Kraftfahrzeughandel	3,0	3,4	24,5	12,6	16,0	12,0	28,5
Branche insgesamt	4,1	4,1	22,9	12,1	16,4	9,3	31,1
Alle Branchen	4,2	4,4	22,2	11,8	17,7	9,4	30,3

Tabelle 20.7.16. Anteile der 40 häufigsten Einzeldiagnosen an den AU-Fällen und AU-Tagen in der Branche Handel im Jahr 2007, AOK-Mitglieder

ICD-10	Bezeichnung	AU-Fälle in %	AU-Tage in %
M54	Rückenschmerzen	6,5	6,5
J06	Akute Infektionen der oberen Atemwege	6,5	2,9
K52	Nichtinfektiöse Gastroenteritis und Kolitis	3,8	1,4
J20	Akute Bronchitis	3,1	1,7
A09	Diarrhoe und Gastroenteritis	2,8	1,0
J40	Nicht akute Bronchitis	2,4	1,3
K08	Sonstige Krankheiten der Zähne und des Zahnhalteapparates	2,1	0,5
J03	Akute Tonsillitis	1,6	0,7
K29	Gastritis und Duodenitis	1,6	0,8
B34	Viruskrankheit	1,5	0,7
T14	Verletzung an einer nicht näher bezeichneten Körperregion	1,5	1,4
R10	Bauch- und Beckenschmerzen	1,4	0,8
J01	Akute Sinusitis	1,3	0,7
I10	Essentielle Hypertonie	1,3	2,2
J02	Akute Pharyngitis	1,3	0,6
J32	Chronische Sinusitis	1,2	0,6
F32	Depressive Episode	1,0	2,3
M53	Sonstige Krankheiten der Wirbelsäule und des Rückens	0,9	1,1
R51	Kopfschmerz	0,9	0,4
M51	Sonstige Bandscheibenschäden	0,9	2,3
J11	Grippe	0,8	0,4
F43	Reaktionen auf schwere Belastungen und Anpassungsstörungen	0,8	1,3
M99	Biomechanische Funktionsstörungen	0,8	0,6
M77	Sonstige Enthesopathien	0,7	1,0
M75	Schulterläsionen	0,7	1,4

20

Tabelle 20.7.16. Fortsetzung

ICD-10	Bezeichnung	AU-Fälle in %	AU-Tage in %
S93	Luxation, Verstauchung und Zerrung der Gelenke und Bänder in Höhe des oberen Sprunggelenkes und des Fußes	0,7	0,8
J04	Akute Laryngitis und Tracheitis	0,7	0,3
R11	Übelkeit und Erbrechen	0,7	0,4
B99	Sonstige Infektionskrankheiten	0,7	0,3
M25	Sonstige Gelenkkrankheiten	0,7	0,8
M23	Binnenschädigung des Kniegelenkes	0,7	1,4
R50	Fieber unbekannter Ursache	0,6	0,3
G43	Migräne	0,6	0,2
M79	Sonstige Krankheiten des Weichteilgewebes	0,6	0,6
N39	Sonstige Krankheiten des Harnsystems	0,6	0,4
R42	Schwindel und Taumel	0,6	0,4
F45	Somatoforme Störungen	0,5	0,8
J00	Akute Rhinopharyngitis	0,5	0,2
J98	Sonstige Krankheiten der Atemwege	0,5	0,2
A08	Virusbedingte Darminfektionen	0,5	0,2
	Summe hier	**56,6**	**41,9**
	Restliche	43,4	58,1
	Gesamtsumme	**100,0**	**100,0**

Tabelle 20.7.17. Anteile der 40 häufigsten Diagnoseuntergruppen an den AU-Fällen und AU-Tagen in der Branche Handel im Jahr 2007, AOK-Mitglieder

ICD-10	Bezeichnung	AU-Fälle in %	AU-Tage in %
J00–J06	Akute Infektionen der oberen Atemwege	11,8	5,4
M40–M54	Krankheiten der Wirbelsäule und des Rückens	8,7	11,0
K50–K52	Nichtinfektiöse Enteritis und Kolitis	4,3	1,7
J40–J47	Chronische Krankheiten der unteren Atemwege	3,7	2,4
J20–J22	Sonstige akute Infektionen der unteren Atemwege	3,6	1,9
A00–A09	Infektiöse Darmkrankheiten	3,6	1,3
M60–M79	Krankheiten der Weichteilgewebe	3,4	4,7
R50–R69	Allgemeinsymptome	2,9	2,1
M00–M25	Arthropathien	2,8	5,5
K00–K14	Krankheiten der Mundhöhle, Speicheldrüsen und Kiefer	2,7	0,7
R10–R19	Symptome bzgl. Verdauungssystem und Abdomen	2,4	1,4
K20–K31	Krankheiten des Ösophagus, Magens und Duodenums	2,2	1,3
F40–F48	Neurotische, Belastungs- und somatoforme Störungen	2,0	3,3
J30–J39	Sonstige Krankheiten der oberen Atemwege	1,9	1,2
T08–T14	Verletzungen Rumpf, Extremitäten u. a. Körperregionen	1,8	1,7
B25–B34	Sonstige Viruskrankheiten	1,7	0,8
I10–I15	Hypertonie	1,4	2,6
S60–S69	Verletzungen des Handgelenkes und der Hand	1,4	1,9
G40–G47	Episod. und paroxysmale Krankheiten des Nervensystems	1,3	1,0
S90–S99	Verletzungen der Knöchelregion und des Fußes	1,3	1,6
F30–F39	Affektive Störungen	1,2	3,1
J10–J18	Grippe und Pneumonie	1,2	0,8
R00–R09	Symptome bzgl. Kreislauf- und Atmungssystem	1,0	0,7
S80–S89	Verletzungen des Knies und des Unterschenkels	1,0	2,2
N30–N39	Sonstige Krankheiten des Harnsystems	0,9	0,6

20

Tabelle 20.7.17. Fortsetzung

ICD-10	Bezeichnung	AU-Fälle in %	AU-Tage in %
M95–M99	Sonstige Krankheiten des Muskel-Skelett-Systems und des Bindegewebes	0,9	0,7
I80–I89	Krankheiten der Venen, Lymphgefäße und -knoten	0,8	1,0
S00–S09	Verletzungen des Kopfes	0,8	0,7
N80–N98	Krankheiten des weiblichen Genitaltraktes	0,7	0,7
B99–B99	Sonstige Infektionskrankheiten	0,7	0,3
R40–R46	Symptome bzgl. Wahrnehmung, Stimmung, Verhalten	0,7	0,6
I95–I99	Sonstige Krankheiten des Kreislaufsystems	0,7	0,4
Z20–Z29	Pot. Gesundheitsrisken bzgl. übertragbarer Krankheiten	0,7	0,4
E70–E90	Stoffwechselstörungen	0,7	1,3
G50–G59	Krankheiten von Nerven, Nervenwurzeln und Nervenplexus	0,7	1,1
K55–K63	Sonstige Krankheiten des Darmes	0,6	0,7
L00–L08	Infektionen der Haut und der Unterhaut	0,6	0,6
F10–F19	Psychische und Verhaltensstörungen durch psychotrope Substanzen	0,6	1,1
J95–J99	Sonstige Krankheiten des Atmungssystems	0,6	0,4
Z70–Z76	Sonstige Inanspruchnahme des Gesundheitswesens	0,6	1,0
	Summe hier	**80,6**	**71,9**
	Restliche	19,4	28,1
	Gesamtsumme	**100,0**	**100,0**

20.8 Land- und Forstwirtschaft

20

Tabelle 20.8.1. Entwicklung des Krankenstands der AOK-Mitglieder in der Branche Land- und Forstwirtschaft in den Jahren 1994 bis 2007

Jahr	Krankenstand in %		
	West	Ost	Bund
1994	5,7	5,5	5,6
1995	5,4	5,7	5,6
1996	4,6	5,5	5,1
1997	4,6	5,0	4,8
1998	4,8	4,9	4,8
1999	4,6	6,0	5,3
2000	4,6	5,5	5,0
2001	4,6	5,4	5,0
2002	4,5	5,2	4,8
2003	4,2	4,9	4,5
2004	3,8	4,3	4,0
2005	3,5	4,3	3,9
2006	3,3	4,1	3,7
2007	3,6	4,4	3,9

Tabelle 20.8.2. Anzahl der Fälle und Dauer der Arbeitsunfähigkeit der AOK-Mitglieder in der Branche Land- und Forstwirtschaft in den Jahren 1994 bis 2007

Jahr	AU-Fälle je 100 Mitglieder			Tage je Fall		
	West	Ost	Bund	West	Ost	Bund
1994	132,0	114,0	122,7	15,7	15,4	15,5
1995	140,6	137,3	139,2	14,7	15,1	14,9
1996	137,3	125,0	132,3	12,9	16,3	14,2
1997	137,4	117,7	129,7	12,3	15,4	13,4
1998	143,1	121,4	135,1	12,1	14,9	13,0
1999	149,6	142,6	147,6	11,6	14,2	12,3
2000	145,7	139,7	142,7	11,6	14,3	12,9
2001	144,3	130,2	137,6	11,7	15,1	13,2
2002	142,4	126,5	135,0	11,4	15,1	13,0
2003	135,5	120,5	128,5	11,2	14,8	12,8
2004	121,5	109,1	115,6	11,4	14,6	12,8
2005	113,7	102,1	108,4	11,3	15,3	13,0
2006	110,2	96,5	104,3	11,0	15,4	12,8
2007	117,1	102,2	110,8	11,1	15,7	12,9

20

Tabelle 20.8.3. Arbeitsunfähigkeit der AOK-Mitglieder in der Branche Land- und Forstwirtschaft nach Bundesländern im Jahr 2007 im Vergleich zum Vorjahr

Bundesland	Kranken- stand in %	Arbeitsunfähigkeit je 100 AOK-Mitglieder				Tage je Fall	Veränd. z. Vorj. in %	AU- Quote in %
		AU- Fälle	Veränd. z. Vorj. in %	AU- Tage	Veränd. z. Vorj. in %			
Baden-Württemberg	3,6	119,2	7,6	1.304,6	8,3	10,9	0,0	37,6
Bayern	3,1	97,2	8,5	1.113,5	7,5	11,5	-0,9	32,8
Berlin	7,1	181,8	4,5	2.588,3	17,0	14,2	11,8	47,4
Brandenburg	4,5	97,0	6,5	1.652,3	5,8	17,0	-0,6	39,9
Bremen	3,7	131,4	24,9	1.337,5	16,3	10,2	-6,4	45,3
Hamburg	4,7	147,6	13,4	1.710,5	15,6	11,6	1,8	43,0
Hessen	4,5	136,0	4,0	1.634,0	3,2	12,0	-0,8	41,7
Mecklenburg-Vorpommern	4,2	90,8	0,1	1.524,0	-0,2	16,8	0,0	38,9
Niedersachsen	3,4	116,2	4,9	1.224,7	9,3	10,5	4,0	38,3
Nordrhein-Westfalen	3,6	122,8	7,2	1.327,6	8,4	10,8	0,9	34,6
Rheinland-Pfalz	4,2	125,3	3,9	1.516,9	2,1	12,1	-1,6	30,1
Saarland	4,3	152,3	8,0	1.554,8	6,8	10,2	-1,0	43,5
Sachsen	4,2	105,2	9,0	1.548,6	10,9	14,7	1,4	44,6
Sachsen-Anhalt	4,4	106,5	2,1	1.618,7	9,0	15,2	7,0	41,4
Schleswig-Holstein	3,3	109,0	2,0	1.196,2	2,3	11,0	0,9	36,4
Thüringen	4,7	107,6	7,4	1.729,8	10,2	16,1	2,5	46,1
West	3,6	117,1	6,3	1.303,3	7,1	11,1	0,9	35,8
Ost	4,4	102,2	5,9	1.604,8	7,8	15,7	1,9	42,6
Bund	3,9	110,8	6,2	1.430,1	7,2	12,9	0,8	38,4

Tabelle 20.8.4. Arbeitsunfähigkeit der AOK-Mitglieder in der Branche Land- und Forstwirtschaft nach Wirtschaftsabteilungen im Jahr 2007

Wirtschaftsabteilung	Krankenstand in %		Arbeitsunfähigkeiten je 100 AOK-Mitglieder		Tage je Fall	AU-Quote in %
	2007	2007 stand.*	Fälle	Tage		
Fischerei und Fischzucht	3,9	4,1	95,2	1.436,0	15,1	41,0
Forstwirtschaft	5,3	4,7	134,1	1.925,7	14,4	45,7
Landwirtschaft, gewerbliche Jagd	3,8	3,8	109,4	1.397,2	12,8	37,9
Branche insgesamt	**3,9**	**3,9**	**110,8**	**1.430,1**	**12,9**	**38,4**
Alle Branchen	**4,5**	**4,5**	**141,2**	**1.643,4**	**11,6**	**51,2**

*Krankenstand alters- und geschlechtsstandardisiert

20

Tabelle 20.8.5. Kennzahlen der Arbeitsunfähigkeit der AOK-Mitglieder nach ausgewählten Berufsgruppen in der Branche Land- und Forstwirtschaft im Jahr 2007

Tätigkeit	Kranken-stand in %	Arbeitsunfähigkeiten je 100 AOK-Mitglieder		Tage je Fall	AU-Quote in %	Anteil der Be-rufsgruppe an der Branche in %*
		Fälle	Tage			
Bürofachkräfte	2,4	77,4	893,9	11,5	34,9	1,9
Floristen	2,6	100,2	949,8	9,5	44,2	2,0
Gärtner, Gartenarbeiter	3,9	137,7	1.440,5	10,5	42,8	30,0
Kraftfahrzeugführer	3,9	96,4	1.411,6	14,6	41,7	1,8
Landarbeitskräfte	3,1	76,9	1.127,0	14,7	24,2	26,1
Landmaschineninstandsetzer	4,1	103,9	1.488,6	14,3	52,2	1,0
Landwirt(e/innen), Pflanzen-schützer/innen	3,0	107,8	1.108,8	10,3	39,7	4,7
Melker	5,7	96,2	2.093,0	21,8	50,5	2,5
Sonstige Bauhilfsarbeiter, Bauhelfer	4,7	144,9	1.708,5	11,8	39,5	1,2
Tierpfleger und verwandte Berufe	5,3	95,9	1.938,9	20,2	47,8	4,1
Tierzüchter	4,5	102,8	1.637,0	15,9	46,7	2,0
Waldarbeiter, Waldnutzer	5,8	143,5	2.111,2	14,7	46,4	4,1
Branche insgesamt	**3,9**	**110,8**	**1.430,1**	**12,9**	**38,4**	**2,2****

* Anteil der AOK-Mitglieder in der Berufsgruppe an den in der Branche beschäftigten AOK-Mitgliedern insgesamt
**Anteil der AOK-Mitglieder in der Branche an allen AOK-Mitgliedern

Tabelle 20.8.6. Dauer der Arbeitsunfähigkeit der AOK-Mitglieder in der Branche Land- und Forstwirtschaft im Jahr 2007

Fallklasse	Branche hier		alle Branchen	
	Anteil Fälle in %	Anteil Tage in %	Anteil Fälle in %	Anteil Tage in %
1–3 Tage	33,8	5,2	35,7	6,1
4–7 Tage	28,3	11,1	29,6	12,8
8–14 Tage	18,6	15,0	17,5	15,6
15–21 Tage	6,8	9,2	6,4	9,6
22–28 Tage	3,5	6,7	3,3	7,0
29–42 Tage	3,6	9,7	3,3	9,7
Langzeit-AU (> 42 Tage)	5,2	43,1	4,2	39,2

Tabelle 20.8.7. Tage der Arbeitsunfähigkeit je AOK-Mitglied nach Wirtschaftsabteilung und Betriebsgröße in der Branche Land- und Forstwirtschaft im Jahr 2007

Wirtschaftsabteilungen	Betriebsgröße (Anzahl der AOK-Mitglieder)					
	10–49	50–99	100–199	200–499	500–999	≥ 1.000
Fischerei und Fischzucht	17,9	–	–	–	–	–
Forstwirtschaft	19,5	22,1	20,0	28,5	–	–
Landwirtschaft, gewerbliche Jagd	15,5	16,4	15,3	15,5	8,6	–
Branche insgesamt	15,8	16,7	16,2	16,2	8,6	–
Alle Branchen	16,8	18,4	18,7	19,0	19,6	18,2

Tabelle 20.8.8. Krankenstand in Prozent nach der Stellung im Beruf in der Branche Land- und Forstwirtschaft im Jahr 2007, AOK-Mitglieder

Wirtschaftsabteilung	Stellung im Beruf				
	Auszubil-dende	Arbeiter	Facharbeiter	Meister, Poliere	Angestellte
Fischerei und Fischzucht	4,1	3,5	4,3	4,0	4,7
Forstwirtschaft	4,3	5,1	6,1	3,7	2,7
Landwirtschaft, gewerbliche Jagd	3,3	3,7	4,2	4,1	2,8
Branche insgesamt	3,4	3,8	4,4	4,0	2,8
Alle Branchen	3,7	5,4	4,8	3,7	3,3

20

Tabelle 20.8.9. Tage der Arbeitsunfähigkeit je AOK-Mitglied nach der Stellung im Beruf in der Branche Land- und Forstwirtschaft im Jahr 2007

Wirtschaftsabteilung	Stellung im Beruf				
	Auszubildende	Arbeiter	Facharbeiter	Meister, Poliere	Angestellte
Fischerei und Fischzucht	15,0	12,6	15,6	14,5	17,3
Forstwirtschaft	15,7	18,7	22,2	13,3	9,8
Landwirtschaft, gewerbliche Jagd	12,2	13,4	15,5	14,9	10,1
Branche insgesamt	12,3	13,7	15,9	14,8	10,2
Alle Branchen	13,4	19,8	17,4	13,3	11,9

Tabelle 20.8.10. Anteil der Arbeitsunfälle an den AU-Fällen und -Tagen in Prozent nach Wirtschaftsabteilungen in der Branche Land- und Forstwirtschaft im Jahr 2007, AOK-Mitglieder

Wirtschaftsabteilung	Arbeitsunfähigkeiten	
	AU-Fälle in %	AU-Tage in %
Fischerei und Fischzucht	7,6	9,7
Forstwirtschaft	12,2	20,6
Landwirtschaft, gewerbliche Jagd	8,7	11,2
Branche insgesamt	8,9	12,0
Alle Branchen	4,5	5,7

Tabelle 20.8.11. Tage und Fälle der Arbeitsunfähigkeit durch Arbeitsunfälle nach Berufsgruppen in der Branche Land- und Forstwirtschaft im Jahr 2007, AOK-Mitglieder

Tätigkeit	Arbeitsunfähigkeit je 1.000 AOK-Mitglieder	
	AU-Tage	AU-Fälle
Waldarbeiter, Waldnutzer	4.596,4	189,3
Industriemechaniker/innen	3.218,6	135,3
Melker	2.614,5	120,7
Tierpfleger und verwandte Berufe	2.150,4	112,8
Landmaschineninstandsetzer	2.051,4	129,2
Landwirt(e/innen), Pflanzenschützer/innen	1.947,8	134,1
Kraftfahrzeugführer	1.776,5	98,9
Tierzüchter	1.581,9	97,3
Gärtner, Gartenarbeiter	1.528,6	105,3
Landarbeitskräfte	1.486,5	82,7

Tabelle 20.8.12. Tage der Arbeitsunfähigkeit je 100 AOK-Mitglieder nach Krankheitsarten in der Branche Land- und Forstwirtschaft in den Jahren 1995 bis 2007

Jahr	AU-Tage je 100 Mitglieder					
	Psyche	Herz/Kreis-lauf	Atemwege	Verdauung	Muskel/Skelett	Verlet-zungen
1995	126,9	219,6	368,7	205,3	627,2	415,2
1996	80,7	172,3	306,7	163,0	561,5	409,5
1997	75,0	150,6	270,0	150,6	511,1	390,3
1998	79,5	155,0	279,3	147,4	510,9	376,8
1999	89,4	150,6	309,1	152,1	537,3	366,8
2000	80,9	140,7	278,6	136,3	574,4	397,9
2001	85,2	149,4	262,5	136,2	587,8	390,1
2002	85,0	155,5	237,6	134,4	575,3	376,6
2003	82,8	143,9	233,8	123,7	512,0	368,5
2004	92,8	145,0	195,8	123,5	469,8	344,0
2005	90,1	142,3	208,7	111,3	429,7	336,2
2006	84,3	130,5	164,4	105,6	415,1	341,5
2007	90,2	143,8	187,2	112,5	451,4	347,5

Tabelle 20.8.13. Fälle der Arbeitsunfähigkeit je 100 AOK-Mitglieder nach Krankheitsarten in der Branche Land- und Forstwirtschaft in den Jahren 1995 bis 2007

Jahr	AU-Fälle je 100 Mitglieder					
	Psyche	Herz/Kreis-lauf	Atemwege	Verdauung	Muskel/ Skelett	Verlet-zungen
1995	4,2	9,1	39,5	20,5	30,8	22,9
1996	3,3	7,4	35,5	19,4	29,8	23,9
1997	3,4	7,4	34,3	19,3	29,7	23,9
1998	3,9	7,8	36,9	19,8	31,5	23,7
1999	4,5	8,2	42,0	21,7	34,0	23,7
2000	4,2	7,6	35,9	18,4	35,5	24,0
2001	4,7	8,2	35,1	18,7	36,4	23,6
2002	4,6	8,3	33,0	19,0	35,7	23,5
2003	4,6	8,0	33,1	17,8	32,5	22,5
2004	4,5	7,2	27,0	17,3	29,9	20,9
2005	4,1	6,7	28,6	14,7	26,8	19,7
2006	4,0	6,5	23,4	15,0	26,9	20,3
2007	4,1	6,6	26,9	16,2	28,1	20,0

20

Tabelle 20.8.14. Verteilung der Arbeitsunfähigkeitstage nach Krankheitsarten in Prozent in der Branche Land- und Forstwirtschaft im Jahr 2007, AOK-Mitglieder

Wirtschaftsabteilung	AU-Tage in %						
	Psyche	Herz/ Kreislauf	Atem- wege	Verdau- ung	Muskel/ Skelett	Verlet- zungen	Sonstige
Fischerei und Fischzucht	6,9	11,4	6,6	7,8	20,5	16,2	30,5
Forstwirtschaft	4,1	6,9	9,2	5,1	24,8	27,0	22,8
Landwirtschaft, gewerbliche Jagd	5,0	8,0	10,4	6,3	24,9	18,4	27,0
Branche insgesamt	5,0	7,9	10,3	6,2	24,8	19,1	26,7
Alle Branchen	8,2	6,9	12,4	6,5	24,2	12,8	29,0

Tabelle 20.8.15. Verteilung der Arbeitsunfähigkeitsfälle nach Krankheitsarten in Prozent in der Branche Land- und Forstwirtschaft im Jahr 2007, AOK-Mitglieder

Wirtschaftsabteilung	AU-Fälle in %						
	Psyche	Herz/ Kreislauf	Atem- wege	Verdau- ung	Muskel/ Skelett	Verlet- zungen	Sonstige
Fischerei und Fischzucht	3,8	6,5	15,3	13,4	18,3	12,1	30,7
Forstwirtschaft	2,5	4,7	18,2	10,4	21,7	17,5	25,2
Landwirtschaft, gewerbliche Jagd	2,9	4,7	19,3	11,6	19,9	14,0	27,7
Branche insgesamt	2,9	4,7	19,2	11,5	20,0	14,2	27,5
Alle Branchen	4,2	4,4	22,2	11,8	17,7	9,4	30,3

Tabelle 20.8.16. Anteile der 40 häufigsten Einzeldiagnosen an den AU-Fällen und AU-Tagen in der Branche Land- und Forstwirtschaft im Jahr 2007, AOK-Mitglieder

ICD-10	Bezeichnung	AU-Fälle in %	AU-Tage in %
M54	Rückenschmerzen	8,1	7,3
J06	Akute Infektionen der oberen Atemwege	5,4	2,2
K52	Nichtinfektiöse Gastroenteritis und Kolitis	3,1	1,1
J20	Akute Bronchitis	2,9	1,5
K08	Sonstige Krankheiten der Zähne und des Zahnhalteapparates	2,5	0,5
T14	Verletzung an einer nicht näher bezeichneten Körperregion	2,4	2,1
A09	Diarrhoe und Gastroenteritis	2,1	0,7
J40	Nicht akute Bronchitis	2,0	0,9
I10	Essentielle Hypertonie	1,8	3,0
K29	Gastritis und Duodenitis	1,4	0,7
J03	Akute Tonsillitis	1,4	0,6
B34	Viruskrankheit	1,2	0,5
R10	Bauch- und Beckenschmerzen	1,1	0,5
M53	Sonstige Krankheiten der Wirbelsäule und des Rückens	1,0	1,1
M77	Sonstige Enthesopathien	1,0	1,1
S93	Luxation, Verstauchung und Zerrung der Gelenke und Bänder in Höhe des oberen Sprunggelenkes und des Fußes	1,0	1,1
J02	Akute Pharyngitis	0,9	0,4
M51	Sonstige Bandscheibenschäden	0,9	2,2
M99	Biomechanische Funktionsstörungen	0,9	0,6
J01	Akute Sinusitis	0,9	0,4
M25	Sonstige Gelenkkrankheiten	0,9	0,9
M75	Schulterläsionen	0,8	1,4
M23	Binnenschädigung des Kniegelenkes	0,8	1,5
J32	Chronische Sinusitis	0,8	0,4
R51	Kopfschmerz	0,7	0,3

20

Tabelle 20.8.16. Fortsetzung

ICD-10	Bezeichnung	AU-Fälle in %	AU-Tage in %
S61	Offene Wunde des Handgelenkes und der Hand	0,6	0,7
J11	Grippe	0,6	0,3
M79	Sonstige Krankheiten des Weichteilgewebes	0,6	0,4
S83	Luxation, Verstauchung und Zerrung des Kniegelenkes und von Bändern des Kniegelenkes	0,6	1,1
S60	Oberflächliche Verletzung des Handgelenkes und der Hand	0,6	0,4
S80	Oberflächliche Verletzung des Unterschenkels	0,6	0,5
M65	Synovitis und Tenosynovitis	0,6	0,6
F32	Depressive Episode	0,6	1,1
R50	Fieber unbekannter Ursache	0,5	0,3
B99	Sonstige Infektionskrankheiten	0,5	0,2
E66	Adipositas	0,5	1,1
S20	Oberflächliche Verletzung des Thorax	0,5	0,5
M47	Spondylose	0,5	0,6
J04	Akute Laryngitis und Tracheitis	0,5	0,2
M17	Gonarthrose	0,5	1,2
	Summe hier	**54,3**	**42,2**
	Restliche	45,7	57,8
	Gesamtsumme	**100,0**	**100,0**

Tabelle 20.8.17. Anteile der 40 häufigsten Diagnoseuntergruppen an den AU-Fällen und AU-Tagen in der Branche Land- und Forstwirtschaft im Jahr 2007, AOK-Mitglieder

ICD-10	Bezeichnung	AU-Fälle in %	AU-Tage in %
M40–M54	Krankheiten der Wirbelsäule und des Rückens	10,6	11,5
J00–J06	Akute Infektionen der oberen Atemwege	9,6	4,1
M60–M79	Krankheiten der Weichteilgewebe	4,1	4,7
M00–M25	Arthropathien	3,5	6,2
K50–K52	Nichtinfektiöse Enteritis und Kolitis	3,5	1,3
J20–J22	Sonstige akute Infektionen der unteren Atemwege	3,3	1,7
K00–K14	Krankheiten der Mundhöhle, Speicheldrüsen und Kiefer	3,2	0,7
J40–J47	Chronische Krankheiten der unteren Atemwege	3,1	1,9
T08–T14	Verletzungen Rumpf, Extremitäten u. a. Körperregionen	2,9	2,6
A00–A09	Infektiöse Darmkrankheiten	2,8	0,9
R50–R69	Allgemeinsymptome	2,4	1,6
S60–S69	Verletzungen des Handgelenkes und der Hand	2,3	3,1
I10–I15	Hypertonie	2,1	3,5
K20–K31	Krankheiten des Ösophagus, Magens und Duodenums	2,1	1,1
R10–R19	Symptome bzgl. Verdauungssystem und Abdomen	1,8	1,1
S80–S89	Verletzungen des Knies und des Unterschenkels	1,8	3,6
S90–S99	Verletzungen der Knöchelregion und des Fußes	1,8	2,3
B25–B34	Sonstige Viruskrankheiten	1,3	0,6
S00–S09	Verletzungen des Kopfes	1,3	1,2
J30–J39	Sonstige Krankheiten der oberen Atemwege	1,3	0,8
F40–F48	Neurotische, Belastungs- und somatoforme Störungen	1,2	1,6
J10–J18	Grippe und Pneumonie	1,1	0,8
R00–R09	Symptome bzgl. Kreislauf- und Atmungssystem	1,0	0,7
M95–M99	Sonstige Krankheiten des Muskel-Skelett-Systems und des Bindegewebes	1,0	0,7
G40–G47	Episod. und paroxysmale Krankheiten des Nervensystems	0,9	0,8

20

Tabelle 20.8.17. Fortsetzung

ICD-10	Bezeichnung	AU-Fälle in %	AU-Tage in %
E70–E90	Stoffwechselstörungen	0,9	1,5
G50–G59	Krankheiten von Nerven, Nervenwurzeln und Nervenplexus	0,9	1,2
I80–I89	Krankheiten der Venen, Lymphgefäße und -knoten	0,8	1,0
S20–S29	Verletzungen des Thorax	0,8	1,2
F10–F19	Psychische und Verhaltensstörungen durch psychotrope Substanzen	0,8	1,2
L00–L08	Infektionen der Haut und der Unterhaut	0,7	0,7
F30–F39	Affektive Störungen	0,7	1,5
I30–I52	Sonstige Formen der Herzkrankheit	0,7	1,3
N30–N39	Sonstige Krankheiten des Harnsystems	0,7	0,5
I20–I25	Ischämische Herzkrankheiten	0,7	1,4
S40–S49	Verletzungen der Schulter und des Oberarmes	0,6	1,2
E10–E14	Diabetes mellitus	0,6	1,2
K55–K63	Sonstige Krankheiten des Darmes	0,6	0,6
B99–B99	Sonstige Infektionskrankheiten	0,6	0,3
E65–E68	Adipositas und sonstige Überernährung	0,6	1,2
	Summe hier	**80,7**	**75,1**
	Restliche	19,3	24,9
	Gesamtsumme	**100,0**	**100,0**

20.9   Metallindustrie

20

Tabelle 20.9.1. Entwicklung des Krankenstands der AOK-Mitglieder in der Branche Metallindustrie in den Jahren 1994 bis 2007

Jahr	Krankenstand in %		
	West	Ost	Bund
1994	6,4	5,3	6,3
1995	6,0	5,1	5,9
1996	5,5	4,8	5,4
1997	5,3	4,5	5,2
1998	5,3	4,6	5,2
1999	5,6	5,0	5,6
2000	5,6	5,0	5,5
2001	5,5	5,1	5,5
2002	5,5	5,0	5,5
2003	5,2	4,6	5,1
2004	4,8	4,2	4,8
2005	4,8	4,1	4,7
2006	4,5	4,0	4,5
2007	4,8	4,3	4,8

Tabelle 20.9.2. Anzahl der Fälle und Dauer der Arbeitsunfähigkeit der AOK-Mitglieder in der Branche Metallindustrie in den Jahren 1994 bis 2007

Jahr	AU-Fälle je 100 Mitglieder			Tage je Fall		
	West	Ost	Bund	West	Ost	Bund
1994	156,5	131,1	153,7	14,2	13,7	14,1
1995	165,7	141,1	163,1	13,6	13,7	13,6
1996	150,0	130,2	147,8	13,9	13,9	13,9
1997	146,7	123,7	144,4	13,1	13,4	13,2
1998	150,0	124,6	147,4	13,0	13,4	13,0
1999	160,5	137,8	158,3	12,8	13,4	12,8
2000	163,1	141,2	161,1	12,6	12,9	12,6
2001	162,6	140,1	160,6	12,4	13,2	12,5
2002	162,2	143,1	160,5	12,5	12,7	12,5
2003	157,1	138,6	155,2	12,0	12,2	12,0
2004	144,6	127,1	142,7	12,2	12,1	12,2
2005	148,0	127,8	145,6	11,9	11,8	11,9
2006	138,8	123,3	136,9	11,9	11,9	11,9
2007	151,2	134,0	149,0	11,7	11,7	11,7

20

Tabelle 20.9.3. Arbeitsunfähigkeit der AOK-Mitglieder in der Branche Metallindustrie nach Bundesländern im Jahr 2007 im Vergleich zum Vorjahr

Bundesland	Kran-ken-stand in %	Arbeitsunfähigkeit je 100 AOK-Mitglieder				Tage je Fall	Ver-änd. z. Vorj. in %	AU-Quote in %
		AU-Fälle	Veränd. z. Vorj. in %	AU-Tage	Veränd. z. Vorj. in %			
Baden-Württemberg	4,6	149,4	11,3	1.681,3	8,3	11,3	-2,6	59,4
Bayern	4,2	137,0	9,2	1.541,8	5,6	11,3	-2,6	56,1
Berlin	5,6	134,2	11,2	2.055,2	4,5	15,3	-6,1	51,7
Brandenburg	4,7	138,1	9,6	1.726,6	7,7	12,5	-1,6	54,6
Bremen	5,6	159,0	7,7	2.028,5	12,1	12,8	4,1	58,7
Hamburg	5,7	161,1	11,6	2.095,8	6,6	13,0	-4,4	58,5
Hessen	5,5	164,6	7,0	2.013,3	6,5	12,2	-0,8	61,5
Mecklenburg-Vorpommern	4,7	146,2	9,3	1.733,6	3,9	11,9	-4,8	54,8
Niedersachsen	4,6	158,9	7,7	1.665,8	10,7	10,5	2,9	60,4
Nordrhein-Westfalen	5,3	160,1	7,2	1.946,0	4,2	12,2	-2,4	62,0
Rheinland-Pfalz	5,5	160,0	8,0	1.992,0	8,4	12,5	0,8	59,8
Saarland	5,8	125,5	2,7	2.123,7	1,4	16,9	-1,2	54,3
Sachsen	4,1	129,2	9,1	1.481,8	7,5	11,5	-0,9	55,5
Sachsen-Anhalt	4,6	137,1	8,6	1.672,5	8,3	12,2	0,0	54,5
Schleswig-Holstein	5,3	164,0	8,3	1.934,8	6,8	11,8	-1,7	59,7
Thüringen	4,6	142,7	7,1	1.680,7	5,9	11,8	-0,8	57,2
West	4,8	151,2	8,9	1.762,3	6,4	11,7	-1,7	59,4
Ost	4,3	134,0	8,7	1.567,4	7,1	11,7	-1,7	55,7
Bund	4,8	149,0	8,8	1.737,1	6,4	11,7	-1,7	58,9

Tabelle 20.9.4. Arbeitsunfähigkeit der AOK-Mitglieder in der Branche Metallindustrie nach Wirtschaftsabteilungen im Jahr 2007

Wirtschaftsabteilung	Krankenstand in %		Arbeitsunfähigkeiten je 100 AOK-Mitglieder		Tage je Fall	AU-Quote in %
	2007	2007 stand.*	Fälle	Tage		
Herstellung von Büromaschinen, Datenverarbeitungsgeräten und -einrichtungen	3,9	3,9	136,2	1.412,1	10,4	53,1
Herstellung von Geräten der Elektrizitätserzeugung, -verteilung	4,8	4,6	149,3	1.757,1	11,8	59,0
Herstellung von Kraftwagen und Kraftwagenteilen	5,2	5,2	150,4	1.903,8	12,7	59,8
Herstellung von Metallerzeugnissen	5,0	4,9	153,8	1.826,9	11,9	59,4
Maschinenbau	4,3	4,2	142,6	1.582,2	11,1	58,1
Medizin-, Mess-, Steuer- und Regelungstechnik, Optik	4,0	3,9	141,4	1.452,4	10,3	55,9
Metallerzeugung und -bearbeitung	5,5	5,1	156,9	2.000,7	12,7	62,6
Rundfunk- und Nachrichtentechnik	4,3	4,2	149,5	1.557,8	10,4	56,5
Sonstiger Fahrzeugbau	4,9	4,5	153,4	1.797,6	11,7	59,7
Branche insgesamt	**4,8**	**4,4**	**149,0**	**1.737,1**	**11,7**	**58,9**
Alle Branchen	4,5	4,5	141,2	1.643,4	11,6	51,2

*Krankenstand alters- und geschlechtsstandardisiert

20

Tabelle 20.9.5. Kennzahlen der Arbeitsunfähigkeit der AOK-Mitglieder nach ausgewählten Berufsgruppen in der Branche Metallindustrie im Jahr 2007

Tätigkeit	Kranken-stand in %	Arbeitsunfähigkeiten je 100 AOK-Mitglieder		Tage je Fall	AU-Quote in %	Anteil der Be-rufsgruppe an der Branche in %*
		Fälle	Tage			
Bauschlosser	5,2	162,5	1.912,0	11,8	62,7	2,1
Betriebsschlosser, Repara-turschlosser	4,9	149,1	1.805,1	12,1	61,8	1,7
Bürofachkräfte	2,4	109,6	877,1	8,0	47,1	5,4
Dreher	4,6	154,5	1.667,6	10,8	61,7	3,4
Elektrogeräte-, Elektro-teilemontierer	5,9	170,5	2.139,2	12,5	64,5	3,2
Elektrogerätebauer	3,5	141,2	1.276,6	9,0	57,1	1,5
Elektroinstallateure, -monteure	4,0	130,8	1.455,3	11,1	55,6	2,8
Industriemechaniker	4,6	162,4	1.693,0	10,4	57,3	3,2
Kunststoffverarbeiter	5,8	172,2	2.123,6	12,3	65,4	1,5
Lager-, Transportarbeiter	5,4	154,2	1.960,3	12,7	60,3	2,0
Maschinenschlosser	4,3	145,9	1.587,7	10,9	61,4	5,5
Metallarbeiter	5,7	165,2	2.077,7	12,6	63,4	9,5
Schweißer, Brennschneider	6,0	166,2	2.175,5	13,1	63,7	2,4
Sonstige Mechaniker	3,9	149,4	1.412,2	9,5	57,7	1,8
Sonstige Montierer	6,2	165,4	2.251,2	13,6	63,2	4,1
Sonstige Techniker	2,8	100,9	1.005,7	10,0	47,0	1,5
Stahlbauschlosser, Eisen-schiffbauer	5,7	161,4	2.084,6	12,9	63,9	1,7
Warenaufmacher, Versand-fertigmacher	5,7	158,8	2.078,9	13,1	62,5	1,6
Warenprüfer, -sortierer	5,0	145,8	1.812,7	12,4	59,9	1,5
Werkzeugmacher	3,8	142,6	1.378,2	9,7	59,9	2,6
Branche insgesamt	**4,8**	**149,0**	**1.737,1**	**11,7**	**58,9**	**13,1****

* Anteil der AOK-Mitglieder in der Berufsgruppe an den in der Branche beschäftigten AOK-Mitgliedern insgesamt
** Anteil der AOK-Mitglieder in der Branche an allen AOK-Mitgliedern

Tabelle 20.9.6. Dauer der Arbeitsunfähigkeit der AOK-Mitglieder in der Branche Metallindustrie im Jahr 2007

Fallklasse	Branche hier		alle Branchen	
	Anteil Fälle in %	Anteil Tage in %	Anteil Fälle in %	Anteil Tage in %
1–3 Tage	36,2	6,2	35,7	6,1
4–7 Tage	28,7	12,2	29,6	12,8
8–14 Tage	17,5	15,6	17,5	15,6
15–21 Tage	6,5	9,7	6,4	9,6
22–28 Tage	3,4	7,2	3,3	7,0
29–42 Tage	3,5	10,2	3,3	9,7
Langzeit-AU (> 42 Tage)	4,3	38,9	4,2	39,2

Tabelle 20.9.7. Tage der Arbeitsunfähigkeit je AOK-Mitglied nach Wirtschaftsabteilung und Betriebsgröße in der Branche Metallindustrie im Jahr 2007

Wirtschaftsabteilungen	Betriebsgröße (Anzahl der AOK-Mitglieder)					
	10–49	50–99	100–199	200–499	500–999	≥ 1.000
Herstellung von Büromaschinen, Datenverarbeitungsgeräten und -einrichtungen	13,7	13,6	18,4	19,0	12,2	–
Herstellung von Geräten der Elektrizitätserzeugung, -verteilung	15,6	18,3	18,4	19,3	20,2	18,2
Herstellung von Kraftwagen und Kraftwagenteilen	16,6	18,7	18,9	19,8	19,6	19,5
Herstellung von Metallerzeugnissen	18,2	19,1	19,7	19,7	20,0	16,8
Maschinenbau	15,7	15,9	16,3	16,5	17,0	16,7
Medizin-, Mess-, Steuer- und Regelungstechnik, Optik	14,0	15,0	17,1	17,8	16,9	–
Metallerzeugung und -bearbeitung	19,1	20,6	19,9	20,7	21,4	21,3
Rundfunk- und Nachrichtentechnik	15,1	15,7	16,7	18,0	15,5	12,4
Sonstiger Fahrzeugbau	17,3	18,7	18,5	20,2	19,8	14,3
Branche insgesamt	**16,7**	**17,8**	**18,2**	**18,8**	**18,7**	**18,6**
Alle Branchen	**16,8**	**18,4**	**18,7**	**19,0**	**19,6**	**18,2**

20

Tabelle 20.9.8. Krankenstand in Prozent nach der Stellung im Beruf in der Branche Metallindustrie im Jahr 2007, AOK-Mitglieder

Wirtschaftsabteilung	Stellung im Beruf				
	Auszu-bildende	Arbeiter	Fachar-beiter	Meister, Poliere	Ange-stellte
Herstellung von Büromaschinen, Datenver-arbeitungsgeräten und -einrichtungen	2,6	5,6	4,4	3,9	2,4
Herstellung von Geräten der Elektrizitäts-erzeugung, -verteilung	2,7	5,9	4,5	2,9	2,4
Herstellung von Kraftwagen und Kraftwagenteilen	2,9	6,1	4,9	3,3	2,4
Herstellung von Metallerzeugnissen	3,6	5,8	4,9	3,6	2,5
Maschinenbau	2,9	5,5	4,5	3,0	2,3
Medizin-, Mess-, Steuer- und Regelungs-technik, Optik	2,8	5,2	3,9	2,3	2,4
Metallerzeugung und -bearbeitung	3,0	6,3	5,1	4,5	2,4
Rundfunk-, Fernseh- und Nachrichten-technik	2,7	5,6	3,9	1,9	2,5
Sonstiger Fahrzeugbau	3,2	5,6	5,5	3,3	2,6
Branche insgesamt	3,1	5,8	4,7	3,3	2,4
Alle Branchen	3,7	5,4	4,8	3,7	3,3

Tabelle 20.9.9. Tage der Arbeitsunfähigkeit je AOK-Mitglied nach der Stellung im Beruf in der Branche Metallindustrie im Jahr 2007

Wirtschaftsabteilung	Stellung im Beruf				
	Auszu-bildende	Arbeiter	Fachar-beiter	Meister, Poliere	Ange-stellte
Herstellung von Büromaschinen, Datenver-arbeitungsgeräten und -einrichtungen	9,5	20,4	16,0	14,2	8,6
Herstellung von Geräten der Elektrizitäts-erzeugung, -verteilung	9,9	21,4	16,3	10,7	8,6
Herstellung von Kraftwagen und Kraftwagenteilen	10,5	22,3	18,0	12,1	8,9
Herstellung von Metallerzeugnissen	13,0	21,2	17,9	13,0	9,3
Maschinenbau	10,5	19,9	16,6	10,9	8,6
Medizin-, Mess-, Steuer- und Regelungs-technik, Optik	10,3	19,0	14,1	8,4	8,8
Metallerzeugung und -bearbeitung	11,0	23,0	18,7	16,5	8,8
Rundfunk-, Fernseh- und Nachrichten-technik	9,8	20,3	14,3	6,8	9,3
Sonstiger Fahrzeugbau	11,7	20,5	20,2	11,9	9,5
Branche insgesamt	**11,2**	**21,2**	**17,2**	**11,9**	**8,9**
Alle Branchen	13,4	19,8	17,4	13,3	11,9

Tabelle 20.9.10. Anteil der Arbeitsunfälle an den AU-Fällen und -Tagen in Prozent nach Wirtschaftsabteilungen in der Branche Metallindustrie im Jahr 2007, AOK-Mitglieder

Wirtschaftsabteilung	Arbeitsunfähigkeiten	
	AU-Fälle in %	AU-Tage in %
Herstellung von Büromaschinen, Datenverarbeitungsgeräten und -einrichtungen	2,3	2,5
Herstellung von Geräten der Elektrizitätserzeugung, -verteilung	3,2	3,8
Herstellung von Kraftwagen und Kraftwagenteilen	4,0	4,1
Herstellung von Metallerzeugnissen	7,0	7,9
Maschinenbau	5,7	6,4
Medizin-, Mess-, Steuer- und Regelungstechnik, Optik und Herstellung von Uhren	2,6	3,3
Metallerzeugung und -bearbeitung	7,6	8,3
Rundfunk- und Nachrichtentechnik	2,2	2,9
Sonstiger Fahrzeugbau	6,5	7,5
Branche insgesamt	**5,5**	**6,1**
Alle Branchen	**4,5**	**5,7**

Tabelle 20.9.11. Tage und Fälle der Arbeitsunfähigkeit durch Arbeitsunfälle nach Berufsgruppen in der Branche Metallindustrie im Jahr 2007, AOK-Mitglieder

Tätigkeit	Arbeitsunfähigkeit je 1.000 AOK-Mitglieder	
	AU-Tage	AU-Fälle
Halbzeugputzer und sonstige Formgießerberufe	2.559,1	220,9
Stahlschmiede	2.513,2	176,8
Stahlbauschlosser, Eisenschiffbauer	2.347,8	164,5
Bauschlosser	2.051,2	159,0
Industriemechaniker	2.034,3	167,4
Schweißer, Brennschneider	1.941,5	152,2
Landmaschineninstandsetzer	1.748,0	169,8
Betriebsschlosser, Reparaturschlosser	1.607,4	122,4
Feinblechner	1.432,2	127,2
Blechpresser, -zieher, -stanzer	1.365,0	91,2
Maschinenschlosser	1.325,7	103,9
Metallschleifer	1.238,6	101,6
Metallarbeiter	1.202,9	87,5
Lager-, Transportarbeiter	1.042,3	66,7
Fräser	997,5	93,3
Dreher	968,0	85,1
Sonstige Mechaniker	930,6	87,3
Elektroinstallateure, -monteure	899,7	60,7
Werkzeugmacher	886,0	82,7
Sonstige Montierer	721,1	50,7

20

Tabelle 20.9.12. Tage der Arbeitsunfähigkeit je 100 AOK-Mitglieder nach Krankheitsarten in der Branche Metallindustrie in den Jahren 2000 bis 2007

Jahr	AU-Tage je 100 Mitglieder					
	Psyche	Herz/Kreis-lauf	Atemwege	Verdauung	Muskel/ Skelett	Verlet-zungen
2000	125,2	163,1	332,7	148,6	655,7	343,6
2001	134,9	165,4	310,6	149,9	672,0	338,9
2002	141,7	164,9	297,9	151,1	671,3	338,9
2003	134,5	156,5	296,8	142,2	601,3	314,5
2004	151,3	168,4	258,0	143,5	574,9	305,3
2005	150,7	166,7	300,6	136,0	553,4	301,1
2006	147,1	163,0	243,0	135,7	541,1	304,5
2007	154,4	164,0	275,3	142,2	560,3	303,9

Tabelle 20.9.13. Fälle der Arbeitsunfähigkeit je 100 AOK-Mitglieder nach Krankheitsarten in der Branche Metallindustrie in den Jahren 2000 bis 2007

Jahr	AU-Fälle je 100 Mitglieder					
	Psyche	Herz/Kreis-lauf	Atemwege	Verdauung	Muskel/ Skelett	Verlet-zungen
2000	5,6	8,5	46,5	20,8	39,1	23,5
2001	6,4	9,1	45,6	21,6	40,8	23,4
2002	6,8	9,4	44,1	22,5	41,1	23,1
2003	6,7	9,3	45,1	21,5	37,9	21,7
2004	6,8	8,7	38,0	21,0	36,1	20,4
2005	6,6	8,7	44,4	19,6	35,3	19,9
2006	6,5	8,8	36,7	20,3	35,1	20,2
2007	6,9	8,8	42,1	21,8	36,0	20,2

Tabelle 20.9.14. Verteilung der Arbeitsunfähigkeitstage nach Krankheitsarten in Prozent in der Branche Metallindustrie im Jahr 2007, AOK-Mitglieder

Wirtschaftsabteilung	AU-Tage in %						
	Psyche	Herz/ Kreislauf	Atem- wege	Verdau- ung	Muskel/ Skelett	Verlet- zungen	Sonstige
Herstellung von Büromaschinen, Datenverarbeitungsgeräten und -einrichtungen	8,1	6,6	14,7	6,4	23,6	10,3	30,3
Herstellung von Geräten der Elektri- zitätserzeugung, -verteilung	8,0	7,1	12,7	6,5	25,6	10,7	29,5
Herstellung von Kraftwagen und Kraftwagenteilen	7,4	7,3	12,6	6,3	27,5	11,9	27,0
Herstellung von Metallerzeugnissen	6,6	7,5	11,7	6,2	25,7	15,3	27,1
Maschinenbau	6,4	7,6	12,4	6,6	24,3	14,5	28,2
Medizin-, Mess-, Steuer- und Regelungstechnik, Optik und Herstellung von Uhren	8,7	6,7	13,8	6,7	21,9	10,8	31,4
Metallerzeugung und -bearbeitung	6,0	8,0	12,0	6,3	26,0	15,1	26,6
Rundfunk- und Nachrichtentechnik	9,3	6,2	14,3	6,9	22,8	9,8	30,6
Sonstiger Fahrzeugbau	5,5	7,6	12,6	6,4	24,8	15,3	27,8
Branche insgesamt	**7,0**	**7,4**	**12,4**	**6,4**	**25,2**	**13,7**	**27,9**
Alle Branchen	**8,2**	**6,9**	**12,4**	**6,5**	**24,2**	**12,8**	**29,0**

20

Tabelle 20.9.15. Verteilung der Arbeitsunfähigkeitsfälle nach Krankheitsarten in Prozent in der Branche Metallindustrie im Jahr 2007, AOK-Mitglieder

Wirtschaftsabteilung	AU-Fälle in %						
	Psyche	Herz/ Kreislauf	Atem- wege	Verdau- ung	Muskel/ Skelett	Verlet- zungen	Sonstige
Herstellung von Büromaschinen, Datenverarbeitungsgeräten und -einrichtungen	4,3	4,9	24,9	11,8	16,2	7,1	30,8
Herstellung von Geräten der Elektrizitätserzeugung, -verteilung	4,2	4,8	22,3	11,7	18,8	8,1	30,2
Herstellung von Kraftwagen und Kraftwagenteilen	3,9	4,9	21,7	11,1	20,9	9,3	28,2
Herstellung von Metallerzeugnissen	3,4	4,6	21,3	11,3	19,4	12,2	27,9
Maschinenbau	3,2	4,6	22,6	11,6	18,2	11,2	28,6
Medizin-, Mess-, Steuer- und Regelungstechnik, Optik und Herstellung von Uhren	4,3	4,5	23,9	12,3	15,7	7,6	31,7
Metallerzeugung und -bearbeitung	3,3	4,8	21,1	10,9	20,4	12,2	27,2
Rundfunk- und Nachrichtentechnik	4,7	4,3	24,3	12,4	16,3	7,0	31,0
Sonstiger Fahrzeugbau	3,2	4,5	22,1	11,6	19,3	11,6	27,8
Branche insgesamt	**3,6**	**4,6**	**22,1**	**11,5**	**18,9**	**10,6**	**28,6**
Alle Branchen	**4,2**	**4,4**	**22,2**	**11,8**	**17,7**	**9,4**	**30,3**

Tabelle 20.9.16. Anteile der 40 häufigsten Einzeldiagnosen an den AU-Fällen und AU-Tagen in der Branche Metallindustrie im Jahr 2007, AOK-Mitglieder

ICD-10	Bezeichnung	AU-Fälle in %	AU-Tage in %
M54	Rückenschmerzen	7,5	7,3
J06	Akute Infektionen der oberen Atemwege	6,5	2,9
J20	Akute Bronchitis	3,2	1,7
K52	Nichtinfektiöse Gastroenteritis und Kolitis	3,2	1,2
J40	Nicht akute Bronchitis	2,5	1,3
A09	Diarrhoe und Gastroenteritis	2,3	0,8
K08	Sonstige Krankheiten der Zähne und des Zahnhalteapparates	2,3	0,4
T14	Verletzung an einer nicht näher bezeichneten Körperregion	1,8	1,6
I10	Essentielle Hypertonie	1,7	2,6
B34	Viruskrankheit	1,5	0,6
K29	Gastritis und Duodenitis	1,4	0,8
J03	Akute Tonsillitis	1,3	0,6
J01	Akute Sinusitis	1,2	0,6
R10	Bauch- und Beckenschmerzen	1,1	0,6
J02	Akute Pharyngitis	1,1	0,5
M53	Sonstige Krankheiten der Wirbelsäule und des Rückens	1,1	1,3
J32	Chronische Sinusitis	1,1	0,6
M51	Sonstige Bandscheibenschäden	1,0	2,3
M77	Sonstige Enthesopathien	0,9	1,1
M75	Schulterläsionen	0,9	1,6
F32	Depressive Episode	0,9	1,8
J11	Grippe	0,8	0,4
R51	Kopfschmerz	0,8	0,4
M99	Biomechanische Funktionsstörungen	0,8	0,6
M25	Sonstige Gelenkkrankheiten	0,8	0,8
M23	Binnenschädigung des Kniegelenkes	0,8	1,4
M79	Sonstige Krankheiten des Weichteilgewebes	0,6	0,6
S93	Luxation, Verstauchung und Zerrung der Gelenke und Bänder in Höhe des oberen Sprunggelenkes und des Fußes	0,6	0,7

20

Tabelle 20.9.16. Fortsetzung

ICD-10	Bezeichnung	AU-Fälle in %	AU-Tage in %
B99	Sonstige Infektionskrankheiten	0,6	0,3
R50	Fieber unbekannter Ursache	0,6	0,3
T15	Fremdkörper im äußeren Auge	0,6	0,1
R42	Schwindel und Taumel	0,6	0,4
J04	Akute Laryngitis und Tracheitis	0,6	0,3
S61	Offene Wunde des Handgelenkes und der Hand	0,6	0,6
M47	Spondylose	0,6	0,7
F43	Reaktionen auf schwere Belastungen und Anpassungsstörungen	0,5	0,8
R11	Übelkeit und Erbrechen	0,5	0,3
J98	Sonstige Krankheiten der Atemwege	0,5	0,3
M65	Synovitis und Tenosynovitis	0,5	0,6
S60	Oberflächliche Verletzung des Handgelenkes und der Hand	0,5	0,4
	Summe hier	**56,4**	**42,2**
	Restliche	43,6	57,8
	Gesamtsumme	**100,0**	**100,0**

Tabelle 20.9.17. Anteile der 40 häufigsten Diagnoseuntergruppen an den AU-Fällen und AU-Tagen in der Branche Metallindustrie im Jahr 2007, AOK-Mitglieder

ICD-10	Bezeichnung	AU-Fälle in %	AU-Tage in %
J00–J06	Akute Infektionen der oberen Atemwege	11,1	5,0
M40–M54	Krankheiten der Wirbelsäule und des Rückens	10,2	12,1
M60–M79	Krankheiten der Weichteilgewebe	4,1	5,3
J40–J47	Chronische Krankheiten der unteren Atemwege	3,9	2,6
J20–J22	Sonstige akute Infektionen der unteren Atemwege	3,7	2,0
K50–K52	Nichtinfektiöse Enteritis und Kolitis	3,6	1,4
M00–M25	Arthropathien	3,3	5,7
A00–A09	Infektiöse Darmkrankheiten	3,0	1,1
K00–K14	Krankheiten der Mundhöhle, Speicheldrüsen und Kiefer	2,9	0,6
R50–R69	Allgemeinsymptome	2,8	2,0
K20–K31	Krankheiten des Ösophagus, Magens und Duodenums	2,2	1,3
T08–T14	Verletzungen Rumpf, Extremitäten u. a. Körperregionen	2,2	1,9
S60–S69	Verletzungen des Handgelenkes und der Hand	1,9	2,6
I10–I15	Hypertonie	1,9	3,0
R10–R19	Symptome bzgl. Verdauungssystem und Abdomen	1,9	1,1
J30–J39	Sonstige Krankheiten der oberen Atemwege	1,7	1,1
B25–B34	Sonstige Viruskrankheiten	1,7	0,7
F40–F48	Neurotische, Belastungs- und somatoforme Störungen	1,6	2,4
J10–J18	Grippe und Pneumonie	1,3	0,9
S90–S99	Verletzungen der Knöchelregion und des Fußes	1,2	1,5
G40–G47	Episod. und paroxysmale Krankheiten des Nervensystems	1,1	0,9
R00–R09	Symptome bzgl. Kreislauf- und Atmungssystem	1,1	0,8
F30–F39	Affektive Störungen	1,1	2,6
S80–S89	Verletzungen des Knies und des Unterschenkels	1,1	2,1
M95–M99	Sonstige Krankheiten des Muskel-Skelett-Systems und des Bindegewebes	0,9	0,7

20

Tabelle 20.9.17. Fortsetzung

ICD-10	Bezeichnung	AU-Fälle in %	AU-Tage in %
I80–I89	Krankheiten der Venen, Lymphgefäße und -knoten	0,9	1,0
E70–E90	Stoffwechselstörungen	0,8	1,5
S00–S09	Verletzungen des Kopfes	0,8	0,7
G50–G59	Krankheiten von Nerven, Nervenwurzeln und Nervenplexus	0,7	1,2
R40–R46	Symptome bzgl. Wahrnehmung, Stimmung, Verhalten	0,7	0,6
K55–K63	Sonstige Krankheiten des Darmes	0,7	0,7
F10–F19	Psychische und Verhaltensstörungen durch psychotrope Substanzen	0,7	1,4
B99–B99	Sonstige Infektionskrankheiten	0,7	0,3
I20–I25	Ischämische Herzkrankheiten	0,7	1,5
L00–L08	Infektionen der Haut und der Unterhaut	0,7	0,7
T15–T19	Folgen des Eindringens eines Fremdkörpers	0,6	0,1
N30–N39	Sonstige Krankheiten des Harnsystems	0,6	0,5
J95–J99	Sonstige Krankheiten des Atmungssystems	0,6	0,4
I30–I52	Sonstige Formen der Herzkrankheit	0,6	1,1
E10–E14	Diabetes mellitus	0,6	1,1
	Summe hier	**81,9**	**74,2**
	Restliche	18,1	25,8
	Gesamtsumme	**100,0**	**100,0**

20.10 Öffentliche Verwaltung

20

Tabelle 20.10.1. Entwicklung des Krankenstands der AOK-Mitglieder in der Branche Öffentliche Verwaltung in den Jahren 1994 bis 2007

Jahr	Krankenstand in %		
	West	Ost	Bund
1994	7,3	5,9	6,9
1995	6,9	6,3	6,8
1996	6,4	6,0	6,3
1997	6,2	5,8	6,1
1998	6,3	5,7	6,2
1999	6,6	6,2	6,5
2000	6,4	5,9	6,3
2001	6,1	5,9	6,1
2002	6,0	5,7	5,9
2003	5,7	5,3	5,6
2004	5,3	5,0	5,2
2005*	5,3	4,5	5,1
2006	5,1	4,7	5,0
2007	5,3	4,8	5,2

* ohne Sozialversicherung/Arbeitsförderung

Tabelle 20.10.2. Anzahl der Fälle und Dauer der Arbeitsunfähigkeit der AOK-Mitglieder in der Branche Öffentliche Verwaltung in den Jahren 1994 bis 2007

Jahr	AU-Fälle je 100 Mitglieder			Tage je Fall		
	West	Ost	Bund	West	Ost	Bund
1994	161,2	129,1	152,0	16,2	14,9	15,9
1995	166,7	156,3	164,1	15,6	14,9	15,4
1996	156,9	155,6	156,6	15,4	14,7	15,2
1997	158,4	148,8	156,3	14,4	14,1	14,3
1998	162,6	150,3	160,0	14,2	13,8	14,1
1999	170,7	163,7	169,3	13,8	13,6	13,8
2000	172,0	174,1	172,5	13,6	12,3	13,3
2001	165,8	161,1	164,9	13,5	13,3	13,5
2002	167,0	161,9	166,0	13,0	12,9	13,0
2003	167,3	158,8	165,7	12,4	12,2	12,3
2004	154,8	152,2	154,3	12,5	12,0	12,4
2005*	154,1	134,3	150,0	12,6	12,2	12,5
2006	148,7	144,7	147,9	12,5	11,8	12,3
2007	155,5	151,1	154,6	12,4	11,7	12,3

* ohne Sozialversicherung/Arbeitsförderung

20

Tabelle 20.10.3. Arbeitsunfähigkeit der AOK-Mitglieder in der Branche Öffentliche Verwaltung nach Bundesländern im Jahr 2007 im Vergleich zum Vorjahr

Bundesland	Kranken- stand in %	Arbeitsunfähigkeit je 100 AOK-Mitglieder				Tage je Fall	Veränd. z. Vorj. in %	AU- Quote in %
		AU- Fälle	Veränd. z. Vorj. in %	AU- Tage	Veränd. z. Vorj. in %			
Baden-Württemberg	4,7	145,2	6,1	1.728,8	4,0	11,9	-2,5	57,5
Bayern	4,8	134,2	5,2	1.736,4	3,2	12,9	-2,3	55,2
Berlin	5,3	153,9	1,7	1.937,2	-1,1	12,6	-2,3	55,1
Brandenburg	5,9	166,8	9,5	2.148,8	7,4	12,9	-1,5	62,6
Bremen	6,7	172,7	1,9	2.434,5	7,1	14,1	5,2	61,4
Hamburg	6,0	171,7	8,0	2.201,7	8,0	12,8	0,0	57,4
Hessen	6,2	182,0	4,7	2.249,4	3,5	12,4	-0,8	62,8
Mecklenburg-Vorpommern	6,2	173,3	2,4	2.250,1	10,4	13,0	8,3	63,3
Niedersachsen	5,4	169,0	3,4	1.964,0	8,2	11,6	4,5	61,5
Nordrhein-Westfalen	5,9	172,2	4,2	2.137,4	3,2	12,4	-0,8	61,5
Rheinland-Pfalz	5,9	169,1	4,3	2.136,4	4,9	12,6	0,0	60,7
Saarland	6,8	158,8	-1,4	2.492,5	-0,6	15,7	0,6	60,4
Sachsen	4,4	144,1	4,1	1.594,4	3,5	11,1	0,0	58,1
Sachsen-Anhalt	5,0	149,6	4,2	1.810,5	2,8	12,1	-1,6	57,5
Schleswig-Holstein	6,0	162,5	2,1	2.203,1	5,2	13,6	3,0	60,6
Thüringen	5,1	156,0	3,6	1.845,7	-1,9	11,8	-5,6	58,8
West	5,3	155,5	4,6	1.930,6	4,0	12,4	-0,8	58,9
Ost	4,8	151,1	4,4	1.767,1	3,6	11,7	-0,8	59,0
Bund	5,2	154,6	4,5	1.897,9	4,0	12,3	0,0	58,9

Tabelle 20.10.4. Arbeitsunfähigkeit der AOK-Mitglieder in der Branche Öffentliche Verwaltung nach Wirtschaftsabteilungen im Jahr 2007

Wirtschaftsabteilung	Krankenstand in %		Arbeitsunfähigkeiten je 100 AOK-Mitglieder		Tage je Fall	AU-Quote in %
	2007	2007 stand.*	Fälle	Tage		
Exterritoriale Organisationen und Körperschaften	6,9	6,1	188,7	2.531,9	13,4	65,5
Öffentliche Verwaltung	5,2	4,7	151,6	1.896,0	12,5	57,9
Sozialversicherung und Arbeitsförderung	4,3	4,0	151,1	1.575,2	10,4	60,6
Branche insgesamt	5,2	4,7	154,6	1.897,9	12,3	58,9
Alle Branchen	4,5	4,5	141,2	1.643,4	11,6	51,2

* Krankenstand alters- und geschlechtsstandardisiert

20

Tabelle 20.10.5. Kennzahlen der Arbeitsunfähigkeit der AOK-Mitglieder nach ausgewählten Berufsgruppen in der Branche Öffentliche Verwaltung im Jahr 2007

Tätigkeit	Kranken-stand in %	Arbeitsunfähigkeiten je 100 AOK-Mitglieder		Tage je Fall	AU-Quote in %	Anteil der Be-rufsgruppe an der Branche in %*
		Fälle	Tage			
Bauhilfsarbeiter	6,7	170,8	2.437,2	14,3	66,6	2,8
Bürofachkräfte	4,1	146,5	1.495,4	10,2	58,5	26,5
Bürohilfskräfte	6,4	168,0	2.349,4	14,0	61,2	1,1
Gärtner, Gartenarbeiter	7,3	221,3	2.653,9	12,0	69,3	2,6
Kindergärtnerinnen, Kinderpflegerinnen	4,0	168,3	1.456,5	8,7	62,7	5,8
Köche	8,3	199,0	3.025,8	15,2	68,7	2,0
Kraftfahrzeugführer	6,7	165,5	2.458,3	14,9	64,9	1,8
Krankenschwestern, -pfleger, Hebammen	4,3	121,1	1.571,5	13,0	53,7	1,2
Lager-, Transportarbeiter	6,9	182,9	2.505,5	13,7	65,9	2,2
Leitende und adminis-trativ entscheidende Verwaltungsfachleute	2,7	94,4	994,9	10,5	39,1	1,2
Pförtner, Hauswarte	5,2	115,3	1.899,8	16,5	52,9	3,3
Raum-, Hausratreiniger	7,1	156,1	2.579,2	16,5	62,7	9,3
Real-, Volks-, Sonderschul-lehrer	3,4	118,5	1.238,4	10,5	49,6	2,4
Sozialarbeiter, Sozial-pfleger	4,4	141,6	1.607,2	11,3	55,4	1,4
Stenographen, Stenoty-pistinnen, Maschinen-schreiber	4,9	155,6	1.795,9	11,5	61,8	2,3
Straßenreiniger, Abfallbe-seitiger	8,1	202,4	2.941,6	14,5	70,5	1,8
Straßenwarte	6,6	205,3	2.425,6	11,8	72,9	1,2
Wächter, Aufseher	6,4	157,8	2.345,2	14,9	58,5	1,0
Waldarbeiter, Waldnutzer	7,3	199,6	2.681,9	13,4	72,3	1,5
Branche insgesamt	**5,2**	**154,6**	**1.897,9**	**12,3**	**58,9**	**6,5****

* Anteil der AOK-Mitglieder in der Berufsgruppe an den in der Branche beschäftigten AOK-Mitgliedern insgesamt
**Anteil der AOK-Mitglieder in der Branche an allen AOK-Mitgliedern

Tabelle 20.10.6. Dauer der Arbeitsunfähigkeit der AOK-Mitglieder in der Branche Öffentliche Verwaltung im Jahr 2007

Fallklasse	Branche hier		alle Branchen	
	Anteil Fälle in %	Anteil Tage in %	Anteil Fälle in %	Anteil Tage in %
1–3 Tage	34,3	5,5	35,7	6,1
4–7 Tage	27,6	11,2	29,6	12,8
8–14 Tage	18,8	15,9	17,5	15,6
15–21 Tage	7,1	10,0	6,4	9,6
22–28 Tage	4,0	7,8	3,3	7,0
29–42 Tage	3,9	10,9	3,3	9,7
Langzeit-AU (> 42 Tage)	4,5	38,7	4,2	39,2

Tabelle 20.10.7. Tage der Arbeitsunfähigkeit je AOK-Mitglied nach Wirtschaftsabteilung und Betriebsgröße in der Branche Öffentliche Verwaltung im Jahr 2007

Wirtschaftsabteilungen	Betriebsgröße (Anzahl der AOK-Mitglieder)					
	10–49	50–99	100–199	200–499	500–999	≥ 1.000
Exterritoriale Organisationen und Körperschaften	15,3	17,7	26,3	25,9	27,0	27,2
Öffentliche Verwaltung	18,1	18,9	19,7	20,8	23,5	18,7
Sozialversicherung und Arbeitsförderung	16,1	17,1	14,6	18,3	16,2	15,2
Branche insgesamt	18,1	18,9	19,2	20,9	22,3	18,9
Alle Branchen	16,8	18,4	18,7	19,0	19,6	18,2

Tabelle 20.10.8. Krankenstand in Prozent nach der Stellung im Beruf in der Branche Öffentliche Verwaltung im Jahr 2007, AOK-Mitglieder

Wirtschaftsabteilung	Stellung im Beruf				
	Auszubildende	Arbeiter	Facharbeiter	Meister, Poliere	Angestellte
Exterritoriale Organisationen und Körperschaften	6,2	7,7	8,9	6,6	5,6
Öffentliche Verwaltung	3,1	7,8	6,3	4,2	4,2
Sozialversicherung und Arbeitsförderung	2,7	7,1	5,5	4,4	4,1
Branche insgesamt	3,1	7,9	6,4	4,3	4,2
Alle Branchen	3,7	5,4	4,8	3,7	3,3

20

Tabelle 20.10.9. Tage der Arbeitsunfähigkeit je AOK-Mitglied nach der Stellung im Beruf in der Branche Öffentliche Verwaltung im Jahr 2007

Wirtschaftsabteilung	Stellung im Beruf				
	Auszubil-dende	Arbeiter	Facharbeiter	Meister, Poliere	Angestellte
Exterritoriale Organisatio-nen und Körperschaften	22,8	28,2	32,5	23,9	20,4
Öffentliche Verwaltung	11,3	28,4	23,0	15,4	15,3
Sozialversicherung und Arbeitsförderung	9,7	26,0	19,9	16,2	14,8
Branche insgesamt	11,2	28,9	23,5	15,8	15,5
Alle Branchen	13,4	19,8	17,4	13,3	11,9

Tabelle 20.10.10. Anteil der Arbeitsunfälle an den AU-Fällen und -Tagen in Prozent nach Wirtschaftsabteilungen in der Branche Öffentliche Verwaltung im Jahr 2007, AOK-Mitglieder

Wirtschaftsabteilung	Arbeitsunfähigkeiten	
	AU-Fälle in %	AU-Tage in %
Exterritoriale Organisationen und Körperschaften	2,4	2,8
Öffentliche Verwaltung	3,0	3,8
Sozialversicherung und Arbeitsförderung	1,0	1,4
Branche insgesamt	2,7	3,4
Alle Branchen	4,5	5,7

Tabelle 20.10.11. Tage und Fälle der Arbeitsunfähigkeit durch Arbeitsunfälle nach Berufsgruppen in der Branche Öffentliche Verwaltung im Jahr 2007, AOK-Mitglieder

Tätigkeit	Arbeitsunfähigkeit je 1.000 AOK-Mitglieder	
	AU-Tage	AU-Fälle
Waldarbeiter, Waldnutzer	3.349,8	192,4
Tischler	1.980,6	123,1
Straßenreiniger, Abfallbeseitiger	1.787,8	111,8
Straßenbauer	1.729,3	111,8
Bauhilfsarbeiter	1.694,3	109,5
Straßenwarte	1.662,4	118,7
Gärtner, Gartenarbeiter	1.576,5	113,9
Lager-, Transportarbeiter	1.367,8	78,8
Kraftfahrzeuginstandsetzer	1.323,2	88,6
Kraftfahrzeugführer	1.004,6	61,3
Köche	802,5	50,6
Elektroinstallateure, -monteure	782,2	57,7
Wächter, Aufseher	780,1	44,7
Pförtner, Hauswarte	763,9	43,5
Raum-, Hausratreiniger	588,4	28,1
Kindergärtnerinnen, Kinderpflegerinnen	275,4	24,7
Real-, Volks-, Sonderschullehrer	193,4	17,4
Bürofachkräfte	191,2	13,9

Tabelle 20.10.12. Tage der Arbeitsunfähigkeit je 100 AOK-Mitglieder nach Krankheitsarten in der Branche Öffentliche Verwaltung in den Jahren 1995 bis 2007

Jahr	AU-Tage je 100 Mitglieder					
	Psyche	Herz/Kreis-lauf	Atemwege	Verdauung	Muskel/ Skelett	Verlet-zungen
1995	168,1	272,1	472,7	226,4	847,3	327,6
1996	165,0	241,9	434,5	199,8	779,1	312,4
1997	156,7	225,2	395,1	184,0	711,5	299,8
1998	165,0	214,1	390,7	178,4	720,0	288,1
1999	176,0	207,0	427,8	179,1	733,3	290,5
2000	198,5	187,3	392,0	160,6	749,6	278,9
2001	208,7	188,4	362,4	157,4	745,4	272,9
2002	210,1	182,7	344,1	157,9	712,8	267,9
2003	203,2	170,5	355,1	151,5	644,3	257,9
2004	213,8	179,9	313,1	153,1	619,0	251,5
2005*	211,4	179,4	346,2	142,3	594,5	252,5
2006	217,8	175,5	297,4	142,8	585,5	248,5
2007	234,4	178,3	326,0	148,6	600,6	239,2

* ohne Sozialversicherung/Arbeitsförderung

Tabelle 20.10.13. Fälle der Arbeitsunfähigkeit je 100 AOK-Mitglieder nach Krankheitsarten in der Branche Öffentliche Verwaltung in den Jahren 1995 bis 2007

Jahr	AU-Fälle je 100 Mitglieder					
	Psyche	Herz/Kreis-lauf	Atemwege	Verdauung	Muskel/Skelett	Verlet-zungen
1995	4,2	9,1	39,5	20,5	30,8	22,9
1996	3,3	7,4	35,5	19,4	29,8	23,9
1997	3,4	7,4	34,3	19,3	29,7	23,9
1998	3,9	7,8	36,9	19,8	31,5	23,7
1999	4,5	8,2	42,0	21,7	34,0	23,7
2000	8,1	10,1	50,5	21,3	41,4	17,4
2001	8,9	10,8	48,7	21,7	41,8	17,1
2002	9,4	10,9	47,7	23,0	41,6	17,1
2003	9,4	11,1	50,5	22,8	39,3	16,5
2004	9,6	10,2	43,6	22,5	37,9	15,5
2005*	9,4	10,1	47,2	19,7	36,4	15,1
2006	9,4	10,2	42,0	21,3	35,9	15,0
2007	9,9	10,1	46,2	22,3	36,1	14,1

* ohne Sozialversicherung/Arbeitsförderung

20

Tabelle 20.10.14. Verteilung der Arbeitsunfähigkeitstage nach Krankheitsarten in Prozent in der Branche Öffentliche Verwaltung im Jahr 2007, AOK-Mitglieder

Wirtschaftsabteilung	AU-Tage in %						
	Psyche	Herz/ Kreislauf	Atem- wege	Verdau- ung	Muskel/ Skelett	Verlet- zungen	Sonstige
Exterritoriale Organisatio- nen und Körperschaften	8,3	8,4	12,1	6,1	25,6	8,8	30,7
Öffentliche Verwaltung	9,3	7,3	12,9	5,9	24,6	10,0	30,0
Sozialversicherung und Arbeitsförderung	11,6	6,1	15,6	6,5	18,9	7,5	33,8
Branche insgesamt	9,5	7,2	13,1	6,0	24,2	9,6	30,3
Alle Branchen	8,2	6,9	12,4	6,5	24,2	12,8	29,0

Tabelle 20.10.15. Verteilung der Arbeitsunfähigkeitsfälle nach Krankheitsarten in Prozent in der Branche Öffentliche Verwaltung im Jahr 2007, AOK-Mitglieder

Wirtschaftsabteilung	AU-Fälle in %						
	Psyche	Herz/ Kreislauf	Atem- wege	Verdau- ung	Muskel/ Skelett	Verlet- zungen	Sonstige
Exterritoriale Organisatio- nen und Körperschaften	5,0	5,5	20,6	10,2	21,3	6,8	30,6
Öffentliche Verwaltung	4,9	5,0	22,8	11,0	18,2	7,3	30,8
Sozialversicherung und Arbeitsförderung	5,3	4,5	25,7	12,0	13,2	5,2	34,1
Branche insgesamt	4,9	5,0	22,9	11,1	17,9	7,0	31,2
Alle Branchen	4,2	4,4	22,2	11,8	17,7	9,4	30,3

Tabelle 20.10.16. Anteile der 40 häufigsten Einzeldiagnosen an den AU-Fällen und AU-Tagen in der Branche Öffentliche Verwaltung im Jahr 2007, AOK-Mitglieder

ICD-10	Bezeichnung	AU-Fälle in %	AU-Tage in %
M54	Rückenschmerzen	6,8	6,7
J06	Akute Infektionen der oberen Atemwege	6,5	3,1
J20	Akute Bronchitis	3,2	1,9
K52	Nichtinfektiöse Gastroenteritis und Kolitis	2,9	1,1
J40	Nicht akute Bronchitis	2,4	1,3
K08	Sonstige Krankheiten der Zähne und des Zahnhalteapparates	2,4	0,5
A09	Diarrhoe und Gastroenteritis	2,1	0,8
I10	Essentielle Hypertonie	1,9	2,8
B34	Viruskrankheit	1,5	0,7
J01	Akute Sinusitis	1,4	0,7
K29	Gastritis und Duodenitis	1,3	0,7
F32	Depressive Episode	1,3	2,7
J32	Chronische Sinusitis	1,2	0,7
J03	Akute Tonsillitis	1,2	0,6
R10	Bauch- und Beckenschmerzen	1,2	0,6
J02	Akute Pharyngitis	1,2	0,5
M53	Sonstige Krankheiten der Wirbelsäule und des Rückens	1,2	1,3
T14	Verletzung an einer nicht näher bezeichneten Körperregion	1,1	1,0
M51	Sonstige Bandscheibenschäden	1,0	2,1
M75	Schulterläsionen	0,9	1,6
F43	Reaktionen auf schwere Belastungen und Anpassungsstörungen	0,9	1,4
J04	Akute Laryngitis und Tracheitis	0,9	0,4
M77	Sonstige Enthesopathien	0,8	1,0
M99	Biomechanische Funktionsstörungen	0,7	0,6
J11	Grippe	0,7	0,4
R51	Kopfschmerz	0,7	0,4

20

Tabelle 20.10.16. Fortsetzung

ICD-10	Bezeichnung	AU-Fälle in %	AU-Tage in %
M25	Sonstige Gelenkkrankheiten	0,7	0,8
G43	Migräne	0,7	0,3
M23	Binnenschädigung des Kniegelenkes	0,7	1,3
F45	Somatoforme Störungen	0,6	0,9
M79	Sonstige Krankheiten des Weichteilgewebes	0,6	0,7
N39	Sonstige Krankheiten des Harnsystems	0,6	0,4
M17	Gonarthrose	0,6	1,3
E66	Adipositas	0,6	1,1
B99	Sonstige Infektionskrankheiten	0,6	0,3
M47	Spondylose	0,6	0,8
R42	Schwindel und Taumel	0,5	0,4
S93	Luxation, Verstauchung und Zerrung der Gelenke und Bänder in Höhe des oberen Sprunggelenkes und des Fußes	0,5	0,6
R50	Fieber unbekannter Ursache	0,5	0,3
F48	Andere neurotische Störungen	0,5	0,7
	Summe hier	**55,7**	**45,5**
	Restliche	44,3	54,5
	Gesamtsumme	**100,0**	**100,0**

Tabelle 20.10.17. Anteile der 40 häufigsten Diagnoseuntergruppen an den AU-Fällen und AU-Tagen in der Branche Öffentliche Verwaltung im Jahr 2007, AOK-Mitglieder

ICD-10	Bezeichnung	AU-Fälle in %	AU-Tage in %
J00–J06	Akute Infektionen der oberen Atemwege	11,6	5,5
M40–M54	Krankheiten der Wirbelsäule und des Rückens	9,5	11,3
J40–J47	Chronische Krankheiten der unteren Atemwege	3,9	2,7
M60–M79	Krankheiten der Weichteilgewebe	3,7	5,0
J20–J22	Sonstige akute Infektionen der unteren Atemwege	3,7	2,1
M00–M25	Arthropathien	3,5	6,1
K50–K52	Nichtinfektiöse Enteritis und Kolitis	3,3	1,4
K00–K14	Krankheiten der Mundhöhle, Speicheldrüsen und Kiefer	3,0	0,7
R50–R69	Allgemeinsymptome	2,7	2,1
A00–A09	Infektiöse Darmkrankheiten	2,7	1,0
F40–F48	Neurotische, Belastungs- und somatoforme Störungen	2,4	3,7
I10–I15	Hypertonie	2,2	3,1
K20–K31	Krankheiten des Ösophagus, Magens und Duodenums	2,0	1,2
J30–J39	Sonstige Krankheiten der oberen Atemwege	1,9	1,2
R10–R19	Symptome bzgl. Verdauungssystem und Abdomen	1,9	1,1
F30–F39	Affektive Störungen	1,7	4,0
B25–B34	Sonstige Viruskrankheiten	1,7	0,8
G40–G47	Episod. und paroxysmale Krankheiten des Nervensystems	1,5	1,1
T08–T14	Verletzungen Rumpf, Extremitäten u. a. Körperregionen	1,3	1,2
J10–J18	Grippe und Pneumonie	1,2	0,8
R00–R09	Symptome bzgl. Kreislauf- und Atmungssystem	1,0	0,7
N30–N39	Sonstige Krankheiten des Harnsystems	1,0	0,6
I80–I89	Krankheiten der Venen, Lymphgefäße und -knoten	0,9	1,0
S90–S99	Verletzungen der Knöchelregion und des Fußes	0,9	1,1
S80–S89	Verletzungen des Knies und des Unterschenkels	0,9	1,8
E70–E90	Stoffwechselstörungen	0,9	1,4

20

Tabelle 20.10.17. Fortsetzung

ICD-10	Bezeichnung	AU-Fälle in %	AU-Tage in %
M95–M99	Sonstige Krankheiten des Muskel-Skelett-Systems und des Bindegewebes	0,9	0,7
S60–S69	Verletzungen des Handgelenkes und der Hand	0,8	1,0
K55–K63	Sonstige Krankheiten des Darmes	0,8	0,7
N80–N98	Krankheiten des weiblichen Genitaltraktes	0,7	0,7
G50–G59	Krankheiten von Nerven, Nervenwurzeln und Nervenplexus	0,7	1,1
R40–R46	Symptome bzgl. Wahrnehmung, Stimmung, Verhalten	0,7	0,6
Z70–Z76	Sonstige Inanspruchnahme des Gesundheitswesens	0,7	1,1
D10–D36	Gutartige Neubildungen	0,7	0,7
C00–C75	Bösartige Neubildungen	0,7	2,2
E65–E68	Adipositas und sonstige Überernährung	0,6	1,2
I30–I52	Sonstige Formen der Herzkrankheit	0,6	1,0
B99–B99	Sonstige Infektionskrankheiten	0,6	0,3
E10–E14	Diabetes mellitus	0,6	1,1
I20–I25	Ischämische Herzkrankheiten	0,6	1,2
	Summe hier	**80,7**	**76,3**
	Restliche	19,3	23,7
	Gesamtsumme	**100,0**	**100,0**

20.11 Verarbeitendes Gewerbe

20

Tabelle 20.11.1. Entwicklung des Krankenstands der AOK-Mitglieder in der Branche Verarbeitendes Gewerbe in den Jahren 1994 bis 2007

Jahr	Krankenstand in %		
	West	Ost	Bund
1994	6,3	5,5	6,2
1995	6,0	5,3	5,9
1996	5,4	5,9	5,3
1997	5,1	4,5	5,1
1998	5,3	4,6	5,2
1999	5,6	5,2	5,6
2000	5,7	5,2	5,6
2001	5,6	5,3	5,6
2002	5,5	5,2	5,5
2003	5,1	4,8	5,1
2004	4,8	4,4	4,7
2005	4,8	4,3	4,7
2006	4,6	4,2	4,5
2007	4,9	4,5	4,8

Tabelle 20.11.2. Anzahl der Fälle und Dauer der Arbeitsunfähigkeit der AOK-Mitglieder in der Branche Verarbeitendes Gewerbe in den Jahren 1994 bis 2007

Jahr	AU-Fälle je 100 Mitglieder			Tage je Fall		
	West	Ost	Bund	West	Ost	Bund
1994	151,4	123,7	148,0	14,9	15,3	14,9
1995	157,5	133,0	154,6	14,6	15,2	14,7
1996	141,8	122,4	139,5	14,7	15,2	14,8
1997	139,0	114,1	136,1	13,8	14,5	13,8
1998	142,9	118,8	140,1	13,7	14,5	13,8
1999	152,7	133,3	150,5	13,5	14,4	13,6
2000	157,6	140,6	155,7	13,2	13,6	13,3
2001	155,6	135,9	153,5	13,2	14,2	13,3
2002	154,7	136,9	152,7	13,0	13,8	13,1
2003	149,4	132,8	147,4	12,5	13,2	12,6
2004	136,5	120,2	134,4	12,8	13,3	12,8
2005	138,6	119,4	136,0	12,5	13,2	12,6
2006	132,9	115,4	130,5	12,6	13,1	12,7
2007	143,1	124,7	140,5	12,5	13,1	12,6

20

Tabelle 20.11.3. Arbeitsunfähigkeit der AOK-Mitglieder in der Branche Verarbeitendes Gewerbe nach Bundesländern im Jahr 2007 im Vergleich zum Vorjahr

| Bundesland | Kran-ken-stand in % | Arbeitsunfähigkeit je 100 AOK-Mitglieder | | | | Tage je Fall | Ver-änd. z. Vorj. in % | AU-Quote in % |
		AU-Fälle	Veränd. z. Vorj. in %	AU-Tage	Veränd. z. Vorj. in %			
Baden-Württemberg	4,8	145,7	7,8	1.765,9	6,5	12,1	-1,6	57,9
Bayern	4,3	125,6	8,8	1.575,3	7,5	12,5	-1,6	53,3
Berlin	5,9	138,6	8,5	2.158,3	3,7	15,6	-4,3	49,8
Brandenburg	5,0	128,0	11,8	1.807,6	12,6	14,1	0,7	53,4
Bremen	5,9	154,2	5,0	2.135,8	3,2	13,8	-2,1	58,5
Hamburg	5,6	155,7	8,7	2.034,8	4,8	13,1	-3,0	57,7
Hessen	5,5	151,5	7,2	1.992,0	5,4	13,2	-1,5	58,8
Mecklenburg-Vorpommern	5,1	134,9	5,8	1.846,3	6,0	13,7	0,0	53,2
Niedersachsen	4,9	153,4	7,1	1.799,4	11,6	11,7	3,5	59,6
Nordrhein-Westfalen	5,3	152,9	7,3	1.924,0	5,9	12,6	-1,6	59,9
Rheinland-Pfalz	5,4	151,9	9,1	1.958,2	10,4	12,9	1,6	58,1
Saarland	6,1	126,8	2,3	2.232,9	3,9	17,6	1,1	56,2
Sachsen	4,1	117,5	8,1	1.487,3	7,7	12,7	0,0	52,4
Sachsen-Anhalt	4,9	131,2	4,7	1.781,7	8,3	13,6	3,8	53,3
Schleswig-Holstein	5,6	154,0	5,5	2.025,9	4,7	13,2	-0,8	59,0
Thüringen	4,9	134,1	9,4	1.782,8	7,9	13,3	-1,5	55,4
West	4,9	143,1	7,7	1.790,8	7,0	12,5	-0,8	57,2
Ost	4,5	124,7	8,1	1.636,9	8,0	13,1	0,0	53,3
Bund	4,8	140,5	7,7	1.769,1	7,1	12,6	-0,8	56,6

Tabelle 20.11.4. Arbeitsunfähigkeit der AOK-Mitglieder in der Branche Verarbeitendes Gewerbe nach Wirtschaftsabteilungen im Jahr 2007

Wirtschaftsabteilung	Krankenstand in %		Arbeitsunfähigkeiten je 100 AOK-Mitglieder		Tage je Fall	AU-Quote in %
	2007	2007 stand.*	Fälle	Tage		
Bekleidungsgewerbe	4,1	3,6	126,4	1.498,8	11,9	51,4
Chemische Industrie	4,9	4,7	152,4	1.778,7	11,7	59,2
Ernährungsgewerbe	4,7	4,8	135,8	1.733,4	12,8	53,7
Glasgewerbe, Keramik, Verarbeitung von Steinen und Erden	5,1	4,7	136,0	1.869,7	13,8	58,1
Herstellung von Gummi- und Kunststoffwaren	5,1	5,0	151,2	1.873,3	12,4	60,4
Herstellung von Möbeln, Schmuck, Musikinstrumenten, Sportgeräten, Spielwaren und sonstigen Erzeugnissen	4,9	4,6	142,2	1.775,2	12,5	57,6
Holzgewerbe (ohne Herstellung von Möbeln)	4,7	4,5	138,2	1.722,8	12,5	56,9
Kokerei, Mineralölverarbeitung, Herstellung und Verarbeitung von Spalt- und Brutstoffen	4,1	3,9	130,2	1.503,8	11,6	55,0
Ledergewerbe	5,0	4,7	135,3	1.833,9	13,6	55,5
Papiergewerbe	5,2	5,0	147,3	1.902,1	12,9	61,0
Recycling	5,3	5,1	145,5	1.937,9	13,3	54,4
Tabakverarbeitung	5,1	4,6	140,0	1.879,7	13,4	52,7
Textilgewerbe	4,9	4,5	136,5	1.775,4	13,0	57,4
Verlagsgewerbe, Druckgewerbe, Vervielfältigung von bespielten Ton-, Bild- und Datenträgern	4,3	4,0	127,8	1.551,8	12,1	53,3
Branche insgesamt	**4,8**	**4,6**	**140,5**	**1.769,1**	**12,6**	**56,6**
Alle Branchen	**4,5**	**4,5**	**141,2**	**1.643,4**	**11,6**	**51,2**

*Krankenstand alters- und geschlechtsstandardisiert

20

Tabelle 20.11.5. Kennzahlen der Arbeitsunfähigkeit der AOK-Mitglieder nach ausgewählten Berufsgruppen in der Branche Verarbeitendes Gewerbe im Jahr 2007

Tätigkeit	Kranken-stand in %	Arbeitsunfähigkeiten je 100 AOK-Mitglieder		Tage je Fall	AU-Quote in %	Anteil der Be-rufsgruppe an der Branche in %*
		Fälle	Tage			
Backwarenhersteller	3,9	128,3	1.429,7	11,1	50,0	2,5
Betriebsschlosser, Repara-turschlosser	4,9	137,5	1.800,4	13,1	60,6	1,5
Buchbinderberufe	5,3	151,2	1.930,6	12,8	58,8	1,2
Bürofachkräfte	2,4	104,1	872,0	8,4	46,2	5,5
Chemiebetriebswerker	5,6	163,5	2.048,7	12,5	63,9	4,2
Druckerhelfer	5,7	154,4	2.072,9	13,4	62,7	1,3
Fleisch-, Wurstwaren-hersteller	6,4	172,5	2.328,7	13,5	62,2	1,5
Fleischer	5,0	138,2	1.837,1	13,3	52,1	1,9
Gummihersteller, -verarbeiter	6,2	150,8	2.274,9	15,1	64,6	1,5
Holzaufbereiter	5,4	143,2	1.964,0	13,7	60,2	2,3
Kraftfahrzeugführer	5,2	113,5	1.915,1	16,9	52,5	2,8
Kunststoffverarbeiter	5,6	163,2	2.054,3	12,6	63,6	7,5
Lager-, Transportarbeiter	5,3	143,7	1.924,7	13,4	56,6	3,0
Lagerverwalter, Magaziner	5,1	143,8	1.849,5	12,9	58,9	1,1
Sonstige Papierverarbeiter	6,2	161,1	2.272,9	14,1	65,5	1,2
Tischler	4,3	142,9	1.555,5	10,9	58,0	3,6
Verkäufer	3,6	113,7	1.299,7	11,4	47,7	6,8
Verpackungsmittel-hersteller	5,7	163,1	2.064,7	12,7	64,7	1,2
Warenaufmacher, Versand-fertigmacher	6,0	162,6	2.198,9	13,5	62,0	4,9
Zucker-, Süßwaren-, Speiseeishersteller	5,9	156,5	2.159,8	13,8	59,1	1,1
Branche insgesamt	4,8	140,5	1.769,1	12,6	56,6	11,4**

* Anteil der AOK-Mitglieder in der Berufsgruppe an den in der Branche beschäftigten AOK-Mitgliedern insgesamt
**Anteil der AOK-Mitglieder in der Branche an allen AOK-Mitgliedern

Tabelle 20.11.6. Dauer der Arbeitsunfähigkeit der AOK-Mitglieder in der Branche Verarbeitendes Gewerbe im Jahr 2007

Fallklasse	Branche hier		alle Branchen	
	Anteil Fälle in %	Anteil Tage in %	Anteil Fälle in %	Anteil Tage in %
1–3 Tage	33,6	5,3	35,7	6,1
4–7 Tage	29,1	11,6	29,6	12,8
8–14 Tage	18,2	15,1	17,5	15,6
15–21 Tage	6,9	9,6	6,4	9,6
22–28 Tage	3,7	7,2	3,3	7,0
29–42 Tage	3,7	10,1	3,3	9,7
Langzeit-AU (> 42 Tage)	4,8	41,1	4,2	39,2

Tabelle 20.11.7. Tage der Arbeitsunfähigkeit je AOK-Mitglied nach Wirtschaftsabteilung und Betriebsgröße in der Branche Verarbeitendes Gewerbe im Jahr 2007

Wirtschaftsabteilungen	Betriebsgröße (Anzahl der AOK-Mitglieder)					
	10–49	50–99	100–199	200–499	500–999	≥ 1.000
Bekleidungsgewerbe	13,6	16,3	18,1	19,8	12,4	–
Chemische Industrie	17,9	18,7	19,1	18,0	19,7	15,0
Ernährungsgewerbe	16,0	19,2	20,3	20,9	19,5	19,8
Glasgewerbe, Herstellung von Keramik, Verarbeitung von Steinen und Erden	18,8	18,6	19,8	20,2	26,3	–
Herstellung von Gummi- und Kunststoffwaren	18,0	19,5	19,8	18,8	20,8	18,5
Herstellung von Möbeln, Schmuck, Musikinstrumenten, Sportgeräten, Spielwaren und sonstigen Erzeugnissen	16,4	20,3	19,2	21,8	19,1	–
Holzgewerbe (ohne Herstellung von Möbeln)	17,6	17,1	19,0	19,8	20,4	–
Kokerei, Mineralölverarbeitung, Herstellung und Verarbeitung von Spalt- und Brutstoffen	16,1	16,6	18,4	9,9	11,6	
Ledergewerbe	17,5	19,2	20,3	20,6	–	15,8
Papiergewerbe	18,7	19,7	20,0	18,7	17,4	–
Recycling	18,7	19,8	24,2	29,2	26,5	–
Tabakverarbeitung	20,1	18,8	19,5	20,9	15,1	–
Textilgewerbe	17,2	18,0	19,6	19,6	17,8	–
Verlagsgewerbe, Druckgewerbe, Vervielfältigung von bespielten Ton-, Bild- und Datenträgern	15,5	18,2	17,7	18,9	24,1	–
Branche insgesamt	17,1	19,0	19,6	19,7	19,9	17,6
Alle Branchen	16,8	18,4	18,7	19,0	19,6	18,2

Tabelle 20.11.8. Krankenstand in Prozent nach der Stellung im Beruf in der Branche Verarbeitendes Gewerbe im Jahr 2007, AOK-Mitglieder

Wirtschaftsabteilung	Stellung im Beruf				
	Auszubil-dende	Arbeiter	Facharbeiter	Meister, Poliere	Angestellte
Bekleidungsgewerbe	2,8	4,9	4,0	3,7	2,4
Chemische Industrie	2,6	5,9	4,9	3,0	2,7
Ernährungsgewerbe	3,4	5,8	4,7	3,6	3,2
Glasgewerbe, Herstellung von Keramik, Verarbeitung von Steinen und Erden	3,4	5,7	5,2	4,7	2,6
Herstellung von Gummi- und Kunststoffwaren	2,9	5,8	4,7	3,5	2,4
Herstellung von Möbeln, Schmuck, Musikinstrumenten, Sportgeräten, Spielwaren und sonstigen Erzeugnissen	3,4	5,8	4,7	3,5	2,5
Holzgewerbe (ohne Herstellung von Möbeln)	3,5	5,5	4,6	3,6	2,4
Kokerei, Mineralölverarbeitung, Herstellung und Verarbeitung von Spalt- und Brutstoffen	2,2	5,5	4,2	3,0	2,7
Ledergewerbe	3,2	5,8	5,0	3,4	2,6
Papiergewerbe	2,8	6,0	4,9	3,1	2,7
Recycling	4,7	5,7	5,4	4,2	3,1
Tabakverarbeitung	2,0	6,4	4,2	1,9	2,3
Textilgewerbe	3,3	5,5	5,0	4,4	2,6
Verlagsgewerbe, Druckgewerbe, Vervielfältigung von bespielten Ton-, Bild- und Datenträgern	2,8	5,7	4,3	3,5	2,7
Branche insgesamt	3,2	5,8	4,8	3,7	2,8
Alle Branchen	3,7	5,4	4,8	3,7	3,3

20

Tabelle 20.11.9. Tage der Arbeitsunfähigkeit je AOK-Mitglied nach der Stellung im Beruf in der Branche Verarbeitendes Gewerbe im Jahr 2007

Wirtschaftsabteilung	Stellung im Beruf				
	Auszubil-dende	Arbeiter	Facharbeiter	Meister, Poliere	Angestellte
Bekleidungsgewerbe	10,3	17,8	14,6	13,5	8,7
Chemische Industrie	9,4	21,4	17,8	11,0	9,7
Ernährungsgewerbe	12,5	21,3	17,1	13,0	11,7
Glasgewerbe, Herstellung von Keramik, Verarbeitung von Steinen und Erden	12,3	20,8	19,1	17,2	9,6
Herstellung von Gummi- und Kunststoffwaren	10,7	21,2	17,3	12,9	8,8
Herstellung von Möbeln, Schmuck, Musikinstrumenten, Sportgeräten, Spielwaren und sonstigen Erzeugnissen	12,5	21,2	17,2	12,7	9,0
Holzgewerbe (ohne Herstellung von Möbeln)	12,8	20,0	16,9	13,1	8,8
Kokerei, Mineralölverarbeitung, Herstellung und Verarbeitung von Spalt- und Brutstoffen	8,2	19,9	15,2	11,0	9,8
Ledergewerbe	11,8	21,0	18,3	12,4	9,6
Papiergewerbe	10,2	21,8	17,7	11,3	9,7
Recycling	17,0	20,7	19,5	15,2	11,5
Tabakverarbeitung	7,4	23,2	15,3	6,8	8,6
Textilgewerbe	12,2	20,0	18,1	15,9	9,4
Verlagsgewerbe, Druckgewerbe, Vervielfältigung von bespielten Ton-, Bild- und Datenträgern	10,2	20,7	15,7	12,7	9,8
Branche insgesamt	**11,8**	**21,0**	**17,3**	**13,4**	**10,2**
Alle Branchen	**13,4**	**19,8**	**17,4**	**13,3**	**11,9**

Tabelle 20.11.10. Anteil der Arbeitsunfälle an den AU-Fällen und -Tagen in Prozent nach Wirtschaftsabteilungen in der Branche Verarbeitendes Gewerbe im Jahr 2007, AOK-Mitglieder

Wirtschaftsabteilung	Arbeitsunfähigkeiten	
	AU-Fälle in %	AU-Tage in %
Bekleidungsgewerbe	1,6	2,0
Chemische Industrie	2,7	3,5
Ernährungsgewerbe	5,6	6,6
Glasgewerbe, Herstellung von Keramik, Verarbeitung von Steinen und Erden	6,7	8,5
Herstellung von Gummi- und Kunststoffwaren	4,2	4,9
Herstellung von Möbeln, Schmuck, Musikinstrumenten, Sportgeräten, Spielwaren und sonstigen Erzeugnissen	5,1	6,0
Holzgewerbe (ohne Herstellung von Möbeln)	8,6	10,6
Kokerei, Mineralölverarbeitung, Herstellung und Verarbeitung von Spalt- und Brutstoffen	2,4	2,1
Ledergewerbe	3,0	3,9
Papiergewerbe	4,8	6,5
Recycling	7,8	10,3
Tabakverarbeitung	2,4	2,9
Textilgewerbe	3,9	4,7
Verlagsgewerbe, Druckgewerbe, Vervielfältigung von bespielten Ton-, Bild- und Datenträgern	3,0	3,7
Branche insgesamt	**4,9**	**6,0**
Alle Branchen	**4,5**	**5,7**

20

Tabelle 20.11.11. Tage und Fälle der Arbeitsunfähigkeit durch Arbeitsunfälle nach Berufsgruppen in der Branche Verarbeitendes Gewerbe im Jahr 2007, AOK-Mitglieder

Tätigkeit	Arbeitsunfähigkeit je 1.000 AOK-Mitglieder	
	AU-Tage	AU-Fälle
Betonbauer	2.822,9	150,5
Formstein-, Betonhersteller	2.497,6	128,4
Fleischer	2.239,8	147,0
Holzaufbereiter	2.219,8	132,2
Kraftfahrzeugführer	1.956,8	94,4
Fleisch-, Wurstwarenhersteller	1.737,1	102,1
Tischler	1.665,9	126,4
Papier-, Zellstoffhersteller	1.609,1	96,8
Betriebsschlosser, Reparaturschlosser	1.571,1	107,7
Milch-, Fettverarbeiter	1.316,5	93,5
Verpackungsmittelhersteller	1.266,2	75,5
Sonstige Papierverarbeiter	1.222,8	68,0
Lager-, Transportarbeiter	1.210,5	71,8
Gummihersteller, -verarbeiter	1.024,6	51,8
Warenaufmacher, Versandfertigmacher	1.023,8	68,6
Kunststoffverarbeiter	1.018,5	71,4
Backwarenhersteller	965,4	69,6
Druckerhelfer	949,6	63,7
Chemiebetriebswerker	776,7	46,5
Verkäufer	564,7	45,0

Tabelle 20.11.12. Tage der Arbeitsunfähigkeit je 100 AOK-Mitglieder nach Krankheitsarten in der Branche Verarbeitendes Gewerbe in den Jahren 1995 bis 2007

Jahr	AU-Tage je 100 Mitglieder					
	Psyche	Herz/Kreis-lauf	Atemwege	Verdauung	Muskel/Skelett	Verlet-zungen
1995	109,4	211,3	385,7	206,4	740,0	411,3
1996	102,2	189,6	342,8	177,6	658,4	375,3
1997	97,3	174,3	303,1	161,3	579,3	362,7
1998	101,2	171,4	300,9	158,4	593,0	353,8
1999	108,4	175,3	345,4	160,7	633,3	355,8
2000	130,6	161,8	314,5	148,5	695,1	340,4
2001	141,4	165,9	293,7	147,8	710,6	334,6
2002	144,0	162,7	278,0	147,5	696,1	329,1
2003	137,8	152,8	275,8	138,0	621,1	307,2
2004	154,2	164,5	236,7	138,9	587,9	297,7
2005	153,7	164,1	274,8	132,3	562,2	291,1
2006	153,0	162,3	226,0	133,6	561,3	298,5
2007	165,8	170,5	257,2	143,5	598,6	298,2

20

Tabelle 20.11.13. Fälle der Arbeitsunfähigkeit je 100 AOK-Mitglieder nach Krankheitsarten in der Branche Verarbeitendes Gewerbe in den Jahren 1995 bis 2007

Jahr	AU-Fälle je 100 Mitglieder					
	Psyche	Herz/Kreis-lauf	Atemwege	Verdauung	Muskel/Skelett	Verlet-zungen
1995	4,1	9,5	47,1	24,9	38,1	25,9
1996	3,8	8,1	12,1	22,3	33,2	23,3
1997	3,9	8,2	40,9	21,9	32,4	23,2
1998	4,3	8,5	42,0	22,2	34,3	23,2
1999	4,7	8,8	48,2	23,5	36,9	23,5
2000	5,8	8,4	43,1	20,0	39,6	21,3
2001	6,6	9,1	41,7	20,6	41,2	21,2
2002	7,0	9,2	40,2	21,4	40,8	20,8
2003	6,9	9,1	41,1	20,4	37,6	19,6
2004	6,9	8,4	34,1	19,8	35,5	18,3
2005	6,7	8,3	39,6	18,4	34,5	17,8
2006	6,7	8,5	33,1	19,3	34,7	18,2
2007	7,0	8,6	37,7	20,9	36,1	17,9

Tabelle 20.11.14. Verteilung der Arbeitsunfähigkeitstage nach Krankheitsarten in Prozent in der Branche Verarbeitendes Gewerbe im Jahr 2007, AOK-Mitglieder

Wirtschaftsabteilung	AU-Tage in %						
	Psyche	Herz/ Kreislauf	Atem- wege	Verdau- ung	Muskel/ Skelett	Verlet- zungen	Sonstige
Bekleidungsgewerbe	10,0	7,2	11,2	5,6	24,0	7,7	34,2
Chemische Industrie	7,5	7,3	12,7	6,5	25,5	10,7	29,9
Ernährungsgewerbe	7,4	7,0	11,0	6,4	25,7	13,5	29,1
Glasgewerbe, Herstellung von Keramik, Verarbeitung von Steinen und Erden	5,8	8,1	10,2	5,9	27,3	15,5	27,2
Herstellung von Gummi- und Kunststoffwaren	7,3	7,4	11,7	6,4	27,3	11,9	28,0
Herstellung von Möbeln, Schmuck, Musikinstrumenten, Sportgeräten, Spielwaren und sonstigen Erzeugnissen	7,0	7,6	10,8	6,0	27,2	13,1	28,3
Holzgewerbe (ohne Herstellung von Möbeln)	5,7	7,4	10,2	6,0	26,3	18,7	25,7
Kokerei, Mineralölverarbeitung, Herstellung und Verarbeitung von Spalt- und Brutstoffen	8,3	8,6	13,0	8,2	23,0	13,0	25,9
Ledergewerbe	8,0	9,3	11,0	5,9	25,3	10,4	30,1
Papiergewerbe	7,2	7,4	11,2	6,2	27,5	13,6	27,0
Recycling	6,0	8,5	11,0	6,6	24,7	16,7	26,6
Tabakverarbeitung	9,0	7,5	12,1	5,7	26,0	9,5	30,2
Textilgewerbe	7,4	7,7	11,0	6,1	26,8	11,3	29,6
Verlagsgewerbe, Druckgewerbe, Vervielfältigung von bespielten Ton-, Bild- und Datenträgern	9,1	7,7	11,8	6,5	23,7	10,9	30,4
Branche insgesamt	7,2	7,5	11,2	6,3	26,2	13,0	28,6
Alle Branchen	8,2	6,9	12,4	6,5	24,2	12,8	29,0

20

Tabelle 20.11.15. Verteilung der Arbeitsunfähigkeitsfälle nach Krankheitsarten in Prozent in der Branche Verarbeitendes Gewerbe im Jahr 2007, AOK-Mitglieder

Wirtschaftsabteilung	AU-Fälle in %						
	Psyche	Herz/ Kreislauf	Atem- wege	Verdau- ung	Muskel/ Skelett	Verlet- zungen	Sonstige
Bekleidungsgewerbe	5,4	4,6	21,2	12,0	17,2	5,8	33,8
Chemische Industrie	5,0	4,7	22,4	11,7	19,6	8,0	29,8
Ernährungsgewerbe	3,9	4,6	20,2	11,5	18,9	10,4	30,5
Glasgewerbe, Herstellung von Keramik, Verarbeitung von Steinen und Erden	3,3	5,1	19,2	11,3	21,7	11,6	27,9
Herstellung von Gummi- und Kunststoffwaren	3,9	4,7	21,1	11,3	21,0	9,2	28,8
Herstellung von Möbeln, Schmuck, Musikinstrumenten, Sportgeräten, Spielwaren und sonstigen Erzeugnissen	3,7	4,7	20,7	11,5	20,5	10,1	28,8
Holzgewerbe (ohne Herstellung von Möbeln)	3,1	4,5	20,0	11,2	20,6	13,9	26,8
Kokerei, Mineralölverarbeitung, Herstellung und Verarbeitung von Spalt- und Brutstoffen	4,2	4,7	23,1	12,0	18,0	9,1	28,9
Ledergewerbe	4,5	5,3	19,5	11,5	19,4	7,9	32,0
Papiergewerbe	3,8	4,7	20,6	11,3	21,2	10,0	28,4
Recycling	3,7	5,3	19,3	11,6	20,2	12,4	27,5
Tabakverarbeitung	4,8	6,0	20,0	11,8	19,3	7,0	31,1
Textilgewerbe	4,1	5,1	20,2	11,8	19,8	8,5	30,4
Verlagsgewerbe, Druckgewerbe, Vervielfältigung von bespielten Ton-, Bild- und Datenträgern	4,6	4,9	22,0	11,9	17,8	8,1	30,7
Branche insgesamt	3,9	4,7	20,7	11,5	19,9	9,9	29,5
Alle Branchen	4,2	4,4	22,2	11,8	17,7	9,4	30,3

Tabelle 20.11.16. Anteile der 40 häufigsten Einzeldiagnosen an den AU-Fällen und AU-Tagen in der Branche Verarbeitendes Gewerbe im Jahr 2007, AOK-Mitglieder

ICD-10	Bezeichnung	AU-Fälle in %	AU-Tage in %
M54	Rückenschmerzen	7,9	7,5
J06	Akute Infektionen der oberen Atemwege	5,8	2,5
K52	Nichtinfektiöse Gastroenteritis und Kolitis	3,3	1,1
J20	Akute Bronchitis	3,1	1,6
A09	Diarrhoe und Gastroenteritis	2,4	0,8
J40	Nicht akute Bronchitis	2,3	1,2
K08	Sonstige Krankheiten der Zähne und des Zahnhalteapparates	2,2	0,4
T14	Verletzung an einer nicht näher bezeichneten Körperregion	1,7	1,5
I10	Essentielle Hypertonie	1,7	2,6
K29	Gastritis und Duodenitis	1,5	0,8
B34	Viruskrankheit	1,4	0,6
R10	Bauch- und Beckenschmerzen	1,3	0,7
J03	Akute Tonsillitis	1,3	0,6
M53	Sonstige Krankheiten der Wirbelsäule und des Rückens	1,2	1,4
J01	Akute Sinusitis	1,1	0,5
M51	Sonstige Bandscheibenschäden	1,1	2,4
J02	Akute Pharyngitis	1,0	0,4
J32	Chronische Sinusitis	1,0	0,5
M77	Sonstige Enthesopathien	1,0	1,1
M75	Schulterläsionen	1,0	1,8
F32	Depressive Episode	1,0	2,0
M99	Biomechanische Funktionsstörungen	0,8	0,6
R51	Kopfschmerz	0,8	0,4
M25	Sonstige Gelenkkrankheiten	0,8	0,9
J11	Grippe	0,8	0,4
M23	Binnenschädigung des Kniegelenkes	0,7	1,4

20

Tabelle 20.11.16. Fortsetzung

ICD-10	Bezeichnung	AU-Fälle in %	AU-Tage in %
M79	Sonstige Krankheiten des Weichteilgewebes	0,7	0,6
S93	Luxation, Verstauchung und Zerrung der Gelenke und Bänder in Höhe des oberen Sprunggelenkes und des Fußes	0,7	0,7
F43	Reaktionen auf schwere Belastungen und Anpassungsstörungen	0,6	1,0
R50	Fieber unbekannter Ursache	0,6	0,3
B99	Sonstige Infektionskrankheiten	0,6	0,3
M47	Spondylose	0,6	0,8
R42	Schwindel und Taumel	0,6	0,4
M65	Synovitis und Tenosynovitis	0,6	0,7
R11	Übelkeit und Erbrechen	0,6	0,3
S61	Offene Wunde des Handgelenkes und der Hand	0,6	0,6
J04	Akute Laryngitis und Tracheitis	0,6	0,3
E66	Adipositas	0,5	1,1
M17	Gonarthrose	0,5	1,1
F45	Somatoforme Störungen	0,5	0,7
	Summe hier	**56,5**	**44,6**
	Restliche	43,5	55,4
	Gesamtsumme	**100,0**	**100,0**

Tabelle 20.11.17. Anteile der 40 häufigsten Diagnoseuntergruppen an den AU-Fällen und AU-Tagen in der Branche Verarbeitendes Gewerbe im Jahr 2007, AOK-Mitglieder

ICD-10	Bezeichnung	AU-Fälle in %	AU-Tage in %
M40–M54	Krankheiten der Wirbelsäule und des Rückens	10,6	12,5
J00–J06	Akute Infektionen der oberen Atemwege	10,2	4,5
M60–M79	Krankheiten der Weichteilgewebe	4,3	5,5
J40–J47	Chronische Krankheiten der unteren Atemwege	3,7	2,4
K50–K52	Nichtinfektiöse Enteritis und Kolitis	3,7	1,4
J20–J22	Sonstige akute Infektionen der unteren Atemwege	3,5	1,8
M00–M25	Arthropathien	3,5	6,1
A00–A09	Infektiöse Darmkrankheiten	3,1	1,1
R50–R69	Allgemeinsymptome	2,8	2,0
K00–K14	Krankheiten der Mundhöhle, Speicheldrüsen und Kiefer	2,8	0,6
K20–K31	Krankheiten des Ösophagus, Magens und Duodenums	2,2	1,3
R10–R19	Symptome bzgl. Verdauungssystem und Abdomen	2,1	1,2
T08–T14	Verletzungen Rumpf, Extremitäten u. a. Körperregionen	2,0	1,8
I10–I15	Hypertonie	1,9	3,0
S60–S69	Verletzungen des Handgelenkes und der Hand	1,8	2,4
F40–F48	Neurotische, Belastungs- und somatoforme Störungen	1,7	2,6
J30–J39	Sonstige Krankheiten der oberen Atemwege	1,6	1,0
B25–B34	Sonstige Viruskrankheiten	1,5	0,7
J10–J18	Grippe und Pneumonie	1,2	0,8
F30–F39	Affektive Störungen	1,2	2,8
S90–S99	Verletzungen der Knöchelregion und des Fußes	1,2	1,5
G40–G47	Episod. und paroxysmale Krankheiten des Nervensystems	1,2	1,0
R00–R09	Symptome bzgl. Kreislauf- und Atmungssystem	1,1	0,8
S80–S89	Verletzungen des Knies und des Unterschenkels	1,1	2,0
M95–M99	Sonstige Krankheiten des Muskel-Skelett-Systems und des Bindegewebes	0,9	0,8

20

Tabelle 20.11.17. Fortsetzung

ICD-10	Bezeichnung	AU-Fälle in %	AU-Tage in %
I80–I89	Krankheiten der Venen, Lymphgefäße und -knoten	0,9	1,1
E70–E90	Stoffwechselstörungen	0,8	1,5
G50–G59	Krankheiten von Nerven, Nervenwurzeln und Nervenplexus	0,8	1,3
R40–R46	Symptome bzgl. Wahrnehmung, Stimmung, Verhalten	0,7	0,6
N30–N39	Sonstige Krankheiten des Harnsystems	0,7	0,5
S00–S09	Verletzungen des Kopfes	0,7	0,7
K55–K63	Sonstige Krankheiten des Darmes	0,7	0,7
F10–F19	Psychische und Verhaltensstörungen durch psychotrope Substanzen	0,7	1,3
B99–B99	Sonstige Infektionskrankheiten	0,7	0,3
I20–I25	Ischämische Herzkrankheiten	0,7	1,4
L00–L08	Infektionen der Haut und der Unterhaut	0,6	0,6
Z70–Z76	Sonstige Inanspruchnahme des Gesundheitswesens	0,6	1,0
I95–I99	Sonstige Krankheiten des Kreislaufsystems	0,6	0,3
I30–I52	Sonstige Formen der Herzkrankheit	0,6	1,1
E65–E68	Adipositas und sonstige Überernährung	0,6	1,2
	Summe hier	81,3	75,2
	Restliche	18,7	24,8
	Gesamtsumme	100,0	100,0

20.12 Verkehr und Transport

20

Tabelle 20.12.1. Entwicklung des Krankenstands der AOK-Mitglieder in der Branche Verkehr und Transport in den Jahren 1994 bis 2007

Jahr	Krankenstand in %		
	West	Ost	Bund
1994	6,8	4,8	6,4
1995	4,7	4,7	5,9
1996	5,7	4,6	5,5
1997	5,3	4,4	5,2
1998	5,4	4,5	5,3
1999	5,6	4,8	5,5
2000	5,6	4,8	5,5
2001	5,6	4,9	5,5
2002	5,6	4,9	5,5
2003	5,3	4,5	5,2
2004	4,9	4,2	4,8
2005	4,8	4,2	4,7
2006	4,7	4,1	4,6
2007	4,9	4,3	4,8

Tabelle 20.12.2. Anzahl der Fälle und Dauer der Arbeitsunfähigkeit der AOK-Mitglieder in der Branche Verkehr und Transport in den Jahren 1994 bis 2007

Jahr	AU-Fälle je 100 Mitglieder			Tage je Fall		
	West	Ost	Bund	West	Ost	Bund
1994	139,9	101,5	132,6	16,6	16,1	16,5
1995	144,2	109,3	137,6	16,1	16,1	16,1
1996	132,4	101,5	126,5	16,2	16,8	16,3
1997	128,3	96,4	122,5	15,1	16,6	15,3
1998	131,5	98,6	125,7	15,0	16,6	15,3
1999	139,4	107,4	134,1	14,6	16,4	14,8
2000	143,2	109,8	138,3	14,3	16,0	14,5
2001	144,1	108,7	139,3	14,2	16,5	14,4
2002	143,3	110,6	138,8	14,2	16,2	14,4
2003	138,7	105,8	133,8	14,0	15,4	14,1
2004	125,0	97,6	120,6	14,3	15,6	14,4
2005	126,3	99,0	121,8	14,0	15,4	14,2
2006	121,8	94,7	117,2	14,2	15,8	14,4
2007	128,8	101,5	124,1	14,0	15,5	14,2

20

Tabelle 20.12.3. Arbeitsunfähigkeit der AOK-Mitglieder in der Branche Verkehr und Transport nach Bundesländern im Jahr 2007 im Vergleich zum Vorjahr

Bundesland	Kranken-stand in %	Arbeitsunfähigkeit je 100 AOK-Mitglieder				Tage je Fall	Ver-änd. z. Vorj. in %	AU-Quote in %
		AU-Fälle	Veränd. z. Vorj. in %	AU-Tage	Veränd. z. Vorj. in %			
Baden-Württemberg	4,8	128,2	5,4	1.740,0	3,8	13,6	-1,4	48,8
Bayern	4,3	109,1	6,5	1.564,4	4,5	14,3	-2,1	43,0
Berlin	5,6	121,0	4,0	2.028,2	-4,5	16,8	-7,7	45,6
Brandenburg	4,7	104,4	12,1	1.723,0	7,3	16,5	-4,6	43,6
Bremen	5,9	152,3	5,7	2.142,7	2,4	14,1	-2,8	53,8
Hamburg	5,5	141,6	6,0	2.012,3	0,0	14,2	-6,0	49,4
Hessen	5,4	152,7	4,4	1.976,8	4,2	12,9	-0,8	51,4
Mecklenburg-Vorpommern	4,4	95,7	5,9	1.593,0	10,6	16,6	4,4	40,2
Niedersachsen	4,6	128,2	6,6	1.687,8	12,4	13,2	5,6	48,3
Nordrhein-Westfalen	5,3	135,4	6,3	1.934,2	3,8	14,3	-2,1	49,6
Rheinland-Pfalz	5,2	133,2	5,6	1.903,8	6,3	14,3	0,7	48,2
Saarland	5,8	115,2	1,5	2.102,4	-2,3	18,2	-4,2	44,9
Sachsen	4,0	100,3	7,3	1.472,4	4,5	14,7	-2,6	44,4
Sachsen-Anhalt	4,7	100,5	4,7	1.729,4	7,9	17,2	3,0	42,0
Schleswig-Holstein	4,9	117,4	3,5	1.800,4	2,2	15,3	-1,3	45,4
Thüringen	4,6	106,9	5,9	1.677,3	4,4	15,7	-1,3	44,3
West	4,9	128,8	5,7	1.803,8	4,4	14,0	-1,4	47,9
Ost	4,3	101,5	7,2	1.578,4	5,8	15,5	-1,9	43,6
Bund	4,8	124,1	5,9	1.765,1	4,6	14,2	-1,4	47,1

Tabelle 20.12.4. Arbeitsunfähigkeit der AOK-Mitglieder in der Branche Verkehr und Transport nach Wirtschaftsabteilungen im Jahr 2007

Wirtschaftsabteilung	Krankenstand in %		Arbeitsunfähigkeiten je 100 AOK-Mitglieder		Tage je Fall	AU-Quote in %
	2007	2007 stand.*	Fälle	Tage		
Hilfs- und Nebentätigkeiten für den Verkehr, Verkehrsvermittlung	4,9	4,7	132,3	1.799,5	13,6	49,6
Landverkehr, Transport in Rohrfernleitungen	4,8	4,5	110,1	1.763,8	16,0	44,5
Luftfahrt	5,0	5,4	172,9	1.835,5	10,6	57,3
Nachrichtenübermittlung	4,3	4,5	133,9	1.560,9	11,7	43,6
Schifffahrt	3,6	3,3	90,3	1.314,7	14,6	35,9
Branche insgesamt	4,8	4,6	124,1	1.765,1	14,2	47,1
Alle Branchen	4,5	4,5	141,2	1.643,4	11,6	51,2

*Krankenstand alters- und geschlechtsstandardisiert

20

Tabelle 20.12.5. Kennzahlen der Arbeitsunfähigkeit der AOK-Mitglieder nach ausgewählten Berufsgruppen in der Branche Verkehr und Transport im Jahr 2007

Tätigkeit	Kranken-stand in %	Arbeitsunfähigkeiten je 100 AOK-Mitglieder		Tage je Fall	AU-Quote in %	Anteil der Be-rufsgruppe an der Branche in %*
		Fälle	Tage			
Bürofachkräfte	3,2	116,7	1.155,7	9,9	45,5	5,8
Fremdenverkehrsfachleute	2,6	117,2	934,9	8,0	44,1	1,6
Kraftfahrzeugführer	4,9	103,9	1.801,9	17,3	43,2	53,0
Kraftfahrzeuginstand-setzer	4,6	132,2	1.690,2	12,8	56,1	1,2
Lager-, Transportarbeiter	5,7	164,7	2.083,6	12,7	55,4	12,2
Lagerverwalter, Magaziner	5,4	164,0	1.965,3	12,0	57,2	2,9
Postverteiler	5,1	163,7	1.868,1	11,4	47,0	1,7
Stauer, Möbelpacker	6,4	162,4	2.350,4	14,5	54,4	1,0
Verkäufer	4,0	121,0	1.449,6	12,0	48,4	1,1
Verkehrsfachleute (Güter-verkehr)	2,8	129,5	1.036,5	8,0	49,4	2,8
Warenaufmacher, Versand-fertigmacher	5,8	189,1	2.112,0	11,2	57,5	1,2
Branche insgesamt	**4,8**	**124,1**	**1.765,1**	**14,2**	**47,1**	**6,2****

* Anteil der AOK-Mitglieder in der Berufsgruppe an den in der Branche beschäftigten AOK-Mitgliedern insgesamt
**Anteil der AOK-Mitglieder in der Branche an allen AOK-Mitgliedern

Tabelle 20.12.6. Dauer der Arbeitsunfähigkeit der AOK-Mitglieder in der Branche Verkehr und Transport im Jahr 2007

Fallklasse	Branche hier		alle Branchen	
	Anteil Fälle in %	Anteil Tage in %	Anteil Fälle in %	Anteil Tage in %
1–3 Tage	28,7	4,0	35,7	6,1
4–7 Tage	29,2	10,5	29,6	12,8
8–14 Tage	20,1	14,8	17,5	15,6
15–21 Tage	8,0	9,9	6,4	9,6
22–28 Tage	4,1	7,1	3,3	7,0
29–42 Tage	4,2	10,2	3,3	9,7
Langzeit-AU (> 42 Tage)	5,6	43,4	4,2	39,2

Tabelle 20.12.7. Tage der Arbeitsunfähigkeit je AOK-Mitglied nach Wirtschaftsabteilung und Betriebsgröße in der Branche Verkehr und Transport im Jahr 2007

Wirtschaftsabteilungen	Betriebsgröße (Anzahl der AOK-Mitglieder)					
	10–49	50–99	100–199	200–499	500–999	≥ 1.000
Hilfs- und Nebentätigkeiten für den Verkehr, Verkehrsvermittlung	18,2	19,4	19,4	19,9	23,5	25,0
Landverkehr, Transport in Rohrfernleitungen	17,3	22,1	23,7	25,4	26,1	23,7
Luftfahrt	14,8	15,7	23,1	20,2	22,2	–
Nachrichtenübermittlung	15,3	18,1	17,6	17,6	17,2	16,6
Schifffahrt	16,9	9,0	21,5	–	–	–
Branche insgesamt	17,7	20,0	20,5	21,5	22,7	23,2
Alle Branchen	16,8	18,4	18,7	19,0	19,6	18,2

Tabelle 20.12.8. Krankenstand in Prozent nach der Stellung im Beruf in der Branche Verkehr und Transport im Jahr 2007, AOK-Mitglieder

Wirtschaftsabteilung	Stellung im Beruf				
	Auszubildende	Arbeiter	Facharbeiter	Meister, Poliere	Angestellte
Hilfs- und Nebentätigkeiten für den Verkehr, Verkehrsvermittlung	3,3	5,6	5,2	5,4	2,9
Landverkehr, Transport in Rohrfernleitungen	3,5	5,0	5,1	4,4	3,7
Luftfahrt	2,6	9,2	6,4	6,7	4,2
Nachrichtenübermittlung	3,2	4,7	4,4	1,8	3,5
Schifffahrt	4,7	3,8	3,6	2,3	2,9
Branche insgesamt	3,3	5,4	5,1	4,9	3,2
Alle Branchen	3,7	5,4	4,8	3,7	3,3

20

Tabelle 20.12.9. Tage der Arbeitsunfähigkeit je AOK-Mitglied nach der Stellung im Beruf in der Branche Verkehr und Transport im Jahr 2007

Wirtschaftsabteilung	Stellung im Beruf				
	Auszubil-dende	Arbeiter	Facharbeiter	Meister, Poliere	Angestellte
Hilfs- und Nebentätig-keiten für den Verkehr, Verkehrsvermittlung	12,1	20,5	18,9	19,7	10,5
Landverkehr, Transport in Rohrfernleitungen	12,6	18,3	18,7	16,1	13,7
Luftfahrt	9,4	33,6	23,3	24,6	15,2
Nachrichtenübermittlung	11,6	17,1	16,2	6,6	12,7
Schifffahrt	17,0	13,7	13,3	8,6	10,6
Branche insgesamt	**12,2**	**19,5**	**18,7**	**17,8**	**11,8**
Alle Branchen	**13,4**	**19,8**	**17,4**	**13,3**	**11,9**

Tabelle 20.12.10. Anteil der Arbeitsunfälle an den AU-Fällen und -Tagen in Prozent nach Wirtschaftsabteilungen in der Branche Verkehr und Transport im Jahr 2007, AOK-Mitglieder

Wirtschaftsabteilung	Arbeitsunfähigkeiten	
	AU-Fälle in %	AU-Tage in %
Hilfs- und Nebentätigkeiten für den Verkehr, Verkehrsvermittlung	6,0	8,7
Landverkehr, Transport in Rohrfernleitungen	5,9	7,7
Luftfahrt	1,7	1,9
Nachrichtenübermittlung	4,2	6,4
Schifffahrt	7,6	13,4
Branche insgesamt	**5,8**	**8,1**
Alle Branchen	**4,5**	**5,7**

Tabelle 20.12.11. Tage und Fälle der Arbeitsunfähigkeit durch Arbeitsunfälle nach Berufsgruppen in der Branche Verkehr und Transport im Jahr 2007, AOK-Mitglieder

Tätigkeit	Arbeitsunfähigkeit je 1.000 AOK-Mitglieder	
	AU-Tage	AU-Fälle
Stauer, Möbelpacker	2.656,2	140,5
Kraftfahrzeuginstandsetzer	1.849,0	129,4
Kraftfahrzeugführer	1.747,3	77,5
Lagerverwalter, Magaziner	1.516,2	83,3
Lager-, Transportarbeiter	1.429,2	89,8
Postverteiler	1.389,4	95,0
Bürofachkräfte	256,5	16,6

Tabelle 20.12.12. Tage der Arbeitsunfähigkeit je 100 AOK-Mitglieder nach Krankheitsarten in der Branche Verkehr und Transport in den Jahren 1995 bis 2007

Jahr	AU-Tage je 100 Mitglieder					
	Psyche	Herz/Kreis-lauf	Atemwege	Verdauung	Muskel/Skelett	Verlet-zungen
1995	94,1	233,0	359,1	205,9	741,6	452,7
1996	88,2	213,7	321,5	181,2	666,8	425,0
1997	83,9	195,5	281,8	163,6	574,0	411,4
1998	89,1	195,2	283,4	161,9	591,5	397,9
1999	95,3	192,9	311,9	160,8	621,2	396,8
2000	114,7	181,9	295,1	149,4	654,9	383,3
2001	124,3	183,1	282,2	152,3	680,6	372,8
2002	135,9	184,2	273,1	152,1	675,7	362,4
2003	136,0	182,0	271,5	144,2	615,9	345,2
2004	154,3	195,6	234,4	143,5	572,5	329,6
2005	159,5	193,5	268,8	136,2	546,3	327,1
2006	156,8	192,9	225,9	135,7	551,7	334,7
2007	166,1	204,2	249,9	143,6	575,2	331,1

20

Tabelle 20.12.13. Fälle der Arbeitsunfähigkeit je 100 AOK-Mitglieder nach Krankheitsarten in der Branche Verkehr und Transport in den Jahren 1995 bis 2007

Jahr	AU-Fälle je 100 Mitglieder					
	Psyche	Herz/Kreis-lauf	Atemwege	Verdauung	Muskel/Skelett	Verletzungen
1995	3,5	9,0	33,4	21,0	35,7	24,0
1996	3,7	8,8	38,5	21,0	36,0	23,9
1997	3,4	7,7	34,8	19,4	32,1	22,0
1998	3,6	7,9	33,1	19,0	30,7	21,9
1999	3,8	8,1	34,5	19,2	32,5	21,7
2000	5,2	8,0	37,1	18,0	36,6	21,3
2001	6,1	8,6	36,8	18,9	38,6	21,0
2002	6,6	8,9	36,1	19,5	38,3	20,4
2003	6,7	9,1	36,4	18,7	35,6	19,3
2004	6,8	8,4	30,1	17,7	32,8	17,6
2005	6,7	8,4	34,7	16,6	31,8	17,3
2006	6,7	8,5	29,0	17,1	31,9	17,6
2007	7,0	8,7	32,6	18,4	32,8	17,0

Tabelle 20.12.14. Verteilung der Arbeitsunfähigkeitstage nach Krankheitsarten in Prozent in der Branche Verkehr und Transport im Jahr 2007, AOK-Mitglieder

Wirtschaftsabteilung	AU-Tage in %						
	Psyche	Herz/ Kreislauf	Atem- wege	Verdau- ung	Muskel/ Skelett	Verlet- zungen	Sonstige
Hilfs- und Nebentätig- keiten für den Verkehr, Verkehrsvermittlung	6,7	8,5	10,8	6,3	25,5	14,9	27,4
Landverkehr, Transport in Rohrfernleitungen	7,4	9,7	9,9	6,0	24,3	13,7	29,0
Luftfahrt	11,7	4,5	20,5	6,3	19,3	8,3	29,4
Nachrichtenübermittlung	8,4	6,4	13,2	6,5	23,1	13,7	28,7
Schifffahrt	7,0	7,5	10,1	5,5	20,5	21,1	28,2
Branche insgesamt	7,2	8,8	10,8	6,2	24,8	14,3	28,1
Alle Branchen	8,2	6,9	12,4	6,5	24,2	12,8	29,0

20

Tabelle 20.12.15. Verteilung der Arbeitsunfähigkeitsfälle nach Krankheitsarten in Prozent in der Branche Verkehr und Transport im Jahr 2007, AOK-Mitglieder

Wirtschaftsabteilung	AU-Fälle in %						
	Psyche	Herz/ Kreislauf	Atem- wege	Verdau- ung	Muskel/ Skelett	Verlet- zungen	Sonstige
Hilfs- und Nebentätig- keiten für den Verkehr, Verkehrsvermittlung	4,0	5,0	20,1	11,3	20,5	10,6	28,4
Landverkehr, Transport in Rohrfernleitungen	4,5	6,2	18,3	11,2	20,1	10,4	29,3
Luftfahrt	5,1	2,7	31,4	9,3	14,8	5,7	31,0
Nachrichtenübermittlung	4,7	4,1	22,6	11,2	17,8	9,6	30,0
Schifffahrt	4,5	4,9	19,4	10,9	17,2	13,8	29,4
Branche insgesamt	4,3	5,3	19,9	11,2	20,0	10,4	28,9
Alle Branchen	4,2	4,4	22,2	11,8	17,7	9,4	30,3

Tabelle 20.12.16. Anteile der 40 häufigsten Einzeldiagnosen an den AU-Fällen und AU-Tagen in der Branche Verkehr und Transport im Jahr 2007, AOK-Mitglieder

ICD-10	Bezeichnung	AU-Fälle in %	AU-Tage in %
M54	Rückenschmerzen	8,5	7,9
J06	Akute Infektionen der oberen Atemwege	5,5	2,3
K52	Nichtinfektiöse Gastroenteritis und Kolitis	3,1	1,1
J20	Akute Bronchitis	2,9	1,5
J40	Nicht akute Bronchitis	2,2	1,1
A09	Diarrhoe und Gastroenteritis	2,1	0,7
I10	Essentielle Hypertonie	2,0	3,1
K08	Sonstige Krankheiten der Zähne und des Zahnhalteapparates	2,0	0,4
T14	Verletzung an einer nicht näher bezeichneten Körperregion	1,5	1,3
K29	Gastritis und Duodenitis	1,5	0,8
B34	Viruskrankheit	1,2	0,5
M53	Sonstige Krankheiten der Wirbelsäule und des Rückens	1,2	1,3
M51	Sonstige Bandscheibenschäden	1,2	2,5
J03	Akute Tonsillitis	1,1	0,5
R10	Bauch- und Beckenschmerzen	1,1	0,5
J01	Akute Sinusitis	1,1	0,5
M75	Schulterläsionen	0,9	1,6
J02	Akute Pharyngitis	0,9	0,4
J32	Chronische Sinusitis	0,9	0,5
F32	Depressive Episode	0,9	1,7
S93	Luxation, Verstauchung und Zerrung der Gelenke und Bänder in Höhe des oberen Sprunggelenkes und des Fußes	0,9	0,9
M99	Biomechanische Funktionsstörungen	0,8	0,6
M77	Sonstige Enthesopathien	0,8	0,8
M25	Sonstige Gelenkkrankheiten	0,8	0,8
R51	Kopfschmerz	0,8	0,4
M23	Binnenschädigung des Kniegelenkes	0,7	1,3
F43	Reaktionen auf schwere Belastungen und Anpassungsstörungen	0,7	1,0
E66	Adipositas	0,7	1,3
I25	Chronische ischämische Herzkrankheit	0,7	1,5

20

Tabelle 20.12.16. Fortsetzung

ICD-10	Bezeichnung	AU-Fälle in %	AU-Tage in %
J11	Grippe	0,7	0,3
M47	Spondylose	0,6	0,8
E11	Typ-II-Diabetes	0,6	1,1
M79	Sonstige Krankheiten des Weichteilgewebes	0,6	0,5
B99	Sonstige Infektionskrankheiten	0,6	0,3
R42	Schwindel und Taumel	0,6	0,4
E78	Störungen des Lipoproteinstoffwechsels und sonstige Lipidä-mien	0,5	1,0
R50	Fieber unbekannter Ursache	0,5	0,3
J04	Akute Laryngitis und Tracheitis	0,5	0,2
F17	Psychische und Verhaltensstörungen durch Tabak	0,5	0,8
F45	Somatoforme Störungen	0,5	0,6
	Summe hier	**54,9**	**45,1**
	Restliche	45,1	54,9
	Gesamtsumme	**100,0**	**100,0**

Tabelle 20.12.17. Anteile der 40 häufigsten Diagnoseuntergruppen an den AU-Fällen und AU-Tagen in der Branche Verkehr und Transport im Jahr 2007, AOK-Mitglieder

ICD-10	Bezeichnung	AU-Fälle in %	AU-Tage in %
M40–M54	Krankheiten der Wirbelsäule und des Rückens	11,4	12,9
J00–J06	Akute Infektionen der oberen Atemwege	9,6	4,1
M60–M79	Krankheiten der Weichteilgewebe	3,8	4,5
J40–J47	Chronische Krankheiten der unteren Atemwege	3,6	2,4
K50–K52	Nichtinfektiöse Enteritis und Kolitis	3,5	1,3
J20–J22	Sonstige akute Infektionen der unteren Atemwege	3,3	1,7
M00–M25	Arthropathien	3,2	5,1
A00–A09	Infektiöse Darmkrankheiten	2,8	0,9
R50–R69	Allgemeinsymptome	2,7	2,0
K00–K14	Krankheiten der Mundhöhle, Speicheldrüsen und Kiefer	2,6	0,6
I10–I15	Hypertonie	2,3	3,6
K20–K31	Krankheiten des Ösophagus, Magens und Duodenums	2,2	1,3
F40–F48	Neurotische, Belastungs- und somatoforme Störungen	1,9	2,7
T08–T14	Verletzungen Rumpf, Extremitäten u. a. Körperregionen	1,8	1,7
R10–R19	Symptome bzgl. Verdauungssystem und Abdomen	1,8	1,0
S90–S99	Verletzungen der Knöchelregion und des Fußes	1,6	2,0
J30–J39	Sonstige Krankheiten der oberen Atemwege	1,5	0,9
B25–B34	Sonstige Viruskrankheiten	1,4	0,6
S80–S89	Verletzungen des Knies und des Unterschenkels	1,3	2,5
S60–S69	Verletzungen des Handgelenkes und der Hand	1,3	1,7
G40–G47	Episod. und paroxysmale Krankheiten des Nervensystems	1,2	1,2
J10–J18	Grippe und Pneumonie	1,2	0,8
R00–R09	Symptome bzgl. Kreislauf- und Atmungssystem	1,1	0,8
F30–F39	Affektive Störungen	1,1	2,3
E70–E90	Stoffwechselstörungen	1,0	1,7
I20–I25	Ischämische Herzkrankheiten	1,0	2,2

20

Tabelle 20.12.17. Fortsetzung

ICD-10	Bezeichnung	AU-Fälle in %	AU-Tage in %
M95–M99	Sonstige Krankheiten des Muskel-Skelett-Systems und des Bindegewebes	1,0	0,8
S00–S09	Verletzungen des Kopfes	0,9	0,9
F10–F19	Psychische und Verhaltensstörungen durch psychotrope Substanzen	0,9	1,4
E10–E14	Diabetes mellitus	0,8	1,5
I80–I89	Krankheiten der Venen, Lymphgefäße und -knoten	0,8	0,9
E65–E68	Adipositas und sonstige Überernährung	0,8	1,4
K55–K63	Sonstige Krankheiten des Darmes	0,8	0,8
R40–R46	Symptome bzgl. Wahrnehmung, Stimmung, Verhalten	0,7	0,6
L00–L08	Infektionen der Haut und der Unterhaut	0,7	0,7
G50–G59	Krankheiten von Nerven, Nervenwurzeln und Nervenplexus	0,7	1,0
I30–I52	Sonstige Formen der Herzkrankheit	0,7	1,2
S20–S29	Verletzungen des Thorax	0,7	0,9
N30–N39	Sonstige Krankheiten des Harnsystems	0,6	0,4
B99–B99	Sonstige Infektionskrankheiten	0,6	0,3
	Summe hier	**80,9**	**75,3**
	Restliche	19,1	24,7
	Gesamtsumme	**100,0**	**100,0**

Kapitel 21

Die Arbeitsunfähigkeit in der Statistik der GKV

K. Busch

Zusammenfassung. *Der vorliegende Beitrag gibt anhand der Statistiken des Bundesministeriums für Gesundheit (BMG) einen Überblick über die Arbeitsunfähigkeitsdaten der Gesetzlichen Krankenkassen (GKV). Zunächst werden die Arbeitsunfähigkeitsstatistiken der Krankenkassen und die Erfassung der Arbeitsunfähigkeit erläutert. Hiernach wird auf die Entwicklung der Fehlzeiten auf GKV-Ebene eingegangen. Ebenfalls wird Bezug auf die Unterschiede der Fehlzeiten zwischen den verschiedenen Kassen genommen.*

21.1 Arbeitsunfähigkeitsstatistiken der Krankenkassen

Die Krankenkassen haben nach § 79 SGB IV Übersichten über ihre Rechnungs- und Geschäftsergebnisse und sonstigen Statistiken zu erstellen und über ihre Spitzenverbände an das Bundesministerium für Gesundheit zu liefern. Näheres hierzu wird in der Allgemeinen Verwaltungsvorschrift über die Statistik in der Gesetzlichen Krankenversicherung (KSVwV) geregelt. Bezüglich der Arbeitsunfähigkeitsfälle finden sich Regelungen zu drei Statistiken:

- Krankenstand: Bestandteil der monatlichen Mitgliederstatistik KM1
- Arbeitsunfähigkeitsfälle und -tage: Bestandteil der Jahresstatistik KG2
- Arbeitsunfähigkeitsfälle und -tage nach Krankheitsarten: Jahresstatistik KG8

Am häufigsten wird in der allgemeinen Diskussion mit dem Krankenstand argumentiert. Der Krankenstand ist eine Stichtagserhebung, die zu jedem Ersten eines

Monats erfolgt. Die Krankenkasse ermittelt im Rahmen ihrer Mitgliederstatistik die zu diesem Zeitpunkt arbeitsunfähig kranken Pflichtmitglieder. Unberücksichtigt bleiben dabei aber die Rentner, Studenten, Jugendlichen und Behinderten, Künstler, Wehr-, Zivil- sowie Dienstleistende bei der Bundespolizei, landwirtschaftliche Unternehmer und Vorruhestandsgeldempfänger, da für diese Gruppen in der Regel keine Arbeitsunfähigkeitsbescheinigungen ausgestellt werden. Seit dem Jahr 2005 bleiben auch die Arbeitslosengeld-II-Empfänger unberücksichtigt, da sie keinen Anspruch auf Krankengeld haben und somit AU-Bescheinigungen für diesen Mitgliederkreis nicht unbedingt ausgestellt und den Krankenkassen übersandt werden müssen. Ab dem Jahr 2007 werden Pflicht- und freiwillige Mitglieder mit einem Krankengeldanspruch berücksichtigt. AU-Bescheinigungen werden vom behandelnden Arzt ausgestellt und unmittelbar an die Krankenkasse gesandt, die sie zur Ermittlung des Krankenstandes auszählt. Die Veröffentlichung des Krankenstandes erfolgt monatlich im Rahmen der Mitgliederstatistik KM1. Aus den 12 Stichtagswerten eines Jahres wird als arithmetisches Mittel ein jahresdurchschnittlicher Krankenstand errechnet.

Eine Totalauszählung der Arbeitsunfähigkeitsfälle und -tage erfolgt in der Jahresstatistik KG2. Da in dieser Statistik nicht nur das AU-Geschehen an einem Stichtag erfasst wird, sondern jeder einzelne AU-Fall mit seinen dazugehörigen Tagen, ist die Aussagekraft höher. Allerdings können die Ergebnisse wegen der Erhebungsmethode erst mit einer zeitlichen Verzögerung von mehr als einem halben Jahr vorgelegt werden.

21.2 Erfassung von Arbeitsunfähigkeit

Die Informationsquelle für die Arbeitsunfähigkeit der pflichtversicherten Arbeitnehmer ist eine Arbeitsunfähigkeitsbescheinigung des behandelnden Arztes. Nach § 5 EFZG bzw. § 3 LFZG ist der Arzt verpflichtet, dem Träger der gesetzlichen Krankenversicherung unverzüglich eine Bescheinigung über die Arbeitsunfähigkeit mit Angaben über den Befund und die voraussichtliche Dauer zuzuleiten; besteht die Arbeitsunfähigkeit nach Ablauf der vermuteten Erkrankungsdauer weiterhin, stellt der Arzt eine Fortsetzungsbescheinigung aus. Das Vorliegen einer Krankheit allein ist für die statistische Erhebung nicht hinreichend, entscheidend ist die Feststellung des Arztes, dass der Arbeitnehmer infolge des konkret vorliegenden Krankheitsbildes daran gehindert wird, seine Arbeitsleistung zu erbringen (§ 3 EFZG). Der arbeitsunfähig schreibende Arzt einerseits und der ausgeübte Beruf andererseits spielen daher für Anzahl und Art der AU-Fälle eine nicht unbedeutende Rolle.

Voraussetzung für die statistische Erfassung eines AU-Falles ist somit im Normalfall das Vorliegen einer AU-Bescheinigung, zu berücksichtigen sind jedoch auch Fälle von Arbeitsunfähigkeit, die der Krankenkasse auf andere Weise als über die AU-Bescheinigung bekannt werden; dies können z. B. Meldungen von Krankenhäusern über eine stationäre Behandlung sein. Nicht berücksichtigt werden solche AU-Fälle, für die die Krankenkasse nicht Kostenträger ist, aber auch Fälle eines Arbeitsunfalls oder einer Berufskrankheit, für die der Träger der Unfallversicherung das Heilverfahren nicht übernommen hat. Nicht erfasst werden auch Fälle, bei denen eine andere Stelle, wie z. B. die Rentenversicherung, ein Heilverfahren ohne Kostenbeteiligung der Krankenkasse durchführt. Die Lohnfortzahlung durch den Arbeitgeber wird allerdings nicht als Fall mit anderem Kostenträger gewertet, sodass AU-Fälle sowohl den Zeitraum der Lohnfortzahlung umfassen als auch den Zeitraum, in dem Krankengeld bezogen wird.

Fehlen am Arbeitsplatz während der Mutterschutzfristen ist kein Arbeitsunfähigkeitsfall im Sinne der Statistik, da Mutterschaft keine Krankheit ist. AU-Zeiten, die aus Komplikationen während einer Schwangerschaft oder bei der Geburt entstehen, werden jedoch berücksichtigt, soweit sich dadurch die Freistellungsphase um den Geburtstermin herum verlängert.

Aus dem Erhebungstatbestand Arbeitsunfähigkeit folgt die Begrenzung des erfassbaren Personenkreises. In der Statistik werden daher nur die AU-Fälle von Pflicht- und freiwilligen Mitgliedern mit Krankengeldanspruch berücksichtigt.

Die mitversicherten Familienangehörigen und die Rentner sind definitionsgemäß nicht versicherungspflichtig beschäftigt, sie können somit im Sinne des Krankenversicherungsrechts nicht arbeitsunfähig krank sein.

Da die statistische Erfassung der Arbeitsunfähigkeit primär auf die AU-Bescheinigung des behandelnden Arztes abgestellt ist, können insbesondere bei den Kurzzeitarbeitsunfähigkeiten Untererfassungen auftreten. Ist der Arbeitnehmer (aufgrund von gesetzlichen Bestimmungen oder tarifvertraglichen Regelungen) nicht verpflichtet dem Arbeitgeber während der ersten drei Krankheitstage eine AU-Bescheinigung vorzulegen, so erhält die Krankenkasse nur in Ausnahmefällen Kenntnis davon. Andererseits bescheinigt der Arzt nur die voraussichtliche Dauer der Arbeitsunfähigkeit. Ist der Arbeitnehmer jedoch vorher wieder arbeitsfähig, erhält auch in diesen Fällen die Krankenkasse nur selten eine Meldung. Gehen AU-Bescheinigungen bei den Krankenkassen nicht zeitgerecht ein, so kann es zu einer Nichtberücksichtigung bei der Berechnung des Krankenstandes kommen, da die Ermittlung des Krankenstandes in der Regel schon eine Woche nach dem Stichtag erfolgt.

Der AU-Fall wird zeitlich in gleicher Weise abgegrenzt wie der Versicherungsfall im rechtlichen Sinn. Demnach sind mehrere mit Arbeitsunfähigkeit verbundene Erkrankungen, die als ein Versicherungsfall gelten, auch als ein AU-Fall zu zählen. Der Fall wird abgeschlossen, wenn ein anderer Kostenträger (z. B. die Rentenversicherung) ein Heilverfahren durchführt; besteht anschließend weiter Arbeitsunfähigkeit, wird ein neuer Leistungsfall gezählt. Der AU-Fall wird statistisch in dem Jahr berücksichtigt, in dem er abgeschlossen wird. Diesem Jahr werden alle Tage des Falles zugeordnet, auch wenn sie kalendermäßig teilweise im Vorjahr lagen.

21.3   Entwicklung des Krankenstandes

Der Krankenstand hat sich gegenüber den 70er und 80er Jahren deutlich reduziert (s. Abb. 21.1). Er befindet sich derzeitig auf einem Niveau, das seit Einführung der Lohnfortzahlung für Arbeiter im Jahr 1970 noch nie unterschritten wurde. Zeiten vor 1970 sind nur bedingt vergleichbar, da durch eine andere Rechtsgrundlage bezüglich der Lohnfortzahlung und des Bezugs von Krankengeld auch andere Meldewege und Erfassungsmethoden angewendet wurden.

Der Krankenstand kann aufgrund der Erhebungsmethode als Stichtagsbetrachtung nur bedingt ein zutreffendes Ergebnis zur absoluten Höhe der Ausfallzeiten wegen Krankheit liefern. Die 12 Monatsstichtage betrachten nur jeden 30sten Kalendertag, so dass z. B. eine Grippewelle möglicherweise nur deswegen nicht erfasst werden kann, weil sie zufällig in den Zeitraum zwischen zwei Stichtage fällt. Es ergeben sich nicht nur aus den Jahreszeiten saisonale Schwankungen heraus, auch ist zu berücksichtigen, dass Stichtage auf Sonn- und Feiertage fallen können, sodass eine Arbeitsunfähigkeit erst einen Tag später festgestellt würde.

Die Krankenstände der einzelnen Kassenarten unterscheiden sich zum Teil erheblich (s. Abb. 21.2). Die Ursachen hierzu dürften in den unterschiedlichen Mitgliederkreisen bzw. deren Berufs-, Alters- und Ge-schlechtsstrukturen liegen. Ein anderes Berufsspektrum bei den Mitgliedern einer anderen Kassenart führt somit auch automatisch zu einem abweichenden Krankenstandsniveau bei gleichem individuellen, berufsbedingten Krankheitsgeschehen der Mitglieder. In weiteren Kapiteln dieses Buches wird für die Mitglieder der AOKs ausführlich auf die unterschiedlichen Fehlzeitenniveaus der einzelnen Berufsgruppen und Branchen eingegangen.

21.4   Entwicklung der Arbeitsunfähigkeitsfälle

Durch die Totalauszählungen der Arbeitsunfähigkeitsfälle im Rahmen der GKV-Statistik KG2 werden die o. a. Mängel einer Stichtagserhebung vermieden. Allerdings kann eine Totalauszählung erst nach Abschluss des Beobachtungszeitraums, d. h. nach Jahresende erfolgen. Die Meldewege und die Nachrangigkeit der Statistikerhebung gegenüber dem Jahresrechnungsabschluss bringen es mit sich, dass die Ergebnisse der GKV-Statistik KG2 erst im August beim Bundesministerium für Gesundheit vorliegen und erst danach für alle Kassenarten zum GKV-Ergebnis zusammengeführt werden können.

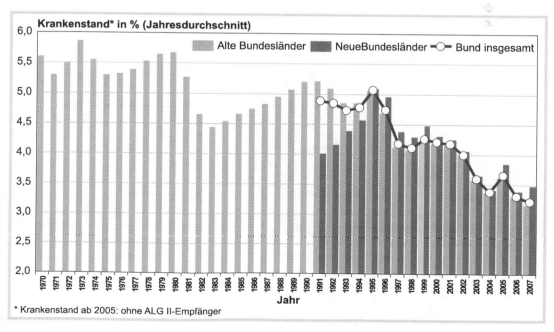

Abb. 21.1. Entwicklung des Krankenstandes in der GKV

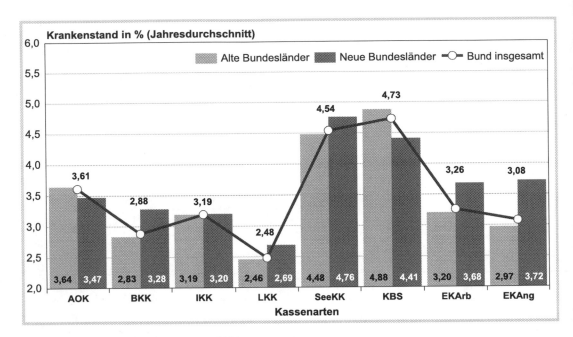

Abb. 21.2. Krankenstand nach Kassenarten 2007

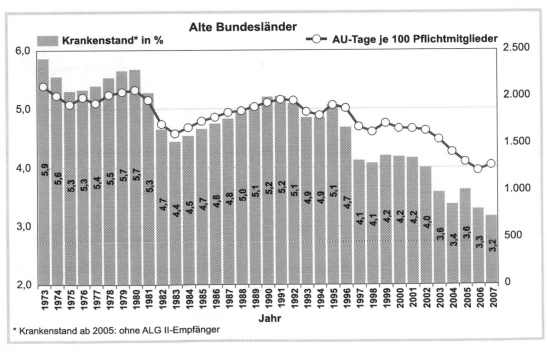

Abb. 21.3. Vergleich der Entwicklung von Krankenstand und Arbeitsunfähigkeitstagen je 100 Pflichtmitglieder (Alte Bundesländer)

Ein Vergleich der Entwicklung von Krankenstand und Arbeitsunfähigkeitstagen je 100 Pflichtmitglieder zeigt, dass sich das Krankenstandsniveau und das Niveau der AU-Tage je 100 Pflichtmitglieder gleichgerichtet entwickelt, dass es jedoch eine leichte Unterzeichnung beim Krankenstand gegenüber den AU-Tagen gibt (s. Abb. 21.3). Hieraus lässt sich schließen, dass sich der Krankenstand als Frühindikator für die Entwicklung des AU-Geschehens nutzen lässt, auch wenn im Jahr 2007 der Krankenstand noch abgenommen, die Zahl der AU-Tage je 100 Pflichtmitglieder aber zugenommen hat. Zeitreihen für das gesamte Bundesgebiet liegen erst ab dem Jahr 1991 vor, da zu diesem Zeitpunkt auch in den neuen Bundesländern das Krankenversicherungsrecht aus den alten Bundesländern eingeführt wurde (s. Abb. 21.4). Ab 1995 wurde Berlin insgesamt den alten Bundesländern zugeordnet, zuvor gehörte der Ostteil Berlins zu den neuen Bundesländern.
Der Vergleich der Entwicklung der Arbeitsunfähigkeitstage je 100 Pflichtmitglieder nach Kassenarten (s. Abb. 21.5) zeigt, dass es recht unterschiedliche Entwicklungen bei den einzelnen Kassenarten gegeben hat. Am deutlichsten wird der Rückgang des Krankenstandes bei den Betriebskrankenkassen, die durch die Wahlfreiheit zwischen den Kassen und der Öffnung

der meisten Betriebskrankenkassen auch für betriebsfremde Personen einen Zugang von Mitgliedern mit einer günstigeren Risikostruktur zu verzeichnen hatten. Die günstigere Risikostruktur dürfte insbesondere daran liegen, dass mobile, wechselbereite und gut verdienende jüngere Mitglieder gewonnen wurden, aber auch an anderen, weniger gesundheitlich gefährdeten Berufsgruppen, die jetzt die Möglichkeit haben, sich bei Betriebskrankenkassen mit einem günstigen Beitragssatz zu versichern. Auch die IKK profitiert von dieser Entwicklung, denn eine Innungskrankenkasse hatte aufgrund ihres günstigen Beitragssatzes in den letzten fünf Jahren einen Mitgliederzuwachs von über 500 Tsd., davon allein fast 475 Tsd. Pflichtmitglieder mit einem Entgeltfortzahlungsanspruch von sechs Wochen. Diese Kasse reduziert mit ihrem jahresdurchschnittlichen Krankenstand von 1,49% im Jahr 2007 und einem Anteil von fast 17% an den Pflichtmitgliedern mit einem Entgeltfortzahlungsanspruch von sechs Wochen aller Innungskrankenkassen den Krankenstand dieser Kassenart deutlich. Bei den Angestelltenersatzkassen (EKAng) verlief die Entwicklung anders als bei den anderen Kassen: Nachdem diese Kassenart 1991 den günstigsten Krankenstand von allen Kassen melden konnte, stieg die Zahl der AU-Tage je 100 Pflichtmit-

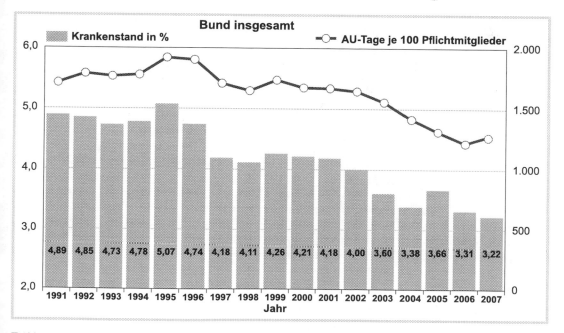

□ Abb. 21.4. Vergleich der Entwicklung von Krankenstand und Arbeitsunfähigkeitstagen je 100 Pflichtmitglieder (Bund insgesamt)

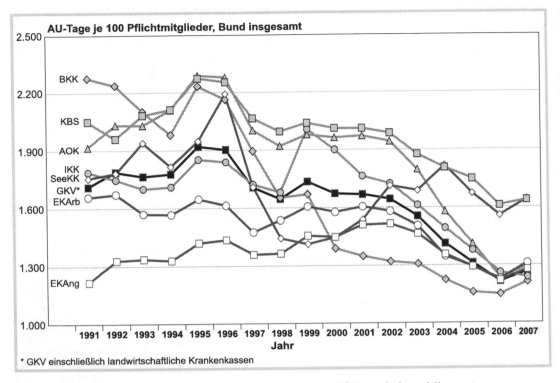

□ Abb. 21.5. Vergleich der Entwicklung von Arbeitsunfähigkeitstagen je 100 Pflichtmitglieder nach Kassenarten

glieder bis 2002 kontinuierlich an. Im Jahr 2006 erreichten die Angestelltenersatzkassen jedoch in etwa wieder das niedrige Niveau von 1991.

Insgesamt hat sich die Bandbreite der gemeldeten AU-Tage je 100 Pflichtmitglieder zwischen den verschiedenen Kassenarten deutlich reduziert. Im Jahr 1991 wiesen die Betriebskrankenkassen noch 2275 AU-Tage je 100 Pflichtmitglieder aus, während die Angestelltenersatzkassen nur 1217 AU-Tage je 100 Pflichtmitglieder meldeten, dies ist eine Differenz von über 1000 AU-Tagen je 100 Pflichtmitglieder. Im Jahr 2007

hat sich diese Differenz zwischen der ungünstigsten und der günstigsten Kassenart auf rd. 425 AU-Tage je 100 Pflichtmitglieder reduziert. Lässt man die beiden Sondersysteme KBS (Knappschaft) und Seekrankenkasse unberücksichtigt, so reduziert sich die Differenz zwischen den Arbeiterersatzkassen mit 1310 AU-Tage je 100 Pflichtmitglieder und den Betriebskrankenkassen mit 1213 AU-Tage je 100 Pflichtmitglieder auf unter 100 AU-Tage je 100 Pflichtmitglieder und damit auf rd. 10% des Wertes von 1991.

21

Kapitel 22

Krankenstand und betriebliche Gesundheitsförderung in der Bundesverwaltung

F. Isidoro Losada · M. Mellenthin-Schulze

Zusammenfassung. *Der folgende Beitrag fasst den Bericht zum Krankenstand in der unmittelbaren Bundesverwaltung für das Erhebungsjahr 2007 zusammen und vergleicht die Ergebnisse mit denen der AOK-Erhebung.*
Neben einführenden Angaben zur Personalstruktur der unmittelbaren Bundesverwaltung und zu Methodik und Vergleichbarkeit enthält der Beitrag differenzierte Daten zu den krankheitsbedingten Fehlzeiten im Bundesdienst. Auf die Darstellung der allgemeinen Krankenstandsentwicklung folgen Angaben zum Krankenstand nach Dauer, nach Geschlecht sowie nach Laufbahngruppen. Bei der Gegenüberstellung der Daten von Bundesverwaltung und AOK wird ausführlich auf die vergleichsweise ungünstige Altersstruktur des Bundespersonals und die Bedeutung des Faktors „Lebensalter" für den Krankenstand eingegangen.
Der letzte Abschnitt befasst sich schließlich mit der systematischen betrieblichen Gesundheitsförderung, die – auch im Rahmen des Regierungsprogramms „Zukunftsorientierte Verwaltung durch Innovationen" – für die Bundesverwaltung verbindlich ist.

22.1　Einführung

Das Bundesministerium des Innern erstellt jährlich einen Bericht zum Krankenstand in der unmittelbaren Bundesverwaltung. Der zunächst rein statistisch ausgerichtete Bericht ist seit dem Jahr 2004 vor allem um den Bereich der Gesundheitsförderung erheblich ausgeweitet worden. Er umfasst den Krankenstand in der unmittelbaren Bundesverwaltung, zeigt seine Entwicklung seit 1995 auf und wertet den Stand der Gesundheitsförderung innerhalb der Bundesbehörden seit 2005 aus.

Die Bundesregierung hat mit dem Kabinettsbeschluss vom 28. Februar 2007 im Umsetzungsplan zum Regierungsprogramm „Zukunftsorientierte Verwaltung durch Innovationen" [5] alle Behörden der unmittelbaren Bundesverwaltung verpflichtet, die „systematische Gesundheitsförderung im unmittelbaren Bundesdienst" einzuführen und umzusetzen. Über Fortschritte wird jährlich dem Bundeskabinett berichtet. Mit dem Umsetzungsplan 2008 wird dieser Auftrag des Kabinetts erfüllt. Er informiert über die Fortschritte und beschreibt das ressortübergreifende Arbeitsprogramm 2008, das die systematische betriebliche Gesundheitsförderung fortschreibt und weiterentwickelt.

Angesichts der demographischen Entwicklung (Rückgang der Erwerbsbevölkerung, Zunahme des Anteils älterer Beschäftigter) und knapper werdender personeller und finanzieller Ressourcen wird es auch im Bundesdienst immer wichtiger, die Gesundheit der

Beschäftigten zu fördern und ihre Arbeits- und Leistungsfähigkeit bis zum Eintritt in den Ruhestand zu erhalten. Dabei geht es nicht nur darum, betriebliche bzw. volkswirtschaftliche Kosten zu reduzieren. Gesundheit ist vielmehr ein hohes Gut, dessen Schutz und Pflege sowohl im Interesse der Beschäftigten als auch des Arbeitgebers Bund liegt.

In seiner jetzigen Form stellt der jährlich veröffentlichte Krankenstands- und Gesundheitsförderungsbericht ein wichtiges Benchmark-Instrument dar. Durch die 2007 neu eingeführte Altersstandardisierung soll die Vergleichbarkeit innerhalb der unmittelbaren Bundesbehörden erhöht werden. Auch wenn die Altersstandardisierung zunächst nur für 52,5% der Beschäftigten durchgeführt werden konnte, so bietet dies eine erste Möglichkeit, den Einfluss des Alters beim Krankenstand herauszuarbeiten.

Um einen Vergleich nicht nur innerhalb der Bundesverwaltung, sondern auch mit den Ländern und der Privatwirtschaft zu ermöglichen, wird der Bericht seit dem Jahr 2004 im Internet des BMI (www.bmi. bund.de) [4] veröffentlicht und erstmals im Fehlzeiten-Report 2007 des Wissenschaftlichen Instituts der AOK zusammenfassend vorgestellt.

22.1.1 Anmerkungen zu Methodik und Vergleichbarkeit

In die Krankenstandsberechnung der AOK gehen Wochenenden und Feiertage ein, soweit sie in den Zeitraum der Krankschreibung fallen. Dagegen zählen in der Erhebung der Bundesverwaltung nur die **Arbeitstage**, an denen Beschäftigte arbeitsunfähig waren, als **Fehltage**. So ist es möglich, die Personalausfallkosten auf Grundlage der tatsächlich ausgefallenen Arbeitstage zu berechnen.

Um die Krankenstandszahlen der Bundesverwaltung mit denen der AOK vergleichen zu können, wird die Krankheitsquote nicht in Prozent der 365 Kalendertage, sondern in Prozent der Arbeitstage eines Jahres angegeben. Dabei werden 251 Arbeitstage pro Jahr zugrunde gelegt (365 abzüglich Wochenenden und Feiertage) [1]. Eine Unterscheidung zwischen Teilzeit- und Vollzeitbeschäftigten wird nicht getroffen, die Ausfalltage von Teilzeitbeschäftigten werden als ganze Tage gerechnet. Bei jahresübergreifenden Erkrankungen werden – wie

in der AOK-Erhebung – nur die Fehltage gezählt, die im Erhebungsjahr anfielen.

Bei einem Vergleich mit den AOK-Daten ist ferner zu berücksichtigen, dass die AOK Fehltage aufgrund von Kuren (Kosten werden in der Regel von der gesetzlichen Rentenversicherung getragen) sowie einen Teil der Kurzzeiterkrankungen nicht erfasst, da für letztere oft keine Arbeitsunfähigkeitsbescheinigungen ausgestellt werden. In der Erhebung der Bundesverwaltung werden diese Fehlzeiten dagegen erfasst. Für eine realistische Gegenüberstellung der Fehlzeiten sind die Bundeswerte daher entsprechend zu bereinigen. Dazu sind sie um die Fehlzeiten durch Rehabilitationsmaßnahmen (0,31 Fehltage für 2007) und um pauschal 50% der Kurzzeiterkrankungen (1,25 Fehltage für 2007) zu vermindern.

Die Erhebung wird stetig optimiert und den neuen Erkenntnissen angepasst. Die Bundesverwaltung ermittelt den Krankenstand differenziert nach Dauer der Erkrankung, Geschlecht, Laufbahngruppen (einfacher, mittlerer, gehobener, höherer Dienst), Statusgruppen (Beamtinnen/Beamte, Tarifbeschäftigte, Auszubildende und Anwärterinnen/Anwärter) sowie nach Behördenzugehörigkeit (oberste Bundesbehörde/ Geschäftsbereichsbehörden)[2].

Die Anzahl der Krankheitsfälle wird nicht gesondert ausgewiesen. Arbeits- bzw. Dienstunfälle einschließlich Wegeunfälle wurden bisher nicht gesondert erfasst.

Eine Differenzierung der Daten nach Geschlecht wird seit der Erhebung 2004 vorgenommen. Der Krankenstand nach Alter wurde bisher nur einmal stichprobenartig in der Erhebung 2002 erfasst. 2007 wurde begonnen, die Fehlzeiten nach Altersgruppen zu erfassen, sodass in der Erhebung von 2007 eine Altersstrukturanalyse und Altersstandardisierung des Krankenstandes für einen Teil der Beschäftigten in der Bundesverwaltung vorgenommen werden kann. Ab dem kommenden Bericht soll eine Altersstandardisierung für alle Beschäftigten der Bundesverwaltung möglich sein.

Die in der AOK-Erhebung übliche Differenzierung der Fehlzeiten nach Branchen, Regionen, Betriebsgrößen und Berufsgruppen ist auf der Grundlage des vorliegenden Datenmaterials für die Bundesverwaltung nicht möglich.

Ebenso können keine Aussagen über die Krankheitsursachen getroffen werden, da die Diagnosen auf den

---

1 Etwaige Abweichungen von den 251 Arbeitstagen (je nach Bundesland und Anzahl der Feiertage) wirken sich nur geringfügig auf die Prozentwerte aus.

2 Auf eine Differenzierung nach Statusgruppen und Behördenzugehörigkeit wird im Folgenden verzichtet, da sie für den Vergleich mit den AOK-Daten nicht relevant ist.

Arbeitsunfähigkeits-Meldungen nur den Krankenkassen, nicht aber dem Arbeitgeber zugänglich sind.

22.1.2 Die unmittelbare Bundesverwaltung als Teil der öffentlichen Verwaltung

Der öffentliche Dienst zeichnet sich durch eine große Beschäftigtenzahl aus und ist in seinen Organisationsformen, Leistungen und Berufsgruppen heterogen. Öffentliche Aufgaben werden von Beamtinnen und Beamten, Richterinnen und Richtern, Soldatinnen und Soldaten sowie Tarifbeschäftigten[3] wahrgenommen. Sie sind beim Bund (Bundesverwaltung), bei den Ländern (Landesverwaltungen) oder bei den Kommunen (Kommunalverwaltungen) beschäftigt. Die folgenden Ausführungen betreffen die unmittelbare Bundesverwaltung.

22.1.3 Die Personalstruktur der unmittelbaren Bundesverwaltung

Insgesamt arbeiten gut 281 550 Beschäftigte[4] in der unmittelbaren Bundesverwaltung. Davon waren im Jahr 2007 rund 8,1% in den obersten Bundesbehörden (insbesondere Ministerien) und rund 91,9% in den Geschäftsbereichsbehörden der Ministerien tätig. Vier Ministerien (Bundesministerium der Verteidigung, Bundesministerium des Innern, Bundesministerium der Finanzen, Bundesministerium für Verkehr, Bau und Stadtentwicklung) stellen zusammen mit ihren Geschäftsbereichsbehörden über 82% der Beschäftigten der gesamten unmittelbaren Bundesverwaltung. Die Gesamthöhe des Krankenstandes wird also wesentlich von diesen vier großen Behörden bzw. deren Geschäftsbereichsbehörden beeinflusst.

Der **Frauenanteil** ist mit 35,2% aller Beschäftigten in der Bundesverwaltung gegenüber 45,1% in der gesamten Erwerbsbevölkerung relativ gering. Dies ist vor allem auf die in einigen großen Geschäftsbereichsbehörden vorherrschenden typischen „Männerberufe" (z. B. Bundespolizei, Zollverwaltung) zurückzuführen.

---

3   Im Geltungsbereich des Tarifvertrages für den öffentlichen Dienst (TVöD) im Oktober 2005 wurde die Unterscheidung zwischen Angestellten und Arbeiterinnen/Arbeitern aufgehoben. Alternativ zur Bezeichnung „Tarifbeschäftigte" wird auch der Begriff „Arbeitnehmerinnen und Arbeitnehmer" gebraucht.

4   Ohne Soldatinnen/Soldaten, einschließlich Auszubildende und Anwärter/innen.

In den obersten Bundesbehörden liegt der Frauenanteil dagegen bei knapp 49%.

Von den Beschäftigten der unmittelbaren Bundesverwaltung sind 45,1% Beamtinnen und Beamte, 49,8% Tarifbeschäftigte und 5,1% Auszubildende, Anwärterinnen und Anwärter.

Anders als in der AOK-Erhebung werden die Bundesbediensteten im Krankenstands- und Gesundheitsförderungsbericht nicht nach Berufsgruppen oder Stellung im Beruf klassifiziert, sondern nach den vier **Laufbahngruppen** einfacher, mittlerer, gehobener und höherer Dienst. Die Zuordnung zu einer Laufbahngruppe hängt von Ausbildungsstand und Qualifikation ab und ist mit unterschiedlichen Anforderungen, einem unterschiedlichen Maß an Verantwortung sowie entsprechend unterschiedlichen Einkommen verbunden. Sie entspricht in etwa dem Kriterium „Stellung im Beruf" in der AOK-Erhebung.

Die Beschäftigten der Bundesverwaltung sind zu 10,2% im einfachen Dienst und zu 53,2% im mittleren Dienst tätig. Auf den gehobenen Dienst entfallen 22,6% und auf den höheren Dienst 8,9% der Beschäftigten.

22.2 Kosten der Arbeitsunfähigkeit

Die Erhebung 2007 weist für die unmittelbare Bundesverwaltung einen Krankenstand (einschließlich Rehabilitation) von 15,73 Tagen je Beschäftigte/n bzw. 6,27% (bereinigt: 5,65%) der gesamten Arbeitstage eines Jahres aus. Das entspricht einer Gesamtsumme von rund 4,4 Mio. Arbeitsunfähigkeitstagen im Jahr und bedeutet, dass täglich ca. 17 600 Beschäftigte krankheitsbedingt abwesend waren. Damit ist ein dreistelliger Millionenbetrag an Personalkosten für den Bund ohne Gegenleistung geblieben.

22.3 Allgemeine Krankenstandsentwicklung

Tabelle 22.1 zeigt, dass der Krankenstand im Bundesdienst im Jahr 2007 einen höheren Stand als im Jahr 2006 erreicht hat. Der Krankenstand in der unmittelbaren Bundesverwaltung ist im Jahr 2007 um 0,15 Prozentpunkte angestiegen. Die AOK-Erhebung weist sogar einen Anstieg um 0,27 Prozentpunkte auf. Der seit mehreren Jahren zu verzeichnende generelle Rückgang des Krankenstandes konnte demnach sowohl bei der AOK als auch in der unmittelbaren Bundesverwaltung im Jahr 2007 nicht beobachtet werden.

Tabelle 22.1. Krankenstandsentwicklung in der unmittelbaren Bundesverwaltung 1998–2007

	Durchschnittliche Fehltage je Beschäftigte/n	Krankheitsquote in %
1998	16,38	6,53
1999	16,93	6,75
2000	16,77	6,68
2001	16,39	6,53
2002	16,21	6,46
2003	15,74	6,27
2004	15,56	6,20
2005	15,95	6,35
2006	15,37	6,12
2007	15,73	6,27

22.4 Kurz- und Langzeiterkrankungen

Bei der Erhebung der Fehlzeiten nach Dauer der Erkrankung differenziert der Krankenstands- und Gesundheitsförderungsbericht der Bundesverwaltung nach Kurzzeiterkrankungen (1–3 Arbeitstage), längeren Erkrankungen (4–30 Arbeitstage) und Langzeiterkrankungen über 30 Arbeitstage. Letzteres entspricht in etwa einer Krankheitsdauer von sechs Wochen bzw. 42 Kalendertagen, ist also mit den Langzeiterkrankungen in der AOK-Erhebung vergleichbar.

Im Jahr 2007 lag der Schwerpunkt der Fehltage – wie in den Vorjahren – bei den Erkrankungen von mehr als drei Tagen (82,0%, davon 51,2% längere Erkrankungen von 4–30 Tagen und 30,8% Langzeiterkrankungen über 30 Tage). Rund 16,0% der Fehltage fielen auf Erkrankungen von 1–3 Tagen. Mit einem Anteil von 2,0% spielten Rehabilitationsmaßnahmen nur eine geringe Rolle.

Wie anhand der Tabelle 22.2 zu erkennen ist, hat sich von 1998 bis 2007 die Verteilung der Fehltage auf Kurzzeiterkrankungen, längere Erkrankungen, Langzeiterkrankungen und Rehabilitationsmaßnahmen nicht wesentlich verändert. Auffällig ist aber, dass der Anteil der Kurzzeiterkrankungen kontinuierlich leicht gestiegen ist (Ausnahme: 2005) und im Jahr 2007 mit

16,0% einen Höchststand erreicht hat. Im Gegenzug ist der Anteil der Erkrankungen ab vier Tage von 86,8% im Jahr 1998 auf 82,0% im Jahr 2007 gesunken. Der Großteil davon entfällt weiterhin auf längere Erkrankungen (51,2%) bei leichtem Rückgang gegenüber dem Vorjahr (2006: 51,9%).

Tabelle 22.2. Verteilung der Fehltage nach der Dauer der Erkrankung von 1998 bis 2007 in Prozent

Jahr	Dauer der Erkrankung			Reha-Maßnahmen
	1–3 Tage	4–30 Tage	> 30 Tage	
1998	11,3	86,8		1,9
1999	11,3	86,6		2,1
2000	12,0	85,3		2,7
2001	12,5	84,8		2,7
2002	13,2	52,6	31,7	2,5
2003	14,0	52,0	31,4	2,5
2004	14,8	51,7	31,2	2,3
2005	14,7	53,1	30,0	2,2
2006	15,8	51,9	30,3	2,0
2007	16,0	51,2	30,8	2,0

Auch der Anteil der Langzeiterkrankungen von über 30 Tagen, der erst seit 2002 gesondert erfasst wird, ist von 31,7% (2002) auf 30,3% (2006) gesunken und im Jahre 2007 auf 30,8% leicht angestiegen. Gleiches gilt für den – relativ unbedeutenden – Anteil der Fehltage aufgrund von Rehabilitationsmaßnahmen, der seit 2000 (2,7%) bis 2006 (2,0%) kontinuierlich zurückgegangen ist und seit 2006 stagniert.

22.5 Krankenstand nach Geschlecht

Im Jahr 2004 wurde der Krankenstand in der Bundesverwaltung erstmals differenziert nach Geschlecht erhoben. Nach den Ergebnissen der letzten vier Jahre haben Frauen durchgängig etwas höhere Fehlzeiten als Männer (s. Tabelle 22.3).

22

Tabelle 22.3. Durchschnittlicher Krankenstand nach Geschlecht von 2004 bis 2007

Jahr	Frauen		Männer		Insgesamt	
	Tage	Krankheits-quote (in %)	Tage	Krankheits-quote (in %)	Tage	Krankheits-quote (in %)
2004*	16,6	6,6	15,2	6,0	15,6	6,2
2005	17,1	6,8	15,3	6,1	16,0	6,4
2006	16,5	6,6	14,7	5,9	15,4	6,1
2007	17,2	6,8	15,0	6,0	15,7	6,3

* In der Erhebung nach Geschlecht für das Jahr 2004 konnte ein großes Ressort noch nicht berücksichtigt werden.

Tabelle 22.4. Fehltage je Beschäftigte/n nach Krankheitsdauer und Geschlecht 2007

	Fehltage	Kurzzeiter-krankungen (1–3 Tage)	Längere Erkrankungen (4–30 Tage)	Langzeiter-krankungen (> 30 Tage)	Reha-Maß-nahmen	Insge-samt
Frauen	absolut	3,0	8,8	5,0	0,4	17,2
	in %	17,4	51,1	29,3	2,2	100,0
Männer	absolut	2,3	7,7	4,8	0,3	15,0
	in %	15,1	51,3	31,8	1,8	100,0
Insgesamt	absolut	2,5	8,1	4,9	0,3	15,7
	in %	16,0	51,2	30,8	2,0	100,0

So belegt die Erhebung 2007 einen um durchschnittlich 2,2 Fehltage (rd. 14,7%) höheren Krankenstand von Frauen gegenüber Männern. Nicht nur beim Vergleich der Gesamtfehlzeiten, sondern auch beim Vergleich der Fehlzeiten innerhalb der einzelnen Laufbahn-, Status- und Behördengruppen weisen die weiblichen Beschäftigten fast in allen Bereichen einen höheren Krankenstand auf als ihre männlichen Kollegen. Bei der Differenzierung nach Dauer der Krankheit sind die Fehlzeiten der Frauen bei den Kurzzeiterkrankungen jeweils etwas höher als bei den Männern. Hingegen haben die Männer höhere Fehlzeiten bei den Erkrankungen von über vier Tagen: Dieser Anteil ist um 2,7% höher als bei den Frauen (s. Tabelle 22.4).

Als mögliche Ursachen für geschlechtsspezifische Differenzen beim Krankenstand sind generell die unterschiedlichen Erwerbsstrukturen und Arbeitsbedingungen für Frauen und Männer, geschlechtsspezifische Unterschiede im Gesundheitsbewusstsein und der Krankheitsbewältigung sowie die Folgen von Doppelbelastungen durch Familie und Beruf zu nennen. Weitere Informationen zu diesem Thema finden sich im Fehlzeiten-Report 2007 – Arbeit, Geschlecht und Gesundheit.

22.6 Krankenstand nach Laufbahngruppen

Zu den wichtigsten Ergebnissen der Krankenstandserhebung der Bundesverwaltung zählt die Erkenntnis, dass die Zahl der Fehltage deutlich mit der Laufbahngruppenzugehörigkeit der Beschäftigten korreliert. Je höher die Laufbahngruppe, desto niedriger der Kran-

Tabelle 22.5. Durchschnittlicher Krankenstand nach Laufbahngruppen von 1998 bis 2007

Jahr	Höherer Dienst		Gehobener Dienst		Mittlerer Dienst		Einfacher Dienst		Insgesamt	
	Tage	Fehl-tage (in %)	Tage	Fehl-tage (in %)	Tage	Fehl-tage (in %)	Tage	Fehl-tage (in %)	Tage	Fehl-tage (in %)
1998	7,83	3,12	12,30	4,90	16,64	6,63	20,87	8,32	16,38	6,53
1999	7,83	3,12	12,49	4,98	17,50	6,97	21,43	8,54	16,93	6,75
2000	7,98	3,18	12,44	4,96	17,26	6,88	21,42	8,53	16,77	6,68
2001	7,51	2,99	11,99	4,78	17,33	6,90	20,46	8,15	16,39	6,53
2002	7,63	3,04	11,86	4,73	17,18	6,85	20,34	8,10	16,21	6,46
2003	7,29	2,90	11,66	4,65	17,02	6,78	19,24	7,67	15,74	6,27
2004	7,33	2,92	11,60	4,62	16,70	6,65	19,60	7,81	15,56	6,20
2005	7,82	3,12	12,28	4,89	17,59	7,01	19,61	7,81	15,95	6,35
2006	7,81	3,11	12,69	5,06	17,39	6,93	19,44	7,75	15,37	6,12
2007	7,88	3,14	13,13	5,23	17,89	7,13	21,08	8,40	15,73	6,27

kenstand, je niedriger die Laufbahngruppe, desto höher der Krankenstand.

Die durchschnittlichen Fehltage steigen von 7,88 (3,14%) im höheren Dienst über 13,13 (5,23%) im gehobenen Dienst und 17,89 (7,13%) im mittleren Dienst auf 21,08 (8,40%) im einfachen Dienst an. Der Krankenstand im einfachen Dienst ist um 13,2 Fehltage höher als im höheren Dienst. Das entspricht fast dem Dreifachen der durchschnittlichen Fehltage des höheren Dienstes (s. Tabelle 22.5).

22.7   Fehltage nach Alter

Erstmals wird in der Erhebung 2007 für die Beschäftigten der Bundesbehörden der Krankenstand auch nach Alter aufgegliedert. Die Aussagen im Folgenden beziehen sich auf lediglich 52,5% der Beschäftigten der Bundesbehörden und sind somit nicht auf die Bundesverwaltung insgesamt voll übertragbar. Für die Erhebung 2008 wird die Altersstandardisierung für alle angestrebt.

Abbildung 22.1 stellt die Entwicklung des Krankenstandes der Bundesverwaltung nach Altersgruppen für das Jahr 2007 getrennt nach den Geschlechtern dar.

Die Abbildung 22.1 zeigt bei Frauen wie bei Männern einen mit zunehmendem Alter ansteigenden Verlauf der Fehltage, der sich erst in der Altersgruppe der über 60-Jährigen umkehrt. Letzteres ist vermutlich auf den als „healthy worker effect" bezeichneten Selektionsmechanismus zurückzuführen. Demnach scheiden gesundheitlich stark beeinträchtigte Beschäftigte über Frühverrentungsmöglichkeiten und Altersteilzeit oftmals aus, sodass sie in der Betrachtungsgruppe nicht mehr mit Fehltagen Berücksichtigung finden. Beschäftigte unter 25 Jahre waren im Durchschnitt lediglich 7,85 Tage krank, während Beschäftigte im Alter zwischen 55 und 59 Jahren durchschnittlich 21,64 Fehltage zu verbuchen hatten und damit dreimal häufiger krank waren als die unter 25-Jährigen. Der Krankenstand der Frauen in der Bundesverwaltung ist um 2,13 Tage (13,9%) höher als der Krankenstand der Männer. Wie der Verlauf zeigt, liegt der Krankenstand der Frauen in allen Altersgruppen über dem der Männer.

Der Verlauf in der Abbildung 22.1 wird in der Abbildung 22.2 auch in der Betrachtung nach Alter und Laufbahngruppen deutlich. Er veranschaulicht zudem, dass die festgestellte Korrelation „je höher die Laufbahngruppe, desto niedriger der Krankenstand" auch

22

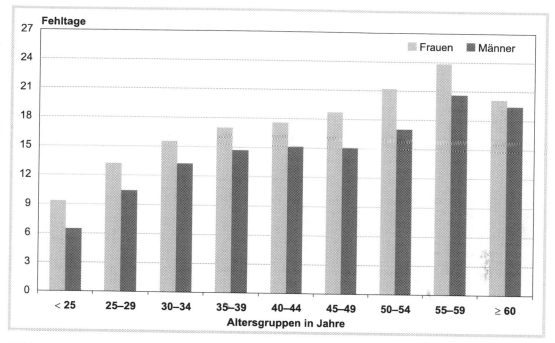

■ **Abb. 22.1.** Krankenstand der Bundesverwaltung nach Geschlecht und Altersgruppen 2007

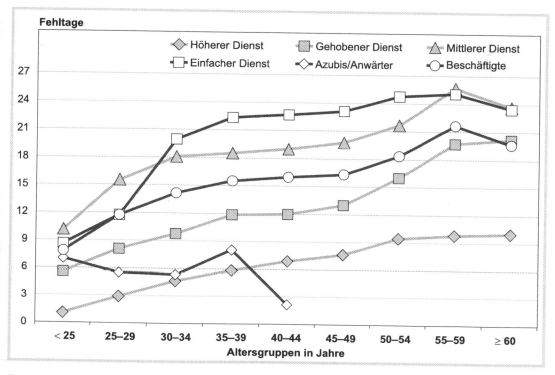

■ **Abb. 22.2.** Krankenstand der Bundesverwaltung nach Altersgruppen 2007

Tabelle 22.6. Krankenstand der AOK-Versicherten insgesamt, der im Bereich öffentliche Verwaltung/Sozialversicherung Beschäftigten AOK-Versicherten und der Beschäftigten der unmittelbaren Bundesverwaltung 1998–2007 (jeweils in % der Kalendertage bzw. der Arbeitstage eines Jahres)

	1998	1999	2000	2001	2002	2003	2004	2005	2006	2007
AOK [1]	5,2	5,4	5,4	5,3	5,2	4,9	4,5	4,4	4,2	4,5
davon ÖV [2]	6,2	6,5	6,3	6,1	5,9	5,6	5,2	5,1	5,0	5,2
Bund [3]	6,0	6,2	6,1	6,0	5,9	5,7	5,6	5,8	5,5	5,6

[1] Gesamtzahlen AOK, Krankenstand der erwerbstätigen AOK-Versicherten in % (bei der AOK versicherte Beschäftigte des Bundes sind enthalten). Quelle: Badura et al. 1999 [1].
[2] AOK-Bereich öffentliche Verwaltung/Sozialversicherung (bei der AOK versicherte Beschäftigte des Bundes sind enthalten). Im Jahr 2005 ohne „Sozialversicherung/Arbeitsförderung". Quelle: Badura et al. 2007 [2].
[3] Bereinigte Zahlen: Abgezogen wurden Rehabilitationsmaßnahmen und 50 v. H. der Kurzzeiterkrankungen; kein Abzug erfolgte für Fehlzeiten auf Grund von Arbeits-/Dienstunfällen und Wegeunfällen.

anhand der Erfassung nach Altersgruppen deutlich in Erscheinung tritt.

Die Fehltage in den meisten Laufbahngruppen steigen mit dem Alter kontinuierlich an, wobei ab der Altersgruppe der 45- bis 49-Jährigen der Anstieg etwas stärker ausfällt. Anschließend bleibt die Zahl der Fehltage auf hohem Niveau relativ konstant und steigt mit dem Alter nur noch moderat. Bei den Beschäftigten des einfachen Dienstes steigen die Fehltage jedoch schon relativ früh stark an: Die Altersgruppe der 25- bis 29-Jährigen hat 11,75 Fehltage, während die Altersgruppe der 30- bis 34-Jährigen 19,94 Fehltage verzeichnet.

Interessant ist an dieser Stelle auch, dass die höchste Differenz zwischen den Laufbahngruppen in der Altergruppe der 35- bis 39-Jährigen zu finden ist: Beschäftigte des höheren Dienstes haben 5,84 Fehltage, Beschäftigte des einfachen Dienstes 22,33 Fehltage; das ist eine Differenz von 16,49 Tagen.

22.8 Vergleich mit dem Krankenstand der AOK-Versicherten

Der bereinigte Wert in der Bundesverwaltung liegt 2007 mit 5,65% deutlich über dem Gesamtwert der AOK (4,5%), aber auch über dem Wert der im Bereich öffentliche Verwaltung/Sozialversicherung beschäftigten AOK-Versicherten (5,2%). Auch in den Jahren von 1998 bis 2007 sind die Fehlzeiten der Bundesverwaltung jeweils höher als die Gesamtwerte der AOK, während die Werte der AOK für den Bereich öffentliche Verwaltung/Sozialversicherung bis zum Jahr 2003 etwa den Werten für die Bundesverwaltung entsprechen (Tabelle 22.6).

Die im Vergleich zu den Gesamtwerten der AOK um rd. 25,6% höheren Fehlzeiten in der Bundesverwaltung sind bemerkenswert. Als mögliche Erklärung für die relativ hohen Fehlzeiten in der Bundesverwaltung kommen die ungünstige Altersstruktur (vgl. Tabelle 22.7) und ein relativ hoher Anteil von Schwerbehinderten im öffentlichen Dienst in Betracht, ohne dass insoweit gesicherte Zahlen vorliegen[5]. Hinzu kommt der bessere Kündigungsschutz des öffentlichen Dienstes.

Wissenschaftliche Studien und die Erhebungen der Krankenkassen zeigen, dass die Wahrscheinlichkeit zu erkranken insbesondere durch das Lebensalter beeinflusst wird. Das **altersspezifische Grundmuster** ist dadurch gekennzeichnet, dass die unter 25-Jährigen öfter, aber kürzer arbeitsunfähig sind, während die älteren Erwerbstätigen seltener, aber länger erkranken. Insbesondere bei der Gruppe der über 45-Jährigen steigt die Zahl der Krankheitstage als Folge von chronischen Erkrankungen deutlich an.

Die **Altersstruktur** der Bundesverwaltung weicht mit einem hohen Anteil älterer Beschäftigter deutlich von der allgemeinen Altersstruktur der Erwerbstätigen ab. Nach einer Erhebung des Statistischen Bundesamts zum Stichtag 30. Juni 2007 [8] waren 54,9% der Beschäftigten in der Bundesverwaltung **45 Jahre und älter** und 6,1% jünger als 25 Jahre. Die Vergleichswerte für die

---

5 Nach Angaben des Wissenschaftlichen Instituts der AOK ist der Anteil der schwerbehinderten Beschäftigten im öffentlichen Dienst um etwa 50% höher als in anderen Branchen und die höhere Zahl von Arbeitsunfähigkeitsfällen ist knapp zur Hälfte allein darauf zurückzuführen. Vgl. Marstedt et al. 2002 [9].

22

Tabelle 22.7. Altersstruktur des Personals der Bundesverwaltung und der Erwerbsbevölkerung insgesamt in den Jahren 2004 bis 2007 (jeweils in %)

Altersgruppen	Unmittelbare Bundesverwaltung				Erwerbsbevölkerung insgesamt			
	2004	2005	2006	2007	2004	2005	2006	2007
unter 25	5,6	6,1	6,2	6,1	11,2	11,4	11,9	12,0
25–44	43,8	42,0	40,6	39,0	50,4	50,1	49,1	48,0
45–59	42,7	43,6	44,9	46,2	33,1	33,2	34,1	34,7
über 60	7,9	8,3	8,2	8,7	5,3	5,3	4,9	5,3

erwerbstätige Bevölkerung in Deutschland insgesamt lagen bei 40,0% für die ab 45-Jährigen und 12,0% für die unter 25-Jährigen [8]. Die 25- bis 44-Jährigen, die in der gesamten Erwerbsbevölkerung mit 48,0% die stärkste Altersgruppe bildeten, machten im Bundesdienst nur 39% aus (vgl. im Einzelnen Tabelle 22.7).

Erst wenn das vergleichsweise hohe Durchschnittsalter der Beschäftigten in der unmittelbaren Bundesverwaltung berücksichtigt und eine entsprechende Standardisierung des Zahlenmaterials vorgenommen wird, ist ein realistischer Vergleich zwischen Bundesdienst und AOK-Versicherten bzw. der Privatwirtschaft insgesamt möglich.

Für 52,5% der Beschäftigte der unmittelbaren Bundesverwaltung konnte erstmals eine Altersstandardisierung vorgenommen werden. Für diesen Personenkreis betrug der bereinigte Krankenstand 5,77%. Bei Abbildung der Alters- und Geschlechterstruktur der unmittelbaren Bundesverwaltung auf die entsprechende Struktur der AOK-Versicherten ergibt sich ein Krankenstand von 5,3%; der Wert hat sich somit dem AOK-Wert angenähert.

22.9 Systematische Gesundheitsförderung

Die jährliche Erhebung zum Krankenstand in der Bundesverwaltung ist eine wichtige Datengrundlage für die Konzeption von Maßnahmen zur Senkung von Fehlzeiten und auch für die systematische Gesundheitsförderung. Sie macht die Ausgangslage transparent und liefert Vergleichswerte, die den Handlungsbedarf sichtbar machen. Dabei würde allerdings der Blick auf die reinen Arbeitsunfähigkeitstage den notwendigen Handlungshorizont deutlich verengen.

Da der Bericht mit den Fehlzeiten nur die krankheitsbedingt abwesenden Beschäftigten erfassen kann, ist darauf zu achten, dass der Gesundheitszustand und die Leistungsfähigkeit der anwesenden Beschäftigten in den Fokus genommen werden.

Gesundheitsförderung im Sinne des oben zitierten Umsetzungsplanes 2007 und 2008 zielt auf die Gesundheit und damit die Arbeitsfähigkeit aller Beschäftigten im Bundesdienst. Zugleich soll sie einen Beitrag zum Erhalt der Attraktivität des Bundesdienstes leisten.

Zu den **Empfehlungen zur betrieblichen Gesundheitsförderung** wird auf den Beitrag „Krankenstand und Gesundheitsförderung in der Bundesverwaltung" im Fehlzeiten-Report 2007 [11] verwiesen.

Die Kernelemente der systematischen betrieblichen Gesundheitsförderung sind:

- eine regelmäßige, behördenbezogene Analyse der Krankenstandsdaten, um daraus Maßnahmen abzuleiten
- eine Dienstvereinbarung oder ein von der Hausleitung gebilligtes Konzept zur betrieblichen Gesundheitsförderung
- ein Steuerungsgremium zur hausinternen Koordinierung und Umsetzung der betrieblichen Gesundheitsförderung
- die Integration der betrieblichen Gesundheitsförderung in die Personal- und Organisationsentwicklung
- regelmäßige Veranstaltungen, Seminare und Informationsangebote zu gesundheitsrelevanten Themen
- die Bereitstellung geeigneter finanzieller und personeller Ressourcen
- die Einbindung der betrieblichen Gesundheitsförderung in die Führungsaufgabe

- die Berücksichtigung der betrieblichen Gesundheitsförderung in der Aus- und Fortbildung, speziell der Führungskräfte
- die Einführung einer behördeninternen Berichterstattung über durchgeführte und geplante gesundheitsförderliche Maßnahmen und deren Ergebnisse
- die regelmäßige und fortlaufende Fortschrittsprüfung durch die Hausleitung

Diese Elemente werden zum ersten Mal für das Jahr 2007 mit einer standardisierten Abfrage im Bund erfasst, um Fortschritte bewerten zu können. An der Abfrage haben sich die obersten Bundesbehörden mit ihren Geschäftsbereichsbehörden beteiligt. Im Folgenden sollen nur die Felder dargestellt werden, in denen Optimierungsbedarf besteht.

Nur ein gutes Viertel (29%) aller Behörden verfügt über eine Dienstvereinbarung oder ein hauseigenes Konzept zur betrieblichen Gesundheitsförderung. Entsprechend hat nur jeweils ein knappes Drittel (35%) aller Behörden die betriebliche Gesundheitsförderung in die Personal- und Organisationsentwicklung integriert und sehen eine Fortschrittsprüfung durch die Hausleitung vor. Ein gutes Viertel (29%) verfügt über ein Steuerungsgremium.

Ein ähnliches Auswertungsbild ergaben die Fragen nach der internen Berichterstattung und nach der Evaluierung durchgeführter Maßnahmen. Schließlich gab nur ein gutes Viertel der Behörden an, dass die betriebliche Gesundheitsförderung in der Aus- und Fortbildung der Führungskräfte und der übrigen Beschäftigten berücksichtigt wird.

Die Abfrage zeigt immer noch Defizite sowohl bei Planung, Umsetzung, Steuerung und Evaluierung der betrieblichen Gesundheitsförderung als auch bei der Wahrnehmung des Themas als Führungsaufgabe auf.

22.10 Zwischenbilanz und Ausblick

Der hohe Krankenstand und der weiter steigende Altersdurchschnitt in der Bundesverwaltung signalisieren deutlichen Handlungsbedarf. Erstmals befassten sich Staatssekretärsrunden in den Jahren 2006 und 2007 mit diesem Thema.

In jährlichen Ressortbesprechungen seit 2006 werden im Ressortkreis gemeinsame Folgerungen aus dem Krankenstands- und Gesundheitsförderungsbericht gezogen. Folgende Ergebnisse sind hervorzuheben:
- Das Bundesministerium des Innern bereitet die wesentlichen Daten für jedes Ressort (oberste Bundes-

behörde und Geschäftsbereichsbehörden) in einer internen Benchmark-Unterlage auf, verbunden mit den entsprechenden Durchschnittsdaten für den unmittelbaren Bundesdienst insgesamt.
- Für ein Benchmarking mit der Gesamtwirtschaft und innerhalb des Bundesdienstes ist mit der Erhebung 2007 ein Einstieg in die Alters- und Geschlechterstandardisierung erfolgt. Die folgenden Erhebungen sollen auf alle Beschäftigten des Bundesdienstes ausgeweitet werden. Angesichts des höheren Durchschnittsalters der Beschäftigten im öffentlichen Dienst lassen sich nur so Verzerrungen beim Vergleich mit der Gesamtwirtschaft vermeiden.
- Die ressortweite Einführung einer systematischen betrieblichen Gesundheitsförderung im Umsetzungsplan 2007 und 2008 zum Regierungsprogramm „Zukunftsorientierte Verwaltung durch Innovation" wird mit dem Umsetzungsplan 2008 fortgeschrieben und weiterentwickelt. Mit den jährlich zu evaluierenden Umsetzungsplänen sind alle Entscheidungsträger in den Ressorts und Behörden verpflichtet, eine langfristig angelegte Gesundheitsförderung als Bestandteil der Personal- und Organisationsentwicklung verbindlich einzuführen bzw. zu optimieren.
- Zusätzliche Beratungsressourcen für Gesundheitsförderungsmanagement werden dem Bundesdienst durch die Unfallkasse des Bundes zur Verfügung gestellt.

Literatur

[1] Badura B, Litsch M, Vetter C (2000) Fehlzeiten-Report 1999. Psychische Belastungen am Arbeitsplatz. Zahlen, Daten, Fakten aus allen Branchen der Wirtschaft. Springer Berlin Heidelberg New York
[2] Badura B, Schellschmidt H, Vetter C (2007) Fehlzeiten-Report 2006. Chronische Krankheiten. Zahlen, Daten, Analysen aus allen Branchen der Wirtschaft. Springer, Berlin Heidelberg New York
[3] BKK Bundesverband (2006) BKK Gesundheitsreport 2006. Demografischer und wirtschaftlicher Wandel – gesundheitliche Folgen. 30. Ausgabe. Essen
[4] Bundesministerium des Innern (2008) Krankenstand und betriebliche Gesundheitsförderung in der unmittelbaren Bundesverwaltung – Erhebung 2007 (im Druck). Im Internet abrufbar ab ca. Oktober 2008 unter www.bmi.bund.de (Themen A–Z, Öffentlicher Dienst, Weitere Themen)
[5] Bundesministerium des Innern (2007 a) Projekt 1.5 Systematische betriebliche Gesundheitsförderung im unmittelbaren Bundesdienst. In: Bundesministerium des Innern (Hrsg)

Umsetzungsplan 2007 Regierungsprogramm Zukunftsorientierte Verwaltung durch Innovationen, S 18–19

[6] DAK (2007) DAK Gesundheitsreport 2007, Hamburg Berlin

[7] Marstedt G, Müller R, Jansen R (2002) Rationalisierung, Arbeitsbelastungen und Arbeitsunfähigkeit im Öffentlichen Dienst. In: Badura B, Litsch M, Vetter C (Hrsg) Fehlzeiten-Report 2001. Gesundheitsmanagement im öffentlichen Sektor. Zahlen, Daten, Analysen aus allen Branchen der Wirtschaft. Springer, Berlin Heidelberg New York, S 19–37

[8] Statistisches Bundesamt (2008 a) Beschäftigte des Bundes nach Einstufungen und Altersgruppen 2007. Dienstbericht. Für den Dienstgebrauch der obersten Bundesbehörden. Wiesbaden

[9] Statistisches Bundesamt (2008 b) Mikrozensus 2007. Bevölkerung und Erwerbstätigkeit. Stand und Entwicklung der Erwerbstätigkeit. Band 2: Deutschland. Fachserie 1, Reihe 4.1.1. Wiesbaden

[10] Vetter C, Küsgens I, Madaus C (2007) Krankheitsbedingte Fehlzeiten in der deutschen Wirtschaft im Jahr 2005. In: Badura B, Schellschmidt H, Vetter C (Hrsg) Fehlzeiten-Report 2006. Chronische Krankheiten. Zahlen, Daten, Analysen aus allen Branchen der Wirtschaft. Springer Verlag, Berlin Heidelberg New York, S 201–423

[11] Voglrieder S (2008) Krankenstand und Gesundheitsförderung in der Bundesverwaltung. In: Badura B, Schröder H, Vetter C (Hrsg) Fehlzeiten Report 2007. Arbeit, Geschlecht und Gesundheit. Zahlen, Daten, Analysen aus allen Branchen der Wirtschaft. Springer Verlag, Berlin Heidelberg New York

Anhang

Anhang 1

Internationale Statistische Klassifikation der Krankheiten und verwandter Gesundheitsprobleme (10. Revision, Version 2007, German Modification)

I. Bestimmte infektiöse und parasitäre Krankheiten (A00-B99)	
A00-A09	Infektiöse Darmkrankheiten
A15-A19	Tuberkulose
A20-A28	Bestimmte bakterielle Zoonosen
A30-A49	Sonstige bakterielle Krankheiten
A50-A64	Infektionen, die vorwiegend durch Geschlechtsverkehr übertragen werden
A65-A69	Sonstige Spirochätenkrankheiten
A70-A74	Sonstige Krankheiten durch Chlamydien
A75-A79	Rickettsiosen
A80-A89	Virusinfektionen des Zentralnervensystems
A90-A99	Durch Arthropoden übertragene Viruskrankheiten und virale hämorrhagische Fieber
B00-B09	Virusinfektionen, die durch Haut- und Schleimhautläsionen gekennzeichnet sind
B15-B19	Virushepatitis
B20-B24	HIV-Krankheit [Humane Immundefizienz-Viruskrankheit]
B25-B34	Sonstige Viruskrankheiten
B35-B49	Mykosen

B50-B64	Protozoenkrankheit
B65-B83	Helminthosen
B85-B89	Pedikulose [Läusebefall], Akarinose [Milbenbefall] und sonstiger Parasitenbefall der Haut
B90-B94	Folgezustände von infektiösen und parasitären Krankheiten
B95-B97	Bakterien, Viren und sonstige Infektionserreger als Ursache von Krankheiten, die in anderen Kapiteln klassifiziert sind
B99	Sonstige Infektionskrankheiten

II. Neubildungen (C00-D48)

C00-C75	Bösartige Neubildungen an genau bezeichneten Lokalisationen, als primär festgestellt oder vermutet, ausgenommen lymphatisches, blutbildendes und verwandtes Gewebe
C76-C80	Bösartige Neubildungen ungenau bezeichneter, sekundärer und nicht näher bezeichneter Lokalisationen
C81-C96	Bösartige Neubildungen des lymphatischen, blutbildenden und verwandten Gewebes, als primär festgestellt und vermutet
C97	Bösartige Neubildungen als Primärtumoren an mehreren Lokalisationen
D00-D09	In-situ-Neubildungen
D10-D36	Gutartige Neubildungen
D37-D48	Neubildungen unsicheren oder unbekannten Verhaltens [siehe Hinweis am Anfang der Krankheitsgruppe D37-D48]

III. Krankheiten des Blutes und der blutbildenden Organe sowie bestimmte Störungen mit Beteiligung des Immunsystems (D50-D90)

D50-D53	Alimentäre Anämien
D55-D59	Hämolytische Anämien
D60-D64	Aplastische und sonstige Anämien
D65-D69	Koagulopathien, Purpura und sonstige hämorrhagische Diathesen
D70-D77	Sonstige Krankheiten des Blutes und der blutbildenden Organe
D80-D90	Bestimmte Störungen mit Beteiligung des Immunsystems

IV. Endokrine, Ernährungs- und Stoffwechselkrankheiten (E00-E90)

E00-E07	Krankheiten der Schilddrüse
E10-E14	Diabetes mellitus
E15-E16	Sonstige Störungen der Blutglukose-Regulation und der inneren Sekretion des Pankreas
E20-E35	Krankheiten sonstiger endokriner Drüsen
E40-E46	Mangelernährung
E50-E64	Sonstige alimentäre Mangelzustände
E65-E68	Adipositas und sonstige Überernährung
E70-E90	Stoffwechselstörungen

V. Psychische und Verhaltensstörungen (F00-F99)

F00-F09	Organische, einschließlich symptomatischer psychischer Störungen
F10-F19	Psychische und Verhaltensstörungen durch psychotrope Substanzen
F20-F29	Schizophrenie, schizotype und wahnhafte Störungen
F30-F39	Affektive Störungen
F40-F48	Neurotische, Belastungs- und somatoforme Störungen
F50-F59	Verhaltensauffälligkeiten mit körperlichen Störungen und Faktoren
F60-F69	Persönlichkeits- und Verhaltensstörungen
F70-F79	Intelligenzminderung
F80-F89	Entwicklungsstörungen
F90-F98	Verhaltens- und emotionale Störungen mit Beginn in der Kindheit und Jugend
F99	Nicht näher bezeichnete psychische Störungen

VI. Krankheiten des Nervensystems (G00-G99)

G00-G09	Entzündliche Krankheiten des Zentralnervensystems
G10-G13	Systematrophien, die vorwiegend das Zentralnervensystem betreffen
G20-G26	Extrapyramidale Krankheiten und Bewegungsstörungen
G30-G32	Sonstige degenerative Krankheiten des Nervensystems
G35-G37	Demyelinisierende Krankheiten des Zentralnervensystems

G40-G47	Episodische und paroxysmale Krankheiten des Nervensystems
G50-G59	Krankheiten von Nerven, Nervenwurzeln und Nervenplexus
G60-G64	Polyneuroapathien und sonstige Krankheiten des peripheren Nervensystems
G70-G73	Krankheiten im Bereich der neuromuskulären Synapse und des Muskels
G80-G83	Zerebrale Lähmung und sonstige Lähmungssyndrome
G90-G99	Sonstige Krankheiten des Nervensystems

VII. Krankheiten des Auges und der Augenanhangsgebilde (H00-H59)

H00-H06	Affektionen des Augenlides, des Tränenapparates und der Orbita
H10-H13	Affektionen der Konjunktiva
H15-H22	Affektionen der Sklera, der Hornhaut, der Iris und des Ziliarkörpers
H25-H28	Affektionen der Linse
H30-H36	Affektionen der Aderhaut und der Netzhaut
H40-H42	Glaukom
H43-H45	Affektionen des Glaskörpers und des Augapfels
H46-H48	Affektionen des N. opticus und der Sehbahn
H49-H52	Affektionen der Augenmuskeln, Störungen der Blickbewegungen sowie Akkommodationsstörungen und Refraktionsfehler
H53-H54	Sehstörungen und Blindheit
H55-H59	Sonstige Affektionen des Auges und Augenanhangsgebilde

VIII. Krankheiten des Ohres und des Warzenfortsatzes (H60-H95)

H60-H62	Krankheiten des äußeren Ohres
H65-H75	Krankheiten des Mittelohres und des Warzenfortsatzes
H80-H83	Krankheiten des Innenohres
H90-H95	Sonstige Krankheiten des Ohres

IX.   Krankheiten des Kreislaufsystems (I00-I99)

I00-I02	Akutes rheumatisches Fieber
I05-I09	Chronische rheumatische Herzkrankheiten
I10-I15	Hypertonie [Hochdruckkrankheit]
I20-I25	Ischämische Herzkrankheiten
I26-I28	Pulmonale Herzkrankheit und Krankheiten des Lungenkreislaufs
I30-I52	Sonstige Formen der Herzkrankheit
I60-I69	Zerebrovaskuläre Krankheiten
I70-I79	Krankheiten der Arterien, Arteriolen und Kapillaren
I80-I89	Krankheiten der Venen, der Lymphgefäße und der Lymphknoten, anderenorts nicht klassifiziert
I95-I99	Sonstige und nicht näher bezeichnete Krankheiten des Kreislaufsystems

X.   Krankheiten des Atmungssystems (J00-J99)

J00-J06	Akute Infektionen der oberen Atemwege
J10-J18	Grippe und Pneumonie
J20-J22	Sonstige akute Infektionen der unteren Atemwege
J30-J39	Sonstige Krankheiten der oberen Atemwege
J40-J47	Chronische Krankheiten der unteren Atemwege
J60-J70	Lungenkrankheiten durch exogene Substanzen
J80-J84	Sonstige Krankheiten der Atmungsorgane, die hauptsächlich das Interstitium betreffen
J85-J86	Purulente und nekrotisierende Krankheitszustände der unteren Atemwege
J90-J94	Sonstige Krankheiten der Pleura
J95-J99	Sonstige Krankheiten des Atmungssystems

XI.   Krankheiten des Verdauungssystems (K00-K93)

K00-K14	Krankheiten der Mundhöhle, der Speicheldrüsen und der Kiefer
K20-K31	Krankheiten des Ösophagus, des Magens und des Duodenums
K35-K38	Krankheiten des Appendix
K40-K46	Hernien
K50-K52	Nichtinfektiöse Enteritis und Kolitis
K55-K63	Sonstige Krankheiten des Darms
K65-K67	Krankheiten des Peritoneums
K70-K77	Krankheiten der Leber
K80-K87	Krankheiten der Gallenblase, der Gallenwege und des Pankreas
K90-K93	Sonstige Krankheiten des Verdauungssystems

XII.   Krankheiten der Haut und der Unterhaut (L00-L99)

L00-L08	Infektionen der Haut und der Unterhaut
L10-L14	Bullöse Dermatosen
L20-L30	Dermatitis und Ekzem
L40-L45	Papulosquamöse Hautkrankheiten
L50-L54	Urtikaria und Erythem
L55-L59	Krankheiten der Haut und der Unterhaut durch Strahleneinwirkung
L60-L75	Krankheiten der Hautanhangsgebilde
L80-L99	Sonstige Krankheiten der Haut und der Unterhaut

XIII.   Krankheiten des Muskel-Skelett-Systems und des Bindegewebes (M00-M99)

M00-M25	Arthropathien
M30-M36	Systemkrankheiten des Bindegewebes
M40-M54	Krankheiten der Wirbelsäule und des Rückens
M60-M79	Krankheiten der Weichteilgewebe
M80-M94	Osteopathien und Chondropathien
M95-M99	Sonstige Krankheiten des Muskel-Skelett-Systems und des Bindegewebes

XIV. Krankheiten des Urogenitalsystems (N00-N99)

N00-N08	Glomeruläre Krankheiten
N10-N16	Tubulointerstitielle Nierenkrankheiten
N17-N19	Niereninsuffizienz
N20-N23	Urolithiasis
N25-N29	Sonstige Krankheiten der Niere und des Ureters
N30-N39	Sonstige Krankheiten des Harnsystems
N40-N51	Krankheiten der männlichen Genitalorgane
N60-N64	Krankheiten der Mamma [Brustdrüse]
N70-N77	Entzündliche Krankheiten der weiblichen Beckenorgane
N80-N98	Nichtentzündliche Krankheiten des weiblichen Genitaltraktes
N99	Sonstige Krankheiten des Urogenitalsystems

XV. Schwangerschaft, Geburt und Wochenbett (O00-O99)

O00-O08	Schwangerschaft mit abortivem Ausgang
O10-O16	Ödeme, Proteinurie und Hypertonie während der Schwangerschaft, der Geburt und des Wochenbettes
O20-O29	Sonstige Krankheiten der Mutter, die vorwiegend mit der Schwangerschaft verbunden sind
O30-O48	Betreuung der Mutter im Hinblick auf den Feten und die Amnionhöhle sowie mögliche Entbindungskomplikationen
O60-O75	Komplikation bei Wehentätigkeit und Entbindung
O80-O84	Entbindung
O85-O92	Komplikationen, die vorwiegend im Wochenbett auftreten
O95-O99	Sonstige Krankheitszustände während der Gestationsperiode, die anderenorts nicht klassifiziert sind.

XVI. Bestimmte Zustände, die ihren Ursprung in der Perinatalperiode haben (P00-P96)

P00-P04	Schädigung des Feten und Neugeborenen durch mütterliche Faktoren und durch Komplikationen bei Schwangerschaft, Wehentätigkeit und Entbindung
P05-P08	Störungen im Zusammenhang mit der Schwangerschaftsdauer und dem fetalen Wachstum
P10-P15	Geburtstrauma
P20-P29	Krankheiten des Atmungs- und Herz-Kreislaufsystems, die für die Perinatalperiode spezifisch sind
P35-P39	Infektionen, die für die Perinatalperiode spezifisch sind
P50-P61	Hämorrhagische und hämatologische Krankheiten beim Feten und Neugeborenen
P70-P74	Transitorische endokrine und Stoffwechselstörungen, die für Feten und das Neugeborene spezifisch sind
P75-P78	Krankheiten des Verdauungssystems beim Feten und Neugeborenen
P80-P83	Krankheitszustände mit Beteiligung der Haut und der Temperaturregulation beim Feten und Neugeborenen
P90-P96	Sonstige Störungen, die ihren Ursprung in der Perinatalperiode haben

XVII. Angeborene Fehlbildungen, Deformitäten und Chromosomenanomalien (Q00-Q99)

Q00-Q07	Angeborene Fehlbildungen des Nervensystems
Q10-Q18	Angeborene Fehlbildungen des Auges, des Ohres, des Gesichts und des Halses
Q20-Q28	Angeborene Fehlbildungen des Kreislaufsystems
Q30-Q34	Angeborene Fehlbildungen des Atmungssystems
Q35-Q37	Lippen-, Kiefer- und Gaumenspalte
Q38-Q45	Sonstige angeborene Fehlbildungen des Verdauungssystems
Q50-Q56	Angeborene Fehlbildungen der Genitalorgane
Q60-Q64	Angeborene Fehlbildungen des Harnsystems
Q65-Q79	Angeborene Fehlbildungen und Deformitäten des Muskel-Skelett-Systems
Q80-Q89	Sonstige angeborene Fehlbildungen
Q90-Q99	Chromosomenanomalien, anderenorts nicht klassifiziert

XVIII. Symptome und abnorme klinische und Laborbefunde, die anderenorts nicht klassifiziert sind (R00-R99)

R00-R09	Symptome, die das Kreislaufsystem und Atmungssystem betreffen
R10-R19	Symptome, die das Verdauungssystem und das Abdomen betreffen
R20-R23	Symptome, die die Haut und das Unterhautgewebe betreffen
R25-R29	Symptome, die das Nervensystem und Muskel-Skelett-System betreffen
R30-R39	Symptome, die das Harnsystem betreffen
R40-R46	Symptome, die das Erkennungs- und Wahrnehmungsvermögen, die Stimmung und das Verhalten betreffen
R47-R49	Symptome, die die Sprache und die Stimme betreffen
R50-R69	Allgemeinsymptome
R70-R79	Abnorme Blutuntersuchungsbefunde ohne Vorliegen einer Diagnose
R80-R82	Abnorme Urinuntersuchungsbefunde ohne Vorliegen einer Diagnose
R83-R89	Abnorme Befunde ohne Vorliegen einer Diagnose bei der Untersuchung anderer Körperflüssigkeiten, Substanzen und Gewebe
R90-R94	Abnorme Befunde ohne Vorliegen einer Diagnose bei bildgebender Diagnostik und Funktionsprüfungen
R95-R99	Ungenau bezeichnete und unbekannte Todesursachen

XIX. Verletzungen, Vergiftungen und bestimmte andere Folgen äußerer Ursachen (S00-T98)

S00-S09	Verletzungen des Kopfes
S10-S19	Verletzungen des Halses
S20-S29	Verletzungen des Thorax
S30-S39	Verletzungen des Abdomens, der Lumbosakralgegend, der Lendenwirbelsäule und des Beckens
S40-S49	Verletzungen der Schulter und des Oberarms
S50-S59	Verletzungen des Ellenbogens und des Unterarms
S60-S69	Verletzungen des Handgelenks und der Hand
S70-S79	Verletzungen der Hüfte und des Oberschenkels
S80-S89	Verletzungen des Knies und des Unterschenkels
S90-S99	Verletzungen der Knöchelregion und des Fußes
T00-T07	Verletzung mit Beteiligung mehrer Körperregionen
T08-T14	Verletzungen nicht näher bezeichneter Teile des Rumpfes, der Extremitäten oder anderer Körperregionen

T15-T19	Folgen des Eindringens eines Fremdkörpers durch eine natürliche Körperöffnung
T20-T32	Verbrennungen oder Verätzungen
T33-T35	Erfrierungen
T36-T50	Vergiftungen durch Arzneimittel, Drogen und biologisch aktive Substanzen
T51-T65	Toxische Wirkungen von vorwiegend nicht medizinisch verwendeten Substanzen
T66-T78	Sonstige nicht näher bezeichnete Schäden durch äußere Ursachen
T79	Bestimmte Frühkomplikationen eines Traumas
T80-T88	Komplikationen bei chirurgischen Eingriffen und medizinischer Behandlung, anderenorts nicht klassifiziert
T90-T98	Folgen von Verletzung, Vergiftungen und sonstigen Auswirkungen äußerer Ursachen

XX. Äußere Ursachen von Morbidität und Mortalität (V01-Y84)

V01-X59	Unfälle
X60-X84	Vorsätzliche Selbstbeschädigung
X85-Y09	Tätlicher Angriff
Y10-Y34	Ereignis, dessen nähere Umstände unbestimmt sind
Y35-Y36	Gesetzliche Maßnahmen und Kriegshandlungen
Y40-Y84	Komplikationen bei der medizinischen und chirurgischen Behandlung

XXI. Faktoren, die den Gesundheitszustand beeinflussen und zur Inanspruchnahme des Gesundheitswesen führen (Z00-Z99)

Z00-Z13	Personen, die das Gesundheitswesen zur Untersuchung und Abklärung in Anspruch nehmen
Z20-Z29	Personen mit potenziellen Gesundheitsrisiken hinsichtlich übertragbarer Krankheiten
Z30-Z39	Personen, die das Gesundheitswesen im Zusammenhang mit Problemen der Reproduktion in Anspruch nehmen
Z40-Z54	Personen, die das Gesundheitswesen zum Zwecke spezifischer Maßnahmen und zur medizinischen Betreuung in Anspruch nehmen
Z55-Z65	Personen mit potenziellen Gesundheitsrisiken aufgrund sozio-ökonomischer oder psychosozialer Umstände
Z70-Z76	Personen, die das Gesundheitswesen aus sonstigen Gründen in Anspruch nehmen
Z80-Z99	Personen mit potenziellen Gesundheitsrisiken aufgrund der Familien- oder Eigenanamnese und bestimmte Zustände, die den Gesundheitszustand beeinflussen

Anhang 2

Klassifikation der Wirtschaftszweige (WZ 03/NACE)
Übersicht über den Aufbau nach Abschnitten und Abteilungen

A + B	Land- und Forstwirtschaft, Fischerei und Fischzucht
01	Landwirtschaft, Jagd
02	Forstwirtschaft
05	Fischerei und Fischzucht

C	Bergbau und Gewinnung von Steinen und Erden
10	Kohlenbergbau, Torfgewinnung
11	Gewinnung von Erdöl und Erdgas, Erbringung damit verbundener Dienstleistungen
12	Bergbau auf Uran- und Thoriumerze
13	Erzbergbau
14	Gewinnung von Steinen und Erden, sonstiger Bergbau

D	Verarbeitendes Gewerbe
15	Ernährungsgewerbe
16	Tabakverarbeitung
17	Textilgewerbe
18	Bekleidungsgewerbe

19	Ledergewerbe
20	Holzgewerbe (ohne Herstellung von Möbeln)
21	Papiergewerbe
22	Verlagsgewerbe, Druckgewerbe, Vervielfältigung von bespielten Ton-, Bild- und Datenträgern
23	Kokerei, Mineralölverarbeitung, Herstellung und Verarbeitung von Spalt- und Brutstoffen
24	Herstellung von chemischen Erzeugnissen
25	Herstellung von Gummi- und Kunststoffwaren
26	Glasgewerbe, Herstellung von Keramik, Verarbeitung von Steinen und Erden
27	Metallerzeugung und -bearbeitung
28	Herstellung von Metallerzeugnissen
29	Maschinenbau
30	Herstellung von Büromaschinen, Datenverarbeitungsgeräten und -einrichtungen
31	Herstellung von Geräten der Elektrizitätserzeugung, -verteilung u. Ä.
32	Rundfunk- und Nachrichtentechnik
33	Medizin-, Mess-, Steuer- und Regelungstechnik, Optik, Herstellung von Uhren
34	Herstellung von Kraftwagen und Kraftwagenteilen
35	Sonstiger Fahrzeugbau
36	Herstellung von Möbeln, Schmuck, Musikinstrumenten, Sportgeräten, Spielwaren und sonstigen Erzeugnissen
37	Recycling

E	**Energie- und Wasserversorgung**
40	Energieversorgung
41	Wasserversorgung

F	**Baugewerbe**
45	Baugewerbe

G	**Handel; Instandhaltung und Reparatur von Kraftfahrzeugen und Gebrauchsgütern**
50	Kraftfahrzeughandel; Instandhaltung und Reparatur von Kraftfahrzeugen; Tankstellen
51	Handelsvermittlung und Großhandel (ohne Handel mit Kraftfahrzeugen)
52	Einzelhandel (ohne Handel mit Kraftfahrzeugen und ohne Tankstellen); Reparatur von Gebrauchsgütern

H	**Gastgewerbe**
55	Gastgewerbe

I	**Verkehr und Nachrichtenübermittlung**
60	Landverkehr; Transport in Rohrfernleitungen
61	Schiffahrt
62	Luftfahrt
63	Hilfs- und Nebentätigkeiten für den Verkehr; Verkehrsvermittlung
64	Nachrichtenübermittlung

J	**Kredit- und Versicherungsgewerbe**
65	Kreditgewerbe
66	Versicherungsgewerbe
67	Mit dem Kredit- und Versicherungsgewerbe verbundene Tätigkeiten

K	**Grundstücks- und Wohnungswesen, Vermietung beweglicher Sachen, Erbringung von wirtschaftlichen Dienstleistungen, a. n. g.**
70	Grundstücks- und Wohnungswesen
71	Vermietung beweglicher Sachen ohne Bedienungspersonal
72	Datenverarbeitung und Datenbanken
73	Forschung und Entwicklung
74	Erbringung von wirtschaftlichen Dienstleistungen, a. n. g.

L	**Öffentliche Verwaltung, Verteidigung, Sozialversicherung**
75	Öffentliche Verwaltung, Verteidigung, Sozialversicherung

M	Erziehung und Unterricht
80	Erziehung und Unterricht

N	Gesundheits-, Veterinär- und Sozialwesen
85	Gesundheits-, Veterinär- und Sozialwesen

O	Erbringung von sonstigen öffentlichen und persönlichen Dienstleistungen
90	Abwasser- und Abfallbeseitigung und sonstige Entsorgung
91	Interessenvertretungen sowie kirchliche und sonstige Vereinigungen (ohne Sozialwesen, Kultur und Sport)
92	Kultur, Sport und Unterhaltung
93	Erbringung von sonstigen Dienstleistungen

P	Private Haushalte
95	Private Haushalte mit Hauspersonal

Q	Exterritoriale Organisationen und Körperschaften
99	Exterritoriale Organisationen und Körperschaften

Die Autorinnen und Autoren

Prof. Dr. Bernhard Badura

Universität Bielefeld
Fakultät für Gesundheitswissenschaften
Postfach 10 01 31
33501 Bielefeld

Geboren 1943, Dr. rer. soc., Studium der Soziologie, Philosophie, Politikwissenschaften in Tübingen, Freiburg, Konstanz, Harvard/Mass. Seit dem 7. März 2008 Emeritus der Fakultät für Gesundheitswissenschaften der Universität Bielefeld.

Prof. Dr. Michael Leonhard Bienert

Fachhochschule Hannover
Fakultät IV (Wirtschaft und Informatik)
Fachgebiet Handel und Dienstleistungen
Institut für Gesundheitsmanagement (IGM)
Ricklinger Stadtweg 120
30459 Hannover

Seit 1996 an der FH Hannover in der Fakultät IV (Wirtschaft und Informatik) zuständig für Allgemeine Betriebswirtschaftslehre und insbesondere den Branchenschwerpunkt „Handel & Dienstleistungen"; zudem wissenschaftlicher Leiter des Instituts für Gesundheitsmanagement (IGM) der FH Hannover. Daneben Geschäftsführer des Instituts für Unternehmensmanagement und -entwicklung (IfU), das bei Analyse, Konzeption und Umsetzung betriebswirtschaftlicher Fragestellungen unterstützt. Zuvor mehrjährige Tätigkeiten in der Unternehmensberatung (Diebold Deutschland GmbH in Frankfurt a. M.), in der Marktforschung (FfH in Berlin) und im Handel (Hertie GmbH in Kiel und Würzburg). Zuvor Studium der BWL an der TU Berlin, Ausbildung zum Einzelhandelskaufmann und Weiterbildung zum Handelsassistenten.

Dr. Wolfgang Bödeker

BKK Bundesverband
Kronprinzenstraße 6
45128 Essen

Leiter des Referats „Initiative Gesundheit und Arbeit" beim Bundesverband der Betriebskrankenkassen. Ausbildung zum Krankenpfleger, Studium der Mathematik und Biologie. Arbeitsgebiete: Arbeitsbedingte Erkrankungen, Kosten und Nutzen der Prävention, arbeitsweltbezogene Gesundheitsberichterstattung.

Dr. Dieter Bonitz

AOK-Bundesverband
Abteilung Prävention
Rosenthaler Str. 31
10178 Berlin

Geboren 1958 in Wilhelmshaven. Studium der Psychologie mit dem Schwerpunkt Arbeits- und Organisationspsychologie an der Universität Oldenburg. 1986–1989 wissenschaftlicher Mitarbeiter an der Universität Oldenburg. 1989–1994 wissenschaftliche Begleitforschung in einem Betriebsprojekt zur Neugestaltung der Arbeits- und Organisationsstrukturen bei einem mittelständischen Büromöbelhersteller und Promotion am Institut für Arbeitswissenschaft der Gesamthochschule Universität Kassel. 1995–2001 wissenschaftlicher Mitarbeiter beim BKK Bundesverband. 2001–2007 Mitarbeiter im Change Management des AOK-Bundesverbandes. Seit 2007 Referent für betriebliche Gesundheitsförderung in der Abteilung Prävention des AOK-Bundesverbandes.

Dr. Heiner Brücker

Universität Osnabrück
Fachbereich Sozialwissenschaften
Seminarstr. 33
49069 Osnabrück

Studium der Psychologie und Soziologie an den Universitäten Münster und Bielefeld. 1986–1995 wissenschaftlicher Mitarbeiter an der Fakultät für Soziologie der Universität Bielefeld. 1995–2002 Lehrbeauftragter am Fachbereich Pflege der Fachhochschule Münster mit den Ausbildungsschwerpunkten Persönlichkeitspsychologie und Medizinsoziologie. Derzeit Lehrbeauftragter am Fachbereich Sozialwissenschaften der Universität Osnabrück mit den Schwerpunkten Methoden der empirischen Sozialforschung und Allgemeine Soziologie. Freiberuflich tätiges Gründungsmitglied des Forschungs- und Beratungsteams InterPro-Q – Initiative für interprofessionelle Qualität im Gesundheits- und Sozialwesen.

Veronika Büch

Abteilung Arbeits- und Organisationspsychologie
Psychologisches Institut
Ruprecht-Karls-Universität Heidelberg
Hauptstr. 47–51
69117 Heidelberg

Diplom-Psychologin. Studium der Psychologie und Betriebswirtschaftslehre an der Justus-Liebig-Universität Gießen und der Universität Turin. Tätigkeit im Gesundheitsmanagement und der Personalentwicklung in einem mittelständischen Unternehmen. Seit 2006 wissenschaftliche Mitarbeiterin im Bereich Arbeits- und Organisationspsychologie der Universität Heidelberg. Interessenschwerpunkte: Innovationen, Ideenmanagement und Gesundheit im Unternehmen.

Klaus Busch

Bundesministerium für Gesundheit
Rochusstr. 1
53123 Bonn

Studium der Elektrotechnik/Nachrichtentechnik an der FH Lippe, Abschluss: Diplom-Ingenieur. Studium der Volkswirtschaftslehre mit dem Schwerpunkt Sozialpolitik an der Universität Hamburg, Abschluss: Diplom-Volkswirt. Referent in der Grundsatz- und Planungsabteilung des Bundesministeriums für Arbeit und Sozialordnung (BMA) für das Rechnungswesen und die Statistik in der Sozialversicherung. Referent in der Abteilung „Krankenversicherung" des Bundesministeriums für Gesundheit (BMG) für ökonomische Fragen der zahnmedizinischen Versorgung und für Heil- und Hilfsmittel. Derzeit Referent in der Abteilung „Leitung und Kommunikation, Politische Grundsatzfragen" des BMG im Referat „Grundsatzfragen der Gesundheitspolitik, Gesamtwirtschaftliche Aspekte des Gesundheitswesens" zuständig für die Statistik und das Rechnungswesen der Gesetzlichen Krankenversicherung. Vertreter des BMG im Statistischen Beirat des Statistischen Bundesamtes.

Dr. Michael Drupp

AOK-Institut für Gesundheitsconsulting
Hildesheimer Straße 273
30519 Hannover

Jahrgang 1959, Diplom-Sozialwissenschaftler. Mehrjährige wissenschaftliche Tätigkeit am Lehrstuhl für Sozialpolitik und öffentliche Wirtschaft der Ruhr-Universität Bochum. 1989/90 wissenschaftlicher Mitarbeiter in der Enquête-Kommission „Strukturreform der gesetzlichen Krankenversicherung" beim Deutschen Bundestag in Bonn. Im Anschluss daran Leiter der verbandspolitischen Planung und Beratung beim damaligen AOK-Landesverband Niedersachsen. 1994–2000 in unterschiedlichen Führungspositionen bei der AOK Niedersachsen tätig, darunter in der Gesundheitsförderung und im Kostenmanagementbereich. Seit 2000 Leiter des Instituts für Gesundheitsconsulting der AOK Niedersachsen. Bekannt ist das Institut u. a. durch das von der Weltgesundheitsorganisation (WHO) ausgezeichnete Modellvorhaben „Prospektiver Beitragsbonus", eine in Kooperation mit der Medizinischen Hochschule Hannover (MHH) durchgeführte Evaluationsstudie zu Gesundheitsförderungsprogrammen sowie das mit der Bauberufsgenossenschaft durchgeführte Programm „ARGO".

Dr. Gudrun Eberle

AOK-Bundesverband
Abteilung Prävention
Rosenthaler Str. 31
10178 Berlin

Seit 1996 Leiterin der Abteilung Prävention im AOK-Bundesverband. Studium der Sozialwissenschaften an der Universität Erlangen-Nürnberg. 1973–1975 Promotion zum Dr. rer. pol. 1976–1996 wissenschaftliche Mitarbeiterin im Wissenschaftlichen Institut der AOK (WIdO). 2001–2004 Mitglied der Expertenkommission „Die Zukunft einer zeitgemäßen betrieblichen Gesundheitspolitik" der Bertelsmann Stiftung und Hans-Böckler-Stiftung. 2002–2007 Mitglied der Koordinierungsgruppe des Deutschen Forums Prävention und Mitglied der Steuerungsgruppe des Deutschen Präventionspreises. Seit 2007 Mitglied im Vorstand der deutschen Gesellschaft für Prävention und Gesundheitsförderung (DGPG).

Achim Fleck

AOK – Die Gesundheitskasse in Hessen
Service Gesunde Unternehmen
Klarenthaler Strasse 32
65173 Wiesbaden

Leiter der Betrieblichen Gesundheitsförderung der AOK Hessen, Projektleiter Modellvorhaben Integratives Betriebliches Gesundheitsmanagement der AOK Hessen. European Master in Total Quality Management (Kaiserslautern, Athen, Madrid), Diplom Sozialpädagoge und Industriekaufmann, interner European Quality-Award Assessor. Tätigkeitsschwerpunkte: Beratung und Begleitung von Unternehmen im Betrieblichen Gesundheitsmanagement, Projekte in Kunden- und Prozessorientierung, Optimierung von Dienstleistungsqualität, Self Assessments im Gesundheits- und Arbeitsschutz, berufliche Rehabilitation, Kooperationen mit Berufsgenossenschaften und Institutionen der Wirtschaftsförderung.

Dr. Sigrun Fritz

Management Innovation Dresden
Tieckstraße 17
01099 Dresden

Dipl.-Psych., Jahrgang 1961. Partnerin bei Management Innovation Dresden. Dort seit 1996 als Beraterin, Trainerin und Coach vorrangig für Führungskräfte in verschiedenen Produktionsunternehmen tätig. Leitung und Evaluation zahlreicher Projekte der betrieblichen Gesundheitsförderung. Projektbezogene Veröffentlichungen. Lehrtätigkeit u. a. an der TU Dresden, der Universität Bielefeld und der HTWS Zittau/Görlitz.

Prof. Dr. Manfred Fuchs

Institute of International Management
University of Graz
8010 Graz, Austria

Studium der Politikwissenschaften und Volkswirtschaftslehre in Wien, Innsbruck und Hawaii. Forschungsaufenthalte in den USA, Kolumbien, Thailand, Malaysia und den Philippinen. 1990–1995 Mitarbeiter am Starnberger Institut zur Erforschung globaler Strukturen, Entwicklungen und Krisen in Starnberg. 1995–2004 wissenschaftlicher Mitarbeiter am Institut für Internationales Management an der Karl-Franzens-Universität Graz, Österreich. Seit 2004 Professor für Betriebswirtschaftslehre.

Nils Gamm

International Performance Research Institute
gemeinnützige GmbH
Rotebühlstraße 121
70178 Stuttgart

Dipl.-Kfm. techn. Seit 2005 wissenschaftlicher Mitarbeiter am International Performance Research Institute in Stuttgart und Doktorand an der Universität Stuttgart bei Prof. Dr. Dr. h.c. mult. Péter Horváth.

Prof. Dr. Wolfgang Greiner

Universität Bielefeld
Fakultät für Gesundheitswissenschaften
AG 5 – Gesundheitsökonomie und Gesundheits-
management
Postfach 10 01 31
33501 Bielefeld

Inhaber des Lehrstuhls für Gesundheitsökonomie und Gesundheitsmanagement an der Universität Bielefeld. Habilitation 2004 über gesundheitsökonomische Aspekte des Disease Managements. Promotion 1998 über Kosten-Nutzen-Analysen im Gesundheitswesen am Beispiel der Nieren- und Lebertransplantation. Mitglied im Aufsichtsrat der Klinikum Region Hannover GmbH. Managing Editor der Zeitschrift *European Journal of Health Economics.*

Frank Hauser

Great Place to Work® Institute Deutschland
Sülzburgstraße 104–106
50937 Köln

Seit 2002 Leiter des Great Place to Work® Institute Deutschland. Tätigkeitsschwerpunkte: Organisationsforschung, Organisationsentwicklung und Beratung sowie Forschung und Beratung zu den Themen Arbeitgeberattraktivität, Arbeitsplatzkultur und Mitarbeiterbindung. Das Great Place to Work® Institute Deutschland führt die jährlichen Studien „Deutschlands Beste Arbeitgeber" und „Beste Arbeitgeber im Gesundheitswesen" durch.

Kerstin Heyde

Wissenschaftliches Institut der AOK (WIdO)
Rosenthaler Str. 31
10178 Berlin

Geboren 1981. Diplom-Sozialwirtin. Studium der Sozialwissenschaften an der Georg-August-Universität Göttingen. Studienschwerpunkte: Medizinsoziologie, Arbeits- und Organisationspsychologie, Personalwirtschaftslehre, Arbeitsrecht. 2003–2007 studentische Hilfskraft in der Abteilung Allgemeinmedizin der Universität Göttingen im Forschungsprojekt MedViP (Medizinische Versorgung in der Praxis). Derzeit Praktikantin beim Wissenschaftlichen Institut der AOK (WIdO), Forschungsbereich Betriebliche Gesundheitsförderung.

Judith Hofffmann

Institut für Technologie und Arbeit e.V.
Kurt-Schumacher-Str. 74a
67663 Kaiserslautern

Jahrgang 1974. Studium der Psychologie an der Karl-Franzens-Universität Graz, Österreich. 1999 Abschluss als Mag. rer. nat. 2001 neben familiären Verpflichtungen wissenschaftliche Hilfskraft am Institut für Technologie und Arbeit e.V. an der TU Kaiserslautern (ITA). 2002–2006 freiberufliche Tätigkeit, u. a. in verschiedenen Projekten für das ITA. Seit 2006 wissenschaftliche Mitarbeiterin am ITA. Tätigkeitsschwerpunkte innerhalb des Bereichs „Integrative Managementsysteme": das Querschnittsthema Evaluation in verschiedenen Projekten, komplexe Systeme und Anreizmodelle im betrieblichen Gesundheitsmanagement.

Prof. Dr. Dr. h.c. mult. Péter Horváth

International Performance Research Institute
gemeinnützige GmbH
Rotebühlstraße 121
70178 Stuttgart

Emeritierter Ordinarius für Controlling an der Universität Stuttgart. Mitglied der Geschäftsführung des International Performance Research Institutes (IPRI) und Vorsitzender des Aufsichtsrats der Horváth AG.

Johannes Isensee

International Performance Research Institute
gemeinnützige GmbH
Rotebühlstraße 121
70178 Stuttgart

Dipl.-Kfm. techn. Seit 2006 wissenschaftlicher Mitarbeiter am International Performance Research Institute in Stuttgart und Doktorand an der Universität Stuttgart bei Prof. Dr. Dr. h.c. mult. Péter Horváth.

Fernanda Isidoro Losada

Bundesministerium des Innern
Arbeitsschutz und Unfallverhütung im Bundesdienst/
Zentralstelle für Arbeitsschutz im BMI
Alt-Moabit 101 D
10559 Berlin

Jahrgang 1970. Juristin und Diplom-Sozialwissenschaftlerin. Studium der Rechtswissenschaften (Schwerpunkt Europäisches Recht) und der Sozialwissenschaften (Schwerpunkt internationale Politik) an der Universität Hannover. 1998 Tätigkeiten beim Landesamt für Statistik in Niedersachsen. 2002 Vorbereitung und Durchführung des 54. Weltkongresses des Internationalen Statistischen Instituts für das Statistische Bundesamt. Seit 2003 Referentin im Bundesministerium des Innern. Zunächst im Referat für Internationale Zusammenarbeit in Verwaltungsfragen tätig. Seit 2007 im Referat für Arbeitsschutz und Unfallverhütung im Bundesdienst/Zentralstelle für Arbeitsschutz im Bundesministerium des Innern. Arbeitsschwerpunkte: Krankenstands- und Gesundheitsförderungsbericht der unmittelbaren Bundesverwaltung, betriebliche Gesundheitsförderung, Arbeitsschutz und Unfallverhütung im Bundesdienst.

Dr. Volker Kirschbaum

AOK-Institut für Gesundheitsconsulting
Hildesheimer Straße 273
30519 Hannover

1986 bis 1991 Studium der Wirtschaftswissenschaften an der Universität Hannover. 1992–1994 wissenschaftlicher Mitarbeiter in der Erfolgsfaktorenforschung und Promotion. 1995 Organisationsberater bei der WIBERA AG in Düsseldorf. 1996–1999 Organisator bei der AOK Niedersachsen. Ab 1999 Controller und Berater für Betriebliches Gesundheitsmanagement beim AOK-Institut für Gesundheitsconsulting. Seit 2005 zusätzlich Projektleiter Niedersachsen für das Netzwerk KMU-Kompetenz Gesundheit, Arbeitsqualität und Mitarbeiterengagement.

Ina Kramer

BKK Bundesverband
Kronprinzenstraße 6
45128 Essen

Dipl.-Gesundheitswirtin (FH). Studium Gesundheitsförderung/-management an der Hochschule Magdeburg-Stendal (FH). Seit 2006 Referentin der „Initiative Gesundheit und Arbeit" (IGA) beim Bundesverband der Betriebskrankenkassen. Wissenschaftliche Tätigkeit im Bereich der Gesundheitsförderung und Prävention. Arbeitsschwerpunkte: Betriebliche Gesundheitsförderung (BGF), Evidenzbasierung von BGF und Prävention, Kosten und Nutzen von BGF, prospektiver Return on Investment.

Patricia Lück

AOK Westfalen-Lippe
Regionaldirektion Bochum, Dortmund, Herne
Schaeferstr. 11
44623 Herne

Geboren 1962. Studium der Psychologie an der TU Berlin mit Schwerpunkt Arbeits- und Organisationspsychologie. Mitarbeit an einem Forschungsprojekt zu Epidemiologie. Entwicklung und Leitung verschiedener Präventionsprogramme. Seit 1992 Projektleiterin für Betriebliche Gesundheitsförderung. Seit 1995 bei der AOK Westfalen-Lippe. BGF-Projekte mit Partnerunternehmen aus unterschiedlichsten Branchen. Kooperationsprojekte u. a. mit der Universität Hamburg, BAuA/DASA, Berufsgenossenschaften. Mitwirkung an einer mehrjährigen Studie des AOK-Bundesverbandes zum wirtschaftlichen Nutzen Betrieblichen Gesundheitsmanagements. Veröffentlichungen u. a. zu Methoden und Projekterfahrungen.

Katrin Macco

Wissenschaftliches Institut der AOK (WIdO)
Rosenthaler Str. 31
10178 Berlin

Geboren 1976. Staatl. gepr. Fremdsprachenkorrespondentin. Studium der Sozialwissenschaften an der Friedrich-Alexander-Universität Erlangen-Nürnberg und an der Universidade Técnica, Lissabon. 2004–2007 Tätigkeit bei verschiedenen Krankenkassen im Bereich Betriebliches Gesundheitsmanagement. Seit 2008 wissenschaftliche Mitarbeiterin im WIdO, Forschungsbereich Betriebliche Gesundheitsförderung.

Arbeitsschwerpunkte: Arbeit und Gesundheit, betriebliche und branchenbezogene Gesundheitsberichterstattung, Fehlzeitenanalysen.

Monik Mellenthin-Schulze

Bundesministerium des Innern
Alt-Moabit 101 D
10559 Berlin

Geboren 1983 in Zehdenick. 1999–2002 Ausbildung zur Fachangestellten für Bürokommunikation im Bundesministerium des Innern. Seit 2002 Bürosachbearbeiterin im Bundesministerium des Innern. Aufgabenschwerpunkte: 2002–2004 Grundsatzangelegenheiten der Personalbetreuung, seit 2004 Grundsatzangelegenheiten des öffentlichen Dienstes, Personalstandsstatistik, Krankenstand und Gesundheitsförderung in der unmittelbaren Bundesverwaltung. 2003–2005 Besuch einer Abendschule und Erwerb der Fachhochschulreife. Seit 2005 Studentin der Wirtschaftswissenschaften an der FernUniversität Hagen.

Björn Michaelis

Abteilung Arbeits- und Organisationspsychologie
Psychologisches Institut
Ruprecht-Karls-Universität Heidelberg
Hauptstr. 47-51
69117 Heidelberg

Diplom-Psychologe. Studium der Psychologie und Betriebswirtschaftslehre an Universitäten in Dallas, Göttingen und Fontainebleau. Seit 2006 wissenschaftlicher Mitarbeiter im Bereich Arbeits- und Organisationspsychologie der Universität Heidelberg. Schwerpunkte: Führung, Innovation, Emotionen und Gesundheit in Organisationen.

Ulla Mielke

Wissenschaftliches Institut der AOK (WIdO)
Rosenthaler Str. 31
10178 Berlin

Geboren 1965. 1981 Ausbildung zur Apothekenhelferin. Anschließend zwei Jahre als Apothekenhelferin tätig. 1985 Ausbildung zur Bürokauffrau im AOK-Bundesverband. Ab 1987 Mitarbeiterin im damaligen Selbstverwaltungsbüro des AOK-Bundesverbandes. Seit 1991 Mitarbeiterin des Wissenschaftlichen Instituts der AOK (WIdO) im Bereich Mediengestaltung. Verantwortlich für die graphische Gestaltung des Fehlzeiten-Reports.

Dr. med. Werner Mölders

ThyssenKrupp Steel AG
Direktionsbereich Gesundheit
Kaiser-Wilhelm-Straße 100
47166 Duisburg

Jahrgang 1950. Studium der Humanmedizin in Göttingen und Aachen. Allgemeinmedizinische Weiterbildung. Seit 1982 als Arbeitsmediziner in der Stahlindustrie beschäftigt. Facharzt für Arbeitsmedizin. Seit 2003 Leitender Arzt der ThyssenKrupp Steel AG. Weitere Themenschwerpunkte: Gesundheitsmanagement, Sucht, Umweltmedizin.

Stefanie Müller

Universität des Saarlandes
Lehrstuhl für Betriebswirtschaftslehre
Postfach 15 11 50
66041 Saarbrücken

Nach dem Studium der Betriebswirtschaftslehre an der Universität Trier seit Juni 2004 wissenschaftliche Mitarbeiterin am Lehrstuhl für Betriebswirtschaftslehre, insbesondere Organisation, Personal- und Informationsmanagement (Univ.-Prof. Dr. Christian Scholz) an der Universität des Saarlandes.

Eckhard Münch

Training – Coaching – Organisationsentwicklung
Weinsbergstr. 118a
50823 Köln

Geboren 1958. Diplom-Sozialwissenschaftler. Ausbildung zum Industriekaufmann. Studium der Sozialwissenschaften. 1992–1998 wissenschaftlicher Angestellter an der Universität Bielefeld, Fakultät für Gesundheitswissenschaften. Seitdem projektbezogene Zusammenarbeit mit der Arbeitsgruppe von Prof. Dr. Bernhard Badura. Arbeitsschwerpunkte: Betriebliches Gesundheitsmanagement, Evaluationsforschung und Gesunde Organisation. Seit 1995 freiberuflicher Trainer, Coach und Berater im Bereich Organisations- und Personalentwicklung.

Petra Rixgens, MPH

Arbeitsgemeinschaft Pflege
LIGA der Freien Wohlfahrtspflege im Lande
Rheinland-Pfalz
Bauerngasse 7
55116 Mainz

Geboren 1969. Zunächst als Hebamme in verschiedenen deutschen Krankenhäusern und in der Arabischen Republik Jemen tätig. Danach Studium des Pflegemanagements an der Fachhochschule Münster und Public Health an der Universität Bielefeld. Weiterbildung zur Qualitätsbeauftragten und EFQM-Assessorin. Mitglied der „Initiative für interprofessionelle Qualität im Gesundheits- und Sozialwesen" (InterPro-Q). Wissenschaftliche Mitarbeiterin an der Fakultät für Gesundheitswissenschaften der Universität Bielefeld im Forschungsprojekt „Kennzahlenentwicklung und Nutzenbewertung im Betrieblichen Gesundheitsmanagement". Seit 2008 Geschäftsführerin der Arbeitsgemeinschaft Pflege der LIGA der Spitzenverbände der Freien Wohlfahrtspflege in Rheinland-Pfalz. Arbeitsschwerpunkte u. a.: empirische Krankenhausforschung, insb. Führungsprobleme und Fragen der Interprofessionalität; Sozialkapital von Unternehmen im Produktions- und Dienstleistungssektor.

Prof. Sonja Sackmann, Ph. D.

Institut für Entwicklung zukunftsfähiger
Organisationen, Fakultät für Wirtschafts- und
Organisationswissenschaften
Universität der Bundeswehr München
Werner-Heisenberg-Weg 36
85577 Neubiberg

Diplom-Psychologin und Ph. D. in Management. Seit 1993 Inhaberin des Lehrstuhls für Arbeits- und Organisationspsychologie der Universität der Bundeswehr München. Vorstandsmitglied des Instituts Entwicklung zukunftsfähiger Organisationen (ehemals Institut für Personal- und Organisationsforschung). Langjährige Tätigkeit als Partner und Managing Partner am Management Zentrum St. Gallen. Lehrtätigkeiten an den Universitäten St. Gallen, Wirtschaftsuniversität Wien, Jiao-Tong Universität Shanghai, EBS European Business School, RWTH Aachen sowie Gastprofessuren an der Graduate School of Management UCLA, USA und der Universität Konstanz. Ph.D. in Management von der Graduate School of Management, UCLA. Studium der Psychologie an den Universitäten Heidelberg, Marburg, Los Angeles und New York. Arbeitsschwerpunkte in den Bereichen Führung, Unternehmenskultur, Change Management/Organisationsentwicklung, Personal- und interkulturelles Management. Autorin mehrerer Bücher und zahlreicher Artikel zu diesen Themen und aktives Mitglied einer Reihe professioneller Vereinigungen sowie wissenschaftlicher Beiräte.

Eva Maria Schraub

Abteilung Arbeits- und Organisationspsychologie
Psychologisches Institut
Ruprecht-Karls-Universität Heidelberg
Hauptstr. 47–51
69117 Heidelberg

Diplom-Psychologin. Studium der Psychologie und Betriebswirtschaftslehre an der Justus-Liebig-Universität Gießen und der Universidad Complutense Madrid. Seit 2007 wissenschaftliche Mitarbeiterin im Bereich Arbeits- und Organisationspsychologie der Universität Heidelberg. Arbeitsschwerpunkte: Veränderungsprozesse, Emotionen, Führung, Gesundheitsmanagement.

Helmut Schröder

Wissenschaftliches Institut der AOK (WIdO)
Rosenthaler Str. 31
10178 Berlin

Geboren 1965. Stellvertretender Leiter des Wissenschaftlichen Instituts der AOK (WIdO) und dort insbesondere verantwortlich für die Bereiche Arzneimittel, Heilmittel und Betriebliche Gesundheitsförderung. Nach dem Abschluss als Diplom-Soziologe an der Universität Mannheim als wissenschaftlicher Mitarbeiter im Wissenschaftszentrum Berlin für Sozialforschung (WZB), dem Zentrum für Umfragen, Methoden und Analysen e.V. (ZUMA) in Mannheim sowie dem Institut für Sozialforschung der Universität Stuttgart tätig. Seit 1996 wissenschaftlicher Mitarbeiter im WIdO.

Dr. Kai Seiler

Landesinstitut für Gesundheit und Arbeit NRW
Ulenbergstraße 127–131
40225 Düsseldorf

Geboren 1975 in Herford. Ausbildung zum und Tätigkeit als Bankkaufmann. Studium der Psychologie. Abschluss Diplom-Psychologe mit den Schwerpunkten Arbeits- und Organisationspsychologie sowie Klinische Psychologie. Promotion zum Dr. rer. sec. an der Bergischen Universität Wuppertal. Wissenschaftliche Tätigkeit beim Institut für Arbeitsmedizin, Sicherheitstechnik und Ergonomie e.V. (ASER) sowie am Fachgebiet Arbeitssicherheit/Ergonomie der Bergischen Universität Wuppertal. 2003–2007 Programmleiter bei der Landesanstalt für Arbeitsschutz NRW. Seit 2008 Leiter der Fachgruppe „Betriebliches Gesundheitsmanagement" des Landesinstituts für Gesundheit und Arbeit NRW. Lehrbeauftragter im Fachgebiet „Wirtschaftspsychologie" der Bergischen Universität Wuppertal sowie Moderator und Trainer. Arbeitsgebiete: Beschäftigungsfähigkeit und demographischer Wandel, arbeitsweltbezogenes Gesundheitsmanagement, psychische Belastungen und Coping, anwendungsbezogene Kooperations- und Netzwerkforschung.

Christina Singer

AOK Bayern – Die Gesundheitskasse
Zentrale Gesundheitsförderung
Frauentorgraben 49
90330 Nürnberg

Diplom-Sozialwirtin. Geboren 1966 in Landshut. Ausbildung zur Steuerfachgehilfin. Studium der Sozialwissenschaften an der Friedrich-Alexander-Universität Erlangen-Nürnberg. Seit 1998 bei der AOK Bayern im Bereich Gesundheitsförderung tätig. Arbeits-schwerpunkte: Angewandte Statistik und Entwicklung von Dokumentationsinstrumenten.

Ina Sockoll

BKK Bundesverband
Kronprinzenstraße 6
45128 Essen

Geboren 1980. Diplom-Psychologin. Studium an der Technischen Universität Dresden. Seit 2006 beschäftigt beim Institut für Prävention und Gesundheitsförderung an der Universität Duisburg-Essen. Seit 2007 Referentin der „Initiative Gesundheit und Arbeit" (IGA) für den BKK Bundesverband. Arbeitsschwerpunkte: Betriebliche Gesundheitsförderung (BGF), Evidenzbasierung von BGF und Prävention (gesundheitlicher und ökonomischer Nutzen), arbeitsbedingte Gesundheitsrisiken.

Susanne Sollmann

Wissenschaftliches Institut der AOK (WIdO)
Rosenthaler Str. 31
10178 Berlin

Studium der Anglistik und Kunsterziehung an der Rheinischen Friedrich-Wilhelms-Universität Bonn und am Goldsmiths College, University of London. 1986–1988 wissenschaftliche Hilfskraft am Institut für Informatik der Universität Bonn. Seit 1989 Mitarbeiterin des Wissenschaftlichen Instituts der AOK (WIdO) u. a. im Projekt Krankenhausbetriebsvergleich und im Forschungsbereich Krankenhaus. Verantwortlich für das Lektorat des Fehlzeiten-Reports.

Prof. Dr. Karlheinz Sonntag

Abteilung Arbeits- und Organisationspsychologie
Psychologisches Institut
Ruprecht-Karls-Universität Heidelberg
Hauptstr. 47–51
69117 Heidelberg

Geboren 1950. Studium der Betriebswirtschaftslehre und der Psychologie in Augsburg und München. 1982 Promotion, 1988 Habilitation. Seit 1993 Professor für Arbeits- und Organisationspsychologie an der Universität Heidelberg. Arbeitsschwerpunkte: Personalentwicklung und Trainingsforschung, Bewältigung von Veränderungsprozessen, Kompetenz- und Gesundheitsmanagement.

Ursula Spellenberg

Leiterin Arbeitsschutz- und Gesundheitsmanagementpolitik
Daimler AG
70546 Stuttgart

Geboren 1956 in Stuttgart. Seit 1972 im Konzern der Daimler AG. Zunächst Ausbildung zur Technischen Zeichnerin, Daimler-Benz AG Werk Untertürkheim. 1985 Berufsbegleitendes Studium zur Betriebswirtin (VWA) und Anwendungsinformatikerin (Wirtschaft). 1990 Ausbildung zum EOQ-Quality Auditor. 1991–2000 Branch Quality Manager in der Tochtergesellschaft debis Systemhaus, für Systeme und Projekte in der Personalwirtschaft zuständig, ab 1997 Abteilungsleiterin Quality Management Consulting. 2000 Wechsel zur DaimlerChrysler AG. Hier zunächst Leiterin Arbeitsschutz und Gesundheitsmanagement im Bereich Arbeitspolitik, seit 2006 Leiterin der Abteilung Health & Safety Policy und leitende Sicherheitsingenieurin der Daimler AG.

Dr. Ralf Stegmaier

Abteilung Arbeits- und Organisationspsychologie
Psychologisches Institut
Ruprecht-Karls-Universität Heidelberg
Hauptstr. 47–51
69117 Heidelberg

Wissenschaftlicher Assistent im Bereich Arbeits- und Organisationspsychologie der Universität Heidelberg. Studium der Psychologie an der Universität Heidelberg. 1995–1999 wissenschaftlicher Mitarbeiter im Bereich Arbeits- und Organisationspsychologie der Universität Heidelberg. 1999–2003 Strategieberater in einem internationalen Beratungsunternehmen. 2000 Promotion an der Universität Heidelberg. Arbeitsschwerpunkte: Innovation und Veränderung in Organisationen, Gesundheitsmanagement, Führung in Organisationen.

Dr. Martin J. Thul

Institut für Technologie und Arbeit e.V.
Kurt-Schumacher-Str. 74a
67663 Kaiserslautern

Jahrgang 1962. Studium des Wirtschaftsingenieurwesens an der TU Kaiserslautern. 1991 Abschluss als Dipl.-Wirtschaftsingenieur. 1991–1996 wissenschaftlicher Mitarbeiter am Lehrstuhl für Industriebetriebslehre und Arbeitswissenschaft der Universität Kaiserslautern (Leiter Prof. Dr. K. J. Zink). 1998 Promotion zum Thema „Integrierte Arbeitsanalyse in rechnerunterstützten Büroarbeitssystemen". Seit 1996 regelmäßige Lehraufträge an den Universitäten Kaiserslautern, Hannover und Bochum. 1996 Wechsel an das Institut für Technologie und Arbeit e.V. Ab 1999 Aufbau und Leitung des Bereichs „Integrative Managementsysteme". Seit 2001 stellvertretender wissenschaftlicher Leiter des ITA und Mitglied des geschäftsführenden Vorstandes. Seit 2002 zusätzlich Leitung des Bereichs Organisational Excellence. Forschungsschwerpunkte: Beteiligungskonzepte bei der Einführung neuer Technologien, Projektmanagement, Komplexitätsmanagement, Qualitäts- und Betriebliches Gesundheitsmanagement sowie strategische Unternehmensplanung.

Max Ueberle

Universität Bielefeld
Fakultät für Gesundheitswissenschaften
AG 5 – Gesundheitsökonomie und Gesundheitsmanagement
Postfach 10 01 31
33501 Bielefeld

Diplom-Politologe. Doktorand an der gesundheitswissenschaftlichen Fakultät der Universität Bielefeld. Zuvor Tätigkeiten in der Forschung und Beratung an Hochschulen und Kliniken. Schwerpunkte: Fragen der betrieblichen Gesundheitsförderung und beruflichen Rehabilitation unter wirtschaftlichen Gesichtspunkten.

Christian Vetter (1957–2008)

Wissenschaftliches Institut der AOK (WIdO)
Rosenthaler Str. 31
10178 Berlin

Diplom-Psychologe. Studium der Psychologie, Soziologie und Philosophie an der Universität Münster. Nach Tätigkeiten im Bereich der Erwachsenenbildung, Personalentwicklung und der Durchführung von Modellprojekten im Bereich der betrieblichen Gesundheitsförderung 1993–2008 wissenschaftlicher Mitarbeiter im WIdO. Seine Arbeitsschwerpunkte lagen in den Bereichen Arbeit und Gesundheit, Gesundheitsmanagement in Unternehmen, betriebliche und branchenbezogene Gesundheitsberichterstattung, Fehlzeitenanalysen, Mitarbeiterbefragungen, Evaluation von Präventionsprogrammen. Seit 1999 Mitherausgeber des Fehlzeiten-Reports.

Christian Vetter verstarb plötzlich und unerwartet im März 2008 während der Arbeiten am Fehlzeiten-Report 2008.

Dr. Uta Walter

Zentrum für Wissenschaftliche Weiterbildung an der Universität Bielefeld e.V.
Universitätsstr. 25
33615 Bielefeld

Jahrgang 1962. Doctor of Public Health. Studium der Biologie in Bielefeld. 1990–1999 Tätigkeit im Bereich Umweltanalytik und Begutachtung. 1997–1999 berufsbegleitendes Studium der Gesundheitswissenschaften in Bielefeld. 1999–2003 wissenschaftliche Angestellte an der Fakultät für Gesundheitswissenschaften der Universität Bielefeld, Arbeitsgruppe Prof. Dr. Bernhard Badura. Seit 2004 Geschäftsführerin der Weiterbildung „Betriebliches Gesundheitsmanagement" an der Universität Bielefeld. Arbeitsschwerpunkte: Betriebliches Gesundheitsmanagement, Gesunde Organisation, Qualitätsentwicklung durch Standardsetzung.

Werner Winter

AOK Bayern – Die Gesundheitskasse
Zentrale Gesundheitsförderung
Frauentorgraben 49
90330 Nürnberg

Jahrgang 1959. Diplom-Sozialpädagoge und Verwaltungs-Betriebswirt. Arbeitet seit 1982 in verschiedenen Feldern der Gesundheitsförderung. Seit 1989 Mitarbeiter der AOK Bayern, dort seit 1993 in der Betrieblichen Gesundheitsförderung tätig. Arbeitsschwerpunkte: Betriebliche Gesundheitsförderung, Organisationsentwicklung, psychosoziale Belastungen, Sucht, Controlling.

Prof. Dr. Klaus J. Zink

Institut für Technologie und Arbeit e.V.
Kurt-Schumacher-Str. 74a
67663 Kaiserslautern

Inhaber des Lehrstuhls für Industriebetriebslehre und Arbeitswissenschaft und wissenschaftlicher Leiter des Instituts für Technologie und Arbeit an der TU Kaiserslautern. Forschungsgebiete: u. a. Betriebliches Gesundheitswesen und Unternehmerische Nachhaltigkeit. Wahrnehmung verschiedener Funktionen in nationalen und internationalen wissenschaftlichen Gesellschaften und Mitglied des Editorial Boards zahlreicher Zeitschriften. Seit 2000 Fellow der International Ergonomics Association. 2006 Verleihung des Distinguished International Colleague Award der Human Factors and Ergonomics Society (USA).

Klaus Zok

Wissenschaftliches Institut der AOK
Rosenthaler Str. 31
10178 Berlin

Geboren 1962 in Moers. Diplom-Sozialwissenschaftler. Seit 1992 wissenschaftlicher Mitarbeiter im WIdO. Arbeitsschwerpunkt Sozialforschung: Erstellung von Transparenzstudien in einzelnen Teilmärkten des Gesundheitssystems (z. B. Zahnersatz, Hörgeräte, IGeL); Arbeit an strategischen und unternehmensbezogenen Erhebungen und Analysen im GKV-Markt anhand von Versicherten- und Patientenbefragungen.

Stichwortverzeichnis

Printing: Krips bv, Meppel, The Netherlands
Binding: Stürtz, Würzburg, Germany

Printed in the United States
By Bookmasters